Kontaktadresse nach EU-Produktsicherheitsverordnung:
produktsicherheit@fischerverlage.de

Neben den großen Studien zu ›Akten‹ und ›Medien der Rechtsprechung‹ hat Cornelia Vismann ihre beiden Lebensthemen – Recht und Medien – auch in einer Vielzahl von Aufsätzen entfaltet. Eine Auswahl der wichtigsten, die bislang verstreut und teilweise entlegen publiziert waren, liegt hier nun vor. Sie reicht von anonym verfassten ersten politischen Texten über ihre Auseinandersetzung mit Benjamin Derrida, Legendre und Luhmann bis hin zur Untersuchung über das Schlusswort bei Gericht, das Kommentieren, das Archiv oder die Zeugenschaft. Damit liegen die Hauptwerke dieser wichtigen Denkerin nun gesammelt im S. Fischer Verlag vor.

Cornelia Vismann war Professorin für Geschichte und Theorie der Kulturtechniken an der Bauhaus-Universität Weimar. Sie studierte Recht und Philosophie und arbeitete u. a. als Rechtsanwältin in Berlin. Nach ihrer Dissertation ›Akten. Medientechnik und Recht‹ (2000) habilitierte sie sich mit einer Arbeit zur ›Verfassung nach dem Computer‹ im öffentlichen Recht. Cornelia Vismann ist am 28. August 2010 in Berlin gestorben.

Weitere Informationen, auch zu E-Book-Ausgaben, finden Sie bei
www.fischerverlage.de

Cornelia Vismann

Das Recht und seine Mittel

Herausgegeben von
Markus Krajewski und
Fabian Steinhauer

S. Fischer

2. Auflage

Hedderichstr. 114, 60596 Frankfurt am Main

Printed in Germany
ISBN 978-3-596-37062-7

Inhalt

Vorwort

Kein System aus Normen und Regeln ist in allen Teilen der Gesellschaft so fundamental wirksam wie das Recht. Seine Anwendungen, die Wirkungen und seine Geschichte werden zu Recht und seit langem in umfassender Weise erforscht. Anders verhält es sich dagegen mit den medialen Funktionsweisen des Rechts sowie mit der Rolle der Medien innerhalb der Jurisprudenz: Jenes Forschungsgebiet, das sich vornimmt, die wechselseitige Durchdringung von Medien und Recht zu ergründen, führte bis vor wenigen Jahren noch ein Schattendasein. Eine der zentralen Autoren, die jene grundlegenden Fragen nach den Anteilen und der Wirkung der Medien im historischen Prozess der Rechtsprechung und Urteilsfindung aufgeworfen und zu größerer Aufmerksamkeit verholfen haben, war Cornelia Vismann (1961–2010).

Insbesondere durch ihre Promotionsschrift *Akten. Medientechnik und Recht*, die 2000 im Fischer Taschenbuch Verlag erschienen ist und sich seitdem größter Anerkennung erfreut, gelang es der ausgebildeten Juristin und Philosophin, den zuvor kaum beachteten medialen Grundlagen der Jurisprudenz eine rechtshistorisch wie medientheoretisch gleichermaßen fundierte Diskursbasis zu bereiten. Nach Zwischenstationen an der Europa-Universität Viadrina, Frankfurt an der Oder, und am Max-Planck-Institut für europäische Rechtsgeschichte in Frankfurt am Main sowie nach verschiedenen Gastprofessuren u. a. in London, Wien und Berkeley, erfolgte 2007 die Habilitation an der Juristischen Fakultät der Goethe-Universität Frankfurt am Main mit einer Arbeit zur *Verfassung nach dem Computer.* Von 2008 bis zu ihrem Tod war Cornelia Vismann schließlich Professorin für Geschichte und Theorie der Kulturtechniken an der Fakultät Medien der Bauhaus-Universität Weimar.

In ihrer letzten Monographie *Medien der Rechtsprechung*, an der sie noch bis zuletzt gearbeitet hat und die 2011 ebenfalls bei S. Fischer erschienen ist, analysiert Cornelia Vismann juridische Fragen mit medienwissenschaftlichen Mitteln (und vice versa): Wie, zum Beispiel, wirken die Architekturen des Gerichts oder die Anordnung der Akteure im Saal auf das Verfahren ein? Welcher Stellenwert kommt dabei Film, Fernsehen und Internetübertragungen am Ort der Urteilsfindung zu? Wie ist der Einfluss zu charakterisieren, den Medien wie die Akten auf den Verlauf der Rechtsprechung ausüben? – Der innovative Ansatz, den Cornelia Vismann mit solchen Fragen entwickelt hat, ist in der Folge sowohl von rechtswissenschaftlicher als auch von kultur- und medientheoretischer Seite eingehend gewürdigt worden.

Manch ein Leser (und Rezensent) hat im Zuge dessen den Wunsch geäußert, noch mehr von dieser Autorin zu lesen. Der vorliegende Band nimmt diese Forderung bereitwillig auf, um hier erstmalig eine Aufsatzsammlung der für die Kultur- und Rechtswissenschaften so inspirierenden Autorin vorzulegen. Sie ist weniger als eine Fortführung der *Medien der Rechtsprechung* zu verstehen. Vielmehr ist eine Ausweitung dieser Perspektive beabsichtigt. Auch wenn eine auf strenge Systematik ausgerichtete, historische Genealogie der Medien des Rechts und der damit verbundenen Funktionen mit dem *Recht und seinen Mitteln* kaum entstehen kann und daher – immer noch – ein Desiderat ist, so sollen die einzelnen Aufsätze als eine repräsentative Auswahl aus dem reichhaltigen Werk einen exemplarischen Eindruck vermitteln von der Bandbreite ihres Denkens und der Fülle ihrer Themengebiete, für die Cornelia Vismann Zeit ihres Lebens einstand.

Das Werk Cornelia Vismanns dreht sich immer wieder um die Normativität und die Mittel, mit denen diese Normativität eingerichtet, übertragen und verarbeitet worden ist. Normativität erscheint hier weder als Effekt eines juristischen Willensakts noch verortet im souveränen Bewußtsein einer politischen

Gemeinschaft. Vismanns Überlegungen zur Normativität kreisen um Institutionen und um einen Begriff, den sie aus der Psychoanalyse Jacques Lacans übernimmt, den Begriff der *symbolischen Ordnung*. Das Recht und die Medien werden in ihrer Forschung darum nicht als Pole oder entgegengesetzte Koordinaten unterschiedlicher Kräfte gedacht. Hierin unterscheidet sich ihre Forschung von einer ganzen Reihe anderer Ansätze zum Recht in der Gesellschaft. Die weit verbreiteten und geläufigen Gegenüberstellungen zwischen *Rechtsform* und politischer *Handlungsfähigkeit*, zwischen *Staat* und *Gesellschaft* oder zwischen *Recht* und *Kultur* tauchen in ihren Texten zwar gelegentlich auf. Die Autorin behält aber kritische Distanz zu diesen Unterscheidungen. Deren Spiel spielt sie nicht mit. Gegenüber den Begriffsfronten ihrer Zeit hat sie angemerkt, es gelte, »neue, operable Unterscheidungen zu treffen, und zwar genau da, wo die Theorie ihre Ununterscheidbarkeit nachgewiesen hat«.[1] In diesem Sinne steht der Operator *und* zwischen Recht und Medien für eine Beziehung, die Cornelia Vismann in einem Text über Bilder als »troubled relationship« bezeichnet hat: Es ist ein Widerstreit, in dem nicht einfach das Recht die Medien reguliert, legalisiert und legitimiert. Die Aufgabe der Medien besteht nicht einfach darin, das Recht zu reproduzieren. In der komplexen Beziehung gibt es vielmehr einen Austausch zwischen der Aktivität und Passivität dieser Prozesse. Das Recht wird darin auch von den Medien mit Normativität *versorgt*, die Medien werden darin selbst vom Recht *reproduziert*. Diese abstrakten Konstellationen geht Vismann anhand dessen durch, was sie einmal die ›niederen Techniken‹ genannt hat: Übersetzen, Protokollieren, Kommentieren sind nur ein kleiner Teil dieser Praxis, in welcher der Streit ums Recht ausgetragen wird, so wie man etwa Zeitungen austrägt: Es ist die juridische Praxis einer medialen Zerstreuung, aus der ein normativer Text und seine randständigen Helfer immer aufs Neue hervorgehen.

Die Rechtswissenschaftlerin und Medientheoretikerin hat ihre Veröffentlichungen weit gestreut, und ein Ziel dieser

Sammlung ist es, die verzweigten Interessen der Autorin mit dem ihr eigenen Spiel der Differenzen an einem Ort zugänglich zu machen. Die Auswahl der einzelnen Aufsätze ist geleitet von der Prämisse, die Kontinuität und Entwicklung eines Denkens zu dokumentieren, das weite Kreise über die eigentlichen Fachdisziplinen hinaus hat ziehen können, um beispielsweise auch in der Literatur(-wissenschaft) und Kunst zum wichtigen Stichwortgeber zu werden. Richtungsweisend für die Auswahl der Texte erschien daher weniger das Maß, wie entlegen oder schwer einsehbar die einzelnen Beiträge jeweils einzustufen sind, als vielmehr, wie stark sie einen der zahlreichen Schwerpunkte im Denken von Cornelia Vismann repräsentieren oder zumindest ausschnittsweise wiedergeben. Dennoch folgt die Auswahl weniger einem klassischen Best-of-Schema, das vorzugsweise die einschlägigsten und bekanntesten Texte versammelt. Auch ist sie weniger von Figuren der Chronologie oder Systematik angeleitet. Die Texte schreiten also weder ›von früh bis spät‹ voran, noch wandern sie vom Allgemeinen zum Besonderen. Gleichwohl haben wir versucht, in den fünf Stationen die Ordnung des Werks von Cornelia Vismann abzubilden. Diese ist durch Verschleifungen, Neuansätze, Wendungen, feine Risse und Reformulierungen gekennzeichnet. Zudem finden randständigere Aspekte wie beispielsweise ihre Überlegungen zum Stil und zur Erzählinstanz bei Karl Kraus Eingang in diese Anthologie. Und doch konnte vieles nicht berücksichtigt werden, beispielsweise die frühen juridischen Texte, die eher deskriptiv sind als analytisch, weil sie dem jeweiligen Genre sowie den Gepflogenheiten des Fachdiskurses geschuldet mitunter nur einen Forschungsstand zusammenfassen. Aber auch die zahlreichen Rezensionen von (Fach-)Literatur, die ihrerseits durch eine literarische Qualität bestechen, sind ebenso außen vor geblieben wie – obwohl kleine Preziosen – verschiedenste Miszellen, beispielsweise zum Begriff »Lämmergeier« in der Frankfurter Schule. Manche Beiträge, die hingegen in der vorliegenden Sammlung zu finden sind, lassen wiederum andere Texte, die ausgesondert werden mussten, vermissen. Das gilt zum Beispiel für den Aufsatz »Benjamin als Kommentator« (S. 340–360), neben dem man gerne direkt Vismanns eigene Kommentierung zu Art. 79 III GG lesen würde, die sie 2001 für den sog. *Alternativkommentar* zum Grundgesetz geschrieben hat. Dass eine Medienhistorikerin ausgerechnet zur sogenannten Ewigkeitsklausel schrieb, war an sich naheliegend. Alternative Kommentierungen schienen ihr danach ein Ding der Unmöglichkeit, weil der Kommentar eine durch und durch instituierende Kraft hat und weil er es ist, der die Normativität des Gesetzes anzeigt. Er produziert *keine* Alternativen, allenfalls besetzt er ihre Stellen. Die ganzen Aporien der kritischen Kommentierung werden in ihren theoretischen Auseinandersetzungen mit Walter Benjamin und Jacques Derrida durchgespielt. Auch in dem hier aufgenommenen Benjamin-Text verzahnen sich zwar ihre Anliegen um theoretische Durchdringung und praktische Intervention. Dass ihr Kommentar zu Art. 79 III GG aber nicht mehr berücksichtigt werden konnte, ist eine der ›niederen Ausschlusstechniken‹, die sie selbst so oft beklagt und belächelt hat. – Eine vollständige Bibliographie von Cornelia Vismann befindet sich am Ende dieses Buchs.

Der Einstieg in die Auswahl erfolgt mit einem ungewöhnlichen Text einer im besten Sinne unkonventionellen Autorin, die ungeachtet ihres intellektuellen Renommees und ungeachtet der nicht allein akademischen, sondern auch persönlichen Dignität ihre Wurzeln in der autonomen Szene besaß, was sich für die Triebkraft ihres Denkens als nicht ganz unwesentlich erwiesen hat. Auch um die Gefahr, infolge ihrer leidenschaftlich praktizierten Interdisziplinarität immer schon zwischen den Stühlen nicht nur von ehrwürdiger Rechtswissenschaft und fortschrittlicher Medienforschung zu stehen zu kommen, hebt diese Auswahl gleichsam außer Konkurrenz mit einer Publikation von Cornelia Vismann an, *Lautlos und unsichtbar*, die – noch unter dem Pseudonym »Severine Lansac« erschienen –

auf ihre Zeit in der autonomen Szene von Hamburg und Berlin zurückgeht.

Die einzelnen Abschnitte widmen sich sodann fünf großen Themenkomplexen: Teil I behandelt die Ursprünge des Rechts in der abendländischen Antike (»Über Rom«). In Teil II (»Verwaltungen: Nach den Akten«) kreisen die Analysen um die Akten als mediale Operatoren des Rechts und um das Archiv als deren komplexe Aufbewahrungsinstitution. Betonen die Texte aus dem ersten Teil dabei noch stärker die normative Struktur von Einsetzungen und Übersetzungen, so zielen die Texte des zweiten Teils stärker auf Cornelia Vismanns Auseinandersetzungen mit der Macht der Verwaltungen. Im Teil III (»Recht, Literatur, Theater«) stehen die Querverbindungen zwischen Rechtsprechung, Redeweisen und der Literatur beziehungsweise die theatralen Dimensionen des Rechts im Fokus. Den Texten ist gemeinsam, dass die Literatur hier nicht als das Äußere des Rechts und das Recht nicht als Stichwortgeber für literarische Reflexionen gedacht wird. Recht und Literatur ›versäumen‹ (auch im näherischen Sinne) sich selbst, so legen es nicht zuletzt Vismanns Überlegungen zum Versäumnisurteil nahe. In Teil IV (»Land, Linien, Leseordnungen«) geraten die Eingrenzungen und Hegungen des Völkerrechts ebenso in den Blickpunkt wie der Kommentar und die Dekonstruktion als Methoden der Wissensgenese. Im abschließenden Teil V (»Medien, Kulturtechniken«) rücken dagegen die Praktiken des Lesens, Schreibens, der Bildproduktion als grundlegende Kulturtechniken in ihrem Verhältnis zu juridischen, politischen und medienhistorischen Fragen ins Zentrum der Aufmerksamkeit.

Zur Textgestalt: Die einzelnen Aufsätze wurden behutsam bereinigt, das heißt manche der ursprünglichen Hinweise wie etwa zur Entstehung oder Einpassung einzelner Texte sind ebenso getilgt wie einige wenige Querverweise auf weitere Texte anderer Autoren in den jeweiligen Veröffentlichungen, die eher dem Kontext der Publikation als einer bleibenden Verbindung geschuldet sind. Die Literaturhinweise in den Fußnoten wurden, wo nötig, aktualisiert.

Zwei Texte sind derweil auf Englisch belassen, und zwar weil Cornelia Vismann sie originär in dieser Form verfasst hat, mit all den Eigenheiten und stilistischen Zugeständnissen, die das Formulieren in einer anderen Sprache jeweils mit sich bringt. Wir haben hier auf eine Übersetzung verzichtet, und zwar nicht nur, weil die Lektüre des Englischen inzwischen kaum eine Hürde darstellen dürfte, sondern weil sich der ebenso klare wie elegante Stil, den die Autorin im Deutschen pflegte, so nur mit empfindlichen Einschränkungen hätte rekonstruieren lassen.

Zwischen die einzelnen Abschnitte befinden sich Aphorismen eingeschaltet, die einem kurzen, unveröffentlichten Dossier von Cornelia Vismann entnommen sind, das sie 1987 während ihrer Zeit als Referendarin am Kammergericht in Berlin unter dem Eindruck der Praxis täglicher Rechtsprechung im Gerichtssaal verfasste. Diese Fragmente reflektieren nicht nur die mitunter eigenartigen Situationen einer Rechtsprechung *vor dem Gericht*, sondern geben zudem einen frühen Eindruck von der Sprachkraft und unirritiert scharfen Beobachtungsgabe der Verfasserin.

Zu guter Letzt möchten wir Balthasar Haußmann, Peter Berz und Alexander Roesler für ihre Unterstützung, Anregungen und die gute Zusammenarbeit, sowie Jasmin Meerhoff und Mads Pankow für ihre Hilfe bei der Einrichtung des Typoskripts danken.

Weimar im April 2012

Markus Krajewski und Fabian Steinhauer

Das Verschwinden der Welt und die Dauer der Gesetze

Die Institutionen sind so gefährlich, weil
sie ihre eigene Abschaffung nicht mitregeln.
In Gorleben wurden neue Polizeistellen geschaffen,
als der Widerstand gegen das AKW
sich dort verbreiterte. Als er wieder abnahm,
blieben die Polizisten, und seitdem
hat Gorleben eine merklich höhere
Kriminalitätsrate als vor Erweiterung der Polizei.

Lautlos und unsichtbar …

Draußen auf der Straße in den Cafés sitzen Leute, trinken, reden, lachen, als wenn gerade niemand in unmittelbarer Nähe Wände einkleistern würde, in Windeseile ein Plakat daranklatscht und mit flachen Händen festklopft. Plakatieren macht unsichtbar. Unbehelligt von denen, an die die Plakate gerichtet sind und die sie am folgenden Tag sehen sollen, ziehen Kleistereimer, Quast und Plakatrollen samt Plakateuren durch die Nacht, als gehörten sie einem anderen, einem tarnkappenförmigen Universum an. Ihre Unsichtbarkeit entspricht der Sichtbarkeit der Plakate. Denn je unbehelligter die Nacht des Plakatierens, desto mehr Plakate werden am nächsten Morgen zu sehen sein, an Trafokästen, Bauzäunen, Plakat- und Häuserwänden und all den anderen umkämpften Freiflächen.

Der Kampf um die Freiflächen mit und gegen andere Plakate: mit solchen, die nicht überklebt (weil politisch wichtig), und gegen solche, die (weil kommerziell) überklebt werden können. Im Lauf der Zeit, es genügen oft wenige Wochen, entsteht so ein hübsch zusammengeflicktes Gebilde aus Kleister- und Plakatschichten. Ein Querschnitt durchs Kiezgeschehen, von dem die Anordnung in einem Buch nur einen unzureichenden Begriff gibt: übereinandergeklebte Plakate, an den Rändern gebogen und mit den nicht überdeckten Stellen darunterliegender Plakate eine surrealistische Verbindung eingehend – bis sie ihre eigene Last nicht mehr tragen können und als Gesamtnichtkunstwerk abfallen.

Am nächsten Morgen stellen sich die gewohnten Straßen völlig anders da. Wo sonst Bäcker, Zeitungskiosk und Briefkasten stehen, bieten sich dem Blick – Freiflächen! Potentielle Plakatwände springen ins Auge und strukturieren die Wahrnehmung. Dennoch: Plakatieren bleibt eine eigenartige Tätigkeit, die in ein Verhältnis zum jeweils plakatierten Plakat bringt, das

alles andere als beschaulich zu nennen wäre. Schließlich könnte gerade dieses Plakat einem eine Nacht in Gewahrsam oder zumindest eine Anzeige bescheren. Und ob es das wert wäre? Aber zu diesem Abwägen kommt es nicht. Vielmehr findet man sich zu verabredeter Zeit am verabredeten Ort mit Plakatrollen unterm Arm wieder und fängt an – allenfalls entschädigt durch eine kleine Erotik des Zusammenarbeitens, lautlos und unsichtbar, die sich einstellt im Gegenzug zur mitlaufenden Gefahr des Erwischtwerdens, die schließlich auch zuständig ist für gewisse Verklärungen einfacher Botendienste. Verklärungen, von denen die Plakate nichts wissen, von denen sie auch kein Zeugnis ablegen. Was sie speichern, sind die »Inhalte«, nicht die Hilfstätigkeiten drum herum: die angestrengten Diskussionen über den richtigen Spruch, das aufmerksamkeitsstrategisch beste Layout, die Eile, mit der sie zur Druckerei transportiert worden sind. Und die Geschichten, die das Plakatieren selbst so mit sich bringt.

Hierarchie der Gerichtssaalstühle

Richter, Staatsanwalt, Verteidiger:
Polster und Lehne

Angeklagter:
Polster

Zuhörer:
ohne Polster und ohne Lehne

Teil I

Über Rom

Unentrinnbares Rom?

I Referenzoppositionen: translatio et renovatio Romae

»Was gibt es eigentlich in der Geschichte, was nicht zum Ruhme Roms ist? – *Quid est enim aliud omnis historia quam romana laus?*«[1] Mit dieser Frage erinnert Petrarca an ein Rom, zu dem das Rom seiner Gegenwart keinerlei Ähnlichkeit mehr aufweist. Im Italien des Dichters wütet die Pest, die Wirtschaft liegt brach, die Kurie hat ihren Sitz von Rom nach Avignon verlegt. Rom ist ein Un-Ort geworden, von dem aus betrachtet das vergangene Rom nur umso blühender und strahlender erscheint. Alles daran ist rühmenswert. Was immer man aus der Geschichte erzählt, es gereicht Rom zum Lob.

Laus romana lautet das politische Programm Petrarcas. Ihm schwebt ein neurömisches Reich vor, das Kaiser Karl IV. hätte gründen sollen. Darum seine rhetorische Frage – Was gibt es eigentlich in der Geschichte, was nicht zum Ruhme Roms ist? Sie kappt das unmittelbare Band zu Rom, das »im Mittelalter als eine Art andauernder und aktueller historischer Gegenwart fort[gewirkt]«[2] hatte, und schafft ein Rom der Geschichte. Rom wird referierbar oder genauer: referenzierbar. Aus der Referenz auf ein nicht mehr vorhandenes Rom folgt die politische Mission, es wiederherzustellen. Das Bild des antiken Rom gibt dafür die Maßstäbe vor. In den Worten Thomas Klings unter Entwendung eines Zitats von Barbara Vinken: »Rom wird zu einer klar unterschiedenen, unendlich überlegenen und endgültig vergangenen, abgeschlossenen Epoche. Nur durch eine *restauratio Romae* kann die Perversion beendet werden, aus ihrer Verrückung im Exil an ihren Ort und damit zu sich zu finden.«[3]

Restauratio oder *renovatio* ist eine Form der Referenz, die sich gegen die der *translatio*[4] absetzt. Denn es bedeutet etwas anderes, ein neues Rom zu gründen als Rom neu zu gründen.

Nea Roma, neues Rom nannte Konstantinopel sich bekanntlich. Das Byzantinische Reich war das Ergebnis einer *translatio*, einer metonymischen Verschiebung, eines Transfers von West nach Ost. Dieser transmissive Akt steht im Zeichen von Kontinuität. Er dupliziert Rom. Die Verdoppelung schafft wiederum ein ursprüngliches Rom, das dann die Wahrnehmung der Folgeroms rastert. Anders ausgedrückt: Die reale Topographie Ur-Roms zeichnet sich in das Duplikat imaginär ein. Konstantinopel beispielsweise wird ungeachtet seiner tatsächlichen geographischen Lage als Stadt auf sieben Hügeln gehandelt.[5]

Als Russland sich im 15. Jahrhundert auf Rom bezog, ging es ebenfalls darum, ein neues Rom zu gründen. Der referentielle Akt der *translatio* setzte die Zählung der neuen Romgründungen daher fort. So entstand die Formel von Moskau als drittem Rom: Zwei Rome sind gefallen, das dritte Rom steht, ein viertes wird es nicht geben.[6] Moskau hatte die Wahl. Es konnte an eine mit der griechischen Tradition der Philosophie verbundene oströmische Referenz oder an eine mit der lateinischen Tradition des Rechts verbundene weströmische anknüpfen. Da es den ausschließlichen Machtanspruch des Papstes gerade verneinen wollte, für den West-Rom stand, aktivierte es die Referenz auf Konstantinopel, die Stadt, in der mehrere Patriarchen eines Patriarchats friedlich unter dem Kaiser koexistierten.

Gegen solche Transmissionen oder Verschiebungen Roms steht das petrarcistische Erneuerungsprogramm. Aus *renovatio* und *translatio* werden in der Renaissance Referenzoppositionen. Der Akt der *renovatio* bricht mit der Vergangenheit. Anders als der referentielle Akt der *translatio*, der die Stadt vervielfältigt, exilieren Renovationen Rom. Sie bringen kein räumlich verortetes Ur-Rom hervor, das sich an anderen Orten reproduziert. Im Namen der Wiedergeburt der Antike entstehen neue Städte, die – in Verkehrung des Verhältnisses zwischen einem realen Rom als Matrix imaginärer Transferprodukte – ein imaginäres Rom im Blick haben und zuweilen bei einer höchst realen Antike ankommen.[7]

Hannah Arendt zufolge stellte die Referenzopposition auch die amerikanische Revolution vor die Alternative, Rom neu zu gründen (*renovatio*) oder ein neues Rom zu gründen (*translatio*): »... die Amerikaner kannten ihren Vergil, und als sie für die eigene Zeit das Wort von dem *novus ordo saeclorum* prägten, hat ihnen sicherlich Vergils *magnus ordo saeclorum* noch in den Ohren gelegen. Charakteristisch für sie war aber, dass es sich diesmal nicht darum handelte, ›Rom neu‹, sondern ein neues Rom zu gründen, dass also der Faden, welcher die Geschichte des Abendlandes an die Gründung der ewigen Stadt und diese wiederum an die prähistorische Geschichte Griechenlands und Trojas band, gerissen war und nicht mehr neu geknüpft werden konnte.«[8]

Ist der Faden, der Rom mit der Nachwelt verband, durchtrennt, ist die Kette der Rom-Transmissionen unterbrochen, so ruft dies nicht nur Rom-Renovationen auf den Plan. Es initiiert auch den dazu inversen Diskurs, der darauf abzielt, Rom – genauer: den Verfall, in den es die Welt zieht – aufzuhalten. Rom-Katechonten entwerfen eine Geschichte, die statt dem Ruhme Roms seiner Verhinderung dient. Michel Foucault zitiert die rhetorische Frage – Was gibt es eigentlich in der Geschichte, was nicht zum Ruhme Roms ist? –, um daran einen Wendepunkt in der Geschichtsbetrachtung zu markieren. »Einige Jahrhunderte nach Petrarca kam im Abendland eine Geschichte auf, die alles andere war als eine Lobpreisung Roms, eine Geschichte, in der es ganz im Gegenteil darum ging, Rom als ein neues Babylon zu demaskieren und gegen Rom die verlorenen Rechte Jerusalems geltend zu machen.«[9] Foucault entziffert die Diskurse, die Jerusalem referenzieren, als Kampf gegen Rom. Dieser Kampf wird im Wesentlichen vom Adel geführt. Er ist gegen das juridische Wissen des Königs, konkret: gegen das der königlichen Kanzlisten und Verwalter, gerichtet.[10]

Diese Geschichtsschreibung, die aus dem Widerstand gegen das Rom des Rechts hervorgeht, hat vor allem einen Gegenstand: den Untergang Roms. Sie sucht Erklärungen für den

Verfall zu finden, die nicht im Recht begründet sind. In den Worten Foucaults: Das »berühmte Problem der Ursachen des Aufstiegs und Niedergangs des römischen Reichs – eines der Schablonen der historischen oder politischen Literatur des 18. Jahrhunderts und nach Boulainvilliers und Montesquieu wiederaufgegriffen – hat einen sehr präzisen Sinn. Man unternimmt hier zum ersten Mal eine Analyse ökonomisch-politischen Typs, während es bis dahin nur das Problem des Rechtswegs, der Rechtsablösung, der Ablösung eines absolutistischen Rechts durch ein Recht germanischen Typs gab, d. h. ein anderes Modell. Hier wird das Problem der Ursachen des Niedergangs des römischen Reichs zum Modell eines neuen Typs historischer Analyse.«[11] Diese hat wiederum den Effekt, das römische Recht, das von den Verfallsbetrachtungen ausgenommen ist, in seinem Ewigkeitsanspruch zu stärken.

Arnaldo Momigliano macht dieselbe Beobachtung wie Foucault, wenn er die von ihm hoch geschätzte Monographie *History of the Decline and Fall of the Roman Empire* als Initial einer neuen Art von Geschichtsschreibung vorstellt.[12] Bis zum Aufkommen der Figur des untergegangenen Rom habe es »– wenn überhaupt – sehr wenig Geschichten von Griechenland oder Rom gegeben. Die Leute begnügten sich mit der Lektüre der antiken Quellen, der Berichtigung von Details und dem Nachdenken über ihre Aussage«.[13] Die ersten historischen Beschreibungen Roms seien um 1700 entstanden. Edward Gibbons 1776 erschienene Monographie *Decline and Fall* sollte zu ihrem Prototyp werden. Nach der Lesart Momiglianos reiht sich das Werk nicht in die antirömische Geschichtsschreibung ein, die Foucault im Blick hat. Momigliano liest Gibbons Geschichte des Untergangs als eine Erzählung über den Aufstieg des christlichen Rom im Mittelalter. Gibbon setzt demnach die *Renovatio*-Linie der Renaissance fort. Was der Historiker als großen Erklärungsversuch oder genauer als Bestätigung der Erklärungsversuche von Voltaire und Montesquieu für die Gründe des Verfalls des Römischen Reichs angelegt hatte, geriet zu einem

»großen Bild der mittelalterlichen Welt westlich von Indien«.[14] Gibbons Gemälde eines universalen, Orient und Okzident umspannenden Reichs war eine einzige Lobpreisung Roms. Es spielte der amerikanischen Revolution zu[15], die ebenfalls – wie Hannah Arendt beschreibt – antrat, Rom zu restaurieren.

Revolutionszeiten agieren im referentiellen Sprechakt der *renovatio*. Die Renovation »ist ein obsessioneller Gedanke, der sich durch die Revolution am Leben hält und wiederkehrt wie die Jahreszeiten.«[16] Manfred Schneider zufolge ändert sich in nachrömischer Zeit der Modus der Referenz. Aus einer geopolitischen wird eine textuelle Operation. »Das Imperium ist nur von der Landkarte in die Bücher gewandert.«[17] Juristische Kommentierungen ordnen sich auf das *Corpus iuris* hin, die byzantinische Sammlung mit Rechtstexten aus römischer Zeit, und etablieren in dieser buchstäblichen Orientierung einen obersten Referenten namens Rom. Inschriftensammlungen des 16., ebenso wie Klassikerausgaben und Realenzyklopädien des 19. Jahrhunderts formieren jeweils ein referenzierbares Imperium der Texte. Seither heißt interpretieren Rom interpretieren. Rom gibt dazu den Befehl. Es ist das *imperium* der Interpretation, die Norm jeder Referenz. Kanonbildungen sind die Folge dieser nicht abreißenden Kommentierungsketten.

Preußens Editions- und Übersetzungspolitik antiker Autoren implementiert den Befehl zur Interpretation Roms, den Theodor Mommsen schließlich so umformuliert: »… keine politische und keine historische Forschung im großen Stil kann absehen von Rom«.[18] Rom wird ein Gewebe aus Klassikertexten. Oder anders ausgedrückt: Etwas, das es nie gegeben hat, wird Geschichte. Der »Geistertanz des Historismus« (Wolfgang Ernst) vergegenwärtigt ein imaginäres Rom. Das abwesende Rom, dem Petrarca erstmals ein Denkmal gesetzt hat, ist Bedingung sämtlicher, nicht nur restaurativer Romreferenzen.

Marie Theres Fögen bestätigt das Bedingungsgefüge zwischen Auslöschung des Referenzobjekts und seiner Referenzierbarkeit für das römische Recht. »Seine große Karriere trat

[das] Recht an [...] als es kein Rom mehr gab [...]. Rom wurde *die* Referenz des Mittelalters, in Konstantinopel, in Moskau, für die Kirche und vor allem für das neue, nun heilige, Römische Reich des Westens.«[19] Das Zentrum dieser Zentralreferenz bleibt leer. Erst die Referenzen auf das untergegangene Rom aktivieren die darin latent gehaltenen Bedeutungsschichten.

Die Bandbreite Rom-bezogener Semantiken ist enorm. Selbst in einer postchristlichen Welt hat der Sprechakt der Referenz Rom seine performative Kraft nicht eingebüßt. Rom besetzt die Leerstelle für Wahrheit und abendländische Werte, für ein universalisierbares Recht ebenso wie für imperiale Machttechniken. Der Rechtshistoriker Pierre Legendre hat für die unverminderte Reichweite der Referenz Rom deutliche Worte gefunden: »Das Recht als Technologie ist das strategische Kapital des Westens, ein Kapital, das stets exportiert wurde – jahrhundertelang vor allem in der Form von ›Staatlichkeit‹ – und noch wird. [...] Auch heute exportiert der Westen seine Struktur, sein Ordnungsdenken, seinen Juridismus, seine ›Staatlichkeit‹. [...] Die Romreferenz ist absolut intakt, und Rom spielt entgegen allen Versicherungen noch immer die Rolle des großen Wächters des Abendlandes.«[20]

II Das Andere der Referenz

Legendre hat den Akt der Referenz in einen Zusammenhang mit Autorität und Geltung gebracht. Autorität beruht auf genealogischen Ableitungen. Sie bedürfen daher referentieller Sprachhandlungen. Dafür ist die Bezugnahme auf Rom Legendre zufolge nicht etwa einer unter mehreren möglichen Sprechakten. Von welchem Punkt aus er eine referentielle Struktur zurückverfolgt, er stößt auf Rom. Rom ist ultimativer oder Gründungsreferent schlechthin. Keine instituierte Macht ist denkbar, die nicht auf Rom bezogen wäre.

Ein Sprechen im Namen von Rom verwandelt die Gewalt der Gründung in einen legitimen Akt. Es verdeckt die Fiktion des Ursprungs und gibt dem kontingenten Wissen einen Rückhalt in Raum und Zeit. Die Religion gründet in Rom.[21] Das Recht bezieht sich darauf. Das Europa der Gemeinschaft entwirft sich darin.[22] Jeder referentielle Akt und das heißt: jeder Setzungsakt referenziert also letztlich Rom. Oder negativ ausgedrückt: Keine instituierte Macht ist vorstellbar, die nicht auf Rom bezogen wäre. Der Name Rom steht für Referenz. Er ist das symbolische Signifikat der Referenz.

Diese Gleichsetzung von Referenz mit Rom macht es unmöglich, die Referenz Rom von einer bestimmten, mit Rom konnotierten Semantik aus zu betrachten. Das Römische ist ein semantischer Shifter. Was als römisch attribuiert wird, ist daher nicht fest umrissen. Referentielle Akte codieren Rom heidnisch, griechisch, jüdisch oder christlich und besetzen es etwa puritanisch oder europäisch um. Die performative Wirkung Rom-referentieller Akte besteht gerade darin, fremde, auch antirömische Semantiken zu vereinnahmen. Rom-Referenzen lassen sich daher nicht thematisch sortieren und typisieren. Eine Bestandsaufnahme motivischer Rom-Anspielungen und -Anleihen bliebe unvollständig und in ihrer Auswahl zufällig. Das Phänomen allgegenwärtiger Romreferenzen und ihrer anhaltenden Exportfähigkeit (um nicht zu sagen: eines spezifisch europäischen Kolonialismus, für den Derrida das Wort von der *Mundialatinisierung*[23] geprägt hat) bietet daher keinen brauchbaren Anhaltspunkt für eine Beobachtung der Referenz, die auf ein verortbares Rom ebenso wie auf ein textuell erstelltes Rom gehen, die vage römische Topoi oder ein Syndrom namens Rom meinen kann.

Nur von einem Standpunkt aus, der nicht in die referentielle Struktur abendländischer Institutionen eingebunden ist, ist die Referenz Rom beschreibbar. Wenn aber jedes Sprechen als instituiertes, und sei es in Rom-kritischer Absicht, eines im Namen Roms ist, dann wirft das die Frage auf, ob überhaupt ein

Sprechen außerhalb davon vorstellbar ist. Als nichtinstituierte Aussageform wäre sie schließlich dazu verurteilt, die Rede eines Wahnsinnigen zu sein. Doch bereits die Frage nach einem Nicht-Rom-Bezug bleibt in der Struktur der Referentialität befangen. Sie bestätigt die Intaktheit der Romreferenz. Denn das Verlangen, ein Außerhalb von Rom zu denken, referenziert ebenfalls Rom. Es erweist sich als Effekt einer wirksamen Referenzstruktur, welche den Wunsch nach Dereferenzierungen auslöst, danach, irgendetwas in der Geschichte zu finden, das nicht zum Ruhme Roms gereicht.

Kaum etwas dürfte letztlich sogar mehr zur Wirkmächtigkeit der Romreferenzen beigetragen haben als antirömische Sprechakte. Die gegen das Rom des Rechts und der Institutionen gerichtete Referenz der lutherischen Reformation etwa verarbeitete die katholische Kirche höchst effektiv auf verschiedenen Ebenen, etwa der Liturgie, der Ekklesiologie, der Kirchenkunst und der Verwaltung, so dass man sagen kann, diese sei »gegenreformatorisch eigentlich erst ›römisch‹-katholische Kirche« geworden.[24] Sind auch Anti-Rom-Referenzen in die Struktur der Referentialität eingebunden, bleibt kein Raum ohne Rom.[25] Die Suche nach romfreien Zonen des Denkens und Wissens wäre darum nichts anderes als ein hilfloser Versuch, der dichten Referenzierbarkeit Roms, seiner Allgegenwärtigkeit und Übermächtigkeit zu entkommen.

Heißt das: »Wir Europäer« können nicht absehen von Rom? Oder anders gefragt: Wie unentrinnbar ist der Sog der Referenz Rom? Sicher lässt sich ein romzentrierter Blickwinkel nicht überwinden, indem man ihn leugnet. Der Intaktheit der Romreferenzen kann man nicht den Rücken kehren, wenn man sie beobachten will. Es reicht auch nicht aus, den Forschungsbereich zu erweitern und – wie der Neue Pauly[26] – dem Orient stärkere Aufmerksamkeit zu widmen oder eine nicht-okzidentale Genealogie des Rechts zu entwerfen.[27] Das sind Nachbesserungen innerhalb der Referenz, die in die nach Ost und West gespaltene Referenzstruktur eingeschrieben bleiben. Eine Beobachterdifferenz, die auch diese Differenz beobachten kann, bieten sie nicht. Auch der Hinweis auf den blinden Fleck jeder Beobachtung erledigt das Problem nicht. Wenn das Projekt *Referenz Rom* mehr sein will als rückwärtsgewandte Bestätigung seines eigenen, jeweils in Rom gegründeten Diskurses, wie es insbesondere für das Recht zutrifft, dann kann es sich kaum mit der Feststellung begnügen, dass die Rom-Referenzen, die es beobachten will, bis in die eigene Beobachtung hinein wirksam sind. Will es Roms eigene Rede nicht verdoppeln, muss das Projekt in eine analytische, auf die Struktur der Referentialität gehende (statt einer thematischen) Differenz dazu treten.

Richtet die Suche nach einer Beobachterdifferenz sich nicht auf das, was nicht Rom ist, sondern das, was die Referenz Rom nicht ist, dann müssten sich beispielsweise Gründungsakte finden lassen, die Rom *nicht* referenzieren. Solche Rom-dia- und synchronen Gegenmodelle – von außereuropäischen Kulturen und von anderen Großmächten der Antike – werden nicht in der Absicht gesucht, den Zentralreferenten Rom zu demontieren oder zu relativieren. Sie sollen vielmehr im Vergleich mit der Referenz Rom Aussagen generieren, die von einem zwangsläufig romzentrierten Blickwinkel aus, für den Referenz und Rom als Synonyme figurieren, nicht möglich wären.

Die Formulierung einer Beobachterdifferenz könnte des Weiteren direkt bei der prekären Synonymität von Referenz und Rom einsetzen. Ist der Name Rom das symbolische Signifikat aller referentiellen Operationen, dann sind nicht-semantische Kriterien zur Beschreibung der Referenz Rom gefragt. In der Semiotik bilden Zeichen die andere Seite der Referenz. Mit Charles S. Peirce kann man von Zeichenprozessen ausgehen, die ganz ohne Referenz ablaufen, weil sie rein operativ, etwa mathematisch funktionieren. Sie stellen einen nicht-diskursiven Bezug zu Rom her.[28] Wenn beispielsweise italienische Städte des 15. Jahrhunderts ihre römische Herkunft in den Ruinen verankern, die dann nicht mehr, wie es die bisher geübte Praxis eines Rom-Recyclings war, als Baumaterial weiterverwendet wurden, dann bleibt es nicht bei Reden, welche eine Wiedergeburt der Antike beschwören. Topographisch präzise kommen damals neue Medien und Kulturtechniken wie die Zentralperspektive beim Grundriss einer antiken römischen Stadt, dem *castrum*, an.

Ein weiteres Beispiel für semiotische Operationen, welche referenzlos funktionieren, bildet das kartographische Verfahren Leon Battista Albertis. Zwischen 1430 und 1450 stellte der Kryptographie-Experte des Vatikans eine neue Methode zum Kopieren von Karten vor, die erstmals mit den Fehlern der Kopisten rechnete.[29] Seine fehlerresistente Übertragungsmethode zerlegte die Topographie einer Stadt innerhalb eines Koordinatennetzes in Daten, die er von einem Nullpunkt aus vermaß. Diese Daten, die er dann in Listen eintrug, ließen sich jederzeit und von jedermann wieder zu einem Stadtplan zusammensetzen. Alberti demonstrierte sein kartographisches Notationssystem an keiner anderen Stadt als an Rom und dies nicht etwa, weil die Hauptstadt die Bedeutung seines Verfahrens heben sollte. Seine *Descriptio Urbis Romae* machte sich die Topographie Roms zunutze. Ihr Mittelpunkt bildete den Nullpunkt der Vermessung. Die diagrammatische Beschreibung der Stadt Rom legt also frei, was Legendre, ohne es zu konkretisieren, die Struktur der Referentialität nennt. Rom ist das Kapitol, mit Derrida gesprochen das Kap, der Zentralsignifikant semiotischer Prozesse.

So wie in diesem Beispiel die Referenz Rom auf einer nichtdiskursiven Operation beruht, funktionieren auch die römischen Verkehrswege. Mit Lacan sind sie das Reale, das der symbolischen Operation der Referenz Rom zugrunde liegt. Europa haben sie ihre Referenzstruktur eingeprägt: »Die römischen Straßen [...] haben noch zu Goethes Zeit weitgehend den europäischen Verkehr getragen, bis die Anlage der Eisenbahnen meist auf den gleichen Trassen [...] ihr materiales Ende einleitete«.[30] Ihre fortwährende Weiterbenutzung, eine Art stumme oder Real-Referenz auf das Rom der Infrastrukturen, schafft ein referenzierbares Rom. Es wird als ein Gebilde aus

Mauern und Grenzbefestigungen, als ein Netz aus verschiedenen Kanälen wahrgenommen, die Europa durchziehen und die auf Rom zentrieren.

Diese Rasterung, die sich in anderen Infrastrukturen, wie beispielsweise in Nachrichten- und Dolmetschersystemen wiederholt, etabliert also eine Referenzbasis als Bedingung der Möglichkeit von Referenz, ohne die Rom nicht expandieren, ohne die es nicht zum Modell von Expansion und Kolonisierungen und ohne die es schließlich nicht zum zentralen Referenten der abendländischen Welt hätte werden können. In der Rede von den Wegen, die alle nach Rom führen, wird die zentral ausgerichtete Struktur der Referentialität sprichwörtlich. Oder umgekehrt ausgedrückt: die metaphorische Rede literalisiert und materialisiert sich im Verkehrswegenetz des Imperiums. Die *viae publicae* transportieren Neuigkeiten, Befehle, fremde Sprachen und andere Kulturen von und nach Rom.[31] Rom wird dadurch *Caput Mundi.*

Das Haupt der Welt ist das Haupt der Referenzen. Sein Zentrum bleibt leer. Die referentiellen Akte können sich auf alles beziehen, was in Rom zusammenläuft und von dort aus verteilt wird. Rom ist, mit anderen Worten, Durchgangsstation der Referenzen, *Relais* (Bernhard Siegert) der Ströme an Gütern und Informationen. Es konvertiert In- und Output. Die Währung dafür heißt *Latinität.*[32] Das Lateinische konvertiert fremde Sprachen[33], es wird zur geographisch entkoppelten virtuellen Bezugsgröße, um den Bewohnern außerhalb Italiens die römische Bürgerschaft zu verleihen, und es macht in Form des römischen Rechts fremde Handels- und Verkehrsbräuche konvertibel.[34] Bis heute funktioniert dieses lateinische Modul. Es kann diese Funktion einer *Lingua franca* multinationaler Kommunikationen, nicht allein im Recht, erfüllen, weil es aus der Bereinigung von nationalen Formalismen hervorgegangen ist.[35] Die Latinität ist das Medium der Referenzen und daher selbst ohne Substanz, ohne feste Bedeutung. Diese werden erst im Akt der Bezugnahme festgestellt.

Rom lässt denken. Rom-Agenturen, wie die Kirche, verwalten die Referenzoptionen, sie halten diese latent. Im Akt der Referenz werden sie manifest.[36] Dieser Akt aktiviert jeweils eine Differenz zu etwas, was Rom latent *auch* sein kann. Systemtheoretisch gewendet hieße das: Differenz strukturiert die Operation der Referenz, ohne dass diese als Unterschiede thematisiert werden müsste.[37] Eine dichotome Struktur durchzieht also die Referenz Rom. Das Rom der Referenzen steht unter dem Vorzeichen der Spaltung. Es kann sich auf ein abendländisches oder ein byzantinisches Rom und damit auf monopolisierte Macht oder koexistierende Mächte, Institution oder Antiinstitution, intakte Kirche oder untergegangenes Reich, römisch-kanonisches Recht oder empiristische Geschichtsschreibung, Balkan und Russland auf der einen und Europa auf der anderen Seite[38], Welteinheit[39] oder Trennung in Ost-West[40], universale Herrschaft des Rechts oder hegemoniale *Pax Romana*[41] beziehen. Weil das latente Rom der Referenzen stets diesen doppelten Anknüpfungspunkt bietet und damit unablässig Ambivalenzen erzeugt, die in den Rhetoriken des Widerstands gegen Rom ausgespielt werden, verweigern Rom-Referenzen eine thematische Erfassung. Das Andere der Referenz lässt sich allein seiner Struktur und ihren Wirkungsmechanismen nach beschreiben.

Die dichotome Struktur ist der Referenz Rom von Anfang an, und das heißt auch: vom Anfang Roms an, eingeschrieben. Denn wenn alle Gründungsakte Referenzakte sind, dann bedarf auch die Gründung Roms einer Referenz. Rom nimmt bekanntlich auf Troja Bezug und bringt das Original damit erst hervor. Rom gründet sich in der Bezugnahme auf diesen nachträglich entworfenen Ursprung. »… so seltsam es klingt, der römische Gründungsbegriff impliziert von vornherein, daß jede Gründung eine Rekonstitution, die Erneuerung und Restauration eines Uralten ist. So war, wenn wir Vergil folgen, die Gründung von Rom vor allem die Wiedererstehung von Troja, Rom heißt bei ihm ausdrücklich ein ›zweites Troja‹.«[42] Die Referenz Rom geht auf Rom als Urgrund und als Wiederherstellung Trojas. Abstrakter ausgedrückt: Die Referenz Rom zerfällt in eine Gründungsreferenz, die auf Rom als Original bezogen ist, und eine Referenz auf Rom als Kopie.

Die gebrochene Initial-Referenz Roms hat Dereferentialisierungen zur Folge. Rom-Kopien (wörtlich etwa von griechischen Skulpturen) sperren den unmittelbaren Bezug zu dem, was seither zum Inbegriff für Unmittelbarkeit geworden ist. Griechenland ist, so etwa Johann Gustav Droysen, allein durch Rom vermittelt noch zugänglich. »Man kann mit Grunde behaupten, dass die Griechen nur durch Vermittlung der Römer auf uns gekommen sind, da auch das morgenländische Kaiserthum, dessen Flüchtlinge die griechische Literatur im Okzident wiederherstellten, ein Überrest des Römischen Reichs war.«[43] – Auch so kann man es ausdrücken, dass Rom Distributionsmedium fremder Kulturen gewesen ist. Es dereferentialisiert Athen und verwaltet es als Latenz – Überrest in der Sprache Droysens.

So wie die Frage nach dem Beginn der Referenz Rom könnte auch die nach seinem Ende eine Differenz markieren, die einen analytischen Zugang zur Referenz Rom bahnt. Die Struktur der Referentialität, von der Legendre spricht, wird in Architekturen, Topographien, der Organisation des Nachrichtenverkehrs und der Sprachenverwaltung ebenso wie in textuellen Verweis- und Zitatpraktiken konkret. Sie ist, wie beschrieben, durch Hierarchie und Zentralität gekennzeichnet. Ein Vergleich mit netzförmigen Strukturen, wie sie gegenwärtig die Organisation des Internet prägen, könnte ergeben, dass die Referenz Rom durch andere Strukturen abgelöst oder überlagert wird. Die geradezu inflationäre Bezugnahme auf Rom würde dann möglicherweise rhetorisch bloß verstellen, dass die Wirkmächtigkeit der Referenz Rom im Schwinden begriffen ist. Sie könnte aber auch ein Hinweis auf die unverminderte Kapazität zur Adaption der Referenz Rom sein, die virtuelle Räume ebenfalls imperial strukturiert.

Wort für Wort

Übersetzen und Gesetz

I

Nicht immer schon stellte das Zusammentreffen mehrerer Sprachen in einem Raum ein Problem dar. Nicht immer schon bereitete Multilingualität vor allem Verständigungsschwierigkeiten. Und nicht immer schon wurde das sogenannte Problem der Mehrsprachigkeit durch Privilegierung einer einzigen Sprache, einer Amtssprache, gelöst. Das antike Rom jedenfalls verflucht die Sprachenvielfalt nicht als babylonisch und demzufolge herrschaftsschwächend; es scheint vielmehr, als bedarf es ihrer gerade, um damit eine Politik der Übersetzung zu praktizieren.[1] Wer übersetzen lässt, hat die Befehlsgewalt, das *imperium*. In Übersetzungsvorgängen expandiert das Reich, es überträgt sich in seinen Befehlen, die mit dem Befehl zur Übersetzung konvergieren. Darin erfährt der historiographische Topos einer *translatio imperii* seine praktisch-strategische Anwendung. Werden hingegen die vielen gesetzlos kursierenden Sprachen auf eine einzige reduziert, erstarrt der Imperativ zum Gesetz. Das Imperium muss an seine eigene Unübersetzbarkeit stoßen und daran untergehen.

Roms Operations- und Existenzbasis der Befehltransmission sind die Magistrate. Dort arbeiten auch *interpretes*, Dolmetscher also, die magistrale Befehle von einer Sprache in eine andere, von einem Sprachgebiet in ein anderes übertragen. Die Reichweite der Übersetzer definiert die Weite des Reiches. Oder weniger sprachspielerisch: Wo Latein hörbar ist, ist Rom. Dabei ist die Transformation von einer lokalisierbaren *urbs* zu einem Sprach-Rechts-Gebilde alles andere als der glatte Durchmarsch der lateinischen Sprache und daran gekoppelt des römischen Rechts durch die damals bekannte Welt. Das Reich als seine eigene Übersetzbarkeit, Rom als Operator dieses lingual-juridischen Transfers, betreibt keine repressive Sprachpolitik, es kolonialisiert weder Barbarenstämme durch eine vorgeschriebene Einheitssprache noch verpflichtet es jemanden, Lateinisch zu sprechen und in seiner eigenen Sprache zu verstummen. Es ist gerade die Durchlässigkeit für fremde Sprachen, welche die Übertragungsfähigkeit des Römischen Reiches und damit des römischen Rechts ausmacht.

Die Befehle, die von Rom ausgehen, und jene, die dort ankommen, müssen übersetzt werden. Im Umkehrschluss genügt für den amtlichen Verkehr innerhalb der Provinzen die jeweilige Landessprache, sei es Oskisch, Umbrisch, Etruskisch, Griechisch, Gallisch, Aramäisch, Hebräisch, Punisch, Syrisch … oder eine der anderen über hundert Sprachen und Dialekte, die in der Zeit der Republik im Umlauf sind. Oftmals als liberale Sprachpolitik Roms gepriesen, erweist sich die multilinguale Praxis Roms als konsequente Anwendung seiner ›Amtssprache‹, die also immer eine übersetzte ist. Wenn beispielsweise Cato seine Reden an die Athener ungeachtet seiner Griechischkenntnisse in lateinischer Sprache hält, befolgt er damit das römische Gesetz der Übersetzung. Roms Anwesenheit manifestiert sich in und als Akt der Übersetzung, die darum trotz eigener Fremdsprachenkenntnisse nicht entfallen darf. Die Verlautbarungen aus Rom werden deshalb in den Kolonien und Provinzen in der Regel in lateinischer Sprache verlesen und simultan übersetzt. Der Statthalter, der Rom in den Provinzen repräsentiert, spricht ebenfalls ausschließlich die Sprache Roms und lässt übersetzen. Damit wird – in letzter Instanz – den Dolmetschern die Aufgabe überlassen, Magistratsbefehle und Senatsbeschlüsse zu verkünden. Autorität erhalten sie im fest installierten Ritual der Übersetzung, durch welches sich Rom überall Präsenz sichert.

Die Übermittler der Botschaften von und nach Rom werden den Amtsträgern in den Provinzen und den römischen Gesandten in Griechenland oder Kleinasien regelmäßig beigeordnet. Entweder sind es Einwohner vor Ort oder Freigelassene, die von Rom aus mitreisen – in jedem Fall also Einheimische, welche die amtlichen Verlautbarungen Roms akzentfrei und das heißt ohne Autoritätsverlust in die jeweiligen Landessprachen übertragen. Sie transportieren Rom in die Kolonien, Provinzen und zu den Bundesgenossen. Diese *veri interpretes,* wie sie später als »staatlich anerkannte« Dolmetscher in den Digesten heißen, sind wirkliche Mittler oder Unterhändler, wenn sie die staatlichen Verträge im Übersetzen aushandeln und sie daher ebenso wie Diplomaten und Magistrate unterschreiben müssen, damit sie wirksam werden. Folglich besteht das Verwaltungspersonal im Römischen Reich zu einem großen Teil aus Dolmetschern. Hundertdreißig seien es allein im Pontusgebiet, wie Plinius einmal zum Beleg ihrer Bedeutung angibt.

Am Kreuzungspunkt der Sprachen, im Akt der Übersetzung, wird das Barbarische romförmig und romgefügig. Es ist die hohe Porösität für barbarische Sprachen, welche diejenigen, die sie sprechen, mit Rom verbindet. Kommen fremde Könige nach Rom, tragen sie ihr Anliegen in der jeweiligen Sprache vor. Magistrat und Senat verhandeln selbst mit Gesandten aus Griechenland nicht in der Sprache der Gäste, sondern – wiederum nur vermittelt über Dolmetscher – jeder in der seinen. Darin mag eine Geste wechselseitiger Anerkennung liegen. Allerdings stellt diese Praxis zugleich unmissverständlich klar, dass die alleinige Befehlsgewalt bei Rom, genauer bei seinen Übersetzern liegt. Darum auch sollen die römischen Amtsträger, selbst wenn sie könnten, mit den Bittstellern aus Kleinasien kein Griechisch sprechen, nicht einmal, um den Trumpf der eigenen Bildung auszuspielen, die mit der Kenntnis dieser Sprache gemeinhin verbunden wurde.

Die Politik der Übersetzung ist Sprachverwaltung und Rechtsdurchsetzung in einem. Sie wirkt als Rechtskontrolle des Gesprochenen; eine ungreifbare Macht, die weder eine Amtssprache dekretiert noch mit Verboten operiert. Man wird in der Republikzeit kein Gesetz finden, das Ausländern zwingend vorschreibt, lateinisch zu sprechen. Niemand verstößt gegen eine Norm, der etwa auf Griechisch mit den Behörden verkehrt. Die Bedingung des Sprechens besteht also auch außerhalb des diplomatischen Verkehrs, beim Vorsprechen vor Gericht zum Beispiel, allein in der Übersetzbarkeit. Auf eine in Griechisch geführte Gerichtsverhandlung kann daher durchaus ein lateinisches Urteil folgen und umgekehrt.

Rom, das ist ein Sprachengewirr, ein vorsätzliches Babel, in dem Schriftsteller wie der griechischsprachige Livius Andronicus, wie Caecilius aus dem cisalpinischen Gallien, wie Terenz aus Afrika oder Plautus aus Umbrien ihre Äußerungen allesamt über die Schaltstelle jenes zunächst unbedeutenden italienischen Dialekts namens *lingua latina* laufenlassen. Die Durchlässigkeit für barbarische Sprachen innerhalb Roms korrespondiert mit der »Infiltration«[2] durch die fremde lateinische Sprache außerhalb der Stadt. Das Virus des Lateinischen wird über die großen römischen Verkehrsstraßen verbreitet, die größtenteils unter Augustus entstehen: die Via Appia beispielsweise, die Rom mit dem griechischen Osten verbindet, die Via Valeria, die nach Afrika führt, oder die Via Aurelia, die in Spanien endet. An den Verkehrsknotenpunkten bilden sich Unter-Zentren der Verkehrssprache. Mit dem Straßennetz verbreitet sich die lateinische Sprache und parasitär damit auch römisches Recht. Dieses heftet sich an die Dispersion der Wörter. Aus dem Gemeindestaat Rom wird in diesem juristisch-linguistischen Verbund ein Rechtsinstitut, und dieses ist als solches in räumlicher und zeitlicher Hinsicht exportfähig. Das nichtsesshafte, unterritoriale Prinzip der Übersetzung des Rechts und als Recht wirkt sich noch im dritten Jahrhundert n. Chr. aus, wenn die Verleihung des römischen Bürgerrechts nicht an die Stadt Rom und überhaupt nicht an den Wohnort gebunden wird, sondern nur an die Latinisierung des eigenen Namens und an lateinische Sprachkenntnisse.

Mit der Ausbreitung der lateinischen Sprache wird aus dem ehemaligen italienischen Dialekt eine Art Hochsprache. Die sich allmählich durchsetzende »Homogenität des Lateinischen durch das Straßennetz« (Devoto) würde theoretisch allerdings das Ende von Übersetzbarkeit und damit des Reiches in seiner transitorischen und translatorischen Form bedeuten. Rom wäre Rom, überall und zugleich, ohne Differenz. Auf dem Höhepunkt seiner Transformation in ein lateinisch-römisches Rechtsinstitut, in den ersten beiden nachchristlichen Jahrhunderten, droht Rom tatsächlich in der Tautologie einer Übersetzung zu verschwinden, gäbe es nicht die kaiserlichen Kanzleien. Sie verwalten Übersetzbarkeit und simulieren das Prinzip einer *translatio imperii* unter administrativen Bedingungen. Vor Homogenisierung, das heißt Übertragungsstillstand, schützt von da an eine Art amtlich induzierte Heterogenität der Sprachen: die Etablierung zweier gleichberechtigter Reichssprachen, Griechisch und Lateinisch, die sich an der Aufteilung des polyglotten Imperiums in eine westliche und eine östliche Hälfte orientiert. Die imperiale Interlingualität der Republikzeit wird dann mit den verwaltungstechnischen Mitteln der kaiserlichen Kanzlei hergestellt. Sie ersetzt das Institut der *interpretes* und reduziert diese Schaltstelle des Imperiums auf eine Art Zwei-Kanal-System der beiden Reichssprachen.

Die Bilingualität der Bürokratie ist nicht zuletzt Folge jenes hellenistisch-römischen Sprachbündnisses, das die Römer bereits zu Zeiten Ciceros mit den Griechen eingingen, auch um sich von ihrem Barbarenstatus zu emanzipieren. Den hatten sie sich, gewissermaßen mit den Ohren Griechenlands, selbst zugelegt.[3] Seit Cicero als Übersetzer griechischer Texte und griechisch sprechender Redner diese Sprache aufgewertet und in der Folge die eigene entbarbarisiert hat, können Griechisch und Lateinisch die Bedingung des Reiches erfüllen, nämlich wechselseitig übersetzbar zu sein. Zum Prinzip der Zweisprachigkeit erhoben wird sie dann in der frühen Kaiserzeit. Das wiederum zeigt sich plastisch in der Gliederung der für die offizielle Korrespondenz mit dem Ausland zuständigen kaiserlichen Kanzlei *ab epistulis* nach linguistischen Gesichtspunkten in eine lateinische und eine griechische Abteilung. In den *scrinia ab epistulis graecis,* einer Art Übersetzungsbüro für Senatsbeschlüsse und Kaiserbriefe, wird von der einen auf die andere Sprache umgestellt. Sekretäre, die Griechisch als ihre Muttersprache sprechen – in amtlichen Zusammenhängen meist Vatersprache genannt –, beantworten griechische Anfragen in der Regel lateinisch und führen lateinische Vermerke des Kaisers in griechischer Sprache aus.

Die beiden Kanzleisprachen stehen zueinander in einem – mit Walter Benjamin gesprochen – Verhältnis reiner Übersetzbarkeit.[4] Folglich gibt es keine Übertragungsverluste bei der Umstellung von der einen auf die andere Sprache. Erst wenn eine Ursprache ins Spiel der Übersetzungen kommt, erst wenn Lateinisch als das zu übersetzende Original behandelt wird, ist die reibungslose Konvertierbarkeit der Sprachen gestört. Die Übersetzung wird dann an der einen, überlegenen Sprache gemessen, deren Entstellung die übersetzte zwangsläufig darstellt.

Der administrierte Bilingualismus verschwindet schließlich im Monopolisierungsfuror der Dominatszeit. Der Regierungsform des Monotheismus widerstreben viele Sprachen. Sein Prinzip lautet: ein Gesetzgeber, eine Sprache. Mit der Diokletianischen Staats- und Verwaltungsreform wird die Pluralität der Gesetzgebungsformen und -organe daher auf eine einzige reduziert, den kaiserlichen Befehl nämlich, der unmittelbar, ohne Abstimmung mit Magistrat und Senat, geltendes Recht werden soll. Und es versteht sich von selbst, dass er in lateinischer Sprache abgefasst wird. Das römische Recht ist Ende des dritten Jahrhunderts lateinisch dominiert und wird nur noch *ins* Griechische übersetzt, nicht mehr zurück. Die dynamische, weil zweisprachige Verwaltung verfestigt sich so in der Einseitigkeit der Übersetzungsrichtung. Zu einem Befehl wird nicht, was übertragen wird, sondern übertragen wird, was ein Befehl ist. Die Setzung kommt vor der Übersetzung, und ein Befehl heißt von da an *constitutio.* Rom, die

Schaltstelle der Befehle, konstituiert sich und erhält im Kaiser eine Zentrale.

Mit dem Wechsel vom dritten zum vierten Jahrhundert ändert sich folglich der Übertragungsmodus des Reiches. Die kaiserliche Befehlstransmission ist auktorial und als innerer Monolog in lateinischer Sprache organisiert. Im Zeichen der Ankunft erhält spätestens unter den christlichen Kaisern der Befehl eine Bestimmung, ein Ziel: das Subjekt. An ein *subiectum* sind seit der Diokletianischen Reform die Befehle adressiert, und die Kanzleien werden zu reinen Ausführungsorganen des kaiserlichen Willens ohne eigene politische Macht. In den *scrinia epistularum* braucht man nun keine Juristen und Dolmetscher mehr, sondern Stilisten, die den Willen des Kaisers in eine Sprache bringen. In diesem Wechsel weg von den Rhetoren und hin zu den Rechtsgelehrten deutet sich eine verallgemeinerbare Tendenz des Rechts zur Literatur an, die jeweils durch die monolingualen und -legislativen Übertragungsformen bedingt ist. Diese wirken sich konkret als eine Art Autismus des Imperators und seiner Kanzlei aus. Er hinterlässt Übertragungsvakua, in denen sich im vierten Jahrhundert andere Sprachen, fremdsprachige Stämme, wie Ostgoten, Germanen oder Hunnen, ausbreiten.

Die Reaktion auf diese Zurückdrängung Roms erfolgt im Zeichen der Wiederherstellung von Übersetzbarkeit – nun aber keine administrative, sondern eine geographische Operation. Als Konstantin 324 n. Chr. damit beginnt, Rom in eine griechisch sprechende Gemeinde zwischen der westlichen und der östlichen Reichshälfte namens Byzantion zu verlegen, schafft der Wechsel auch jene Sprachen-Differenz, die nötig scheint, um die stagnierende *translatio imperii* von Gott in Kaiser wiederzubeleben. Doch schafft eine im Umzug inszenierte Distanzierung vom heidnischen Rom noch keine Νεα Ρωμη, so wenig wie lateinische Worte in griechischen Buchstabenzeichen und griechischer Flexion schon Übersetzungen wären. Auch die bloß räumliche Verlegung der Kanzlei macht daraus noch keine renovierte Agentur der Interlingualität. Wie bereits der neue Name *Constantinopolis* für Byzanz zeigt, steht das gesamte Unternehmen im Zeichen einer Politik der Metonymie, deren kalkulierter Einsatz Rom mitsamt der monologisch-monolingualen Verwaltungsstruktur lediglich nach Osten verschiebt. Folglich unterliegt auch die Verwaltungssprache weiterhin dem Prinzip der Einsprachigkeit – nun nicht mehr Lateinisch, sondern Griechisch. Die Verlegung Roms transferiert es substantiell und möglichst unverändert, zieht diese Stadt aus Rom ab und hinterlässt dort eine verwaiste, sich barbarisierende *pars okzidentis,* in der rund ein Jahrhundert später das Römische Reich vollkommen an Bedeutung verliert und unter germanischer Herrschaft nur noch für die dort lebenden römischen Bewohner gilt.

Im anderen Teil des Reiches hingegen wird Rom, die Kopie, schließlich im sechsten Jahrhundert novelliert. Der Kaiser Justinian wird dann das römische Recht, das sich parasitär zur lateinischen Sprache verhält, über eine künstliche Re-latinisierung des Ostens, einen nachgeholten linguistischen Transfer, erneuern. Justinian verordnet der oströmischen Kanzlei, die faktisch schon auf Griechisch umgestellt hat, Latein als zweite Amtssprache und macht damit erneut Interlingualität zum Übertragungsmodus des Rechts. Einer der Effekte dieser Novellierung des Reiches ist sogar geopolitisch greifbar als Rückgewinnung von Ländern der ehemaligen westlichen Hälfte, z. B. Nordafrika, Italien und Südspanien. Unter Justinian werden die Sprachen außerdem nicht mehr nur verwaltet, sondern erstmals auch kodifiziert. Man könnte die Epoche, die bereits von Konstantin eingeleitet wurde, durch die Wende von einem administrativen zu einem legislativen Machtdispositiv kennzeichnen, von den zu Konstitutionen stilisierten Befehlen zu den unmittelbar gesetzten *leges generales*.

Mit dem Kompilationsprojekt des gesamten Datenbestandes des alten Reiches will Justinian Byzanz römisch-rechtlich codieren, um es dann auf dieser Basis un-römisch, und das heißt byzantinisch zu novellieren. Er beauftragt damit denjenigen, der aufgrund seiner Stellung selbst symptomatisch geworden ist für die spätantike Wende vom Übersetzen zum Gesetz: den Rechtsgelehrten Tribonian. Als *quaestor sacri palatii* ist er für die gesetzgeberische Tätigkeit seines Kaisers zuständig und muss zwischen diesem und den *scrinia* vermitteln. Justinian sucht die Zukunft seines Imperiums in der Vergangenheit Roms, und das heißt nicht zuletzt in den römischen Kanzleien. Seine Politik der Überlieferung greift auf den Datenbestand der nunmehr stillgelegten, zum Archiv gewordenen Kanzleien zurück, um daraus ein festes und unvergängliches Recht zu formen. Folglich macht er seinen Justizminister zum Archivdirektor. Tribonian hat von da an nicht mehr bloß neue Gesetze zu stilisieren, sondern auch die alten zu publizieren. Mit Hilfe einer Kommission soll er die kaiserlichen Konstitutionen und Juristenmeinungen vergangener Jahrhunderte sammeln und eine Auswahl davon in lateinischer Sprache veröffentlichen.

Für eines der Rechtsbücher, für die Digesten, lautet der Auftrag, dass es so herauszugeben sei, als ob man es vom Moment seines ersten Aufschreibens an unverändert überliefert hätte, »… quasi ab initio scriptum« (Konstitution »Deo auctore« § 7). Unmittelbar darauf folgt in derselben Konstitution die Anweisung zu einer Übersetzung, mittels derer die Unveränderlichkeitsfiktion der Schrift erreicht werden soll. Überflüssiges sei zu kürzen, Wiederholungen zu vermeiden und Widersprüche zu glätten. Interpolationstechniken wie diese, Übersetzungen mithin, bereiten die in zeitlicher und urheberschaftlicher Hinsicht heterogenen Texte für die Ewigkeit vor. Die Umschrift der disparaten juristischen Lehrmeinungen zu einem Rechtsbuch *quasi ab initio* suggeriert eine anfängliche, ursprüngliche Fassung und damit die Möglichkeit von Abweichungen bei der Übertragung.

Übersetzungen werden dort notwendig, wo die lateinische Version – gewissermaßen als legislatives Analogon zur Kanzleipraxis der Bilingualität – auch in griechischer Sprache erscheinen soll. An dem zum Original gewordenen lateinischen Text gemessen, läuft jede nachfolgende Übersetzung dann Gefahr, eine verfälschende, entstellende oder zumindest missverständliche Wiedergabe zu sein. Und so wird das, was Bedingung des römischen Imperiums gewesen ist, in Byzanz zu einem riskanten Unternehmen. Zur Verminderung des Risikos werden die Translationen und Transkriptionen des imperialen Rom zu einem römischen Rechtsbuch gesetzlich geregelt.

Justinians Erneuerungsprojekt des Reiches wird über eine umfassende Gesetzgebung zur Übersetzung gesteuert. In den Digesten, oder Pandekten mit lateinischem Namen, wird die Tätigkeit des *interpretari* daher selbst Gegenstand von Gesetzen. In der einschlägigen, zweisprachigen Konstitution »Tanta / Δεδωεν« aus der Einleitung der Digesten (§ 21) ist vorgesehen, dass allein die Übersetzung zulässig sei, die nach der Ordnung und der Reihenfolge der lateinischen Wörter vorgehe: »[…] nisi tantum si velit eas in Graecam vocem transformare sub eodem ordine eaque consequentia, sub qua et voces Romanae positae sunt (hoc quod Graeci ατα ποδα dicunt) […].« Damit ist nicht nur der Primat der lateinischen Sprache besiegelt; die römische Praxis der Übersetzung hat mit dem Gebot der Wörtlichkeit auch die Form eines Postulats angenommen, eines Postulats der *richtigen* Übersetzung.

Wort für Wort, oder Fuß für Fuß, wie man ατα ποδα übersetzen könnte, ist die Schrittfolge, die Justinian den Gesetzes-Übersetzern dabei vorschreibt. Die Pflicht zur Worttreue verlangt ihnen dieselbe Haltung ab, die auch Benjamin den Übersetzern zur Aufgabe gemacht hat. Sie sollen nicht nach Syntagmen und sinngemäßen Äquivalenten suchen, sondern sich von der *ordo* eines Satzes, von der Satzfolge oder *consequentia* leiten lassen. »Das vermag vor allem die Wörtlichkeit in der Übertragung der Syntax und gerade sie erweist das Wort, nicht den Satz als das Urelement des Übersetzers.«[5] Wo nun aber Benjamin der Abgründigkeit in der Tätigkeit des Übersetzens nachgeht, dekretiert das kaiserliche Gesetz schlicht ihr Gelingen. Eine autorisierte Übersetzung durch staatlich vereidigte *interpretes* ist von Rechts wegen immer die richtige.

Was Justinian mit dieser rechtlichen Verpflichtung aufs Wort meint, macht die lateinische Vorschrift dazu selbst deutlich, denn in ihr bleibt der entscheidende Begriff unübersetzt und wird stattdessen bloß umschrieben: »… das, was die Griechen ›κατα ποδα‹ nennen.« Die Übersetzungsregel stellt damit zugleich ihren ersten Anwendungsfall dar: die wörtlichste Übersetzung ist eine unterlassene. So wie die Konstitution zur richtigen Übersetzung griechische Worte unübersetzt lässt, so werden auch in den darauffolgenden doppelsprachigen Digestentexten bestimmte Begriffe – nun nicht der griechischen Sprache, sondern des römischen Rechts – zuweilen überhaupt nicht übersetzt, um ihnen auch in der Sache Äquivalenzlosigkeit im Griechischen zu bescheinigen. Gerade als unübersetzte Monumente des römischen Rechts übertragen sie die damit verbundenen Rechtsinstitute so wörtlich wie überhaupt nur möglich. Anders gesagt, was sprachlich unübersetzbar ist, kann sich um so störungsfreier als Recht durchsetzen.

Fachtermini wären demnach Begriffe, die sich nur durch sich selbst übersetzen lassen (sollen). Das macht Umschreibungen und indirekte Erklärungen nach Art von Übersetzeranmerkungen notwendig. Im Schatten des großen Rechtbuchs der Digesten werden sie in einem griechischen Glossar aufgeführt. Dorthin verbannt man alle Definitionsversuche des römischen Rechts und disponiert im Gegenzug die lateinischen Rechtsbegriffe resp. -institute bis heute auf ihr Dasein in anderen europäischen Rechtssprachen. Für Rechtshistoriker wie Yan Thomas folgt aus dem konstitutiven Mangel an exakten Definitionen im römischen Recht, dass dieses allein über eine linguistisch-genealogische Analyse zu rekonstruieren sei. Denn »[…] la plupart des termes importants du droit roman (par exemple: *possessio, oportere, res, causa* etc.) restent dans l'ombre, ou plus exactement à l'état de définitions implicites [… der Großteil der wichtigen Begriffe des römischen Rechts (wie z. B. *possessio, oportere, res, causa* etc.) verharren im Dunkel oder besser gesagt im Zustand der unausgesprochenen Definitionen].« Thomas trägt damit dem Umstand Rechnung, dass das römische Recht in der vorliegenden Form das Produkt bestimmter Übersetzungsvorschriften ist: »[...] les énonces juridiques obéissent à un ensemble de règles originales d'interprétation, c'est-à-dire à un code distinct [... die juristischen Aussagen folgen einer Anzahl von ursprünglichen Regeln der Interpretation, d. h. einem deutlichen Gesetz].«[6]

Wo nun aber ein Wort durch ein anderes ersetzt werden soll, dessen Extremfall also die Nicht-Übersetzung wäre, entsteht eine Ordnung, die schwerlich durch irgendeinen Sinn zusammengehalten wird. In der Ersetzung eines Signifikanten durch einen anderen wird das Signifikat umgangen, Bedeutungen ausgelassen und auf diese Weise eine Sprache aus unübersetzbaren Eigennamen, ein Recht aus bedeutungsresistenten und kontextunabhängig übertragbaren Instituten geschaffen. Das römische Recht bestünde dann von Byzanz her gesehen aus Ersetzungen, Metaphern mithin, welche allein in der Lage sind, die Justinianische Übersetzungsbedingung Wort für Wort zu erfüllen.

Weil Übersetzungen dennoch unmerklich in Interpretation, in unkontrollierte und unkontrollierbare Übertragungen übergehen, sind die Formen des Dolmetschens in der Justinianischen Gesetzgebung genau festgelegt. Die Übersetzung, die weder mehr noch weniger als das Original enthalten darf, verbietet daher in derselben Konstitution Tanta / Δεδωεν (§ 21) jede Form der Kommentierung. Jede nicht wörtliche, sondern bloß paraphrasierende Übersetzung wäre bereits ein Kommentar, der also doch Sinn in die Gesetze lege und damit das selbstkontrollierende Prinzip der ersetzenden Übersetzung missachten würde. Neben der ατα ποδα-Übersetzung werden daher noch zwei weitere Modi der Übertragung der Digesten zugelassen: die ebenfalls unübersetzten παρατιλα (Sammlung von Parallelstellen) und *indices* (dem Wortlaut angepasste Inhaltsangaben). Andere Formen der Texterweiterung durch Erklärungen oder Kommentierungen sind ebenso verboten wie solche der Textverknappung durch Chiffren oder Siglen (vgl. Tanta/Δεδωεν § 22). Denn oft schon in der römischen Geschichte hatten sich Umschriften als Botschaften für Umstürze herausgestellt. Das Übersetzungsgesetz ist deshalb auch strafbewehrt. Wer die zulässigen Übersetzungsformen nicht einhält, wird wegen Fälschung (*crimen falsi*) gleich den Fälschern kaiserlicher Gesetze mit Deportation oder Vermögenskonfiszierung bestraft. Wer nicht nur die Bahnen der vorgeschriebenen Übersetzung verlässt, sondern diese auch noch benutzt, um sogenannte Irrlehren wie z. B. die jüdische Religion zu verbreiten, dem drohen Körper- oder sogar Todesstrafe.

Justinians Novelle 146 ist hier einschlägig. Von Pierre Legendre als Setzung des Signifikanten des Jüdischen in Abgrenzung von einem christlichen Rationalitätsprinzip interpretiert,[7] ist sie zunächst jedoch nichts anderes als ein weiteres Gesetz hin zur geregelten Übersetzung und gegen sinngemäße Übertragungen und unkontrollierte Auslegungen – in diesem Fall nicht der Gesetze, sondern der Sprachen des Religiösen und des Kultes. Die durch die Novelle ausdrücklich erlaubte Mehrsprachigkeit lässt neben dem Alten Testament in hebräischer Sprache auch die griechische sowie die lateinische Version zu. Die Septuaginta, die aus Gründen sakraler Glaubhaftigkeit eine gelungene Wort-für-Wort-Übersetzung ins Griechische beanspruchen muss, hat den Beweis dafür legendär, nämlich mit dem Sprachwunder der siebzig wortgleichen Übersetzungen erbracht, die bekanntlich unabhängig voneinander entstanden sein sollen. Die Novelle 146 implementiert das Wunder schließlich gesetzlich.

Die zum Gesetz gewordene Übersetzung schneidet ab von der imperativisch-imperialen Praxis des beständigen Erläuterns, Erneuerns und Ersetzens. Sobald die Umlauffähigkeit von Befehlen in einem Gesetzbuch stillgestellt wird, geht es nicht mehr um Fragen der Organisation von Transmissionen, sondern um die Sicherung des Transmittierten. Das macht aus

Übersetzungsfragen Probleme der Auslegung. Und es scheint, als bestehe eine Korrespondenz zwischen der Vorstellung eines Gesetzeswerkes als geleistete Übersetzung und der Restriktion bei seiner Anwendung: je stärker der Sicherungszweck, desto wörtlicher die Auslegung. So verpflichtet beispielsweise das Preußische Allgemeine Landrecht die Richter auf eine Interpretation, die nicht mehr und nicht weniger als das Gesetz selbst sagt, damit durch die Interpretation kein neues Recht entstehe. Wo aber der Wortlaut der Gesetze nicht eindeutig zu ermitteln ist, soll die Kompetenz zur Interpretation an eine quasi-justinianische Gesetzeskommission zurückgegeben werden. Die Auslegung steht so unter dem Vorbehalt einer letztinstanzlichen, »authentischen« Interpretation.[8]

Ist das Recht in einem Gesetzeswerk wie dem *Corpus Iuris Civilis* stillgestellt, dann ist es – wie jeder Körper – dem Prozess der Sklerosierung ausgesetzt. Darum kündigt Justinian schon in den Digesten Innovation an. Die Novellen, die darauf folgen, sorgen Zug um Zug mit ihrer Immortalisierung für die Erneuerung des Rechts. Der gesammelte Altbestand des römischen Rechts wird spätestens dann zum Zeugnis der Vergangenheit, zur *testimonia* (Zitat, Übersetzung, Überlieferung) ohne unmittelbar rechtspraktische Relevanz. Die Basis der Novellierung ist ein Zitatenkanon, eine Anthologie von Rechtstexten aus einer Zeit, auf die sich Byzanz als eine abgeschlossene und unter dieser Voraussetzung erneuerbare Epoche beziehen kann. Das Projekt der Inventarisierung römischer Rechtstexte ist von Beginn an auf Renovation ausgerichtet. Roms kodifizierter, von Kontingenz bereinigter Datenbestand ist dann das Gegebene, auf das die Novellen sich erneuernd beziehen. Im Aggregatzustand der Kodifikation wird es zum Datum für Byzanz. Vorgeschrieben ist, dass die üblicherweise griechischen Novellen eine Datumsangabe in lateinischen Buchstaben nach römischer Kalenderzählung enthalten sollen. So bestimmen die Daten des alten Rom die Zeit der neuen Gesetze. *Times New Roman* ist – wie zur Erinnerung an diesen historischen Transfer vom Imperium zum Datum Rom – der Name einer heute gängigen Schrifttype.

Novellen enthalten weit weniger neue Regelungen, als ihr Name suggeriert. Sie wiederholen oft nur Tatbestände aus den historisch gewordenen Rechtstexten. Das Neue betrifft daher weniger die Regelungsmaterie als vielmehr ihre Rahmenbedingungen. Im Sinne ihrer Aktualität werden sie nicht in Gesetzbüchern, sondern in Akten gesammelt und sind als solche beliebig oft ersetzbar – »un accroissement indéfini«.[9] Im Gegensatz zu den Konstitutionen der Kaiserzeit stellen Novellen weder verwaltungsinterne knappe Befehle dar noch an bestimmte Adressen gerichtete Antwortschreiben (Reskripte), sondern sind weitschweifige Gesetzes-Prosa für das gesamte Reich. Adressiert sind sie oftmals »an alle Untertanen, so viele derer gen Osten sind, so viele die untergehende Sonne bescheint und so viele nach beiden Seiten wohnen«, geschrieben in der Sprache der Untertanen. Und das heißt nach dem Willen des lateinischsprachigen Gesetzgebers Justinian: »[...] nicht in unserer vaterländischen, sondern in der gebräuchlicheren griechischen Sprache [...], damit [das Recht] allen bekannt und leicht verständlich werden« könne.[10]

Novellen sind also Gesetze für Untertanen. Folglich werden sie auch nicht von Juristen, sondern von Schriftstellern verfasst. Die Stilisten sind es, die das Juristenlatein in *koine,* in die gewöhnliche griechische Sprache übertragen. Was die Juristen »dem Quästor zuarbeiten, wurde von ihm aufgrund eines strengen Auftrages gezielt in eine für das Publikum wirksame Sprache übersetzt, die bis auf die inhaltlich richtige Wiedergabe der Regelung keine Rücksicht auf den juristischen Terminus zu nehmen brauchte, nicht einmal durfte, da der Juristensprache keinerlei Eignung zur Besserung der Einstellung der Untertanen gegenüber der Obrigkeit zugesprochen wurde«.[11] Novellen sind ihrer gewohnten Definition gemäß eine literarische Gattung, und Recht ist im Zustand der abgeschlossenen Übersetzung, der Übertragung in ein Rechtsbuch, Literatur.

II

An den literarisch gewordenen Stand des Rechts knüpft eine juristische Hermeneutik an, die – dem Vorsatz der Novellen entsprechend – von der Verständlichkeit und der Verstehbarkeit der Gesetze ausgeht. Der Monolingualismus der Amtssprache ist dabei Standard. In Paragraph 184 des Gerichtsverfassungsgesetzes, auf den sich die Sprachregelungen aller anderen deutschen Gesetze beziehen, wird darum die ebenso schlichte wie weitreichende Feststellung getroffen: »Die Gerichtssprache ist Deutsch.« Mehrsprachigkeit kommt dann höchstens noch als Sprache der Tauben und Stummen vor; oder als Problem in der juristischen Streitfrage, ab welchem Grad der Unverständlichkeit verwirrter oder dialektaler Reden vor Gericht und Behörde die Sprache nicht mehr als »deutsch« gelten solle. Solche Idiotismen in der Amtssprache mögen dann Gegenstand von gerichtlichen Erörterungen oder gesetzlichen Kommentaren werden. Die Doktrin der Einsprachigkeit in einem Staat bleibt dabei jedoch unangefochten.

Seit eine idealistische Philosophie in Deutschland die Einheitlichkeit von Sprache und Nation voraussetzt, dürfen die Gesetze keine andere Sprache sprechen als das Volk. Und weil das Volk des Kaiserreichs – ungeachtet der anderen Volkssprachen wie z. B. Polnisch – deutsch spricht, wird diese Sprache nach Reichsgründung amtlich. 1876 wird das erste »Gesetz betreffend die Geschäftssprache der Behörden, Beamten und politischen Körperschaften des Staats« verabschiedet, das in elf Paragraphen nichts anderes als den Gebrauch der deutschen Sprache und, wo doch noch andere Sprachen gesprochen werden, die Hinzuziehung eines Dolmetschers regelt.[12] Vielleicht ist es nicht ganz zufällig, dass der Entwurf zu diesem idealistisch geprägten Sprach-Gesetz von dem Philologiestudenten und späteren preußischen Justizminister Hermann von Schelling stammt, der zuvor bereits die Werke seines Vaters Friedrich Wilhelm Joseph von Schelling mitherausgegeben hatte.

Eine staatlich festgelegte Sprache schließt im Effekt die Personen aus, die sie nicht sprechen. Ein »Menschenrecht auf die eigene Sprache«, das also die Kongruenz von Sprechen und Menschen voraussetzt, könnte dadurch verletzt werden. Dies wirft die grundsätzliche Frage auf, wie weit ein Staat, der den Monolingualismus zum Gesetz erhoben hat, verpflichtet ist, sich fremden Sprachen gegenüber zu öffnen. Welcher Sprache muss er Gehör schenken: nur der eigenen? Muss vor Behörden oder Gericht ein Dolmetscher hinzugezogen werden? Und wenn ja, auf wessen Kosten? Der monolinguale Status wirft nicht nur innerstaatliche Rechtsprobleme auf. So wie die sprechenden Subjekte erheben die (recht)sprechenden Staaten auf völkerrechtlichen Ebenen einen Anspruch auf die eigene Sprache. Unter der Prämisse einer Identifikation von Sprache und Staat liegt dann in jeder nicht in den Rang einer internationalen Amtssprache erhobenen staatlichen Sprache eine potentielle Souveränitätsverletzung. Die Normierung des Vorrangs einer Staatssprache vor einer anderen wird eine diplomatische Angelegenheit. Allerdings kann aus übersetzungstechnischen Gründen nicht jede Sprache beispielsweise der Mitgliedstaaten der Vereinten Nationen international verbindlich werden. Aus den einander widersprechenden Bedingungen – Anerkennung der Souveränität einerseits, Übersetzungspragmatismus andererseits – haben die Vereinten Nationen nach dem Zweiten Weltkrieg nach heftigen hegemonialen Kämpfen den Ausweg gewählt, dass jene Sprachen verbindlich sein sollen, die auch im Sicherheitsrat gesprochen werden: Chinesisch, Französisch, Russisch, Englisch und später zusätzlich auch Spanisch. Das linguistische Abbild der Zusammensetzung des Sicherheitsrates negiert die antike Praxis der Sprachzirkulation. Artikel 111 der UN-Charta normiert zudem die limitierte Form der Mehrsprachigkeit dieses »UN-Rom«.

Auch wenn sich die Vereinten Nationen für fünf authentische Sprachen entschieden haben, bleibt dennoch ein Sprach-Problem: Wie gestaltet sich das Verhältnis zwischen diesen einzelnen Sprachen? Denn der Vorrang einer Sprache würde den völkerrechtlichen Gleichheitsgrundsatz verletzen, der sich linguistisch als Gleichrangigkeitsmaxime auswirkt. Danach soll sich die UN-Charta »aus einer Gesamtschau aller Sprachfassungen«[13] ergeben. Es soll keinen Vorrang der »Ursprache« (das ist die Sprache der Fassung, in der ein internationaler Vertrag erarbeitet wurde) geben und auch keine Privilegierung des »Urtexts« (die Fassung, in der er fixiert wurde). Und doch kann die von einem Universalitätsideal motivierte Sehnsucht nach einem völkerrechtlichen Esperanto nicht anders als per Gesetz eingelöst werden, und das heißt in der postulierten Gleichheit und Einheit aller Sprachen. Ein dekretierter Sprachholismus fingiert in der Vielsprachigkeit der Mitgliedsländer die Einheitssprache der internationalen Gemeinschaft.

Damit nun aber die verschiedensprachigen Versionen internationaler Verträge unabhängig von ihrer faktischen Nachrangigkeit gegenüber der Urfassung eine solche untrennbare Einheit *de jure* ergeben, gilt die sogenannte Vermutungsregel (nach Art. 33 der Wiener Konvention über das Recht der Verträge). Die Vermutung bezieht sich dabei auf die Richtigkeit der Übersetzung. Alle Ausdrücke eines Vertrages sollen in jeder authentischen Version dieselbe Bedeutung haben. Der Interpret, heißt es, soll sich auf die Richtigkeit der Übersetzung verlassen, kurz: Er soll nicht daran herumdeuten. Die Annahme der Übersetzbarkeit von Sprachen und damit die Möglichkeit von Wort-für-Wort-Übersetzungen hatte bereits unter Justinian zu einem Verbot darüber hinausgehender Interpretationen geführt. Und wie dort hat die Richtigkeitsvermutung auch nach Auffassung der Völkerrechtskommission von 1964 den Status eines Gesetzes und nicht bloß den einer übersetzungstechnischen Anweisung. Wer also dennoch Übersetzungsdivergenzen zum Anlass für Rechtsauslegungen nimmt, verstößt gegen ein Gesetz. Welche Version aber gilt bei Übersetzungsunterschieden, die beispielsweise bei dem Kriterium für die Mitgliedschaft in den Vereinten Nationen auftauchen? Nach der französischen Fassung des Artikels 4 der UN-Charta genügt »être pacifique«, also passive Friedfertigkeit, während in der englischen Version ein aktives »peace-loving« gefordert wird.

Eine andere völkerrechtliche Interpretationsregel, die von der Europäischen Gemeinschaft angewendet wird, schreibt in Zweifelsfällen vor, dass jener sprachliche Ausdruck bevorzugt werden soll, der dem *Zweck* des Gesetzes am nächsten komme. Diese sogenannte dynamische Auslegung, die bei mehrsprachigen Texten an die Stelle klassischer juristischer Interpretationsverfahren tritt, könnte allmählich zu einer Rechtsangleichung auf europäischer Ebene führen. Dem Terminus, der aus den verschiedensprachigen Fassungen als treffend ausgewählt wird, entspricht meist ein bestimmtes Institut des jeweiligen Rechtssystems. Juristisches Fachwort und Rechtsinstitut würden sich also, wie im römischen Recht, wechselseitig definieren. So könnte die dynamische Auslegung bei Übersetzungsabweichungen auf lange Sicht dahinter liegende Divergenzen der Rechtssysteme harmonisieren. Entsprechend hat sich das EU-Recht teilweise bereits aus dieser dynamischen Auslegung heraus entwickelt. Statt einer systematischen Interpretation werden die verschiedenen Übersetzungen zum Anlass von Deutungen genommen, so wie innerhalb einer Sprache verschiedene Sprachschichten zwischen Geist und Buchstabe des Gesetzes miteinander konfrontiert werden. Der Sprachvergleich bei übersetzten Vertrags- oder Gesetzestexten wird zu einer eigenen Auslegungsmethode. »Daher muten einschlägige Urteile eher als linguistische denn als juristische Beiträge an.«[14] Entscheidungshilfen liefert dann ein Terminologie-Büro der Europäischen Union, »which collates glossaries of treaty vocabulary and standardisation of legal and other terms«.[15] Das Büro tritt funktional die Nachfolge jener *interpretes* an, die mittels griechisch-lateinischer Glossarien rechtliches Wissen zum Zwecke seiner Übertragbarkeit präparierten.

Der Stand der *Lex*ikalisierung des europäischen Rechts bestimmt schließlich auch die linguistische Konvertierbarkeit.

Die EU-Länder arbeiten an der Programmierbarkeit ihrer jeweiligen Sprachen, »to determine the appropriate interface structure, in other words the representation which will serve as input to transfer«. Das mehrsprachige Luxemburg tritt dann nicht nur als Kapital-, sondern auch als »Software-clearing-Stelle« auf, durch die alle Sprachen der Europäischen Union laufen, um zu einem Übersetzungsprogramm verarbeitet werden zu können. »Eurotra« heißt die elektronische Amtssprache Europas, die dabei herauskommt.[16] Mit den computergestützten Übersetzungen vollziehen sich also der juristisch-linguistische Austausch Europas und die »Währung« des Austauschs, sein Euro heißt Eurotra. Im weltweit größten Übersetzungsbüro der EU arbeitet man permanent und vermehrt daran, mit Hilfe solcher elektronischen Programme und -techniken die Tätigkeit des Dolmetschers – ganz im Gegensatz zur römischen Praxis – unterhalb der öffentlichen Wahrnehmungsschwelle auszuüben, um so dem Traum von einer Verständigung ohne Sprachbarrieren möglichst nahe zu kommen.

Für die technische Einlösung des rechtlichen Ideals einer europäischen Verstehensgemeinschaft unter Beibehaltung der Nationalsprachen werden beinahe die Hälfte aller administrativen Kosten der EU ausgegeben. Und sie werden mit jedem neu hinzukommenden Mitgliedstaat, der eine Amtssprache beansprucht, steigen, da der Bedarf an Dolmetscherdiensten progressiv anwächst. Jede Sprache muss in jede andere übersetzt werden, abzüglich der jeweils eigenen. »Bei vier Amtssprachen sind zwölf Sprachrichtungen [4 × (4 – 1) = 12] [...] erforderlich«[17], das heißt vier mal vier Sprachen minus einer Sprachrichtung à vier Sprachen, macht zusammen zwölf Sprachrichtungen. Bei den gegenwärtig fünfzehn Ländern mit elf verschiedenen Sprachen ergeben sich daraus bereits 110 Sprachrichtungen. Europas Amtssprache hieße folglich 11 × (11 – 1) = 110.

Zeit der Akten

I

Als 1874 eine Gesetzgebungskommission eingerichtet wird, um das Zivilrecht des Deutschen Reiches zu kodifizieren, orientiert diese sich an der Kodifikation aller Kodifikationen: am Corpus Iuris Civilis. Dieses Gesetzeswerk des römischen Rechts hat sich als immun gegen mögliche Einbrüche des Zeitlichen erwiesen – im Gegensatz etwa zu dem rapide gealterten Preußischen Allgemeinen Landrecht soll die Übernahme dieses Werkes, wenngleich in einer Art wirksamem Fehlschluss vom Medium auf die Materie, die angestrebte Dauerhaftigkeit des geplanten Gesetzbuches garantieren. Dass Dauerhaftigkeit nicht durch die inhaltliche Übernahme einzelner Institute des römischen Rechts, sondern durch eine Reihe medialer Praktiken, zumal Kodifikationstechniken, erreicht wird, geht allerdings unter im erbitterten Gefecht zwischen den beiden rechtswissenschaftlichen Auffassungen der sogenannten Germanisten und der Romanisten um die Ausrichtung des ersten umfassenden bürgerlichen Gesetzbuchs am deutschen oder römischen Recht. Im Hintergrund hat jedoch eine versierte Wissenschafts- und Editionspolitik des Rechtsreformators Friedrich Carl von Savigny die Weichen bereits in Richtung römisches Recht gestellt. Als Auftraggeber und Geldmittelbeschaffer[1] verhilft er dem römischen Privatrecht ungeachtet aller Widerstände der Germanisten, der Anti-Rom-Juristen, zu einem unsterblichen Platz im deutschen Privatrecht, zumindest als wirksame Legende.

An der Unsterblichkeit arbeitet seit dem Auftakt zum neuen Reich 1866 konkret vor allem einer: Theodor Mommsen. Er gibt vier Jahre vor Errichtung der Gesetzgebungskommission das römische Zivilgesetzbuch, die Digesten, erstmals in einer philologisch-kritischen Ausgabe heraus und ermöglicht damit allererst den gewünschten Transfer des römischen auf das deutsche Zivilrecht. Mit der für das 19. Jahrhundert kennzeichnenden Kooperation und manchmal sogar Personalunion zwischen Historikern und Juristen, zwischen Herausgebern alter Rechtstexte und Verfassern neuer Gesetze, lässt sich auf der Grundlage der Philologie als Leitwissenschaft römisches Recht mit deutschem verschalten. In der Ausrichtung auf Rom erhält das Kodifikationsprojekt des byzantinischen Kaisers Justinian, dessen Resultat das Corpus Iuris ist, die Qualität einer Urszene und gerät umgekehrt das Gesetzgebungsunternehmen des 19. Jahrhunderts zu dessen historischer Kopie. Was aber ist dieses römische Recht, in dessen Koordinaten sich die Gesetzgebungskommission von 1874 begibt?

Seit 528 n. Chr. ist es ein politisches Ziel des Kaisers Justinian, das Römische Reich in Byzanz zu renovieren. Voraussetzung dafür ist die Sichtung der schriftlichen Hinterlassenschaften des klassischen römischen Rechts, und ein erstes Ergebnis dieser Inventur des Imperiums besteht in der geordneten Zusammenfassung der Konstitutionen aller römischen Kaiser in einem einheitlichen Rechtsbuch, genannt Codex. Zwei Jahre später wird das Unternehmen auf Betreiben des Chefkodifikators Tribonian erweitert. Justinian hat ihn nach Abschluss der Konstitutionensammlung zum ›Quaestor Sacri Palatii‹, zum Vorsteher der kaiserlichen Archive befördert, um ihm so umfassenden Zugang zu den Materialien des Rechts für künftige Kodifikationen zu verschaffen. Er erteilt von der oströmischen Reichshälfte aus den Auftrag zur Kodifikation, zur Nachlassverwaltung der sterbenden weströmischen Hälfte des Reiches. Das gesamte rechtliche Material soll gesichtet und in einem Gesetzeswerk zusammengefasst werden, die losen Blätter, Rollen, Akten, Codices zu einem einheitlichen Rechtscorpus gefügt. Statt wie bisher Abschriften von Rolle zu Rolle (libri) zu fertigen, Umschriften von solchen Rollen in Bücher, besteht das Ziel jetzt in der radikalen Neuordnung des überlieferten Stoffes. Neue Zusammenstellung alter Rechtstexte, neue Einteilung der Textmengen nach Buch und Titel, neue Formen der Gesetzgebung. Es geht bei diesem Abschreibeprojekt nicht mehr darum, der Hinfälligkeit des Pergaments zuvorzukommen und die tausendjährigen und älteren Schriften der Juristen zu bewahren, nicht um Sicherung der Überlieferung, sondern um ihre Erneuerung. Es geht darum, eine fortlaufende Geschichte im Gesetz zu fixieren und die alten rechtlichen Schriften als Speicher für ein neues Recht zu benutzen. Der kaiserliche Befehl zur Kodifikation des klassischen Juristenrechts für die Digesten lautet:

> das ganze Rechtsbuch […] ist [so] abzufassen, […] daß in der Sammlung nichts ausgelassen [wird], sondern in diesen 50 Büchern das ganze alte Recht, das sich im Laufe von ungefähr 1400 Jahren angehäuft hat und von uns in seiner ganzen Reinheit wieder hergestellt worden ist (a nobis purgatum), wie eine Mauer umgeben werde[2].

Das Bild von einer Mauer ist dabei nicht zufällig. Tatsächlich gleicht das Byzantinische Reich zur Zeit des Kodifikationsunternehmens, um 530, einer Baustelle. Zur selben Zeit, als aus den Text-Trümmern alter Schriften die Digesten geborgen werden, wird aus den Ruinen des im Nika-Aufstand zerstörten theodosianischen Kirchenbaus die Hagia Sophia erbaut. Die Schriften des Römischen Reiches bis in das 6. Jahrhundert werden wie ein »Steinbruch zum Bau des Gesetzbuches«[3] verwertet. In dieser juristisch-architektonischen Parallelaktion gehen DIE ARBEITER AN EINEM STEINBRUCH Tribonian und Justinian arbeitsteilig vor. Während der eine (bis zu seiner zwischenzeitlichen Entlassung) die Ausgabe der Digesten leitet, überwacht der andere als oberster Bauherr täglich die Arbeiten an der Kirche. Beide Bauwerke prägen einen Archetypus: Die Hagia Sophia wird Grundbau aller Kuppelkirchen, die Anordnung der Digesten wird Grundmodell von Gesetzesgliederungen.

Einer Kodifikation, die beansprucht, das alte Recht »in seiner ganzen Reinheit wiederherzustellen«, gelingt es, innerhalb einer Rhetorik des Wiederaufbaus jede tatsächliche Neuerung als Akt der Wiederherstellung zu deklarieren; die Renovierung des Reiches IN DER WIEDERBEREINIGTEN HAUPTSTADT kann sich auf diese Weise einordnen, buchstäblich einschreiben in das alte Westreich, das sie im Begriff ist neu zu ordnen und damit abzuschaffen. Sie schafft es in dem Maße ab, in dem das alte Reich in Byzanz in den Überlieferungszustand einer Kodifikation transformiert wird. Eine derart geordnete Geschichte selektiert kontingente F/Akten und treibt so unsterbliche Institutionen hervor. Für die Errichtung eines Rechtssystems werden Datenmengen »kompiliert«, was wörtlich übersetzt ausgebeutet heißt. Das römische Recht ist seine Geschichte im Zustand seiner Instituierung: ein Kompilat oder Beutestück. Reformatoren treten darum als Bereiniger auf. Sie lassen als Ballast zurück, was nicht unter einen bestimmten Titel passt, was nicht verwertbar ist zur Etablierung eines Rechts und sich nicht eignet für das Recht als Institut. Die Mauer, die das Recht nach erfolgter Kodifikation umgeben soll, trennt diese instituierte Seite des Rechts von den zum »Schriftmüll« entwerteten Textmengen des alten Rom.

Einst, ohne Mauer, gab es nämlich nur wuchernde Textmengen. Das Römische Reich der Republikzeit ist aus Akten gemacht. Akten der Magistrate, Amtsjournale der Beamten, Aufzeichnungen der Quästoren, Tagebücher der Prätoren, zensorische Akten und Sammlungen mit Senatsbeschlüssen, Provinzakten, protokollierte Aufzeichnungen und aufgeschriebene Befehle, *commentarii* nach Art der Hausbücher römischer Familien … – Disparates Material also, ohne langen Atem, sich fortsetzend in unregelmäßigen Bewegungen aus Verketten und Verstoßen, Ignorieren und Bezugnehmen, Wiederkäuen und Verwerfen, Akten gemacht für die laufende Verwaltung, eben *actae*, Verhandlungen und keine Ergebnisse. Der Rhythmus der Akten ist diktiert von der zumeist einjährigen Amtsperiode, die in der Republikzeit für öffentliche Ämter gilt. Im kommenden Jahr tauchen diese Akten oder Teile daraus als »Präcedentien«

wieder auf, sie werden für aktuelle Entscheidungen hinzugezogen, kopiert und modifiziert, um so die Amtszeit eines Prätors oder eines der anderen Amtsträger mit der seines Nachfolgers zu verknüpfen. Eine verkettete Überlieferung, ein Reich im »Zustand« des Prozesses, das sich überträgt wie ein Stafettenlauf, sich selbst überholend und daher immer kongruent mit seinen Akten. In der römischen Republik verkörpern Akten so das Prinzip permanenter Aktualisierungen.

Kodifikationen blockieren diesen Strom aus Akten. Sie bringen Ordnung in das Chaos unübersehbarer Aktenmengen, indem sie diese umschreiben zu Gesetzen, diesen »Sperrwerken« gegen Aktenfluten. Tribonian und seine Kommission behandeln Akten und andere juristische Schriften zur Vorbereitung der Kodifikation als holistischen Speicher, so, als ob das gesamte rechtliche Material gleichzeitig nebeneinander gilt, als ob die diversen Schriften einander nicht ausschließen und sich nicht überholt hätten. Die Leugnung des Akten-Takts, die Missachtung des quasi-destruktiven Charakters der Republikzeit, der gewissermaßen Platz schafft für immer neue Akten, die stattdessen synchronisierende Lesart längst veralteter, vergessener und unbenutzter Texte macht zum Problem, was für die Zeit der Akten keines war. Denn wenn in dieser Zeit Gebrauch und Geltung immer in einem Akt zusammenfallen, versinkt das jeweils unbenutzte Material in den Zustand der Nichtgeltung. Erst wenn auch die nicht benutzten Schriften wie geltende behandelt werden, wenn alle greifbaren Schriften unterschiedslos und unabhängig von ihrem Gebrauch auf die eine Ebene der Geltung gehoben werden, fangen sie an, einander zu widersprechen und sich zu wiederholen. Sie müssen dann, im Interesse einer homogenen Kodifikation, von diesen Widersprüchen und Wiederholungen bereinigt werden. Die tribonianische Kommission ist daher mit umfassenden Vollmachten zur Textbereinigung, genannt Interpolation, ausgestattet.

Was entsteht, wenn die verschiedenen Schichten und Zeiten der Akten in die Eindimensionalität des Textes überführt werden, gleicht den Kettenkommentaren byzantinischer Theologen, an denen sich die Kodifikation der Digesten orientiert. Darin werden verschiedene Literaturgattungen, unterschiedliche Textstufen und heterogene Schriften auf eine Ebene gebracht, alte Bibelstellen werden mit aktuellen Kommentaren verknüpft. Sie werden nach Vorstellung der Spätscholastik, die den Namen Katene dafür einführt, wie an einer Perlenkette aufgefädelt. So verbinden sich die aus unterschiedlichen Zeiten stammenden juristischen »Fragmente in einer Art Montagetechnik zu einem fortlaufenden Text«[4]. Die Fragmente sind, mangels Erfindung von Anführungszeichen als Zitate meist typografisch (vgl. Blocksatz) hervorgehoben und vollziehen so mit der Selbstverständlichkeit einer Praxis das, was Benjamin ›die Kunst, ohne Anführungszeichen zu zitieren‹ genannt hat (Das Passagen-Werk [N 1,9]). Alte Juristen-Fragmente, nach Katenenart mit aktuellen Kommentaren justinianischer Juristen verbunden, ergeben zusammen die Digesten. Auf diese Weise wird das sich in Akten fortsetzende Reich zu einem fortlaufenden Rechtstext umgeschrieben, die diachrone Struktur des Reiches wird in die (textuale) Synchronie des Rechts, d. h. in ein Gesetzbuch transformiert. Aus tendenziell unabschließbaren Aktenketten wird ein abgeschlossener Kettentext.

So wie die Digesten schon im Namen ihr Programm tragen, als »Geordnetes«, sind die »früher ganz ungeordneten kaiserlichen Konstitutionen [...] in lichtvolle Übereinstimmung gebracht worden« durch den *Codex,* wie diese Sammlung schlicht genannt wird. Die *Institutiones,* welche die berühmten Institutionen des Gajus nachahmen und damit in seiner Modell-Funktion ersetzen, sind das Lehrbuch für die großen Rechtsschulen in Berytos (Beirut) und Konstantinopel, damit Jurastudenten »nichts Unnützes und nichts Falsches mehr aufnehmen, sondern nur das, was im Rechtsleben wirklich gilt [...], was seit jeher gegolten hat, als auch das, was später durch mangelnden Gebrauch verdunkelt war«.[5] Von der – phantasmatischen – Ausgangslage eines reinen Rechts aus betrachtet, erscheint der beständige Zuwachs an Akten bei gleichzeitiger Nicht-Benutzung der vergangenen, erscheinen die Text-Bewegungen aus Verdunkeln und Erhellen als historischer Prozess zunehmender Kontamination. Dabei sind es kaum die hohen Fehlerquoten beim Abschreiben und der zwangsläufig das Recht alterierende Gebrauch der Akten, die aus ›institutioneller‹ Sicht beunruhigen, sondern vielmehr die lose Verkettung der Überlieferung ohne festen Bezug, ohne Anfang und Ende. Wenn es um Bestandssicherung eines Reiches geht, wird daher gegen wuchernde Akten die Blockade einer Kodifikation errichtet, gegen die chronologische Überlieferungsform Zeitlosigkeit. Aus den laufenden Akten wird ein Block aus Geschichte und Gesetz. Der blockierend-blockierte Signifikant, den Jacques Lacan »signifiant barré« nennt, instituiert seither das Recht als System. Er besteht – das bringt die Untersuchung der Arbeit der tribonianischen Gesetzgebungskommission ans Licht – eigentlich aus Akten. Sie werden in 3 Rechts*bücher* (= Codices) umgeschrieben: die Digesten, die Institutionen und einen neuen Codex Justinianus, der, wie der alte, kaiserliche Konstitutionen enthält. Zusammengenommen werden diese drei Rechtsbücher seit der ersten gedruckten Gesamtausgabe von Dionysius Gothofredus von 1583 »Corpus Iuris Civilis« genannt. Zitiert werden darf von da an nur noch, was in einem der drei Rechtsbücher enthalten ist. Das Corpus sperrt die Bezugnahme auf solche Akteninhalte, die nicht darin aufgenommen sind. Die referentielle Kette aus Akten wird gekappt, die Überlieferungsform besteht seit dem Corpus in einer reglementierten Zitatpraxis.

Hinter der Kodifikations-Mauer aber liegen nach diesem Verfahren der Einverleibung die verwerteten und ausgeschiedenen Aktenmassen. Von den drei Millionen Zeilen (versus), welche die gut organisierte Kommission unter Tribonian innerhalb von drei Jahren gelesen hat, ist ein Zwanzigstel, das sind 150 000 Zeilen, in die unsterblichen Digesten aufgenommen, wie in der Konstitution Tanta (1, 17, 2, 1) zu ihrer Einführung berichtet wird. Nach dem Akt der Digestierung wird das Gelesene dem Zerfallsprozess des Pergaments überlassen, den Zerstörungen durch Brände oder Vernichtungen in Kriegen. Im Unterschied zu den sich selbst, ihren eigenen Verfall regulierenden Aktenmengen bedeutet eine Kodifikation daher gewillkürte Textverknappung und zwar in dem manifesten Sinn von Textvernichtung. Getilgt wird, was historisch-kontingent ist, und das wiederum lässt sich in Zeilen-Zahlen ausdrücken – weit über zwei Millionen Zeilen Datenmüll.

Mit der Löschung zeitbedingter Daten verfolgt die Kommission das Ziel, die Wiederverwendbarkeit der Rechtstexte, ihre Zitierfähigkeit und damit ihre Dauerhaftigkeit zu sichern. In der Generaltilgung des Geschichtlichen liegt der Grund dafür, dass Kodifikationen zusammenhang- und bedingungslos zitierbar werden. Denn ein derart bereinigtes Recht hat im Vergleich zu den Endlosketten von Akten, die sie ablösen, erhöhte Chancen auf Wiedergebrauch. Geschrieben in der für Nachschlagewerke bequemen Form eines Buches werden sie unabhängig von ihrer Benutzung, die allein das Auskennen in losen Blättern, Rollen und Zettelsammlungen ermöglicht, wiederverwendbar. Indizes (kurze Inhaltsangaben) und Verweise auf Parallelstellen machen die Rechtsbücher überdies gebrauchsfähig, ohne dafür auf ein außerhalb des Corpus liegendes Wissen zurückgreifen zu müssen. Diese epistemische Autarkie des Geschriebenen fehlt den Akten, die einzig durch ihren aktualen Gebrauch determiniert sind. Entfällt der Gebrauch, werden Akten unverständlich, nichtssagend und – wie man es kennt, wenn man als Unbefugter eine Akte in die Hände bekommt – absurd in ihrer Detailliertheit, geheimnisvoll in ihrer Knappheit. Der Gebrauch ist das historische Apriori, ohne den Akten tatsächlich nur die »Massen« sind, als die eine kombinatorische Geschichtsforschung sie anspricht, um die Frage zu beantworten, die sich angesichts des immensen Lesepensums aufdrängt, das die Kommission in kurzer Zeit bewältigt hat. »Wie haben Sie das gemacht, Herr Professor?«, könnte diese an den Rechtsprofessor Tribonian gerichtete Frage in Abwandlung einer gewöhnlich bloß Filmregisseuren gestellten Frage lauten. Beantwortet wird sie mit einer der Digesten-Kommission unterstellten Lektüre-Logistik, wonach der Lesestoff in drei Massen à drei Unterkommissionen eingeteilt worden sein soll.[6] Massen, die keinen Sinn ergeben, insofern das, was aufgeschrieben wird, deiktisch funktioniert und elliptisch bleibt, insofern sich das Geschriebene auf eine Rechtspraxis der zeitlichen und räumlichen Unmittelbarkeit bezieht, ohne die es eine ausschließlich quantifizierbare Angelegenheit ist.

Was also macht diese Massen rückwirkend (historisch gesehen) dennoch verständlich? Die Funktion, die ein Insidercode für die laufende Verwaltung hat, übernehmen Institutionen für die Nachwelt. Institutionen im weitesten Sinne als Einrichtungen und Figuren des Rechts bahnen den Weg zu einem universalisierten Gebrauch rechtlicher Materien. Für das römische Recht erhält diese Aufgabe die Ratio des jus scriptum, eine, wenn man es verkürzt formulieren sollte, äußerst nützliche Universal-Institution, mit der auch Unbefugte – das ist die nicht adressierte Nachwelt – sich Zugang zum Aktenreich verschaffen und dieses interne, verborgene Imperium aus Akten sichtbar machen können. Die byzantinische Nachlassverwaltung beginnt daher mit der Instituierung von Recht, mit der Umschreibung uferloser Aktenbestände des alten Rom in genau drei abgeschlossene Rechtsbücher. Sie systematisiert nachträglich die Datenbestände des Römischen Reiches gemäß einer unterstellten Ratio, einem immer schon rationalen Text-Operator, der unabhängig von einem spezifischen (administrativen) Gebrauch Texte verstehbar hält. So konserviert man ein Reich im Recht.

Die Nachwelt kennt daher nur Institutionen und nur diese versteht sie, wie Mommsen sagt. Während Aktualität und Geschichte in den Akten dasselbe Medium haben, bringt ihre Löschung, jene Operation der Immunisierung gegen gebrauchsspezifische und zeitbedingte Codierungen, das Recht als Institutionen hervor. Institutionen ließen sich folglich als Substrat von Akten definieren, als das, was unter Abzug von Aktualität und Geschichte bleibt. So ist das Corpus Iuris unsterblich geworden und überhaupt rechtliche Institutionen von einer Dauerhaftigkeit, welche die scholastische Rechtstheorie dann derart fasziniert hat, dass sie daraus eine Philosophie der unsterblichen Institutionen, eine Theorie des Staates gemacht hat, die Ernst H. Kantorowicz sämtlich als Derivate eines »Corpus mysticum« entschlüsselt.

Institutionen wären jedoch so unsterblich wie unwirksam, wenn sie allein rückwärtig als Aktenblockade funktionieren. Ihre nachfolgende Wirksamkeit oder künftiger Wiedergebrauch ist daher gesichert durch Gliederungen, die wie in den Text inkorporierte Lektüreanweisungen funktionieren und die sich so von einer textexternen und damit relativen Strukturierung des Geschriebenen, wie etwa in Relation zum Kanzleigebrauch, emanzipieren. Eine Gliederung der Digesten nach Pars, Buch und Titel, die jeweils fortlaufend nummeriert sind, ermöglicht das Wiederfinden von Textpassagen und damit korrespondierend ihre Zitierbarkeit. Denn Bezugnahmen sind in dieser aufgefädelten, abzählbaren Form des Aufschreibens zum ersten Mal nicht nur innerhalb eines Exemplars und nicht nur auf ein bestimmtes Exemplar möglich. Bei dieser seitenneutralen Einteilung, die noch vor allen anderen Textstandardisierungen eine erste Form der Entkoppelung von der materiellen, also handschriftlichen Zitatbasis darstellt, können sich die Verweise auch auf verschiedene Kopien beziehen. Die Art der Einteilung macht Werke zeit- und gebrauchsunabhängig wiederverwendbar und zitierbar. Und beides wären Kennzeichen dessen, was man ›Gesetz‹ nennt.

Mit der Institutionalisierung der römischen Geschichte wird Rom ein System des Rechts, ein System, von dem sich alle nachfolgenden Gesetzgebungsprojekte des Abendlandes ableiten. Es wird gewissermaßen die Rechtsgrundlage aller künftigen Gesetzgebungen. Der archetypische Zug des Corpus Iuris Civilis –

im historisch strengen Sinn die jeweils meistzitierte Textversion[7] –, das wundersame Überdauern der römisch-rechtlichen Institutionen über Jahrhunderte ist in erster Linie nicht Beleg seiner Vernünftigkeit, sondern Resultat einer Reihe technischer Neuerungen und medialer Praktiken, mit Hilfe derer die Zitierbarkeit des Rechts sichergestellt, mit Hilfe derer die Aktenherrschaft der römischen Republik umgebaut wird zu einem universalen Referenzsystem des Rechts. Der eigenen Referenzlosigkeit entspricht dabei ein hoher Grad an Referierbarkeit. Die Digesten beziehen sich auf alte Rechtstexte und klassische Juristenschriften jeweils in Exzerptform unter Angabe der Fundstelle. Wird aber aus den Digesten zitiert, und nur daraus *darf* nach seiner Errichtung noch zitiert werden, wird die entsprechende Stelle unter Auslassung des Zitats oder der Zitate genannt, aus denen sie sich zusammensetzt. Das Zitat verschluckt das Zitierte. Die extreme Polarisierung eines Systems, auf das Bezug genommen wird, ohne dass es seine Bezüge wieder freigibt, das zitiert, was nach ihm niemand mehr zitieren darf, beendet die simultanen Bewegungen der Akten von Verweisen und Tilgen, Erneuern und Vernichten, Benutzen und Vergessen, es unterbricht den Modus des Rechts als verkettete Überlieferung. Was hier also beginnt, ist das Recht als Setzung.

II

Das Gesetzeswerk Justinians, zumal die Digesten setzen keinen Staub an. Im Zustand der Ent-aktualisierung und Ent-historisierung werden sie zur Kodifikationsfolie oder Folie à Codification, von der das 19. Jahrhundert bekanntlich ergriffen wird. Auch dieses Jahrhundert hat seinen Tribonian – und vielleicht nicht nur einen. Doch hat Mommsen, der Politiker und Historiker, diese Rolle mit großem Gespür für historische Spiegelungen übernommen und er scheint aufgrund emsiger Editionstätigkeit dafür geradezu prädestiniert. Wie alle Reformatoren des Rechts geht auch er von einer Kontamination des Textes aus, arbeitet sich durch die Textschichten der griechischen Übersetzungen, byzantinischen Bearbeitungen und mittelalterlichen Handschriften durch, bis er entlang der Kette der Supplemente zu einer unmittelbaren Präsenz vordringt, zum verschütteten Ursprung selbst, zur »*Mutter* aller übrigen Handschriften«. So bezeichnet Mommsen ›die Florentina‹, eine Pergament-Handschrift der Digesten vom Ende des 6. oder Anfang des 7. Jahrhunderts. Da sie sich in größter zeitlicher Nähe zur Entstehungszeit der Digesten befindet, hält der preußische Tribonian sich ipso facto bevollmächtigt, Konjekturen, das sind Verbesserungen an der Handschrift, vorzunehmen, derart, dass er Textpassagen in ihren vermeintlichen Urzustand zurückversetzt.

Die juridisch-philologische Obsession besteht darin, hinter die Digesten, hinter die »Cover-Version« des Rechts vorzudringen zum lebendigen römischen Recht. Das editorische Ziel also, instituiertes Recht zu verlebendigen und verstummten Rechtsinstituten ihr praktisches Umfeld zurückzugeben, erklärt die Editionstätigkeiten aus Katharsis und Konjektur. Anders ausgedrückt: In der Digesten-Ausgabe Mommsens erhalten die Zitate, aus denen die Digesten montiert sind, ihr Eigengewicht zurück. Seine Edition zum Zweck der Resurrektion Roms ist Demontage, Dekorporierung der Original-Zitate, die dann wieder isoliert zitiert werden können. Denn alle Zitate, aus denen die Digesten zusammengesetzt sind, werden in dieser Ausgabe nach dem sogenannten Index Florentinum als Autor- und Werkverzeichnis innerhalb der Digesten eigens veröffentlicht.[8]

Eine Philologie oder gar Philosophie des unverderbten Ursprungs steuert also die Editionspraxis Mommsens. Schriften sind um so wahrer, je weiter entfernt sie sich von der gedruckten Fassung befinden. WER MIT DEM MEISSEL SCHREIBT HAT KEINE HANDSCHRIFT DIE STEINE LÜGEN NICHT, heißt es in der Mommsen-Katene Heiner Müllers. Um die unverfälschten

Inschriften zu finden, geht Mommsen auf Reisen und nach erfolgreicher ›epigraphischer Bereisung Neapels‹ im Jahre 1852[9] hat der Souvenir-Jäger alter Schriften ein neues Editionsprinzip etabliert. Gegen das antiphilologische und damit kostensparende Prinzip der Berliner Akademie der Wissenschaften, das von bereits gedruckten Quellen ausgeht und Handschriften allenfalls als korrigierendes Hilfsmittel zulässt, setzt Mommsen das maternale Modell der ursprünglichen Schrift, und er setzt es durch. Bereit, für die Umwertung aller Graphen notfalls mit dem eigenen Gehalt einzustehen, geht er ohne einen Auftrag dazu nach Italien, um von dort aus der Akademie eine erste Probe seiner epigraphischen Ausbeute vorzulegen. Die Akademie ist danach von der durchaus imperialen Vorstellung, als erstes Land diese alten Inschriften herauszugeben, so angetan, dass sie Mommsen gewissermaßen zum reisenden Quästor europäischer Archive befördert und ihn mit der Herausgabe des Corpus Inscriptorum Latinarum beauftragt.[10] Mit diesem Auftrag promoviert Mommsen zur Instanz, zur tribonianischen Instanz.

Das römische Recht als Referenzsystem allen abendländischen Rechts entsteht – nach solchen vorbereitenden Reisen und akademischen Ränken – konkret in Berlin-Charlottenburg, Marchstraße 8, die Adresse für wahrheits- und wiedergebrauchsfähige Systeme, Manufaktur jener dafür unentbehrlichen Indizes. Über »Plan und Methode« von Kodifikationsunternehmen erfährt man, wie im Vergleichsfall für das Bürgerliche Gesetzbuch, am ehesten etwas von Vorkommissionen oder von »Diskursangestellten« (Bernhard Siegert). Für dieses Mal fallen beide Funktionen in der Menge der eigenen Kinder zusammen, die gegen Taschengeldzahlung das auf Reisen erbeutete Material auf »Tischplatten voll alphabetisch geordneter Zettel« ausbreiten, damit es vom Diskurs-Vater zu einem System montiert werde. »Da waren zuerst viele Bogen, mit der feinen Hand des Vaters beschrieben, in Streifchen zu schneiden, diese nach den Anfangsbuchstaben in Kästchen zu sortieren und schließlich auf Tischplatten alphabetisch zu ordnen und auf neue Bogen zu kleben oder zu stecken.«[11] Diese Bastelarbeiten gleichen dem Hegelschen Zettelkastenverfahren, worin »aufgeklebte Etiketten« den Grund aller Wahrheit legen.[12] Dass man die handgeschriebenen Zettel wie jene Etiketten zunächst *aufkleben* müsse, bevor man sie zum wahrheitsfähigen System zusammensetzt, geht im Hause Mommsen auf einen der Söhne zurück. Ihn hatte die Hinfälligkeit einer papierenen Ordnung des Römischen Reiches, das durch einen einzigen Luftzug im väterlichen Zimmer zerstört werden könnte, derart beunruhigt, dass er, um es vor dem Untergang zu bewahren, vorschlug, »die geordneten Zettel um[zu]drehen und ein gummiertes Papier darauf [zu] drücken«[13].

Solche materialen Vorarbeiten verleihen der römischen Geschichte die Dauerhaftigkeit von Institutionen. Was dauert, ist die Systematik, die sich von aufgeklebten Zetteln wieder löst. Was aber zurückbleibt, die vielen unnützen Papierschnipsel, bleibt in der Familie und damit Privatsache. Wenn das induktiv-indikative Verfahren abgeschlossen ist, wenn mit Hilfe von Indizes die Wirklichkeit eines Systems erstellt worden ist, hat die Materialbasis ausgedient und kann vernachlässigt werden. Die maternale Inskription hat ihre – systemgenerierende – Aufgabe erfüllt: Die Mutter aller Handschriften ist im ›jus scriptum‹ aufgehoben und das vom Diskurs-Vater gesetzte Referenzsystem kann den Zugang dazu kappen: Zitiert wird Mommsen, der gelesen hat, was nach ihm niemand mehr im Original liest oder jedenfalls nicht zu lesen braucht. Man sieht, wie nach Kappung der Referenzen die materiale Basis auseinanderdriftet in Matrix und Matrikel, in den Kontinent des Imaginären, die maternale Basis der Schrift, und die Indizes zum Wiederauffinden von Texten. Die Indizes sind die letzte Verbindungsstelle zu dem disparaten Material, den handgeschriebenen Konvoluten und Umschriften alter Epigraphe.

Mommsens Editionsverfahren ist der Auftakt zu einem Referenzsystem, das jetzt, in historiographischer Hinsicht, Schluss macht mit dem Wuchern, der Unübersichtlichkeit von Texten. Der Tilgung der Materialbasis entspricht dabei die Leugnung von Geschichte. Die Phänomenologie des Rechts legt einen systematischen Kern unter einer diffusen Überlieferungslage frei und lässt sich die Anordnung der römischen Geschichte von der Idealität eines Rechtssystems vorgeben, welches Daten kanalisiert und selektiert. Ausgangspunkt ist die Überzeugung, dass – so wie das ›jus scriptum‹ die Ratio des Rechts *verbirgt* – die Wahrheit der Geschichte nicht *in* den Handschriften liegt, sondern dahinter. Das Vernunftrecht hat immer nur den einen Beweis für die Wahrheit des Rechts gelten lassen: die Systematisierbarkeit der Quellen. Bei Mommsen heißt das, gut hegelianisch: Das »System ist seine eigene Wahrheit«[14]. Folgerichtig sind dessen systematische Werke, das römische Strafrecht und das römische Staatsrecht, kaum mit Quellenangaben versehen. Ein systematisches Rechtslehrbuch braucht keine Fußnoten mehr als Beleg seiner Wahrheit, so wenig wie ein Gesetzbuch sich über Verweise auf parallele Stellen in anderen Gesetzen legitimiert. Doch bedeutet die Abwesenheit von Zitaten nicht Referenzlosigkeit schlechthin. Es bedeutet lediglich, dass die Zitat-Einheiten umso größer werden, je systematischer ein Werk ist, je weniger Referenzen es also enthält. Das Bürgerliche Gesetzbuch von 1900 ist daher eine Art Globalzitat der Digesten.

Nachdem die Zivilrechtsgesetzgebung des Deutschen Reiches abgeschlossen ist, steht eine Grundlegung des Staatsrechts an. Weil aber ein staatsrechtliches Pendant zu den Digesten fehlt, muss dies anhand der historischen Aktenlage erst noch erstellt werden. Gefragt ist also wiederum Mommsen. Man sieht ihn ZWEIMAL TÄGLICH [...] MIT DER PFERDEBAHN von Charlottenburg bis zur Haltestelle am Kupfergraben fahren. Der einzige, der je den Mantel der Geschichte maßschneidern ließ, transportiert auf dem täglichen Weg in eigens diesem Mantel eingenähten »Riesentaschen, in denen Folianten Platz hatten«[15], das historische Material für seine Geschichtsschreibung, seine Gelehrsamkeit. Aus dem Wirrwarr der historischen

Zeugnisse destilliert er die drei Institutionen – Magistrat, Senat und Bürgerschaft – heraus. Damit kann Geschichte systematisch angeordnet werden. Es entsteht alles andere als eine römische Verfassungsgeschichte, es entsteht ein römisches Staatsrecht, eine Enzyklopädie für das moderne Staatsrecht.[16]

Mommsen, der Jurist, schreibt eine »Römische *Geschichte*« nur, um darin das Weltgericht über diese Geschichte abzuhalten. Sie nimmt sich gegenüber seinen systematischen Werken, dem römischen Strafrecht und dem Staatsrecht, wie ein Prozessbericht dazu aus – reich an Sachverhaltsschilderungen und Urteilen. Rom den Prozess zu machen heißt, die Kaiserzeit unter Anklage zu stellen. Gemessen am Mommsenschen Weltgeist Julius Cäsar erscheint das Folgende als Verfall. Ein unausgesprochenes Ärgernis, das dabei federführend ist, könnte ungefähr lauten: Die Kaiserzeit ist nichts für Zettelkästen. Die Zeit der Akten ist vorbei, stillgestellt, zeitlos gemacht in den Institutionen. Das Ärgernis reflektiert präzise die historische Lage. In den Kanzleien der Kaiserzeit werden in der Tat keine Akten mehr angelegt, um Recht zu überliefern. Dort werden Gesetze gemacht. Und dafür braucht man keine Juristen, sondern Stilisten. Unter Hadrian schon, und in großem Maßstab unter Diokletian werden Rechtsgelehrte gegen Rhetoren ausgewechselt. Stilisten, Dichter mithin, schreiben die Geschichte des Gesetzes. Die Prooimien der byzantinischen Gesetze, die nach Abschluss des Corpus Iuris erlassen werden, enthalten Geschichten, wortreiche Erzählungen, weitschweifige Erklärungen, die das darin angekündigte Gesetz legitimieren und den Gesetzgeber dafür preisen sollen. Diese Gesetze sind meist wiederverwendete Texte aus dem Corpus, jetzt allerdings unter dem Vorzeichen einer Volksgesetzgebung. Für Untertanen wird eine Geschichte erzählt und werden keine Befehle erteilt. Dann wird, um das Gesetz annehmbar zu machen, auch viel Überflüssiges geschrieben. Legitimationsdiskurse verlangen im Unterschied zu dem knappen Kanzleistil einen höheren Grad an Ausführlichkeit.

Die Einheit von Geschichte und Gesetz, operativer Modus der Akten, ist zerrissen, wenn das eine für das andere funktional wird. Geschichte wird zum Propagandamittel, aus Recht wird Literatur, auf die bekanntlich KEIN VERLASS ist. Akten sind in den Institutionen zu sich gekommen, würde das Jahrhundert Hegels vielleicht sagen. Sie sind von den Institutionen eingeholt worden. Und sie liefern keine Daten mehr, wo sie zur Legitimation und nicht zur Informationsübertragung benutzt werden. Für Historiker-Juristen tribonianischen Stils gibt es dann nichts mehr zu tun. Denn was selbst schon Effekt eines hohen Grades an Kodifizierung ist, verschließt sich der induktiven Methode. Was gesagt wird, weil Institutionen es befehlen, kann nur in Geschwätzigkeit enden. Alle Diskursarten, die auf ein bestehendes Gesetz ausgerichtet sind, wiederholen und affirmieren das Gesetz nur; sie können nichts anderes sagen als das, was das Gesetz vorschreibt. Und sie schreiben das Gesetz vor, so wie die Prooimien, die Einleitungen zu den Gesetzen, welche tatsächlich die Vorgeschichte zum Gesetz erzählen. Ihr Informationswert, der Grad der Unvorhersehbarkeit des Gesagten, geht daher gegen Null. Mommsen, der nicht unter die diskursive Oberfläche dieser Gesetzesrhetorik dringt, bezichtigt die Kaiserzeit bekanntlich des HOFKLATSCHES und behandelt diese Zeit wie einen unergiebigen Zeugen. »Mir ist es nicht gelungen, [den] unter der Schale elender Hofgeschichten sich verbergenden Kern herauszuschälen.«[17] Das Misslingen mag auch etwas mit den Institutionen zu tun haben, die eben nicht mehr genügend Daten für eine entkernende, systematisierende Geschichtsschreibung liefern, sondern nur noch redundante Erzählungen.

Was jedoch würden Institutionen je anderes getan haben, als zum Sprechen bringen und Geschwätzigkeit befördern? Im 19. Jahrhundert haben rechtliche Institutionen, Anstalten aller Art, das sprechende Subjekt hervorgebracht und es – für den Strafprozess sogar explizit – zur Maxime erhoben. 1877 nämlich wird in die Reichsstrafprozessordnung das Prinzip der

Mündlichkeit eingeführt. Von da an muss ›alles‹ zur Sprache gebracht werden, damit ein Urteil gefällt werden kann. Und man ahnt, in welches TITTLE TATTLE das Gerichtsverfahren übergeht, wenn es erst einmal Instanzen (authorities) wie die richterliche gibt, die Verfahrensbeteiligte sprechen machen. Es ist die These Michel Foucaults, dass jenes geschwätzige Subjekt, sei es als Angeklagter, Zeuge oder Insasse einer der unzähligen Anstalten, die das 19. Jahrhundert hervorbringt, vor allem Datenlieferant für die Humanwissenschaften gewesen sei. Die Wissenschaften vom Menschen werden auf Aktenbergen mit protokollierten Reden, eigenen Aufzeichnungen, medizinischen Gutachten errichtet, Aktenbergen, die im Vergleich zu den (staatstragenden) Epistemologien so bedeutungslos sind wie die unzähligen Menschen, von denen darin die Rede ist und die, wiederum mit Foucault gesprochen, darum »infam« bleiben.[18] Sie verschwinden im Aufgeschriebenen, das zugleich der einzige Anhaltspunkt für ihre Existenz ist. In welch' trauriger Korrespondenz also die Hinfälligkeit realer Existenzen mit der Unsterblichkeit schriftlicher Fiktionen.

Für die Instanz ›Mommsen‹ folgt daraus, dass sie nach seinem Tod gleichermaßen dem Klatsch wie der Infamie ausgesetzt ist. Denn gemessen an der Instanz des Historikers ist seine persönliche Hinterlassenschaft immer bloß ›Abfall‹. Das ist DIE EWIG NAGENDE FURCHT DER GEPRIESNEN DASS DIE MESSLATTE LÜGT. Eine kluge Nachlassverwaltung verlangt daher eine Deinstantiierung der Person, die also noch zu Lebzeiten sozusagen zurückversetzt werden müsste in den Stand von Akten, um sie auf diese Weise unsterblich zu machen. Diese Re-Aktualisierungen, das ist Verweigerung von vorzeitigen Monumentalisierungen, folgen einzig dem Ziel, um so dauerhafter der Diskurs-Vater, DER GROSSE GESCHICHTSSCHREIBER zu bleiben, der er zu Lebzeiten gewesen ist. Mommsen weiß um die instituierende Kraft von Trümmern. In einer Kaskade von der eigenen historischen Arbeit Mommsens zur historischen Arbeit der Nachwelt *an* Mommsen hinterlässt er ihr kein Monument ›Mommsen‹, sondern einen Steinbruch und macht sich, so gut es geht, namenlos. »Selten sprach er von der Vergangenheit [...] keinen Stein, keinen Namen [...] für das eigene Grab.«[19] Was bei solchen Strategien des Entzugs bleibt, sind Konvolute von Papieren, aber kein Klatsch. Vertrauend auf die Sichtbarkeit einer Ratio im Geschriebenen hinterlässt Mommsen einen noch ungeordneten, aus seinen Aufzeichnungen bestehenden Nachlass. Das derart aufgehobene, weil verschriftlichte Subjekt soll verschmelzen mit der Ratio des Geschriebenen.[20] Die persönlichsten Papiere lassen dann, unter der Bedingung, dass es eine Institution gibt, die den vernünftigen Kern unter den alltäglichen Nachrichten in Briefen und Notizen herausschält, eine meta-biographische, historische Lesart zu. Testamentarisch verfügt Mommsen die Institution, über welche die Verwertung des eigenen Nachlasses laufen soll: Wie immer ist es ein verborgenes Imperium, das UNSICHTBARE REICH, das er hatte realisieren wollen. Eine ergänzende Testamentsklausel von 1899 sichert zudem die angestrebte, Geschichte instituierende Interpretation der persönlichen Papiere, die »*wie andere öffentliche Akten* benutzt werden« sollen. Der Erblasser setzt zur Zementierung dieser Verfügung von Todes wegen die für öffentliche Akten geltende Sperrfrist von dreißig Jahren an.[21] – Damit wäre wohl wirksam verfügt, dass alles Reden über Mommsen ein Reden über das Reich sein wird.

The Love of Ruins

The love of ruins has generated various epistemics and disciplines: In the sixteenth century it informed philology, in the nineteenth century historiography and criminology. Its status has changed from an allegorical one in the Renaissance to a literal, positivistic one at the beginning of the twentieth century. Johann Gustav Droysen was among the first who reflected the positivistic treatment of ruins systematically. The Prussian historiographer formulated a theory of remains including both written documents and material objects. In the twentieth century the positivistic view lost its appeal for scholars. They began to question the supposed ability of ruins to access the past. The physicality of remains was no longer trusted to guide the process of memory. This disillusion in the power of remains led to a practice of mere tabulation where statistics instead of historical narrative were generated. The contemporary philosopher Giorgio Agamben proposes yet another way of dealing with remains. He liberates ruins from their materialistic shell altogether and takes them consequently in their discursive form as that which is and which is in language.

In the sixth century A. D. Emperor Justinian had Roman Law revamped into a clear and unambiguous code. In its introduction, the Emperor describes his editorial masterpiece as »the entire old Law that has accumulated in the course of approximately 1400 years« which »has been made again in its purity: *a nobis purgatum*«.[1] Purging and purification are notions that were to have a long, influential tradition in the history of Western Law. In his code Justinian invokes this phantasm of a pure law that has been increasingly made impure through the constant accumulation of legal texts, commentaries, and judicial opinions. One does not have to read the formalized law of modern times, let alone Kelsen's *Pure Theory of Law*[2], to be able to gauge the force of the distinction between pure law and its impure applications; such a distinction can already be found in

Roman Law. Heaps of legal texts were physically disinfected, as it were, in order to prepare a pure, codified law that could be handed down to tradition without fear of being contaminated by viral variants. Through the quarantine of the Justinian Code, Roman Law was supposed to survive the times.

The rhetoric of purity that Emperor Justinian took pains to employ in his Code was designed to create a sense of unity. His project to mend the dispersed and fragmented legal codes and judicial opinions into what would be later called a *corpus* had nothing less in mind than to restore the crumbling empire once again to its unified state. The purpose of his textual geopolitics was to integrate the various peoples and tribes of the East and West into the Empire via a unified Law, thereby acting to protect against the introduction of non-Roman legal systems. From then on, Justinian orders, a »wall« was to »surround« the honorable lawbook of the Digesta that would not »tolerate any others coexisting [lawbooks]«.[3] Introducing monotheism as a structuring principle into law, this preamble employs a particular legislative discursive practice that refers to a text without changing it and that applies the law without contaminating it. The master text of Roman Law was supposed to be shielded from alterations by Justinian's »wall« – a metaphor which the citizen of that period may have been able to relate directly to. In the Constantinople of 530 A. D. there was more than this legal wall being pur up; Byzantium itself was one big construction site. The city as well as the law were in shambles. At the same time as epigraphic fragments were being collected and used as a quarry to assemble the lawbook of all lawbooks, the ruins of the destroyed Hagia Sophia were being used to construct the church of all churches. In this way both Hagia Sophia and Justinian's legal creation were able to assume the same status as archetypes of eternal unity.

The consequence of Justinian's rhetoric of purification was a distinction between pure things worth integrating into the corpus of law and impure ones having a clear derogative connotation as worthless, contaminated, and obscure. The wall that was supposed to surround the *Digesta* devalued the very material that it eliminated, leaving it as mere text debris. For after the process of *digestion* what remains is simply that which has been *eliminated.*

The exclusion of these texts was apparently troubling for subsequent generations of jurists and scholars, as can be judged by their various attempts to recover the omitted materials. The humanist legal scholars of the sixteenth and seventeenth century made long and passionate laments over the splintered fragments left behind in forming the new law; in doing so they turned Justinian's project of purification against itself. Their method wasn't characterized by the creation of a pure law from its impure materials, but instead by considering that supposedly pure law Justinian had created as incomplete, divested of its most important parts. It wasn't the easily readable, codified surface that interested these scholars; they were on the contrary attracted by that which the new law had turned into debris and made illegible. They fell in love with the textual ruins and it was precisely this love that drove their philological study of manuscripts.

Philology, which etymologically might be understood as a love of ruins, takes the material world it encounters as a remnant of a once complete world. The melancholic view perceives the world in its ruined state and since that is all there is, the concern, the desire and the care of those Renaissance scholars is solely directed towards ruins. »What else is there to love, anyway?« Jacques Derrida asks. His not yet realized announcement »to write [...] a short treatise on the love of ruins«[4] would begin with that cognitive a priori, the love of ruins, a love which generated not only the work of Renaissance scholars but also various other disciplines concerned with remains, such as historiography and the law of evidence.

I Virtual and Physical Fragments

Humanist scholars didn't fall in love with the perfectly preserved old manuscripts of the Digesta when they were first rediscovered in the sixteenth century. Unlike Justinian, they admired them for their fragmentary nature from which they gathered a virtual completeness in the past. For these scholars the complete law was represented not by the Code Justinian had praised but by the laws that had already been used by Romans for 1400 years before the Byzantine Codification rendered the majority of them worthless. In order to get the nearest possible proximity to origins, the manuscripts were taken as the leftover of a lost wholeness. Whatever philology takes as its epistemic object is treated as a ruin. Philologists employ a metaphors of fragment in order to be able to approach the original unity of texts.

François Hotman, one of the most influential commentators in the seventeenth century on the Justinian codification process, has accordingly raised the general suspicion that the purified law had to rely on »dismemberment« in order to carry out the resurrection of Roman law. This view of a lawbook as a splattered body finds support in the term *Corpus iuris*, a designation later given to the *Digesta*. The interface between a textual and a fleshly body did not only inform the monopolizing activities of the law but also that of the church, when it fought against dismemberment and sharply condemned the widespread practice of distributing a saint's remains among separate parishes, resurrection presuming as it does an intact body.[5]

Scholars in the nineteenth century likewise turned to the law of *corps morcelé*, but without the melancholic touch of the humanist legal scholars. The nineteenth-century scholar no longer saw the traits of the ruined in the manuscripts of the *Digesta*, but instead viewed them under a positivistic light. The manuscript itself became a ruin, which could be measured, counted, and catalogued. The *physis* of the fragments took the place of virtual debris and the love of ruins became a fetish. The materiality of relics from distant times promised to establish contact between the present and the past. In contrast to the sixteenth century lawyers, the nineteenth-century scholar did not therefore make his way back to a lost unity and intactness of the past by thinking in terms of fragments, rather he believed that the broken historical pieces could themselves be assembled together again. In this view, real fragments generated historical fictions; history was told using what had been discarded and drew its truth from the physical existence of historical shards.

The historian Ernst H. Kantorowicz played his game with the positivity of historical wreckage and the longing for completeness in 1942 when, in the face of a Europe covered with rubble and ash, he posed the question of the lost political unity. It is no accident that he let the dome of Hagia Sophia – the quintessence of recovered unity fashioned by Justinian – surface on the intellectual horizon of his readers in order to expose the medieval version of that unity as a fata morgana. And yet for Kantorowicz the discourse testifies to a past reality. The discourse of world unity in the Middle Ages points to a reality, as all fictions do, that is just as real as the »real presence of the Lord in the Sacraments.« Put differently, the myth of world unity had, according to Kantorowicz, a »solid substance.« In this sense, he argues, world unity could be compared to a broken pot: »It is no longer a pot, leaking perhaps and full of cracks but still a pot, that we can hold in our hands; the potsherds have definitely fallen asunder while we face the intricate question: ›Is a hand-full of potsherds still a pot?‹ The housewife, rightly, says ›No‹ and throws the pieces into the garbage. The archaeologist, rightly, says ›Yes‹, gathers the pieces from the garbage, puts them into a glass case and visualizes the pot as an entity although in reality it is not.«[6] According to Kantorowicz, history is the work of imagination. Fragments contain an imperative for the historian to tell the story of a former completeness. Just as the archaeologist who finds the broken pieces assumes a pot whose original form his job is to reconstruct, the historian who imagines the past as a collection of fragments assumes a past unity that needs to be put back together again.

There is hardly a better proof for this force of the imperative of potsherds than in Heinrich von Kleist's drama »The broken jug.« There Marthe Rull demonstrates how the power of broken pieces actually generate historical storytelling. If the historically versed housewife uses the occasion of her broken jug to tell the history of sixteenth century Europe piece by piece before the eyes and ears of the court, then she is following the inherent imperative to assemble all debris and ruins into a history, even if in doing so she tries the patience of the judge. »Do you see the jug, my worthy gentlemen? / Do you see the jug?« she asks, continuing, »If I may say so, you don't see anything, you only see the broken pieces; / The most beautiful jug has been broken in two. / Right here on the hole, now nothing, the entire provinces of the Netherlands were handed over to Philipp of Spain. / Here in official robes stood Charles the Fifth: / From him you can only see his legs standing. / Here knelt Philipp and received the crown.«[7] And so forth until Judge Adam interrupts: »Good woman Marthe! Spare us the broken, / if it is irrelevant. / The hole concerns us – not the provinces, / that are handed over on it.«[8] Whereupon Marthe starts once again to tell its history, but this time not the history that is portrayed on the jug, but the history of the jug itself. »Childeric carried off the jug, / the tinker from Oranien«[9] and so forth.

While a hand full of real broken pieces of a pot make up the whole point of the story, Kantorowicz uses them to represent the work of the historian, someone who has to recover the idea of unity out from underneath the rubble and debris. In doing so he speaks metaphorically of that which in the nineteenth century formed the actual basis for doing historical work: broken jugs, clay pieces, splinters, text fragments.

II Droysen's Theory of Remnants

The nineteenth-century historian Johann Gustav Droysen was probably among the first who tried to understand history in terms of a theory of remains. In his lecture from the winter semester of 1856/7 he classified the historical sources based on the truth value they contain for historians. He distinguished between two types of sources: »Some are sources that want to be, [...], the others are only sources through the way we use them.«[10] Wanting to understand all kinds of things, states, and works under one of two categories, Droysen inevitably got tangled up in assigning them, making mixed forms necessary. Yet despite the difficulties in maintaining, such a categorical difference, what is crucial for Droysen is that historical fragments are assigned a clear epistemic place as an unintentional source. He believed that remains accidentally left over are what grabs the attention of the historian, precisely because they were not intended to be sources, something predestined for becoming history. They are the equivalent of historical flotsam and as such worthless without the love of the historian. This high estimation of the accidental remains continues even today. In the style of Droysen, historical sources nowadays are still defined as objects that »testify unconsciously or at least unintentionally to the processed states of the past«[11].

If instead of remnants (*Überreste*), Droysen had talked of the discarded and thrown away (*Abfall*), he would have emphasized the process of elimination and renunciation, just as Justinian had done in the introduction to his Code. By speaking of remains or remnants (the German word *Überreste* literally means ›over-rests‹), Droysen underlined the connection between the past and the present. Just as mortal remains help the bereaved to remember those who died, relics act as interstices between the faithful and the saints, and leftover balances maintain the business and legal relationship between the creditor and debtor, the remains of the past relate to an order to which they functionally no longer belong but to which the semantic link is maintained. It appears that Droysen uses the word in order to emphasize the contiguity of remnants – their contact with the present by virtue of the permanence of their materiality. Droysen understands remains to be the way the past communicates with the present and has ready an assortment of »all kind of remnants, writers, monuments, law, state«[12] to be handled as sources.

According to Droysen, the task of the historian is to make the latent connections with the past visible while freeing the existing material from its present context – Droysen speaks of »purifying«[13] (*reinigen*) – in order to unveil a concealed past. Here he employs the same contamination *topos* as Justinian. Accordingly doing history is imagined to work much like the process of codification. Historians use the existing material as a kind of quarry from which pure history can be extracted. »There is always much more material as there seems at first glance; but it lies deeply shrouded, latent, as it were«,[14] Droysen writes in his lecture. Remains are thus latent historical sources that can only become manifest for historians via a procedure that decontextualizes them from the present and recontextualizes them in the past – a procedure that Droysen calls »recognition of true place«[15]. The historian of remains becomes an analyst who has to track the misplacements and the displacements of those locations. This procedure is in turn like that of the sixteenth-century humanist lawyers, with the difference that they began with the notion of a past intactness while Droysen begins with the positivity of the fragment. The old humanist understanding of fragments as allegorical is replaced by Droysen's literal notion.

Droysen gauges the truth content of documents and materials according to how much they resist being recognized as historical signs. The less they match up with what has been passed down, the more unstained, the more authentic their value as source. Unlike sources that are intended to hand down history and thus contain the expected, Droysen believes remains reveal real information about the past. Their incommensurability with conventional history, in other words, increases the value of their contents. Among accidental remains of »impure« sources, Droysen emphasizes ones catalogued alphabetically such as »papers from public and private affairs, as they present themselves in files, reports, bills, correspondence, etc. Characteristic of such records is that they were *moments* in the affairs as they were taking place, that they are moments *accidentally* preserved out of the continuity of affairs«.[16] The practice of history is to discover those accidentally recorded moments. That which is not made for history writing – that which is, as it were, historically unwieldy – attracts historians. In this way, their love of ruins finds its object. It is the accidental that points to the entrance of a lost past. Droysen speaks therefore at several passages of the »apodeixis of remnants,« that ist their character as a proof.

III The Literality of Remnants

The accidentally passed on has its allure not only for the practice of history, but also for law. Jurisdiction around 1900 relies on unintentional remains or residues as its preferred pieces of evidence. Just as remains authorize the historian to write history, the accidental find in the criminal trial convicts the perpetrator. Documents, the other objective piece of evidence in a criminal trial, are always open to suspicion precisely because they are *intended* to prove. A piece of evidence gains in plausibility when it has built up an accidental relationship to the deed in question, that is when a piece of evidence previously considered irrelevant becomes relevant. Meant here are not Sherlock-Holmes' classifications of cigarette ash and other refuse. Primary to every other semiotic art of reading clues, the dogmatics of proof is concerned with a kind of truth molded by the juridical form of inquiry that depends on the non-manipulated, the accidental.

Such evidence is so attractive to criminology because of its perceived incorruptibility. But even accidental evidence can be rigged, a fact which makes important certain basic rules. In order to dispel the suspicion of merely simulated accidental find, the decisive question must be asked: *when did you learn about its significance?* In Otto Preminger's legal drama, *Anatomy of a Murder,* this question is asked in relation to an object that was recovered from the trash. The film, which could be described as a story about the judicial desire for remains, portrays a trial in which a piece of evidence surfaces unexpectedly, a certain »undergarment.« Before it can be accepted as official evidence, the article of clothing's nondescript designation needs to be replaced with a more accurate one and negotiations ensue over a fitting name for the anonymous find. In a short talk at the judge's bench, the lawyers agree that the rather delicate article should be called a »panty.« In the subsequent questioning it is revealed that the witness found the piece of clothing in the dirty wash and put it out with the rags. By being transferred into the symbolic order, the »panty« acts as an index to its original context, or, following Droysen, its »true place.« Indeed, in the course of the questioning its function and previous attributes including brand name are given back to it. What one observes in the questioning is the resurrection of a consumer good from rags to art official piece of evidence.

In the final scene of *Anatomy of a Murder* the jurists' obsession with searching for the truth in trash cans and piles of rubbish[17] is summed up. The acquitted defendant clips a note for his defense attorney on a trash container. When the attorney finds it, he throws the piece of paper in with the rest of the refuse. But in the dumpster he notices an empty whiskey bottle and a lady's shoe, and pulls them out as if they could disclose the answer to the still unsolved crime. That which is parodied here as the search for truth still has its serious reality in the courtrooms today. The value of evidence as indices – what Droysen calls the »apodeixis of remains,« arises from its very nature as having to be accidental in relation to that which is supposed to be proven. Correspondingly, the historical value of truth shows itself in the unintentional survival of the objects. The still current practice today among historians of distinguishing between voluntary and involuntary sources[18] therefore needs its moment of unintentionality.

Since the historiography of the nineteenth century became conscious of that these »accidents« have been tainted by the desire for them. To put it differently: A theory of remains threatens to undercut the value of the remains in the first place. It is no accident that Droysen formulated his important theory of historical refuse at a time when the inventorying of the past was confronting the self-archiving of one's own present, and sporadic collections were becoming systematically prepared archives. Curiosity cabinets (*Wunderkammern*), collections of rarities were all filled in the middle of the nineteenth century; antiquities were catalogued encyclopedically, antique sculptures were molded and reproduced. Droysen himself speaks »of the rashly growing eagerness in historical collections«.[19] This eagerness created

> rich and direct juxtapositions of direct remains of antiquity. [...] one has assembled [...] a large has treasure of highly instructive things, some in molds, some through photography. Already [...] the attempt has been made to reproduce the entire Germanic past categorically in a historical collection and to illustrate them in reference works. The train, once put in motion, goes incessantly further. In terms of music, Berlin has already become a center point for manuscripts, as Alexandria was for Greek literature. It is only one step further to provide for technology and agriculture in the same way through collections of models of all possible machines, instruments, samples«. [20]

In the process of collecting, these archives of remains begin to intersect with their own present. Droysen's diagnosis is that for the »archives a new era has dawned. […] One realizes that every country has deposited in its archives its own historical past, as it were […]. It is less important how the archive is arranged and according to what system it is ordered than that it is kept constantly lively and up-to-date.«[21] The practice of recording thus keeps the past as up-to-date as the files. But the administration of the past hardly leaves the remains any longer to chance.

To the extent that remains are administered more and more comprehensively, the historian's sources vanish the closer they approach their own present. Accidental remains can only be imagined as that which has escaped the ordered utilization of refuse. The remains in Droysen's sense are reduced to only that which escapes the prescribed path of waste utilization. That which avoids the clutches of the paper-shredder triggers the same mechanism as the archaeological remain: the reconstruction of a fragmented unity. Even recently shredded files slated for recycling seem to urge us to put together the entire sequence of some past event from their bits and scraps.

Droysen seems to anticipate the dilemma that a past administered in its smallest detail will lose its unplanned nature. Yet he is confident that historiography will not therefore come to an end because of it. In spite of the amount of archived material, »as a rule the most important can't be found or is only preserved inadvertently«[22]. That which is most important is only known by future generations. No archival self-diagnosis can predict future evaluation. So even exhaustive collections of remains cannot, according to this view, diminish the value of the unintended. »Remain« in Droysen's use therefore does not describe the positivity of leftover material but a mode of dealing with them. This is why the historian emphasizes the above fundamental distinction between »sources that want to be« sources, and others that »are sources through the way we use them«. As he states in his lecture, one can always discover more in source then their filing logic spells out. The designation »remain« marks this difference between the archivist and the historian: there is something saved in the sources that escapes the intention of saving it. The historical work in the archive that arises in the nineteenth century thus demands the historian to employ a sharpened perception in order to wrest files from their archival intentions. One might call the historian's work a kind of reading between the lines.

In French there is a word for this kind of discernment. Remains are *dépouilles*. Its verb form designates the activity of checking records. *Dépouiller*, or »evaluating files« means examining one document after the other looking for their non-intentionally stored content. Files are seen as a refuse in order to reveal the accidental of the material. Arlette Farge, the author of *Le gôut de l'archive*, completely subjects herself to the rigors of *dépouillement* – »terme joliment évocateur«, as she writes.[23] In her work on police files in the Paris National Archive she becomes aware of the accidentally stored in the files. She sees the dust, the bloody shreds of material, breathes the musty smell, understands the infamous lives of those individuals portrayed by the files.

Unlike Farge's phenomenological approach Droysen understands historiography as a kind of hermeneutics of remains on the basis of their physicality. Taking the same starting point, Farge focuses exclusively on the materiality of the remains, whereas Droysen's historical practice doesn't restrict itself to the fragments qua fragments. It investigates them in order to extract testimony from the past. It gives them meaning, unifies the breaks, and fills the gaps – like the hole in the broken jug – with stories, where Farge merely describes what can be found in an archive.

Farge's approach is symptomatic of the twentieth century turn away from historiography's reliance and a presupposed subject inherent in the concept of intention and passed on history. The refusal to unify the fragments by a coherent story leads to description or even more radical to mere counting of that what is left. The historian Arnold Esch suggested in his 1978 inaugural lecture that the criterion for interpretation of the intention of historical material should be substituted by the quantifiable character of its chances of being passed on. His formulation is a kind of negative theory of remains, a theory of losses that doesn't investigate the positivity of the remains, but the conditions for their survival. Understood this way, historiography moves close to discourse analysis as an analysis of the conditions of the process of passing down history. In this perspective, a perspective that statistically records the love of ruins, Esch describes the historical destiny of the Roman Law as being a case of double historical improbability:

> Justinian's *Digesta* already understood themselves to be a selected group of laws from over 1400 years of Roman legal history, an expressive reduction of 3 million sifted-through lines down to 150 000. Yet even this selection of a twentieth that promised the only assured tradition was almost completely lost except for probably only one or two manuscripts. This was then the basis from which the study of the complete corpus iuris could take its start in the late 11th century – with consequences that changed the world.[24]

Historians who calculate and tabulate are no longer drawn into telling history by a love of ruins.[25] Despite the seemingly emotion-free treatment of a quantifying view, the great loss of legal texts, something which made the humanists of the sixteenth century melancholic, becomes almost a miracle. Because in the face of its narrow chances of being passed down, that which is lost stands in a relationship of, what Esch calls, »happy proportions.«

Beyond statistics the philosopher Giorgio Agamben offers an understanding of remains as a discursive practice in his monograph, *The Remnants of Auschwitz.* Although the title doesn't make reference to Droysen's sense of the word, the phrasing of the title could provoke at least German readers to mistakenly believe that »remnants« refers to the material remains of Auschwitz. It points to the incident that rendered history and memory upon remnants impossible. The mountains of shoes and other objects in the liberated death camps that were sifted through, counted, and filmed, brought historiography of remains to its limit. It led to the question of the possibility of recollecting beyond the deceiving physics of relics. Therefore Agamben diffuses the word remnant by expressively negating its conventional use: »*remnant* is not to be understood in the sense that the subject according to one of the meanings of the Greek term *hypostasis,* is a substratum, deposit, or sediment left behind«[26]. What the expression is supposed to describe instead is clearer in the two allusions contained in the original Italian title of Agamben's book: *quel che resta.* Agamben, the philosopher and editor of Benjamin's works in Italian, refers to Hannah Arendt, who, in response to the question ›What remains?‹ in the aftermath of World War II and the extermination of the Jews, answers: the mother tongue. The second allusion in Agamben's title – the well-known line from Hölderlin: »was bleibet aber, stiften die Dichter« / »what remains is what the poets found«[27] – also makes reference to language.

The term *remnants* undergoes the same re-allocation as Foucault carried out with the term *archive.* In historiography archive indicates the positivity of that which has saved information about the past. Foucault robs it of its meaning in order to come to terms with the entire conditions which form its discourse. The remnants about which Agamben speaks, likewise reside in language. But that doesn't answer the question of what remains. It only says that whatever remains is found in language. And being *in* language cannot be tantamount to saying language itself remains. Linguistic remains don't amount to a native language, as Hannah Arendt's answer suggests; they alone don't equal the words of a poet, as Hölderlin's line suggests. What Agambens's use of the word »remnants« demands to be understood, becomes clear when, at the end of his book – the place where it is decided what remains – he gives the last word to those who literally remain. He cites the words of those who said of themselves »I was a muselmann.« The cited reports don't have anything of the creative power of the poet's words; neither are they in the native language of the speakers (they are given in English). Unexpressive, sometimes stereotyped, these documents give an answer to Agamben's question: »What does it mean to speak in a remaining language?«[28] This can only mean that language for its part may not be hypostasized and separated from the bodies which speak it. It is reserved for those who remain. This radical concept of remnants as a discourse of the last witnesses, as improbable or impossible as this will be, questions any stable relationship that was built up in the name of remnants. Remnants are not longing for a lost unity, they are not affirming a past century and they are not testifying a past deed. But they are also not mere figures or a material monument of its own. Rather, by tying them to a person speaking, they become the remaining words.

Quellen

Was machen Textwissenschaftler anderes, als immer wieder von neuem alte Texte zu kommentieren? Die Bedingung der Möglichkeit dafür stellt die Philologie. Ihr Hauptgeschäft ist die Textkritik, oder, wie es hieß, bis das Wort in Verruf geriet, die Quellenkritik. In Verruf geraten ist das Wort von der Quelle, seit mit Nietzsche/Foucault die Frage nach dem Ursprung durch eine genealogische ersetzt werden sollte. Solche normativen Vorgaben ändern jedoch nichts am Ziel der philologischen Hilfswissenschaft: der Authentifizierung einer Handschrift. Quellenkritik ist auf das Original aus. Wo Autographen fehlen, hangelt sie sich an der Kette der Abschriften entlang, um dem Original möglichst nah zu kommen. Die Handschriften, die sie unterwegs aufspürt, ordnet sie nach dem Kriterium der Nähe zum Original. Was nicht echt erscheint, scheidet die Kritik aus. Von der Fülle der Handschriften bleibt nach diesem Verfahren oftmals wenig Text. Er ist als Quelle zur Interpretation freigegeben.

Quellenkritik kann es sich leisten, Manuskripte zu verwerfen, vorausgesetzt, der Ursprungstext oder zumindest zeitnahe Kopien desselben existieren. Wo diese fehlen, wird jeder beschriebene Fetzen und jede noch so geringfügige Erwähnung eines antiken Textes wertvoll. So verhält es sich mit literarischen Werken der Antike, insbesondere des archaischen Griechenland. Sie liegen oftmals nur indirekt und in Fragmenten oder in Abschriften späterer Jahrhunderte vor. Wie es scheint, nimmt ihre Zahl proportional zur Spärlichkeit der Quelle und zu ihrer Bedeutung zu. Je mehr Bedeutung einem Werk für die Geschichte des Abendlands beigemessen wird, desto höher ist die Zahl der Abschriften, die sich nach der klaffenden Lücke in der Antike in den Strom der Überlieferung ergießt (bei Catull sind es 70, bei Platon 150 und bei Homer unzählige[1]).

Ein 1913 erschienenes Handbuch mit dem Titel *Kritik und Hermeneutik* trägt der Besonderheit der häufig bloß indirekten Überlieferung antiker Texte ausdrücklich Rechnung, während andere Einführungen lediglich die allgemeinen Grundsätze der Textkritik, modifiziert für das Altertum, wiedergeben. Statt tilgender Textkritik unterweist dieses Handbuch in der *Kunst zu lesen.*[2] Diese *techné* lässt sich genauer fassen als mit den Begriffen von Kritik und Hermeneutik. Man muss nur dem Wortlaut der Quelle folgen.

I

Als Metapher ist die Quelle in festen Händen. Rom hält sie. Und das hat nicht zuletzt mit dem Typ von Texten zu tun, den das Imperium produziert. Es sind Texte, die einen bestimmten Ablauf sicherstellen. Für den Opferkult existieren, anders als in Griechenland, im alten Rom genaue Vorschriften. Beim Opfer ist das Geschlecht der Tiere entscheidend; den Göttinnen werden weibliche, den Göttern männliche Tiere dargebracht; Schafe unterliegen einem Extra-Reglement. Sie werden nach Alter in *lactentes*, *bibentes* und *maiores* geschieden; außerdem gibt es noch die Kategorie der geschorenen und der ungeschorenen. Vögel dürfen, wenn sie geopfert werden sollen, keinen gelben Schnabel haben, und Opferfische müssen Schuppen besitzen; ausgenommen ist eine bestimmte Haifischart. Jupiter sollen nur unverschnittene Tiere und Mars, umgekehrt, keine verschnittenen dargebracht werden. Eine Opferhandlung verliert schließlich gemäß pontifikaler Norm ihre Gültigkeit, wenn sie unterbrochen wird, wenn Flötenmusik erklingt oder der Wagenlenker die Zügel loslässt.[3]

Diese kasuistischen Regeln scheinen vor allem ein Ziel zu verfolgen: die Entfernung von den Göttern zu überwinden. Ein eigener Kult der Formalisierung füllt die Lücke, die sie hinterlassen haben, seit Götter sich nicht mehr in allerlei Gestalt den Sterblichen darbieten. Die Beachtung der Form hat nunmehr den Effekt von Zustellungsurkunden: Sie fingiert die ungewisse Ankunft der Opfergaben beim Adressaten.

Dieser rechtliche Kunstgriff versucht gar nicht erst, in die göttliche Sphäre hineinzureichen. Er begnügt sich damit, einen störungsfreien und wiederholungsgenauen Ablauf des Rituals herzustellen, und versichert sich darin des Erfolgs seines Opferungsaktes. Die Konzentration auf die Verfahrensförmigkeit der Handlung entfernt zwar erst recht von den ohnehin schon vergleichsweise fernen Göttern. Sie schafft dafür aber auch eine Unabhängigkeit von ihnen, ihren unergründlichen Vorstellungen und Launen zumal. Götterverehrung geht über in einen Kult der Formalien.

Auch das römische Recht wird von diesem Zug zur Formalisierung erfasst. Bereits das alte und integrale Rechtsinstitut des Vertrags kommt durch eine Formel zustande. Allein die wortgenaue Wiederholung der beiden Willenserklärungen *spondeo – spondesne*, die zwei Vertragsschließende im Wechsel aufsagen, begründet den Vertragsschluss. Vor Gericht versichert ein störungsfreier, immergleicher Ablauf die Gültigkeit des Resultats. Ein falsches Wort, ein Versprecher, das Fehlen einer bestimmten Bewegung oder auch nur eine Abweichung vom vorgeschriebenen Ritual – und das gerichtliche Verfahren wird ungültig. Es muss, wie der Opferkult bei vergleichbaren Verstößen, von vorn anfangen.

Solches Vertrauen in die Magie streng eingehaltener Formalien übernimmt später die Kirche mit ihren Liturgien. Anders als die Vorschriften zu den Götterdiensten, die nicht in einer einheitlichen Kodifikation vorlagen, wird der Dienst am Wort in einem geschlossenen Text notiert. Ein Programm zur liturgischen Aufführungspraxis bewirkt den wiederholungsgenauen Vollzug.

In einem solchen liturgischen Zusammenhang fällt, wohl zum ersten Mal in einer schriftlichen Überlieferung, das Wort von der Quelle: bei einem Streit um den richtigen Kirchengesang, *authenticum antiphonarium*. Um Dissonanzen zwischen römischem und gallischem (fränkischem) Wechselgesang zu beseitigen, stellte Kaiser Karl der Große einem damit befassten Diakon die entscheidende Frage, die jede Philologie eröffnet: Welche von zwei nichtidentischen Textversionen gilt? Einer hundert Jahre später in der *Vita Gregorii* aufgezeichneten Anekdote zufolge kleidete der Kaiser seine Frage in das Bild, ob es der Bach oder die Quelle sei, wo das reinere Wasser ströme.[4] Die damit nahegelegte Antwort erlaubte dem Herrscher, die Rückkehr zum Ursprung der beständigen Quelle zu befehlen (»ad perennis fontis [...] principalia«), was von aller Metaphorik bereinigt im Klartext bedeutete, die fränkische Version aus dem Verkehr zu ziehen.

Diese verschwand trotz des kaiserlichen Quellen-Machtworts zunächst nicht ganz. Als erneut Unstimmigkeiten auftraten, ließ der um Einheit und Eindeutigkeit bestrebte Kaiser sich in seinem anfänglichen Bereinigungsversuch nicht beirren und dekretierte: »Iterum redeamus ad fontem / Kehren wir abermals zur Quelle zurück«, und das hieß einer bereits etablierten Vorstellung zufolge: zu Rom. Die Stadt an der Tibermündung war entgegen der geographischen Lage zum Synonym für die Quelle aller Überlieferungsströme geworden und ist es seither. In Rom laufen (um im schiefen Bild zu bleiben) die Ströme zusammen, bevor sie von dort wieder in alle Richtungen auseinandergehen und sich ins unübersichtliche Meer der das Abendland tragenden Texte ergießen.

Am Ruf Roms als einem Hort von Authentizität hatten auch die Päpste im 5. Jahrhundert mitgewirkt, wenn sie Nachrichten von einem wohlsortierten *Scrinium*, einer Kanzlei mit geordneter Ein- und Ausgangsverwaltung streuten. Die an die Reliquienpraxis Roms angelagerte Überlieferung von Handschriften – Gebeine und Texte nahmen im Mittelalter dieselben Wege[5] – tat ein weiteres, um die römische Provenienz mit dem Prädikat des reinen Ursprungs zu versehen.

Die römisch-christliche Prägung der Welt, die nicht zuletzt auf solche Überlieferungspolitiken samt Quellen-Metaphorik zurückgeht, nimmt Jacques Derrida als gegeben hin, als er auf Capri über den Ursprung der Religion spricht. Doch setzt er diese Prägung nicht mit Ursprung gleich. Stattdessen geht er mit Kant und Bergson von *zwei* Quellen der Religion aus, einer römisch-christlichen (moralischen) und einer römisch-griechischen (kultischen).

Derrida, der bedauert, dass es bloß Capri und keine ehrwürdigere Insel ist, wie etwa Patmos oder Delos oder ein anderer Ursprungsort, wie Athen, Rom, Jerusalem oder Byzanz,[6] an dem man sich versammelt hat, um über den Tod Gottes nachzudenken,[7] befindet sich immerhin an dem Ort, der mit dem Tod des Gottes Pan[8] und damit dem Grund für die Verdopplung der Quelle verknüpft ist.

Die Quellenkunde von Worten bestärkt Derrida schließlich in seiner Suche nach einer Quelle hinter der Quelle. Die Etymologie kennt zwei mögliche Ableitungen des Wortes Religion, *relegere* und *religare*, *legere* und *ligare*, sammeln und binden, Lex und Ligatur, das rechtliche Beglaubigen und der Glaube, wie Derrida mit Benveniste ausführt.[9] Anders als dieser schenkt er der Vorsilbe *re* jedoch keine weitere eigene Beachtung. Benveniste hat sie im Zusammenhang mit dem Opfer (*sponde*) erforscht. Demnach komme die Silbe etwa in der Versprechensformel *spondeo-spondesme* hinzu, wenn Mittelsmänner der Götter auftreten. Wenn statt Privatleuten Priester eine Versprechensgarantie geben oder Juristen für einen Rat einstehen, dann steigere *re* die Antwort zu einem feierlichen Akt.[10] Die Vorsilbe signalisiert mithin, dass Mediatoren wie Priester und Juristen die von den Parteien gesprochenen Formelworte wiederholen.

Das »Re« der Religionen scheint eine ähnlich iterative Wirkung zu entfalten. Derrida verdoppelt die Quelle der Religion. Er wiederholt den einen Ursprung der Religion, den christlichen, im anderen, kultischen und erschließt so die beiden

Quellen hinter der Setzung des Ursprungs. So mögen zwar verschüttete Ressourcen (des Kults) wieder zugänglich werden. Zu einer Vielzahl von Quellen und damit zur Zerstreuung eines Romano- oder Eurozentrismus führt diese Operation der Verdoppelung jedoch nicht. Sie soll es auch nicht. Derridas Anliegen besteht schließlich nicht darin, mit seinem Vortrag über die beiden Quellen der Religion die Rom-Zentrierung der Welt aufzuheben. Ihm geht es darum, die Unumkehrbarkeit dieser, wie er sagt, »Mundialatinisierung« vorzuführen.

II

Die semantische Besatzungsmacht Rom hat fraglos die Quelle gründlich monopolisiert. Zu allem von Rom nicht geduldeten Überfluss verschwinden nicht nur die Texte der Liturgie und anderer kultureller Bereiche aus der Überlieferung, wenn sie nicht – zu Recht oder zu Unrecht – den Stempel des Römischen erhalten. Auch das Konzept der Quelle selbst reduziert sich auf das, was Rom daraus gemacht hat. Es geht eine feste Verbindung mit Reinheit und Ursprung ein, das keine anderen Gebrauchsmodi, und sei es nur noch in Anspielung, zulässt. Gleichwohl sind andere Verwendungen des Worts nachzulesen. Nicht zufällig finden sie sich in derjenigen Quelle des Abendlands, die von Rom ungetrübt geblieben ist. Die Odyssee nennt »die Quelle« im Zusammenhang mit dem Schwur bei Himmel, Erde und Styx, der immer fließenden Wasserquelle.[11] Die Quelle kommt etwa auch in aramäischen Vertragstexten vor, wo sie als kosmischer Zeuge der Unverbrüchlichkeit des Versprochenen angerufen wird.[12]

Die Nennung dieser Quellen entspringt keiner hygienischen Obsession. Keine ängstliche Ökonomie waltet hier, die auf drohende Ungewissheit im Glauben und Unübersichtlichkeit überlieferter Texte mit Quellenkritik, sprich: Diskursverknappungen und -hierarchisierungen reagiert. Außerhalb des römischen Kontextes scheinen die Vorstellungen wie Reinheit des Ursprungs und Kontamination im Strom der Überlieferung nicht zu greifen. Quellen werden hier in ihrer (zeitlosen) Eigenschaft genommen, immer zu fließen und nicht zu versiegen: πηγῶν ἀενάων, wie es in einer der datenreichsten Quellen zu den Quellen heißt. Schon ihr Titel *Über die Grotte der Nymphen in der Odyssee* (περὶ τοῦ ἐν τῇ 'Οδύσσεια τῶ νυμφῶ ἄντρου)[13] trifft eine Aussage über Quellen, die jenseits dessen liegt, was von Rom aus sagbar wäre. Demnach stehen Quellen mit göttlichen Wesen wie Nymphen in einer Verbindung. Der Grund dafür besteht in einem räumlichen Zusammenhang. Die zeusnahen Nymphen-Göttinnen bewohnen schlicht dieselben Höhlen oder Grotten, in denen auch Quellen entspringen.[14] Deswegen gehören sie zusammen und deswegen kann es im Griechischen auch ein und dasselbe Wort für Fließen und Bewohnen geben. Das eine widerspricht dem anderen nicht. Die eigentümlich flimmernd-ungreifbare Wohnform der Wassernymphen oder Naiaden in den Quellgrotten kommt in dem Verb ναίω; »wohnen, verweilen«, meist an einem heiligen Ort und in dem Wort νάω, »das Fließende«, zusammen. Auf der Insel Naxos – der Name wird aus derselben Wurzel gebildet – nehmen schließlich die Götter Wohnung.

Im sechsten Gesang der *Odyssee*, der von der Begegnung mit der Nymphe Kalypso erzählt, ist mehrfach von Grotten, Quellen und Nymphen die Rede. Das Werk *Über die Grotte der Nymphen in der Odyssee* kommentiert jedoch keine Stelle daraus. Der Kommentar bezieht sich auf die Ankunft von Odysseus im 13. Gesang, kurz vor Ithaka, am Hafen des Phorkys:

Doch an des Hafens Kopf ist ein blätterbreiter Ölbaum / Und ganz nahe bei ihm eine dämmrige, liebliche Höhle, / Heiliger Ort der Nymphen, welche Naiaden genannt sind, / Darin sind Mischgefäße und zweigehenkelte steinerne Amphoren; / ferner bauen sich darin ihre Nester die Bienen; Webstühle aus Stein, sehr große, auf denen die Nymphen purpurne Mäntel weben, ein Wunder zu schauen (ὗαῦμα ᾽ἱδέσῦαι);/Immerfließende Wasser (ὕδατ᾽ ἀενάοντα) sind dort, und es sind da zwei Eingänge,/Einer nach Norden hin; er dient den Menschen als Eingang./Doch der andre nach Süden ist für die Götter, und Menschen/gehen dort nicht hinein; er ist der Unsterblichen Zugang.[15]

Der neoplatonische Kommentator dieses Quellentextes, der den Lehren der Diotima noch nahestehen soll, nimmt selbstverständlich hin, dass nie versiegende Wasserquellen und unsterbliche Nymphen zusammengehören.[16] Allerdings überdeutet er die Verbindung allegorisch. Erst wenn man seine Allegorisierungen herausfiltert, steht die klare Gleichung von Nymphen und Quellwassern wieder da, die auch der Beschreibung der Odyssee von den Verhältnissen in der Wassergrotte am Hafen von Phorkys zugrunde liegt.

Das äquivalente Verhältnis von Nymphen und Quellen lässt keinen Raum für eine Metapher weder der Ursprünglichkeit noch der Reinheit und Jungfräulichkeit. Nymphen sind keine Jungfrauen (Parthenos). Manchmal werden sie Koren genannt, junge Mädchen. Präziser ist es, Nymphe als ein bestimmtes Stadium im Lauf eines Lebens anzusehen. In Griechenland hat jedes Stadium sein Fest und seine Kleidung, etwa einen bestimmten Gürtel. Nymphe bezeichnet innerhalb der Verwandlungen eines Lebens die Passage zwischen oder vor Eheschließung und erster Geburt: von der Braut zur Mutter und, entsprechend, vom Jungen zum Mann.[17] Der Herrscher von Sparta, Lykurg, hat diese Spanne mit besonders dichten Regeln ausgestaltet.[18] Sie weisen dazu an, die endlichen Möglichkeiten der Paarung und des Crossgender durchzuspielen, von denen die zwischen gleichaltrigem Mann und Frau am Ende Ernst wird.

Nymphen markieren in dieser nach Regeln ablaufenden Passage, das, was im Verborgenen bleibt. Sie gehören auf die Seite der Dynamis, leben in Höhlen und Grotten. Ihr Medium ist das Verborgene, und es würde sich fügen, wenn richtig wäre, was meist bezweifelt wird, dass die Nymphe Kalypso, die Odysseus sieben Jahre in ihrer Grotte versteckt, übersetzt die Verhüllte oder Verborgene hieße.

Was Nymphen verbergen, ist nicht irgendein Geheimnis, das man ihnen entlocken könnte, wenn man sie nur lange genug belauscht. Sie sagen es selbst oder genauer, lassen es denjenigen sagen, dem sie sich zum Geschenk machen. In ihrem Element, im Wasser, bringen sie sich dar. Wasser, kein salziges Meerwasser, sondern trinkbares Grundwasser, ist das Geschenk der Nymphen.[19] Das Wasser hat, wenn es von Nymphen zur Quelle geschlagen wird, die Eigenschaft »weise« (νοερῷ) zu sein.[20] Wer mit diesen das Denken betreffenden Wassern in Berührung kommt, den haben die Nymphen ergriffen. Seine Rede folgt ihrer Eingebung oder Einträufelung mit dem wissenden Quellwasser, was nebenbei erklärt, warum Orakel sich stets in der Nähe einer Quelle befunden haben.

Eine Rede, die so weise ist, dass sie nicht mehr allein von dem Sprecher selbst kommen kann, lässt auf im Verborgenen wirksame Nymphen schließen. Die griechische Sprache hat dafür den Ausdruck »nympholeptos«. Das ist einer, der über sich hinausgeht und darum etwas erkennt, was er selbst von sich aus nicht sehen würde, der weise redet und auch dem Wahnsinn nah. Er zeigt die Symptome der Verliebten, die ihr Herz und ihren Verstand verlieren. Männer wie Frauen werden von Nymphen ergriffen[21] oder, was dasselbe ist, von wissenden Wassern trunken.

Bachofen assoziiert das Durchdrehen der Räder beim Pferderennen mit dem Fließen von Wasser.[22] Dies hebt die Eigenschaft des Wassers hervor, unaufhaltsam wie die Rede und schnell wie Nymphen zu sein. Unaufhaltsame Redeflüsse sind in Griechenland – wo verstöpselte Wasseruhren (Klepsydren) sie vor Gericht drosseln – vollkommen wörtlich zu nehmen. Auch die Schnelligkeit der Nymphen ist keine Metapher. Sie lassen sich nicht fangen. Das Laufspiel von Mädchen ahmt diese Schnelligkeit nach, zu dem sie der Zuruf »φίττα« antreiben soll.[23] Beim Lauf schlagen die Stoffbahnen ihrer nahtlosen Gewänder wie Flügel auf.[24] Wie nun diese flügelschlagenden Mädchen wiederum mit Nymphen, genuss-[25] oder quellensuchenden Bienen und Schmetterlingen verwandt sind, das können romanschreibende Lepidopterologen besser klären als neoplatonische Allegoriker.[26] Jedenfalls ist das Geschäft der Nymphen nicht die Kritik. Sie diskutieren ebenso wenig wie ihre gezähmten Nachfolgerinnen, die Musen, von denen Edgar Degas weiß[27], dass sie nicht reden. Sie tanzen. Und wenn schon ihr Tanz beflügelt, welche Wirkung haben dann erst die Najaden, die »der äußerliche Anfang der Musen«[28] sind? Die stets in einer Schar (von σμήνος: Bienenschwarm oder Schar) auftretenden Nymphen[29] treiben ihr flirrendes Spiel.

In der Mittagshitze an einem Bach, mitten in einer Unterhaltung, die nicht von ungefähr über die Liebe geht, warnt Sokrates sein Gegenüber vor, dass ihn nun bald Nymphen gefangennehmen würden (νυμφόληπτος),[30] wie oft, wenn er in Fahrt gerate. Man erkenne es daran, dass er schon beinahe in Dithyramben spreche. Zum Beweis dafür, dass Nymphen etwas später tatsächlich sein Reden übernommen haben, bezieht Sokrates sich auf einen bestimmten Satz, den er gerade geäußert hatte, und fragt seinen Freund, ob er bemerkt habe, dass er, Sokrates, nun schon in Hexametern spreche.[31] Offenbar gilt die Steigerung von einem eher freien zu einem streng gebundenen Versmaß als das untrügliche Zeichen dafür, dass Nymphen den Redenden ergriffen haben. Reden, die einer bestimmten Metrik folgen, sind Nymphendiskurse.[32]

III

Die Metrik, die vom Tanz der Nymphen in die Rede übergeht,[33] ist in den geschriebenen Quellen im Wortlaut konserviert. Was davon heute ankommt, ist eine Frage der Übertragung. Die

Kunst, Quellen zu lesen, müsste sich den Philologen entreißen und in die Hände von, wenn nicht Nymphen, so doch Übertragungstheoretikern legen lassen. Denn immerhin nannte, einer Eingebung folgend, Claude Shannon eine übertragbare Nachrichten produzierende Einheit *Quelle*. Und immerhin vermag der Quellcode in der Eleganz einer aufs Äußerste verkürzten Codierung bei Programmierern eine Ergriffenheit eigener Art auszulösen.

Doch täuscht die Ähnlichkeit zu Nymphen / Quellen. Der Quellcode hat dem Prinzip nach dieselbe Funktion, die bereits die Liturgie und überhaupt alte Notationen von Rede und Geste haben, wenn sie die Aufführung von Sprechen und Handeln und Jahrtausende später das Lesen von Quellen vorschreiben. Weder mathematisch codierte Befehlsketten noch Anweisungen in einer natürlichen Schriftsprache folgen der überfließenden Diskursökonomie der Nymphen. Während die ausdrücklich normierten Formalien, mit denen Rom seine Götterferne kompensierte, einen Befehl geben, dessen Umsetzung Beginn und Schluss hat, sind prosodische Reden quellende Diskurse ohne Halt. Wie der Quellcode haben die römischen Vorschriften einen rituellen Anfang und ein ebenso rituelles Ende. Die von der Gabe wissenden Wassers generierten Reden aber fließen in einem Takt dahin, der endlos weitergehen kann.

Aus dieser Unterscheidung – Spärlichkeit dort, Abundanz hier – folgt nun nicht, dass römische Quellentexte entlang ihren Formalien präzise entzifferbar sind, die Quellen Griechenlands dagegen dazu verurteilt, Mutmaßungen im Mythischen zu bleiben. Nur ist die Entschlüsselung griechischer Quellen nichts für Uneingeweihte (βέβηλοι).[34] Eingeweihter wird man freilich nicht dadurch, dass man in ein Arkanum vordringt, in dem Regeln wie die der Pontifices hinterlegt wären. Das Geheimnis Griechenlands funktioniert nicht mit Zäunen und Zutrittsbeschränkungen, die im Übrigen auch ignoriert werden können und im Lauf der Zeit ohnehin verschwinden. Es hält sich selbst geheim durch sein Wissen. Es gibt kein Verbot, dass man nicht wissen darf. (Zur Grotte der Nymphen gibt es schließlich zwei Zugänge, einen für die Sterblichen, den andern für die Götter.) Jeder kann Wissen erlangen. Zweifellos ist es schwieriger als die Tätigkeit, Arkana niederzureißen und einen sekretierten Wissensschatz zu plündern. Außerdem muss es immer jemanden geben, der das Wissen weitergibt. Es gibt aber keine Diotimas mehr.

Zum Wissen führen nach dem Ende der Götter keine Lehrmeisterinnen, sondern Lektüren.[35] Sie sind nicht von Ursprungssehnsucht und nicht von Trauer über einen Überlieferungsverlust getragen. Doch ist es auch mit positivistischer Quellenarbeit nicht getan. Etwas an den Quellen wirkt im Verborgenen. Sie sind für den, der sich von ihnen ergreifen lässt, die Bedingung der Möglichkeit, die etwa das griechische Alphabet für Codierungen bis zum digitalen Quellcode stellt. Im Verborgenen, dem Medium der Nymphen, werden Quellen lesbar. Wen sie hinter den Kordon römisch gesetzter Ursprünge führen, der weiß zu berichten, dass dahinter nicht ein imaginäres Griechenland liegt, das sich gegen die Realität ausspielen lässt, sondern das Griechenland im Zustand der Dynamis. »Im Flimmern […] gibt es Griechenland.«

Fluchen in Stein[1]

Teiorum dirae – Teiische Flüche

ὅς ἄν ταστήλας: ἐν ᾗισιν ήπαρὴ: γέγραπται: ἢ κατάξει: ἢ φοινικήϊα: ἐκκόψει: ἢ ἀφανέας ποιήσοει: κἔνον ἀπόλλυσθαι: καὶ: αὐτὸν: καὶ γένος.

οἵτινες τιμοχέοντες: τὴν ἐπαρὴν: μὴ ποιήσεαν: ἐπὶ δυνάμει: καθημένο τὦγῶνος: Ἀνθεστηρίοισιν: καὶ Ἡρακλέοισιν: καὶ Δίοισιν: ἐν τῆπαρῆι: ἔχεσθαι

Wer die Stelen, auf den[en] die Fluchformel aufgezeichnet ist, zerstört oder die Schrift austilgt, oder [die Stelen] verschwinden lässt, der soll zugrunde gehen, er selbst und sein Geschlecht.

Diejenigen Timuchen, die die Fluchformel nicht aussprechen, nach bestem Vermögen, wenn die zum Agon versammelten Platz genommen haben an den Anthesterien, den Heraklea und den Dia, sollen von dein[em] Fluch betroffen sein.[2]

Die Stele von Teos, der diese Fluchvorschrift entnommen ist, stammt aus der Zeit um 470 v. Chr., nachdem das ionische Teos durch den Sieg der Griechen an der Mykale aus persischer Vorherrschaft befreit worden war. Teos liegt in der heutigen Türkei. Die Inschrift stand auf einem Kalksteinblock. Alle vier Seiten waren beschriftet, ein Buchstabe hatte die Länge von ungefähr zwei cm. Der Stein existiert nicht mehr. Was darüber bekannt ist, weiß man aus den Transkriptionen im 18. Jahrhundert sowie durch eine andere, erst später gefundene Abschrift.[3]

Die Stele ist wegen ihrer refrainartigen Fluchformeln mit dem Namen *Teiorum dirae* (Teiische Flüche) belegt worden: »… apóllysthai kai autòn kai genos to keinou: Der soll zugrunde gehen, er selbst und sein Geschlecht«, der ein bestimmtes Gesetz nicht beachtet. So lautet die Fluchformel (arà oder: epara), die nach jeder einzelnen Vorschrift wiederholt wird. Die Vorschriften der teiischen Stele sind in Reaktion auf eine politische Krise, etwa einen Umsturzversuch formuliert worden.[4] Sie untersagen es, gegen die Polis zu handeln, etwa durch Giftmischerei, Behinderung der Getreideeinfuhr, Ungehorsam gegen die Funktionsträger der Polis, Hochverrat, Landfriedensbruch, beispielsweise durch Unterstützung von See- oder Straßenraub. Verbrechen gegen Personen enthält diese Gründungsschrift der teiischen Polis nicht. Diese zu ahnden war üblicherweise auch nicht Sache der gesamten Polis, sondern allein der jeweiligen Angehörigen.

Die buchstäblich *aufgestellten* Verbote, die es untersagen, gegen die Interessen der Gemeinschaft zu handeln, enden jeweils mit einem Fluch. Statt einfach zu verfluchen, wenn eine Tat geschehen ist, wie es Sache der Götter und Priester ist[5], wird der Fluch im Gesetz von Teos für den Fall einer Zuwiderhandlung in Aussicht gestellt. Die Fluchformeln reagieren nicht auf eine geschehene Tat, anders als beispielsweise die Flüche, die Tragödien in Gang setzen, sondern nehmen vorweg, was im Fall eines Gesetzesverstoßes geschehen wird. Der Fluch in Stein ist also noch nicht aktiviert. Die wiederkehrenden Fluchformeln auf der Stele von Teos sind genau genommen erst die Androhung von Flüchen, so wie ein Gesetz eine Strafe in Aussicht stellt und einen Strafrahmen bestimmt. Die Verhängung der Strafe und analog der Ausspruch des Fluchs selbst ist ein davon verschiedener Akt, der im einen Fall Richtern, im anderen den Göttern obliegt. Und in dieser Fluchandrohung, die einer Strafandrohung entspricht, liegt überhaupt der Grund dafür, dass man von der Stele als einem »Gesetz« sprechen kann. Gemeint ist nicht ein Gesetz, das durch ein förmliches Verfahren zustande gekommen ist. Gemeint ist das Gesetz – im Sinn Kelsens –, das durch ein Zwangsmittel zu einer verbindlichen Norm wird.

Ist die Fluchformel auf der Stele von Teos also ein Zwangsmittel, das jederzeit angewendet werden kann, wenn ein Gesetz übertreten wird, dann ist ihre Wirkungsweise mit der einer geladenen Waffe vergleichbar. Auslöser für den »Schuss« – die performative Wirkung dieses aufgeschobenen, oder besser: dieses geladenen Sprechakts – ist die Übertretung. Was die Fluchwirkung dann anrichtet, ist freilich ungewiss. Gewiss ist nur, dass sie nicht allein den Gesetzesbrecher trifft. Jan Assmann vergleicht Flüche deswegen mit Fernwaffen.[6] In der Antike herrscht die Vorstellung, dass Flüche oftmals mit einer beträchtlichen zeitlichen Verzögerung realisiert werden und sogar erst die nächste oder übernächste Generation treffen. Sie sind, als ausgesprochene und nicht bloß angedrohte Flüche, wie auch der Eid[7], Anrufe der Sterblichen an die Götter, um den Gesetzesbrüchigen der Rache der Götter zu überantworten, insbesondere der Götter des Rechts: Zeus, Apollon und Themis.[8]

*

Diese Vorschaltung einer Androhung vor den eigentlichen Fluchakt wird dort möglich, wo der Akt des Verfluchens zeitlich entzerrt ist: durch die Schriftform. Die Verschriftlichung des Fluchs ist seine Verzeitlichung. Sie erlaubt das zeitliche Verhältnis von Tat und Fluch umzukehren und die antizipierte Tat in ein konditionales Verhältnis zum Fluch zu setzen. Durch sie übernimmt die Fluchformel Präventivfunktion: Abschreckung durch Inaussichtstellen der Aktivierung des Fluchs. Nach Assmann kommen Flüche zur Sicherung einer Gesetzesbefolgung überhaupt erst auf, als Gesetze aufgeschrieben werden.[9] Demnach stellen Schriftform der Gesetze und ihre Fluchbewehrung zwei Techniken dar, die koextensiv sind.

Die Gesetzestechnik der Fluchbewehrung von schriftlichen Gesetzen ist im Vorderen Orient bereits etabliert, als griechische Gesetzgeber sie im 6. Jahrhundert von dort übernehmen.[10] Die Grundgesetze für eine Polis, die schriftlich abgefasst sind, haben Nomotheten in der Regel mit Fluchandrohungen gesichert. Die Polis-Gesetzgebung Solons (594 v. Chr.) etwa soll den Demos durch einen schriftlichen Fluch (ará politiké) geschützt haben, der jeden bedroht, der mit den Medern verhandelt, der eine Tyrannis für sich oder andere anstrebt oder das Volk betrügt.[11]

*

Die Schriftform der Gesetze ermöglicht die Technik der Fluchandrohung aber nicht allein. Sie ist dafür auch nötig, weil aufgeschriebene Gesetze in vieler Hinsicht schutz- und machtloser sind als ungeschriebene. Sie sind ganz materiell der Zerstörung, Veränderung und dem Verschwinden ausgesetzt. Um dies zu verhindern, werden Unantastbarkeits- und Unveränderlichkeitsgebote in den Stein eingemeißelt, den es betrifft. Und um diesem Zerstörungsverbot Nachdruck zu verleihen, wird die Zuwiderhandlung mit einem Fluch belegt. Eine sumerische Statue beispielsweise trägt die Inschrift: »Die Statue steht vor Dir, … und wer es wagen sollte, … ihre Inschrift auszulöschen …« – es folgt der Fluch des Herrschers.[12] Ein vergleichbares griechisches Fragment ist aus dem 6. Jahrhundert bekannt. Es sichert eine Stele mit Flüchen gegen ihre eigene Beschädigung.[13] Solons Gesetzgebung weist ebenfalls ein fluchbewehrtes Zerstörungsverbot auf.[14] Auch auf der Stele aus Teos findet sich eine solche Unantastbarkeitsvorschrift: »Wer die Stelen, auf den[en] die Fluchformel aufgezeichnet ist, zerstört oder die Schrift austilgt oder [die Stelen] verschwinden lässt, der soll zugrunde gehen, er selbst und sein Geschlecht.«[15]

In diesen materiellen Unantastbarkeitsvorschriften ist der Stein Träger und zugleich Gegenstand eines Gesetzes. Auf manchen Stelen wird der Stein dann sogar zum Synonym für das Gesetz, mit der Folge, dass eine Beschädigung des Steins einer Gesetzesverletzung gleichgestellt wird. Wer den Stein zerstört, der verstößt gegen das Gesetz. Eines der ersten schriftlichen Gesetze in Griechenland, das diese metonymische Verbindung zwischen Stein und Gesetz ausdrücklich herstellt, ist das Gesetz aus Gortyn, das Gesetz für Kreta von 500 v. Chr.[16]

Auch dafür gibt es Vorbilder im Orient. Die Form eines materiellen Zerstörungsverbots, das als Gesetzesübertretung gewertet wird, begegnet beispielsweise im assyrischen Codex Hammurabi. Dieser nennt die Achtung vor dem Gesetz, die Unveränderlichkeit des Gesetzes und die Unveränderlichkeit des Steins in einem Satz und verheißt demjenigen Segnungen, der danach handelt, und umgekehrt stößt der Codex gegen diejenigen, die sein Gebot missachten, Verfluchungen aus: »Wenn dieser Mensch auf meine Worte, die ich auf meine Stele geschrieben habe, achtet, meine Gesetzgebung nicht beseitigt, meine Worte nicht verdreht, meine Aufzeichnungen nicht ändert, so möge dieser Manne wie mir der Sonnengott seinen Stab lang machen, seine Leute möge er in Gerechtigkeit hüten. Wenn dieser Mann auf meine Worte, die ich auf meine Stele geschrieben habe, nicht achtet, [...] meine Aufzeichnungen ändert, meine Namenschrift löscht und seinen [eigenen] Namen hinschreibt, ...« dann wird er folglich verflucht.[17]

*

Auf den Flüchen[18] zu den Unantastbarkeitsvorschriften der Gesetzessteine liegt ein großes Gewicht. Fast beiläufig, so scheint es, wird auch die Übertretung der materiellen Gesetze selbst noch fluchbewehrt. Dies unterstreicht einen eigentümlichen Zug der schriftlichen Fluchandrohungen. Sie beziehen sich oftmals gar nicht, jedenfalls nicht in erster Linie auf das Verbot selbst, sondern auf Vorschriften, die über die *Einhaltung* der Verbote wachen. Denn wie könnte ein Gesetz beachtet werden, wenn es zerstört ist? Wie könnte ein Gesetz wirksam werden, wenn niemand sein Hüter ist? Also gibt es zuallererst eine Vorschrift zur Nichtzerstörung des Steins, ebenso gibt es besondere Handlungspflichten zur Strafverfolgung. Und gerade diese Folgevorschriften eines geschriebenen Gesetzes sind fluchbewehrt.

Platon stellt in den *Gesetzen* (870 B f.) den Fluch als ein solches unmittelbares Präventionsmittel vor. Es trifft nicht in erster Linie den »Gesetzesbrecher«, sondern diejenigen, die von Amts wegen für die Wahrung der Gesetze zu sorgen haben. In einem abgestuften System der Abschreckung soll zunächst der Glaube, dass einem im Hades das widerfahren werde, was man selbst an anderen verübt habe, jemanden davon abhalten, einen Mord zu begehen. Sodann soll die Verlesung des Gesetzes abschreckend wirken, das einem Mörder mit dem Ausschluss aus der Polis droht. Und danach kommt die eigentliche Fluchandrohung. Sie trifft nicht den Täter, sondern die nächsten Verwandten des Ermordeten. Wer von ihnen die gerichtliche Verfolgung unterlässt, »der soll zunächst die Befleckung und den Hass der Götter auf sich selbst nehmen, wie der Volksglaube gemäß dem Fluch des Gesetzes es fordert«.

Auch an einer anderen Stelle erwähnt Platon den Fluch im Zusammenhang mit rechtlichen Handlungspflichten zur Wahrung der Gesetze (*Gesetze* 742 B). So ist der Besitz fremder Währungen verboten. Das Geld muss den Behörden im Tausch gegen eigene Währung abgeliefert werden. Der Fluch soll denjenigen treffen, der nicht abliefert, und auch den, der davon Kenntnis hat, aber dies nicht anzeigt. Fluchandrohungen sind demnach nicht allein an Verbote gekoppelt. Sie beziehen sich auch, und dem Anschein nach sogar in erster Linie, auf die Folgevorschriften zur Wahrung der Ordnung, wie beispielsweise auf Anzeigepflichten.

Dass gerade die Folgepflichten zur Durchsetzung eines aufgestellten Verbots mit einem Fluch belegt werden, bestätigt eine Beobachtung Hannes Böhringers, wonach Flüche dort aufkommen, wo eine abnehmende Handlungsfähigkeit kompensiert werden soll.

Zu den Interjektionen werden auch die Flüche gezählt: verdammt noch mal, Sauerei, Scheiße, zum Teufel. Die meist nur noch der Affektabfuhr dienenden Flüche zeigen, dass auch die den Gebetsformeln entlehnten Worte wie großer Gott! oder Gott bewahre!, Worte der Erleichterung wie gottlob und gottseidank beschwörende Worte sind, mit denen wir ein überwältigendes Geschehen bannen wollen, mit denen wir, weil wir über das, was uns zustößt, kein Machtwort sprechen können, uns aber wenigstens Luft zu verschaffen und Haltung, beschränkte Handlungsfähigkeit zurückzugewinnen versuchen.[19]

Die Interjektionen des Alltags sind in dieser Hinsicht von den geschriebenen Fluchformeln nicht so verschieden. Sie sind das entfernte Echo jenes archaischen Sprechakts, der die Götter anruft, um ein Machtwort durchzusetzen, das über die eigene Einflusssphäre hinausgeht. Das ist der Grund für die alten Gesetzesflüche. Von sich aus ist ein Text, der bestimmte Handlungen untersagt, nicht sonderlich durchsetzungsfähig. Der angedrohte Fluch ist die Kompensation für die mangelnde Durchsetzungskraft eines Macht-, Herrscher- oder Gesetzesworts außerhalb der Reichweite eines Sprecher-Herrschers. Darum werden Ämter und Pflichten zur Überwachung der Einhaltung der Ordnung geschaffen. Sie sind Teil des Zwangsmittel-Apparats zur Durchsetzung des Gesetzes. Um wiederum die Einhaltung dieser Amtspflichten zu sichern, werden dann nicht etwa Überwacher der Überwacher eingesetzt, ein inflationäres Unternehmen ohne Ende, sondern eben Flüche.

Gesetzes-Flüche sind demnach normative Einrichtungen unter Abwesenheitsbedingungen, eine Form von *remote control*, welche die Befolgung eines Gesetzes durch Androhung eines Übels sichert oder auch mit einem Heilsversprechen dazu anreizt. Man könnte die folgende Relation zwischen Reichweite der Macht und Fluchdichte aufstellen: Je weniger eine Macht erkennbar ist, welche die Einhaltung der Gesetze erzwingen kann und Fluchandrohungen im angedrohten Übertretungsfall wahr macht, desto dichter wird die Folge an Fluchformeln. Oder auch: je anonymer das steinerne Gesetz ist, desto differenzierter wird der Apparat aus Amtsträgern, Sicherungspflichten und damit korrespondierenden Fluchandrohungen.

Anonym und folglich durchsetzungsschwach ist ein Gesetz, das keinen Autor erkennen lässt. Und in dieser Hinsicht stehen die griechischen Gesetzesfassungen in einem großen Gegensatz zu ihren östlichen Vorbildern. Der Codex Hammurabi hat einen Autor: Er ist in der ersten Person Singular abgefasst (vorausgesetzt, auf die Übersetzung ist Verlass). Der Stein ist hier Träger von Herrscherworten: »Wenn dieser Mensch auf meine Worte, die ich auf meine Stele geschrieben habe, achtet, meine Gesetzgebung nicht beseitigt, meine Worte nicht verdreht, meine Aufzeichnungen nicht ändert«, … es folgt die Verheißung von Segnungen.[20] Die schon genannte sumerische Statue ist ein *oggetto parlante,* das sich selbst in diesem geschriebenen Sprechakt als Autor erschafft: »Die Statue steht vor Dir, … und wer es wagen sollte, … ihre Inschrift auszulöschen …«[21] In beiden Gesetzen sind Schrift und Machtwort so gekoppelt, dass Zweifel an der Durchsetzbarkeit offenbar gar nicht aufkommen sollen.

Bei der Stele von Teos fehlt hingegen ein Autor oder Sprecher. Es heißt anonym und geradezu unverbindlich: »Wer die Stelen, auf denen dieser Fluch (eparé) aufgezeichnet ist, zerstört oder die Schrift austilgt oder [die Stelen] verschwinden lässt, der soll zugrunde gehen, er selbst und sein Geschlecht«. Woher nimmt dieser steinerne Fluch seine Bannkraft? Oder moderner gefragt: Wie wird bei Flüchen auf Stein Verbindlichkeit erreicht, die ihre Verbote autorlos verschriftlichen?

*

Ein Schlüssel für die Antwort auf diese Frage nach den Performanzbedingungen der griechischen Fluchformeln ist die Übertragungsform der Gesetze. Und diese ist – im Gegensatz zu orientalischen Gesetzen – in Griechenland mündlich, möglicherweise sogar gesungen[22]. Erst in gesprochener Form erreichen die Gesetze ihre Adressaten. Erst in dieser Form kommen auch die angedrohten Flüche an. Im Sparta Lykurgs war der Dichter Terpander dafür zuständig, die Geheiße oder Rhetren bekanntzumachen.[23] Von Solon ist überliefert, dass er Gesetzgeber und Sänger gewesen ist und beides für seine Art der Gesetzesgabe zusammengehört.[24] Charondas ließ seine aufgeschriebenen Gesetze ebenfalls mündlich verkünden.[25]

Das angestammte Medium der Nomoi ist die Musik. Nomos meint Musik und gleichermaßen Ordnung.[26] In welcher Form die archaischen Gesetze Griechenlands auch genau vorgetragen werden, ihre Übertragung ist jedenfalls an einen Akt der Ver*laut*barung gebunden. Daran ändert sich auch nichts, als die Gesetze aufgeschrieben werden. So übernehmen die griechischen Polis-Gesetze zwar die Aufschreibepraxis von Gesetzen aus dem Orient. Doch hat die Gesetzes-Schrift hier eine andere Funktion. Griechische Gesetze der Antike setzen nicht auf die Macht der monumentalen Schrift als Verkörperung des Gesetzgebers. Die Schrift ist hier Passage der gesprochenen Übertragung des Gesetzes.[27]

Die Polis-Gesetze versäumen es daher nicht, ihre wiederkehrende Verlautbarung vorzuschreiben[28], so beispielsweise das Solonische Gesetz.[29] Ebenso findet sich in Charondas' Vorwort zum Grundgesetz Siziliens (550 v. Chr.) eine Bestimmung, wonach dieses Prooimium an bestimmten Festen bekanntgegeben werden soll.[30] Die über ein Jahrhundert nach Solon errichtete Stele von Teos steht genau in dieser Tradition mündlicher Gesetzestransmission. Zu bestimmten Festen (den Anthesterien, den Heraklea und dem Zeusfest) sollen bestimmte Amtsträger (Timuchen oder Tamiaten) das auf der Stele Aufgezeichnete (ta gegrathména) verlautbaren. Die Inschrift verwendet dafür das ungebräuchliche Verb analego[31], das heißen könnte: öffentlich verlesen oder aus dem Gedächtnis zitieren oder zur Erinnerung der anderen zitieren. Aufgrund des Zusatzes, dass dies nach bestem Vermögen zu geschehen habe (dynamis), ist anzunehmen, dass dem Amtsträger die Vortragsweise freigestellt ist; ob er wörtlich verliest oder aus dem Gedächtnis zitiert, rezitiert oder deklamiert, ist ihm überlassen. Sein Vortrag muss den Zweck erfüllen, dass das Gehörte sich ins Gedächtnis der Festgemeinde eingräbt.

Ist die Verlautbarung eine unabdingbare Voraussetzung für die Übertragung griechischer Gesetze, so zieht auch sie, wie schon die Schriftform, eine Fluchformel nach sich. Eine weitere Metaebene des Fluchs kommt damit ins Spiel, welche die selbstreferentielle Form von schriftlichen Gesetzesflüchen in ungeahnte Komplexität treibt. Schafft schon das Verbot der Zerstörung des Steins ein Selbstverhältnis zwischen Medium und Inhalt der Gesetze, in das ein Fluch eingeschrieben ist, so wiederholt sich dies auch für die fluchbewehrte Verlautbarungspflicht[32]. Laut Gesetz von Teos soll alles verlautbart werden, was in den Stein eingemeißelt ist. Dieses umfasst folglich auch die Fluchformeln, bis hin zu der Fluchformel, die zur Einhaltung der Verlesung anhält. Auch sie muss verlesen werden. Für die Verbindlichkeit des Fluchs kommt es schließlich auf Vernehmbarkeit an – und nicht etwa darauf, wer spricht. Die griechischen Fluchformeln sind entindividualisierte Sprechakte. »Der Gott hörte, gleichviel, ob ihn ein Magistrat oder Privatmann rief.«[33] Damit er die Fluchanrufungen hören kann, müssen sie laut gesprochen werden. Deswegen sind die ersten aufgeschriebenen Gesetze nicht einfach an irgendwelche Flüche gekoppelt, sondern integral an den Fluch, der die Einhaltung der Verlautbarungspflicht aller übrigen Flüche sichert.

Die Einhaltung des gesamten Gesetzes hängt also an dieser letzten selbstreferentiellen Fluchandrohung, welche die Nicht-Verlautbarung der Fluchformeln selbst mit einem Fluch belegt. Ohne die Verlautbarung dieser fluchbewehrten Übertragungsvorschrift keine Verlautbarung der übrigen Fluchandrohungen: ohne diese wiederum keine Sicherung zur Einhaltung der Gesetze. Die letzte verlautbarte Fluchformel zum Verlautbarungsgebot sorgt also für die gehörige Übertragung der Gesetze. Sie ist an die zuständigen Amtsträger gerichtet, die den Fluch verlautbaren. Sie verkünden (sich selbst). »Diejenigen Timuchen, die die Fluchformel nicht aussprechen (hier: poiesean], [...] sollen vom Fluch betroffen sein.«[34]

Man ahnt jetzt vielleicht, warum die Stelen von Teos nicht anders als nach den Flüchen *Teiorum dirae* – und nicht etwa dem Inhalt ihrer Vorschriften benannt wurden. Es ist die Logik des Fluchs, die hier vorgeführt wird. Genauer ist es die Logik der geschriebenen Gesetze Griechenlands, die verlautbart werden müssen, um wirksam übertragen zu werden. Die Verschriftlichung der Gesetze zieht ein ganzes System an Sicherungsvorschriften zur Einhaltung der Gesetze nach sich. Es bedarf nicht allein Amtsträger, die für Übertragung und Einhaltung derselben sorgen. Es bedarf auch Flüche, die die Amtsträger zur Übertragung und Einhaltung ihrer Amtspflichten anhalten. Diese Fluchformeln unterliegen denselben Übertragungsvorschriften wie die Gesetze, deren Einhaltung sie sichern, sprich: sie müssen mündlich geäußert werden. Deswegen mündet das gesamte Gesetz von Teos in diese fluchbewehrte Verlautbarungsvorschrift zur Verlautbarung. Die auffällige Häufung der Fluchformeln, ihre konstante Wiederholung nach jedem materiellen Gesetz[35] ist demnach die zwangsläufige Folge dieser Kaskade aus Flüchen und Verlautbarungsvorschriften, mit der Griechenland nach Umstellung auf die Schriftform von Gesetzen die archaischen Übertragungsbedingungen, die an die Stimme gekoppelt waren, aufrechtzuerhalten sucht.

Gerichtslabyrinth

Was soll wohl erreicht werden, wenn ein Gerichtsgebäude so gebaut ist, dass der Angeklagte und die Zeugen den Saal, in den sie geladen sind, nur nach mehrmaligem Fragen, Verlaufen erreichen? Wenn sie endlich angekommen sind, müssen sie sich entschuldigen für ihre Verspätung. Aber ihre Stimme ist unterwegs ausgetrocknet und ihr Atem ist noch vom Laufen heftig. Ihre Bewegungen sind eingeschränkt, so als wollten sie nirgends anstoßen.

Teil II

Verwaltungen: Nach den Akten

Regierungstechnik um 1550
Über Elisabeth von Braunschweig-Calenberg-Göttingen (1510–1558)

I Protestantisches Pastorat

Regieren ist eine Technik, eine erlernbare Sache und eine Arbeit. Sie hat nichts zu tun mit dem Repräsentieren, dem Auftritt des Königs, der durch Pomp und Prunk bindet und blendet. Was er darstellt, kommt aus einer großen und fremden Welt und ist schon darum ehrfurchtgebietend. Der König, der repräsentiert, beeindruckt durch das Blendwerk seiner Verkörperungen – seine Gewänder, seinen Hofstaat, seine Gemächer, die Phantasmen schließlich, die ihn umgeben. Um 1550 bildet sich unterhalb dieser Repräsentationsmaschine eine Technik des Regierens heraus. Sie leistet die Verwaltungsarbeit, verrichtet das tägliche Geschäft der umfassenden Bewirtschaftung der Untertanen und unterscheidet sich darin vollständig von den Operationen des Repräsentierens. Besteht die Macht des Königs darin, Recht zu setzen und zu sprechen, so agiert der Regent oder die Regentin mit Verhaltensanweisungen, die das Wohlergehen aller und des Einzelnen in Aussicht stellen.

Regieren, das heißt vor allem, dass es keine Dimension des alltäglichen Lebens gibt, die nicht davon erfasst werden würde. Anders als die Sphäre der Repräsentation, die auf den Souverän beschränkt ist, durchdringt das Regieren sämtliche Lebensbereiche, von der Geburt über die Ehe und den Tod; aber auch die Ernte und das Ordnunghalten, das Verwalten selbst bilden Gegenstände von Vorschriften zum richtigen Regieren. Der Alltag des eigenen Verhaltens wird geregelt, und zwar der Alltag des Regenten und der Regierten gleichermaßen. So wie das Verhalten des Regenten sein soll, so soll auch das der Geführten sein. So wie der Einzelne sich gegenüber seiner Familie zu verhalten hat, hat es auch der Landesvater gegenüber seinem Land, so wie die Mutter gegenüber ihren Kindern, so auch die

Regentin gegenüber dem Kanzleipersonal.[1] Alles ist einzubinden in eine umfassende Verhaltensordnung. Wer sich nicht an das Regiment hält, dem wird das Amt des Regierens abgesprochen, der ist kein Regent. Der ist überhaupt kein Mensch mit Anspruch auf Seelenheil. Also geht es darum, das richtige Verhalten zu lernen. Regieren mündet in Verhaltensführung. Wie man sich richtig verhält, das allerdings sagen keine Gesetze, die bloß negativ bestimmen, was nicht sein soll. Das sagen ausführliche Manuale, die anweisen, was man tun muß. Sie entwerfen eine umfassende Verhaltensordnung. Wie soll man sich verhalten? Wie sich selbst führen, um andere zu führen, wie seine Kinder führen, seine Untergebenen, sein Verwaltungspersonal, wie sich verhalten als Ehefrau, Fremdling oder Waise?[2] Auf all diese Fragen gibt die Calenberger Regentin eine Antwort in einer Vollständigkeit, was die Lebensbereiche betrifft, die ihresgleichen suchen dürfte, denkt man an die Manuale für Regenten, Töchter, Mütter, Ehefrauen und Witwen, die sie verfasst hat.

Für Michel Foucault fällt diese umfassende Verregelung des Lebens unter eine Intensivierung des Pastorats, die er um 1550 beobachtet.[3] Foucault beschreibt den Regenten als Pastor, als einen, der auf seine Herde aufpasst. Er ist kein Richter, kein Gesetzgeber, er fordert keinen Gehorsam um der Gesetzesbefolgung willen, eher ist er ein Arzt, dem es um das Seelenheil seiner Herde geht. Man muss also nicht dem Gesetz gehorchen, um ihm in irgendeiner äußeren Form Genüge zu tun. Man befolgt die Anweisungen, weil sie dem eigenen Seelenheil dienen.

Die Regentin Elisabeth setzt hier noch einen anderen Akzent, was den Grund der Gefolgschaft der Regierten betrifft. Sie lässt in ihrem Regierungshandbuch für ihren Sohn von 1545[4] beständig Ermahnungen einfließen, die besagen, dass es Arbeit ist zu regieren und zum Regieren zu erziehen. ›Lass mich diese große Mühe und Arbeit umsonst nicht getan haben … und gehorche mir als Deiner lieben Mutter‹ (Bl 11). Auf diese Weise klagt die Unterweisung zum richtigen Regieren Erfüllung ein,

Zeile um Zeile. Man hat das beschwörende ›lieber Sohn‹ im Ohr, in mehr oder weniger variantenreichen Wiederholungen, sich ins Flehentliche steigernd, liest man einmal das Regierungshandbuch von Anfang bis Ende durch. Es scheint, als werde in dieser Beschwörung von Mühe und Arbeit (vgl. Psalm 90, 10) ein Mechanismus der Bindung der Regierten an die vorgeschriebene Verhaltensordnung ausprobiert, der im christlichen Pastorat, wie Foucault es beschreibt, nicht weiter betont wird. Gehorsam wäre nach dieser protestantischen Variante nicht allein eine ins Kalkül eines Heilsversprechens genommene Verhaltensregel. Es wäre eine Frage der Achtung der Arbeit und des Fleißes, die eine Person für den und die anderen auf sich nimmt.

Eine solche Strategie der Bindung appelliert an die Einsicht des Adressierten. So wie Gott sich für die Welt müht, so tut es der Regent und auch die Mutter. Die persönliche Investition zieht jeweils persönliche Hingabe desjenigen nach sich, dem diese Mühsal zugutekommen soll. Jede Zuwiderhandlung gegen eine Regel des richtigen Verhaltens ist also mehr als ein bloßer Gesetzesverstoß. Er ist eine Missachtung der Person, die diese Regeln in eigener Arbeit erstellt hat. Obgleich diese Aufopferung nie verlangt wurde, auch als aufgedrängtes Opfer verstrickt sie in einen fundamentalen Verschuldenszusammenhang. Schuldig wird, wer die Anerkennung dieser Gabe versagt. Wären hier Absichten im Spiel, ließen sich erpresserische nicht ausschließen. Ich habe das alles nur für Dich getan. Du sollst meine Arbeit nicht mit Füßen treten. Sie ist für Dich, ein Opfer ist sie, und ein Opfer kann man nicht ausschlagen – anders als (vielleicht) ein Geschenk.

Die Arbeit, die den im Regierungshandbuch adressierten Sohn an die mütterlichen Regeln binden soll, spielt auch im Verhältnis zu den Untertanen eine Rolle. Denn auch das Regieren ist eine Arbeit, die wiederum darauf aus ist, Befolgung zu erheischen. Die Verfasserin des Handbuchs wird nicht müde zu betonen, dass Regieren nicht etwa ein Vergnügen ist. ›Es sei kein schwerer oder mühseliger Ding als wohl regieren‹ (Bl 11), heißt es gleich in der Vorrede der Unterweisung zum richtigen Regieren. Und das ist nicht als Warnung gemeint, sondern als Ansporn, denn was lohnte das Leben, wenn nicht die Arbeit? Die Mühsal ist das Gütesiegel des Lebens, ein anderes Leben ist gar nicht vorstellbar. Mit Macht und Prunk, so herrschen die anderen, nämlich ›alle die, die große Pracht führen über ihr Vermögen, die auf allen Reichstagen sind, die leihen ohne zurückzuzahlen, die spielen, Kriege anfangen‹ (Bl 167). Man ahnt schon, von welcher antikatholischen Haltung in Elisabeths Unterrichtung der Wind weht. Gegenüber diesen genuss- und geltungssüchtigen Herrschertypen wird die Arbeit des Regierens betont, so wie die Arbeit des Lebens überhaupt.

Man weiß, wie hoch der Einsatz der Herzogin ist, wenn sie ihre eigene Arbeit, ihr ganzes Dasein in Anschlag bringt, damit der »liebe Sohn« gehorcht. Dieser muss folglich einen ebenso hohen Einsatz bringen, will er sich diesem das Leben verregelnden, umfassenden Zugriff der Mutter entwinden. Er muss schon das tun, was der Lutheranerin Elisabeth das Verpönteste schlechthin ist. Erich II. wird einer jener katholischen Reichstagsgänger, vor denen die mütterliche Unterweisung eindringlich warnt, zieht unter Karl V. in den Schmalkaldischen Krieg gegen die Protestanten und nennt der Mutter einen falschen Hochzeitstermin seiner Schwester, die er längst katholisch verheiratet hat. Die Biographen Elisabeths sprechen von gebrochenem Herzen der Herzogin.

Ein prägendes Element des christlichen Pastorats, so wie Foucault es beschreibt, stellen die individualisierten Beziehungen zwischen Regent und Regiertem dar.[5] Diese unmittelbare Beziehung zwischen dem Pastor-Herrscher und jedem Einzelnen ist der Effekt einer Technik des Regierens, die auf das ganze Leben geht. Alles geschieht *ad* und *in personam*. Wenn hier eine Unterwerfung verlangt wird, dann ist sie keine unter ein fremdes Gesetz oder einen souveränen Willen. Sie ist eine Unterwerfung unter eine andere Person, unter ein anderes Individuum, das als Vorbild leuchtet, das aber auch selbst an der Einhaltung der Regeln gemessen wird. Mit seinem Leben soll der Regent für das Geforderte einstehen. Das Regieren ist demnach höchstpersönlich. Von Person zu Person. Regieren und Regiertwerden sind die beiden Seiten derselben Sache. Es gibt nicht etwa zweierlei Maß, eines für das Verhalten des Souveräns und eines für die Untertanen. Die große dogmatische Frage der Scholastik, ob auch ein Souverän an die Gesetze gebunden ist, die in seinem Namen erlassen werden, stellt sich hier nicht. Im pastoralen Modus von Herrschaft gilt für den Pastor kein anderer Maßstab als für die Geführten. Der Regent wird erzogen, wie er andere erzieht. Er regiert andere so, wie er sich regiert. ›Gebiete anderen nicht, darin du selbst sträflich seiest.‹ (Bl 28) ›Was Du für Dich tust, das tu auch für Land und Leute.‹ (Bl 97) Ein kategorischer Imperativ durchzieht die Einzelanweisungen zum guten Regieren. Er mahnt ein Verhalten an, das einer Prüfung der eigenen Maßstäbe standhält. Die Regeln sind keine einseitigen, von Regent zu Regierten, und sie sind keine äußerlichen. Die Regierten spiegeln sich im Regenten und verinnerlichen die Regeln. Man kann daher in dieser Regierungstechnik auch einen Anfang für die Entstehung des modernen Gewissens sehen.

Zum regimentalen Prinzip des Höchstpersönlichen gehört schließlich, in eigener Person zu regieren, selbst wenn die Verwaltung bereits so gegliedert ist, dass die Arbeit delegiert werden kann. ›Es fordert auch dein fürstlich Amt, dass du zuweilen armer Leute Sache in eigener Person hörst und selbst auf die Cantzley dich in die Audienz verfügst.‹ (Bl 83) Die Verwaltungsleute machen also den Regenten nicht etwa überflüssig. Pastorales Regieren heißt, das Kunststück zu beherrschen, das Regieren zu delegieren und gleichzeitig in jedem Kontakt mit den Regierten präsent zu sein. Dies gelingt im Institut der Visitation ebenso wie in den gelegentlichen Stippvisiten in der Kanzlei, die in dem Regierungshandbuch angeraten werden. Bis in die Eigenhändigkeit der Unterschrift reicht die Anweisung zum höchstpersönlichen Vollzug. ›Briefe sollen von Deiner Hand unterzeichnet werden.‹ (Bl 123) Die eigenhändige Unterschrift signalisiert, dass hier eine oder einer sich der Regierung angenommen hat (und das ist eine Arbeit), obwohl er doch auf sein Personal zurückgreifen könnte. Dass er es nicht tut, hat nichts mit Misstrauen gegen seine Verwaltungsleute zu tun. Auch hier zählt die persönliche Investition. Die Präsenz des Herrschers, seine Nahbarkeit (vgl. dazu auch Bl 98, 119, 163) bürgen für einen Regenten, dem auch das Geringste nicht unwichtig ist. Der Appell an die Allgegenwärtigkeit des Regenten bildet wiederum eine Antithese zum Herrschertyp, der allein auf Fernwirkung setzt. Im Pastorat geht es darum, individualisierte Gehorsamsbeziehungen unmittelbar zwischen Regent und Regiertem herzustellen und sich dennoch auf eine funktionierende Kanzlei zu verlassen. Höchstpersönlichkeit und Delegationsprinzip der Arbeit schließen demnach einander nicht aus. Sie werden so eingesetzt, dass sie sich ergänzen.

Das Nebeneinander von delegierter Verwaltung und höchstpersönlicher Regentschaft bürgt schließlich dafür, dass mit Maß regiert werden kann. Die Kanzlei funktioniert und dennoch werden dort nicht stur – und das heißt: ohne jedes Augenmaß – Befehle ausgeführt. Ein Regent, der ab und an persönlich in der Kanzlei vorbeischaut, kann, wie es in der Unterweisung heißt, dafür sorgen, dass ›Billigkeit durch dich verschafft werde; denn deine Gegenwärtigkeit kann viele Sachen fördern‹ (Bl 83). Billigkeit, *epikeia*, das große aristotelische Konzept, das gegen das *ius strictum* steht, verlangt eine Justierung des Einzelfalls, Augenmaß in dem ganz individuellen Verhältnis. Gesetze sind das, was nicht gerecht sein kann. Gouvernementalität speist sich aus diesem antinomischen Affekt, dieser Reserviertheit gegenüber dem allgemeinen Gesetz. Das Regieren im Zeichen des Pastorats ist eine *administratio* des Singulären, eine Verwaltung des konkreten Menschen, die dort ansetzt, wo das Gesetz nicht hinreicht. In einem Kommentar zum 1. Gebot weist Martin Luther die »Herren und Herrinnen« an, »ihre

Knechte, Mägde und Arbeitsleute nicht [zu] drangsalieren, auch einmal etwas durchgehen [zu] lassen und um des Friedens willen durch die Finger [zu] sehen. Denn es kann in keinem Stand stets alles am Schnürchen gehen, solange wir auf Erden in Unvollkommenheit leben.«[6]

Dieses Augenmaß beim Regieren bricht Widerstände bei den Regierten. Zumindest zielt es darauf ab, dass dem Regenten die Herzen der Regierten zugetan sind. Dann schließlich können sie nicht anders, als das zu tun, was der Regent tut: sich selbst so regieren, wie sie regiert werden. Gegen jede bloß äußere Gesetzestreue steht darum eine Menschenführung, die bis in die Herzen dringt. Die Untertanen sollen ihrem Regenten mit dem Herzen zugetan sein, nicht etwa bloß gehorchen. ›Mach alles, damit sich ihr Herz nicht abwendet‹, rät die Regentin Elisabeth und konkretisiert: nimm keine übermäßigen Steuern und veranlasse keine allzu großen Neuerungen (Bl 114). Maßhalten ist also eine Maßnahme, um herzensmäßigen Gehorsam zu erreichen. Das Moderate, Wohlgeordnete bewirkt, dass Untertanen von selbst tun, was von ihnen verlangt wird, und sich nicht auflehnen. Das macht im Ideal das Strafen überflüssig, das ohnehin zu einem lutherischen Verständnis der Nahbeziehungen nicht passt. Kein Christ dürfte den anderen bestrafen.[7]

Der so gezeichnete Regent ist einer, der es versteht, jeden Trotz gegen eine Verhaltensregel wie bei einem Kind schon dadurch abzuwenden, dass er »das Herz« mitreden lässt. Gegenmodell ist der Fürst von oben herab, der Widerstände gegen sein selbstherrliches Regiment schürt und niederdrückt. Und ist er nicht, zumindest in den Augen der Verfasserin des Regierungshandbuchs, einer aus katholischen Landen? Anderes gilt jedenfalls im protestantischen Calenberg: ›Regieren sollst Du nicht als ein Fürst, sondern als ein Vater, mit aller Sanftmut, damit … sie ihr Herz nicht von Dir wenden.‹ (Bl 184) Väter regieren, indem sie ihre Untertanen wie Kinder behandeln, und das heißt vor allem, indem sie diese führen und erziehen. Was die

Leitmetapher der frühen Neuzeit vom Hausvater eher bloß anspielt, wird in der Unterweisung zum richtigen Regieren unmittelbar praktisch. Die Mutter, die ihren Sohn im Regieren unterweist, macht es vor: Sie erzieht das Kind zum Vater, der seine Untertanen wie Kinder erzieht.

II Das Amt der Mutter

Wohl einzigartig in der neuzeitlichen Hausväterliteratur beansprucht die Fürstin Elisabeth für ihre Regentschaft ›das mütterliche Amt‹ (Bl 12). Auch in der fünf Jahre später an ihre Tochter abgefassten Unterweisung beruft sich die Schreiberin auf ihr »mutterliches ampt«[8] und macht damit deutlich, dass es nicht etwa von selbst, natürlicherweise kommt, eine gute Mutter zu sein. Es ist ein Amt und eine Aufgabe, die nach lutherischem Verständnis ein jeder übernimmt, der etwas ins Werk setzt. Auch der Schuster oder der Bauer hat ein Amt, wie Luther schreibt, und weiter: »Ein jeder soll mit seinem Amt oder seiner Aufgabe den anderen nützlich und dienstbar sein«.[9] Und so autorisiert die lutherische Herrscherin nicht allein die mütterliche Unterweisung durch das Amt der Mutter. Auch ihre Regierungsunterweisung an den Sohn unterstellt sie diesem Amt. Sie schreibt nicht etwa als Mutter. Mütter schreiben bekanntlich auch gar nicht. Sie bringen ihren Kindern das Sprechen bei. Als die Schrift einer natürlichen, amtlosen Mutter müssten die Manuale daher wirkungslos bleiben. Ist aber das Mutter-Sein ein Amt, dann hat diejenige, die es beansprucht, Diskursmacht. Diese Diskursmacht erarbeitet und insbesondere erschreibt sich die Calenberger Fürstin auf allen Ebenen. Sie knüpft ein Netz aus epistolaren Beziehungen und Verhaltensregeln, Regierungstechniken, Institutionen, verwebt Bibelstellen mit theologischen Dogmen und praktischen Empfehlungen und schafft so eine Diskursmacht weit über jede mütterliche Hörweite hinaus.

Das Amt ist eine Einrichtung des Pastorats. Es steht im Verbund mit Gott und kennt sonst keine weitere Autorität, der in hierarchischer Abstufung Folge zu leisten wäre. ›Lieber Sohn, nachdem du von Gott weiter keine Obrigkeit hast, der Du mit Gehorsam unterworfen sein durftest als dem Kaiser, deinen Herrn und mich, deine liebe Mutter, so sollst Du ihm in allen Dingen so wider Gott nicht sein.‹ (Bl 99) Die Platzanweisung des mütterlichen Amtes ist demnach denkbar schlicht. Es gibt den Gott und es gibt die Mutter. Zwar wird auch der Kaiser genannt, doch von einer Ehrung des Kaisers, so wie von Mutter und Gott, ist in der Unterweisung nichts zu lesen. Der Gehorsam gegen die Mutter hört auch nicht etwa auf, ›unangesehen ob du gleich die Jahr der Kindheit von Dir gelegt habest‹ (Bl 101). Denn auch der erwachsene Sohn bleibt Kind der Mutter und damit immergültiger Adressat der Instruktion. Das mütterliche Amt ist mithin alles andere als eine vorübergehende Angelegenheit. Mütter mögen zwar ausgedient haben, wenn ihre Kinder groß geworden sind. Doch bleibt die Mutter noch im Amt, nachdem der Sohn das regentenfähige Alter erreicht hat. Er bleibt das Kind seiner Mutter und kann darum nach Auffassung der Verfasserin des Manuals gar nicht anders, als in »kindlicher Weise« von ihr annehmen (Bl 189), was sie ihm von Amts wegen darbietet. Das Amt der Mutter hört also nicht auf. Was aber nicht zu Ende geht, *non moritur*, ist eine Institution.

Das Institut der Mutter übersteigt die einzelne Mutter, so fehlbar und schwach sie auch sein mag, wie die Fürstin Elisabeth selbst von sich behauptet. Aus dem Amt bezieht sie jenseits eigener Schwächen und gar Inkompetenzen die Ermächtigung, das Kind im Regieren zu unterweisen. Doch heißt dies für die Praxis des Regierens nicht etwa, im Amt eine Art Immunisierung zu finden, um in eigener, selbstherrlicher Manier zu walten. Auch das Amt macht schließlich nicht allwissend. Wer aber nicht alles weiß, der braucht Rat. Aus eigener schlechter Erfahrung warnt die Verfasserin der Unterrichtung vor »listigen Praktiken« mit Leuten, die sich zu Ratgebern aufschwingen, und mahnt zur Vorsicht. Einerseits gilt also: ›du, lieber Sohn, sollst die Sachen förmlich wissen und nicht allezeit andere Leute fragen‹. Andererseits: ›Schäme Dich aber gleichwohl, nicht zu fragen, was Du nicht weißt, und wenn Du Rat erhältst, so erwäge gleichwohl noch, was das beste sei und [...] bedenke die Sache und habe allezeit den am liebsten, der Dir rät, was göttlich, ehrlich und ehrbar ist, und folge nicht denen, die allezeit raten, was Dir gefallen möchte.‹ (Bl 94) Umgib Dich also nicht mit Hofschranzen und Schmeichlern, so wie sie Louis Marin in seinem *Porträt des Königs* so eindrucksvoll in ihrer Dialektik des Machtgefüges beschrieben hat. Umgib Dich mit Ratgebern, doch folge ihrem Rat nicht blindlings, sondern erst nach eigener Prüfung.

Die Betonung des Amtes der Mutter stellt die individualisierten Gehorsamsbeziehungen auf eine verallgemeinerungsfähige Basis, ohne deswegen unpersönlich zu werden. Mögen konkrete Mütter allerlei eitle und eigennützige Nebenmotive bei der Erziehung ihrer Kinder verfolgen, etwa das eigene Nachleben in den Kindern oder die Sicherung der dynastischen Folge, so bürgt die institutionalisierte Mutter dafür, dass ihre Absichten auf ein objektives Ziel gerichtet sind. Das Kindeswohl kann schließlich nur verwalten, wer das Amt der Mutter innehat. Und diese Verwaltung wird dort notwendig, wo dem Kind das richtige Regieren beigebracht werden soll. Das Amt der Mutter, das die Fürstin als Verfasserin der Regierungsunterweisung in Anspruch nimmt, hat daher kein anderes Ziel, als den Sohn zum guten Regenten zu erziehen, damit die Regentschaft eine gute wird. Von ›gutem Regiment und christlicher Haushaltung‹ ist in der Unterweisung die Rede (Bl 16) und davon, dass es dem Sohn erspart bleiben solle, was anderen jungen Fürsten geschieht, dass sie nämlich am Anfang ihrer Regentschaft nichts wissen können. Darin paart sich mütterliche Fürsorge mit machtpolitischem Weitblick. Das Amt, das stets auf das Wohl des Ganzen gerichtet ist, verbindet die Wünsche der liebenden Mutter mit den Zielen der Herrscher-Mutter eines Territorialstaats. »So habe ich dir zu gut aus mutterlicher liebe und wolmeinung die muhe und erbeit gerne und in gutwilligkeit auf mich geladen.« (Bl 10) In der Hausväterliteratur dürfte man lange nach einer vergleichbaren Vermischung von Liebe und Politik suchen. – Und wieder ist es die investierte Arbeit, die Gefolgschaft erzwingt.

Ein weiterer Satz aus dem Reservoir der Mahnsätze hebt die Arbeit des Schreibens der Unterweisung hervor: Bedenke also lieber Sohn, ›wie ich selbst in eigener Person und durch diese schriftliche Ermahnung [...] mit grosser Mühe verfasset habe‹ (Bl 9). Während sie von den Mühen des Regierens schreibt[10], notiert die Herzogin also, dass auch das Schreiben des Regierungshandbuchs selbst Mühe bereite. Und auch diese in den Sohn investierte Arbeit erheischt Befolgung. ›Habe auch solches Buch mit eigener Hand selbst dir zugeschrieben, von Anfang bis Ende, darum solltest Du es nicht unter der Bank liegen lassen.‹ (Bl 9) Was aber wäre, wenn der Sohn das Buch doch unter der Bank liegen ließe? Dann griffe auch diese Ermahnung nicht. Und so bleibt es der heikelste Moment im gesamten Unternehmen schriftlicher Unterweisung, dass das Buch tatsächlich gelesen wird. Der Befehl zur Lektüre greift erst nach der Lektüre. Reicht aber die Einflusssphäre der Regentin über das hinaus, was sie geschrieben hat?

Die Calenbergerin agiert im Medium Schrift. Imposant ist die Liste der von ihr verfassten und von ihr eigenhändig geschriebenen Schriften. Regeln, Ratschläge, Gebete, Lieder, ... alles wird auf- und abgeschrieben. Bilden Mütterlichkeit und Stimme klassischerweise einen Medienverbund, so ist das *Amt* der Mutter an die Schrift gekoppelt. Amt und Schrift haben dies gemeinsam, dass sie nicht sterben, *non moritur*. Sie sind gleichermaßen Institution. Doch warum erscheint die Unterweisung an den Sohn im Zeitalter des Drucks dann handschriftlich und nicht in der unsterblichen Form gedruckter Lettern? In der Regel liegen die neuzeitlichen Regierungshandbücher im Bleisatz vor. Anordnungen etwa zum Aufbau von Schul-, Kirchen- und Kanzleiordnungen wurden in Druck gegeben.[11] Handgeschriebene Regierungsanleitungen sind hingegen selten. Bekannt ist aus dieser Zeit eine Handschrift von Herzog Albrecht an seinen Sohn Albrecht Friedrich.[12] Diese väterliche Unterweisung ist zwar mit der Hand geschrieben, doch hat diese den Status eines letzten unhintergehbaren Willens. Sie selbst ist als »Testament« betitelt. Wenn die Tochter Elisabeths eine Unterweisung für ihren siebzehnjährigen Sohn mit der Hand schreibt, von der im übrigen nicht anzunehmen ist, dass sie diese tatsächlich selbst verfasst hat[13], dann scheint sie dies eher im Bann der vielschreibenden Mutter zu tun, als dass sie eine bestimmte Politik mit Medien damit verfolgen würde.

Einzig die Mutter, die ihr eigenes Amt erfindet, differenziert hier. Bestimmte Bücher, die sie verfasst hat, lässt sie drucken, so wie das Gebetbuch von 1551.[14] Die Autorin wird im Titel anonymisiert angegeben: »durch eine hohe fürstliche Person aus der heiligen Schrift gezogen«. Das indes, was von Person zu Person übermittelt werden soll, erscheint handschriftlich mit ausführlicher Autorinnenangabe, so das Regierungshandbuch und die mütterliche Unterweisung. Es gibt also einen Unterschied zwischen Büchern, die an viele gerichtet sind, und Büchern, die an eine Person adressiert sind. Hier wird das Handgeschriebene zu einem weiteren zwingenden Argument der Gehorsamsbefolgung. Die Schrift macht die Mühe des Regierungshandbuchschreibens überhaupt erst sichtbar. Sie ist manifestierte Arbeit, und deswegen gehört auch die eigenhändige Schrift in das Regime der Bindung an den Regenten und seine Ordnung. Die Unterweisung soll dadurch wirken, dass der Unterwiesene durch die Handschrift in jeder Zeile daran erinnert wird, dass hier jemand für ihn gearbeitet hat.

Das persönliche Buch ist eines, das genau eine Schreiberin und einen Leser hat. Ein Autor, ein Leser. Das allerdings ist die Definition für einen Brief. Und ein Brief wäre die Unterweisung auch tatsächlich, wenn hier einfach eine Mutter an ihren

Sohn geschrieben hätte. Die Unterweisung ist indes vom Amt der Mutter aus verfasst. Dies macht aus dem mütterlichen Brief ein Buch, ein individuelles, geradezu intimes, mit einer exklusiven Adresse. Nur für Dich. Dieses Buch hat stets nur einen Leser zur gegebenen Zeit. Von Generation zu Generation wird es weitergereicht. Das Regierungshandbuch Elisabeths soll nach ihrer Verfügung den männlichen Nachfahren des Sohns vererbt werden. Fehlen sie, sind die Töchter der Herzogin als Empfängerinnen des Buchs vorgesehen (Bl 189).

Das linear tradierte, handgeschriebene Buch steht dem gedruckten Buch gegenüber, das von vielen zur gleichen Zeit gelesen wird – und danach möglicherweise von niemandem mehr. Indem das handgeschriebene das gedruckte nachahmt, erweist es seine absolute Kostbarkeit. Es übertrumpft das gedruckte Buch, an dem es sich misst, da eigene Arbeit und Sorge darin eingegangen sind. Gestaltet ist die Unterweisung Elisabeths in einer, wie Biografen ihr bescheinigen, »hervorragend schönen Reinschrift«[15] und also schöner als jeder gedruckte Band, auch wenn er wie dieser äußerlich als Prachtband ausgestattet ist, mit Silberbeschlägen gebunden und Emailwappen versehen. Solche Prunkbände zierten in der Reformationszeit gewöhnlich herzogliche Bibliotheken. Schlägt man den Band der Fürstin Elisabeth auf, erweist sich das Buch, das man darin erwartet, als Manuskript. Und doch, auch die innere Gestaltung weist es als Buch aus. Ganz wie ein gedrucktes Buch hat auch dieses ein Register. Und, als müsste es seine ganze Besonderheit gegenüber dem profanen gedruckten Buch noch hervorheben, enthält dieses mütterliche Amts-Buch das Register nicht bloß, es sagt auch noch, wie es zu benutzen ist. Das Buch nach dem Buch, das höchstpersönliche Buch im Zeitalter des ersten Buchdrucks liefert seine eigene Gebrauchsanweisung mit. Der Gegenstand des Buchs ist zugleich sein Inhalt: Wie hält man Ordnung und wie schafft man sie?

III Theologie der Ökonomie und Verwaltungspraxis

Ein Regiment erfindet keine Ordnung. Es nimmt die göttliche zum Vorbild für das ›gute regiment und christliche haushaltung‹ (Bl 16). ›Darum, mein lieber Sohn … was Gott macht, ist gut und recht, ist, was er gesetzt, geordnet und gemacht.‹ (Bl 29) Wer es ihm also gleich tut und die Regentschaft des Himmels auf Erden fortsetzt, der kann nicht anders als ein guter Regent werden. Die überirdische Ordnung, die auf den Territorialstaat übertragen werden soll, ist aus theologischer Sicht eine ökonomische, die kaum etwas mit der aristotelischen Vorstellung vom Oikos im Gegensatz zur Polis zu tun hat. Zwar organisiert neuzeitliche Kleinstaaterei sich unter dem Signum des Hauses, doch enthält das Stichwort Ökonomie noch eine andere, theologische Dimension. Sie meint eine bestimmte Art der Verwaltung, wie Giorgio Agamben in seinem jüngsten Buch aus der »Homo Sacer«-Trilogie *Il regno e la gloria. Per una genealogia teologica dell'economia e del governo* von 2007 zeigt. Agamben geht dabei den Hinweisen auf das christliche Pastorat von Michel Foucault nach, das dieser vor allem in seiner Vorlesung zu »Sicherheit, Territorium, Bevölkerung«[16] genauer als Seelenführung beschreibt. Eine Darstellung zur Verwaltung der Seelen, *oikonomia psychon*, wie Foucault sie bei Gregor von Nyzanz[17] findet, legt nahe, dass Verwaltung angewandte Theologie der Ökonomie sei.

Agamben ist dieser Theologie nachgegangen und beschreibt die Lehre von der Ökonomie als das theologische Prinzip, das im 12. Jahrhundert formuliert wird, als es darum ging, die Widersprüchlichkeiten der Trinitätslehre mit neuen Argumenten zu glätten. Was drei ist, kann nicht eins sein. Und wäre es so, hielte der heidnische Polytheismus Einzug. Um daher nicht mit drei eigenständigen Gottheiten umgehen zu müssen, formuliert die christliche Lehre von der Dreifaltigkeit eine übergeordnete Einheit, in der Vater, Sohn und heiliger Geist aufgehoben sind, ohne ihre Identität einzubüßen. Das 12. Jahrhundert, das eine Anschauung einer ersten Form von Verwaltung hat, vergleicht das Verhältnis zwischen Vater und Sohn mit dem zwischen Herrscher und Kanzlei. Der eine verwaltet auf Erden, was der andere im Himmel gebietet. Was Verwaltung ist, wird in den theologischen Traktaten unter dem Ausdruck Ökonomie verhandelt.

In einer Vorstudie zu seinem Oikonomia-Buch findet Agamben eine frühe Formulierung für diese Ökonomie-Vorstellung innerhalb des Trinitäts-Problems bei Tertullian, die er so paraphrasiert: »Bezüglich des Seins und seiner Substanz ist Gott fraglos eins; was jedoch seine *oikonomia* betrifft, also die Weise, in der er sein Haus, sein Leben und die Welt, die er geschaffen hat, verwaltet, ist er dreifach. Wie ein guter Vater seinem Sohn die Ausführung gewisser Funktionen anvertrauen kann, ohne deshalb an Macht zu verlieren, so vertraut Gott Christus die ›Ökonomie‹, die Verwaltung und die Regierung der Menschheitsgeschichte an.«[18] Christus setzt die Beziehung zu Gott auf Erden fort, so wie die Verwaltungsleute den Willen des Regenten. Mit dieser Vorstellung ist das eigentümliche Paradox delegierter Delegationslosigkeit erklärt. Wie soll man eigenhändig regieren und gleichzeitig den vorhandenen Verwaltungsapparat nutzen? Nach der theologischen Oikonomia-Lehre ist es eben kein Widerspruch, dass der Pastor jeden einzelnen umsorgt, auch wenn er dabei viele ausführende Helfer hat. Die Verwaltung arbeitet dem Einen zu, der über alle wacht. Regent und Verwaltung bilden eine Einheit und sind doch unterschieden.

Höchstpersönlichkeit des Regierens und ein sich verzweigender Verwaltungsapparat schließen einander demnach nicht aus. Eine auf die Erde geholte Trinität bietet für die Synthese solcher scheinbaren Unvereinbarkeiten die Figur einer Einheit in der Vielheit an, die in einer Pastoralverwaltung unmittelbar praktisch wird. Das Regierungshandbuch der Fürstin Elisabeth entwirft ganz auf der Linie dieser Oikonomia-Lehre eine Regierungstechnik, die individuelle Gehorsamsbeziehungen aufbaut, ohne deswegen auf die Mittlerleistungen einer Verwaltung zu verzichten. So wenig das erste Massenmedium Buch der höchstpersönlichen Anweisung zum rechten Regieren an den Sohn entgegensteht, so wenig hindert eine gegliederte Verwaltung die Herstellung eines unmittelbaren Verhältnisses zwischen Regierten und Regenten. Im Gegenteil arbeiten die Medien, das Buch und auch die Verwaltung der pastoralen Regierungstechnik des Höchstpersönlichen zu. Sie bringen die Singularität erst hervor. Das handgeschriebene Buch, die eigenhändige Unterschrift, das eigenmächtige Aussetzen vom strikten Gesetzesvollzug zugunsten einer dem Einzelfall angemessenen Billigkeits-Lösung, all das, was das Regierungshandbuch dem angehenden Herrscher empfiehlt, gehört in dasselbe Register medialisierter Höchstpersönlichkeit. Nicht zuletzt machen diese Handlungen die »grosse muhe und erbeit« sichtbar, die der Pastor für seine Herde nicht scheut und dem gerade darum die Gefolgschaft nicht versagt werden kann, es sei denn um den Preis vollkommener Schuftigkeit, eines Schuldigwerdens gegenüber demjenigen, der doch, sei's in väterlicher, sei's in mütterlicher »liebe und wolmeinung« handelt und regiert.

Dass es eine Mutter ist, die die Technik des Regierens in eine diskursive Form bringt, mag dabei so wenig Zufall sein wie ihre lutherische Konfession. Das Regierungshandbuch, das gegen die herrschende Regierungspraxis katholischer Fürsten (des eigenen Mannes) anschreibt, scheint dem christlichen Pastorat damit eine bestimmte maternal-protestantische Note hinzuzufügen. Sie besteht vor allem in der Betonung der Arbeit, die ein Pastor aufwendet, um seine Herde zu führen. Dabei zeigt sich, dass das höchstpersönliche Verhältnis des Führers zu dem Geführten und der Aufbau einer gegliederten Verwaltung einander nicht ausschließen. Ganz so, wie eine Theologie der Ökonomie es vordenkt, sind auch in der Calenberger Idealregierung oberster Herrscher und *administratio* keine Gegensätze. Tatsächlich wacht dort über einem sich verzweigenden Verwaltungsapparat eine emsig Ordnung schaffende Regentin, die dabei ebenso innig wie rational vorgeht. Sorgende Hausmutter und taktierende Machtpolitikerin bilden unter dem Aspekt der guten Regierung eine Synthese. Eine Regentin, die die Arbeit nicht scheut, die aber auch dem Blendwerk feinster Gewänder gegenüber nicht abgeneigt ist, tritt den Beweis dafür an, dass Regieren und Repräsentieren einander nicht ausschließen. Beide Techniken gehören zusammen, wenn es darum geht, über andere zu wachen und sie zugleich in die gemeinsame Ordnung einzubinden.

Hardenberg, Verschlusssache

Auf die Prinzen folgten die Beamten; Minister und Räte traten in die Fußstapfen von Fürsten. Im Stil von Prinzenerziehungsbüchern und Fürstenspiegeln kamen um 1600 Handbücher auf, die sich an ›ministri et consiliarii‹ richteten. Statt vom standesgemäßen Zubettgehen handelten sie von Verschwiegenheitspflichten. Anstelle des höfischen Zeremoniells beschrieben sie das Canzley-Zeremoniell auf dem Papier. Das adelte die Schreiberei und hob den Rang der Schreiber. Als Prinzen der Bürokratie durften Kanzleibediente deutscher Fürsten- und Herzogtümer sich künftig fühlen. Was die Bestallungen oder, modern ausgedrückt, Stellenbeschreibungen ihnen im Einzelnen abverlangten, waren Tugenden, die noch ins heutige Dienstrecht für Beamte übersetzbar wären. Aufrichtigkeit, Verschwiegenheit und Treue sind in den entsprechenden Traktaten fast immer genannt. Einklagbar waren diese Eigenschaften oder Eignungsvoraussetzungen indes nicht. Doch formierten sie den Typ des Beamten, der wörtlich staatstragend werden sollte.

Tugendkataloge allein dürften indes kaum eine so weitreichende Wirkung erzielt haben, den Staatsdienst zu nobilitieren und die verschwenderische Hofführung der Repräsentation in ein schlichtes Regiment der Administration zu überführen. Nicht nur Beamtenethik, sondern – grundsätzlicher – die Anordnung des modernen Staats in den Strukturen eines Fürstentums bewirkte diese Metamorphose. Im Dispositiv des Adligen löste sich das Kanzlei-Ideal der Verschwiegenheit ganz ohne Dienstanweisung und Beamtenpädagogik beinahe von selbst ein. Die Anziehungskraft des ›inner circle‹ verfehlte ihre Wirkung nicht: Beamte sind verschwiegen, weil sie dazugehören wollen. Wenn Kanzlisten die Kunst zu schweigen beherrschen, verhilft ihnen dies zur Aufnahme in den Adelsstand der Bürokratie. Diskret dienen Prinzen-Beamte im 17. Jahrhundert in der Kanzlei, dem Ort, an dem das Geheimnis der Macht verwaltet wird. Das verrät schon ihre Berufsbezeichnung als *Sekretär*, die das Geheimnis im Namen birgt: »darum gehören auch hierzu vertraute, geheime Secretarii, denen die Registratur, Verfassung, Verwahrung der brieflichen Nachrichten, schreiben und urkunden, hierinnen aufgetragen wird«, schreibt 1656 Veit Ludwig Seckendorff in seinem *Teutschen Fürstenstaat*.

Hardenberg gehört zu den aufgeklärten Politikern, die antreten, diese Macht des Arkanen zu brechen. Er kämpft gegen verbeamtete Verschwiegenheit und damit gegen eine Bürokratie, deren Kennzeichen Max Weber zufolge »stets Ausschluß der Öffentlichkeit« ist. Zwar wird auch der entschlossenste Kampf preußischer Reformer es nicht mit der von Weber beschriebenen Gesetzmäßigkeit alles Bürokratischen aufnehmen. Doch verschiebt der Kampf gegen das Okkulte und Obskure, gegen die Exklusivität der Verwaltung die Grenze zwischen dem Innen und dem Außen der Macht. Was im Ancien Régime in aller demonstrativen Sichtbarkeit Könige und Kabinette von ihren Untertanen trennte, wird zunehmend unsichtbar gemacht. Im Jahre 1803 verfügt eine königliche Ordre, die Geheime Etatskanzlei in Preußen aufzulösen. An ihre Stelle tritt die eher unscheinbare Einrichtung des Archivs. Sie beherbergt fortan Staatsgeheimnisse. Geheime Staatsarchivare, nicht Geheime Räte haben sie zu hüten. Noch vor den Beamten rangieren die Akten als sichere Geheimnisträger. Was verschwiegen werden soll, wird Verschlusssache.

Das Problem der Verschwiegenheit löst Preußen, wie man sieht, organisatorisch. Was im Alten Reich die Tugendkataloge für Beamte waren, übernehmen im Reform-Preußen die Organisationspläne für Behörden. Allein schon ihre Neugliederung sollte Diskretion und Kontrolle garantieren. Als Leittugend der Verwaltung hat die Verschwiegenheit damit ausgedient. Hardenberg beschwört stattdessen in seiner Denkschrift von 1807 zum Entwurf eines besseren Staats die Sittlichkeit. Der Idee nach wird der verschlossen dienende Beamte durch den sittlichen, eigenständig denkenden ersetzt. Tatsächlich erheben sich in der Praxis des Reformstaats gebildete – das heißt konkret nicht selten: an der Universität Königsberg ausgebildete – Staatsdiener über subalterne Schreiber und proben die Kernfunktionen des Parlaments. Sie reden mit in Staatsangelegenheiten, debattieren über Preußens Bündnispolitik; Gesetzesvorschläge gehen von ihnen aus. Mit diesem Zug zur Politisierung rufen preußische Minister den Unmut der ausführenden Beamten hervor. Diese beklagen die neue Eigenständigkeit ihrer Vorgesetzten in den Berichtsakten an die königliche Zentrale als »Widerspruchsgeist« und »Überheblichkeit im Ton«. Doch ist das die interne Sicht, die stets auf das Gewohnte pocht. Nach außen prägen die rund fünf- bis sechshundert höheren preußischen Beamten der Verwaltung ein Gesicht auf, das nicht länger die emblematischen Züge des Souveräns trägt. Die Verwaltung wird zum Spiegelbild der Verwalteten. Sie macht sichtbar, was hinter den Kanzleikulissen geschieht, und öffnet sich, jedenfalls ihrer Idee nach, allen Staatsbürgern.

Eine adlige Avantgarde arbeitet folglich daran, Beamte in den »allgemeinen Stand« zu heben, den Hegel ihnen aus staatsphilosophischen Gründen anträgt. Minister im Adelsstand betreiben die Verallgemeinerung der Verwaltung per Dekret, das allen gleichermaßen den Zugang zum Staatsdienst eröffnet. Und sie treten für das Ideal der Gleichheit oder besser: der Spiegelbildlichkeit zwischen Regierten und Regierenden mit ihrem eigenen, publik gemachten Leben ein. Der politische Einsatz ihres sterblichen Zweitkörpers lässt Einzelheiten aus einem staatsmännischen Privatleben bekannt werden, die bislang unter Verschluss gehalten und allenfalls zu Intrige und Hofklatsch ausgesponnen wurden. Nicht zufällig demonstrieren preußische Minister das neue Ideal einer Sittlichkeit, die im Einklang mit der Natur steht, statt geistlos überkommenen Gesetzen zu gehorchen, am Institut der Ehe. Die Ehe als Schnittstelle zwischen Privatem und Staat, zwischen Liebe und Gesetz sanktioniert das, was einst zu Drama und Skandal gereichte: das Ignorieren von Standesschranken. Es wird zum Kennzeichen des Geistreichen. Denn wer »recht viel Geist hat, den hemmen Schranken und Unterschiede nicht; sie reizen ihn vielmehr«, schreibt ein entfernter Verwandter Karl August von Hardenbergs, besser bekannt unter dem Namen Novalis, in seiner Abhandlung mit dem programmatischen Titel *Glauben und Liebe oder Der König und die Königin*.

Karl August von Hardenberg löst das Programm allgemeiner Gleichheit in eigener Person ein. In einem autobiographischen Dreischritt vollzieht er den Paradigmenwechsel von der Standes- zur Liebesheirat, wie etwa Goethes *Wahlverwandtschaften* ihn in verschiedenen Konstellationen durchspielen, und legt die Schritte seiner jeweiligen Partnerwahl offen. So waren seine Zeitgenossen durchaus im Bild darüber, dass er die von seinen Eltern betriebene Ehe mit der Gräfin von Reventlow löste, dann eine andere Gräfin heiratete und auch diese Ehe wieder löste. Statt seine Liebe im Verborgenen zu kultivieren, legalisierte Hardenberg selbst seine dritte, diesmal nicht standesgemäße Verbindung. Ungefähr zur selben Zeit, als der briefgeadelte Geheimrat von Goethe bürgerlich heiratete, tat der Freund aus Leipziger Studententagen es ihm gleich. Von Hardenberg, im klinischen Sinn nach eigenem Bekunden taub auf einem Ohr, heiratete 1807 eine Sängerin, die bürgerlicher Herkunft war.

Als der auf Napoleons Geheiß hin exilierte Graf von Hardenberg drei Jahre nach seiner dritten Heirat wieder in den Staatsdienst zurückkehrte, war er sich nicht mehr sicher, ob so viel Freizügigkeit, wie er für sich selbst in Anspruch nahm, zum allgemeinen Standard für Beamte werden sollte. Ihre Eigenständigkeit zu propagieren, gehörte ohnehin eher in das Ressort und das Reformprogramm des Freiherrn vom Stein. Hardenberg hielt die Tugend der Eigenständigkeit für einen schönen Zukunftstraum und datierte die Verwirklichung reiner Demokratie nicht vor das Jahr 2240. Er zog es darum vor, vorerst jedenfalls noch »alle Staatsgeschäfte selbst zu leiten«. In seiner Amtszeit wird der Staatskanzler mit diktatorischen Kompetenzen ausgestattet. Fortan ist »jede Verwaltung«, wie es in einer Verordnung zur Verfassungsänderung vom Oktober 1810 heißt, »ohne Ausnahme« der »Oberaufsicht und Kontrolle« des Staatskanzlers unterstellt. Die Verwaltung ist dem Kanzler über »jeden Gegenstand« rechenschafts- und auskunftspflichtig. Praktisch heißt das, dass Akten anzulegen sind. Dieser Effekt administrativer Rechenschaftspflicht hat Preußen bekanntlich den Ruf eingetragen, mit und auf dem Papier zu regieren. »So geht das Moment des Handelns verloren und das beabsichtigte Gute findet so oft nur sein Denkmal in den Akten«, lautet eine der vielen Klagen über den papierenen Zustand der Bürokratie im Reformpreußen. In diesem Fall stammt das resignierte Fazit von einem preußischen Minister aus dem Jahr 1823. Es ging per Abschrift an den einstmaligen glühenden Bewunderer Hardenbergs, Theodor von Schön. »Selbstverwaltung« nannte dieser mit einem 1814 aufkommenden Neologismus den Zustand der Berliner Ministerialbürokratie und meinte das als Schimpfwort für einen sich in Akten reproduzierenden und mortifizierenden Staat.

Doch was dem dienstentpflichteten Reformer lähmend erschienen sein mag, ein Regiment mit Akten, ist für den amtierenden Staatskanzler ein unausgeschöpftes Machtpotential. Unter Hardenbergs Kanzlerschaft formiert sich die Aktenherrschaft als Politik der geordneten Nachlassverwaltung. Sie legt das Fundament für eine Geschichtsschreibung, die nicht mehr dynastisch motiviert und auf Anspruchssicherung vergangener Besitztitel aus ist, sondern im Zeichen der Erklärung für das Gewordene steht. Nichts anderes heißt schließlich Rechenschaftspflicht. Hardenberg knüpft an das im Jahre 1803 geschaffene Institut des Geheimen Staatsarchivs an. Er setzt die Kontrolle über diverse, proliferierende Behördenakten durch, und nicht allein Archivare des Koblenzer Bundesarchivs danken es ihm, dass er das Prinzip des Zentralarchivs einführte, ohne das die systematische Erschließung von Aktenbeständen Zufallsfunde blieben.

Als der preußische Staats- und Kabinettsarchivar Christian August Ludwig Klaproth in Hardenbergs Auftrag die Machtmöglichkeiten des Archivs zu erkunden hatte, adelte er in seinem Gutachten dazu die verstreuten Verwahranstalten für Akten, die Archive bis dato gewesen waren, zur »Seele aller öffentlichen Staats-Geschäfte«. Das Bild traf nicht nur den Geschmack einer auf einheitsstiftenden Geist und romantische Seele versessenen Zeit. Aus dieser Metaphorik ergab sich auch, und beinahe zwangsläufig, wem die Oberaufsicht darüber gebühre. Sie gehört organisatorisch dorthin, wo die Seele eines Staats ihren Sitz hat: in die Staatskanzlei. Klaproth, der für Hardenberg zu dessen Amtsantritt eine historische Übersicht über die Stellung eines Kanzlers im Staatsganzen abgefasst hatte, weitete dessen diktatorische Kompetenzen auf das Archiv aus. Seine Empfehlung zur organisatorischen Einordnung der Archive beim Kanzleramt lässt schon wegen des von ihm gewählten Bildes vom Archiv als Seele keine Alternative zu. Die Trennung in ein staatsrechtliches und ein wissenschaftliches Archiv, wie Minister Altenstein es im Streit um die Zentralisierung der Archive 1820 fordert, verbietet sich danach von selbst. Sie käme einer Teilung der Seele gleich. Auch die Unterbringung aller Akten bei einem der übrigen Ministerien, die sich um die Inbesitznahme dieses Machtmittels ersten Rangs beworben hatten, würde den Staat in den Zustand der Seelenlosigkeit zurückversetzen, aus dem die Reformer ihn doch gerade hatten befreien wollen. Nur die Staatskanzlei kann nach dieser Psycho-Logik der Akten den Vorsitz übernehmen, weil allein sie über alle einzelnen Staatsgeschäfte erhaben ist. Tatsächlich bestimmt eine königliche Verordnung von 1810, dass der Staatskanzler die Oberaufsicht über sämtliche Archive Preußens erhält.

Der Staatskanzler, der mit dieser Verordnung einige Monate nach seiner Ernennung zum Herrn über die Akten wird, heißt nicht zufällig Hardenberg. Der Reformer, der die Beamten aus ihrer exklusiven Stellung entlassen hatte, kompensiert die dadurch gewonnene Publizität von Staatsdingen mit dem Archiv. Die Tugend der Verschwiegenheit implementiert er aktentechnisch. Um seine Arkanpolitik mit dem Archiv dennoch mit einem aufgeklärten Öffentlichkeitsprinzip in Einklang zu bringen, erklärt er: »Es ist meine Absicht, sämtlichen Archiven im ganzen Umfange des Staates eine andere gleichförmige Einrichtung und den darin aufbewahrten Urkunden den mit höheren Staatsvorschriften nur irgend verträglichen Grad von Publizität zu geben, damit die verborgenen Schätze der Wissenschaft im Allgemeinen so wie insbesondere für Sprachkunde und Geschichte dem Dunkel entzogen werden.« Das Versprechen archivalischer Menschenrechte bleibt jedoch eine schön formulierte Absichtserklärung. Denn das Licht, das daraufhin tatsächlich ins Dunkel der Archive getragen wird, erreicht gerade mal Schriftstücke bis zum Jahr 1500. So erweist sich die scheinbar großzügige Regelung Hardenbergs als Benutzungssperre. Was nach 1500 geschrieben wurde, ist allein mit persönlicher Zustimmung des Staatskanzlers im Archiv einsehbar.

Mit solchen Reglements sichert sich Hardenberg als oberster Dienstherr den unmittelbaren Zugriff auf den gesamten Aktenbestand der preußischen Behörden, Oberpräsidenten und Minister. Sie haben – wenngleich sich dies in praxi nur schleppend durchsetzte – ihre Akten in das Zentralarchiv einzuliefern. Unter Verschluss gehalten, geben die Akten kein Geheimnis mehr unkontrolliert preis. Das macht sie zum Modellfall für den preußischen Bildungsanstaltsstaat, den der Erziehungsminister Karl Sigmund Franz von Altenstein in allen Bereichen nach gleichem Muster ordnen und kontrolliert zugänglich halten will. Er träumt von einer Verwaltung, die Bürger wie Akten und Bücher wie Bürger verwaltet. »Bücher gehören arbeitsteilig in die Magazine, wo sie der Benutzer nur über kleine Zettelchen von Papier erreichen kann. Sie gehören also anstaltsmäßig isoliert, wie in eine Strafanstalt, wie in eine geschlossene Abteilung«, paraphrasiert Alexander Kluge den ministerialen Traum vom kasernierten Wissen, der nicht nur die Wirklichkeit von Staatsbibliotheken und Irrenanstalten, sondern auch die von Meldeämtern vorwegnimmt, die Einwohner ebenso über Karteikarten erschließen wie Beamte ihre Akten.

Nach Hardenbergs Tod verfährt man mit seinen eigenen Akten wie mit den behördlichen: Sie werden dem Staat einverleibt. Der alte und noch andauernde Streit, in wessen Eigentum Staatsakten denn eigentlich stehen – gehören sie dem Staat, der Öffentlichkeit oder dem jeweils aktenführenden Beamten? –, diesen Streit entschied man 1822 kurzerhand durch Beschlagnahmung sämtlicher Akten Hardenbergs. So war es üblich. Nach dem Tod eines Ministers nahmen Beamte die Akten in Gewahrsam und sortierten sie danach, ob sie staatlicher oder privater Herkunft waren. Die Kategorie des Privatdienstlichen war noch nicht erfunden. Die Architektur Berliner Dienstwohnungen erleichterte die Sortierungsarbeit nicht gerade, da in der Regel das Büro unmittelbar in Privaträume überging. So blieb beinahe alles, was ein Minister schriftlich abgefasst hatte, in staatlicher Hand. Er war auch bei den privatesten Handlungen im Dienst. Die Administration von Staatsgeheimnissen endet daher nicht mit dem Tod eines Ministers. Sie geht lediglich in eine zweite Ebene über. Die Minister oder wörtlich: Verwalter der Mysterien des Staats werden selbst verwaltet; Ministerakten werden weggeschlossen.

Der Staatskanzler Fürst Karl August von Hardenberg hinterließ jede Menge Schriftliches, das getreu seiner Politik des Privaten als öffentliches Vorbild nicht auf Geheimhaltung, sondern auf Veröffentlichung hin angelegt war. »Zwar hat das Privatleben eines einzelnen für das Publikum selten Interesse, indes werde ich das meinige dennoch in die Memoirs mit einflechten, […] weil es unzertrennlich von den öffentlichen Verhältnissen ist, über die ich der Welt manches wichtige sagen kann«, schreibt er dazu in einem Brief an seinen Sohn. Eine Parallelbiographie von ihm und von Goethe hätte die Tendenz zur aktenmäßigen Verwaltung des eigenen Lebens genauer zu beschreiben und zu vergleichen. Schon mit einem Blick fällt im Vergleich auf, dass dort, wo der staatsgewandte Dichter seinen Nachlass geordnet hinterließ, die Dokumente des dichtenden Staatsmanns Fragment blieben. Ein Biograph, dem Hardenberg Akteneinsicht ins Geheime Staatsarchiv gewährt hatte, damit er die Geschichte der Familie schreibe, kam gerade bis zur Vorgeschichte. Die eigenhändigen Memoiren Hardenbergs gelangten über das Entwurfsstadium nicht hinaus. Sie lagen zusammen mit Unterlagen, Rechnungen, Quittungen, Wechseln, Rigaer Kabinettsakten, Briefen, Noten, die er als diplomatischer Vertreter Preußens abgefasst hatte, Berichten, Reskripten anderer Ministerien, Tagebüchern aus seiner Studienzeit und Reisenotizen an allen Orten seiner Amtstätigkeit verstreut herum. In Genua, in Verona, in der Berliner Dienstwohnung und in Glienicke bei Potsdam fand man Akten von ihm und überführte sie in dessen schriftlichen Nachlass. Der Direktor der Staatsarchive, Karl Georg von Raumer, sah ihn durch. Danach wurde Hardenberg Verschlusssache. Wie das mächtige Amt des Kanzlers nach Hardenbergs Tod niemandem mehr zugänglich sein sollte, so wurde sein schriftlicher Nachlass gegen Einsichtnahmen Unbefugter, und das heißt auch: gegen die Einsichtnahme von Historikern, gesperrt. Hardenbergs Akten sollten, vom Zeitpunkt seines Todes an gerechnet, nach einer – zwar niemals aufgefundenen, aber dennoch befolgten – Anordnung fünfzig Jahre lang gegen öffentliche Einsichtnahme gesperrt bleiben. Zwischen Geheimnis und Öffentlichkeit trat eine zeitliche Schranke: die Sperrfrist.

Erst das, was keine Brisanz mehr hat, darf Geschichte werden. Ein preußisches Edikt von 1776 benennt in aller Deutlichkeit das Prinzip: Aus dem Archiv wird nur entlassen, »was ohne Nachteil des Staates [...] ganz füglich geschehen kann«. Mit der Zeit nimmt die Möglichkeit der Staatsgefährdung ab, so dass gesperrte Akten gefahrlos veröffentlicht werden können. Als der Direktor der preußischen Archive, Heinrich von Sybel, die Hardenbergsche Reformpolitik einer staatlichen Nachlassverwaltung konsequent fortführt und 1877 eine Reihe mit *Publikationen aus preußischen Staatsarchiven* einrichtet, um die Reichsgründung für die Nachwelt in ein nachlesbares Ereignis zu überführen, ist die Sperrfrist für Hardenbergs Nachlass gerade abgelaufen. Die Akten sind zu ebenso unschädlicher wie nationalidentitätsstiftender Historie gealtert. Es bietet sich daher an, die Reihe preußischer Monumente mit den *Denkwürdigkeiten des Staatskanzlers Fürsten von Hardenberg* zu eröffnen. Der damalige Minister Otto von Bismarck löst eigenhändig die Versiegelung von Hardenbergs Akten. Die Edition der Akten kann beginnen. Damit beauftragt wird schließlich derjenige, der seine Geschichtsschreibung bereits auf Akten umgestellt und sich dadurch die aussichtsreichste Anwartschaft auf ihre Publikation erworben hatte: Leopold von Ranke. Dessen Geschichtsprogramm bestand überhaupt darin, »die historische Darstellung nur noch auf urkundliche Aktenstücke und Berichte zu gründen«, um das Gewordene zu erklären. Er hoffte, im Fall der Denkwürdigkeiten Hardenbergs, das neue aktenmäßige Verfahren der Geschichtsschreibung »noch weiter in Anwendung zu bringen, als es bisher geschehen ist«, wie es in seiner Vorrede zu den veröffentlichten Akten des Fürsten heißt. Auf die Vorrede folgen fünf Bände mit publizierten Aktenstücken des ehemaligen Staatskanzlers. Sie ergeben, kurzgeschlossen mit den korrespondierenden Akten der jeweiligen Ministerien, nicht etwa bloß privatanekdotische Memoiren, sondern staatstragende Geschichte.[1]

Autobiographie und Akteneinsicht

Auf den Demonstrationen gegen die DDR-Regierung nach 1989 wurden Forderungen laut, die sich auf Akten bezogen. Parolen wie »Sicherheit für unsere Akten« oder »Ich will meine Akte« waren auf Transparenten zu lesen. Sprechchöre sollen »Freiheit für meine Akte« skandiert haben. Die kollektive Sorge um die Akten, zumal die jeweils eigene, führte schließlich zur Einrichtung jener Behörde, deren vornehmste Aufgabe darin besteht – oder zumindest im vergangenen Jahrzehnt bestand –, jedem seine Akte zugänglich zu machen.

Die massenhaft verlangte und auch gewährte Akteneinsicht blieb nicht ohne Folgen. Sie geriet zu einer Begegnung mit dem eigenen Ich, wie eine Reihe von Autobiographien dokumentieren, die seither in Buchform erschienen sind, beispielsweise Timothy Garton Ashs Selbstbeschreibung, die den Titel seines in Stasi-Akten verwendeten Decknamens »Romeo« trägt, oder die Monographie Vera Wollenbergers. Die Autorin nennt die von ihr betriebene Introspektion auf Aktengrundlage im Untertitel konsequent »Innenansicht aus Stasi-Akten«.[1]

Welche Kräfte waren am Werk, als Akten, die andere angelegt haben, wie Tagebücher gelesen wurden und dazu verleiteten, auf ihrer Grundlage Autobiographien zu verfassen?

Wie ist es zu erklären, dass fremde, von verhassten staatlichen Mächten geführte Personalakten so mit dem eigenen Leben identifiziert werden, dass man für die Freiheit der Akte auf die Straße ging wie für die Freiheit der Person und schließlich sogar die Strapaze einer amtlichen Akteneinsicht auf sich nimmt?

Eine Vermutung liegt nahe. Die Akten, Kaderakten ebenso wie die Akten des Ministeriums für Staatssicherheit, waren auch zur Zeit der DDR nicht wirklich fremd. Sie gehörten zum eigenen Ich, konstituierten es, auch und gerade als nicht einsehbare Akten. Das pure Wissen um die Existenz von persönlichen Akten wirkte, selbst wenn ihr Inhalt unbekannt blieb und selbst wenn das Wissen um die amtliche Mitschrift des eigenen Lebens die Verhaltensfreiheit beschränkte, lebensversichernd.

Ihre das Ich konstituierende Funktion behielten die Akten sogar nach dem Mauerfall. Auch als einsehbare Akten trugen sie zur Individualisierung des Subjekts bei, so dass sich die These aufdrängt, es gäbe einen Zusammenhang zwischen der individualisierenden Kraft der Akten in der DDR und der Szene der Akteneinsicht nach ihrem Ende. Dieser Zusammenhang könnte und soll nachfolgend versuchsweise erklären, warum der Topos der Akten so unmittelbar gegenwärtig war in der Zeit des Umbruchs und sie als eine Dekade der Akteneinsicht prägte.

I Pastoralmacht, protestantische Variante

Den Grund für die Parallelführung von Akten und Leben suche ich in dem, was man protestantischen Sozialismus genannt hat.[2] Hans-Peter Krüger beschreibt im Einzelnen, wie der Sozialismus der DDR in den sechziger Jahren eine protestantische Prägung erhielt.[3] In seinem nach 1989 erschienenen Buch »Die Demission der Helden« sieht der Philosoph in der Amtszeit Walter Ulbrichts den Auftakt dafür, dass Sozialismus und protestantische Mentalität immer näher aufeinander zukamen.[4] »Aus der wechselseitigen Anpassung von Regime und Mentalität entstand eine Art von protestantischem Sozialismus.«[5]

Die Anziehungskraft, die der Protestantismus auf den Sozialismus ausübt, reicht freilich weiter zurück als bis in die Siebzigerjahre des Zwanzigsten Jahrhunderts. Man könnte sie auf Max Weber datieren.[6] Die religiös-politische Affinität von Sozialismus und Protestantismus interessiert hier indes nicht primär aus ideengeschichtlicher Perspektive. Zwar ist sie als evangelischer Sonderfall politischer Theologie höchst bemerkenswert. Denn im Vergleich zu weltlichen Politik-Konzeptionen im Mittelalter, die auf päpstliche Sakralsemiotiken zurückgriffen, fallen in der protestantischen Variante visuelle Repräsentationsmodi weitgehend aus, wenn an ihre Stelle – verkürzt ausgedrückt – Innerlichkeit tritt. Doch für den fraglichen Zusammenhang von Individuum und Akte ist vor allem die Frage der Staatsformation von Belang. Wie hat, bezogen auf die DDR, die Allianz aus protestantischer Menschenfassung und sozialistischem Gesellschaftsentwurf konkret ein Staatsgebilde formiert?[7] Welche Formen einer ausgeübten Staatsmacht und welche Machttechniken hat der protestantische Sozialismus ostdeutscher Herkunft hervorgebracht?

Mit Michel Foucault möchte ich den protestantischen Typ von Machtausübung als eine besondere Form der »Pastoraltechnologie zur Menschenführung«[8] zu erschließen versuchen. Diese Modalität der Macht greift nach Ansicht des Philosophen auf antike Traditionen der Selbsterkenntnis zurück, welche das Christentum dann fortführt. In der christlichen Ausgestaltung der Pastoralmacht kommt die Vorstellung vom Hirten zum Tragen, der seine Schafe kennt. »Das christliche Pastorat unterstellt eine eigentümliche Art der Kenntnis zwischen dem Pastor und jedem seiner Schafe. Diese Kenntnis individualisiert. Es reicht nicht, den Zustand der Herde zu kennen. Es muss auch der eines jeden Schafes gekannt werden. [...] der Hirte muss die materiellen Bedürfnisse jedes Mitglieds der Herde kennen und sie wenn nötig befriedigen. Er muss wissen, was vor sich geht, was jedes von ihnen tut – seine offenbaren Sünden. Endlich muss er wissen, was in der Seele eines jeden vorgeht, das heißt seine heimlichen Sünden. [...] Um sich dieser individuellen Kenntnis zu versichern, machte sich das Christentum zwei wesentliche, in der hellenistischen Welt gebräuchliche Instrumente zu eigen: Selbstprüfung und Gewissenslenkung. [...] Das christliche Pastorat verband diese beiden Praktiken eng miteinander. [...] Gelenktsein war ein

Zustand, und man war verloren, wenn man dem zu entkommen suchte. [...] Ziel der Selbstprüfung war nicht, das Selbstbewusstsein in sich selbst zu verschließen. sondern es in den Stand zu setzen, sich seinem Lenker völlig zu öffnen – ihm die Seelentiefen zu offenbaren.«[9]

Das christliche Pastorat funktioniert nach der These Foucaults also auf der Basis umfassender Kenntnis des einen Hirten über jeden Einzelnen seiner Behüteten. Entscheidend daran ist, dass die lenkende Instanz individualisiert. Sie hält die Menge nicht als bloße Menge zusammen, sie behütet jeden Einzelnen, gerade indem sie ihn zur Selbsterkenntnis anhält. Diese in der Beichtpraxis institutionalisierte Form der Introspektion als Erkundung des Selbst, des eigenen Befindens, befördert ein Wissen über sich – freilich nicht um seiner Selbst willen, sondern um es der pastoralen Macht zu übermitteln, damit sie die eigenen Geschicke lenke.

Foucault zufolge geht die wissbegierige pastorale Modalität der Macht ungefähr ab dem 16. Jahrhundert eine Verbindung mit ihrem »Gegenstück«,[10] dem Staat, ein. Aus dieser Verbindung von protestantischer Mentalität mit weltlicher Regierungskunst entsteht das, was Foucault in dem Neologismus »Gouvernementalität« zusammenfasst. Gemeint ist eine spezifische Mentalität des Regierens. Sie manifestiert sich in der Einrichtung der »guten Polizey«. Die Polizey – mit y – ist für das Wohlergehen der Bevölkerung zuständig.[11] Dass sie zur Zeit Luthers in den protestantischen Kleinstaaten aufkommt, betont Foucault nicht. Er hat bei der Formulierung der Pastoralmacht die katholische Kirche im Blick. Aus französischer Zentralperspektive mag die Koexistenz von zumeist protestantischer Herrschaft und Polizey auch nicht weiter von Bedeutung sein. Hier aber ist sie schon deswegen nachzutragen, weil sie der Pastoralmacht eine besondere Prägung verleiht.

Gegenüber einem katholischen Verständnis vom unbedingten Gehorsam der Herde kompliziert sich das Verhältnis zum Hirten bereits in der Urfassung des Protestantismus. Es wird zu einem verinnerlichten. Luther führt die Größe des Gewissens ein. Sie tritt, sehr vereinfacht ausgedrückt, an die Stelle des Gesetzesgehorsams. Die Funktion der Gesetzeserfüllung, das heißt, des mess- und sichtbaren Erfolgs im Werk, übernimmt in dieser internalisierten Anordnung die Gesinnung. Diese Größe, die schwer zu greifen ist, hat weitreichende Folgen. Sie codiert Unterwerfung unter das Gesetz in einem dialektischen Prozess um Freiheit vor dem weltlichen Gesetz und zugleich Unfreiheit gegenüber Gott.

»Dass kein freier Wille sei«, lautet der klare Bescheid, den Luther Erasmus erteilt. Denn dieser hatte das Gegenteil behauptet. In der 1525 verfassten Kampfschrift *De servo arbitrio* wirft der Reformator dem Humanisten vor, dass es eine Anmaßung sei, das freie Vorherwissen Gottes mit der eigenen Freiheit in Einklang bringen zu wollen.[12] Für Luther steht fest, »dass dem Menschen ein freier Wille nicht in bezug auf die Dinge eingeräumt sei, die höher sind als er, sondern nur in bezug auf das, was so viel niedriger ist als er, d. h. dass er weiß, er habe in bezug auf seine zeitlichen Geldmittel und Besitztümer das Recht, etwas nach freiem Ermessen zu gebrauchen, zu tun, zu lassen (obwohl auch dies durch den freien Willen Gottes allein gelenkt wird, wohin immer es ihm gefällt).«[13] Mit dieser Differenzierung in gleich- und höherrangige Verhältnisse gewinnt Luther die menschliche Freiheit gegenüber dem weltlichen Gesetz und handelt sich die Unfreiheit gegenüber dem göttlichen Gesetz ein. Sehr verkürzt ausgedrückt: Die Allwissenheit Gottes und individuelle Willensfreiheit schließen einander aus.

Alles, was einer tut, wird also vom obersten Lenker und Hirten vorhergewusst. Von dieser einzigen Gewissheit göttlichen Vorherwissens leitet Luther alles Weitere ab. Woher er seine Gewissheit nimmt? Aus einer ebenso bestechenden wie kühnen Konklusion: Gottes Vorherwissen muss schon deswegen eintreten, weil sonst dessen Allmacht einen Knacks bekäme. Am Ende stünde dann ein Gott, der sich geirrt hätte. Luther leitet die Allwissenheit Gottes also aus dessen Nichtirrenkönnen ab: »Wenn Gott sich nicht irrt, in dem was er vorherweiß, so muss notwendigerweise das Vorausgewusste auch geschehen. Denn wer würde sonst seinen Verheißungen glauben, wer seine Drohungen fürchten, wenn nicht notwendigerweise eintrifft, was er verheißt oder androht?«[14] So die vermeintlich zwingende, unentrinnbare Logik postulierter Allmächtigkeit, die nicht scheitern darf.

Für die Freiheit des eigenen Willens blieb unter dem Regiment der Allmacht Gottes kein Raum. Doch ist dieser Freiheitsentzug aus lutherischer Perspektive kein Mangel. Das Höchstmaß reformatorischer Freiheit erweist sich im Ergründen des Wissens des Anderen, der göttlichen Instanz. So entsteht Gewissen, das niemand anderem als dem eigenen Gott gegenüber offenbart werden kann. Es eröffnet – darin liegt die Dialektik des bedingungslosen, genauer: willenlosen Gehorsams gegenüber Gott – eine Freiheit, die größer ist als alles, was Erasmus sich darunter vorstellt, und zugleich weniger bedrohlich, sogar entlastend, weil Wissen und Glaube, Gewissen und Gewissheit hier zusammenfallen. In Luthers aus schonungsloser Selbstbefragung geborener, plastischer Sprache: »Ich bekenne fürwahr in bezug auf mich: Wenn es irgendwie geschehen könnte, möchte ich nicht, dass mir ein freier Wille gegeben werden, oder dass etwas in meiner Hand gelassen würde, womit ich nach dem Heil streben könnte. Nicht allein deswegen, weil ich in so vielen Widerwärtigkeiten und Gefahren, weiter bei so vielen widerstreitenden Teufeln nicht Stand zu halten und es zu bewahren vermöchte, da ein Teufel mächtiger ist als alle Menschen und (um ihretwillen) kein Mensch gerettet würde. Sondern auch weil ich, auch wenn keine Gefahren, keine Widerwärtigkeiten, keine Teufel existierten, dennoch gezwungen wäre, fortwährend im Ungewissen zu arbeiten und Lufthiebe zu machen. Denn mein Gewissen würde, wenn ich auch ewig lebte und wirkte, niemals gewiß und sicher, wieviel es tun müßte, damit es Gott genug tue. Denn welches Werk auch immer vollbracht wäre, immer bliebe der beunruhigende Zweifel zurück, ob es Gott gefalle [...]. Aber jetzt, da Gott mein Heil aus meinem Willen herausgenommen und in seinen Willen aufgenommen hat, und nicht durch mein Werk oder Laufen, sondern durch seine Gnade und Barmherzigkeit mich zu erhalten verheißen hat, bin ich sicher und gewiß, dass er getreu ist und mir nicht lügen wird, auch mächtig und stark ist.«[15]

Die Willensfreiheit zugunsten der Gnade Gottes aufgeben, dessen Vorherwissen an die Stelle eigenen Wissens setzen – das sind die integralen Operationen in Luthers Programm der Unterwerfung unter die Herrschaft Gottes. Auf der Kehrseite stellt sich zwangsläufig als Nebeneffekt der Wille zur Befreiung oder Emanzipation von weltlicher Macht ein. Die Subordination unter das göttliche Gesetz befördert eine Haltung gegen jene Pastoralmächte, die mit der souveränen Macht des Staates zusammenfallen. Sie evoziert Kritik daran, eine Kritik am Regiertwerden. Foucault betrachtet sie als »Kulturform«,[16] die im 16. Jahrhundert aufkommt.

Die protestantischen Kleinstaaten des Absolutismus vereinnahmen nun genau diese kritische Haltung der Regierten. Sie schöpfen die Emanzipationspotentiale, die Widerstände des Luthertums gegen klerikale und weltliche Institutionen ab, nutzen sie zur Verbesserung (sprich: Verinnerlichung) der äußeren Regierung. In der Attitüde hausväterlicher Sorge besetzt der Landesherrscher eine Stelle analog zum protestantischen Gott, der bis in die Herzen der ihm Anvertrauten blickt und die Gesinnung jedes Einzelnen prüft. Diese protestantische Anmaßung einer Pastoralmacht legt es nicht darauf an, die kritische Gesinnung gegenüber dem Regiertwerden zu zensieren. Sie koppelt sie schlicht an die Regierung zurück. So wird jede Gegenhaltung in Selbstregierung umgewendet und jeder Freiheitswille in verschiedene Formen vermeintlicher Selbstverwirklichung.

II Verborgene Akten und Autobiographie

Einige Parallelen zu der skizzierten protestantischen Besetzung pastoraler Macht treten im real existierenden Sozialismus der DDR bereits auf den ersten Blick offen zutage. Der Staat, der unverkennbar Züge eines Obrigkeitsstaats trägt, interessiert sich nicht allein für Erfüllung und Übertretung des Gesetzes, sondern auch für die Motive dabei. Es genügt nicht, ein Gesetz zu befolgen, man muss es auch in der richtigen Gesinnung tun. Die umfassende Kenntnis der Staatsleitung der DDR von ihren Bürgern, ihren Vorlieben und Fähigkeiten, politischen Ansichten, Zukunfts- und insbesondere Ausreiseplänen, ihr Verhalten im Betrieb und im Wohnblock, ließe sich – mit Luther und Foucault gelesen – aus einem pastoralen Machtverständnis der DDR-Führung ableiten.[17] Eine sich allwissend setzende Partei- und Staatsführung als oberster Lenker der Herde, der weiß und wissen muss, wie es in jedem Einzelnen aussieht – dieses Amtsverständnis korrespondiert hier wiederum mit Bürgern, die ihre Individualisierung an diese Instanz binden, auch da, wo sie Widerstand gegen sie leisten. Dass diese Allwissenheitsinstanz keine bloße Projektion im Imaginären seiner Bürger ist, beweisen die Aktenmengen, die sie produziert. So sind unter staatssozialistischen Bedingungen aus dem metaphorischen Buch des Lebens reale Akten geworden, Parteiakten und Akten der Staatssicherheit. Auf sie nimmt die Staatsführung einen totalisierenden Blick ein, als profane Variante göttlicher Allwissenheit. Sie strebt »kumulative Vollständigkeit sowie [...] totale Transparenz und Zugänglichkeit der Akten von oben nach unten«[18] an.

Bei allem Bürokratismus verstand es die DDR-Leitung, nicht als feindliche und repressive Autorität aufzutreten. Ihr gelingt es, die lutherische Dialektik von Allwissenheit und Freiheit zu aktivieren. Überwachungsmaßnahmen kleidete sie in die Form hausväterlicher Sorge. Das Wissen, dem sie ihre Macht verdankte, entlockte sie wissenden Subjekten mit Methoden des

Informellen und Unmittelbaren. Insbesondere das Ministerium für Staatssicherheit, das mit Gesetz vom 08. 02. 1950 aus einer Abteilung des Ministeriums des Innern hervorgegangen war, bahnte unbürokratische Wege zur Erforschung des Innern seiner Staatssubjekte. Ausgerechnet das Ministerium also, das selber einen Großteil der amtlichen Schriften der DDR produzierte (und eine schriftliche Festlegung der eigenen Aufgaben scheute),[19] suchte den direkten, mündlichen Kontakt zu den Regierten. Es beherrschte pastorale Gesten wie das vertrauliche Gespräch, dessen vermeintliche Vertraulichkeit auf dem Hintergrund des obwaltenden Bürokratismus nur noch intimer wirken musste. In einer »Politik der Direkteingriffe«[20] erhielt eine seelsorgerisch auftretende DDR-Führung das Wissen der individuellen Seelenschau und hinterlegte es in Akten.

Statt gegen die pastoral verbrämte staatliche Überwachung aufzubegehren, reagieren die Ausgeforschten so, wie protestantische Mentalität es vorsieht: mit Internalisierung. Der Mechanismus der Selbstvergewisserung im Wissen des Anderen, so bedrohlich dieses Wissen auch sein mag, scheint dabei weitgehend intakt: Wenn Subjekte ihre Existenz schon nicht emphatisch an die individualisierende Pastoralmacht des Staats banden, so nahmen sie diese doch zumindest als unabänderlich hin. Die dem Luthertum oft vorgeworfene quietistische Tendenz seiner Theologie findet sich in der achselzuckenden Haltung des »Die-wissen-sowie-schon-alles« wieder.

Für Revolten gegen eine Macht, die keine Grenze des Privaten respektiert, die – im Gegenteil – alles wissen will, was in dieser Sphäre vorgeht, lässt die enge Kopplung von Staatswissen und Subjektkonstituierung keinen Raum. In den Koordinaten von allwissender und individualisierender Pastoralmacht äußert sich die Auflehnung gegen die übermächtige Instanz als Kritik.[21] Diese »Kulturform« (Foucault) bleibt an die Regierung adressiert. An wen sollte sie sich sonst richten, wenn nicht an die Instanz, die alles lenkt, die folglich Knechtschaft und Freiheit in der Hand hat? »Erst der körperliche Ausbruch, d. h.

die Republikflucht, vermag diese Bindung von Individuum, Akte und Staat zu sprengen.«[22]

Innerhalb der Staatsgrenzen aber funktionierte der protestantische Sozialismus, die Chiffre für einen besonderen pastoralen Typ der Menschenführung, wie er funktionieren sollte. Subjektwerdung und Aktenführung bedingten einander. DDR-Akten formierten DDR-Biographien. Die Germanistin Kerstin Stüssel nennt zum Beleg für ihre These, dass die Szene der Erkundung der Kaderakten in der DDR-Literatur die eigentümlich unzeitgemäße Gattung der Bildungsromane hervorbrachte, die Romane von Hermann Kant, von Brigitte Reimann »Franziska Linkerhand«, von Siegfried Pitschmann »Der Direktor« und von Thomas Brasch »Fastnacht«.[23]

III Einsehbare Akten und Autobiographie

Der Verbund aus Akte und Autobiographie blieb noch erhalten, als das Bindeglied, der DDR-Staat, verschwunden war. Im Unterschied zur bisher analysierten Konstellation wurden aus geschlossenen Akten nunmehr geöffnete. Diese Differenz verleitet wiederum zu einer Parallele mit Luther. Luthers Gott ist allmächtig, weil er verborgen ist.[24] Der *deus absconditus*, der verborgene Gott, ist der Allwissende. Unter weltlichen Vorzeichen stellen *Staatsgeheimnisse* diesen Absconditus-Zustand her. Ein Beschluss des Präsidiums des Ministerrates »über die Einhaltung der Grundsätze der Wachsamkeit und der Sicherung von Staatsgeheimnissen in einigen Staatsorganen« vom 27. 09. 1962 definiert in § 2 Abs. 2, dass »Verschlußsachen [...] Staatsgeheimnisse«[25] seien. Ein inhaltliches Kriterium sucht man vergebens in dieser Bestimmung. Es fehlt – offenbar, weil es auf den Inhalt der Staatsgeheimnisse gar nicht so sehr ankam. Wichtig scheint für einen sich als allmächtig begreifenden Staat vor allem der Umstand, dass er Geheimnisse hat. Darum war auch für die Kassation von Verschlusssachen, die mit fortschreitender Zeit zwangsläufig anwuchsen, ebenso wenig ein inhaltliches Kriterium maßgebend. Es kam schlicht auf die unveränderliche Zahl der Räume und Panzerschränke«[26] an, »die für die Verwahrung amtlicher Papiermengen zur Verfügung standen. Wegen dieser pragmatischen Bestimmung, dass es nur so viel Verschlusssachen gibt, wie der Staat dafür Platz einräumt, war die Bestandsmenge begrenzt. Der »Bestand an Staatsgeheimnissen wuchs in den achtziger Jahren auf knappe 2 Millionen Dokumente an. Diese Zahl blieb dann in etwa konstant.«[27]

Ein der Menge nach gleichbleibender, inhaltlich jedoch wechselnder und für die ausgeforschten Subjekte unzugänglicher Wissensbestand des Staats verbreitete nach außen den Schein von Allwissenheit. Im Innern des Staatssicherheitsministeriums aber stellte das gesammelte Wissen zunehmend vor Probleme der Datenverarbeitung. Vermeintliches Allwissen schlug in reales Unwissen um. In den Worten des eingangs zitierten Autors Hans-Peter Krüger: »Die Stasi als Institution [...] erblindete in ihrem Wahn, Gottes Auge sein zu wollen, an der Überinformation von sechs Millionen personenbezogenen Akten.«[28]

Manche folgerten aus dieser Hybris, dass die DDR an unverarbeiteten Datenmassen zugrunde gegangen sei. Jedenfalls fiel mit der Mauer eben jene Pastoralmacht im Innern der DDR, die Individuum, Akte und Staat zusammengehalten hatte. Kein körperlicher Ausbruch vermochte fortan mehr, diese Einheit zu sprengen. Sie war implodiert. Akten und Individuum verloren ihren Zusammenhalt. Mit Auflösung des Ministeriums für Staatssicherheit und des Amtes für Nationale Sicherheit der DDR waren die dort lagernden Akten also behördelos geworden und infolgedessen waren die aktenkundigen Subjekte ohne papiernen Halt. Kurz und in der Sprache der Archivare: DDR-Akten »vagabundierten«, DDR-Individuen desgleichen.

Nach 1989 konzentrierte sich das Interesse der Staatsangehörigen der ehemaligen DDR daher nicht zufällig auf die Akten der Staatssicherheit.[29] Ihre Inbesitznahme versprach Orientierung in Umbruchzeiten, waren sie doch zum Inbegriff des registrierten Selbst geworden. Von den vielen Schilderungen der Szene der Akteneinsicht scheint die des Schriftstellers Klaus Schlesinger am besten das Ungeheuerliche wiederzugeben, das darin liegt, plötzlich Einsicht nehmen zu können in das, was einen ständig bedroht und begleitet hat, dessen man aber nie ansichtig geworden war. Er schreibt: »ich denke, es ist nicht zu hoch gegriffen, wenn ich mein Aktenstudium zu den wichtigen Ereignissen in meinem Leben zähle. [...] Drei Wochen saß ich in einem nüchternen Lesesaal des ehemaligen Ministeriums für Staatssicherheit [...] ich fühlte mich wie einer, der einen Roman liest, dessen Hauptfigur er sei. [...] Nach dem ersten Tag [...] habe ich [...] wie ein Kind geweint. Vielleicht war der plötzliche Abfall dieser intensiven Spannung schuld daran, der durch den Kontrast zwischen der imaginären Welt der Akten und der erinnerten Wirklichkeit zustande kommt.«[30]

Das Aktenstudium als Lektüre eines Romans, der das eigene Leben erzählt und doch nicht ganz darauf passt, initiiert eine zweite Phase der Individualisierung. War die erste vom Phantom der Allwissenheit des Staats mit seinen uneinsehbaren Akten getragen, formiert sich die zweite Phase auf der Grundlage einsehbarer Akten. Aus Staatsgeheimnissen oder *acta abscondita* werden *acta revelata*. Nicht, dass das Jüngste Gericht damit auf die Erde gekommen sei. Die Akteneinsicht veranstaltet lediglich ein Vorgericht nach weltlicher Aktenlage.

In der Regel irritiert die Akteneinsicht. Sie offenbart Details, die sich gegen eine Einordnung in die eigene Erinnerung sperren und die das wohlgeordnete Leben durcheinanderbringen. Die Diskrepanz zwischen amtlichen Akten und individuellem Gedächtnis, zwischen dem im doppelten Wortsinn verzeichneten Leben und dem erinnerten stiftet Verwirrung. Diese Imitation aktiviert ein wiederum urprotestantisches Bedürfnis. Nach Krüger besteht es darin, »das in seiner Ungewissheit beängstigende, das in seiner Endlichkeit unwiderruflich tödliche, das in seiner Zufälligkeit unbarmherzige Profane aus eigener Kraft ideal zu ordnen«.[31] Ein Ordnungstrieb, der sich auf geringste Dinge erstreckt, hält an zu permanenter Selbstanalyse und Revision. Unerträglich scheint die Vorstellung, dass die Akten nicht die ganze Wahrheit enthalten; unmöglich scheint es aber auch, die Sicht auf das eigene Leben genauso aufrechtzuerhalten, wie sie vor einem Aktenstudium bestand.

Die Akteneinsicht verlangt darum eine doppelte Adjustierung: der Akten an die eigene Erinnerung und der Erinnerung an die amtlichen Niederschriften. Ein ständiges Ringen, ohne Aussicht auf ein Ende, ohne Garantie des Gelingens, ist die Folge. In den Worten Krügers: »Protestanten beichten nicht im Beichtstuhl [...], sondern antizipatorisch in ihrem Werk. [...] ein Werk, das die Selbstkorrektur enthält.«[32] An die Stelle eines beliebig oft wiederholbaren, nach der Tat vollzogenen performativen Beichtaktes, wie ihn die katholische Kirche vorsieht, tritt hier ein immerwährender Prozess, das innere Verhör, das dem letztgerichtlichen Schuldspruch vorweggenommene, nie abschließbare Selbstbekenntnis aus dem Herzen.

Wo das protestantische Prinzip der Selbstkorrektur in Permanenz die Szene der Akteneinsicht zu individuellen Bußübungen werden lässt, scheinen andere sozialistische Länder nach ihrem Zusammenbruch einen Akt der Sühne zu fordern. Diese Divergenz könnte die Vermutung der Rechtssoziologin, Grazyna Skapska bestätigen, wonach die Gestaltung der Akteneinsicht in den verschiedenen ehemaligen sozialistischen Ländern konfessionell geprägten Mustern folge.[33] So etablierte beispielsweise das nicht protestantische Polen 1997 ein sogenanntes Lustrationsgesetz[34] zur Aufklärung von Kollaboration mit dem sozialistischen Regime.[35] Als entbinde die gesetzlich vorgesehene rituelle Form der Lustration oder der Reinigung[36] vom Prozess der Selbstkorrektur, wurde die Möglichkeit zu individueller Einsichtnahme in Polen bislang in ungleich geringerem Maß genutzt als hierzulande.[37]

Das evangelische Ideal eines sich fortwährend selbst korrigierenden Lebens auf geordneter Aktengrundlage und in Einklang damit findet rechtliche Anerkennung im Stasi-Unterlagen-Gesetz von 1991. Das Gesetz, das unter anderem die Aufgabe hat, die Aktenherausgabe an Behörden, Wissenschaftler und Journalisten zu regeln, stellt in den Mittelpunkt seiner Zweckbestimmungen die »persönliche Akteneinsicht«. § 1 Abs. 1 Nr. 1 Stasi-Unterlagen-Gesetz (StUG) sieht vor, »dem einzelnen Zugang zu den vom Staatssicherheitsdienst zu seiner Person gespeicherten Informationen zu ermöglichen, damit er die Einflussnahme des Staatssicherheitsdienstes auf sein persönliches Schicksal aufklären kann«. Dieser Satz nimmt sich der Sache und der Sprache nach als ein Fremdkörper in einem Gesetz aus, denn für »Schicksal« haben Juristen keine Legaldefinition. Hier können Theologen sachkundiger Auskunft darüber geben, wie man aus Akten sein persönliches Schicksal ergründet. Und nicht zufällig ist es ein Pastor gewesen, der als oberster Dienstherr der Behörde für die Unterlagen der ehemaligen Staatssicherheit mit der Betreuung der Akten und Akteneinsichtnehmenden beauftragt wurde.

Seiner Profession gemäß verwirft der Bundesbeauftragte für die Stasi-Unterlagen zwar den protestantischen Sozialismus, nicht aber das dahinter stehende protestantische Prinzip der Aktenführung. Joachim Gauck hält die »protestantische Sozialismusrezeption« für romantisch[38] und die Irrtümer für dringend aufarbeitungsbedürftig: »So etwa, wenn wir, geleitet von einer säkularisierten Reich-Gottes-Hoffnung, aus dem Sozialismus so etwas wie ein glaubensnahes Gesellschaftssystem zusammenfabuliert haben.«[39] Doch habe der Sozialismus nicht nur fabuliert. Seine pastorale Technologie der Aktenführung habe höchst reale Akten hinterlassen, die man wie ein Geschenk Gottes an die eigene Erinnerung annehmen sollte. Also nicht etwa die Akten verwerfen, nur weil sie von falschen Mächten angelegt wurden, sondern, so die konsequent verfolgte Strategie des obersten Aktenhüters, sie von den aktenführenden Instanzen entkoppeln und die Akten als Akten in ihrer Eigenmacht stärken, um sie als Grundlage für die protestantische Übung der Selbsterkenntnis zu nutzen.

Aktenagenturen können folglich untergehen, Akten bleiben – das ist Gaucks ganze Botschaft. Nachdem die aktenführenden Instanzen gefallen sind, ist der Weg frei für eine Onto-Theologie der Akten, wie sie der Aktenpastor entwirft. Erhaben über ihre kontingenten Entstehungsgründe, schwingen sich die Akten auf zur Wahrheit schlechthin. »Die Fälschungstheorie ist [...] durch Hunderttausende von Aktenrecherchen widerlegt worden.«[40] Gauck wird nicht müde, den Wert und die Wahrheit der Akten zu preisen und zu predigen. »Akten lügen nicht«, schreibt er.[41] »Gott lügt nicht«, schrieb Luther.[42] Dass Gott nicht irren kann, hatte der Wittenberger Reformator damit begründet, dass sonst göttliches Vorherwissen nicht Wirklichkeit werden würde. Dass Akten Wahres enthalten, begründet der Rostocker Protestant damit, dass ihr Inhalt sonst ohne Widerstand akzeptiert werden könnte. In seinen eigenen Worten: Weil Akten eine schwer zumutbare Wahrheit enthalten, darum »werden [sie] auch so gehaßt. Deshalb erklärt man diese Akten zu Phantasiekonstrukten.«[43] Die Wahrheit der Stasi-Akten steht nach dieser vermeintlich zwingenden Schlussfolgerung also fest. Sie ist keine Glaubenssache, sondern Gewissheit.

Dem sich aufdrängenden Vorwurf der Aktengläubigkeit kommt Gauck mit dem Hinweis auf seine Profession zuvor: »Wir sind es nicht [Aktengläubige]. Wir wissen, was Exegese ist, und wir teilen mit, was wir finden.«[44] Die Aktenexegeten, sprich: die Mitarbeiter der Stasi-Unterlagenbehörde, gehen vor wie Bibelexegeten. Sie deuten die Schrift, deren Sinn nur für denjenigen dunkel bleibt, der die Wahrheit nicht sehen will. (So hatte Luther bereits Erasmus zurechtgewiesen.) Von ihrer Genese aus betrachtet, mögen Akten also zwar die »anrüchigen Quellen«[45] sein. Doch enthalten sie nach richtiger Exegese die Wahrheit. »Auch in einer perfiden Buchführung [ist] etwas aufgehoben [...] von einem ernsten Willen großer Bevölkerungsgruppen«.[46] Denn warum sollte das Prinzip der himmlischen Buchführung nicht auch in weltlichen Händen funktioniert haben? Selbst »teuflische Akten sind aussagefähige Akten«.[47] Sie sind schließlich nach einem pastoralen Prinzip geführt. Sie sagen das Subjekt aus – je oppositioneller es sich verhalten hat, desto detaillierter.[48]

Gauck wirbt für die Akten, die einstmals die Episteme eines Staats ausmachten, als Quelle ostdeutschen Selbstbewusstseins: »Aus den Akten von einst wie aus exakter Erinnerung ergibt sich, schauen wir nur genau auf das Leben, ein Subtext, der eine humane Gegenkultur offenbart, ein Text, der die Leittexte der wechselnden Unterdrücker immerfort begleitet.«[49] Der humane Subtext obsiegt über das inhumane Skript, das die Akten einst generierte. Nun, nach 1989 bleiben Akten, die in Kilometern gemessen werden. Sie sind ein, wenn nicht das unverlierbare Erbe der DDR, das diese in den Vereinigungsprozess einbringt. »Wir kommen [...] nicht als weiße, unbeschriebene Blätter«[50], schärfte Gauck den Westdeutschen ein. »Vergessen Sie nicht, dass die Akten über zahllose Menschen berichten, die manchmal mutig, manchmal ängstlich nein sagten oder nein taten. Sie [die Akten] sind auch großartige Zeugen von Zivilcourage.«[51]

Nach Befreiung der Akten aus den Händen ihrer perfiden Aktenführer soll das Korpus der schriftlichen Hinterlassenschaften der DDR, »die SED-Akten und die Staatsakten und andere Zeugnisse mehr aus ganz privatem Besitz«[52] nach dem Willen Gaucks den Rückhalt in Papier wiederherstellen, der mit dem Ende der DDR verloren schien. Damit die Akten ihre individualisierende Macht auch unter den veränderten Bedingungen noch oder wieder entfalten können, ist auch hier eine Pastoralmacht am Werk. Die Szene der Akteneinsicht ist entsprechend ausgestaltet. Pastorale Züge sind unverkennbar. Dass das seelsorgerliche Setting der Akteneinsicht seine Wirkung nicht verfehlt, belegen die Stimmen der Einsichtnehmenden: »Der Blick in die Akten kann zur Heilung und, wo das nicht möglich ist, zur Linderung beitragen. [...] Wir können in den Akten erkennen, wo Fehler und Irrtümer unsere eigenen und wo sie stasigemacht waren. [...] über uns selbst können wir aus den Akten wenig erfahren. Wir sehen nur unser Zerrbild. Unser Verstand, unser Gefühl, unsere Erinnerung sind das notwendige Korrektiv.«[53] Vera Wollenberger stellt diese Passage ihrem Akten-Buch voran. Es protokolliert die einzelnen Stadien der um Heilung ringenden Aktenlektüre. Die Schriftstellerin verfährt so, wie es nach protestantischer Mentalität vorgesehen ist. Getrieben vom Bedürfnis nach Gewissheit und Wohlgeordnetheit der Welt bis ins Detail, die nach 1989 verloren gingen, reorganisiert sie die eigene Erinnerung nach Aktenlage.[54]

Auf solche lebensordnenden Akteneinsichten folgen oftmals geschriebene und teilweise auch in Buchform veröffentlichte Autobiographien. Sie bringen die eigentümliche literarische Gattung der Autobiographie auf Aktenbasis hervor, die wiederum den auf Kaderakten basierenden anachronistischen DDR-Bildungsroman beerbt. Der Historiker Timothy Garton Ash führt in eigener Person vor, wie aus Aktenlektüren Literatur wird. Er beginnt exakt mit der Tätigkeit, die in § 1 Abs. 1 Nr. 1 StUG vorgesehen ist, und gleicht seine erinnerte Lebensgeschichte mit den ihm vorgelegten Akten ab, klärt sein Schicksal auf, schreibt seine Erinnerung und Akten wechselseitig sich korrigierende »Persönliche Geschichte«, wie der Untertitel der gedruckten Lebensbeschreibung lautet. Inzwischen hat die Stasi-Unterlagen-Behörde dieses anfänglich bloß individuell und vereinzelt praktizierte autobiographische Verfahren institutionalisiert und eine Reihe »Biographische Quellen« eingerichtet, deren erster Band 2002 erschienen ist.[55] Die Reihe gibt Einsichtnehmenden die Möglichkeit, ihr Leben auf der Grundlage der schriftlichen Zeugnisse der Behörde sowie eigener Dokumente abzufassen und zu publizieren.

Nicht immer freilich wird die in der Ausgestaltung der Akteneinsicht liegende Aufforderung zur individuellen Seelenschau befolgt. Gut protestantisch evoziert sie auch Widerstände. So weist beispielsweise der Schriftsteller Reiner Kunze in der Vorbemerkung zu seinem Aktenbuch »Deckname Lyrik« ein biographisches Interesse ausdrücklich zurück: »Es geht um die Mechanismen, nicht um Personen.«[56] Erich Loest wendet die Aufzeichnung des eigenen Lebens in Akten schon im Titel seines Buchs ironisch, »Die Stasi war mein Eckermann, oder: mein Leben mit der Wanze«.[57] Es ist eine Montage aus dem Material der eigenen Akten, die nach einer Einleitung ohne Kommentar und ohne jede weitere Erklärung in einem Kapitel abgedruckt sind, das »Aus meiner Stasi-Akte« überschrieben ist. Auch Wolf Biermann zufolge bedürfen die eingesehenen Akten des DDR-Geheimdienstes keines Kommentars, »denn die Dokumente sprechen für sich«.[58] Sie sind stumme Anklage. Wolfgang Templin sieht die Akten ebenfalls nicht als interpretationsbedürftig an. Seine »Stasi-Akte ›Verräter‹« enthält folglich allein die Dokumente einer Verfolgung,[59] die Konrad Wolfs Forderung gemäß »aus den Spuren der Bestie ihr Antlitz [...] rekonstruieren« sollen.[60] Um Rekonstruktion geht es schließlich auch Karl Wilhelm Fricke, der ein Buch mit dem schlichten selbstreferentiellen Titel »Akten-Einsicht« (1995) herausgebracht hat, das den Untertitel »Rekonstruktion einer politischen Verfolgung« trägt. Nur beiläufig interessiere der »persönliche Aspekt« der Akteneinsicht, heißt es gleich zu Beginn des Buchs, als müsse der darauf lastende Imperativ des »Erkenne Dich selbst« nach Kräften abgewehrt werden.[61]

Zwischen den beiden Extremen, der bereitwillig angenommenen individualisierenden Aktenintrospektion und dem Widerstand dagegen[62] steht ein Roman aus der Blütezeit der Gauck-Behörde. Der Roman traut den Akten weder die Macht der Individualisierung noch die Kraft des Dokumentarischen zu. Empfänglich für das Pastoralmotiv der Akteneinsicht offenbart sich dem aus der DDR ausgewiesenen Schriftsteller Jürgen Fuchs die ganze Armseligkeit der Akten, als er Einsicht in sie nimmt. Er hatte sich bei der Gauck-Behörde befristet anstellen lassen, um seinen Aktenroman abzufassen. Die Akten verfehlen jedoch die gesetzlich vorgeschriebene Wirkung, das persönliche Schicksal aufzuklären. Voller Wut gegen die Akten, die nicht halten, was sie versprachen, kommt kein wirklich guter Roman zustande, wohl aber die authentische Mitschrift eines Ringens mit der Macht der Akten. »Ihr scheinheiligen Akten, ihr feigen Aktenvermerke, ihr widerlichen Fragensteller ...«[63] So spricht man mit Akten, wenn man den Glauben an sie verloren hat. So spricht man mit teuflischen Akten.

Im Verlauf seiner Aktenrecherche beschleicht den zerknirschten Autor der Verdacht, einem großangelegten Akteneinsichtsunternehmen aufgesessen zu sein. Anlässlich eines Telefonats mit Wolf Biermann dämmert es ihm erstmals, dass die protestantische Aktentherapie genau die Kontinuität zwischen Aktenführung und -einsicht herzustellen sucht, die Demonstranten gerade hatten unterbrechen wollen, als sie die Akten der Normannenstraße herausverlangten: »Das ist der Punkt. Welcher? Zuerst eine Revolution, dann eine Behörde, und jetzt rennen wir unseren eigenen Texten nach, um zu sehen, was falsch und richtig war.«[64] Und auch für Kritik an ihrer eigenen Amtsführung hat die Akteneinsichts-Behörde ihrer pastoralen Mentalität gemäß noch ein offenes Ohr.

Aus den Akten, aus dem Sinn

I

Es ist bekannt, dass jede Verwaltung im Westen von einer Art professioneller Manie verfolgt wird, die darin besteht, alles aufzuzeichnen, was innerhalb ihrer Bürowände gesprochen wird. Die Praxis der lückenlosen Dokumentation sorgt dafür, dass kein einziges gesprochenes Wort ohne sein geschriebenes Äquivalent bleibt. Die Beamten, die in diesen Verwaltungen arbeiten, schreiben mit, um zu handeln, und sie handeln nur, indem sie mitschreiben. Anders ausgedrückt, Verwaltungsarbeit bedeutet stets Arbeit auf dem Papier. Der illusorische Glaube, dass Akten alle Maßnahmen und Handlungen der Regierung in ihrer Gänze erfassen können und sollen, hat den kategorischen Imperativ der westlichen Verwaltungen genährt, Aufzeichnungen zu machen und Akten zu führen. Zumindest seit den letzten beiden Jahrhunderten hat dieser Glaube den Grund für die administrative Praxis von Dokumentation und Aktenablage bereitet. Max Weber, der deutsche Bürokratie-Experte des 19. Jahrhunderts, formulierte diese Praxis als Prinzip: »moderne Amtsführung beruht auf Schriftstücken (Akten), welche in Urschrift oder Konzept aufbewahrt werden, sowie auf einem Personal subalterner Beamter und Schreiber aller Art.«[1] Weber formulierte dieses Prinzip genau zu dem Zeitpunkt, als ein neues Medium auftauchte: das Telefon. Dieses unschriftliche Medium bedrohte die Existenz der Akten, weil es das Potential hatte, extra- und intra-administrative Kommunikation aus dem dokumentarischen Universum des geschriebenen Wortes zu verdrängen. Um dies zu verhindern, wurde Aktenmäßigkeit zum bürokratischen Prinzip erhoben. Von nun an begannen sich überall Akten aufzutürmen. Historikern dienten sie als Quelle. Sie waren daher weit davon entfernt, sich über die Unmengen von Papier zu beschweren. Verwaltungsangestellte jedoch ertrinken seitdem in Akten. Für sie sind sie die Monster, mit denen sie sich täglich herumplagen müssen.

Die Logik abendländischer Verwaltungen, jede Handlung als eine Handlung auf dem Papier auszuführen, bringt die unterschiedlichsten Probleme mit sich. Eine Person kann für etwas Aktenkundiges verantwortlich gemacht werden, für das, was – je nachdem, wer in die Akte hineinschaut – rückblickend überhaupt nicht hätte aufgezeichnet werden sollen. Vor kurzem wurden Probleme dieser Art in Deutschland akut, als Mitglieder der nach der Bundestagswahl unterlegenen Partei während des Regierungswechsels 1998 versuchten, sich ihrer Verantwortlichkeit zu entziehen. Genauer versuchten sie, die Logik des Faktenschaffens, wie sie in dem Sprichwort *quod non est in actis non est in mundo*[2] zum Ausdruck kommt, umzukehren, indem sie dafür sorgten, dass die sie belastenden Inhalte aus den Akten verschwanden. Dies geschah in der Hoffnung, dass ein schriftliches Dokument aus der Erinnerung getilgt werde, sobald es physisch aus der Akte entfernt ist – in Abwandlung einer alten Redensart: Aus den Akten, aus dem Sinn. Indem sie die Materialität der Akten für ihren Inhalt nahmen, schufen deutsche Regierungsbeamte eine Lücke in der administrativen Dokumentation, die nicht ohne politische Auswirkungen blieb, wie man sich denken kann.

Ebenso wie jene deutschen Beamten verwechselte der Bauer in einer der berühmten Kalendergeschichten des schwäbischen Schriftstellers Johann Peter Hebel Ende des 19. Jahrhunderts die Physis der Akten mit ihrem Inhalt. Der Anekdote zufolge, die den Titel »Prozeß ohne Gesetz« trägt, war der Mann vom Land in die Stadt gefahren, um rechtlichen Beistand zu suchen. Nachdem er seinem Anwalt von einem Streit erzählt hatte, in den er verwickelt war, erfuhr er, dass er nicht die geringste Aussicht darauf hatte, den Prozess zu gewinnen: Der Anwalt wies ihn auf einen bestimmten Paragraphen in einem seiner Gesetzbücher hin, der gegen seinen Fall sprach. Aber der Bauer gab so

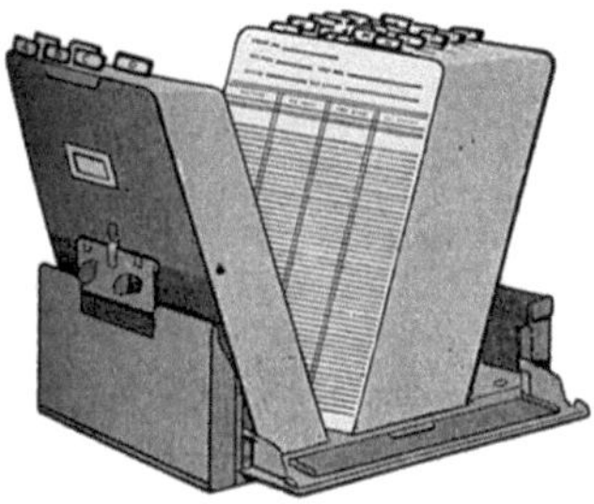

schnell nicht auf und war entschlossen, den Rechtsstreit zu führen. In einem unbemerkten Augenblick riss er die Seite mit dem hinderlichen Paragraphen aus dem Gesetzbuch. Danach überredete er den Anwalt mit etwas Bestechungsgeld, seinen Fall trotz der fehlenden Erfolgsaussichten zu übernehmen. Entgegen allen Erwartungen fiel der Urteilsspruch zu seinen Gunsten aus. Obwohl dies einen formalen Grund hatte (die Gegenseite war nicht vor Gericht erschienen), rühmte sich der Bauer, dass er so schlau gewesen sei, die Seite mit dem entgegenstehenden Gesetz herauszureißen – andernfalls hätte er den Fall nicht gewonnen, dachte er.[3]

Die Verwechslung von Material und Hermeneutik des Gesetzes machte aus Hebels Mann vom Land einen glücklichen Mann. Stadtmenschen sind jedoch meist nicht so glücklich, auch wenn sie die Logik des Verschwindens oft in ähnlicher Weise missverstehen. Im Fall der deutschen Beamten scheint die Sache noch verwickelter zu sein, da es hier um Akten und nicht um Gesetzestexte geht. Als physische Gebilde und aufgezeichnete Daten stellen Akten eine recht komplizierte Dualität dar. Die Mörder von Julius Caesar zum Beispiel versuchten Akten im Realen zu vernichten, um unerwünschte Daten im Symbolischem auszulöschen. Ihr Ziel war nicht nur ein toter, sondern ein völlig vergessener Caesar. Daher beschäftigte sie die Frage, wie sie Caesars Konsulat *ex tunc* auslöschen konnten, d. h, wie sie seine politischen Taten von seinem Aufstieg zur Macht bis zu seinem Tod ungeschehen machen konnten. Dieses Ziel versuchten sie zu erreichen, indem sie die Akten seiner Regierungszeit vernichteten. Wie ineffizient oder rein symbolisch dieser Fall einer praktizierten *condamnatio memoriae* schließlich war, lässt sich leicht ermessen, wenn man bedenkt, wie viele Biographien von Caesar seitdem erschienen sind. Der Konsul wurde trotz der Aktenverbrennung in der Geschichte nicht vergessen. Aber selbst wenn die Ineffizienz dieses Aktes der Zerstörung und Entfernung von Aufzeichnungen beweist, dass die Mörder Caesars sich irrten, folgt daraus nicht, dass die simple Gleichsetzung von Akten und Welt, vom Physischen der Aufbewahrung und der Existenz nach Zeichen geordneter Daten vollkommen falsch wäre. Im Gegenteil: Was sich erst gar nicht in den Aufzeichnungen befindet, kann kaum erinnert werden. Wenn man also nicht will, dass eine Handlung im Realen Bedeutung erlangt, wird sie mit Sicherheit auch nirgendwo vermerkt. Daher finden nur harmlose Daten – Daten, die nicht gegen den Aufzeichnenden selbst verwendet werden können – Eingang in die Akten. Diese Art der Auswahl unterstreicht die Webersche Verwaltungsregel, wonach keine amtliche Handlung ohne aktenmäßige Protokollierung ausgeführt werden könne.

Die dokumentarische Macht von Akten – genauer, ihr Vermögen, jemanden für seine Handlungen verantwortlich zu machen – hat »zur Folge, dass jeder, der sich äußern und etwas aktenkundig machen möchte, vorher überlegen wird, was er sagen und wie er sich ausdrücken wird«.[4] Der formale Ton dieses Zitats klingt, als habe Max Weber es formuliert. Doch es stammt von einem zeitgenössischen Juristen. Das Phänomen der manipulativen und selektiven Dokumentation oder Selbstzensur war Weber allerdings schon bekannt. Seine Definition der bürokratischen Verwaltung gibt einen Einblick in die fatale Dialektik zwischen Aktenmäßigkeit und Datenausschluss: »Bürokratische Verwaltung ist ihrer Tendenz nach stets Verwaltung mit Ausschluß der Öffentlichkeit. Die Bürokratie verbirgt ihr Wissen vor der Kritik soweit sie irgend kann.[5] Und das beste

Versteck, so könnte man hinzufügen, besteht darin, dieses Wissen gar nicht erst aufzuzeichnen. Die Kritik, die in Webers Zitat erwähnt ist, spielt auf die Zeit der Aufklärung an, als man überaus kritisch gegenüber den Ausschlusstendenzen dynastischer Aktenführung war. Abgesehen von der Forderung nach Freiheit, Gleichheit und Brüderlichkeit verlangte man auch, dass die Öffentlichkeit umfassende Einsicht in alle amtlichen Akten haben müsse. Aber als diese Forderungen schließlich erfüllt und Akten in Archiven mehr oder minder zugänglich gemacht wurden, verschwanden die Geheimnisse der Regierung trotzdem nicht. Die *arcana imperii* veränderten lediglich ihren Status. Ein politisches Geheimnis war nicht mehr das, was in den Akten stand und in Kanzleien sicher aufbewahrt oder in obskuren Archiven versteckt wurde, ein Geheimnis war das, was nicht in den Akten stand.

II

Die Veränderung der Definition politischer Geheimnisse von einem gut geschützten *arcanum* in den Akten zu einer völligen Verheimlichung vor den Akten vollzog sich um 1900. Dies ist eine relativ junge Entwicklung, verglichen mit der weitaus älteren Tradition, nach der eine Niederschrift nicht damit verbunden war, Fakten zu schaffen (indem Notizen gemacht wurden), sondern mit dem Gegenteil: der Auslöschung. In der Antike und im Mittelalter war der Akt des Schreibens zugleich Produktion und Eliminierung. Wenn ein Zeichen in eine Wachstafel geritzt wird, wird dabei die Oberfläche zerstört, und durch diesen Akt der Zerstörung wird eine lesbare Spur geschaffen. Das Objekt, das diese Spur herstellt, wird im Lateinischen *stilus* genannt. Ein Ende dieses Stiftes ist scharf, um Linien in die Wachstafel zu ziehen oder eher zu reißen; das andere Ende ist rund, um diese Linien zu entfernen bzw. zu streichen. Dieses Objekt für eine konzertierte Operation des Schreibens und Streichens, wörtlich der Akt des *stilum vertere*, führte schließlich zur Kanzlei, einer Institution, die einzig dazu bestimmt ist, Zeichen zu produzieren und auszulöschen.[6] Hier muss das Wort Streichung im Wortsinn als ein Ausstreichen von Schriftzeichen verstanden werden. Die Aufgabe der Angestellten in einer Kanzlei bestand darin, Entwürfe offizieller Schreiben zu kopieren und dann durchzustreichen; dadurch machten sie das Original unbrauchbar und wiesen gleichzeitig darauf hin, dass eine Kopie angefertigt wurde.

Das Auslöschen der Schrift bringt diese also nicht zum totalen Verschwinden. Die Tilgung des Geschriebenen hinterlässt Spuren. Diese Spuren waren wiederum genau das, worauf die Kanzleien des Mittelalters so großen Wert legten. Als Organe der Dekonstruktion *avant la lettre* akzeptierten die Kanzleien sie nicht etwa als einen unvermeidlichen Nebeneffekt der Schreibproduktion, sondern etablierten das Durchstreichen als einen für den gesamten Ablauf unverzichtbaren Schritt. Kein Dokument durfte die Kanzlei verlassen, ohne dass der Entwurf durch kreuzweises Durchstreichen unleserlich gemacht worden war. Der Akt des Durchstreichens, der ausgeführt wurde, um nicht autorisiertes Kopieren zu verhindern, war so tragend, dass die Kanzlei sogar ihren Namen von dieser Tätigkeit erhielt. Das Wort leitet sich etymologisch von »kanzellieren« oder »Kanzellierung« ab.

Diese Verbindung zwischen Durchstreichen (Kanzellieren) und Kanzlei geriet allerdings zunehmend in Vergessenheit. Als die Brüder Grimm diese Institution in ihrem berühmten Wörterbuch definierten, dominierte die Niederschrift und die anschließende Aufbewahrung über den damit korrespondierenden, einst so mächtigen Akt des Streichens. Daher wird eine Kanzlei in Grimms Wörterbuch lediglich als der Ort der »Ausfertigung in Schrift« definiert.[7] Diese Definition gibt die Praxis dessen wieder, was Weber später »Aktenmäßigkeit der Verwaltung« nannte, das Prinzip, nach dem sich das Verwalten auf Akten gründet. Zu Beginn des 19. Jahrhunderts hatten Schreiben, Aufbewahrung und Lesbarkeit bereits eine stabile Beziehung gebildet, in der der Akt des Streichens nicht vorkam – er war zu dieser Zeit keine wesentliche kulturelle Praxis mehr. Heute erinnert nur noch ein ganz unspektakuläres Zeichen ohne jede operative Funktion an die Technik des kreuzweisen Durchstreichens: das Rautenzeichen [#], das für »Ziffer« verwendet wird. Ab 1928 reservierte IBM einen Platz für dieses Zeichen auf seinen Lochkarten. Als man die Lochkarten dann als Grundlage für den ASCII-Code verwendete, wurde dieses Symbol in das System der modernen Computertastatur integriert.

Der Niedergang der einst so mächtigen Institution des Streichens wurde durch eine scheinbar geringfügige, aber dennoch weitreichende Veränderung bei der Erstellung von Kanzleibriefen eingeleitet. Um 1500 wurden Entwürfe nicht mehr durchgestrichen, sondern in einem lesbaren Zustand aufbewahrt. Wenn Streichungen auf Briefen auftauchten, wurden sie als Hinweis auf eine mögliche Fälschung mit großem Argwohn behandelt. Sie wurden daher Gegenstand genauester Regelungen. Ein Gesetz aus der Kanzlei von Maximilian I. aus dem Jahr 1497 verlangte beispielsweise, dass Streichungen nur dann vorgenommen werden durften, wenn ein hochrangiger Sekretär sie genehmigt hatte. Diese Erlaubnis musste selbstverständlich wiederum schriftlich dokumentiert werden; andernfalls wäre die Authentizität eines Dokuments, das die Spuren einer Streichung trägt, infrage gestellt. Die Textstreichung verwandelte sich somit von einem Zeichen der Wahrheitsgarantie zu ihrem genauen Gegenteil: den Hinweis auf eine mögliche Fälschung. Zu Beginn des 20. Jahrhunderts, als eine in Berlin und Frankfurt ansässige Gummifabrik eines ihrer Produkte, einen Radiergummi, »Veritas« nannte, bewies sie damit einen guten Sinn für historische Ironie.

Mit dem Verschwinden des Kanzellierungsaktes verlor auch die Institution, die durch diesen Akt ihre Macht erhalten hatte, ihre Bedeutung für die westlichen Verwaltungen. An die Stelle der Kanzlei trat eine vom Ziel umfassender Dokumentation besessene Administration, und damit gewann eine andere Akteneinrichtung an Bedeutung: das Archiv. Die Beachtung des Archivs erreichte ihren Höhepunkt um 1800, als man es als die »Seele« oder das »Gedächtnis« des preußischen Staats bezeichnete. Von da an war es nur noch eine Frage der Zeit, bis diese Aufbewahrungsinstitutionen zu ernsthaften, realen Problemen führten, da die Menge der Akten monströse Ausmaße annahm. Mit symbolischen Handlungen des Auslöschens war es nicht getan. Sie reichten kaum aus, um mit den Massen von Papier im Realen fertig zu werden. Bedenkt man die Vorherrschaft der Aufbewahrung über die Streichung, dann klingt es beinahe beschwörend, wenn der Verwaltungswissenschaftler und Systemtheoretiker Niklas Luhmann die obliterative Kraft von Akten gegen ihre Speicherfunktion anführt: »Aus der Phänomenolo-

gie der Akten könnte man den Eindruck gewinnen, als ob das System unter der Last seiner Geschichte nur noch schwer zu bewegen sei. Dabei wurde jedoch übersehen, dass die Akten nicht nur das Erinnern, sondern auch das Vergessen »›organisieren‹«.[8] Selbst wenn Akten kollektives Vergessen bewirken, zielt die Schwerkraft der kolossalen Massen von Papier jedoch noch immer eindeutig auf eine totale Erfassung zum Zwecke der Erinnerung.

III

Das Dogma der vollständigen Dokumentation und die Tendenz zu immer detaillierteren Berichten führen zu einer noch heute häufig beklagten Anhäufung von Akten. Archivare sind schließlich keine »Kanzler« im eigentlichen Wortsinn. Sie wurden noch nicht einmal als Akten-Vernichter ausgebildet, selbst als die Speicherlast der Archive unerträglich wurde und gesammelte Daten bereits veraltet waren, noch bevor sie überhaupt verwendet werden konnten. Die einzige Möglichkeit, die Welt von der erdrückenden Last der Akten zu befreien, war ihre materielle Vernichtung. Nach der Kanzlei und dem Archiv tauchte eine virtuelle dritte Institution auf: das Altpapier. Ein preußisches Gesetz aus dem Jahr 1876 weist die aktenführenden Stellen an, ihre Akten entsprechend in drei Gruppen zu unterteilen: solche, die für die laufende Verwaltung im Gebrauch sind

(Kanzlei), solche, die in die Archive kommen, weil sie historisch wertvoll sind, und schließlich solche, für die keine weitere Verwendung mehr besteht (Altpapier).

Es scheint, dass als Papierabfall bestimmte Akten sich allen Kategorien und Definitionen entziehen. Während Kanzleien eindeutig im Symbolischen operieren und Archive als Grenz-Institutionen des Imaginären aufgefasst werden können, erledigen Altpapier-Händler ihre Arbeit der Zerstörung weder wirklich im Reich des Imaginären noch wirklich in dem des Symbolischen. Der Akt, der sich im Schatten der symbolischen Ordnung vollzieht, überschreitet stattdessen die Schwelle zum Realen. Es gibt keine Sprache für das, was aus dem Symbolischen ausgeschlossen wird. Die Tat, die nach dem Akt der Aufhebung an der Schnittstelle zwischen Thesaurus und Trash, zwischen Archiv und Abfall folgt, fällt in die Leere der symbolischen Ordnung. Sie ist weder in die laufende Verwaltung integriert, noch gehört sie der Ordnung des Archivs an. Folglich gibt es keine Anweisung oder gar eine gesetzliche Regelung für die Zerstörung von Akten. Es ergeht zwar der Befehl, sie zu vernichten, aber die Art und Weise, wie dies zu geschehen habe, wird nicht vorgeschrieben. Während es in Deutschland zahllose Gesetze für den Umgang mit Akten gibt, die in Verwaltungen und im Archiv genutzt werden, bleibt der Umgang mit Akten, die »außer Gebrauch« sind, ungeregelt. Man findet einfach keine Instruktion, wie Akten aus der Welt zu schaffen seien.

Aufgrund ihres nicht-diskursiven Zustands sind aussortierte Akten dazu bestimmt, zu verschwinden. Solange sie jedoch noch nicht tatsächlich geschreddert worden sind, können sie in die symbolische Ordnung reintegriert werden. Die Rückkehr des Verdrängten kann hier wörtlich genommen werden. Kassierte Akten, die wieder in die Ordnung des Symbolischen eingeführt werden, prozessieren erneut Informationen. Aus diesem Grund war das bereits erwähnte preußische Gesetz so vorausschauend, eine amtliche Bescheinigung über die vollständige Vernichtung der Akten zu verlangen –

vorbildlich für den zeitgenössischen Datenschutz. Diese Maßnahme wurde ergriffen, um jeglichen Missbrauch der Akten zu verhindern.

IV

In jüngster Zeit ist ein neues Aktenproblem aufgetaucht: das Problem der unkontrollierten Löschung von Aufzeichnungen. Ein solches Problem kann logischerweise erst dann entstehen, wenn Gesetze zur Kontrolle über Aufbewahrung und Löschung von Akten erlassen werden, gegen die man verstößt, sobald man sich unangenehmer Informationen in Akten entledigen will. Unter diesem Aspekt erhält die alte Frage, was aus der Welt verschwinden kann, sobald es einmal aktenkundig ist, neue Aktualität. Als das Ministerium für Staatssicherheit (MfS) der DDR mit der Frage konfrontiert wurde, wie man Tausende von Akten verschwinden lassen sollte, ohne Aufmerksamkeit zu erregen, entschied es sich – unter anderem – für die einfachste aller möglichen Methoden: die Methode der entwendeten Briefe. Das MfS schaffte potentiell nachteilige Akten an einen Ort, an dem sie mit Sicherheit niemandem auffallen würden – in Mülleimer auf der Straße.

Akten, die aus geheimen Büros auf öffentliche Straßen gebracht werden, sind jedoch nicht automatisch aus der Welt, wie man geneigt ist zu glauben. Die »Illusion des Verschwindens«, die Michael Cahn aufgrund ökologischen Recyclingdenkens zerstreuen will, gerät spätestens dann an ihre Grenzen, wenn das ausgesonderte Material wieder eingegliedert und so zu Information aufbereitet wird.[9] In den Worten des Geschäftsführers einer Firma für »Aktenvernichtung im LKW vor Ort«: »Wie Sie wissen, sind Datenskandale, wonach vertrauliche Akten im Straßengraben gefunden werden, [...] nahezu alltäglich.« Dieses Zitat findet man in einer ganzseitigen Anzeige, die

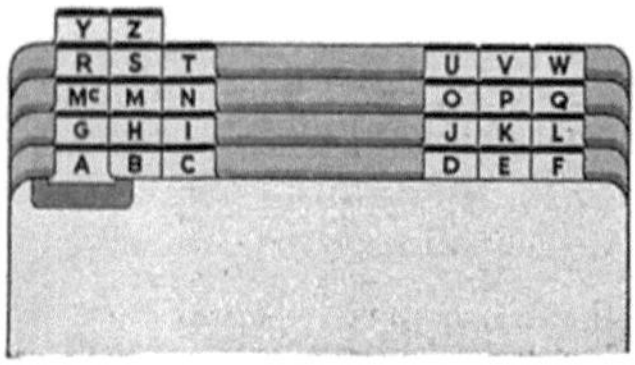

nicht zufällig die Rückseite des amtlichen Postleitzahlenbuchs von 1992 ziert und damit auf das Ereignis Bezug nimmt, das auf einen Schlag jede Menge amtlichen *paperworks* entwertet hatte. Die Umstellung der Postleitzahlen hatte Formulare, Fragebögen und Vordrucke ungültig gemacht. Bei dem Versuch, den Missbrauch dieses Materials zu verhindern, kam die Vernichtung von Dokumenten in LKW daher sehr gelegen.

Ein mobiler Papierschredder-Service wie der auf dem Postleitzahlenbuch angebotene ist eine eher späte Entwicklung in der Geschichte der Papiervernichtung. Durch den Übergang von manueller zu mechanischer Vernichtung um 1900 war der Altpapierhändler – die emblematische Figur von Baudelaires »chiffonniers« oder Benjamins »Lumpensammler« – obsolet geworden. Es ist interessant, dass Papierschredder in Handbüchern über Büroausstattung nicht erwähnt werden und auch in historischen Abhandlungen über das Büro oder die Bürokratie nichts über deren Ursprung zu finden ist. Die Lücke bestätigt nur ihr Verschwinden aus dem Symbolischen.

In Deutschland gelangten Papierschredder vermutlich erst nach dem Prozess der Wiedervereinigung in das öffentliche Bewusstsein. Ab November 1999 liefen die »Reißwölfe« im MfS in der Normannenstraße in Berlin auf Hochtouren. Laut Berichten waren diese schon bald überlastet und wurden daher schnellstens durch Modelle aus West-Berlin ersetzt. Nach kurzer Zeit waren jedoch auch die westlichen Reißwölfe mit den Papiermengen überfordert. Die Zeitungen sprachen davon, dass sie sich »überfressen« hatten, als handle es sich bei den Akten um eine fette Beute und bei den Schreddern um wilde

Tiere. Und tatsächlich erhielten ihre animalischen Vorfahren ihren Namen aufgrund ihres ungezähmten Verhaltens, alle irgendwie essbaren Dinge zu reißen. Der Name Wolf stammt von dem deutschen Verb »wolfen«, was soviel wie »reißen« bedeutet. Laut Definition des etymologischen Wörterbuchs sind Wölfe »reißende Tiere«. Wenn es stimmt, dass »wolfen« und »reißen« die gleiche Bedeutung haben, dann scheint das Wort Reißwolf eine bloße Verdopplung zu sein, die den Akt des Reißens durch Wiederholung zweier bedeutungsgleicher Wörter betont. Eine Erklärung für diese Redundanz könnte darin liegen, dass sie zur Differenzierung dient, um Wölfe als reißende Tiere von Wölfen als reißende Maschinen zu unterscheiden.

Die Aufgabe der ersten Reißwölfe Ende des 19. Jahrhunderts bestand nicht darin, Papier zu zerreißen, sondern Baum- oder Schafwolle und Lumpen zur Herstellung von Garn zu zerfasern. Diese Reißwölfe des Industriezeitalters schlossen das Material auf, um es in einzelne Fasern zu teilen. Dieser Vorgang des Aufschließens heißt wolfen.[10] Die einzelnen Fasern werden dann sechsmal zusammengelegt und ebenso oft wieder zerlegt, bis ein Faden aus lauter Fäden – sechs hoch sechs – entstanden war. Im Gegensatz zu diesen recht komplexen Maschinen zur Herstellung und Zerstörung hatten die modernen Aktenzerkleinerer nur noch die Aufgabe zu zerstören. Von ihren dekonstruktiven Vorfahren übernahmen sie allein die destruktive Seite. Papierschredder reißen und sonst nichts. Daraus folgt, dass die Maschine, die im Rahmen der Politik der »Verbrannten Erde« 1944 und 1945 in Deutschland verwendet wurde, *Schienenreißwolf* genannt wurde. Er fuhr wie ein normaler Zug auf den Schienen, riss diese jedoch hinter sich aus der Verankerung und hinterließ verwüstetes, unbefahrbares Gelände.

V

Ob von einer Maschine oder von Hand zerrissen, die Vernichtung von Akten bleibt eine schmutzige Arbeit. Im Gegensatz zu digitalisierter Datenspeicherung können Papierakten nicht durch einen sauberen Lösch-Befehl eliminiert werden. Die Beschäftigten im Kanzleramt in Deutschland wurden fast über Nacht zu Medienexperten, als sie aus praktischen Gründen die Vorteile bei der Vernichtung von digitalisierten Akten gegenüber der sperrigen Materialität von Papierakten bedachten. Mit der Frage konfrontiert, wie die Regierungsinformationen, insbesondere die Daten über die Vorgänge im Rahmen des politischen Wiedervereinigungsprozesses vor der Übernahme durch die neue Regierung, zu löschen seien, sahen Beamte des Kanzleramts Akten plötzlich in einem ganz anderen Licht als während ihrer üblichen Arbeit damit. Wie bei allen Machtwechseln war auch die Wahl der Sozialdemokraten als stärkste Partei im Herbst 1998 ein heikler Moment im Prozess der Überlieferung. Es ging darum, was in die nächste Legislaturperiode übertragen und was – aus politischen und strategischen Gründen – besser zurückgehalten werden sollte.

Als integrale Kraft für Kontinuität und Tradition von Macht nahmen Akten stets eine Schlüsselrolle ein, wenn es darum ging, dass Herrscher diese Überlieferung gerade kappen wollten. Es gab Zeiten, als Regime eine Nachfolge verhindern wollten, indem sie Akten stahlen und sie als »Geiseln« nahmen; es gab Zeiten, als Akten verbrannt wurden, um die Kontinuität der Macht zu unterbrechen, oder einfach gestohlen wurden, um einen Feldzug gegen ein anderes Land zu führen. Erst im 19. Jahrhundert wurde durch Gesetze zum Anlegen und zum Aufbewahren von Akten versucht, solche Formen der bürokratischen Sabotage zu verhindern. Doch trotz dieser Regeln über den Umgang mit Regierungsakten[11] wurde 1998 so gut wie keine der im Bundeskanzleramt in Akten gespeicherten Informationen an die neue Regierung übergeben. Und dies war ein ziemlich gravierender

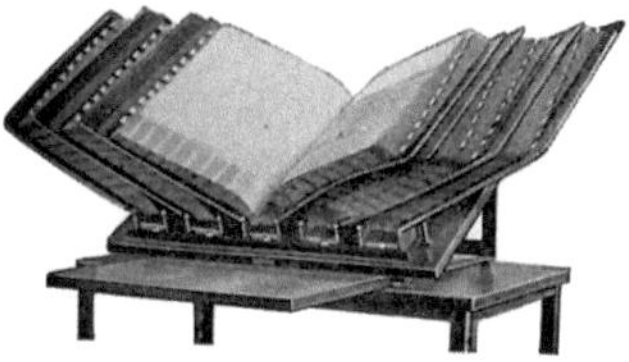

Verlust, insofern die fehlenden Daten Informationen zur Geschäftsführung der Leitung betrafen. Diese Stelle zur Koordination der Regierung kann mit einer Suchmaschine im Internet verglichen werden, die den gesamten Aktenbestand des Staats umfasst.[12] Nach Löschung dieser Daten war das Material, das nicht Opfer einer Zerstörungsorgie wurde, von dem gleichen Nutzen wie Bücher, die in einer Bibliothek zwar am richtigen Platz im Regal stehen, für die es jedoch kein Indexsystem gibt.

Fast zwei Jahre nach dem Regierungswechsel verlangte die neue Regierung Akten des ehemaligen Kanzlers für die Untersuchungen des oben erwähnten CDU-Parteispendenskandals und wurde so auf die fehlenden Akten aufmerksam. Das Großreinemachen im Büro des Bundeskanzlers wurde selbst zum Gegenstand eines Untersuchungsausschusses, der feststellen sollte, was tatsächlich in jenen »Tagen der reißenden Wölfe« geschehen war.[13] Dass dies ein politischer Skandal war, ist vermutlich in der amerikanischen Rechtstradition offensichtlicher, als es in der deutschen der Fall ist; in Amerika ist ein öffentlicher Zugang zu Regierungsakten durch das Recht auf Informationsfreiheit gewährleistet. Hinter diesem Recht steht die Idee, dass Akten der Öffentlichkeit gehören – eine Idee, die hierzulande noch immer fremd ist. Im deutschen Rechtssystem existiert kein mit dem US-amerikanischen Recht auf Informationsfreiheit vergleichbares Gesetz, obwohl es Anzeichen für eine Veränderung der Vorstellung gibt, dass Akten nie Gegenstand von öffentlichem Interesse sein können. Entsprechende Gesetzesentwürfe liegen vor und wurden teilweise, etwa im Umweltrecht, auch bereits verabschiedet.

Regierungs- und Verwaltungsakten werden nach deutschem Recht weder als privater noch als öffentlicher Besitz betrachtet. Sie »gehören« dem Staat. Die Praxis, Akten als Staatseigentum aufzufassen, begann 78 n. Chr. im Römischen Reich. Zu dieser Zeit hatte Rom Aktenverwalter, etwa die Magistrate, enteignet. Mit diesem Coup hatte das Imperium Romanum den Grundstein für das Aktenmonopol des Staates und damit für das Monopol des Staates überhaupt gelegt. Aber die Deprivatisierung oder Enteignung von Akten eröffnet nur einen neuen Kampf über die Unterscheidung zwischen öffentlich und privat. Minister und andere Angestellte des öffentlichen Dienstes machen nicht nur offizielle, sondern auch private Notizen, ein Umstand, den sich die Minister in Helmut Kohls Kabinett zunutze machten, denen die Einbehaltung offizieller Akten vorgeworfen wurde. Sie behaupteten, die fraglichen Akten seien ihr persönlicher Besitz und nur für den privaten Gebrauch bestimmt. Um die Unterscheidung zwischen öffentlich und privat noch mehr zu komplizieren, beriefen sie sich auf eine Kategorie, die zuweilen von Archivaren bemüht wird: das *Privatdienstliche* – das ebenfalls einen interessanten Beitrag zu der Debatte über die Vermischung der Sphären öffentlich und privat liefert. Selbst die beliebte Figur des geistigen Eigentums wurde von den Ministern als Argument zur Verteidigung ihrer totalen Autonomie über die Akten gegen den Vorwurf vorgebracht, sie hätten Paragraph 133 des Strafgesetzbuchs (Verwahrungsbruch) verletzt.

Man schlug auch noch eine andere Verteidigungslinie ein, bei der man sich die bestehenden Unsicherheiten über den Umgang mit nicht papiernen Akten zunutze machte. Die Staatsbeamten, denen vorgeworfen wurde, offizielle Dokumente zurückgehalten zu haben, behaupteten, Papierakten und Computerakten müssten nach dem Recht unterschiedlich behandelt werden, da die Bestimmungen für konventionelle Aufzeichnungen nicht auf digitale übertragbar seien. Es trifft zu, dass es kaum explizite Normen für elektronische Aufzeichnungen gibt, die deren Besonderheiten berücksichtigen und

zugleich deren Ähnlichkeiten mit »klassischen« Aufzeichnungen anerkennen. Diese Lücke soll jetzt geschlossen werden und der gesamte Bereich an Vorschriften zur Aufbewahrung von amtlichen Akten reformiert werden. Nach der derzeitigen Rechtslage werden die meisten Vorschriften zu Papierakten[14] im Weg der Analogien auf digitalisierte Daten angewendet.

Der Bericht des Vorsitzenden des Untersuchungsausschusses zu den fehlenden Kanzleramtsakten, der im Juli 2000 vorgelegt wurde, vermittelt einen Einblick in die Unterschiede zwischen Papierakten und Computerdateien hinsichtlich der Datenlöschung. Das Personal des Kanzleramts unterließ es, Papierakten zu vernichten, weil dies, so die Mitarbeiter, zu viel Aufmerksamkeit erregt hätte. Die konkrete Existenz von Akten ist eine Tatsache, die nicht so schnell aus der Welt verschwinden kann, wie es bei digitalisierten Daten möglich wäre. Der Bericht enthüllte auch die verblüffende Tatsache, dass alles, selbst unbedeutende Informationen, vernichtet wurde. Wie der Geheimschutzbeauftragte der Regierung bestätigte, filterte die abgewählte Regierung nicht etwa besonders belastende Daten heraus. Der Beauftragte erklärte ganz offen, dass er in jenen Tagen der Entscheidung und Vernichtung mit dem Kanzleramtsleiter einer Meinung gewesen sei, dass die Akten unterschiedslos verschwinden sollten, da man zu viele Mitarbeiter hätte in das Vertrauen ziehen müssen, um gezielt heikle Informationen herauszusortieren. Daher sei nur eine allgemeine Löschung in Betracht gekommen.[15]

Die Ergebnisse des Untersuchungsausschusses über die fehlenden Akten in Deutschland 1998 waren dann jedoch nicht so negativ, wie man nach der generellen Vernichtungsaktion hatte annehmen können. Viele der fehlenden Informationen konnten wieder aufgefunden werden. Dafür war es notwendig, allererst die Lücken zu finden, was keine leichte Aufgabe war. Eine verlorene Akte kann schließlich nur dann aufgefunden werden, wenn es einen Hinweis darauf gibt, dass sie fehlt. Um eine Lücke in einem Stapel von Aufzeichnungen zu entdecken, muss das Reale mit dem Symbolischen in Verbindung gebracht werden. Ein Auffindungssystem für Akten wie Karteikarten oder eine Registratur dienen als Bindeglied zwischen diesen beiden Universen. Selbst wenn die Akten in ihrer Materialität also vernichtet sind, dann existiert immerhin noch ein Hinweis darauf in Form einer Karteikarte etwa. Sie verrät den Verlust – sofern sie nicht ebenfalls vernichtet wurde. In einer Verwaltung, deren einzelne Zweige zunehmend untereinander vernetzt sind, wird eine komplette Vernichtung immer unwahrscheinlicher; zumindest weisen parallel geführte Aufzeichnungen auf das hin, was fehlt. Um hier vorzubeugen, hat das Kanzleramt von Anfang an darauf geachtet, diese Computerlinks zu reduzieren. Wie alle mächtigen Institutionen arbeitete es auf der Grundlage totaler Asymmetrie: Keine der Regierungsbehörden hatte Zugang zum Computersystem des Kanzleramts, aber sämtliche Computersysteme der Regierung liefen durch das System des Kanzleramts. Durch diese Struktur gewann das Kanzleramt eine optimale Kontrolle über die Vernetzung von Dateien in den verschiedenen Büros und Autonomie für die Kanzellierung von Informationen, die nur auf den eigenen Rechnern abgelegt ist.

Der Untersuchungsausschuss berichtete daher zwar von fehlenden Akten und Karteikartensystemen. Doch existierten in den meisten Fällen Kopien. Was die Computerdateien betraf, so waren fast alle Daten des fraglichen Zeitraums gelöscht worden. Aber der Ausschuss fand 99 Backup-Dateien im Kanzleramt. Er unterschied zwischen den verschwundenen Papierakten und den verschwundenen Computerdateien und bestätigte damit unfreiwillig die oben erwähnte Verteidigungslinie der »Verdächtigen«.[16] Diese Unterscheidung hatte jedoch keinen strategischen Zweck, sondern hing eher mit der Logik der jeweiligen Wiederauffindungsmöglichkeiten konventioneller Akten und Computerdateien zusammen. Man könnte fast eine Korrelation zwischen der Einfachheit der Vernichtung und den Chancen der Auffindung herstellen: Je weniger manuelle Arbeit der Akt der Vernichtung erfordert, desto höher sind die Chancen, die Information wieder aufzufinden und umgekehrt. Die klassischen Papierakten, die in vernichteter Form als Schnipsel vorliegen, werden meist unter Anwendung komplizierter archäologischer Praktiken wiederhergestellt. Für die Wiederherstellung von »Stasi-Akten« wurden spezielle Methoden entwickelt, bei denen eine verfeinerte Form der archäologischen Arbeit, Einzelteile antiker Tongefäße zu kombinieren, zur Anwendung kam. So wurden die Ränder zerrissener Papierdokumente horizontal und vertikal mit einem Computer gescannt, so dass die beiden korrespondierenden Seiten – die positive und die negative – aufgefunden und zusammengesetzt werden konnten, wie bei einem *symbolon*[17], dessen Prinzip hier wörtlich genommen wird.

Bei gelöschten elektronischen Daten ist der Wiederherstellungsprozess weniger mühsam, zumindest, wenn Daten in einem sogenannten Salvage-Modus gelöscht werden, der dem normalen Computerbenutzer als Delete-Taste bekannt ist. In diesem Fall können die gelöschten Daten mit einigem technischen Aufwand wieder lesbar gemacht werden, wie es bei der ersten Löschung im Kanzleramt der Fall war. Später wurden

Daten in einem sichereren Modus gelöscht, dem sogenannten Purge-Modus. Bei dieser Form der Löschung ist die Information unwiederbringlich verloren. Und obwohl die virtuellen Fegefeuer des Purge-Modus weit von jeder Vorstellung eines mittelalterlichen *purgatorio* entfernt sind, schließlich hinterlassen sie weder Asche noch Rauch, sind diese selbst in modernen rationalen Zeiten Voraussetzung für eine Rettung. Dies bedeutet im bürokratischen ebenso wie im religiösen Kontext Vergessen oder Löschen dessen, was in Akten bzw. im Buch des Lebens, aufgezeichnet wurde. Mit anderen, profaneren Worten: »Aus den Akten, aus der Welt« enthält ein Versprechen der Rettung, wie unerfüllbar es am Ende auch sein mag.

Was weiß der Staat noch?

Es ist ein offenes Geheimnis, dass Archive unzugänglich sind. Ihre Unzugänglichkeit ist nicht etwa erst das Produkt von Arkanpolitiken und Zutrittsverboten. Nicht erst umständliche Öffnungszeiten und andere schikanöse Reglements blockieren die Einsichtnahme in alte Akten. Sicher, Archivare sahen es noch nie gern, dass Fremde in den von ihnen sorgsam gehüteten Schätzen herumwühlen, Unordnung schaffen und wer weiß, was noch anrichten. Doch bilden Archive auch ohne satzungsgemäße Benutzerunfreundlichkeit bereits eine Bastion gegen Eindringlinge jeder Art. Archive sind konstitutiv unzugänglich.

Alles in einem Archiv hat seinen Platz. Indes bleibt das, was an Ort und Stelle liegt, ohne weitere Hilfsmittel unauffindbar. Wo immer die Stehordner, Aktenbündel und Mappen lagern, in Regalen, Schränken oder Kästen, ohne Adresse sind sie so gut wie nicht vorhanden. Welcher Platz den Archivalien zugeordnet ist und ob es tatsächlich der richtige ist, erweist demnach erst die Registratur, jene integrale Schaltstelle zwischen Aktenstandort und Benutzer, ohne die ein Archiv – trotz aller Sichtbarkeit im Physischen – ein unzugänglicher, verborgener Ort bliebe. Die Registratur vergibt Adressen an das archivierte Material. Eine Sigle verbindet die Akten mit ihrem jeweiligen Stellplatz – so wie eine Hausnummer die Verbindung zu einem Hausbewohner schafft. Sie verknüpft die symbolische Ordnung des Zugangs mit dem fensterlosen Schattenreich des Archivs. Das Archiv hält sich ohne Schnittstelle zwischen sichtbaren Akten und unsichtbarer Ordnung also selbst geheim. Unter Umgehung der Registratur ist das archivierte Wissen des Staates auch ohne jede Zutrittsbeschränkung schlicht unzugänglich.

Ein Besuch in den nicht selten unterirdisch gelegenen Aktenorten ist ohne Umweg über Zettelkästen oder digitalisierten Katalog darum ein verwegenes Unterfangen. Man geht verloren in der Fülle des Materials. Was hätte man also in einem Archiv zu suchen ohne einen kleinen Zettel mit einer Buchstaben- oder Ziffernfolge in der Hand, die den Nutzer genau an den Ort einer gesuchten Mappe führt? Was sucht, konkret gefragt, der fotografische Blick dort unten in den unwirtlichen, neonbeleuchteten Räumen staatlicher Archive, wenn er keinem bestimmten Aktenvorgang auf der Spur ist? Eine den Akten eigene Ästhetik? Ihr Geheimnis? Gar das Wissen des Staates? Lässt sich das Wissen des Staates überhaupt ins Bild setzen?

Es war schon immer ein Herrschertraum, alles mit einem Blick übersehen zu können, das gesamte Wissen des eigenen Landes, dessen Größe, die Einwohnerzahlen und andere Daten mehr. Gottfried Wilhelm Leibniz hatte seinem Landesherrn mit dem »Entwurff gewisser Staats-Tafeln« diesen Traum 1680 zu erfüllen versucht. Und weil die alten Akten das Wissen des Staates nicht direkt abbilden, weil, umgekehrt ausgedrückt, jede Sammlung von Daten, auf die der Staat sich beziehen kann, nur unter der Bedingung zugänglich wird, dass die Physis der Speichermedien mit einer graphischen und/oder alphabetischen Ordnung korrespondiert, geht auch Leibniz diesen Umweg: den Umweg über die symbolische Ordnung. Sein Entwurf zur Repräsentation hoheitlicher Episteme empfiehlt eine diagrammatische Darstellung des Staatswissens in Tafeln und Tabellen. Auch in bildreichen, um nicht zu sagen: bildinflationären Zeiten bleibt es bei diesem Verfahren: der Übertragung von Bildern in eine Ordnung der Zeichen. Selbst dreidimensionale Visualisierungen in Computeranimationen, die einen Spaziergang durchs Archiv simulieren, belassen es darum nicht bei der puren Abbildung der Räumlichkeit. Sie codieren diese stets auch. Mit einem Mausklick öffnen sie *windows*, Fenster zur Ordnung des Symbolischen, welche den Nutzer dann in die lesbare Welt der Archivalien versetzen.

Wenn aber das optische Bild von archivierten Akten das Wissen des Staates lediglich allegorisch vor Augen stellt und keinen wirklichen Zugriff darauf gewährt, was sucht dann, noch einmal gefragt, der Blick der Fotokamera, der direkt auf die endlosen, gleichförmigen Regalfluchten geht? Es ist in jedem Fall ein Blick, der vom Archiv nicht vorgesehen, der geradezu illegitim ist. Innenansichten von menschenleeren Archivräumen mögen den Reiz eines verbotenen Bildes haben. Dem Geheimnis, das die Akten bergen, kommt die fotografische Nahaufnahme von Papierzeug und anderen archivierten Materialien wie Magnetstreifen, Zelluloid oder Wachswalzen allerdings keine Spur näher. Akten wahren ihr Geheimnis auch vor zudringlichen Kamerablicken. Der verständnislose Blick ins Archiv begreift bloß, dass es eine Ordnung gibt, nicht aber die Prinzipien dieser Ordnung. Ziffern und Beschriftungen auf Ordnerrücken und Pappkartons zeugen von dieser Ordnung ebenso wie die Aufstellung der Ordner in Reih und Glied. Heeresförmige Ordnung, herrscht im Archiv. Doch gerade weil der Kamerablick die der Rechtsordnung zugewandte Seite der Akten, ihre Semantik, nicht erschließt, lenkt er das Augenmerk auf die Struktur des Archivs. Er registriert die Formationen archivarischer Ordnung und man ist geneigt – schon um die unheimliche Fremdheit dieses Blicks zu mildern –, in den Bildern von Regalreihen und Aktenstapeln Landschaften wiederzuerkennen, Bergschluchten, Steinbrüche, geologische Schichtungen von Endmoränen oder Ausblicke aufs freie Meer.

*

Es fällt auf, dass die Archivoberflächen in dem Augenblick begonnen haben, die Aufmerksamkeit des fotografischen Blicks auf sich zu lenken, in dem die Rede von der »Informationsgesellschaft« aufkam. Vielleicht sucht man ein Emblem für diese gegenwärtig ausgerufene Epoche, so wie das Industriezeitalter in stählernen Zahnrädern sein heraldisches Bild fand, etwa in Fritz Langs Film *Metropolis* oder in Chaplins *Modern Times*. Als Emblem für das Informationszeitalter böten sich eher Nullen und Einsen an als materiale Akten. Nur sind die Zeichen der

Softwareprogramme nicht so bildtauglich wie zerlesene Papierbündel. Darum vielleicht müssen auch für die Ikonographie von Computeroberflächen antiquierte Akten und andere Büroutensilien in stilisierter Form herhalten.

Aus der archivierten Hardware, welche die Fotografien Kai-Olaf Hesses allen digitalisierten Akten-*icons* zum Trotz ins Bild setzen, wird eine These, sobald sie in einen Band mit dem Titel »Das Wissen des Staates« integriert ist. Genauer bildet das visualisierte Staatswissen dann eine Antithese zur sogenannten Informationsgesellschaft. Denn was bleibt vom Wissen des Staates, wenn es in Informationseinheiten zerlegt und in Privateigentum überführt wird? Ist die Vorstellung von einem Wissen des Staates, das nach Gebrauch geschlossen in staatliche Archive wandert, dann nicht selbst veraltet? In dem Maß, in dem der Staat sein Wissen mit den Mitteln der Informationstechnologie gewinnt, und in dem Maß, in dem er am Markt der Informationen mitbietet und handelt, proliferiert sein Wissen. Die Sphäre staatlicher Episteme ist unentwirrbar vernetzt mit dem Wissen von informellen und spontanen, das heißt: internetgestützten Zusammenschlüssen ebenso wie dem kommerzieller Privatunternehmen, denkt man nur an die Aufzeichnungen unzähliger Überwachungskameras, die nicht in öffentlicher Hand sind, auf deren Material der Staat gleichwohl Zugriff nimmt.

Der Einzugsbereich für die Wissenserhebungen des Staates expandiert mit den erweiterten Möglichkeiten der Datengewinnung. Unter den Prämissen der Informationstechnologie scheint die Rede vom Wissen des Staates darum nur noch ein Bild, eine Metapher für den unverlierbaren und archivierbaren Bestand staatlichen Wissens zu sein, das als reale geschlossene Formation mit geordneten Möglichkeiten des Zugriffs schon nicht mehr existiert. Tatsächlich ist das Wissen so variabel und flüchtig wie die Informationsprozesse, die es hervorbringen. Kommerzialisierung und Technologisierung von Informationen haben das staatliche Wissen in Einzelinformationen zerlegt. Der Staatsrechtler und Bundesverfassungsrichter Wolfgang

Hoffmannn-Riem definiert Wissen aus dieser technologischen Perspektive als einen Aggregatzustand von Information: Wissen sei die »organisierte und systematisierte Form von Information«. Staatliches Wissen ist demnach zerlegte und verarbeitete Information. Diese Verarbeitung gleicht eher einem Verdauungs- als einem Archivierungsprozess. Sie ist eine Station auf dem Weg staatlicher Entscheidungsfindung. Und nicht zwangsläufig endet sie im Archiv. Dessen digitalisiertes Pendant, die Festplatte, greift ohnehin nicht in die Ewigkeitsdimension des Archivs aus. Die *delete*-Aktionen im Bundeskanzleramt im Zusammenhang mit den Ermittlungen gegen unausgewiesene Parteispenden haben die Löschbarkeit staatlicher Episteme vor Augen geführt, wenngleich das Verdrängte auch in diesem Fall bekanntlich nicht wirklich und nicht vollständig aus der Welt verschwunden ist.

Ob staatlich verarbeitete Informationen überhaupt noch zum »Wissen des Staates« zusammenfinden oder ob diese Redewendung nur noch als sentimentale Metapher für eine unwiederbringlich vergangene Epoche kursiert, das ist die Frage. Die Verwaltung hat sie indirekt dadurch beantwortet, dass sie den Begriff des Wissens durch den der Kommunikation ersetzt hat. Geradezu euphorisch hat sie den Übergang von aktenbasierten Verwaltungsvorgängen auf ein mit elektronischen Datenträgern operierendes Verwaltungshandeln begrüßt. Der Wechsel in die Welt des Digitalen verheiße mehr Transparenz nach außen und mehr Flexibilität im Innern der Verwaltung. Dies bedeute nicht zuletzt Entlastung vom Archiv, jener Knechtschaft des Aktenmäßigkeitsprinzips der Verwaltung, das zur schriftlichen Dokumentation jeder noch so geringfügigen hoheitlichen Äußerung – im Namen des Staates – anhält. An die Stelle unablässiger Selbstprotokollierung tritt kooperatives Verwaltungshandeln, mit dem verwaltungstechnisch betrachtet schönen Nebeneffekt, dass es sich, sofern es über elektronische Kommunikation vollzogen wird, *uno actu* selbst mitdokumentiert.

Der Staat wird Kommunikationspartner. Alle Bürger können via Internet am Ganzen des Staates mitwirken, so lautet die Neuauflage Rousseau'scher Gesellschaftsvorstellung unter informationellem Vorzeichen. Das Internet eröffne nicht allein neue Möglichkeiten der Planung (Simulationsprogramme und modellgestützte Diagnosen) und der innerbehördlichen Kommunikation. Auch den amtlichen Verkehr mit den Bürgern demokratisiere die neue Technik. Verbesserte Mitwirkungsmöglichkeiten beispielsweise im Planungs- und Genehmigungsverfahren von Großvorhaben oder im Rahmen von Gesetzgebungsprojekten seien dadurch in greifbare Nähe gerückt.

Folgt man diesen Visionen einer Verwaltung, die staatliches Wissen in Kommunikationsprozesse auflöst, so haben diese auch Konsequenzen für die Fassung des Staates. Denn die sogenannten neuen Medien, auf denen die Informationstechnologien basieren, ändern nicht allein das Wissen des Staates, sondern auch den Staat selbst. Alles am Staat ändert sich, wenn seine Informationswege sich ändern. Es sind schließlich die Medien des Staates, die den Staat bedingen. In einem Aufsatz von 1990 (Veröffentlichungen der Vereinigung der Deutschen Staatsrechtslehrer, Heft 48) weist Bernhard Schlink darauf hin, dass der Staat sich mit keinem Medium so identifiziert habe wie mit dem der Informationstechnik – und dies aus gutem Grund: sie stelle das zivile Pendant zur Waffengewalt dar und sei damit eine der tragenden Säulen des Rechtsstaates. Mit der Änderung dieser Technik ändert sich folglich auch, und vollkommen unmetaphorisch ausgedrückt, das Wissen das Staates: das, was der Staat wissen kann – und als Folge schließlich auch der Staat selbst, der über dieses Wissen definiert wird und sich selbst darüber definiert.

Von diesem Wandel im Wissen des Staates zeugt eine Bestimmung desselben, die das Bundesamt für Informationssicherheit seiner Arbeit zugrunde legt. Die Behörde, die für die Regulation von Internet-Kommunikationen zuständig ist, sieht in dem Staat nur mehr eine »Dienstleistung in der Informationsgesellschaft«. Der Staat, ein Serviceunternehmen für Informationsübertragung – deutlicher kann man dessen Ende kaum zum Ausdruck bringen. Staatliches Wissen löst sich auf in Informationsprozesse, an denen der Staat selbst nur noch als einer unter vielen Agenten teilhat. Allenfalls rettet der Staat seine Superiorität noch dadurch, dass er sich zur obersten Regulationsbehörde aller Informationsprozesse im Gemeinwesen aufschwingt, wenn er sich auf seine angestammte Rolle als Herr über alle Infrastrukturen wie Eisenbahntrassen, Elektrizitätsleitungen und Telefonverbindungen rückbesinnt und sie auf die digitale Informationstechnologie überträgt.

Dieser Regulationsdienst namens Staat ist in seinem Wirkungsradius allerdings begrenzt – so begrenzt wie die Regelungsinstrumentarien, die ihm dafür zur Verfügung stehen. In einer immer noch wesentlich raumgebundenen Rechtsordnung entziehen die Prozesse der Informationsübertragung, weil und insofern sie nicht geerdet sind, sich den klassischen hoheitlichen Eingriffsmöglichkeiten. Es hat sich inzwischen herumgesprochen, dass der Staat sich seines Wissens nicht an einem Ort wie dem des Archivs versichern kann. Wissen ohne Ort, das sind Informationen. Der Staat ohne Territorium ist entsprechend ein Gebilde aus Informationsprozessen.

Die Aktenbilder Kai-Olaf Hesses, die von einer untergegangenen Welt staatlicher Geheimarchive zeugen, stehen im denkbar schärfsten Kontrast zu dieser ortlosen Formation der Macht. Sie bilden eine sichtbare Antithese zum virtuellen Universum des Digitalen. Die Physis der Akten, die noch ein Bild produziert, steht hier gegen die undarstellbare Datenmasse dezentraler Informationsprozesse.

Arché, Archiv, Gesetzesherrschaft

Archivforschungen sind Anfangsforschungen. Sie werden von der Frage geleitet, wie etwas begann. In der Metareflexion auf das Archiv wird daraus die Frage nach dem Anfang des Archivs selbst: Hat das Archiv einen Anfang? Und um was für einen Typ von Anfang geht es dabei? Ist ein archäologischer oder ein historischer Anfang gemeint? Ein genealogischer oder ein institutioneller? Und welche Geschichte bringt dieser Anfang auf den Weg?

In Jacques Derridas Freud-Essay *Dem Archiv verschrieben* leitet das Wortfeld um *archein* den Gang der Reflexion auf das Archiv. Von Archonten ist darin die Rede, die in einer unbestimmten Nähe zu den *archeia*, den griechischen Archiven, platziert werden. Es heißt, in der Polis wurden die offiziellen Dokumente im Archaian aufbewahrt, dem Wohnsitz der Archonten, denen man »das Recht und die Kompetenz der Auslegung« zuerkannte und die die Macht hatten, »die Archive zu interpretieren«[1]. Damit ist über den Akt des Vorangehens ein Zusammenhang zwischen Archiv, Anfang (*arché*) und Gesetz (*nomos*) hergestellt. – Wie aber soll man sich das genau vorstellen, dass aus den *archeia* die Macht der Auslegung hervorgeht? Derridas Spiel um *arché* legt zwar nahe, die Anfangsgründe des Gesetzes in Griechenland zu suchen. Schon die Emphase auf dem Wort *arché* insinuiert, dass die wirkmächtigen Koppelungen von Gesetz und Archiv dort stattgefunden haben. Doch hält diese Verdichtung von Archiv, Anfang und Gesetz im Begriff *arché* auch einer historischen Überprüfung stand? Reicht die sprachliche Nähe zu *arché*, die die Argumentation des Essays von Derrida trägt, um diese Archiv-Anfänglichkeit des Nomos in Griechenland zu begründen? Sind, konkret gefragt, die Anfänge des abendländischen Rechts in griechischen Archiven zu finden, weil es ein Griechenwort gibt, das Anfang, Herrschaft und Archiv zusammen nennt?[2]

I Arché – Anfänglichkeit

Die Frage führt mitten in die verwickelten griechisch-römischen Anfänge selbst. Und eine Antwort darauf könnte man bei dem Anfangs-Denker Martin Heidegger vermuten.[3] Dieser hatte den Anfang mit dem einsetzen lassen, was im römischen Übertragungsgeschehen nicht aufgeht, der *aleteia*, was Heidegger mit »Un-Verborgenheit« übersetzt. So sehr *aletheia* auf Übertragung drängt und damit alle Entstellungen billigend in Kauf nimmt, so sehr Rom diesem Drängen auch folgt und die Bedeutungsschichten nacheinander abträgt, widersteht *aletheia* doch der Übertragung ins Lateinische. Heideggers Deklination der Übertragung von *aletheia* zufolge kommt diese beim lateinischen *verum* an,[4] einem Begriff, der im Binarismus von wahr und falsch funktioniert, das ein Verfahren von Bewahrheiten und Falsifizieren nach sich zieht und der dann nichts mehr mit »Wahrheit« in der griechischen Fassung gemein hat. Heidegger bemerkt an dieser lateinischen Gegenwahrheit einen Vorrang des Falschen, eine Vorherrschaft des Zu-Fall-Bringens, den er mit dem Imperium, dem römischen Oberbefehl in Verbindung bringt.[5]

Man braucht diese Verbindung von Bewahrheiten und Beherrschen hier nicht weiter zu verfolgen. Es genügt die Skizzierung dieser Verbindung, um in der Zuspitzung von *aletheia* auf *imperium* die Figur eines griechisch-römischen Anfangs zu bemerken, die komplexer ist als die meisten, die für den Anfang des Abendlands im Umlauf sind. Weder beschreibt sie eine – je nach Sicht auf- oder absteigende – Linie von Athen nach Rom, noch gleicht sie der Figur einer römischen Überwältigung, die das griechische Erbe ausschlägt, oder doch zumindest bloß ausbeutet, dort wo es ins eigene Konzept passt. Auch fügt sich diese Figur eines noch nicht geborgenen Anfangs nicht in die These, die das Abendland aus dem Patchwork der Einflüsse und Transfers aus dem Vorderen Orient vorstellt. Diese Heideggersche Figur des Anfangs bewegt sich ausschließlich zwischen den beiden Polen Griechenland und Rom, dies aber nicht etwa, um Griechenland in einer römischen Konstruktion aufgehen zu lassen. Zwar erschafft Rom sich in Griechenland. Der Troer Äneas soll es schließlich gewesen sein, der Rom gegründet hat. Doch ist das von Rom aus gedachte Griechenland kein bloßes Phantasma, keine bloß retrospektive Imagination, wie wirkmächtig sie auch immer in der Geschichte gewesen sein mag. Sie ist auch Gabe. Es gibt ein Griechenland der Sprache und der Literatur, das den Denker der Sprache – Heidegger – ermächtigt, das Griechenland aus den Worten zu wissen, die einer noch nicht auf den Begriff gekommenen Sprache angehören. Der Selbstbewegung der Worte folgend ersteht die Figur eines verwickelten griechisch-römischen Anfangs. Zug um Zug eignet Rom sich als Befehlsgewalt an, was das Griechenland in seiner Sprache bietet. Doch kann es nur die imperiale Seite daran ergreifen. Und das, was nicht von Rom ergriffen werden kann, stellt sich vom imperialen Boden aus betrachtet als pure Verstocktheit, Renitenz gegen die Übertragbarkeit ins Lateinische dar. *Aletheia* als das »Unverborgene« kann nach Heidegger kein lateinisches Wort bergen.[6]

Eine solche Figur des anfänglichen römischen Verwaltens griechischer Gaben müsste sich nun auch auf den Anfang übertragen lassen, der im Griechischen *arché* genannt wird. Dieser Ausdruck müsste sich nach selbem Muster wie *aletheia* bis in die römische Entwendung hinein verfolgen lassen. Im Werk des Anfangs-Denkers Heidegger sucht man indes vergeblich danach, obwohl kaum eine Vokabel mehr darauf zu drängen scheint, einen vergessenen Anfang des Abendlands wiederaufzufinden als das Griechenwort *arché*. Einen Anfang haben wollen und ihn in Griechenland zu finden, ist schließlich die Existenzbedingung Roms. Heidegger sieht in der Vokabel lediglich einen Beleg für die Zusammengehörigkeit von Anfang und Herrschaft und tut *arché* ansonsten in einer Stelle aus seinem Aufsatz zur Physis bei Aristoteles mit der in Klammern gesetzten Bemerkung ab, dass dies kein »›archaischer‹ Begriff« sei, »sondern nachträglich erst [...] in den Anfang der griechischen Philosophie zurückgedeutet«[7] worden sei. Der Begriff der *arché* ist darum eher Symptom für diesen imperialen Anfangswillen als Hinweis auf einen griechischen Anfang. Damit ist ein Anfang gemeint, der sich nicht selbst enthält, aus dem nichts hervorgeht und sich nichts entwickelt. Für diesen anderen unrückführbaren – um nicht zu sagen: verstockten – Anfang abendländischen Denkens steht *aletheia*.[8]

Anders als bei *aletheia* kann im Hinblick auf das Wort *arché* kaum von einer verdrehten, verschriebenen und entwendeten griechisch-lateinischen Überlieferung die Rede sein. Die eine Möglichkeit, auf Vorangehendes Bezug zu nehmen, die in *arché* angelegt ist, realisiert sich schließlich in der »Archie« oder Herrschaft des Gesetzes. Und so ist diese Bestimmung, die wegen ihrer Linearität nicht einmal »Wendung« genannt werden kann, ohne Relevanz für einen wie Heidegger, dem es um die von Rom und Recht verdrängten Sprach- und Denkschichten zu tun ist. Es blieb daher dem Denker nach Heidegger und Autor von *Vom Geist. Heidegger und die Frage* vorbehalten, die juridische Struktur von *arché* zu benennen.

Derridas Essay enthält eine Theorie der *arché* als Anfang von Gesetzesherrschaft. Sie besteht in der Macht des Auslegens. Nomos ist die Chiffre für den rückbezüglichen Umgang mit Texten, den man Interpretieren nennt. Das Archiv ist für Derrida in erster Linie ein Modus, kein Ort. Der Modus als das Gesetz, nach dem sich der Akt des Archivierens vollzieht,[9] wird von der Tätigkeit des *archein* vorgegeben. Archein, das Verb, von dem *arché* und *archeion* sich gleichermaßen ableiten, wird mit ›vorangehen‹ übersetzt. Die Anführer dieser Welt – *archontes* – ziehen vor den anderen her. Herzöge oder Herolde werden sie deswegen im Deutschen genannt. Sie sind Vorangeher von Amts wegen. Auf die Ebene des Textes gewendet ist es das Gesetz, das dem Einzelfall vorhergeht. Und auch das Archiv wird von dieser Bewegung ergriffen: Es ist das, was der Gegenwart vorausgeht. Das Archiv schafft demnach die anfängliche Möglichkeit des Rückbezugs.

Diese Aussage evoziert die Frage danach, ob man in Griechenland von dieser im Archiv angelegten Möglichkeit des Rückbezugs, die mit dem Archiv gegeben ist, tatsächlich Gebrauch gemacht hat. Denn erst dann ließe sich von einem ausdrücklich griechischen Anfang sprechen. Es scheint allerdings keine allgemein verbreitete Übung im antiken Griechenland gewesen zu sein, auf Texte aus dem Archiv Bezug zu nehmen.[10] Zwar sind einzelne Autoren bekannt, die bei Gericht oder in politischen Versammlungen mit Textstellen aus dem Archiv argumentiert haben, insbesondere soll sich Aischines, ein ehemaliger ›Archiv-Untersekretär‹, in einer Gerichtsrede auf »öffentlich Geschriebenes« (*démosia grammata* [III, 24]) und damit öffentlich Verwahrtes bezogen haben.[11] Doch von einer regelrechten Praxis des Rückbezugs ist nichts überliefert.

Derridas Argumentation ficht dieser Befund der Rechtsgeschichte nicht an. Selbst wenn keine Vorrichtungen des Zugriffs auf das Vorangegangene in konkreten historischen Archiven der griechischen Antike erkennbar sind und keine Texte von einer solchen Übung zeugen, verkörpert »das Archiv« die Möglichkeit des Rückbezugs. Es übersetzt die *Arché*-Struktur in Architektur. Und darauf kommt es für diese Argumentation an. Das Archiv ist kein lokalisierbarer Ort, es ist ein Topos, die Markierung einer Rede, in diesem Fall der rückbezüglichen Rede, die als Nomos angesprochen wird. In der »Überkreuzung des Topologischen und Nomologischen«[12] – so beschreibt Derrida den Vorgang der Archivwerdung – entscheidet sich die Stellung des Archivs zum Gesetz: Das Archiv ist nicht etwa vor dem Gesetz da. Dem Archivbau voraus geht das Vorausgehen selbst. Das Gesetz des Archivs ist das Vorangehen. Archive bauen, sie topologisieren *arché*, und es ist dabei nicht entscheidend, ob es sich um griechische Archive der Antike oder europäische Archive des Mittelalters handelt. Die Archive können *archeia, scrinia, tubularia* oder *archivi* heißen, sie alle befördern das, was Derrida von Anfang an im Sinn hat, wenn er *arché* im Kontext des Archivs thematisiert: die Herrschaft mit dem Gesetz und die Herrschaft des Gesetzes. Diese Nomos-Archie ist dadurch gekennzeichnet, dass sie vorangeht. Das abstrakte Gesetz ist ein virtuelles Archiv, es geht dem Einzelfall voraus, so wie die archivierten Texte den aktuellen vorausgehen.

Diese Sicht auf das Archiv, die derart indifferent gegenüber konkreten Archiven und ihren Praktiken ist, betont die Gleichheit der Vorgehensweise, der Vorangehensweise genauer von Archiv und Gesetz. Sie unterschlägt damit etwas, das man den imperialen Faktor nennen könnte, der in Heideggers Betrachtung des Anfangs ein großes Gewicht hat. Für Heidegger geht die Wendung vom Archiv zum Gesetz über das, was dieser den Dreh- und Angelpunkt des griechisch-römischen Überlieferungszusammenhangs nennt: das *imperium*. »Imperium«, erläutert Heidegger, »besagt im parare, einrichten, [...] das praecipere, etwas im voraus besetzen, und durch die Besetzung darüber gebieten und so das Besetzte als Gebiet halten.«[13] Aus der griechischen Gabe wird unter imperialen Prämissen eine Vorgabe, aus dem Vorausgehen wird ein Voraussetzen. Aus der Bewegung des *archein* eine fixierende Handlung im Raum, »wofür die Griechen weder ein Wort noch einen Begriff haben«[14], sowie *arché* zu einem hierarchischen Prinzip, *principium* wird. Damit werden Archonten zum *princeps*, dem Ersten und Einen, denn an einer räumlich gedachten Spitze hat nur einer Platz.

Heideggers Sicht findet in der Rechtsgeschichte Bestätigung. Betrachtet man nämlich die strukturelle Parallele, die Derrida zwischen Gesetz und Archiv zieht, in rechtshistorischer Perspektive, so stellt diese sich als eine Abfolge dar. Aus dem Archiv *wird* demnach das Gesetz. Die Herrschaft mit dem Gesetz bricht an, nachdem die Referenz auf das tatsächlich Archivierte aufhört. Ab einem bestimmten Zeitpunkt in der Geschichte des Rechts wird nicht länger in archivierten Gerichtsreden nach Regeln gesucht, welche den aktuellen Streitfall lösen helfen.

Stattdessen wird ein Gesetz aufgestellt, das vorab die Regeln enthält, nach denen entschieden werden soll.

Der Zeitpunkt dieses Übergangs von einer Art archivgestütztem »Case-Law« zum Gesetzestext fällt nicht von ungefähr mit dem Aufstieg der Überlieferung des Römischen Reichs zusammen. Bereits in der römischen Republikzeit lockert sich der konkrete Archivbezug. Aus dem Archiv als einem realen Ort wird die Metapher für Vorangegangenes. War es in Griechenland noch bei Todesstrafe verboten, ein Archiv-Zitat zu fingieren,[15] so heißt der Anwalt Cicero es ausdrücklich für gut, auswendig aus dem Archiv zu zitieren, um ein Argument, etwa in einem Rechtsstreit, zu bekräftigen.[16] Später bedarf es nicht einmal mehr der rhetorischen, um nicht zu sagen: scheinheiligen Referenz auf das Archiv. Als im 6. nachchristlichen Jahrhundert der byzantinische Kaiser Justinian in den Archiven nach Rechtstexten suchen lässt, auf dass nach ihm kein Jurist je wieder in ein Archiv gehen müsse, ist das Archiv tatsächlich ein Rechtstext, es ist Gesetz geworden. In Kodexform wurden die Texte zusammengefasst, die Recht sein sollten. In Byzanz brach damit die Herrschaft des Gesetzes an, die eine Praxis des Rückbezugs auf das Archiv gebahnt hatte.

Lässt sich aber sehr schematisch sagen, dass eine Referenzpraxis mit dem Archiv sich in der Spätantike zugunsten seiner Bezugnahme auf das Gesetz verlagert, dann scheint dem Imperium Romanum tatsächlich die Rolle des Verwalters und Verrechtlichers griechischer Gaben zuzufallen. So wie Rom dem griechischen Vokalalphabet nicht Gesang, sondern die Idee zur juristischen Begriffsbildung (*definitiones, regulae iuris*) abgewinnt,[17] hat es demnach auch der *arché* nichts Poetisches abgerungen, sondern das Prinzip der Gesetzesherrschaft. Mit dieser der Rechtsgeschichte entnommenen Sicht lässt sich nun die römische Markierung nachtragen, die in Derridas Archiv-Essay auffällig ungenannt bleibt. Sie zeigt, dass der Rückbezug eine konkrete Technik ist, die dort angewendet wird, wo Rom in Byzanz die Bewegung des Vorangehenden, für das er auch den lateinischen Ausdruck Präambel verwendet, indes, ohne dabei zwischen Griechenland und Rom einen Unterschied zu machen. Der Anfang der Gesetzesherrschaft stellt sich so als bloßer Nachvollzug griechischer Anfangsbedingungen dar. Die imperiale Strategie einer textuellen Referenz bleibt auf diese Weise ungenannt. Der Anfang einer Nomos-Archie wird stattdessen den Sachwaltern des Nomos aufgebürdet, den Archonten. (Und dies ist schon deswegen irritierend, weil man auch ohne Kenntnis byzantinischer Textpolitik Gesetzesherrschaft nicht mit Griechenland, sondern mit Rom assoziieren würde.)

Eingedenk dieses imperialen Faktors wird Derridas Archivthese zu einem griechisch-römischen Politikum: Die Bewegung des Vorangehens – *archein* – bringt das Archiv, das nach Derrida immer schon in der Herrschaft des Gesetzes residiert, erst hervor, nachdem Rom diese Bewegung mit all seiner Macht ergreift und sich aneignet. Rom stellt sich Griechenland selbst voran und gibt sich darin einen Anfang. Es bezieht sich auf seine vermeintlich griechischen Anfänge, und im Akt dieses Rückbezugs wird der verstockte Anfang – das griechische *aletheia* – beredt. Derridas Archivübel oder *mal d'archive* (so der französische Originaltitel von Derridas Text) ist also eigentlich ein *mal d'arché*: das Übel, einen Anfang dadurch zu begründen, dass Rom sich in Griechenland einen Anfang voranstellt und etwas in der Geschichte Gewordenes auf einen Anfang zurückführt. Rom – so könnte man in Anspielung auf den deutschen Titel des Essays formulieren – verschreibt sich nicht dem Archiv, es verschreibt sich der arché[18], und so wird daraus die Archie oder Herrschaft mit dem Gesetz.

II Arché-logie oder Archäologie

Was bleibt dann von den griechischen Archiven anderes zu sagen, als dass sie den Anfang gerade nicht freigeben? Immerhin kommen die griechischen Archive in Derridas Essay an exponierter Stelle, gleich am Anfang vor, was eben nahelegt, dass die Herrschaft im und mit dem Archiv in Griechenland seinen Anfang nimmt. Dann aber spricht Derrida vom Archiv als »Institution«. Auch dies ist, wie schon die Benennung des Vorhergehenden (*arché*) mit dem Wort »Präambel«, ein lateinischer Begriff. Die wiederum verleitet dazu, die Geschichte des Archivs als Institution vom römischen Boden aus zu entwerfen. Und das gelingt im Fahrwasser der Rechtsgeschichte auch mühelos.

In Rom ist es die Praxis des Aufschreibens, welche das Archiv hervorbringt. Das, was die Magistrate der römischen Republik zur eigenen Erinnerung notieren, bewahren diese auch auf. Erst privat, dann offiziell. Für diesen Umschlag von einer informellen zu einer amtlichen Aufbewahrung markiert 79/78 ein zentrales Datum. In dieser Zeit werden die Akten der Magistrate enteignet und in ein zentrales Archiv, das Tabularium auf dem Kapitol, überführt. Später wird aus der Verwaltung auf Aktenbasis die kaiserliche Kanzlei.

Im späten Mittelalter führt dann der Anstieg des Geschriebenen zum Archiv. Schiere Raumnot bedingt den Ort, an dem nicht mehr gebrauchte Akten gelagert werden. Kostbarer Platz in Ablagefächern wird für die laufenden Akten der Kanzleien benötigt, die Kästen und Regale immer wieder freigeräumt. Unterdessen warten die reponierten Akten in dunklen Gewölbeverliesen, die Archiv genannt werden, auf ihren noch unbestimmten Gebrauch. Der wiederum stellt sich ein, als das Licht der Aufklärung auf sie fällt und eine Politik mit Akten beginnt. Mit archivierten Akten wird Ende des 18. Jahrhunderts erstmals eine Form von Geschichte geschrieben, die nicht einem dynastischen Auftrag folgt, zur Sicherung von Titeln und Erbfolgen. Diese moderne Geschichtsschreibung ist vom Verdacht gegen die Geheimnismacherei der Herrschenden motiviert. Ein Kampf um Zugänglichkeit zum Archiv setzt ein, der bis heute anhält.

Diese ultrakurze Archivgeschichte[19] mit den Stationen Verstaatlichung des amtlichen Papierwerks, Ausdifferenzierung in Kanzlei und Archiv und Prägung durch die Leitdifferenz von Öffentlichkeit und Geheimnis dient dem Nachweis, dass sich von der Institution aus die Geschichte des Archivs schreiben ließe und dass sogar griechische Archive sich noch darin einfügen ließen. So zeugt schließlich auch das Bouleuterion genannte Verwaltungsgebäude in Athen von einer schriftlichen Verwaltung im 5. Jahrhundert. Entlang der Zunahme an Geschriebenem differenzieren sich hier die im Metroon zusammengefassten athenischen Archive gegen die Verwaltung aus, und so könnte man in dem Schema der Differenzierung fortfahren. Ob man damit allerdings das Spezifische griechischer Archive erfasst, das Derrida offenbar im Sinn hat, wenn er die *archeia* so herausstellt, ist die Frage. Eine administrative Schriftpraxis verbindet man mit Griechenland schließlich gerade nicht. Hier würden andere Kulturen mit einer ausgeprägt schriftlichen Verwaltung eher passen, um mit ihnen die Geschichte des Archivs beginnen zu lassen.

Wenn Derrida dennoch in seinem Essay die griechischen Archive hervorhebt, so zeigt das, dass es hier nicht um eine Archiv-Geschichte im skizzierten Sinn als Geschichte der Etappen der Institutionalisierung geht. Eher mag er an eine Archäologie gedacht haben. Archäologie fragt nach einem generierenden Anfang (*arché*) und nicht nach einem datier- und lokalisierbaren Beginn. Als wörtlich genommene Wissenschaft vom Vorhergehenden fragt sie nach dem, was der Koppelung von Archiv-Prinzip und Regentschaft mit dem Gesetz vorangeht, nach dem Nicht-Römischen, Nicht-Instituierten, Vorprinzipiellen und findet sich daher am Ort, oder genauer an verschiedenen Orten verschiedener Archive wieder. Vor dem Archiv als Transzendentalsignifikat der Geschichtsschreibung liegen viele reale Archive.

Knut Ebeling nimmt Derridas in den Essay versenkte Archiv-Archäologie beim Wort und fragt nach der *arché* der Archive. Er beginnt seine Archiv-Archäologie mit einer Reflexion zum brennenden Archiv und fragt, was nach dem Feuer noch bleibt. Das Feuer diskursiviert den stummen Ort der Aufbewahrung. Der archaischste aller Archiv(thematisierungs)gründe ist mithin der Brand. Solange Archive funktionieren und die Schätze, die sie beherbergen sollen, auch tatsächlich schützen, sind sie keiner Rede und keines Gedankens wert. Erst wenn dieser Schutz versagt, werden die Lagerstätten selbst zum Thema, etwa auch einer Geschichte des Archivs selbst. Der Brand archäologisiert die Stätte der Aufbewahrung. Er macht die Lagerstätten für Geschriebenes zu einem Gegenstand der Betrachtung, der sorgenden ebenso wie der theoretischen.[20] Wie zum Beleg für die These von der archäologischen Anfänglichkeit im Brand schreibt der Direktor der Anna-Amalia-Bibliothek die Geschichte seiner Bibliothek, nachdem ein Brand sie vernichtet hat. In seinem »Bericht aus Weimar«[21] legt Michael Knoche eindringlich dar, wie es darum gegangen sei, so viele Bücher wie möglich aus der Asche zu bergen, in Kühlhäusern zu lagern und das, was das Feuer nicht mehr hergegeben habe, zumindest in einer Liste der Verluste zu inventarisieren.

Was man über das Archiv wissen kann – und das ist etwas anderes als das Wissen, das man aus dem Archiv bezieht –, vermitteln seine Überreste. Und so ist es nur konsequent, wenn Ebelings Archäologie des Archivs im Schema von Zerstörung und Bewahrung abgefasst wird. An der Archiv-Norm des Bewahrers wird sichtbar, dass die Realität des Archivs von Zerstörung geprägt ist. Auf Dauer, und das heißt: in archäologischer Dimension *bewahren* Archive schließlich nichts. Den archivierten Materialien wird man kaum je eine besondere Robustheit nachsagen können. Die Archive beherbergen in der Regel Hinfälliges, Brennbares aus Papyros oder Holz. Auch die griechischen Archive machen davon keine Ausnahme. Auch sie sind der Zerstörung ausgesetzt.

Doch gerade die griechischen Archive scheinen sich diesem Schema von Bewahren und Zerstören zu entziehen. Was immer man von den griechischen Archiven vor dem 5. vorchristlichen Jahrhundert weiß,[22] zeugen diese von einer eigentümlichen Beharrlichkeit, wie etwa die Tontäfelchen, die nicht etwa zunichte werden, als ein Brand sie erfasst. Sie treten – im Gegenteil – den Weg in die Überlieferung ausgerechnet in dem Moment an, als eine Feuersbrunst ihr Zerstörungswerk verrichtet. Der gebrannte Ton wird zu einem archäologischen Zeugnis ersten Ranges.[23] Als nicht minder sperrig erweisen sich die Didaskalien genannten Listen, die als eines der frühesten Zeugnisse griechischer Archive gelten. Auch sie sind über die Jahrhunderte nicht etwa verschwunden. Sie existieren noch immer, wenn auch nicht im Archiv. In jeder Hinsicht unterlaufen sie die Erwartungen, die man gemeinhin gegenüber dem Archivierten hegt. So inventarisieren die Didaskalien nicht etwa Getreidevorräte, wie es bei frühen Zeugnissen schriftlicher Verwaltungen üblicherweise der Fall ist, sondern Feste. Sie enthalten die Namen der Sieger der Theaterwettbewerbe, der Schauspieler, Dichter und Choregen, versehen mit dem Namen des jeweils amtierenden Archonten. Ihre Bezeichnung, in der das Wort Didaktik enthalten ist, lässt vermuten, dass sie zunächst, vor ihrer Aufbewahrung im Archiv, als Unterrichtsstoff dienten.[24] Die Listen wurden schon in der Amtszeit Kleisthenes' (502 / 1) oder noch früher geführt.[25] Über hundert Jahre nach den ersten großen Tragödienaufführungen wurden sie von Studenten des Aristoteles in den jeweiligen Stadtarchiven hinterlegt. Überliefert sind sie indes nicht in dieser archivierten Form, sondern in Form von Umschriften auf Stein. Dazu kam es 346, zu einer Zeit, als die Athener vom Makedonerheer Philipps schwer getroffen worden waren. Möglicherweise sollte das steinerne Monument der Didaskalien an glorreichere Tage erinnern oder es diente einer Form von Fundraising, um Choregen zu gewinnen, welche die Feste in Zukunft ausrichten. – Gründe für die Steinwerdung der Listen ließen sich finden.

Warum sie aber überhaupt aufbewahrt und wie sie dann genutzt wurden, das bleibt im Dunkel des Archivs.

James P. Sickinger stellt die Didaskalien trotz dieser Unwissbarkeit ihrer Zwecke an den archäologischen Anfang seiner Archivgeschichte. Er schließt von den steinernen Listen auf die Existenz athenischer Archive noch vor dem 5. Jahrhundert. Sein Argument lautet: Wenn schon einige Listen aus den Archiven dank ihrer Umschrift in Stein überdauerten, dann muss es noch mehr Listen in Archiven gegeben haben, auch wenn man über die Quantität ihres Vorkommens nichts aussagen kann. »It would be rash to exaggerate their number. But it would equally misleading to deny their existence altogether.«[26] Über die Feststellung hinaus, dass Listen archiviert wurden, lassen die Didaskalienfragmente indes keine weiteren Rückschlüsse zu. »Die Namen und Daten belegen nur, was seinerzeit gewusst wurde und was an Wissen endgültig nicht mehr existiert.«[27] In der Form, in der sich die Didaskalien präsentieren, verweisen sie – und das ist das mit ihnen verbundene Paradox – auf nichts mehr als auf eine Leerstelle in der Überlieferung. Die griechischen Archive – Fehlanzeige. Bis darauf, dass sie existiert haben, verweigern sie jede weitere Auskunft: »Denn das Archiv existiert nicht mehr.«[28]

Selbst dann, wenn das Archiv einer griechischen Polis noch existieren sollte, bliebe es eine Leerstelle. Denn ein heute noch existierendes Archiv der Antike kann nur ein atypisches Archiv sein, eines, das sich nicht in die Archiv-Archäologie fügt, die von nichts anderem als von Asche, Verlust, Veränderung und Abnutzung handelt. Ein solches vollkommen atypisches Archiv kommt wiederum in Griechenland vor. So wurde in den siebziger Jahren des 20. Jahrhunderts auf der Agora Athens ein antikes Archiv entdeckt, das vollständig erhalten war. Es enthielt ausschließlich Bleiakten. Sie lagerten jahrhundertelang an dem öffentlichsten aller Orte Athens, ohne dass sie offenbar je jemand berührt hätte. Rosalind Thomas gibt folgende Beschreibung dieses Bleirollenarchivs:

> The archive consists of lead tablets rolled up with a single name on the outside. Inside each tablet we usually find the same man's name with a description of his horse and its price. There is no date. Some tablets are from the fourth century, some from the third. Thus apparently every cavalryman has his own lead roll with a brief description of his horse and its value. What is most peculiar about these tablets is that all have been tightly rolled up and were found in their original state (as one can tell because they are made of lead). It is thus very doubtful if any had ever been consulted. […] Perhaps they only recorded what everyone knew already. Or the records were in fact too crude (and they are very crude indeed) to be of much use as records without other information that could be supplied orally. Or it was simply felt appropriate to have a record of each horse (which included its value) and of its owner, even if the record was not going to be consulted much. […] They seem never to have been opened.[29]

Dieser Bleirollenfund stellt alles in Frage, was man von einem Archiv wissen kann – bis hin zu seiner Bezeichnung als Archiv. Es ist ein singulärer Fund, nicht exemplarisch, nicht repräsentativ, wie die Experten betonen. So verstockt wie die Akten, die das Archiv enthält, so verstockt bleibt zwangsläufig auch der Fund selbst. Über die Bleirollen ist nicht mehr zu sagen, als was sie selbst sagen, Namen von Ross und Reiter. Sie verweisen auf keine allgemeine Praxis. Die Bleirollen sind da. Unzerstörbar und uneingesehen. Das wohl macht die Bunkermentalität am Grund aller Archive aus. Was in einem funktionierenden Archiv ein Versprechen bleibt – die Unzerstörbarkeit und Unveränderlichkeit des Archivierten trotz Zuwachs an Archiviertem und Benutzung des Materials –, wird hier offenbar vollkommen eingelöst. Es zeigt, dass das Archiv, das weiterwuchert und zugänglich ist, das eigentliche Paradox darstellt. So wie Archive sind auch die mit ihnen verwandten Bibliotheken vor Entfernung und Entfremdung von ihrem Anfangszustand nicht gefeit, wie jener schon zitierte Bibliotheksdirektor aus Weimar weiß: »Je weiter man in der Geschichte zurückgeht, desto unähnlicher werden die Bibliotheken in ihren Beständen.«[30] Diesem unaufhaltsamen Prozess der Dissimulation entgeht das athenische Bleirollenarchiv. Es unterläuft die grundlegende Archiv-Regel der unvermeidlichen Veränderlichkeit, indem es in sich selbst geschlossen bleibt und so vor Änderungen durch Benutzung, Einsichtnahme, Entnahme und Erweiterung der Sammlung geschützt ist. Das unbenützte Archiv ist das perfekte Archiv. Sein Versprechen der Unveränderlichkeit hält es ein. Es hat sich gegen die Zeit verschlossen. Doch: was ist daran noch Archiv?

Am Ende der Archive – und nur dieses bekommt eine Archäologie des Archivs zu fassen – steht dieses in seiner Verstocktheit zur Stilisierung einladende Bleirollenarchiv. Hypothesen zu seiner Bedeutung und Funktion stützt der archäologische Fund nicht. Aussagbar sind allein die Irritationen, die dieser Fund auslöst, wie etwa das »most peculiar …« in Rosalind Thomas' Beschreibung. Mehr gibt es darüber nicht zu sagen, ohne spekulieren zu müssen. Aussagen wie etwa die, dass das Archiv einen Vorteil biete, der ausgenützt werden sollte, müssten mit Unterstellungen operieren. Wer könnte schon sagen, dass das archivierte gegenüber dem gesprochenen Wort überlegen ist? Wer könnte sicher sein, dass es als wertvoller angesehen wurde, Notizen der Amtsträger aufzubewahren, statt sie wegzuwerfen, wenn sie ihren Dienst getan haben, oder wer könnte mit Gewissheit das Umgekehrte behaupten, dass der Erhaltungsdrang, der im Archiv resultiert, in Griechenland als ein Übel betrachtet worden und ihm darum nicht nachgegeben worden sei?

Das Archiv mit den Bleirollen ist schiere Verweigerung, Stummheit inmitten einer redenden Kultur. Gemessen an dem, was wir vom Archiv wissen, fällt es durch das Raster aller Kriterien. Es ist ein Nicht-Archiv. Spuren, die eine Praxis mit diesem Archiv andeuten, fehlen. Es ist aber auch nicht ersichtlich, dass hier ein der Praxis entzogenes Monument geschaffen werden sollte. Das Bleirollenarchiv sperrt sich dagegen, als Anfang erzählt zu werden. Es bietet einer Archivarchäologie kein Argument dafür, dass griechische Archive den Anfang machen. Und auch für die Archivgeschichte enthält es kein bekanntes Detail, an das sich zur Erhärtung dieser These vom Archivbeginn in Griechenland anknüpfen ließe. Weder ist dieses intakte, aber gleichwohl nicht erschließbare »Archiv« die zwangsläufige Folge pragmatischer Schriftlichkeit noch Nebeneffekt überbordenden Schriftwerks. Es gibt auch keine Anzeichen dafür, dass es einer identitätsbildenden Geschichtsschreibung dienen sollte. Das Bleirollenarchiv markiert den (archäologischen ebenso wie historischen) Nullpunkt des Archivs.

Es mag Zufall sein, dass dieses Archiv aus Griechenland stammt. Möglicherweise ließen sich ähnlich irritierende Funde etwa aus Mesopotamien anführen. Doch bleibt bemerkenswert, dass die Erwartungen an die Zwecke des Archivs gerade dort enttäuscht werden, wo Derrida den Anfang des Gesetzes verortet. In Griechenland. Es scheint, dass die von Derrida herausgestellte Nähe von *arché* und *archeia*, von Anfang und Archiven historisch betrachtet nicht ergiebig ist. Den griechischen Archiven geht nichts voraus. Die *arché*-Etymologie ist alles andere als anfangsweisend. Griechische Archive zeugen weder von mythischen Schichten noch von der Macht der Schrift-Auslegung; sie bergen Tontafeln, Listen, Bleirollen und sonst nichts. Über sie lässt sich daher nicht mehr aussagen, als dass es sie gibt.

Damit ist ein anderer Anfangstyp angesprochen als der, den Derrida im Blick hat. Das Bleirollenarchiv steht für den Typ von Anfang, der nichts auf den Weg bringt, weder eine Institutionengeschichte des Archivs noch eine Genealogie des Gesetzes aus dem Archiv. Es verkörpert einen voraussetzungslosen, um nicht zu sagen: verstockten Anfang, einen Anfang, der in bloßer Materialität gründet. »Stock« bezeichnet im Englischen das Lager, eine Ansammlung von Gütern oder Materialien, die auf ihre Verarbeitung warten[31]. Für eine auf den *archeia* aufbauende Archivgeschichte lassen diese lediglich die verallgemeinernde Aussage zu, dass Archive Lagerstätten sind. Darin liegt im Übrigen der Grund dafür, dass man sich hüten sollte, die gebunkerten Archivalien zum Sprechen bringen zu wollen, wie einer der prononciertesten Archiv-Archäologen immer wieder als Warnung ausspricht.[32] Weil das Archiv niemals sich selbst als seinen eigenen Anfang enthalten kann, wenn es im strikten Sinn Anfang ist, ist diese anfängliche Stelle nur als Leerstelle archivierbar.

Derrida hat sich daher auch gar nicht auf eine Archäologie der Archive eingelassen. Sie hätte ihn zu den archäologischen Funden griechischer Archive geführt, wohl wissend, dass man am etymologischen Leitfaden der *arché* zwar dorthin gelangen mag, doch in den *archeia* nichts über eine Anfänglichkeit des Gesetzes in Erfahrung zu bringen ist, die überhaupt keinen Anfang macht, der erzählbar ist. Man müsste also zwei Wissenschaften vom Anfang auseinanderhalten: eine Arché-Logie und eine Archiv-Archäologie. Während eine Archélogie als Wissenschaft vom Anfang bei der Bewegung des Vorangehens (*archein*) ansetzt und so zur Herrschaft des Gesetzes gelangt, bietet die Etymologie von *arché* einer Archivarchäologie keinerlei Anknüpfungspunkte. Diese wäre sogar irreführend, wie ein Blick auf die (Begriffs-)Geschichte von Archiv zeigt. Als nämlich das deutsche Lehnwort »Archiv« im 16. Jahrhundert aufkommt, realisieren sich darin gerade nicht die Arché-Möglichkeiten des Rückbezugs. Archive sind Lagerstätten für die in den Kanzleien produzierten Schriftmengen.

Der Anfangsgrund der Archive – so wie eine Archiv-Archäologie ihn beschreibt – ist demnach schnöder Platzmangel, woran man schon sieht, dass nicht alles, was etymologisch auf Griechenland verweist, deswegen auch tatsächlich historisch dort zu suchen ist. Und nicht einmal die etymologische Ableitung des Archivs aus *arché* ist so zweifelsfrei, als dass man sich auf sie verlassen sollte. Das Archiv hätte seinen Namen ebenso gut und angesichts der Verstocktheit der Archive plausibler noch von *arca* als von *archi(v)um* erhalten haben können.

Arcae nennt man Behältnisse, die verschließbar sind: Kisten und Räume, Truhen, Keller, Gefängniszellen: Die im Archiv deponierten Akten der frühen Neuzeit gelten für lange Zeit als das schlechthin Weggeschlossene, Sekrete, Versiegelte. Und das, was sie umschließt, wird *arca* genannt.[33]

Der Begriff *arca* findet auch in Derridas Essay Erwähnung,[34] doch folgt aus diesem Zweitnamen fürs Archiv dort nichts, keine Theorie des Archivs als Poetik des Raums[35] und keine Theorie des Archivs als Epistemologie des Containers.[36] Dabei bietet es sich an, neben der aus *arché* abgeleiteten Gesetzesgeschichte eine materiale Archivgeschichte zu entwerfen, die ihren Anfangsgrund in der Schließung hat und die von Truhen und Laden handelt. In der Verschiebung von *arch* zu *arc* verschließt ein Konsonant den fast unhörbaren Vokal *h*. So wie ein Schlüssel im Schloss herumgedreht wird, betreibt *arca* seine eigene Abschließung gegen jeden *Arché*-Anfang. In ihrer Ver- oder Abgeschlossenheit verweisen Archive auf den anderen Typ von Anfang, nicht den Anfang des Vorangehens, aus dem sich das Folgende ableiten lässt, sondern den Anfang als Behältnis, als leere Kiste, als Leerstelle und als das, was nicht überliefert ist, auch wenn es überdauert.

Um diesen Typ des Anfangs geht es in einer materialen Archiv-Archäologie. Eine solche Arca-logie, wie man die Wissenschaft von der Kiste genauer nennen könnte, hat mit versiegelten Bleirollen und gebrannten Tontafeln zu tun, mit ungeöffneten Akten und verschließbaren Truhen, mit Platzmangel und entleerten Laden, während eine Arché-logie auf Texte stößt, die vorangehen, und daher im Archiv lediglich einen Modus des Gesetzes sieht. Ein juridisches Denken geht demnach auf Texte und Textoperationen wie die des Bezug-Nehmens auf vorhandene Texte und des Auslegens. Sie stößt auf sprachliche Akte, die es in Institutionen und Materialitäten verstärkt und bestätigt findet. Was ihr dabei entgeht, sind Epochenbrüche (vom Fall zum Gesetz) und Machtkonstellationen (Griechenland/Rom). Was sie unterschätzt, sind materiale Bedingungen (Platzmangel). Darum ist das Archiv beides: das Gesetz des Vorangehens und das, was sich diesem Gesetz verweigert, *arché* und *aletheia*, generierender und verstockter Anfang, -archie und *arca*, Herrschaft und Kiste.

Aussageverweigerungsrecht

Die vergewaltigte Frau will die
Aussage verweigern und der Richter
darum ›nicht mehr weiter in sie
dringen‹.

Recht zu schweigen

Ein Angeklagter, der in der Hauptverhandlung
von seinem Recht zu schweigen Gebrauch macht,
wird von dem Richter immer wieder gefragt,
ob er nicht etwas zu sagen habe.
Das insistierende Fragen,
die angemessenen Pausen nach den Fragen,
die richtige Länge des Schweigens
bewirken endlich, dass er sein
Schweigen bricht.

Teil III

Recht, Literatur, Theater

Karl Kraus: die Stimme des Gesetzes

I

Walter Benjamin liest Karl Kraus. In seinem Essay *Karl Kraus*[1] legt er eine Rechtskritik des Autors nahe, die nichts mit der Justizkritik zu tun hat, die man gemeinhin mit Kraus verbindet. Er geht dem juridischen Stil jenseits der explizit rechtlichen Themen in dessen Schriften nach. Seine Lektüre regt dazu an, die in der Sprachkritik enthaltene Rechtskritik von Kraus genauer darzustellen. Die folgende Darstellung setzt bei der *Instanz* Kraus ein. Kraus inszeniert sich als Instanz und in dieser Inszenierung führt er das Recht, dessen Strategien der Autorität, vor. Er schlägt das Recht mit dessen eigenen Waffen: ein polemisches Verfahren der Kritik, das komplementär zu Benjamins eigener Kritik am Recht steht, die dieser zehn Jahre vor seinem Essay über Kraus in dem Aufsatz *Zur Kritik der Gewalt*[2] formuliert hat.

Kaum ein Satz von Karl Kraus, der nicht ›Ich‹ enthält. Auch in geschriebenen Texten erzeugt es Präsenz. ›Ich‹ spricht, es adressiert sich in direkter Rede an die Leser. Mehr als alle anderen Pronomen intoniert es die Sätze auch beim Leiselesen. In den Texten von Kraus klingt es wie von jemandem gesprochen, der unter Anklage steht – nicht um sich zu rechtfertigen, sondern um Widerklage zu erheben. Als würden alle seine Sätze mit diesem einen eingeleitet: ›Ich erhebe Widerklage‹. Diese nicht nur an einen einzelnen Kläger, sondern an alle gerichtete Widerklage macht aus dem privaten Ich ein öffentliches und überführt es in Menschheitsdimension, unterhalb der man bei Kraus kein Wort vernehmen kann.

Die von Kraus herausgegebene Zeitschrift *Die Fackel* transformiert das Ich zu einem öffentlichen. Sie erscheint nicht etwa zur Verbreitung persönlicher Ansichten des Herausgebers, sondern zum Zweck der öffentlichen Anklage durch ein Herausgeber-Ich. Ist dieses Pronomen für allgemeine Angelegenheiten reserviert und verbraucht, bleibt für private Reden, Liebesbriefe und Tagebuchnotizen folglich nur ein Leerzeichen oder die unpersönliche Form einer Rede in der dritten Person[3]. Was beim ersten Hören nach Eitelkeit und Einsamkeit klingt, die ständige Rede in der ersten Person, organisiert die Schriften von Kraus so, wie der Name des Vaters das Gesetz. Das Ich ist Instanz. Es ist das einzige Pronomen, das nicht die rhetorische Figur einer Repräsentation »im Namen von …« beansprucht. Es beruft sich auf sich selbst und sonst auf niemanden. Der Herausgeber der *Fackel* tritt im Namen dieses sich selbst ermächtigenden Ichs auf. Zu den Strategien der Instanzwerdung gehört es auch, eine Zeitung zu errichten, die kein Kommunikationsorgan ist, die im Gegenteil den Kontakt mit den Lesern systematisch unterbindet. Eine kommunikationsgierige Öffentlichkeit, wie sie Zeitschriften üblicherweise voraussetzen und hervorrufen, läuft bei der *Fackel* auf. Ihr Herausgeber richtet an eine auf Meinungsaustausch versessene Leserschaft die auf dem Umschlag aufgedruckte unmissverständliche Anweisung: »Die Zusendung von Büchern, Zeitschriften, Einladungen, Ausschnitten, Drucksachen, Manuskripten oder brieflichen Mitteilungen irgendwelcher Art ist unerwünscht. Antwort oder Rücksendung erfolgt in keinem Falle. Das etwa beigelegte Porto wird einem wohltätigen Zwecke zugeführt.« Diese rechtlich nach allen Seiten hin abgesicherte Regelung gegen den Einsatz der Presse als Kommunikationsorgan installiert die Einseitigkeit der editorischen Rede. Der Herausgeber hat das Diskursmonopol.

Dass seine Zeitschrift nicht dazu da ist, Leser bei Laune zu halten und Geschwätz zu generieren, macht Kraus unmissverständlich auch in anderen redaktionellen und editorischen Manövern deutlich. So werden etwa Ausgaben, die schon fertig vorliegen, vorsätzlich zurückgehalten.[4] Schließlich ist der Herausgeber der *Fackel* keine Verbindlichkeit mit seiner Leserschaft eingegangen. Er hat keinen Vertrag mit ihr geschlossen. Kraus gibt die Fackel heraus, wie man ein Gesetz gibt: als Souverän über Zeit, Ort und Modus der Setzung. Er installiert ein Presseimperium und zugleich ein ganzes Rechtssystem in der ersten Person. Das Arsenal presserechtlicher Möglichkeiten ist ihm dabei ebenso zu Diensten wie der österreichische Justizapparat. Die bürgerliche Rechtsmaschine wird von Beleidigungsklagen in Gang gesetzt, zu denen die *Fackel* reichlich Anlass gibt. Bevorzugt reagiert die Wiener Theaterwelt darauf.[5] Sie fühlt sich durch die Berichterstattung in der *Fackel* programmgemäß beleidigt, zieht vor Gericht und verlagert die Theaterbühne in den Gerichtssaal. Dort führt das Recht nach dem Willen seines listigsten Kritikers eine fortgesetzte »Justizkomödie« auf.[6] Unter der prozessualen Regie von Kraus kommentieren sich beide Schauplätze wechselseitig. Sie pointieren das Theaterhafte am Recht und die juristische Pedanterie der Theaterleute.

Die virtuose Handhabung prozessualer Möglichkeiten führt Kraus in einem Rechtsstreit gegen den Theaterkritiker Alfred Kerr vor, den er für seine kriegsverherrlichenden Gedichte angreift. Er zieht seine Klage in dem Moment zurück, in dem sich abzeichnet, dass er obsiegen wird. Bevor das Verfahren seinen Abschluss vor Gericht findet, bevor es in einen Stadtskandal mündet und bald nach dem Gesetz aller Skandale von anderen überlagert wird, entzieht der Kläger, der dank der Dispositionsmaxime des Zivilprozesses »Herr über das Verfahren« ist, der Justiz die Rechtsprechungsgewalt wieder, derer er sich bedient hatte, um den Streit zu initiieren. Kraus begründet diesen Schritt vor dem Forum der *Fackel*:

Wir befürchteten aber, dass die sichere Verurteilung ohne den eigentlichen Gewinn des Prozesses erfolgen würde: den Verlust einer Autorität, die noch immer davon lebt, daß man in Deutschland vergessen hat, dass einer der beflissensten Heimarbeiter des Kriegshasses … der gesunde Kerr war. … Doch kaum die Möglichkeit der Enthüllung schien der Prozeß zu bieten, geschweige denn die Sicherheit, und vor einem deutschen Gericht eher die entgegengesetzte Wirksamkeit.

Und so muß der Tatbestand wieder nur mit der Beachtung jener Leser vorlieb nehmen, die nicht mehr zu überraschen sind. Aber dieses hätten sie sich vielleicht doch nicht vorgestellt:

Es folgt der Abdruck eines der strittigen Kriegsgedichte und eine nicht gerade vorteilhafte Fotografie des Beklagten.[7] Das abgebrochene Verfahren vor Gericht erweist sich als Vorverfahren zu dem größeren Tribunal, dem in der *Fackel*. Interne Schriftsätze, die Kerr an das Gericht adressiert hat und die sich in der Folge davon abschriftlich in den Händen von Kraus befinden, werden der *Fackel*-Öffentlichkeit zugestellt. Der Prozess, der Theater, Recht und Presse zusammen in den Anklagestand versetzt, ist eröffnet. Durchgeführt wird er etwa an der Person Kerrs, die von keiner Indiskretion verschont bleibt. Kein Detail, welches die *Fackel*-Leser nicht über den Theaterkritiker erfahren. Dass die Anprangerung in der *Fackel* nicht auf den sachlichen Kern beschränkt bleibt, dass sie vielmehr einen persönlichen Angriff auf den Theaterkritiker darstellt, ruft die bürgerliche Kritik auf den Plan, die darauf konditioniert ist, eine unsachliche und zu persönliche Kritik zu monieren. Ihr hält Kraus eine *Versachlichung des Persönlichen* entgegen. Er liest die Person als Sache, als Symptom für den Zustand der Welt. Benjamin erklärt die Pointe dieses Verfahrens, wenn er über Kraus' Humor schreibt, dass dieser der »Welt der urteilslosen Vollstreckung angehört, weil er den Menschen Rechenschaft über ihr Urteil so wenig gibt als wenn sie Sachen wären«[8].

Im rechtlichen Universum von Karl Kraus ist die Gewaltenteilung aufgehoben.[9] Der Maßstab des Urteilens fällt mit dem substantiellen Urteil zusammen. Und an der Geschlossenheit des Verfahrens perlt das Urteil der Öffentlichkeit ab als bloße Meinung. Es führt der Öffentlichkeit damit vor, in welch' geschwätzigen Zustand sie geraten ist durch die alliierten Mächte Presse, Theater und Justiz, die Kraus bekämpft, indem er sie auf dem verschobenen Terrain in eigener Person reproduziert. Er inszeniert das Recht in seinen Mechanismen der Autorität.

Elias Canetti erinnert sich an die Aura des Rechtlichen, die Kraus' Vorträge umgaben; daran, dass er seine Texte in einer Sprache vortrug, »die etwas von Gerichtsparagraphen an sich hatte ... Die Nähe zur Sphäre des Rechts war auch darin spürbar, dass alles ein etabliertes und absolut sicheres, ein unantastbares Gesetz voraussetzte«[10]. Der Gestus des Unerbittlichen – so als souffliere ein Gesetz dem Vortragenden seinen Text – generiert schließlich die Suche danach. Die Suche nach dem Gesetz, aus dem Kraus seine Urteilssicherheit bezieht, geht allerdings ins Leere. Von der Verwirrung darüber, dass es in der letzten Instanz kein unumstößliches Gesetz gibt, sollen die Leserzuschriften in der *Fackel* zeugen. So ist beispielsweise an den ›Verehrlichen Verlag‹ die folgende Anfrage gerichtet: »Im Augustheft der Fackel findet sich ein Artikel ... Nun aber finde ich auf Seite 183 ein Zitat, [das sich als unvereinbar mit den Aussagen des Augustheftes erweist]. Es würde mich interessieren, ob hier ein Übersehen des Herrn K. vorliegt ...«[11] Der zitierte Leser hatte zu früh frohlockt, Herrn K. bei einer Nachlässigkeit ertappt zu haben. Kraus hatte ihn indes nur erfunden, um einen Anlass zu haben, anhand der scheinbaren Inkonsistenz die Funktionslogik des Gesetzes bloßzustellen. Die Suche nach der Autorität des Gesetzes stößt vor zum leeren Grund des Gesetzes.

Durch den Entzug an Gewissheit entsteht – in proportionaler Intensität dazu – der Hass auf den Autor. Er stellt sich ein, weil das gnadenlose Urteil Kraus' sich nicht auf ein bestehendes Gesetz beruft. Statt wenigstens den Anschein eines *Fair Trial* zu erwecken, herrscht in der *Fackel* bloßer Vollzug. Das Gesetz von Kraus entsteht in der Ausführung: »handelnd gabst Du Regeln« sind die Worte, mit denen Kraus seines Freundes Adolf Loos gedenkt.[12] Dieses Vorgehen, das auch sein eigenes umschreibt, verwirft die legitimatorische Referenzstruktur einer Handlung auf eine vorgehende Regel. Es kehrt die zeitliche Struktur des Gesetzes um, stellt das Urteil vor das Gesetz und hat damit immer recht. Denn unter Berufung auf welches Gesetz ließe sich Kraus' Urteil erschüttern? Kein Argument greift, kein Rechtsmittel wäre begründet. Gegen Kraus kann man nicht Recht haben. Kraus' polemische Autorität erweist sich als immun gegenüber der Kritik, die im Namen des geltenden Rechts vorgebracht wird. Denn allein eine Urteilsinstanz, die keinem Gesetz folgt, sondern es im Vollzug errichtet, kann es mit der bestehenden Rechtsordnung aufnehmen. Sie kann kritisieren, ohne den Kriterien des Rechts zu unterliegen. Als Instanz erhebt sie Kritik über den letztinstanzlichen Beurteilungsrahmen des kritisierten Rechts. Der Satiriker ist der Souverän, der erhaben ist über die, die ihn richten wollen:

> Ob nun die Herren Beamten … ob nicht eben sie ›die letzten‹ sind, die geeignet wären, als Beurteiler der Autorität meines Wirkens aufzutreten …, darüber wollen wir ein Amtsgeheimnis breiten. Sie haben offenbar vergessen, daß sie zwar ein Amt haben, aber ich ein Satiriker bin, und einer, der seine Equipierung und sonstige Wohltaten keinem Finanzmann verdankt und seine Amtshandlungen unbeeinflußbar, rückhaltlos und vor jeder Instanz der Erde und des Staates verantwortet. Was meine Befugnis betrifft, vor den Ohren der Welt und selbst der Wiener Bevölkerung das Wort zu nehmen …, so werden wir schon keinen Richter darüber brauchen und wollen es dahingestellt sein lassen, ob das Votum der Konzeptsbeamten … gewichtiger und am Ende maßgebender sein wird.[13]

Dies ist nicht die Rede eines Größenwahnsinnigen, der zum Kräftemessen mit den Richtern der Welt lädt. Ein Einzelner führt hier die richtende Menschheit vor, indem er sie nachahmt. Satire in Weltgerichtsdimension. Verhandelt wird die Anmaßung, die darin besteht, über andere zu urteilen. In Kraus' Worten: »Kreaturen, die höchstens durch ihren Ursprung aus dem Aktenstaub der Schöpfungsprotokolle an eine göttliche Absicht glauben lassen …, sind berufen, über Menschen zu richten.«[14] Wegen dieser Asymmetrie kritisiert Kraus das Recht. Sie aufzuheben verlangt von den Richtern, dass sie sich zunächst dem Urteil der zu Richtenden unterwerfen. »Das

Verschulden eines Angeklagten ist erst zu bestimmen, wenn die Schuld seiner Kläger und Richter vor den Augen einer überprüfenden Öffentlichkeit geklärt ist.«[15]

II

Benjamin spiegelt die eigene Figur einer Rechtskritik in der polemischen Autorität von Kraus. Das Zweideutige, Dämonische des Rechts erkennt er in dessen Urteilsverfahren wieder: im gesetzlosen Vollzug schierer Gewalt. Wie sie in den Koordinaten von Mittel und Zweck verrechtlicht wird, zeigt Benjamin in seinem Aufsatz *Zur Kritik der Gewalt.* Ein Moment der Gewalt ist es bereits, wenn die Ausübung mit Worten angedroht wird. Das Recht verfährt so, um bestimmte rechtlich sanktionierte Zwecke zu erreichen. Diese diskursive Form der Gewalt des Rechts bezeichnet Benjamin als Erpressung.[16] Kraus bezieht sich ebenso auf das Erpresserische des Rechts. Er leitet es aus dem Straftatbestand nach § 98 b des damaligen österreichischen Strafgesetzbuchs ab, der im gegenwärtigen Strafrecht in Deutschland dem Tatbestand der »Nötigung« entspricht.[17] Er stellt die Rechtsordnung insgesamt unter Anklage und subsumiert ihr Vergehen mit juristischer Präzision unter den Tatbestand der Erpressung:

> Ein rechtmäßiges Mittel zu rechtswidrigem Zweck bedrohlich anzuwenden, ist ebenso unstatthaft, wie ein rechtswidriges Mittel zu rechtmäßigem Zweck … Zwischen Mittel und Zweck, aus denen sich die Erpressung begrifflich zusammensetzt, liegt der Spielraum von Foltermöglichkeiten, nicht in der Rechtswidrigkeit des einen oder des anderen. Ich tue, wozu ich berechtigt bin, wenn du nicht tust, wozu du verpflichtet bist – in dieser Alternative barsten ›Rechtszustandes‹ kann eine Fülle krimineller Absichten enthalten sein … Auch das Gesetz erpreßt. Es droht mit Strafen, also mit einer Verletzung an Freiheit oder Eigentum, um Leistungen oder Unterlassungen zu erzwingen. Aber es hat die Erpressung monopolisiert.[18]

Die Zone der Unbestimmtheit des Rechts tut sich zwischen Mittel und Zweck auf. Während Kraus sie übersteigert und ausreizt, sich aneignet und polemisch wendet, formuliert Benjamin seine Kritik an der (erpresserischen) Gewalt des Rechts von einem Ort aus, der nicht in diese Sphäre der Unbestimmtheit verwickelt sein soll. Der Preis dafür, das Recht von dieser *reinen* Form aus zu kritisieren, in der Gewalt und Recht nicht vermischt sind, ist hoch. Die Konsequenz, sich von Zweideutigkeiten fernzuhalten, besteht in absoluter Schutzlosigkeit, Auslieferung an die sühnenden, rechtlosen Mächte. Auch wenn diese nicht schlichtweg literal geworden sind in der Vernichtungsmacht der Konzentrationslager, wie Jacques Derrida es in seinem Kommentar zu der *Kritik der Gewalt* nahelegt,[19] hat er damit doch begreiflich gemacht, was diese Kritik der Gewalt riskiert.

Während Benjamin beim Gründungsparadox des Rechts in der Gewalt einsetzt, geht Kraus von den *Wirkungen* der Zweideutigkeiten aus, im Recht wie in der Presse, deren Allianz selbst schon Symptom des Dämonischen ist. Wo sie sich verbünden, herrscht Gerede, oder weniger existentialistisch mit Benjamin formuliert, »Geschwätz«[20]. Darauf ist die Kritik bei Kraus gerichtet. Es ist eine Kritik an der Sprache, die im Dienst des Rechts und der ihm verwandten Mächte steht. Benjamin liest Kraus' »Sprachprozeßordnung« (ebd., 349) als eine unabänderliche Verfahrensvorschrift zur Kritik am Zweideutigen, Erpresserischen des Rechts. Nicht moralische Norm, sondern sprachliche Idiosynkrasie leitet das Verfahren: »Wäre denn eine stärkere Sicherung im Moralischen vorstellbar als der sprachliche Zweifel?«, fragt Kraus.[21] Aus ihm bezieht er die Sicherheit des Urteils. Er unterwirft sich der »Ordonnanz der Sprache« (ebd.) nicht, wie man sich einem Gesetz unterwirft. Er gehorcht ihr, indem er auf sie horcht und ihre Gesetze nachträglich herausfindet. »Den Rätseln ihrer Regeln, den Plänen ihrer Gefahren nachzukommen«, notiert Kraus über *Die Sprache* (ebd.). Seine Sprachlehre entwickelt gegen das Reich der Zwecke eine Rechtsordnung der Sprache. Denn »keine Machtstütze als die meines Wortes« lässt er gelten,[22] keine Berufung auf eine allgemeine sittliche Vorstellung oder das geltende Recht.

Eine bemerkenswerte Überkreuzung zwischen Benjamin und Kraus stellt sich heraus. Beide Kritiker legen die konstruktiven Zweideutigkeiten des Rechts frei: Benjamin am Gründungsparadox des Rechts, der Gewalt; Kraus an den Folgen dieser Zweideutigkeiten, dem Geschwätz. Doch während der Sprachphilosoph eine Rechtskritik formuliert, die in eine Ordnung der reinen Sprache ohne Recht mündet, sühnt der juristische Satiriker die Sprachverbrechen, gegen die er eine Rechtsordnung der Sprache errichtet. Kraus geht von der verratenen Sprache aus, ihrer Indienstnahme durch das Recht. Aus den sprachlichen Deformationen leitet er den armseligen Zustand der Welt ab, aus den Druckfehlern akute Gefahren, aus dem falschen Gebrauch des Imperfektum unlautere Absichten. Eine fast unhörbare Intonation, ein unscheinbares Wort an der falschen Stelle, ein zweitklassiger Theaterkritiker, den man »zum ganzen Übel vergrößere«[23]: das ist das Verfahren seiner Sprachkritik, das sich an den Details immer wieder von neuem entzündet ohne Hoffnung darauf, dass dieser Prozess einmal von einer letzten Instanz erfolgreich abgeschlossen sein wird. Ein unendlich dekonstruierendes Unternehmen also, doch »lohnend durch das Nichtzuendekommen an einer Unendlichkeit«[24]. Es gleicht eher einem disseminierenden als einem destruierenden Vorgehen, eher der unüberschaubaren Vervielfältigung von Kritiken als der apodiktischen Aufkündigung des Gewaltzusammenhangs des Rechts, die Benjamin der Kritik der Gewalt zumutet: »Zerstörend ist denn auch die Gerechtigkeit, die destruktiv den konstruktiven Zweideutigkeiten des Rechts Einhalt gebietet.«[25]

Der unterschiedliche Ausgangspunkt beider Rechtskritiken wirkt sich auch auf den Gegenstand der Kritik aus: Benjamin bezieht sich auf das geschriebene Gesetz, das Paradox der Setzung. Kraus setzt bei der Recht*sprechung* ein, er hört auf den

Urteils*spruch* und schließt von diesen Wirkungen auf die »verrottete« Substanz des Rechts[26]. Während das Medium der Kritik bei Benjamin also das Terrain der Schrift ist, ist es bei Kraus ein Hörraum. An die Stelle der Grundsätzlichkeit der schneidenden, destruierenden Kritik am geschriebenen Gesetz tritt bei ihm die schnell verfliegende, immer wieder von neuem im journalistischen Handgemenge erhobene Stimme.

III

Kraus macht die geringste sprachliche Verfehlung physisch spürbar. »Daß Stil nicht Ausdruck dessen ist, was einer meint, sondern die Gestaltung dessen, was einer denkt und was er infolgedessen sieht und hört, daß Sprache nicht bloß das, was sprechbar ist, in sich begreift, sondern daß in ihr auch alles, was nicht gesprochen wird, erlebbar ist«[27], erweitert den Bereich der Sprache auf einen Worthof aus Gesten, Tonfällen, Pausen, Schweigen. Die Performanz der Worte, ihre gestaltenden Wirkungen gilt es zu begreifen, ihre verletzenden Wirkungen gilt es zu sühnen. Gegen die allgemeine Geringschätzung und Abzählbarkeit von »Worten, nichts als Worten«, von denen die *Fackel* in einer beliebigen Ausgabe berichtet, dass »die Wortzahl der in diesen drei Tagen vom Ischler Postamt verarbeiteten Telegramme … 119 800 Worte«[28] betrage, dramatisiert Kraus schon ein einzelnes Wort zu einer vorwerfbaren Tat. Verhandelt wird auf seinen Tribunalen die Performanz von Sätzen, genauer: die Wirkung von Worten, welche Taten verschulden. Der beschützende Gestus, mit dem Kraus sich der Sprache nähert, soll ihnen ihre Verkehrsfähigkeit nehmen und sie dem justitiellen Zugriff entziehen.[29] »Das Wort dankt niemals zugunsten des Instruments ab«, schreibt Benjamin über Kraus, »indem es aber seine Grenzen weiter und weiter hinausschiebt, geschieht es, daß es am Ende sich depotenziert, in die bloß kreatürliche Stimme sich auflöst: in ein Summen, das zum Wort sich verhält wie ein Lächeln zum Witz«[30]. Dieses Summen, das weder mit dadaistischen Ursonaten noch mit nachrichtentechnischem Rauschen zu verwechseln ist, füllt die Räume »zwischen den Worten Atem Raum Leben«[31]. Es verwebt Worte jenseits der begrenzenden Satzzeichen zu einem hörbaren Satz. Die Operationseinheit der Krausschen Sprachlehre ist der einzelne Satz, in dem Worte – »Subjekt und Prädikat« – mannigfaltige Beziehungen eingehen und Intonationen erfordern, die ihre eigene Wahrheit kundtun.[32] Tonfall und Gebärde machen sie kenntlich. Untersucht werden also nicht die syntaktisch-grammatikalischen Beziehungen der Worte, auch nicht die Affekte, auf die der Gebrauch bestimmter rhetorischer Mittel zielt, sondern das, was Kraus *Spracheros* nennt:[33] ein Eros des Hörens[34], der normalen Sprachbenutzern entgeht. Für Juristen-Ohren zumal hat ein Satz »kein Gesicht, er lacht nicht, er spielt und schielt nicht, er zwinkert nicht«[35].

Man weiß, wie sehr Kraus die Technik verfeinert hat, das Zwinkernde eines Satzes zu Gehör zu bringen. Seine Sätze sind Sprachmasken. »Persona« definiert Benjamin als das, »wohindurch es hallt – und um die Fingerspitzen schießen die Gebärden der Gestalten, welche in seiner Stimme wohnen«[36]. Ein Fingerspiel unter der Regie der Stimme. Ein Verfahren der Stimmgebung, Prosopopoiia, das Kraus unter den Prämissen zitierter Rede an seine Grenzen oder genauer auf seine rhetorischen Grundlagen zurückführt. Die sind verdeckt, seit ein anthropomorphisierendes Verfahren in der Stimme den Urheber der Rede sucht.[37] Als der Strafprozess im 19. Jahrhundert auf die Maxime mündlicher Verhandlung umgestellt hatte, kam es, verkürzt ausgedrückt, nicht mehr auf den Rhetor-Anwalt an, sondern auf das verhörte Subjekt. Seither geht es in Strafverfahren darum, den Täter zur Rede zu stellen, ihn zur Verantwortung zu ziehen.[38] Er muss gehört werden, damit ein Urteil über ihn gesprochen werden kann.

Kraus unterläuft die konventionellen Zurechnungsregeln,

die einen Satz auf seine Absicht hin abtasten und diese in einem prekären Analogieschluss auf den Sprecher beziehen. Nur eine Stimme, die das Gesagte als Zitat ausweist, kann diese Zurechnungslogik unterbrechen. Die Stimme Kraus bedient sich der Form des Zitats. Sie kann den zitierten Sätzen sogar die grammatische Form der ersten Person Singular geben, ohne dass sie dem Verfasser deshalb zugerechnet würden. Denn das Ich von Kraus ist nicht das eines bekennenden, unter Anklage gestellten und verhörten Subjekts. Es ist die Instanz, die verlautbart wie Könige oder, mit den rhetorisch versierten Juristen des Mittelalters ausgedrückt, wie eine *persona ficta*[39]. Im Zitatverfahren stößt die Stimme in die Sphäre des Juridischen vor. Sie findet dort eine vorromantische, rhetorische Figur, in der die Stimme die Instanz ist, die einen Satz in seiner Figuralität exportiert (ebd., 229). Bei Kraus, der als Instanz zitiert, verdoppelt sich das prosopoietische Verfahren. Als grammatische Instanz, Persona oder Maske, bringt er nicht einfach einen Satz zu Gehör, sondern das, was in einem Satz an Masken gespeichert ist. Er zitiert Masken.

Der Ankläger Kraus zitiert einen Satz wörtlich vor Gericht und eröffnet damit den Prozess »Satz gegen Satz«, einen Kampf zwischen gesprochenen und zitierten Sätzen. Das »polemische Grundverfahren bei Kraus«, notiert Benjamin, ist »das Zitieren«. Im Verhörraum entsteht ein »akustisches Zitat«[40]. Die Wiederholung des Gesagten überführt den Sprecher-Täter seiner Gedankenlosigkeit, mit der er die Sätze dahinsagt. Als »hineinkriechen um zu vernichten« (ebd.) beschreibt Benjamin dieses mimetische Zitatverfahren akustischer Implosion. Zitate richten; sie können strafen und retten; sie werden aus dem Zusammenhang gerissen und damit bloßgestellt. Benjamin erkennt darin ein allegorisches Verfahren, das seinem eigenen verwandt ist. Kraus veranstaltet mit der Menschheit, die er sich »in jeder Hörerschaft vorstellt«[41], sein Tribunal. Die Wahrheit seiner akustischen Zitate ist der Wahrheit entgegengesetzt, die ein sogenannter Vorhalt im Strafprozess herstellt. Dort wird das als wahr angenommen, was ein urheber-täterschaftliches Ich spricht. Der Wahrheitseffekt profitiert von der Präsenz der Stimme, um deren willen der Strafprozess das Prinzip der Mündlichkeit und Unmittelbarkeit eingeführt hatte. So ist die strafprozessuale Maßnahme des Wiederverlesens eines protokollierten Satzes um Authentifikation des Gesagten durch den Sprecher bemüht. Er soll jeden der vorgehaltenen Sätze in die erste Person transformiert nachsprechen.

Der Vorhalt, den Kraus inszeniert, verlangt hingegen keine Authentifikation durch den Zitierten; das Zitat steht nicht in seiner Verfügungsgewalt. Im Gegenteil: »Das Zitat … sagt gegen den Zitierten aus« (ebd.). Kraus' Art des Vorhalts entäußert den Wahrheitsgehalt des Gesagten, es entfremdet die Stimme dem Sprecher. »Was ich als Zitat der Wirklichkeit entnahm, schreitet jetzt an ihr als Zitat aus meinem Text vorbei« (ebd., 162). Ihre Majestät, das Zitat, verkündet die Wahrheit des Satzes und behauptet sich gegen den Schein des Wahren und Wahrhaftigen in den Koordinaten von Mündlichkeit und Unmittelbarkeit. Kraus spricht mit fremden Stimmen. Sein Vorhalt besteht in der Nachahmung. Sie evoziert wiederum Distanznahme wegen entlarvender Nähe zu Sätzen, die man, wieder vorgehalten, lieber nicht gesprochen hätte. Den Zitierenden amüsiert sein Coup: »Was die Verstandesmäßigkeit am schlechtesten kapiert, ist die Ironie, die sie herausfordert. Da sie sich um keinen Preis wiedererkennen will, so wird das einfache Hinausstellen dessen, was sie denkt, die ironische Wiederholung ihres Motivs, bei ihr am wenigsten verfangen. Sie wird es für die Meinung des Autors halten.«[42] Die beständige kulturelle Einübung in die Zurechnung von Stimmen zum Subjekt des Sprechers verstellt das Eigenleben der Sätze, das auf den Hörtribunalen von Kraus zur Sprache kommt, auf denen Sätze, nichts als Sätze Verhandlungsgegenstand sind.

Die Rückkopplung der urheberlos gewordenen Sätze an eine Person oder Stimmmaske muss vor allem diejenigen beunruhigen, die darin ein hervorragendes Machtinstrument des Souveräns ausmachen. Denn die Stimme des Befehlshabers greift direkt ein und ist doch nicht beweisfähig.

Ein Befehl, der ad hoc auf eine Situation reagiert, verschwindet mit der Ausführung wieder.[43] Das unterscheidet ihn vom geschriebenen Gesetz, das wiederholbar ist und darum nicht vergeht. Das Zitat nun zieht den Befehlsgeber genau auf der Ebene in die Verantwortung, auf der er sich ihr entziehen konnte, im »akustischen Raum« (Helmut Lethen). Im Zitieren des Befehlshabers fällt die Maske. Die von Kraus zitierten Sätze rufen darum die scharfe Abwehr des Juristen hervor, der wohl am prononciertesten die Gesetzesförmigkeit des geschriebenen Rechts verachtet und den Befehl zur Grundeinheit des Rechts erhebt. Carl Schmitt schreibt zeitgleich mit Benjamins Aufsatz über Karl Kraus über diesen Autor als »Die Fackelkraus«:

> Ausgezeichnet ist sie durch die Fähigkeit, die Stimmen der Menschen nachzuahmen. Sie tut solches auf verschiedene Art. Sie ahmt die Stimmen von Propheten und Dichtern nach, um ihnen zu gleichen und mit ihnen verwechselt zu werden. Die Stimmen anderer Menschen hinwieder, um sie zu verhöhnen und zu vernichten. … Sie gerät in großen Zorn und wird äußerst boshaft bis zur Giftigkeit, wenn sie meint, daß man andere höre. Um zu verhindern, daß andere gehört werden, gebraucht sie zwei Mittel. Beides tut sie mit überschreiender Fistelstimme, damit man sie hört. Die Fackelkraus … ist nichts als Stimme und lebt in folgedessen nur so lange, als man sie hört. … In der Wut wird die Stimme der Fackelkraus oft besonders kunstvoll, weil sie aus Angst, man würde sie sonst nicht hören, mit immer neuen Stimmen schreit. Sieht sie dann, daß man sie hört, … wiederholt sie alles, was man über sie gesagt hat, noch einmal. Dann kann man eine Stimme bei ihr hören, die sie sonst nicht zeigt. … Wegen der Stimmen hören manche auf sie, und diesem Umstande, daß sie von manchen gehört wird, verdankt sie ihr Leben und kann große Mengen von dem Excrement vertilgen, aus dem sie geboren ist.[44]

Seine Feinde nimmt Schmitt im akustischen Raum wahr. Der Erste Weltkrieg erobert den Luftraum akustisch mit Richtmikrophonen, Schallwellen und Stereoeffekten an der Front. Die akustische Kriegsführung steigere Schmitts Hellhörigkeit, die den Feind hört und ihn bereits in Kraus' Strategie der Stimmgebung ausmacht. Diese löst seinen Hass, seinen Vernichtungsreflex aus. Stimmen verfolgen den Juristen, der Souveränität an die Macht der Stimme koppelt[45] und der nach Ende des Zweiten Weltkriegs sämtliche Stimmen wiederhört, ohne sie noch verorten zu können. Die Stimmen münden nicht mehr in die eine Stimme des Machthabers, der das Recht in Befehlsform als Führerwort ausgegeben hatte. Schmitt belegt diese bedrohliche Vielstimmigkeit im Fall von Kraus – als Mittel, sich ihrer zu erwehren – mit Weibischkeit (*die* Fackelkraus) und bietet dagegen die Stimme des Herrn auf. Sie bindet er an die Ordnung des Rechts, die Logik der Repräsentation zurück: eine Stimme, ein Befehlshaber, ein Befehl. Aus taktischen Gründen hatte er sich Ende der dreißiger Jahre der organisierten Einstimmigkeit unterworfen. – Kaum ein größerer Gegensatz lässt sich denken als zwischen einem, der aus existentiellen Gründen »mitschreien« empfiehlt: »Wenn Du in einen laut schreienden Sprechchor hineingerätst, mußt Du den Text so laut Du kannst mitschreien«[46], und einem, der angesichts solcher lauten Töne bereits unmittelbar zu Beginn des Ersten Weltkriegs gebietet: »Wer jetzt noch etwas zu sagen hat, trete vor und schweige.«[47]

IV

In seinem Projekt, die eigenen Schriften »nach und nach der Schallplatte anzuvertrauen«[48], überträgt Kraus dem Phonographen die Aufgabe, das an der Sprache zu speichern, was daran untrüglich ist und am schnellsten dem Vergessen anheimfällt: Tonfall und Gebärde.

> Hätte man die Stimme dieses Zeitalters in einem Phonographen aufbewahrt, so hätte die äußere Wahrheit die innere Lügen gestraft und das Ohr diese und jene nicht wiedererkannt. So macht die Zeit das Wesen unkenntlich und würde dem größten Verbrechen, das je unter der Sonne, unter den Sternen begonnen war, Amnestie gewähren. Ich habe das Wesen gerettet und mein Ohr hat den Schall der Taten, mein Auge die Gebärde der Reden entdeckt und meine Stimme hat, wo sie nur wiederholte, so zitiert, dass der Grundton festgehalten blieb für alle Zeiten.[49]

Die prophetische Stimme ist eine phonographische. Die technische Aufzeichnung stellt das flüchtige Medium gesprochener Worte auf Dauer. Durch sie erhält die Stimme von Kraus die Ewigkeitsdimension und Unhintergehbarkeit des geschriebenen Gesetzes. Die äußere Wahrheit, die technisch aufgezeichnete beherrscht die innere; eine Schallplatte den Schall der Worte; ein phonographischer Apparat die Absicht der Sätze. Anders ausgedrückt: Der Phonograph implementiert die polemische Autorität von Kraus technisch. Er verstärkt die Instanz Kraus und ersetzt sie nicht etwa.

Kraus delegiert das Verfahren der Stimmenaufzeichnung und -wiedergabe keineswegs an das Speichermedium selbst. Ihm gilt seine größte Kritik. Die Techniken, die gerade dazu ansetzen, ihre Zeit umfassend auf Bild- und Tonträger zu bannen, würden die Hörfrequenz der Kritik nicht erreichen. Kraus verdächtigt sie, die Wahrheit der Sätze umso mehr zu verfälschen, als sie beanspruchen, sie zu dokumentieren. Die verführerische Macht des Dokumentarischen ist gerade die Katastrophe einer Welt, »die ihren Untergang ertrüge, wenn ihr nur seine kinematographische Vorführung nicht versagt bleibt«[50]. Der Schock des Wiedererkennens stellt sich weder in Wochenschauen noch in Radioübertragungen der Frontberichterstatter ein. Sie betäuben die kritischen Sinne, und Kraus drückt sein »Entsetzen« darüber aus, »daß ein Sieg solcher Geistesart zur Unterlage des Fühlens einer kommenden Welt werden könnte, der man mit ›Saschafilms‹, auf Schandblättern und mit jenen Dokumenten eines schmählichen Ruhms aufwarten wollte, die in eigenen Anstalten von … Uniformträgern präpariert worden; eine Furcht davor, daß die Erkenntnisse des Kriegsarchivs und die Wahrheiten des Kriegspressequartiers zur Quelle einstigen Bildungsdurstes werden könnten.«[51] Die Furcht davor steigert den Gefahrensinn des Medienkritikers, der in diesem »Nach*ruf*« auf den Ersten Weltkrieg seine Zeit dem dokumentarischen Zugriff technischer Medien und Archive ebenso wie dem justitiellen zu entziehen sucht.

Gerechtigkeit im Urteil widerfährt der Zeit weder im Wiederhören aufgezeichneter Stimmen, noch im gerichtlichen Verhör, sondern allein im Verhören – einem Verfahren des Zitierens, das metonymisch operiert, mit Verschiebung, zeitlicher Verzögerung und räumlicher Verstellung, damit es sich von den wahrheitsheischenden und erfahrungslöschenden Dokumentationstechniken distanziert. Kraus eignet sich die technischen Aufzeichnungsapparate der Stimme, vor allem den Phonographen, an. Sein Diskursmonopol basiert auf Mediensouveränität. Er geht mit den Aufzeichnungsmedien so um wie mit den justitiellen Techniken. Er unterbricht ihre Funktionslogik der Reproduktion. Keine Wiederholung und Vervielfältigung des Geschwätzes, sondern ihre Refiguration, so dass sie das andauernde Gerede zum Schweigen bringt. Kraus komponiert die vorgefundenen Töne, gehörten Stimmen, vorhandenen Sätze zu einem Werk der Kritik. Alles andere als Zufallsmontage, folgen seine phonographischen Aufnahmen einem eigenen Takt. Sie sind eine durchdachte Komposition, die »meine Sprache mit der mir wahlverwandten Musik verbindet«[52].

Menschenrechte: Instanz des Sprechens – Instrument der Politik

Amnesty International gibt seit einigen Jahren Preisfragen zu den Menschenrechten im 20. Jahrhundert aus.[1] Vornehmlich Philosophen sind es, die klären sollen, was vor zweihundert Jahren ebenfalls mit einer Preisfrage begann: Wer ist der aufgeklärte Mensch der Menschenrechte? Was für eine Politik wird in seinem Namen betrieben? Und wie müssen Menschenrechte gegenwärtig interpretiert werden, damit sie als gerecht gelten können? – Irgendetwas an der Praxis der Menschenrechte scheint nicht mehr wie gewohnt zu funktionieren. Dafür jedenfalls ist die verstärkte theoretische Auseinandersetzung ebenso ein Indiz wie die auffallend häufigere Berufung auf sie innerhalb der internationalen Politik.

Bis 1989 haben die Menschenrechte mehr oder minder unbeachtet ihre klassische Rolle gespielt. Sie haben denjenigen eine Stimme verliehen, die das Unrecht anklagen, das in ihren Staaten geschieht. Und sie wurden als Grund für das angesehen, was die Jahreszahl 1989 inzwischen symbolisiert: die Beendigung von Staaten, die – in der Sprache der Menschenrechte formuliert – Menschen unterdrückt haben. Seitdem gibt es zwar immer noch Menschenrechtsverletzungen, sie werden sogar in weitaus größerem Umfang bekannt als je zuvor, und doch hat sich etwas an der Funktion der Menschenrechte im weltpolitischen Gefüge entscheidend geändert. Die gegenwärtigen Debatten um die Verfehlungen und Möglichkeiten einer Menschenrechtspolitik, die Reflexion auf ihre historisch-politische Bedingtheit belegen es. Das einseitige Fundament der Menschenrechte, wenn nicht gar ihr Fundamentalismus, wird skandalisiert; neue, erweiterte Interpretationen, die kulturellen Eigenheiten Rechnung tragen, werden gefordert.

Das Jahr 1989 steht auch für das Auftauen der Machtblöcke[2] oder, um es mit der üblich gewordenen Journalistenvokabel zu sagen, für das Ende des militärischen Systems im »Kalten Krieg«. In den sich neu formierenden Sicherheitssystemen haben die Menschenrechte – einst Bürge für Humanität – die Rolle einer ideologischen Sicherheitsgarantie übernommen. Sie sind damit an die funktionale Stelle einer Rhetorik der Abschreckung getreten. Mit dem historischen Potential, das sich in ihrem Namen versammelt – Menschen, die gegen Unrechtsregierungen aufbegehrt haben –, steht ihre Einhaltung nunmehr für Demokratie und Rechtsstaat westlicher, das heißt vor allem marktwirtschaftlicher Prägung. Auf dieses Modell des Staates verpflichten die Menschenrechte, sobald ihre Beachtung zur Eintrittsbedingung in einen der supra- oder internationalen Zusammenschlüsse wird, sei es IWF oder Europäische Union. Ihre Einhaltung ist dann vor allem eines: eine Bürgschaft der einzelnen Länder gegenüber der »internationalen Gemeinschaft«. Darunter verblasst die Funktion, die ihnen ursprünglich gegeben wurde: Gerechtigkeit des Einzelnen gegenüber dem jeweiligen Staat zu garantieren.

Dramatik, so scheint es, ist in die Menschenrechte gekommen, als plötzlich alle begannen, sich darauf zu berufen, die NGOs und die Nato gleichermaßen.[3] In der aktuellen Debatte werden die Menschenrechte gegen solche politischen Profanisierungen und widerrechtlichen – wider menschenrechtlichen – Aneignungen durch den Staat verteidigt. Auch *Amnesty International* beginnt die eigene jahrzehntelange Praxis genau in dem Augenblick zu reflektieren, in dem das Monopol der nichtstaatlichen Organisationen auf eine Politik der Menschenrechte mit der Gegenseite, den Regierungen, geteilt werden soll. Sie, die professionellen »Menschenrechtsverteidiger«, die nun ihrerseits in ihren Handlungsmöglichkeiten durch ein Gesetz geschützt werden sollen[4], nehmen damit die Menschenrechte gegen die Menschenrechte in Schutz, den Menschen gegenüber dem Recht, das Prinzip gegenüber seiner Positivierung, das Ideal gegenüber tagespolitischer Ausnutzung von staatlicher Seite. Damit schließlich vollziehen sie noch einmal das Programm der Menschenrechte, das genau darin besteht, solche Verteidigungsreden im Namen der Menschenrechte zu aktivieren.

I Zur doppelten Anlage der Menschenrechte

Eine doppelte Anlage kennzeichnet die Deklaration der Menschenrechte[5], zumindest die *Déclaration des droits de l'homme et du citoyen* von 1789, die als eines der Gründungsdokumente der Menschenrechte angesehen wird. Sie stiftet eine nicht zu lösende Verwirrung, welche die Auseinandersetzung damit und den Diskurs darüber aufrechterhält. Die Menschenrechte sind als Rechte deklariert worden und sind doch keine. Gemessen an dem, was Rechte sind, ist ihre Formulierung paradox und in Widersprüche verwickelt. Sie gelten als ungerecht, weil es keine Instanz gibt, die sie legitimieren oder durchsetzen könnte. Ebenso fehlen ein Gesetzgeber, ein bestimmbares Rechtsgut und ein Normadressat. Für all das ließe sich höchstens »der Mensch« einsetzen[6], und dann wäre die Erklärung der Menschenrechte vollkommen tautologisch. Die Menschenrechte sind kein Gesetz. Es heißt nicht: Gesetz zum Schutz des Menschen. Sie sind auch kein »Grundgesetz«, obwohl sie wie ein solches verfasst sind und obwohl sie nachträglich in das Grundgesetz der Bundesrepublik aufgenommen wurden. Dort bezeichnen sie den erweiterten Geltungsbereich für alle Menschen, ohne damit das Ausgangsparadox der Menschenrechtserklärungen, um das es hier gehen soll, zu klären.

In der Deklaration der Rechte des Menschen *und* des Bürgers wird die Ambivalenz im Status der Menschenrechte deutlich. Als Gesetz, als Grundgesetz gelesen, hat die französische Nationalversammlung am 26. August 1789 den französischen Bürgern in schriftlicher, nach Artikeln gegliederter Form Rechte zuerkannt, die zwei Jahre später in die französische Verfassung transformiert wurden. Man erwartet also Staatsbürgerrechte, doch sind es zugleich solche, die allen Menschen immer schon zugestanden haben. Aufgeschrieben werden sie gegen »das Vergessen«, wie es in der Präambel heißt. Dieser vorgeblich vergessene Text, der zum Zweck der Erinnerung in der Präambel angekündigt wird, ist nachfolgend in der Deklaration lesbar. Als über- oder vorgesetzlicher Text ist er in dem ersten, dem Gesetzestext der Bürgerrechte, auf eigentümliche Weise mitenthalten. Als Text – und nicht als Referenz auf irgendeine naturrechtliche Vorstellung – ist die Erklärung der Menschenrechte in den Verfassungstext versenkt. Sie ist eingeschrieben in den rechtlichen Rahmen einer Konstitution.

Diese Konstitution trägt den Titel *déclaration*. Im französischen Staatsrecht des 18. Jahrhunderts bezeichnet dieser Terminus die rechtswirksame Interpretation eines bestehenden Rechts durch förmlichen Akt des Justizministers.[7] Eine Deklaration ist demnach ein sich selbst überschreibender und überschreitender Text, ein Auslegungsakt, der neues Recht setzt und damit ausdrücklich das tut, was implizit permanent geschieht: die Transformation des bestehenden Rechts durch die jeweilige richterliche Interpretationspraxis. Auf die Menschenrechte übertragen hieße das: Im Akt des Auslegens eines Rechts wird dieses erstmals gesetzt. Denn damit ein Recht im Sinne des Rechtsterminus »deklariert« werden kann, muss es bereits bestehen. Damit entwirft die französische Deklaration der Menschenrechte rückwirkend einen vorgesetzlichen Zustand derselben und für die Zukunft ihre Positivierung. Die Deklaration wäre mithin der genealogische Intertext der Menschenrechte, von dem eine vernunftrechtliche und zugleich eine kodifizierte Fassung sich ableiten.

Mit der – unter den Abgeordneten damals umstrittenen – Entscheidung der Nationalversammlung, die Erklärung der Rechte von der Verfassung redaktionell zu trennen, wird das Projekt deutlich, jeder Rechtssetzung eine solche *déclaration* voranzustellen und den Menschen damit gewissermaßen in die

Funktion eines obersten Justizministers einzusetzen – der Mensch, der erklärt, was Recht ist. Daraus lässt sich bereits eine erste Bestimmung der Menschenrechte gewinnen: Sie geben ein Recht zur permanenten Erklärung. Der eigentümliche Chiasmus, der dabei deutlich wird – die Erklärung der Menschenrechte besteht in einem Recht auf Erklärung –, macht ihre doppelte Anlage aus. Auslegung und Rechtssetzung fallen in einem deklaratorischen Akt zusammen. Beide Akte sind schließlich als Widerspruch zwischen einer interpretatorischen und einer konstativen Erklärung in der französischen Deklaration enthalten. Anders ausgedrückt, sie besteht aus zwei ineinander verwobenen Texten: einer französischen Verfassung der Bürgerrechte und einer allgemeinen Erklärung der Menschenrechte.

Die Duplizierung eines und innerhalb eines Textes gelingt durch einen linguistischen Trick. Alle legislatorischen Posten sind doppelt besetzt. Zwei Gesetzgeber sind genannt: *Assemblée Nationale* und Mensch. Zwei Arten von Rechten werden gegeben: die der französischen Bürger und die aller Menschen. Zwei Geltungsbereiche sind maßgeblich: Republik und Menschheit. Zeitlich gilt die Erklärung sowohl, seit sie verabschiedet worden ist, als auch seit Menschengedenken. Mit der linguistischen Operation einer Verdoppelung aller gesetzgebenden Daten markiert die Deklaration die Differenz zwischen Bürger und Mensch, zwischen partikularer und universeller Fassung, zwischen historischer und ewiger Geltung und eröffnet damit den Raum, in dem die menschheitliche Erklärung der Menschenrechte sich parallel zur französischen entfaltet und gewissermaßen selbst schreibt. Sie ist damit wörtlich Selbstgesetzgebung.

Eine universelle Fassung der Menschenrechte hebt sich durch diese duplizierenden Bewegungen aus dem partikularen, in Tagespolitik und Revolution befangenen Text heraus, so dass man sagen könnte, die französische Erklärung vollziehe eine linguistische Transformation des Naturrechts, indem sie vorgibt, dieses als Text lesbar zu machen. Das Textdoppel, das sie dabei hervorbringt, ist zwar an die gesetzesförmige Oberfläche gebunden. Es treibt jedoch darüber hinaus, indem es alle definiten und definierbaren legislatorischen Daten *durchstreicht*. Das Gesetzesförmige daran wird getilgt, die Menschenrechte werden der Sphäre der Gesetze entwunden. Ergebnis ist ein anonymisierter Metatext, ein Nicht-Gesetzestext, der an die Gesetzesfassung der Bürgerrechte gebunden ist und diese zugleich transzendiert, indem statt Gesetzgeber, Geltungsbereich und Rechtsträger auf allen Seiten dieselbe fiktive Größe eingesetzt wird: der Mensch. Der Mensch der Menschenrechte – nun keine Tautologie, sondern wirksamer Operator – bezeichnet die Lücke im Gesetz. Er kann von dem nationalstaatlich gebundenen Recht nicht oder nur insoweit definiert werden, als er außerhalb davon steht, als er mehr ist, größer als alle Gesetze.

Die französische Nationalversammlung deklariert also weit mehr, als sie in der konkreten Lage als nationaler Gesetzgeber eigentlich kann. Das unterscheidet ihre Deklaration von anderen Gründungsdokumenten der Menschenrechte. Diese kaschieren eher die Anmaßung, die in einer Legislation von etwas, das größer ist als der Gesetzgeber selbst, zwangsläufig liegt – wie etwa das problematische, vereinnahmende Sprechen im Namen von oder als »We the people«.[8] Mit der französischen Fassung aber wird deutlich: Die Erklärung der Menschenrechte ist die erklärte Überschreitung nationaler Gesetzgebung. Damit steht das in geographischer, politischer, zeitlicher und hermeneutischer Hinsicht begrenzte Gesetzgebungsprojekt zur Disposition. Es wird – wie auch immer symbolisch – in einen Zustand vor dem gesetzten Recht entlassen, das heißt die Sphäre der Erklärung und des freien Sprechens. So simuliert die Deklaration immer wieder von neuem den Anfang der bürgerlichen Gesellschaft im Reden, den Zustand ohne Gesetze, die Gründungsszene der Menschenrechte. Sie fixiert die kurze Phase, eher eine juristische Sekunde, im Übergang von Monarchie zur Republik, und friert einen Zustand ein, der von keinem Gesetz garantiert werden kann.

Es scheint also, als misstraute man bereits im August 1789 der Gesellschaft, die sich gerade anschickte, Souverän zu werden, als ahnte man schon die neuen Ungerechtigkeiten, die geschehen würden, sobald Gesetze errichtet sind. Das Misstrauen war jedoch nicht konkret gegen das kommende Regime gerichtet. Es war von grundsätzlicher Art, denn es gibt kein Gesetz, das seine eigene Abschaffung gesetzlich verankern könnte. Sonst wäre es kein Gesetz. So muss also eine Instanz geschaffen werden, deren Handeln ohne und notfalls gegen die Gesetze legitimiert ist. Diese Kompetenz des Souveräns, der sowohl unter als auch über den Gesetzen steht[9], geht mit der Aufklärung bekanntlich vom Monarchen auf die Menschen über, virtuell auf jeden einzelnen. Er ist der Maßstab über den Gesetzen. In den Menschenrechten symbolisiert sich daher ein partieller Ad-hoc-Souveränitätsverzicht des Staates zugunsten des Menschen. Er soll sprechen, wenn ihm eine Ungerechtigkeit durch den Staat widerfährt. Die Menschenrechte geben daher ein Rederecht da, wo die Gesetze versagen.

II Die Menschenrechte als Redeform

Die Menschenrechte als Rederecht zu bestimmen ist jedoch noch zu ungenau. Sie sind nicht einmal annähernd gesetzesähnlich oder rechtsförmig. Sie sind überhaupt keine Rechte. Sie sind der durchgestrichene Text oder die andere Seite des Rechts. Als solche verbürgen sie eine Praxis des Redens jenseits des Rechts. Vielleicht kann man sie deswegen als »rhetorischen Vorbehalt« des Rechts bezeichnen, wie Jürgen Habermas es, wenngleich unter anderen Prämissen, formuliert hat.[10] Jede Rechtsgeltung steht unter dem Vorbehalt, dass niemand widerspricht. Schweigen gilt dann als Zustimmung. Der Widerspruch betrifft den Staat, seinen Umgang mit den Gesetzen, die unterlassene, unrichtige oder unmenschliche Anwendung des

Rechts. Den Rahmen des Widersprechens aber stellen die Menschenrechte.

Unter dem ungeschriebenen Titel »Erfahrung einer Verletzung« evozieren die Menschenrechte das Aussprechen des Erlittenen. Sie bringen »den Menschen« zum Sprechen, zum Aussprechen einer bestimmten Erfahrung. Es ist eine Erfahrung mit dem Recht, das keines ist. Die Deklaration wäre mithin eine Diskursform für Unrechtserfahrungen. Das Muster dafür ist in der französischen Erklärung hinterlegt. Sie selbst ist schließlich das Sediment einer Unterdrückungserfahrung, das Ergebnis einer streng dichotomisierten Selbstbeschreibung der Gesellschaft, wie Michel Foucault sie analysiert hat. Ein Riss geht demnach durch die heterogene Formation »Gesellschaft«. Sie ordnet sich, indem sie sich in zwei Hälften, in zwei einander gegenüberstehende Kräfte geteilt wahrnimmt, um von dort die Asymmetrien, die Ungerechtigkeiten dieser Spaltung zu ermessen: König und Untertanen, Herren und Knechte, oben und unten, reich und arm, »sie« und »wir«.[11] Auf der Grundlage dieses antagonistischen Modells sind die Menschenrechte formuliert. Ihre Sprache ist die der Unterdrückten. Zugleich stellen sie eine Sprache zur Erklärung künftiger Unterdrückungserfahrungen bereit. Die Menschenrechte enthalten also eine Art fortgesetzten Imperativ zur Selbstbeschreibung. Ihr Maßstab liegt in der Entfernung vom Ideal einer Symmetrie der gesellschaftlichen Kräfte. Ihre Beurteilung der eigenen Situation erfolgt daher anhand der im 19. Jahrhundert kategorial gewordenen Kriterien von Repression und Emanzipation.

Mit der Erklärung von 1789 wird dieses Programm zur Artikulation von erfahrenen Unterdrückungen installiert. Eine erlittene Verletzung erhält im Rahmen und im Namen der Menschenrechte einen diskursivierbaren Erfahrungsgehalt. Die Beschreibung einer Wirklichkeit, einer vom Recht anerkannten Wirklichkeit, wird möglich. So verwandelt sich im Diskursmodell der Deklaration Erleiden in eine Erklärung, eine erlebte Unterdrückung in eine rechts- und damit wahrheitsfähige Erfahrung. Sie ist gewissermaßen durch den vorgängigen Akt der Deklaration unstreitig auf Dauer gestellt. Denn wer sollte eine als Menschenrechtsverletzung deklarierte Erfahrung noch anzweifeln können? – Dass sie als erlittene Erfahrung, in ihrem Schmerz also, nicht bestreitbar ist, macht schließlich die Unhintergehbarkeit der Menschenrechte aus. Die Sprechweise der Deklaration kann nicht anders als wahr sein. Jemand, der gefoltert wurde, beruft sich daher auf kein Recht, er beschreibt, was ihm angetan wurde – in allen Details. Er zeigt die Spuren seiner Verletzungen, aber er urteilt nicht.

Der Moment des Aussprechens ist der Moment der Deklaration. Ein weiterer Gesetzestext, unter den die Erfahrung subsumierbar wäre, existiert nicht. Die Beurteilung als Unrecht fällt mit der empirischen Beschreibung der Unrechtshandlung zusammen. Die Legitimität dieser Form des Urteilens wird nicht zuletzt in der amerikanischen Unabhängigkeitserklärung mit der schlichten Aussage zur Gleichheit aller Menschen und ihren unveräußerlichen Rechten agnostiziert: »We hold these truths to be self-evident«. Das Sichtbare entbindet von jeder weiteren Begründung. Hinter den Rechten, die mit ihrem Aussprechen oder auch nur dem Zeigen zusammenfallen, steht eine Erfahrung, die für sich und damit wahr spricht. Im Fall der Menschenrechte definiert das Aussprechen einer Erfahrung unmittelbar Recht und Unrecht. Es vermittelt nicht etwa einen Anspruch und auch kein Klagerecht, es zieht kein Urteil nach sich und keine Vollstreckung. All das ist im Akt des Sprechens enthalten.

Für diese perlokutionären Effekte eines Zur-Sprache-Bringens von angetanen Verletzungen wäre die Wahrheitskommission in Südafrika einer der jüngsten Belege. Ihr Ziel besteht darin, Repressionen im Sinne der Menschenrechte durch das Apartheidregime öffentlich darzulegen. Die Herkunft der Menschenrechte als Diskurs von Verletzungen wird hier, unter der Regie des Rechts, explizit zum Einsatz gemacht – gewissermaßen als *talking cure* des Rechts. Als Motiv zur Errichtung der *truth commission* wird immer wieder hervorgehoben, dass es nicht um Verurteilung der Täter, nicht um Rache, sondern darum gehe, dass die Wahrheit über vergangenes Unrecht einmal in der Öffentlichkeit zur Sprache komme.[12] Wie kaum je zuvor in der Geschichte der juristischen Wahrheitsformen scheint die öffentlich tagende Kommission die Opfer (meistens sind es Frauen, Witwen von Apartheidsgegnern) ins Rampenlicht zu rücken – offenbar mit viel Sinn für die Theatralisierung von Leiden.[13] Eine bemerkenswerte Verkehrung zwischen Täter und Opfer, zwischen der Inszenierung von Bestrafung und der des Wahrheit-Sagens findet dabei statt. Die Wahrheit ist in den Anhörungen vollständig aufseiten der Opfer. Ihnen soll Gerechtigkeit widerfahren, indem sie ihre Wahrheit für alle hörbar sagen – und das ist etwas anderes als ein Gerichtsverfahren, in dem sie als Zeugen auftreten, um die Wahrheit aus einer objektivierten Täterperspektive herausfinden zu helfen. In einem solchen Verfahren ist Wahrheit das Produkt richterlicher Entscheidungen über die Glaubhaftigkeit des Gesagten. Und in dem Maße, in dem diese vom Gericht bezweifelt wird, wächst der Strafanspruch des Opfers. Wo hingegen sein Sprechen Bedingung von Wahrheit ist und einzige Beurteilungsgrundlage, wird die Macht des Wortes, seines Wortes, selbst zur Instanz des Strafens. Ein weiterer Strafanspruch, über das Aussprechen hinaus, entfällt. Tatsächlich kommt es in vielen Fällen nach einer Aussage vor der Wahrheitskommission nicht mehr zur Anklageerhebung. Das Recht, so könnte man es funktionalistisch ausdrücken, erschöpft sich in der therapeutischen Maßnahme, einen Rahmen für das Aussprechen von Wahrheit bereitzustellen, der Amnestie der Täter akzeptabel macht.

In dieser Hinsicht wäre die südafrikanische Wahrheitskommission eine konsequente Weiterentwicklung der Menschenrechte, bei denen an die Stelle eines Rechtsanspruchs das Aussprechen einer Unterdrückungserfahrung tritt. In der französischen Deklaration (bis auf Art. 7 und 13) sind sie daher auch nicht wie ein Recht im Imperativ formuliert. Denn allein dem »Du sollst« korrespondiert ein Anspruch und ein Urteil. Der Duktus der Menschenrechte ist stattdessen konstatierend. Auf eine Feststellung folgt eine weitere. Auf die Deklaration der Menschenrechte folgen unendlich viele Deklarationen ihrer Verletzung. Innerhalb des formalisierten Rahmens der Menschenrechte wird deklariert, worin die Verletzung besteht. Was aber mit den Sätzen geschieht, die im Namen der Menschenrechte geäußert werden, ist nicht festgelegt. Das begründet auch ihre eigentümliche Ineffektivität. Sie erledigen sich im Aussprechen, sie setzen vollständig auf die Macht des Sprechens. Eine Verurteilung, ein Gesetz gegen das vorgetragene Unrecht, ein Zusammenschluss aller Benachteiligten, aber auch eine Revolte wären als Reaktion denkbar. Als Regel des Sprechens überlassen die Menschenrechte die weiteren Akte dem Sprechen selbst. Und sie belassen es dabei. Die Deklaration der Menschenrechte ist niemals abgeschlossen, sie ruft weitere Deklarationen, fortgesetzte Reden im Namen der Menschenrechte hervor. Und der ewige Friede ist vielleicht nichts anderes als ein andauerndes Sprechen.

So wie die Menschenrechte keine Rechte sind, sondern eine rhetorische Praxis in Gang setzen, ist auch der Mensch kein Rechtssubjekt. Der Mensch, die Lücke im Gesetz, erklärt sich, indem er spricht. Die Erklärung des Begriffs »Mensch« – wohlweislich kein, nicht einmal ein unbestimmter Rechtsbegriff – ist darum Teil des diskursgenerierenden Projekts der Menschenrechte. Er hat eine geradezu mathematische Funktion, indem er alle Namen annimmt, die man ihm gibt.[14] Wie durch einen diskursiven Filter gehen die verschiedenen Vorstellungen, Versionen und Bilder des Menschen durch die Menschenrechte hindurch. Er kann all das sein, was und als wer er spricht: als Individuum oder Kollektiv, biologisch definiertes Gattungswesen oder in seiner Eigenschaft, ein Volk zu bilden … rechtsphilosophische Unternehmungen, die Menschenrechte aus den Fängen des cartesianischen Cogito zu befreien suchen, sind darum von der Anlage der Menschenrechte aus betrachtet gar nicht notwendig.[15] Sie betreffen jeweils eine partikulare, meist bereits verrechtlichte Fassung des Menschen. Sie dringen genau auf die Entsubjektivierung und Formalisierung des Menschen(rechts)begriffs, die doch der Ausgangspunkt der Menschenrechtsdeklaration selbst ist. Der Mensch der Menschenrechte ist als Platzhalter innerhalb eines durchgestrichenen Textes bereits hoch formalisiert. Von den singulären, historisch gebundenen, gesetzlich festgelegten Daten bleibt mit der Tilgung des primären Gesetzestextes ein leerer Platz, der allein durch den Namen »Mensch« gekennzeichnet ist. Das ist der durchgestrichene *citoyen,* das Nicht-Rechtssubjekt.

In dieser Verweigerung einer positiven Bestimmung liegt ein erster, den Menschenrechtsdiskurs evozierender Anlass für Verletzungen. Die grundsätzliche Verletzung besteht darin, dass der konkrete Mensch, der doch gemeint sein soll, in dem deklarierten Recht nicht enthalten ist. Dadurch wird er veranlasst, »ich, der Mensch« zu sagen, wenn er die Ignoranz der Menschenrechte beheben will. Anders ausgedrückt: Indem eine rivalisierende Fassung in den durchgestrichenen Text der Deklaration eingefügt ist, ruft diese den Widerspruch hervor. Der solchermaßen Aufgerufene, der dann spricht, trägt all das nach, was die Deklaration nicht enthält. Aus dem Menschen der Menschenrechte wird so der Mensch der Humanwissenschaften, der lebendige Mensch, das sprechende Subjekt, der *homo oeconomicus,* der Liebende, der Arbeitende, der Kranke, aber auch das Rechtssubjekt, insofern substantielle Menschenfassungen, wie die genannten, Gegenstand von Gesetzen werden.

Auf diese Diskursivierungen des Menschen scheint sich die gegenwärtige Debatte zu beziehen, wenn sie die subjektive und partikulare Fassung der Menschenrechte kritisiert. Damit bleibt die Kritik durchaus im Programm der Erklärung der Menschenrechte, das die positiven Beschreibungen des Menschen immer wieder ausstreicht, das sie unter dem Paradigma der universellen Geltung immer wieder zurückweist in die Schranken des Besonderen. Die in den Text der Deklaration versenkte Differenz zwischen einer allgemeinen und einer besonderen Fassung scheint schließlich so wirkmächtig, dass jedes Sprechen über die Menschenrechte seit zweihundert Jahren danach gegliedert ist. Der partikulare Text wird mit dem universellen konfrontiert. Umgekehrt wird gegen eine Essentialisierung der Menschenrechte an ihre formale Fassung erinnert. Gegen Versuche der Universalisierung wird wiederum die Nicht-Verallgemeinerbarkeit des besonderen Menschen betont.

Es ist also die gezielte Platzierung dieses (Selbst-)Widerspruchs innerhalb der Menschenrechte, die das Sprechen in ihrem Namen freisetzt und aufrechterhält. So funktionierte es bereits in der konstituierenden Sitzung der Nationalversammlung, in die Könige aus den Kolonien Frankreichs gestürmt sein sollen, um daran zu erinnern, dass auch sie Menschen seien. Ein ungeheurer Akt, wenn man bedenkt, dass sie sich damit – ganz im Sinne der gerade anstehenden Menschenrechtserklärung – selbst erstmals als Menschen definieren.[16] Ein Akt, der von einer Integrationskraft zeugt, die einzig vielleicht noch vergleichbar ist mit der Regelung des römischen Bürgerrechts. Durch die *constitutio antoniniana* wurde im Jahre 212 n. Chr. der Geltungsbereich des Bürgerrechts von der Stadt Rom auf das gesamte Reich ausgedehnt und evozierte so erst den Anspruch aller Nicht-Römer auf Einbürgerung.[17] Ein imperiales Projekt besteht vielleicht genau in der Setzung einer Differenz: römisches Recht für Nicht-Römer, menschliches Recht für Nicht-Menschen, wie zum Beispiel Könige aus Übersee. Es bindet die Verneinten wirksam ein, die nicht anders können, als dazuzugehören, wollen sie nicht ausgeschlossen bleiben.

Nach den Kolonisierten meldeten sich im historischen Verlauf nach der französischen Deklaration die Frauen zu Wort. Zwei Jahre nach der allgemeinen Deklaration verfasste Olympe de Gouges bekanntlich ihre »Erklärung der Rechte der Frau und Bürgerin« vom 7. September 1791, die sich, wie schon aus dem Titel erkennbar, mimetisch an die Vorlage hält. Mit ihrem ersetzenden Vorgehen bestätigt sie die Annahme von einem durchgestrichenen Text, an dessen Stelle nun die Deklaration der Frauen rückt. So bietet sich anschließend eine Synopse beider Fassungen an, die dann auch entsprechend publiziert werden.[18] Kaum plastischer als in dieser Gegenüberstellung beider Texte könnte das diskursive Schema von Gleichheit und Differenz ausfallen, das die Menschenrechte strukturiert. Ließen sich also nicht auch noch die gegenwärtigen Diskurse über Gleichheit und Differenz der Geschlechter, der Ethnien und der Religionen als Vollzug des Programms der Menschenrechte lesen? Ist nicht mit der menschenrechtlichen Konstatierung der Gleichheit von Geschlecht, Rasse und Religion schon die divergente Fassung programmiert, die nachfolgend explizit gemacht wird? Die allgemeine Erklärung der Menschenrechte besetzt demnach die funktionale Stelle eines Imperativs zum Aussprechen – dem Aussprechen einer jeweils besonderen Erklärung der Menschenrechte, die in der allgemeinen Fassung ungenannt geblieben ist. Sie wird nachgetragen, vielleicht so lange, bis alle besonderen Erklärungen der Menschenrechte unter dem Dach der allgemeinen Platz gefunden haben.

Auch die Kritik an den Menschenrechten folgt noch dem Spannungsverhältnis, in dem sie angelegt sind: Die Idee wird gegen die historische Ausdifferenzierung, gegen einseitige, etwa eurozentristische Interpretationen und gegen eine an partikularen Interessen ausgerichtete politische Praxis verteidigt. Immer also wird die Kritik an den Menschenrechten als Verteidigungsrede des Ideals ausfallen. Denn welches andere Kriterium zur Beurteilung der Legitimität der Menschenrechte würde hier zur Verfügung stehen als diese selbst? Gerechtigkeit wäre nur ein Synonym. Der durchgestrichene Text der Deklaration ist der einzige Referent dieser Kritik. Kein bestimmter Artikel aus einer bestimmten Menschenrechtserklärung wird zitiert, wenn von »den Menschenrechten« die Rede ist. Sie werden nicht als nachlesbarer Text adressiert, sondern als von allen geteiltes, elementares Wissen darum. Der aus der doppelten Fassung der Menschenrechte hervorgegangene, durchgestrichene und damit abwesend gemachte Text bietet für diese gleichsam mythische Adressierung die Gewähr. Er hält die Menschenrechte gegen all ihre Manifestationen für die Projektion der Wunschbilder vom Menschen frei und sorgt so für ihre permanente Renovation – im Namen der Menschenrechte. Die Lücke, die der durchgestrichene Text hinterlässt, wird zum Ideal über die Gesetze hinaus. Was sich jeder Kodifikation verweigert, soll gerade deshalb als »Überschuß« die Funktion einer »moralischen Direktive« für die partikulare Gesetzgebung und Gesetzesinterpretation übernehmen können?[19]

Jean-François Lyotards linguistische Analyse der Menschenrechte soll hier kurz erwähnt werden, weil sie von allen Entwürfen, die für die Menschenrechte eine übergesetzliche und damit oftmals synonym eine originär moralische Funktion reservieren, am engsten an der dargelegten doppelten *Text*fassung der Menschenrechte orientiert ist.[20] Die Verdoppelung innerhalb des Textes der Deklaration enthält nach Lyotard eine diskursive Ressource, die dem Rechtsstreit mit seinen festgelegten Diskursregeln entwunden und dem Widerstreit übergeben wird. Dort, in der Domäne des Ethischen, soll sich immer wieder von neuem entscheiden, in welcher Diskursart die Menschenrechte ausgesprochen, erklärt und verhandelt werden. Sie sind in eine Unbestimmtheit gestellt, die Lyotard mit den Worten beschreibt: »Es geschieht ein Satz. Wie wird sein Schicksal sein, welchem Zweck wird er untergeordnet, in welcher Diskursart wird er Platz finden?«[21]

III Die Kodifikation von Menschenrechten auf internationaler Ebene

Lyotards Formulierung bestätigt die Bestimmung der Menschenrechte als offene Form der Kommunikation. Und man ahnt, was für diejenigen auf dem Spiel steht, die darin das

Potential einer Gerechtigkeit gegenüber dem gesetzten Recht sehen. Unter diesem Aspekt kommt die Überführung der Menschenrechte in eine kodifizierte Form einer Vereinnahmung des diskursiven Potentials gleich, einer Aneignung der Menschenrechte durch das Gesetz. Wenn der mühsame Weg des Sprechens abgekürzt wird, wenn er rationalisiert wird durch Vorschriften zum Sprechen, wenn Menschenrechte in eine Gesetzesmaschine aus Polizei und Gericht eingebunden werden, schwindet, noch einmal mit Lyotard formuliert, die Möglichkeit nicht vorherbestimmter Sätze. Dann hat der antizipatorische Zug des Rechts die Oberhand gewonnen, und das Verhältnis von Gesetz und Erfahrung kehrt sich um. Nicht eine spezifische Unrechtserfahrung, die auf ein Gesetz drängt, steht am Anfang, sondern das Gesetz selbst. Unter einem bereits formulierten Gesetz aber wird Erfahrung zum Sachverhalt, subsumierbar unter bestimmte Tatbestandsmerkmale. Von da an ist das Ideal einer Gesetzgebung, das in der Erfahrung seinen Anfang nimmt, zumindest angegriffen. Auf dem Spiel steht – mit der Verrechtlichung der Menschenrechte – die Idee der Selbstgesetzgebung. Verankert ist sie in den Menschenrechten, die für das Prinzip des autonomen Sprechens, für die Souveränität des Menschen noch vor jeder Staats- oder Staatsbürgersouveränität stehen.

Die Kodifikation der allgemeinen, durchgestrichenen Fassung der Menschenrechte kehrt in der Tat das komplementäre Verhältnis von Menschenrechten und Gesetzen um. Erfahrung statt Gesetz, Reden statt Recht – so könnte man die Inversion durch die Positivierung der Menschenrechte kurz beschreiben. Sie sind so angelegt, dass in ihrer Dimension zur Sprache kommen soll, was die Starrheit des gesetzten Rechts nicht zulässt – der Unmut über die Gesetze, ihre Abstraktheit, ihre Verkennungen und ihre Gnadenlosigkeit. Dieses Ideal der Menschenrechte wirkt sich legitimierend auf die bestehenden Gesetze aus, insofern von der Abwesenheit ausdrücklich genannter Menschenrechtsverletzungen auf die Einhaltung der Menschenrechte geschlossen werden kann.

Bis nach dem Zweiten Weltkrieg hat die doppelte Fassung der Menschenrechte und demzufolge ihre legitimatorische Kraft unangefochten bestanden. Als mit der UN-Charta von 1945 »der Mensch« erstmals unmittelbar Objekt und Subjekt des Völkerrechts zugleich wird, ist damit die Möglichkeit zur weiteren Kodifikation der Menschenrechte gegeben. Die Diktion der Menschenrechtskommission der Vereinten Nationen bleibt allerdings noch lange Zeit betont unjuristisch. Damit wird nicht nur die Anerkennung nationalstaatlicher Souveränität markiert, es zeigt auch, dass die Vereinten Nationen sich als die andere Seite des Rechts instituiert haben. Nicht als Staat im Weltformat, sondern als Forum des Sprechens. Auf dem ersten Treffen der *General Assembly* wird jede gesetzesförmige, nach Nationalstaaten modellierte Institution als Nachfolgerin des Völkerbundes abgelehnt. Statt dessen wird an die »imagination on developing new types of institutions for international co-operation«[22] appelliert. Doch ist der Zug zur gesetzesförmigen Ausgestaltung der Menschenrechte absehbar, er ist ihnen in gewisser Weise sogar inhärent.[23] Die Ineffektivität der Menschenrechte drängt geradezu darauf, für Instanzen und Institutionen der Durchsetzung zu sorgen. Sie verlangt zunächst die Vorwegnahme konkreten Unrechts in einer abstrakten Norm. Und so ist es zu einer Verrechtlichung der Menschenrechte gekommen, die von der doppelten Anlage der Menschenrechte nicht viel übriglässt. Die Positivierung der Menschenrechte auf internationaler Ebene transformiert sie zu Bürger-, der Idee nach Weltbürgerrechten.[24] Die diskursive Einheit »Welt-Bürger« tritt dann an die Stelle des Menschen, der zugleich weniger imaginär, weniger offen ist, weil er lediglich die internationalisierte Version des vergleichsweise determinierten Staatsbürgers ist.

Diese Entwicklung, die gerade erst beginnt, vollzieht nach, was auf nationaler Ebene mit der unmittelbaren Aufnahme der Menschenrechte in das positive Recht bereits geschehen ist, um dort Rechtsverletzungen von Nicht-Bürgern geltend machen zu können.[25] Damit verschwindet die gleichermaßen diskurs-

wie gesetzesgenerierende Unterscheidung von Menschen- und Bürgerrechten. Die Differenz wird nicht einfach nur in ihrer Dimension – weltweit statt nationenintern – verlagert, sie wird eingeebnet. Denn die Beziehung Bürger–Staat lässt sich nicht ohne weiteres in einem internationalen Rahmen analogisieren. In gewisser Weise ist sie einzig vielleicht dem Verhältnis des Selbstbestimmungsrechts der Völker gegenüber der internationalen Völkergemeinschaft vergleichbar, insofern dies von einigen Völkerrechtlern ebenfalls als Diskursform, als »particular logical and rhetorical practice«[26], angesehen wird. »Volk« ist ein ebenso unbestimmter, unrechtlicher Begriff wie »Mensch«. Beide dulden keine Legaldefinition; die Bestimmung des Begriffs fällt vielmehr mit der Inanspruchnahme des Rechts zur Selbstbestimmung zusammen. Eine Erzählung oder Fiktion, der Entwurf eines Volkes wird zur Grundlage der Anerkennung durch die internationale Staatengemeinschaft.

Dieses Programm eines Selbstbestimmungsrechts der Völker entspricht dem Mechanismus der Menschenrechte, insofern auch der Sprechende ein Bild von seinem Menschsein entwerfen muss, um seine Rechte geltend zu machen. Ein Mensch, dem diese – verletzten – Rechte zustehen, muss sich darstellen. Doch übernimmt die internationale Gemeinschaft nicht, auch nicht (manche würden sagen: noch nicht) in Form der Vereinten Nationen, die Rolle eines Staates. Hier also spätestens lässt sich das Verhältnis Bürger–Staat nicht mehr auf eine supranationale Ebene transponieren. Oder könnten die Vereinten Nationen etwa einer Menschenrechtsverletzung bezichtigt werden, so wie einzelne Staaten? – Ein internationaler Gerichtshof für Menschenrechte müsste jedenfalls die Kompetenz dazu haben. Für die Vision eines Weltbürgerstaates wird daher die Übernahme all jener Institutionen gefordert, die Rechtsstaatlichkeit garantieren.[27] Einmal abgesehen von der Frage der Wünschbarkeit und Durchsetzbarkeit dieser Forderung und auch von ihrer in pragmatischer Hinsicht wohl nicht zu bestreitenden Dringlichkeit angesichts einer weitestgehend ohne rechtsstaatliche Kontrolle sich vollziehenden Globalisierung juridischer Formen (vgl. die Etablierung des UN-Kriegsverbrechertribunals in Den Haag) liegt genau darin, so meine These, der Vollzug und damit die Vollendung des Programms der Menschenrechte.

Die Menschenrechte sind dadurch gekennzeichnet, dass keine Instanz über dem einzelnen Menschen steht. Dies setzt eine Unterscheidung von Bürger und Mensch voraus, die mit zunehmender Kodifikation aufgehoben wird. Wo noch ließe sie sich verorten, wenn Mensch und Bürger in einem Rechtsbegriff konvergieren? Die Unterscheidung war angewiesen auf die Transgression des nationalen Staates. Mit der Möglichkeit einer Individualbeschwerde beispielsweise, wonach seit 1983 ein Einzelner eine Menschenrechtsverletzung vor dem Europäischen Gerichtshof für Menschenrechte geltend machen kann, wird jedoch deutlich, dass die Konstitutionsbedingungen der Menschenrechte, ihre Trennung von nationalen Bürger- und transnationalen Menschenrechten, europaweit bereits entfällt. Man könnte sagen: die Angleichung oder Synonymisierung von Bürger und Mensch schließt die Lücke zur Artikulation des Menschen jenseits seiner gesetzmäßigen Bestimmung. Daran, und nicht an einem angeblich irgendwo propagierten »Ende des Menschen«, lässt sich übrigens die historische Bedingtheit des Projekts der Menschenrechte ermessen. Dies besagt allerdings noch nichts über die Qualität dieser Entwicklung, sondern nur soviel, dass die klassische doppelte Anlage der Menschenrechte und die kompensatorischen Aufgaben, die ihnen zugemutet werden, entfallen.

Wo der Staat als Durchsetzungsinstanz von Menschenrechten auftritt, soll – als Ausdruck ihrer zweistufigen Strukturiertheit – eine Verletzung außerhalb der territorialen ebenso wie der rechtlichen Grenzen eines Staates angegriffen werden können. Je gravierender die Verstöße, desto notwendiger ist dieser Ausweg aus der Zirkularität der Menschenrechte, die darin besteht, dass ein Staat immer Garant und Verletzer der Menschenrechte zugleich sein kann.[28] Aus diesem Grund hat die internationale Gemeinschaft, institutionalisiert in Form der UNO, sich im Zusammenhang mit Menschenrechtsfragen die Aufgabe einer Vermittlungsinstanz zwischen Staat und Staatsbürgern gegeben. Sie wacht über die Menschenrechtspraxis der Staaten und macht Verletzungen öffentlich, ohne dabei die Kompetenz zur Setzung und Durchsetzung von Recht zu besitzen. – Eine Folge davon ist, dass sie auch nicht wie Staaten Menschenrechte verletzen kann.

Solange die UNO als medialer Verstärker der Instanz der Menschenrechte auftritt, unterbricht sie wirksam die latente Totalität der Menschenrechte, die Hannah Arendt bereits nach dem Zweiten Weltkrieg aufgrund der weltweiten Geltung befürchtete: Der globalen Verrechtlichung korrespondiere die Möglichkeit ebenso umfassender Rechtlosigkeit. Wer in einem Staat kein Recht hat, hat es nirgends.[29] Diese von Hannah Arendt bloßgestellte Konsequenz ubiquitärer Rechtsgeltung als Rechtsversagung – ohne Instanz, an die man sich deswegen noch wenden könnte – bestimmt in der Tat die Flüchtlingsschicksale im 20. Jahrhundert. Vor allem diejenigen bekommen die Gnadenlosigkeit grenzenloser Rechtsgeltung zu spüren, die ohne rechtliche Befugnis dazu fliehen, also Staatsgrenzen überwinden müssen. – So wie diejenigen, die nach Verschärfung der deutschen Asylgesetzgebung den Grenzfluss zwischen Deutschland und Polen überquerten, dabei ertranken und oft wochenlang in der Oder trieben oder dorthin zurückgestoßen wurden, weil die zuständigen Gemeinden auf deutscher Seite die damit verbundenen Kosten der Bestattung und eventuellen Rückführung nicht übernehmen wollten: Mit aller Klarheit legte die Bundesregierung dazu in Beantwortung einer parlamentarischen Anfrage die Logik umfassender Rechtsgeltung offen – eine Rechts-Logik, der gegenüber humane Erwägungen, wie sie im Rahmen der Menschenrechte angestellt werden würden, subsidiär scheinen. »Die Flüchtlingseigenschaft in rechtlichem Sinne liegt nur bei Personen vor, die die Voraussetzungen der Genfer Flüchtlingskonvention erfüllen, was in der Regel erst im Prüfungsverfahren – in der BRD durch das Bundesamt für die Anerkennung ausländischer Flüchtlinge – festzustellen ist.«[30] Die Zuständigkeit der Bundesrepublik beginnt demnach erst, wenn der rechtliche Status der Flüchtenden ermittelt ist. Was aber ist ein Flüchtender, bevor oder ohne dass er dieses Verfahren hat über sich ergehen lassen? – Offenbar nicht einmal Mensch der Menschenrechte. »Bei grenzüberschreitenden Sachverhalten«, das bestätigt sich darin, »wird der menschenrechtliche Universalismus rigoros zurückgewiesen und provoziert.«[31] Die universalistische Konzeption kommt an ihr eigenes Paradox nicht bloß aufgrund eines überkommenen Souveränitätsvorbehaltes, sprich: nationaler Eigeninteressen, sondern auch wegen der Definitionsmacht des Rechts selbst. Schließlich besteht die Operationsbasis des Rechts westlicher, abendländischer Prägung in nichts anderem als dem Ziehen von Grenzen.

Menschenrechte sind gegen diese Gewalt des Definierens angelegt; sie werden eingesetzt, um das strenge Recht zu überschreiten. Mit ihrer eigenen Verrechtlichung geht also die Souveränitätsfunktion verloren, die sie als Instanz über allen Gesetzen innehaben. Alle Handlungsmöglichkeiten, auf dem Boden des Rechts (nicht der Moral) gegen das Recht zu argumentieren, fallen in die wirkmächtige Differenz von Gesetzen und Menschenrechten. Schwindet sie, erhalten die Menschenrechte eine andere Funktion. Sie verbürgen dann nicht mehr die Potentiale einer rhetorischen Praxis jenseits der Gesetze, die sie aus der – wie auch immer symbolischen – Transgression nationalstaatlicher Grenzen bezog. Was schließlich würde überschritten, welcher Text würde durchgestrichen, wenn die Menschenrechte bereits ein weltweit geltender Rechtstext sind? Es scheint vielmehr, als stoße das Projekt der Menschenrechte mit dieser verrechtlichenden Globalisierung an seine eigenen Grenzen. Die partikulare Fassung kommt mit der allgemeinen zur Deckung. Ein Sprechen im Namen der Menschenrechte ist dann ein Sprechen im Namen des Rechts. Das Recht spricht selbst, statt sprechen zu machen. Das könnte – jedenfalls zu einem gewissen Anteil – erklären, warum nicht mehr nur »Menschen«, sondern auch Staaten sich auf die Menschenrechte beziehen. Sie haben sich in ihrer Funktion als Gesetzgeber die Menschenrechte als Kodifikationsmaterie angeeignet. Unterstützt wird die Vertauschung von Recht-Sprechen und Recht-Erklären noch durch die synonyme Adressierung von Staaten und einzelnen Staatsbürgern im internationalen Recht: Beide sind gleichermaßen Rechtssubjekte. In der Folge ist die zivil- und strafrechtliche Verantwortlichkeit von Staaten der individuellen nachgebildet.[32] Ein politischer Umgang zwischen Staaten kleidet sich in individualrechtliche Formen – mit allen Folgen des Kollabierens konstitutiver Unterscheidungen zwischen Staat, Staatsbürger und Mensch.

In der unmittelbar rechtlichen Verfügungsgewalt sowohl von einzelnen Staaten als auch der internationalen Staatengemeinschaft wird aus den Menschenrechten als Instanz des individuellen Sprechens ein Instrument zur Steuerung der Politik, einer Politik vornehmlich im Interesse der westlichen Länder. Eine selektive Menschenrechtspolitik ist demnach nicht irgendeine Gefahr, die paradoxerweise genau mit den rechtlichen Mitteln gering gehalten werden soll, die sie heraufbeschworen hat; sie ist die absehbare Folge einer umfassenden Positivierung der Menschenrechte. Sicher sind diese keine Substanz, die mit solchen Transformationen aufgebraucht wäre. Sie mögen ein, mit Habermas gesprochen, »ungesättigtes« Sprechpotential enthalten, dessen Sättigungsgrad allerdings mit einer bestimmten Masse an Menschenrechtskodifikationen erreicht ist. Das imposante Projekt der Menschenrechte, das darin besteht, den Menschen zum Sprechen zu veranlassen, das schier unersättliche Interesse des Rechts an seiner Selbst-Aussage schließlich ist erschöpft, wenn diese vollständig kodifiziert vorliegt.

IV Die historisch begrenzte Reichweite der Menschenrechte

Will man nun ungeachtet dieser zweihundert Jahre wirksamen Verzahnung von Mensch und Gesetz, von Reden und Recht am Projekt der Menschenrechte festhalten – und sei es auch nur, weil die Gewalt des Rechts anders nicht sichtbar gemacht werden kann –, so zeigt sich dennoch die Begrenztheit dieses Versuchs. Die Menschenrechte sind allein für diejenigen erhältlich, deren erlittene Verletzungen sich als Erfahrung in das dichotome Diskursschema fügen lassen. Nur innerhalb des klassischen Unterdrückungsverhältnisses, nur im Diskurs der Opfer können Menschenrechtsverletzungen deklariert werden. Wo aber kein Macht-Block für Repressionen verantwortlich gemacht werden kann, versagt die diskursive Rahmung durch die Menschenrechte. Sie setzt eine Diktatur, ein Regime, das foltert oder individuelle Freiheiten beschneidet, zumindest aber den Staat als Akteur von Unterdrückungen voraus. Diffuse, parastaatliche Mächte, entpersonalisierte Unterdrückungshandlungen, die Mafia schließlich werden davon nicht erfasst. Wo also die binäre Konfiguration der Kräfteverhältnisse in einer Gesellschaft entfällt, verlieren die Menschenrechte ihre Funktion, die Artikulation von Verletzungen zu ermöglichen. Sie sind auf einer spezifischen Erfahrung aufgebaut. Greift das binäre Aussageschema nicht, weil Wahrnehmung und Beschreibung von Repressionen komplexer und zugleich ambivalenter sind, als die Menschenrechte es hergeben, muss die Erfahrung entweder darauf reduziert werden oder aber sich andere Ausdrucksformen suchen.

So wie die Analyse der Verrechtlichung der Menschenrechte belegt also auch ihre Bindung an einen bestimmten Erfahrungsgehalt die historisch begrenzte Reichweite des Konzepts der Menschenrechte. Mit neuen, anders diskursivierten Erfahrungsgehalten werden die Menschenrechte nicht fertig. Auch durch die Betonung der Formalität der Menschenrechte wird die historische Bedingtheit ihrer Konzeption nicht vollkommen entzeitlicht. Ein Sprechen im Namen der Menschenrechte wird zwangsläufig von der Dichotomie durchzogen sein, aus der es hervorgegangen ist. Es gibt immer zwei Menschheiten, wie Etienne Balibar schreibt.[33] Sein Vorschlag, die Symmetrie im Diskurs der Differenzen zu sprengen, zu vervielfältigen und zu diversifizieren, könnte in diesem Zusammenhang als Versuch gelesen werden, den Menschenrechten gleichwohl eine angemessene Erfahrungsfigur aus dem Zwanzigsten Jahrhundert zu unterlegen.[34] Dies bezeugt nebenbei und unwillentlich noch einmal die intrinsische Verbindung von Kommunikation und Menschenrechten. Es verweist schließlich auf das Begehren, vor dem Gesetz zu reden, statt die Bedingungen zu analysieren, unter denen ein solches ausnutzbares Begehren erzeugt wird. Und außerdem: Passt der Begriff »Menschenrechtsverletzung« überhaupt noch, wenn der Mensch, die Verletzung und der Verletzer ihre Eindeutigkeit verloren haben?

Wenn komplexe Beziehungen mit wechselnden Machtverhältnissen sich in der binären Strukturierung des Erfahrungsgehaltes der Menschenrechte nicht mehr erfassen lassen, tritt eine paradoxe Situation ein. Man kann dann – vor allem in westlichen Ländern – durchaus von der Einhaltung der Menschenrechte sprechen, und zwar selbst dort, wo Unrecht geschieht. Anders ausgedrückt: die Beachtung der Menschenrechte ist keine Garantie dafür, dass keine Gewalt im Recht stattfindet. Andere Formen der Gewaltausübung unterlaufen den Maßstab der Menschenrechte einfach. Wenn aber die Einhaltung der Menschenrechte zum Kriterium für die Zulassung in internationalen Zusammenschlüssen, letztlich zum Garanten für einen bestimmten wirtschaftlichen Standard der Länder wird, sind sie eine unmittelbar politische Angelegenheit von Staaten. Ihre Anerkennung verbürgt dann keine rhetorische Praxis. Sie sind ein wirtschaftlicher Faktor im Kalkül staatlicher Außenpolitik und auch eine bequeme Legitimationsfigur für internationales Handeln. Darin deutet sich die Transformation der Menschenrechte an: Aus der Berufung auf Humanität ist ein Dispositiv geworden, um weltpolitische Vorgänge in Form von rechtlichen Akten zu fassen. In rechtlichen, menschenrechtlichen Begriffen zumal wird eine Interessenpolitik westlicher Länder schließlich konsensfähig.

Mit einer Reformulierung der Menschenrechte gemäß ihrer Idee lässt diese Entwicklung sich nicht zurückdrängen. Das Sprechen im Namen der Menschenrechte ist unwiderruflich ein rechtliches des Staates geworden; der Diskurs der Menschenrechte ist kodifiziert und als solcher Gegenstand von Analyse und Kommentar wie andere Gesetzeswerke auch.

Versäumnisurteile und andere Unverständlichkeiten

Strategisch gewitzte Souveräne verordnen ihren Gesetzesmachern, Gesetze möglichst unverständlich zu formulieren. »Une constitution doit être courte et obscure«[1], dekretierte beispielsweise Napoleon. Denn allein Gesetzestexte, die »helldunkel und deutbar« bleiben, sind ein »Machtmittel«.[2] Legislatoren vom Schlag Napoleons bedienen sich der Hermeneutik als Machtstrategie. Die Macht juristischer Deutungskunst sitzt bekanntlich in den Auslegungsspielräumen. Je knapper und obskurer die Gesetze ausfallen, desto leichter lassen sie sich nach dem Willen oberster Gesetzesherren biegen, doch desto unverständlicher sind sie auch. Dieses legislatorische Dilemma zwischen Biegsamkeit und Unverständlichkeit wird zuweilen durch Präambeln gelöst, die wortreich erklären, was nachfolgend in juristischer Knappheit befohlen wird.

Nicht zu jeder Zeit konnten sich Gesetzgeber auf diese Arbeitsteilung zwischen abundanter Präambel- und nüchterner Gesetzesfassung verlassen. Seit der Aufklärung gilt, dass Gesetze aus sich heraus verständlich sein müssen. Denn an ein Gesetz und seine Folgen kann nur derjenige gebunden werden, der es verstanden hat. Mit blumigen Vorreden ist es dann nicht mehr getan. Das Preußische Allgemeine Landrecht hat diesen Gedanken zum sprichwörtlichen Prinzip erhoben, dass Unkenntnis des Gesetzes vor Strafe nicht schütze. In § 13 der Einleitung warnt es, dass niemand sich »mit der Unwissenheit eines gehörig publizierten Gesetzes entschuldigen« könne. Diese unerbittliche Konsequenz hält den Gesetzgeber seinerseits zu gehöriger Bekanntmachung (§ 10) an: Will der Staat strafen und überhaupt seine Gesetze anwenden, muss das Gesetz ankommen. Es muss nicht bloß, wie ein Brief, zugestellt werden, es muss auch verständlich sein. Folglich hat ein Gesetzgeber neben der Publizität auch für die Verstehbarkeit seiner Gesetze zu sorgen.

»Gesetze müssen sprachlich einwandfrei und soweit wie möglich für jedermann verständlich gefaßt sein.« Diese Order aus der Geschäftsordnung der Bundesministerien (§ 35 Abs. 1GGOII) wiederholt nur, was spätestens seit 1793 die Arbeit des Gesetzemachens unaufhörlich, wie ein Gesumm, begleitet. Einwandfreie und verständliche Gesetze sollen dabei herauskommen. Was das ist, bemisst sich am Ideal der Eindeutigkeit. Denn Gesetze, die man auch anders auslegen könnte, verdienen kaum das Prädikat »verständlich« oder gar »allgemeinverständlich«.

Verständlichkeit und Eindeutigkeit lauten die Ziele – um nicht zu sagen: Phantasmen – auch der noch gegenwärtigen Gesetzgebung. Anders als in der Vergangenheit belässt die Legislative es dafür nicht bei Appellen und Ermahnungen. Sie setzt zudem auf die Mitwirkung der Bevölkerung.[3] Subjekte sollen die Gesetze, denen sie nach Inkrafttreten unterworfen werden, mitgestalten. Die Idee zu einer Bürgerbeteiligung am Gesetzgebungsverfahren könnte aus den achtziger Jahren stammen, als es etwa darum ging, den umstrittenen Bau einer Atomanlage mittels dieser als akzeptanzfördernd geltenden Maßnahme durchzusetzen. Auch in der Wortwahl gleicht sich das Gesetzgebungsverfahren – im Dienst besserer Verständlichkeit – dem Verfahren damaliger Großprojekte an. So plant das Bundesministerium des Inneren derzeit ein Handbuch zur »Gesetzesfolgenabschätzung«. Es soll nach dem Willen der Herausgeber

> zum einen dazu genutzt werden, Gesetzestexte kürzer und verständlicher zu machen, zum anderen, um die beabsichtigten Wirkungen und die unbeabsichtigten Nebenwirkungen besser beurteilen zu können.[4]

Wenn aber die Folgen von Gesetzen und Gesetzesnovellen (im Sprachstil des Bundesinnenministeriums: ihre Risiken und Nebenwirkungen) abgeschätzt werden sollen, dann ist das Gesetzemachen eine offenbar ebenso gefahrvolle Angelegenheit geworden wie das Betreiben technischer Anlagen.

Dass das Norm-Dispositiv der Großtechnologien erst jetzt, und nicht bereits in den achtziger Jahren, auf die Gesetze selbst übertragen und Gesetzgebungsverfahren nach dem Verfahren für technische Anlagen modelliert werden, hat seinen Grund wiederum in einer Technik. Erst mit den Innovationen der Kommunikationstechnik scheint das Aufklärungsideal von der Mitwirkung aller am Gesetzgebungsprozess in greifbare Nähe gerückt zu sein. Zumindest beflügelt das Internet solche kommunitären Visionen:

> Der Internet-Nutzer könnte diese Datei [eines Gesetzgebungsentwurfs] auf seinen PC herunterladen –, um ihn in Ruhe zu studieren … Nicht nur im Familien- und Freundeskreis könnte man über das Gesetzesvorhaben diskutieren. Schüler und Studenten könnten sich – einzeln, in Arbeitsgruppen oder in Seminarveranstaltungen – mit dem Thema befassen; Jurastudenten könnten die Gesetzessystematik, den Vorschriftenaufbau, die Einbindung in bestehende Vorschriften untersuchen; Studierende der Germanistik oder auch Absolventen von Journalistenschulen könnten die sprachliche Eleganz des Entwurfs prüfen, Studierende der wirtschaftswissenschaftlichen Fakultäten betriebs- und volkswirtschaftliche Hintergründe ausleuchten usw.

Kurz: Expertenanhörungen und Sachverständigenrunden, die bislang im Vorfeld der Gesetzeskraft gewirkt haben, würden überflüssig. Jedermann wäre Experte, und beriefe er sich auch nur auf die Expertenschaft des unvoreingenommenen Laien. Das Internet befähigt Experten wie Laien überdies dazu, ihre Einsichten kundzutun.

> Den Bürgern müßte nunmehr die Möglichkeit eingeräumt werden, die Ergebnisse ihrer vorstehend beschriebenen Aktivitäten an das federführende Ministerium zu übermitteln.[5]

Anhand der Rückmeldungen soll das Ministerium dann erkennen, an welchen Stellen im Gesetz es mit dem »Verständnis« und der »Akzeptanz« hapert.[6] Der Entwurf einer perfekten

Rückkopplung der Legislative mit ihren Gesetzessubjekten folgt einem bekannten Muster. Die Stein-Hardenbergschen Reformen hatten es für die Ebene der Verwaltung ersonnen. Alle Staatsbürger sollten nach dem Plan der Reformer an der Exekutive mitwirken, damit man so dem potentiellen »Unwillen und Abneigung gegen alles, was die Regierung betrifft«, zuvorkäme.[7] Positiv formuliert wollte man die Akzeptanz der Verwaltung durch die Bürger fördern, indem man sie daran beteiligte. Gleiches soll nun offenbar für die Gesetzgebung gelten: Bindung an das Gesetz durch Einbindung in das Verfahren, Verständlichkeit der Gesetze durch Partizipation, Akzeptanz durch Interaktivität. Um diese Ziele zu erreichen und den Graben zwischen Staat und Gesellschaft zu verringern, bedarf es nicht der tatsächlichen Mitwirkung aller. Es genügt die Möglichkeit dazu. Denn so wie jeder Bürger allein dadurch, dass er lesen und schreiben gelernt hat, zum Staatsdienst befähigt war, nachdem Preußen besondere Eignungsvoraussetzungen dafür abgeschafft hatte, berechtigt ihn nun bereits die (technisch mögliche) Internetzugänglichkeit zur Mitsprache im Gesetzgebungsprozess. – Es wäre nur folgerichtig, wenn nach Verwaltung und Gesetzgebung auch die dritte Gewalt daran ginge, eine derartige Rückkopplungsschleife zu konzipieren, wären nicht schon Court-TV, Ally McBeal *et al.* der virtuellen Mitarbeit aller Fernsehzuschauer an der Rechtsprechung zuvorgekommen.

Partizipationen und Interaktionen mögen aus Sicht von Gesetzesunterworfenen die Arbeit der drei Gewalten transparent gestalten und insbesondere Verwaltungsentscheidungen akzeptabel, Gerichtsurteile nachvollziehbar und Gesetze verständlich machen. An den unscheinbaren Mächten, die im Hintergrund der Auslegung und Anwendung von Gesetzen arbeiten, ändern sie indes nichts. Sie hausen weiterhin unbeachtet in jenen Normen, welche die Anwendung eines Gesetzes und damit den Prozess der Deutung zuallererst eröffnen und ihn steuern. Regeln dieses Normtyps müssen, weil sie die Auslegung von Gesetzen programmieren, selbst davon verschont bleiben. Sie sind, um nicht in den Sog unabschließbarer Deutung zu geraten, auch ohne weiteren Befehl dazu präzise abgefasst. Oftmals handelt es sich um Anwendungsbefehle vom Typ wenn / dann. Ihre konditionale Verknüpfung sieht für eine Fallkonstellation jeweils eine bestimmte Folge vor, beispielsweise in Form eines Versäumnisurteils: Wenn in einem Rechtsstreit eine Partei unentschuldigt nicht erscheint, dann ist der erschienenen Seite das Begehrte unabhängig von der materiellen Rechtslage zuzusprechen. Diese Vorschrift blockiert also die richterliche Arbeit der Auslegung. Anwesend oder abwesend, Plus oder Minus, Null oder Eins – weil diese prozeduralen Regeln binär aufgebaut sind, lassen sie keinen Spielraum zur Interpretation. Präzision erlangen sie auch dadurch, dass sie zum Zählen und Berechnen statt zum Deuten und Abwägen anhalten. Fristbestimmungen etwa lösen die Anwendbarkeit eines Gesetzes aus oder sperren sie; Abstimmungsvorschriften führen trotz aller und oftmals schier unentscheidbarer Auslegungsschwierigkeiten eine Entscheidung herbei. Am Ende befindet eine abzählbare Mehrheit von Richtern über Schuld oder Unschuld eines Täters.

Allen Regeln des skizzierten Typs ist, neben der Suspension vom Auslegungsprozess, ihre Stummheit gemein. Sie werden nicht mitgesagt, sondern im kommunikativen Akt vor Gericht oder in anderen Verfahrenssituationen vorausgesetzt. Ein Gerichtsprozess etwa läuft nach einem unausgesprochenen, nicht-mathematischen Algorithmus ab: Die Sitzung ist eröffnet, Anträge werden gestellt, die Öffentlichkeit wird ausgeschlossen, die Richter ziehen sich zur Beratung (und das heißt letztlich: zum Auszählen ihrer Stimmen) zurück. Je weniger materielles Recht im Spiel ist, desto stummer vollziehen sich die einzelnen Verfahrensschritte. Das Kopfnicken eines Prozessvertreters genügt, um den Rechtsstreit zu beenden. Wie von Geisterhand bewegt, erheben sich die Verfahrensbeteiligten und verlassen den Saal … Für den gesetzesunterworfenen Laien fängt die Unverständlichkeit hier an, wo das Gesetz stumm bleibt. Und möglicherweise residiert gerade darin die letzte noch bestehende Anziehungskraft eines ansonsten immer verständlicher werdenden, den Alltag durchnormierenden Rechts.

Verfahrensvorschriften operieren am Rand des Verständlichen. Sie installieren die Operatoren des Rechts, die unausgesprochen bleiben, weil sie das Aussprechen bewirken. Jacques Derrida hat diesen Diskursivierungseffekt anhand der, wie er es nennt, Ränder eines Textes erschlossen. Titel und Unterschrift, Fußnote, Zitat, Motto und Präambel zählt er dazu. Diese Randcodierungen assistieren der Auslegung eher, als dass sie selbst ausgelegt werden. Sie bewirken, dass Texte einen bestimmten Grad an Verbindlichkeit in der Auslegung erlangen. Derrida behandelt diese textuellen Marginalien wegen dieser Bindungswirkung oder Quasi-Rechtskraft als Rechtsformen. Dass er sie auch dort, wo es sich nicht um Rechtstexte handelt, sondern etwa um poetische, rechtsförmig begreift, weist auf eine Eigentümlichkeit der Rechtsordnung hin. Sie ist die einzige Ordnung, welche die Bedingungen der Wirkung, auf die sie abzielt, selbst mitregelt. In den Worten eines Nicht-Dekonstruktivisten: »Es gibt keine andere Normordnung, die eine solche, über Verfahren laufende Reflexivität entwickelt hat. Man findet sie nur im Recht.«[8] Das Recht macht sich selbst Vorschriften. Es regelt das Verfahren, nach dem es sich vollzieht und darstellt. Diese im Vergleich zu anderen, nicht allein normativen Ordnungen einzigartige Ausdrücklichkeit des Rechts nutzt Derrida, um die performativen Bedingungen von sprachlichen Äußerungen überhaupt zu analysieren. Er unterlegt sämtlichen Sprechakten eine juridische Form, um offenzulegen, warum sie so wirken, wie sie wirken, etwa: warum man sie als authentisch hinnimmt oder warum man sie so versteht und nicht anders.

Dieser Juridismus in der Sprachanalyse Derridas kennzeichnet bereits die Sprechakttheorie John Langshaw Austins, auf die jene gegründet ist. Austin weist auf die paradigmatische

Stellung hin, die die Rechtsordnung in seiner Theorie einnimmt. Eine Anmerkung dazu findet sich nicht zufällig in einer Passage, die auf H. L. A. Hart Bezug nimmt, denjenigen Autor, der die Sprechakttheorie wiederum auf die Jurisprudenz übertragen hat. Austin legt darin Rechenschaft über die Wahl des Worts »performativ« für die von ihm untersuchte Sorte von Sprechakten ab:

> One technical term that comes nearest to what we need is perhaps ›operative‹, as it is used strictly by lawyers in refering to that part, i. e. those clauses of an instrument which serves to effect the transaction (conveyance or what not).[9]

Wenn Austin die Bezeichnung »performativ« mit dem technischen Ausdruck »operativ« erläutert, so wie Juristen ihn verwenden, dann lassen sich die allein mit Worten bewirkten Transaktionen auf bestimmte Operationen zurückführen: linguistische, die mit bestimmten Verbtypen verbunden sind, oder rechtliche, die auf bestimmten Verfahrens- und Vollzugsvorschriften beruhen. Sie bewirken nichts Geringeres, als dass das Recht sich überhaupt zeigt, dass es sich überträgt – conveyance or what not. Erst aufgrund dieser Transformationseffekte kann das Recht zur Auslegung schreiten. Erst dann ist es offen für Verstehensfragen.

Die von Austin nahegelegte Unterscheidung zwischen dem deutbaren Gesetz und den Operatoren der Deutung deckt sich grob mit der Unterscheidung, die die Rechtsordnung zwischen materiellem und formellem Recht trifft. Beide Ebenen, die Ebene der Auslegung und die der Auslegungsvorschriften, stehen in demselben Verhältnis zueinander wie Sprache und Metasprache. Sie sind das Andere des Anderen. Wer diese Alterität verkennt und den Unterschied zwischen auslegbaren Gesetzen und den Gesetzen der Auslegung missachtet, gerät entweder – wie K. in Kafkas Werken – in ein Delirium: das Drama des Rechts, das nicht aufhört, die Frage nach der ultimativen Deutung zu generieren, ohne diese je zu gewähren. Oder er macht unfreiwillig einen Witz, wie jener bauernschlaue Bauer, der – anders als Kafkas Mann vom Land – nicht Zugang zum Gesetz verlangt, sondern schlicht sein Recht will.[10] Johann Peter Hebel berichtet von diesem Bauern, dass er wegen eines Streits mit seinem Schwager einen Anwalt aufsucht, damit dieser ihm zu seinem Recht verhelfe. Der aber will den Prozess nicht führen und zeigt auf das Gesetz, das dem Anliegen des Rechtsuchenden entgegensteht. Erst ein in Aussicht gestellter Zusatzverdienst bewegt den Advokaten zur Übernahme des Mandats. Überraschend gewinnt er den Prozess für seinen Mandanten. Der Grund: Die Gegenseite war zum Termin nicht erschienen. Die Folge: VU, Versäumnisurteil. Dem Bauern wird das Begehrte ohne Ansehen der materiellen Rechtslage zugesprochen. – So lautet die Kurzfassung dieser nachlesenswerten Anekdote »Prozeß ohne Gesetz« aus dem *Schatzkästlein des rheinischen Hausfreundes*. Ihren Ausgang kommentiert Hebel kopfschüttelnd: »Item: So können Prozesse gewonnen werden. Wohl dem, der keinen zu verlieren hat.«

Dem Nicht-Juristen Hebel leuchtet es nicht ein, dass das Recht einen Unterschied macht zwischen der Auslegung von Gesetzen und Gesetzen, die über Auslegung und Auslegbarkeit entscheiden (zu denen eben auch das Gesetz über Versäumnisurteile zählt). Er hat kein Verständnis dafür, dass die materielle Gerechtigkeit zugunsten funktionierenden Rechts abdanken soll. Und in der Tat schneidet sich der binäre Modus operativer Vorschriften mit dem Ideal abwägender Gerechtigkeit. Bestimmungen zur Anwendung von Gesetzen machen Schnitte, wo Abstufungen gerecht erscheinen. Stichtagsregelungen etwa werden als Akt der Willkür empfunden.[11]

Ein Witz wird aus Hebels bitterer Moral, wenn die vom Recht versagte Auslegung eines Gesetzes ihrerseits ausgelegt wird. So deutet der Bauer, der die Seite mit dem störenden Gesetz in einem unbeobachteten Moment aus dem Gesetzbuch entfernt hatte, den günstigen Prozessausgang im Nachhinein auf seine Weise: »Wenn ich nicht das Gesetz aus dem Landrecht gerissen hätte, Er [der Advokat] hätt' den Prozeß längst verloren.«

Die Interpretation, dass herausgerissene Gesetze ihre Anwendung verhindern, mag zwar ungefähr so naiv sein wie der Glaube, dass verständlich abgefasste Gesetze die Macht der Hermeneutik brechen könnten. Aber ihre Pointe ist besser. Sie zeigt auf das, was Transparenzgebote und Verständlichkeitspostulate vergessen machen, wenn sie Gesetzesfragen auf Verstehensfragen reduzieren. Sie zeigt auf die Operatoren der Gesetze, die das Verständnis von Gesetzen bewirken – und beträfen sie auch nur das Papier, auf dem Gesetze gehörig publiziert werden.

Drei Versionen des Schlussworts vor Gericht

I Höchstpersönlich und nicht übertragbar

Zu den wesentlichen Justizgrundrechten zählt das Recht auf rechtliches Gehör. Die Postulierung eines solchen subjektiven Rechts geht auf eine Philosophie zurück, die das Subjekt untrennbar mit seiner Stimme verknüpft hat. Das Subjekt, so wie Immanuel Kant es entwirft, bedarf der Stimme[1], nicht allein, um seinen politischen Willen in Wahlen kundzutun, sondern auch und vor allem: um für sich selbst sprechen, sich repräsentieren, seine Rechte fordern und sich verteidigen zu können. Die Handlungsfähigkeit als Subjekt des Rechts und die Anerkennung seiner subjektiven Rechte sind an das Vernehmen der Stimme gebunden, daran, dass das Recht der Stimme Gehör schenkt.

Kulminieren sämtliche subjektiven Rechte in dem einen Recht auf die eigene Stimme, die gehört wird, so wirkt sich das auch auf die Verfahrensgestaltung im Strafprozess aus. Die Verteidigung gegenüber einer Anklage ist nach dem Entwurf eines für sich sprechenden Subjekts keine Frage von Fürsprecherschaft mehr: wer spricht für wen?[2] Wer vor Gericht spricht, stellt seit der Aufklärungszeit nicht länger den beschädigten Ruf eines Freundes wieder her. Er soll die Wahrheit sagen, die Wahrheit über Wahrgenommenes, die Wahrheit über sich. Die forensische Kunst der Fürsprache weicht von da an der Praxis der Aussprache – je kunstloser und »unrhetorischer« die Selbstdarstellung, desto glaubwürdiger der Eindruck. Kurzum: Das geständige Subjekt ist gefragt, nicht der Freund, der für den anderen bürgt. Oder, aus der Perspektive des Angeklagten formuliert: Er, der nach der Vorstellung des Rechts der Antike nicht selbst spricht und damit aus justitieller Sicht Toten und Abwesenden gleichgestellt ist, wird seit Kant zum Selbst-Reden angehalten.

Die Stimme, die von da an im Prozess zu vernehmen ist, ist demnach die fürsprecherlose Stimme. Aus Fürsprechern werden Verteidiger. Sie können zwar anstelle ihrer Mandanten reden, können Anträge stellen, Zeugen befragen, Schlussplädoyers halten, doch ersetzt die Advokatenrede nicht die des Angeklagten. Auch wenn dieser während des gesamten Prozesses geschwiegen hat, soll ihm am Ende der Verhandlung, nachdem die Beweisaufnahme abgeschlossen und die Schlussvorträge von Staatsanwalt und Verteidiger gehalten sind, noch einmal die Möglichkeit eingeräumt werden, selbst zu reden. Das letzte Wort, das einer im Alltag meist behalten will, wird ihm vor Gericht gewährt. Paragraph 258 Absatz 2 und 3 der Strafprozessordnung schreibt vor, dass der Angeklagte es auch dann erhalten soll, wenn er im Prozess einen Verteidiger hat. Das letzte Wort gehört mithin einem Typ von Rede an, der keine Stellvertretung duldet. Es wird stets in eigener Person gesprochen und kann auf niemanden übertragen werden.

Weitere Verfahrensvorschriften für den letzten Auftritt vor Gericht fehlen. Wie ein Angeklagter den ihm überlassenen Diskursrahmen füllt, ist allein seine Sache. Er kann beispielsweise seine Rede auch schriftlich vorbereiten, und überhaupt darf er alle Register ziehen, um seine Richter gnädig zu stimmen. Ein herzerweichender Auftritt, Nebensächliches, Unwahrheiten sind zugelassen, nicht einmal eine Höchstdauer für das letzte Wort ist vorgeschrieben. Hier soll alles gesagt werden können. Das ganze Leben. Das stets auf Prozessökonomie bedachte Recht leistet sich diesen Luxus. Es geht das Risiko ein, dass jemand in diesem Stadium des Verfahrens, an dem eigentlich alles gesagt sein sollte, einfach auspackt und seine Lebensbeichte vorträgt. In der Regel kann das Gericht darauf vertrauen, dass dies nicht geschieht. Redefreiheit heißt schließlich nicht, dass Unerwartetes geäußert wird. Wo alles gesagt werden kann, wird am Ende oft nichts gesagt. »Ich schließe mich den Worten meines Verteidigers an«, ist meist das Einzige, was man aus dem Mund des Angeklagten als sein letztes Wort vernehmen kann.

Der Rechtstheoretiker und Richter Thomas Seibert nennt die taktischen Erwägungen, die hinter dieser Einsilbigkeit stehen:[3] Wer mehr sagt als das schon Gesagte, wer am Ende einer Verhandlung von dem Bedürfnis nach Selbstrechtfertigung davongetragen wird und sich zu Bekenntnissen und Einblicken hinreißen lässt, durch die er Gefahr läuft, die vom Anwalt verfolgte Verteidigungslinie zu zerstören, der sagt zu viel und mehr, als zu seiner Verteidigung gut tut. Ungeachtet solcher Warnungen aus Anwaltssicht hat man aber auch schon Geständnissen im Gerichtssaal beigewohnt, die, gefürchtet wegen ihres Nichtendenwollens, begrüßt wegen ihres Beitrags zur Statistik der Verbrechensaufklärung, den Raum des letzten Worts füllten.

Warum und seit wann es dieses letzte Wort vor Gericht überhaupt gibt, darüber verlieren die juristischen Kommentare kaum Worte. Auf seine rechtshistorische Erforschung wartet dieses Rechtsinstitut also noch. Seine Bezeichnung als *letztes* Wort, das dem Angeklagten gewährt wird, lässt an Vermächtnis und Schafott denken. Leitet sich das letzte Wort vor Gericht aus den Gnadenbitten der Frühen Neuzeit ab, mit denen zum Tod Verurteilte ihr Schicksal noch auf dem Weg zum Henker abzuwenden vermochten?[4] Auch die Vollstreckung anderer Strafen konnte mit den Gnadengesuchen verhindert werden. Sie bedienten sich derselben Redefiguren, die noch heute vor Gericht in Gebrauch sind. Die verurteilten Bittsteller wiesen auf ihre Lebenssituation und die Umstände der Tat hin, baten um Entschuldigung, zeigten Reue und gelobten Besserung. Nur taten sie dies zu einem Zeitpunkt, zu dem aus weltlicher Sicht schon alles zu spät scheint: nach der Verurteilung. Das Strafrecht der Aufklärung, das noch das unsere ist, verlegt die letzte Möglichkeit, auf die Strafe Einfluss zu nehmen, darum auf die Hauptverhandlung, wenn noch kein Urteil gesprochen ist.

Für die Frage nach dem Grund für dieses Rechtsinstitut ist auch die Bezeichnung als letztes *Wort* aufschlussreich. Worte sind, im Gegensatz zu Sätzen, nicht auslegbar, weder bei Gericht noch anderswo. Nicht ›welcher Rechtssatz passt zu welchem

Sachverhalt, welches Gesetz zu welchem Fall‹, sondern ›wie spricht der Angeklagte?‹ ist also die leitende Frage dabei. Der unmittelbare Eindruck des Sprechers zählt. Die Stimme des Angeklagten noch im Ohr, sollen die Richter ihre Entscheidung treffen. Paragraph 261 der Strafprozessordnung spricht in kantischer Diktion vom »Inbegriff der Verhandlung«, aus dem das Gericht sein Urteil schöpfen solle. Das letzte Wort hätte demnach den Zweck, Inbegrifflichkeit zu erzeugen, und nebenbei erinnert es die Richter daran, dass sie über jemanden zu Gericht sitzen, der (wie sie selbst) spricht, der ein Subjekt und damit ein Träger subjektiver Rechte ist.

Wenn dies so ist, wenn das letzte Wort vor Gericht jenseits des juristischen Subsumtionsgeschäfts der Einstimmung in die Urteilsfindung dient und als Memento funktioniert, dann ist es kaum verwunderlich, dass diesem Akt in rechtsdogmatischer Hinsicht keine besondere Beachtung zuteil wird. Das letzte Wort wird als Förmlichkeit angesehen – keine bloße Formalie zwar, sondern eine unabdingbare Förmlichkeit, ohne die das Verfahren fehlerhaft ist und wiederholt werden muss, aber eben auch kein Verfahrenselement, das die substantiellen Entscheidungsgründe trägt. Auf die Tatsachenfeststellung hat es keinen Einfluss. Das letzte Wort ist schließlich erst nach der Beweisaufnahme vorgesehen. In dieser Phase hat es allenfalls noch die Möglichkeit, die richterliche Beurteilung der Tat zu beeinflussen. Die forensische Psychologie hat indes Zweifel daran, ob das letzte Wort für die Bestimmung des Strafmaßes in irgendeiner Weise entscheidend sein kann. Sie glaubt an den »Anker-Effekt«, daran, dass die zuerst gehörte Zahl das Maß setzt, an dem sich alle weiteren Forderungen zur Höhe der Strafe ausrichten.[5]

Will man diesen Effekt für den Angeklagten nutzen, müsste dessen letztes Wort ein erstes sein. Der Angeklagte müsste selbst und bereits an erster Stelle sagen, was er als Strafe für sich selbst fordert. (Freilich wäre das ein perfides Unternehmen, dem Angeklagten auch noch abzuverlangen, zum Staatsanwalt seiner selbst zu werden.) Die Forschung ist sich jedenfalls sicher, dass das letzte Wort auf Richterohren trifft, die durch die erste Zahl bereits voreingenommen sind. Ob das Wort des Angeklagten in der Schlussphase des Prozesses, wenn alle Strafmaßforderungen sich längst eingeprägt haben, noch etwas auszurichten vermag, entzieht sich der rechtlichen Nachprüfbarkeit. Die Wirkung eines letzten Wortes ist schließlich nicht einklagbar, lediglich seine Gewährung ist es.

II Theatral und ohne Ironie

Höchstpersönlich und nicht übertragbar ist das letzte Wort vor Gericht. Die Theatergruppe *Rimini-Protokoll*[6] hat auf diese prozessrechtliche Bestimmung den Test gemacht. Sie hat eine Gerichtsverhandlung auf einer Theaterbühne nachgespielt und die eherne Diskursregel des letzten Worts, das von niemand anderem als dem Angeklagten gesprochen werden darf, gleich mitinszeniert. Statt die Rolle der Angeklagten mit einer Schauspielerin zu besetzen wie andere Rollen in diesem Bühnenstück, hatte eine »echte« Angeklagte an diesem Theaterabend das letzte Wort. Sie zitierte, was sie damals in ihrem Prozess gesagt hatte. Es ging in dieser Schlussrede, wie stets in letzten Worten vor Gericht, um Bedauern und Einsicht, um bessere Aussichten und letzte Lebenschancen, die eine Verurteilung jäh zunichte machen würde. Und jedem, der ihr zuhörte, war unmittelbar klar: Hier spricht keine Schauspielerin. Nicht etwa, weil sie ihre Sätze so holprig hervorbrachte, wie man es von einer Laiendarstellerin erwartet, sondern im Gegenteil, weil diese letzten Worte bühnenreif gesprochen waren, hatte man diese Gewissheit: So spricht jemand, der seine eigene Haut retten muss. Absolut glaubwürdig und absolut theatral. Das letzte Wort vor Gericht blieb auch auf der Bühne des Theaters noch das letzte Wort vor Gericht.

Den Bühnenwechsel hatte die Rede der Angeklagten offenbar unbeschadet überstanden. Und das ist nicht selbstverständlich. Denn schließlich ist gerade die Verdopplung der Bühnen dazu angetan, das Geschauspielerte aller Reden herauszustellen und da mit dem juristischen Mechanismus der Zuordnung des Gesagten zum Sprecher in Zweifel zu ziehen. Hier wurde nun demonstriert, dass die rechtlich geforderte Höchstpersönlichkeit einer Rede und ihre theatrale Inszenierung durchaus keine Gegensätze sein müssen. Die Angeklagte inszenierte, dass selbst finale Worte, von denen man es vielleicht am wenigsten erwartet hätte, zitierte Reden sind. Sie werden nicht erst auf der Theaterbühne zitiert. Bereits vor Gericht sind diese Äußerungen Wiederholungen dessen, was anderswo schon gesagt worden ist. Der oder die Angeklagte muss das nicht wissen. Aus seiner Sicht kann das, was er am Schluss der Verhandlung sagt, das einzig Mögliche und Individuellste sein, was er sich nur vorstellen kann. Er ist und bleibt ein Schauspieler seiner selbst, der aus dem Reservoir des Sagbaren seine Sätze herausgreift und zitiert.

Richard Rorty erweist sich als Spezialist für diese unumgehbare Zitathaftigkeit letzter Worte, wenn er beobachtet, wie diejenigen reden, deren Existenz in Freiheit auf dem Spiel steht. Sie sagen, was sie sagen müssen. Ihre Worte sind ebenso einzigartig wie austauschbar. »Alle Menschen tragen ein Sortiment von Wörtern mit sich herum, das sie zur Rechtfertigung ihrer Handlungen, Überzeugungen und ihres Lebens einsetzen. Es sind die Wörter, in denen wir das Lob unserer Freunde, die Verachtung für unsere Feinde, unsere Zukunftspläne, unsere innersten Selbstzweifel und unsere kühnsten Hoffnungen formulieren. Mit diesen Wörtern erzählen wir, manchmal vorausgreifend, manchmal rückwärtsgewandt, unsere Lebensgeschichte.«[7]

Das strafprozessuale Institut des letzten Worts ist der vielleicht plastischste Anwendungsfall für Rortys These vom finalen Vokabular. Reden vor Gericht sind – im Unterschied zu Reden *des* Gerichts – schließlich stets existentielle Reden, in denen es darum geht, die eigene Haut zu retten. Und für den Sprecher ist das, was er in diesem Ernstfall sagt, das einzig Sagbare. Es gibt »keinen Rückgang hinter den Wortschatz (oder über ihn hinaus) […], in dem wir benennen, was für uns zählt […]. Jeglicher Versuch der betroffenen Parteien, den Anderen zu überzeugen, wird unerbittlich auf die Worte zurückgehen, die auf dem Display des Wortschatzes stehen, von dem man herkommt. Und so sind diese Worte für jeden letzte Worte. Es gibt kein Zurück hinter sie, denn nur durch sie können wir ausdrücken, was Bedeutung für uns hat.«[8]

Aktiviert also die grundsätzlichste aller denkbaren Lebenslagen – in Verteidigung des eigenen Lebens in Freiheit – ein ganz bestimmtes Vokabular, so müssen die geäußerten Worte dennoch nicht unverwechselbar und einmalig sein. Unter Anklage steigt der Gebrauch von Allgemeinplätzen und blassen Begriffen oftmals sogar. Für den Sprecher letzter Worte haben diese eine ganz bestimmte Bedeutung. Für alle anderen sind sie mehrdeutig, oft klingen sie auch bloß nichtssagend. Damit ist freilich das Drama vom unverstandenen Angeklagten programmiert. – Was hört das Gericht eigentlich, wenn es dem Angeklagten Gehör gewährt? Anders gefragt: Wie lässt sich aus dieser semantischen Enge (dem Gefängnis des eigenen Vokabulars) ausbrechen, in die bestimmte Sprechsituationen offenbar treiben? Rorty hat dafür die Ironie im Angebot. Ob Ironie auch in einer so existentiellen Lage wie dem Strafprozess hilfreich ist, bleibt allerdings die Frage. Zwar ist eine gerichtliche Verhandlung nicht von vornherein gänzlich ironiefrei, doch steht die Möglichkeit zur Ironie in der Regel den Prozessbeteiligten zur Verfügung, die ein latent gehaltenes Wissen teilen – in erster Linie also dem juristischen Fachpersonal, Richtern, Staatsanwälten und Verteidigern.[9] Deren Ironie zielt ironischerweise genau auf denjenigen, der an sein Letztvokabular gebunden ist: den Angeklagten. Linguistische Untersuchungen der Sprechsituationen vor Gericht haben gezeigt, dass Ironie im Gericht stets dann aufkommt, wenn es darum geht, dessen Glaubwürdigkeit (wie auch die von Zeugen) zu erschüttern.[10]

Die gerichtsinterne Ironie verschärft das Ultimative der Reden vor Gericht also noch. Während die Eingeweihten auf ein unausgesprochenes gemeinsames Wissen rekurrieren, soll der Angeklagte die Organe der Rechtspflege allen Ernstes in sein Geheimnis einweihen. Die Vorlage für die Ironie liefert er also gleich mit. Denn was höchstpersönlich sein soll und doch oft bloß mit Allerweltsphrasen ausgefüllt wird, gibt Anlass zu spöttischen Bemerkungen. Nur selten wird ein Angeklagter daher mit denselben ironischen Mitteln kontern wie die, die sich gegen ihn richten. Nur selten wird er den Spieß der Ironie umdrehen und die Glaubwürdigkeit des Gerichts in Zweifel ziehen, wenn er nicht gerade Fritz Teufel heißt. So wird man also kaum je ein ironisches letztes Wort im Gerichtssaal vernehmen.

Ein ironisches letztes Wort vor Gericht verbietet sich geradezu. Die Ironie würde eine Distanz zum Gesagten aufbauen, die hier, wo einer für sich selbst sprechen soll, fehl am Platz erscheint. Zumindest würde sie ihr Ziel verfehlen. Sie würde kein Mitleid erregen. Und darum wird einer, der das Gericht milde stimmen will, kaum je eine Redeform wählen, die das Zitathafte der eigenen Rede herausstellt. Er wird eher alles unternehmen, um sie authentisch wirken zu lassen. Und dies verlangt dem Sprecher einer ultimativen Gerichtsrede noch mehr ab, als bloß Ironie an den Tag zu legen. Er muss jeden Anflug einer ironischen Brechung selbst noch brechen. Er muss das Zitathafte seiner Rede wegzitieren. Sein Spiel muss die Szene überspielen.[11] – Der Angeklagten des besagten Theaterstücks gelang dies sogar auf der Zweitbühne des Gerichts noch »spielend«. Sie spielte, dass sie nicht spielte, so wie damals, als sie ihre Richter davon überzeugen musste, dass sie es ernst meine.

Der Ernst der Lage vor Gericht schließt das Spiel der Worte also nicht aus. Im Gegenteil: Die Schauspielerei gehört dazu, auch dort, wo jemand auf ein authentisches Wort in eigener Zunge verpflichtet wird. Seine Worte fallen in eine rhetorischtheatrale Anordnung, in der es darum geht, bestimmte Affekte des Mitleids und Verständnisses zu erzeugen. Von Rechts wegen stehen dem Angeklagten als Schauspieler seiner selbst dafür sämtliche Redefiguren und rhetorischen Tricks zur Verfügung – nur eben dieses eine nicht, sich wirklich eines Schauspielers zu bedienen.

III Fingiert und *sub persona*

Was aber wäre, wenn das letzte Wort tatsächlich von einem Fürsprecher gesprochen werden würde? Cicero kann als der Herausforderer dieser einzigen ultimativen Regel zum letzten Wort gelten. Er hat die Grenze der Fürsprecherlosigkeit in seiner Verteidigungsrede 52 v. Chr. für den notorischen Schläger Milo getestet.[12] Dessen Leute hatten den Kriegsherrn Clodius erschlagen.[13] Es kam zu einer Schlussrede, auch wenn diese nach römischem Prozessrecht nicht zwingend vorgeschrieben war.[14] Im Prozess sollten – entgegen der üblichen Reihenfolge – erst die Zeugen vernommen und dann die Anschuldigung formuliert werden. Darauf sollte die Widerrede folgen. Für diese Entgegnung hätte es ausgereicht, wenn Cicero im Namen seines Mandanten aufgetreten wäre. Doch hatte dieser das Geschehen vor Gericht mit derart unerschütterlicher Miene verfolgt, dass eine Für-Sprache im emphatischen Sinn unmöglich geworden war. Was sollte für diesen Rohling sprechen?

Um die Diskrepanz zwischen einem indolenten Angeklagten und einem um Gnade bittenden Verteidiger zu lösen, greift der Rhetor am Schluss der Verhandlung zu einem Trick. Er tritt nicht für seinen Mandanten auf, sondern als sein Mandant. Der Verteidiger legt ihm die Worte in den Mund, die diesem Angeklagten, Typ Mafioso, als der Milo dargestellt wird, niemals über die Lippen gekommen wären. – Cicero wäre nicht der gepriesene Redner, wenn er diesen Rollentausch nicht gleich selbst zu einem Argument gemacht hätte. Es sei notwendig, dass er (Cicero) hier am Schluss des Prozesses als Milo spreche, weil dieser zu stolz sei, um Gnade zu erflehen. Denn er (Milo) sei nicht einer von denen, die feige und kläglich um ihr Leben winselten, sondern ein Mutiger und Beherzter, der unerschrocken dem Tod ins Auge blicke und der gerade deswegen das Erbarmen der Richter verdiene.[15]

Nach dieser Umcodierung von Empfindungslosigkeit in Stolz war Platz geschaffen für ein letztes Wort aus dem Mund eines anderen. Er, Marcus Tullius Cicero, könne nicht anders, als für seinen heldenhaft schweigenden Mandanten einzuspringen. Sprach's und vergoss die Tränen, die Milo angestanden hätten. Zu sich selbst als Cicero gewandt fährt Cicero als Milo fort: »... wo ist schließlich dein Anteil, Marcus Tullius, der schon so vielen geholfen hat, wo ist die Stimme Deiner Verteidigung?«[16] Das nun ist »Advocatenberedsamkeit« (Mommsen) auf die dialektische Spitze getrieben. Ein als Mandant sprechender Verteidiger beschwört dessen Verteidigungskünste, die gerade in diesem Fall zu versagen drohen. Das Versagen ist ein doppeltes und am Ende keines. Ein Anwalt versagt sich, als Anwalt zu sprechen, um als Mandant das Versagen des Anwalts gerade in seinem Fall in einen Erfolg umzumünzen. Ob dieser Coup gelungen wäre, wissen indes nicht einmal die Götter.

Cicero hat die Rede nämlich nie gehalten. Er hat sie später geschrieben. Was er aufschrieb, kompensierte sein Versagen beim Vortragen des Plädoyers. Die tatsächlich im Prozess gehaltene Rede soll unsicher und zusammenhanglos gewesen sein, wie das verlorene stenographische Protokoll belegt, das Quintilian noch gelesen hat. Dass die Verteidigungsrede nicht zu den rhetorischen Glanzpunkten Ciceros zählt, ist angesichts der Umstände, unter denen sie gehalten wurde, auch nicht weiter verwunderlich: Es herrschte drei Monate nach dem angeklagten Mord Ausnahmezustand in der Stadt, Milos Widersacher Pompeius hatte den Oberbefehl inne, seine Truppen kontrollierten die Stadt, die Anhänger Clodius' zettelten Tumulte an. Der Prozess selbst war eine Art Notstandsprozess: Pompeius hatte ein Sondergesetz erlassen, das ein straffes Verfahren vorschrieb. Auf Zeugenverhöre sollte weitgehend verzichtet werden; an einem Tag sollten die zeitlich jeweils knapp bemessenen Plädoyers von Anklage und Verteidigung gehalten werden. Cicero war der einzige der Verteidiger, der überhaupt Redezeit erhielt. Doch was konnte er ausrichten? Die Verteidigung Milos war aussichtslos, seine Tat erwiesen. Cicero hätte den Fall angesichts der komplizierten Rahmenbedingungen des Prozesses wohl auch gar nicht übernommen, wenn er sich nicht dazu verpflichtet gefühlt hätte, denn Milos Schutztrupp hatte dafür gesorgt, dass er aus der Verbannung zurückkehren konnte. Sein Plädieren auf Freispruch versagte. Die Mehrheit der Richter stimmte dafür, Milo ins Exil nach Massilia (Marseille) zu schicken.

Nach der Niederlage im Prozess wechselt Cicero also das Terrain. Auf dem Papier entwirft er das Plädoyer, das zu halten politischer Druck und Zeitknappheit ihm versagt hatten. Ob die fingierte Verteidigungsrede zu einem anderen Prozessausgang geführt hätte? Zweifellos war sie gewagt. Statt vom angreifbarsten Punkt des gesamten Prozesses abzulenken, steuert Cicero genau darauf zu und macht die Skrupellosigkeit des Angeklagten zu einem Argument *pro Milone*, zu dessen Gunsten. Milo soll die nachträglich ausgeheckte Verteidigungsstrategie seines Anwalts im Übrigen gar nicht eingeleuchtet haben. Sogar erleichtert soll der exilierte Römer sich darüber gezeigt haben, dass Cicero nicht diese Verteidigungsrede gehalten habe – so bleibe ihm wenigstens die Möglichkeit, Seebarben von einer Qualität zu genießen, wie man sie nur in Massilia antreffe.[17]

Wer Seebarben in der Verbannung einer Verteidigung durch Cicero vorzieht, beweist eine ganz gute Intuition für das Risiko, das diese Travestie des letzten Worts in sich birgt. Die Performanz der Performanz des letzten Worts könnte den Bogen schließlich auch überspannen, und der Mandant stünde am Ende doppelt unverteidigt da. Weder wäre er verteidigt durch das eigene letzte Wort noch durch das Schlussplädoyer seines

Anwalts. Der prozesserfahrene Rechtssemiotiker Thomas-Michael Seibert empfiehlt Ciceros Verteidigungscoup jedenfalls nicht zur Nachahmung: Das Vergießen fremder Tränen könne seine Wirkung im Wiederholungsfall verlieren.[18]

Für die Beurteilung der Vorlage ist Quintilian zuständig. Dem Rhetor gilt Ciceros geschriebene Verteidigungsrede für Milo als Musterbeispiel eines Schlussworts vor Gericht. Es erfülle aufs Beste den Zweck, die Richter für den Angeklagten einzunehmen, gerade weil hier der Anwalt als Angeklagter spreche und weine.[19] Ein für sich sprechender Angeklagter könne die Affekte weniger gut steuern. Quintilian, dessen Empfehlungen für den Redner auch aus einem modernen Handbuch für Strafverteidiger stammen könnten, setzt daher auf die professionelle Rede des Anwalts, der spricht, als ob er der Betroffene wäre. Besser als dessen eigene Stimme sichert die geliehene des Anwalts die beabsichtigte Wirkung – so »wie ja auch bei den Schauspielern auf der Bühne dasselbe Wort und derselbe Vortrag, unter der Maske [*sub persona*] gesprochen, mehr Kraft zur Erregung der Gefühle entfaltet«[20], als wenn ein Laiendarsteller ganz ohne rhetorische Schulung zu seiner eigenen Verteidigung auftritt.

Man ahnt angesichts dieses Lobs der Maske, welchen Überforderungen das Schlusswort im heutigen Strafprozess ausgesetzt ist, der keinen anderen Schauspieler als den in eigener Sache duldet. Der Angeklagte muss nicht etwa so tun, als spräche er für sich selbst, er muss für sich selbst sprechen. Die Maske der Maskenlosigkeit dürfte indes am schwierigsten erhältlich sein; Wahrhaftigkeit ist eine der schwersten Rollen. Auch kein Anwalt kann einspringen. Ehe ein Angeklagter nun aber durch übermäßige Theatralisierung oder Artikulation bloßer Worthülsen seine Glaubwürdigkeit aufs Spiel setzt, ergreift er das letzte Wort besser nicht. Unter dem Zwang zur Selbstartikulation bleibt dem Angeklagten, dem man seinen Fürsprecher genommen hat, folglich nur noch ein Verteidigungsmittel, ein letztes, das darin besteht, nicht zu reden. Das Recht zu schweigen tritt im aufgeklärten Prozess an die Stelle der rhetorischen Rede *sub persona*, unter der Maske. Es wird zum ureigensten Recht gegenüber einer Justiz, die den Angeklagten leibhaftig will, mitsamt seinen Gesten und mit seiner eigenen Stimme, höchstpersönlich und nicht übertragbar. Das Gericht riskiert allerdings viel, wenn es den ganzen Menschen, seinen Körper und seine Seele begehrt. Falls nämlich der Angeklagte schweigt, muss das Gericht die Worte finden, die der Angeklagte verweigert. Es muss seinen eigenen Hypothesen glauben, und so kommt es, dass die Frage der Glaubwürdigkeit sich gegen die Justiz selbst wendet. Auf dem Spiel steht mit dem Recht zu schweigen schließlich nichts weniger als das Fundament des gerichtlichen Urteils: die Worte des Angeklagten. Ohne sie kann eine Justiz, die ganz auf die Selbstartikulation des angeklagten Subjekts setzt, eigentlich zu keinem Urteil gelangen.

Tote Roben

Die treffendste Selbstaussage des Gerichts enthüllt sich im Anblick der Roben. Die körperlosen Hüllen hängen, weil die Hauptverhandlung unterbrochen werden musste, über den Stühlen. Die Verhandlung geht weiter. Die Roben sitzen zu Gericht und bilden sich bei gleichbleibender Aufmerksamkeit ihr Urteil. Erst erhebt sich die Robe rechts, dann die Robe links. Nach einer Weile verschwindet die Robe in der Mitte. Wenn sie wiederkommt, erheben sich alle Roben und sinken dann wieder in sich zusammen.

Teil IV

Land, Linien, Leseordnungen

Nullpunkt historischer Erfahrung
Benjamin und der Erste Weltkrieg

> Inzwischen ist der Krieg der Landschaften, die am Verschwinden des Menschen arbeiten, der sie verwüstet hat, keine Metapher mehr.
> *Heiner Müller*

Als 1915 am Ausgang der Modellschützengräben im Berliner Tiergarten Sprengstücke und Granatsplitter mit Fundort- und Gewichtsangabe zum Verkauf angeboten werden[1], wird das archäologische Verfahren des Historikers von seinem Material eingeholt. Bevor sich die versprengten Stücke unter seinem Blick zur Geschichts-Allegorie zusammenfügen, liegt der brandneue Fund, Bruchstück aus unerinnerbaren Zeiten, schon zum Verkauf bereit. Sprengstücke und Granatsplitter, diese Ruinen *en miniature,* finden ihren Platz schließlich auf heimatlichen Kaminsimsen und Konsolen neben den Soldatenfotografien mit Trauerflor. Dort stehen sie als Zitate des Krieges und kommen materialistischer Geschichtsschreibung zuvor, die ebenso zitierend verfährt. Denn im »Begriff des Zitierens liegt [...], daß der jeweilige historische Gegenstand aus dem Zusammenhang gerissen wird«[2]. Die Sprengung des Zusammenhangs aber erledigt schon der Krieg.

So setzt ein Krieg der Erinnerung ein – Nachkrieg, der um Erinnerung an den Krieg kämpft und dabei Krieg und Erinnerung gleichermaßen erfindet. Warum der Krieg keine Erinnerung und daher auch keine historische Erfahrung bereithält? Weil Erinnerung und Landschaft zusammengehören und beides in diesem Krieg und an ihn verloren wurde. Der Krieg hinterlässt keine Landschaften. Er verwüstet die Landschaften, modelliert sie waffentechnisch, schafft sie ab. Von diesem Verlust der Landschaften, dem zur »Heimatlosigkeit« gesteigerten

Topos, an dessen Bewältigung der Nachkrieg wieder in Krieg überging, berichten die hilflosen archäologischen oder topographischen Veranschaulichungsversuche des Krieges – käufliche Granatsplitter und begehbare Schützengrabenmodelle. Und in der Apotheose des Krieges zur »Landschaft«, von der im Folgenden die Rede sein wird, soll der Krieg die (Erinnerungs-)Landschaften zurückerhalten, die er selbst zum Verschwinden gebracht hat.

Historische Erfahrung, die »Ausgraben und Erinnern« (IV, 400) zutage fördert, ist wie jede Archäologie auf Grabungsorte angewiesen. Aus dem Ort der Grabungen und Gedächtnisse sind jedoch pseudo-archäologische Schichtungen von Kriegsgerät, toten Soldaten und der Erde der Kriegsschauplätze von 1914 und 1918 geworden, die der Regen Schicht um Schicht freilegt. Und aus der Landschaft ist das militärisch-taktisch zugerichtete Gelände geworden. Ein Sachverhalt, der demjenigen nicht entgehen kann, der archäologisch, geographisch, tektonisch und topographisch vorgeht, um historische Erfahrung zu ermitteln.

> Eine Generation, die noch mit der Pferdebahn zur Schule gefahren war, stand unter freiem Himmel in einer Landschaft, in der nichts unverändert geblieben war als die Wolken, und in der Mitte, in einem Kraftfeld zerstörender Ströme und Explosionen, der winzige gebrechliche Menschenkörper (II, 214).

Walter Benjamin hat die Landschaft als Medium der Erinnerung für historische Erfahrung fruchtbar gemacht. Der Erste Weltkrieg verweigert sich dieser landschaftlichen Konstellation. Historische Erfahrung fällt aus. Dass das Ende der Erfahrung mit der militärtechnischen Umwandlung der Landschaft zu tun hat, bringt Benjamin in der oft zitierten Stelle aus »Erfahrung und Armut« in den dichtesten Zusammenhang. Darin heißt es, dass Erfahrung »im Kurse gefallen« sei und ein winziger gebrechlicher Menschenkörper [...] sich in einem Kraftfeld zerstörender Ströme und Explosionen« wiederfinde.

Landschaft hatte man ihnen im August 1914 versprochen, und sie waren in die *Zone,* dieses »Kraftfeld zerstörender Ströme« geraten. Benjamin erfasst diese Spanne, die vielleicht eine der einschneidendsten Umwälzungen dieses Jahrhunderts markiert. Er geht der Verwandlung der Landschaft in ein Kraftfeld zerstörender Ströme und der Ersetzung des »landschaftlichen« Subjekts durch einen winzigen, gebrechlichen Menschenkörper nach. Daran wird er der sukzessiven Verarmung der Erfahrung gewahr. Wenn der Krieg »dialektische Zentralstation« (V, 997 [C°, 2]) ist, wie Benjamin vom Tod sagt, dann ist die Landschaft ihr »Zeitdifferential« (vgl. V, 1037 f. [Q°, 21]), an deren militärischer Handhabung und waffentechnischer Zurichtung der »Prozeß der Verkümmerung der Erfahrung« (V, 966 [m3 a,3]) ablesbar ist. Am Ende dieses Prozesses steht der Krieg der verwüsteten Landschaften – unüberschreitbare Demarkationslinie der Erfahrung. Darum ist historische Erfahrung im Kurs gefallen, als Souvenir-Sprengstücke an der Heimatfront Konjunktur haben.

*

Walter Benjamin schafft sich die Bedingungen, unter denen er den Ausfall geschichtlicher Wahrung feststellt, in der äußersten biographischen Distanzierung vom Krieg. Die vom Freitod Heinles ausgelöste, selbstverordnete persönliche »Erfahrungslosigkeit« beginnt mit der Verbannung aller Dinge, die den Krieg betreffen – »und wenige Monate später war Krieg [...] Monate folgten, von denen ich nichts mehr weiß« (II, 623). Zur Verbannungsaktion gehört die gegenüber einem Freund auf Heimaturlaub geäußerte Bitte, ohne Uniform zu erscheinen[3], ebenso wie zahlreiche Anstrengungen, um vom Kriegsdienst zurückgestellt zu werden[4]. Seine erste Simulantennummer besteht Benjamin am 21. Oktober 1914 aufgrund einer mit viel Kaffee durchwachten Nacht.[5] Bernhard Reichenbach erinnert sich in einem Brief von 1962:

Ich sehe Walter Benjamin noch vor mir, als er, zurück vom Kasernenhof, erleichtert auf die Geschäftsstelle der Freien Studentenschaft kam und leise lächelnd zu mir sagte: »ich habe dem Arzt meine Hände hingehalten – soo ...« – und dabei hielt er mir seine merkwürdig geschwollenen Handrücken vor die Augen – »da hat er mich gleich untauglich geschrieben.«[6]

Bei einer anderen Nachmusterung[7] soll Benjamin sich weniger auf die Wirkung des Kaffees verlassen haben als vielmehr auf die einer Hypnose. Unter Hypnose habe seine Frau Dora Benjamin ihm ein Ischiasleiden beigebracht, das ihn ein weiteres Mal vom Kriegsdienst verschont habe.[8] Insgesamt zweimal wird er als »Kriegszitterer«, wegen Neurasthenie, vom Kriegsdienst zurückgestellt.[9]

Zunächst jedoch wird die Verbannung des Krieges an der Person Gustav Wyneckens exekutiert. Wie bekannt, vollzieht sich der Bruch mit Wynecken aufgrund dessen 1915 erschienener Monographie *Der Krieg und die Jugend* (vgl. II, 880 ff.). Dieser Bruch, eine Art Abrechnung mit dem Krieg, wiederholt sich ähnlich bei den beiden Freunden Gershom Scholem und Werner Kraft, allerdings, gemessen an der Vehemenz und Radikalität der Abwendung von den jeweiligen kriegsbefürwortenden Lehrern, in absteigender Linie. Scholem, Kraft und Benjamin hatten sich bezeichnenderweise über den Krieg kennengelernt: 1915 bei einer Diskussion im »Charlottenburger Siedlungsheim« über den »Sinn von Geschichte und Krieg«,[10] und sie haben in Abgrenzung zu »ihrem Wynecken« eine Position zum Krieg formuliert.

Scholems »Wynecken« heißt Martin Buber.[11] In *Wir und der Krieg* aus dem Jahre 1915 erklärte Buber, warum Zionisten den Krieg unterstützen sollten.[12] Benjamin hatte ebenso wie Scholem starke Vorbehalte gegen Bubers Position zum »Erlebnis« des Krieges, wie Scholem anlässlich einer der ersten Begegnungen mit Benjamin berichtet:

So kamen Benjamin und ich unvermeidlicherweise sehr bald auf die Stellung zum Krieg zu sprechen, wobei ich ihm erklärte, daß ich den Standpunkt Karl Liebknechts, der seit Ende 1914 im Reichstag gegen die Bewilligung der Kriegskredite gestimmt hatte, teilte. Als Benjamin mir sagte, auch er stünde ganz auf diesem Standpunkt, erzählte ich ihm meine persönliche Geschichte.[13]

Sie beginnt damit, dass Scholem wegen eines Protestbriefes an Buber aus der Schule geworfen wird. Benjamin will sich aufgrund Scholems weiterer Erzählung den beiden Scholem-Brüdern anschließen, die seit 1915 Zusammenkünfte sozialdemokratischer Kriegsgegner besuchten, die ohne Polizeierlaubnis in einem Restaurant in Neukölln stattfanden. »Er wollte auch gleich irgend etwas bei der Opposition mitmachen«,[14] schreibt Scholem.

Doch Walter Benjamin, Werner Kraft und Gershom Scholem engagieren sich weder parteipolitisch, noch werden sie an der Front eingesetzt, jedenfalls nicht für längere Zeit. Gershom Scholem wird im Sommer 1917 zum Militär einberufen:[15]

Ich lehnte mich gegen alles auf, was dort geschah, und wurde nach wenig mehr als zwei Monaten als »Psychopath« unter der Kategorie »zeitweilig dienstuntauglich« entlassen.[16]

Stattdessen kam er auf die psychiatrische Station eines Lazaretts in St. Moritz. Der Arzt des Lazaretts, Dr. Charles Meyer, der schließlich auch dem Kriegssimulanten Benjamin ein Gefälligkeitsgutachten ausgestellt haben soll,[17] begutachtete Scholems Geisteszustand[18] und bescheinigte ihm »dementia praecox«[19]. Später, Ende 1917, wurde er als »dauernd kriegsunbrauchbar, nicht mehr zu kontrollieren« entlassen.[20]

Ähnlich erging es Werner Kraft. Krafts »Wynecken« war der Schriftsteller Rudolf Borchardt.[21] Borchardt, der später im großen Generalstab in Berlin saß,[22] löste durch seine Rede *Der Krieg und die deutsche Selbsteinkehr* Ende 1914 in Heidelberg (gedruckt 1915) Krafts Auseinandersetzung mit dem

Krieg aus.[23] Weniger eindeutig gegen den Krieg eingestellt, folgte Kraft zunächst Borchardts Devise, »als Soldat das Leben zu ertragen«,[24] und wurde 1915 Soldat.[25] Kurz darauf wurde er wegen militärischer Untauglichkeit als Krankenwärter in ein Lazarett für Soldaten mit Kieferschüssen versetzt, dann arbeitete er zwei Jahre als Krankenwärter in einem Lazarett für Kriegshysteriker in Ilten bei Hannover.[26] Kraft, am wenigsten entschlossen in seiner Haltung gegen den Krieg, spricht am deutlichsten diese, die pathologische Seite des Krieges aus:

Wohl hatte ich die Irren-Gedichte von Georg Heym gelesen, wohl hatte ich einen Blick auf diese Dinge geworfen, es war nichts, dies war die Wirklichkeit, dies war die Krankheit der Welt, auf die ihre mörderische Gesundheit im geheimen bezogen war. Bei den Kranken, mit denen ich es nun selbst zu tun bekam, war es das gleiche in abgeschwächter Form, ihnen war noch zu helfen, jenen *(den Irren)* nicht mehr. Sie kamen aus dem Felde, um sich in frischer Luft von psychischen Schocks zu erholen, sie hatten die Sprache verloren, sie zitterten am ganzen Körper. Damals hatte Karl Kraus geschrieben: »Grüßen sie einander oder greifen sie sich an die Stirn?« Andere wieder schütteln die Köpfe. Das waren die, die an Schütteltremor litten. Diese Kranken wurden auf einen Krankentisch gelegt, vier kräftige Männer, ich unter ihnen einer der schwächsten, hielten den Körper, und der Kranke wurde elektrisiert. Das schien barbarisch, aber es half. Der Schmerz war so groß, daß die Stimme wiederkam, daß das Schütteln nachließ. Ob die Wirkung von Dauer war, vermag ich nicht zu sagen. Es gab auch solche, die sich in hysterischen Krämpfen am Boden wanden. Der Arzt erklärte, wenn sie bei einem brennenden Feuer ständen, würden sie im Augenblick des Anfalls daneben fallen, der Epileptiker mitten hinein.[27]

Wenn Kraft seinem Freund Benjamin solche oder ähnlich eindrucksvolle Schilderungen über die pathologischen Heere übermittelt hat, die der Krieg an seiner Kehrseite oder Heimatfront rekrutiert, dann wirken sie möglicherweise noch in Äußerungen Benjamins über den Krieg, wie der folgenden, nach:

Es war im Jahre 1912 und 1913, als Georg Heyms Gedichte die damals unvorstellbare Verfassung der Massen, die im August 1914 zutage trat, in befremdlichen Schilderungen niemals gesichteter Kollektiva: der Selbstmörder, der Gefangenen, der Kranken, der Seefahrer oder der Irren, vorwegnahmen (III, 282).

Scholem, Kraft und Benjamin stehen dieser pathologischen Seite des Krieges näher, während ihre Brüder Werner Scholem[28] und Georg Benjamin,[29] Paul und Fritz Kraft[30] jeweils den unmittelbaren und konkreten Bezug zum Krieg oder zur Politik gegen den Krieg herstellen. Sie ziehen in den Krieg, den Walter Benjamin und seine beiden Freunde verweigern. Diese melden sich als Kriegsfreiwillige oder werden einberufen, während jenen Kriegsuntauglichkeit bescheinigt wird. Diese engagieren sich parteipolitisch[31], während jene den Krieg eher abstrakt-politisch und hinsichtlich der Einberufung zum Militärdienst als persönlichen Eingriff, als Störung begreifen.

*

In Benjamins Manövern der Distanzierung vom konkreten Krieg nimmt der Weltkrieg bereits historische Dimensionen an, als er an der Front noch als »Gesamterlebnis« (Max Scheler) bejubelt wird.[32] Proportional zur Verdrängung des Krieges als aktuelles, journalistisches Ereignis verhält sich die »geschichtliche« Intuition, mit der Benjamin erkennt, dass der Krieg historische Erfahrung kassiert – oder bezogen auf das materiale Pendant, dass Militärtechnik Landschaft abschafft.

Mit der Fühllosigkeit eines Strategen, die er einzig dem Freund Bert Brecht zutraut, stellt er die Diagnose vom Nullpunkt historischer Erfahrung im Weltkrieg. »Man kann sich keinen Betrachter vorstellen,« schreibt er über Bert Brecht, »der stumpfer für landschaftliche Reize wäre, als der strategisch geschulte der Schlacht« (II, 556). Die strategische Betrachtungsweise als »Schlacht« organisiert Benjamins Gegenwarts-

Analyse. Die Schlacht, in der das Erlebnis Erfahrung schlägt, ist der Weltkrieg, den Benjamin fast nie direkt, sondern zumeist bloß in seinen Auswirkungen, den Großstädten, betrachtet. Denn er führt nicht die Rede von Generälen. Er spricht stattdessen mit der Fühllosigkeit eines Generals über Großstadtphänomene. Spricht über Kameras und nicht Maschinengewehre, und nicht von Infanteristen, die im wörtlichsten Sinn die »Vorläufer« der Reporter und Bildberichterstatter in den Städten sind. Über sie schreibt Benjamin, auf ihre Herkunft im Kriege anspielend, dass »Feuilletonist, Reporter, Bildberichterstatter [...] eine Klimax dar(stellen), in der das Warten, das ›parat sein‹ mit anschließendem ›losschießen‹ gegenüber der sonstigen Leistung immer wichtiger wird« (V, 964 [m 2 a.3]). Der Erste Weltkrieg markiert die Achse, welche die Zeit um 1900 vom Zeitalter der Reproduzierbarkeit trennt. Diesseits der Achse liegen die abhandengekommenen und abgeschafften Dinge, derer der strategisch geschulte Blick habhaft zu werden sucht.

Die strategische Betrachtungsweise löst das Landschaftstableau des 19. Jahrhunderts ab. Landschaft als Medium der Erinnerung entstammt dem 19. Jahrhundert, in dem sich die Großstadt dem »träumenden Müßiggänger« als »landschaftliche Staffage« (V, 1053 [e°,1]) darbietet. Benjamin verdichtet diese Stadt-Landschaft zu historischer Erfahrung. Das Verfahren der »Überblendung« (I, 591) der Stadt mit Landschaft übernimmt er von Franz Hessel, dem die Stadt-Landschaft »mnemotechnischer Behelf« gewesen ist (III, 194). Im 20. Jahrhundert wird denn genau dieses Erinnerungsverfahren militärtechnisch eingelöst: Im Ersten Weltkrieg werden Soldaten angeleitet, feindliche Positionen, ballistische Ziele und die Frage der eigenen Sichtbarkeit aus gegnerischer Perspektive anhand solcher Überblendungsverfahren zu bestimmen. Auf topographische Karten werden zu diesen Zwecken verschiedene Koordinatensysteme aus transparentem Papier gelegt[33], »Augenverbindungsgeraden« auf Profilschnitte des Geländes[34],

Flugbahnen eines Maschinengewehrs[35] in topographische Karten eingezeichnet.

Benjamin weiß von solchen technischen Details des Krieges trotz der propagierten »technischen Fragestellung« (VII, 183) so gut wie nichts. Der Weltkrieg als Nullpunkt der Geschichte wirkt wie ein blinder Fleck, an dessen Rändern die Diagnose allerdings umso schärfer ausfällt: Landschaft als Dispositiv der Erfahrung ist ab da unmöglich. Denn sobald das mnemotechnische Verfahren der Überblendung zu militärischen Zwecken eingesetzt wird, ist es als landschaftlich-erinnerndes abgestumpft. Für eine Landschaftssprache zur Veranschaulichung und Vergegenwärtigung hat Benjamin nach dem Ersten Weltkrieg daher bloß Spott übrig (vgl. etwa III, 529 f.). Er ist alarmiert von der unangemessenen Landschaftssprache der »Krieger« um Ernst Jünger, deren »total mobilgemachte Landschaft« er in das waffentechnisch modellierte »Gelände des deutschen Idealismus« übersetzt und Wort für Wort entziffert:

> so weit man über den Grabenrand blicken konnte, war alles umliegende zum Gelände des deutschen Idealismus selbst geworden, jeder Granattrichter ein Problem, jeder Drahtverhau eine Antinomie, jeder Stachel eine Definition, jede Explosion eine Setzung, und der Himmel darüber bei Tag die kosmische Innenseite des Stahlhelms, bei Nacht das sittliche Gesetz über dir. Mit Feuerbändern und Laufgräben hat die Technik die heroischen Züge im Antlitz des deutschen Idealismus nachvollziehen wollen (III, 247).

Rund hundert Jahre »Landschaftsphilosophie« – und der deutsche Idealismus denkt in der Landschaft – lassen sich nicht mit einem Schlag, das heißt mit einem Krieg, auslöschen. Borchardts Gedicht-Anthologie *Der Deutsche in der Landschaft* von 1927 hat die Verbindung von Landschaft und Idealismus bekräftigt, und Benjamin hebt in seiner Rezension dazu hervor, dass »grade die Darstellung in einem Landschaftsbuche deutschen Dichtern angemessen« sei, und fragt sich, ob es daran liege, dass »die allerorten offenkundige Verlassenheit der besten

Deutschen, die einer gleichgestimmten Umwelt, einer volkhaften, gefügten Perspektive ins Vergangene entbehrten«, sich in der Prosa mit einem »strengen erfahrungssatten Dasein« in der Landschaft umgeben. Benjamins Ahnung, dass »jeder landschaftliche Umkreis, den hier Historiker und Forscher durchmessen, einem anderen, ihm aber nächstverwandten deutschen Typus als Bannkreis, als gefahrvoller, schicksalhafter Naturraum erfahrbar oder erlebt« (III, 93) werde, verdichtet sich drei Jahre nach dieser Rezension bei der Lektüre von Ernst Jüngers *Krieg und Krieger* – wenn aus dem erfahrungssatten, landschaftlichen Umkreis eine erlebnishungrige, schicksalsgesättigte Beschwörung des Landschaftlichen im Krieg wird.

An den Typus des »Deutschen in der Landschaft« aus dem 19. Jahrhundert finden die nächstverwandten Wandervögel Anschluss. Wandervögel und überhaupt die sogenannte bündische Jugend werden auf Landschaft konditioniert, und das Raster der Landschaft strukturiert Wahrnehmung und Erkenntnis noch, als es längst gegen ein geländemäßiges ausgetauscht ist: im Krieg, wenn es darum geht, das Gelände nach taktischen Gesichtspunkten zu erfassen. So wie die transparenten Koordinatensysteme über das virtuelle, das heißt kartographierte Gelände gelegt werden, werden ideale Landschaften über dem realen, zerfurchten und verwüsteten Gelände ausgebreitet. Durch letztgenanntes Verfahren entstehen die klassischen, heroischen und arkadischen Kriegs-Landschaften, die den Ersten Weltkrieg mit Erlebnis aufladen. Es ahmt die militärischen Überblendungsmethoden zur Positionsbestimmung nach. Landschaftliches Tableau und Koordinatennetz führen eine absurde Koexistenz auf den Schauplätzen des Gedächtnisses vom Ersten Weltkrieg.

Was herauskommt, wenn das Verfahren der landschaftlichen Überblendung neben der kartographischen Projektion angewendet wird, führt die Lektüre von Goethes *Campagne von* 1792 aus dem Jahre 1915 vor. Gustav Roethe, jener Wandervogel und Professor, der an der Universität Muri für eine »Übung zu Fontanes Wanderungen durch Mark und Bein« vorgesehen war (IV, 442, s. auch 447), schreibt 1915 während seiner Versetzung in die Bahnhofskommandantur der Champagne ein Buch, eine philologische Studie über Goethes *Campagne von* 1792. Was hätte auch nähergelegen beim Gleichklang ihrer Namen und der Gleichheit der Kriegsschauplätze von 1915 und 1792? Das philologische Verfahren Roethes ist ein kartographisches. Denn schließlich ist das Buch über Goethes *Campagne* an der Front verfasst, wo Landkarten schneller zur Hand gewesen sein dürften als ein Archiv mit »Goethe-Materialien«. Karten aus verschiedenen Zeiten werden übereinandergelegt. Die Karte aus dem Jägerschen Atlas, Grundlage von Goethes Aufzeichnung, wird mit einer modernen Generalstabskarte 1:20 000 auf Gemeinsamkeiten hin abgesucht, abgeglichen.[36] Diese Kartenphilologie erreicht bei Ahan du Diable ihren Höhe(n)punkt. Denn dieser Punkt reicht von der Schlacht des Attila, die genau an dieser Stelle stattgefunden hat, wie Goethe auf seiner Kriegserinnerungskarte mit der Jahreszahl 425 vermerkt, bis zu Roethe, der diesen Punkt bis zu sich selbst verlängert, indem er anmerkt, dass Ahan du Diable noch heute eine Bedeutung habe, als trigonometrisches Signal auf den französischen Generalstabskarten.[37] So schießt die historische Landschaft durch bis zur vermessungstechnischen und vernetzt aktuelle Kriegsschauplätze mit historischen Ereignissen zu einem Gedächtnis eines fast schon metaphysischen Krieges.

Doch Roethe ist enttäuscht von seinem Goethe, dem er zwar geographisch so nahe ist, der sich jedoch gegenüber den landschaftlichen Reizen des Krieges, auf die der Wandervogel Roethe getrimmt ist, so wenig offen zeigt. Denn Goethes Darstellung des Krieges »versagt im Landschaftlichen«.[38] Roethe bedauert, dass das Schöpferische des Krieges dem anti-romantischen Kriegsteilnehmer Goethe entgehe, da er eher an technischen und strategischen Fragen Interesse zeige, die er mit General Müffling erörtert habe[39]. Roethe liefert daher die arkadische Landschaft des Krieges nach, die er aus dem Nachhall des Goetheschen Mottos »auch in der Champagne« als dessen Motto aus der *Italienischen Reise* »et in Arcadia ego« heraushört. Er legt ein arkadisches Transparent über die Karten der Kriegsschauplätze von 1792 und 1915, um sie zu einem romantischen Schlachtengemälde zu vereinen.

Das Konglomerat aus militärisch präzisen und ästhetisch verzerrenden Überblendungen, Generalstabskarten und arkadischen Landschaften mag eine dieser »Wandervogel-Idiotien« (Thomas Pynchon) sein, die sich in Kriegserinnerungsbüchern nach dem Flex'schen Modell des »Wanderers zwischen beiden Welten« beständig halten: hier Erlebnis-Landschaft, dort Kriegs-Gelände ... Wie verschieden fällt dagegen eine Monographie zum selben Thema wie Goethes »Campagne« aus: Was herauskommt, wenn es nicht um kriegslandschaftliche Identifikationen, sondern um militärische Identität durch Goethes *Campagne* geht, zeigt Erich Wenigers Buch *Goethe und die Freiheitskriege*. Der Militärpädagoge Weniger (später in der Bundeswehr), der nach dem Ersten Weltkrieg die Aufgabe hat, die Unmittelbarkeit und Unerinnerbarkeit des Krieges therapeutisch zu beheben, veröffentlicht es 1941 (Neuauflage 1959). Weil er von Berufs wegen militärisch und nicht empathisch denkt, hält er sich nicht bei den landschaftlichen Reizen der Champagne im Krieg auf, schreibt stattdessen genau über die *Campagnen*-Gespräche zwischen Generalfeldmarschall Müffling und Goethe, die Gustav Roethe ein Ärgernis gewesen sind. Der technisch-strategisch gebildete Goethe der Freiheitskämpfe und der in Weimar singende[40] und dichtende[41] Generalfeldmarschall belegen die humanistisch-millitärische Allianz, die Wenigers Leitbild nach für die Bundeswehr zu sein scheint. Was aber seine therapeutischen Vorschläge aus den zwanziger Jahren für das Erinnerungstraining an den Krieg betrifft, um die »Rauschzustände des Erinnerns«[42] zu kanalisieren und sie an »wirkliche« Erlebnisse zurückzubinden, um dem Krieg ein »Bild« zu geben, so muss Weniger eingestehen, dass Erinnerungsbehelfe wie das Abspielen von originalem Film- und Tonmaterial nichts dazu beitragen und es allerorten zu Erinnerungen an nicht stattgefundene Begebenheiten, zur »fausse reconnaissance« kommt[43] – Bestätigung für Benjamins These der Erfahrungslosigkeit des Krieges von unmittelbar militärpsychologischer Seite.

*

Von militärischer Seite kommen auch Erklärungen für das, was Benjamin eine »Wendezeit« der Wahrnehmung (vgl. I, 466 / 505) genannt hat. Benjamins ästhetisch-strategische Betrachtungsweise der Wahrnehmungsänderungen in den Großstädten hat einen unmittelbar epistemologischen Untergrund im Ersten Weltkrieg. Taktische Änderungen und kriegstechnische Neuerungen antizipieren die Wendezeit der Wahrnehmung.

Die Übungen zur Geländewahrnehmung, wie sie in den *Ausbildungsvorschriften für die Infanterie* (AVI) vorgesehen sind, markieren diesen Umbruch von kontemplativ-landschaftlicher zu gedrillt-geländeförmiger Wahrnehmung. Nicht länger entwirft ein Subjekt sich als Mittelpunkt einer es umgebenden Landschaft, vielmehr bringt die Infanterieausbildung einen im Gelände funktionierenden Körper hervor. Verfasst wurden die *Ausbildungsvorschriften* zwar erst nach dem Ersten Weltkrieg, doch ihrem Inhalt nach wurden sie seit der 3. OHL (Oberste Heeresleitung) unter Ludendorff, der das »Anpassen und Ausnutzen des Geländes« erstmals ausdrücklich verfügte,[44] praktiziert. Zuvor wurde die schon von Clausewitz propagierte taktische Geländeausnutzung wegen Widerständen innerhalb der Generalität und später aus Gründen der Schonung des Geländes[45] nach nicht praktisch umgesetzt. Erst als es um die schonungslose Ausnutzung des Geländes ging, während des Krieges, wurden Übungsfronten ins echte Stellungssystem einbezogen.[46] Diese Art *training on the job* oder besser im Terrain erstellt eine Merkwelt nach den taktischen Prämissen der Geländeausnutzung: nach der höchst bedeutsamen Gliederungseinheit »Zone«, bestehend aus »Anklammerungspunkten« und Zeichen der günstigen oder ungünstigen Deckung oder Feuerwirkung[47] nach Einführung des Maschinengewehrs gerät die Landschaft dann zunehmend ins Fadenkreuz – sie wird vermessen und beziffert. Bäume erhalten Nummern, und Hügeln werden bestimmte (Höhen-)Werte zugeordnet. Dann lautet die telegrammstilartige Landschaftsbeschreibung der Befehle nicht mehr »Feind auf den gelben Höhen diesseits des G.-Baches« oder »Angriffsrichtung Windmühle«,[48] sondern »Ziel steht bei Strich 50«.[49]

In diese semiotisierte Merkwelt werden Infanteristen initiiert. Die »Einschulung ins Gelände«[50] findet mittels Seh-, Lauf- und Schießübungen statt. Denn um aus den Infanten des Geländes Infanteristen zu machen, müssen sie die taktisch richtige Geländebenutzung begreifen. Ihre Individuation beginnt mit der Isolierung von der Schützengruppe, im militärischen Diskurs »Entfaltung« genannt, durch die eine dichtere Verkoppelung mit dem Gelände erreicht werden soll. Die bis zum Ersten Weltkrieg üblicherweise in Metern abgeschätzten Entfernungen zu den benachbarten Schützen weichen zunehmend dem Abstandhalten nach Geländegegebenheiten, Zweckmäßigkeiten der Zone, bis jeder Infanterist außer Hörweite von den anderen, vor allem dem Befehle erteilenden Gruppenführer geraten ist[51] – sofern bei dem Krach auf den Schlachtfeldern überhaupt noch von »Hörweite« die Rede sein kann. Dann, nach dem Auseinanderreißen der Truppenverbände, »sieht sich (der Soldat) in das Gelände gestellt«[52], wie der Ausbildungsoffizier Ernst Jünger die Entfaltung des Soldaten zum funktionierenden Gelände-Körper beschreibt. Ausbildungsziel ist es, dass jeder Schütze die Befehle direkt aus dem Gelände empfängt. »Drillmäßig eingeübte Sprünge, Schußabgabe und Geländeausnutzung müssen ihn ohne Nachdenken das Richtige tun lassen.«[53] Dieser Befehlsautomatismus des Geländes kann sich nur einstellen, wenn der in das Gelände gestellte Soldat sich »mit den Augen der Front«[54], sieht, wie Ernst Jünger diese Spiegelungsübung genannt hat. Konkret sind das die Augen der OHL. Denn »das Richtige tun« ist das, was die OHL als taktisch richtige Ausnutzung des Geländes vorgibt. Wenn Infanteristen sich mit den Augen der OHL sehen, begreifen sie sich als Teil des Geländes und tun fast zwangsläufig das Richtige. Wie verlangt es die OHL? – die taktische Ausnutzung des Geländes soll ihnen »in Fleisch und Blut«[55] übergehen.

Die geforderte Wahrnehmung des Geländes nach taktischen Erfordernissen hat etwas mit Einfühlung (in die OHL) und Fühlung (des Geländes) zu tun. Die taktische Wahrnehmung realisiert sich taktil, in der physischen Anpassung in das Gelände, und umgekehrt geht taktile Wahrnehmung unmittelbar in taktisch richtiges Verhalten im Gelände über. Als sei Benjamin die Überkreuzung von Taktik und Taktilität in der militärisch induzierten Geländewahrnehmung geläufig, ersetzt er »taktische Rezeption«[56] für die endgültige Fassung des Kunstwerkaufsatzes durch »taktile Rezeption« (VII, 664).

Die Taktilität der Geländewahrnehmung führt schließlich zur Mimesis ans Gelände. Denn die Operation »mit den Augen der Front« heißt nicht nur, sich als Teil des Geländes zu begreifen, sondern tatsächlich mit dem Gelände zu verschmelzen, sich davon verschlucken zu lassen – Teil des Geländes zu werden. Die Augen der Front sind auch feindliche. Optimale Deckung ihnen gegenüber ist erreicht, wenn Infanteristen »sich durch Anpassen an das Gelände dem Auge des Fliegers und der Luftbilderkundung entziehen. [...] Der Schatten von Bäumen, Gebäuden und Wolken ist als Deckung auszunutzen, Steilhänge, Hohlwege, Büsche, Korngarben verbergen den Schützen«.[57] Wenn die Order umgesetzt wird, verschmelzen Infanteristen mit den Formationen des Geländes. Das Schlachtfeld, die Zone des Gefechts, ist daher eine Landschaft ohne Leute. Die mimetische Camouflage verwandelt Infanteristen in Teile der Landschaft, in »Gefechtsdinge« (Kurt Lewin). Schützen werden Korngarbe, Baum oder Felsvorsprung eines Steilhanges, kurz »mimetische Fragmente«[58] des Geländes. Ein jedes dieser Fragmente müsste sich schließlich in eine militärische Order rückübersetzen lassen.

So geht die Individuation im Gelände mit der eigenen Durchstreichung einher. Strich in der Landschaft. Die Einübung in die eigene Abwesenheit, dieses Fort-Da-Spiel des Krieges, hatten die Generäle lange vor den Infanteristen an Infanteristen-Miniaturen geübt, die in einem modellierten Sandkasten mit buntem Gelände-Gipsrelief im Maßstab 1:2373 »mit Rücksicht auf Zeit und Raum bewegt« werden.[59] Gelungene Deckung wird dabei durch Abwesenheit aus dem Sandkasten veranschaulicht. Entsprechend werden bei Ent-deckung der Truppen diese wieder im Sandkasten aufgestellt. Diese »Sandkastenspiele«, eine Erfindung des Kriegs- und Domänenrats von Reiswitz, die der schon erwähnte General Müffling mit seiner Anzeige im *Militär-Wochenblatt* von 1824 publik gemacht hat, finden bei den Pfadfindern und den Jugendbünden im Maßstab 1:1 ihre Fortsetzung und dürfen bis zum Krieg auch »Kriegsspiele« genannt werden, danach nur noch »Geländespiele«. Im Krieg ist das mimetische Verschwinden im Gelände kein Spiel mehr, sondern einzige Überlebenschance. Denn nur die im Gelände verschwundenen Infanteristen sind vor Sicht und Feuer geschützt.

Um das eigene Verschwinden sicherzustellen, gliedert sich das Gelände in günstige und ungünstige Deckungsmöglichkeiten – Bäume, Korngarben, Wolken, freies Feld und Granattrichter. Was sich dem Anblick der Infanteristen darbietet, mag nach Benjamin eine »Merkwelt« genannt werden, »die uns in Zuständen der Depersonalisation umgibt« (II, 1224). Außerhalb dieser Zustände ist diese Welt nicht rekonstruierbar. Darum sind Kriegserinnerungen nichts anderes als »fausses reconnaissances«, wie der Militärpädagoge Weniger das nannte, als er die kollektive Amnesie der Kriegsteilnehmer feststellte. Tatsächlich werden die Schlachtfelder nach dem Gefecht oftmals nicht wiedererkannt, weil sie nicht mehr den taktischen, das eigene Überleben sichernden Wahrnehmungsanforderungen unterliegen. Der Psychologe Kurt Lewin hat in seiner erstaunlichen Phänomenologie der Kriegslandschaft die Schwierigkeiten des Wiedererkennens von Landschaften vor und nach dem Gefecht, die Veränderungen der Landschaftsformationen je nach Entfernung zur Front und den Zerfall der Gefechtszone außerhalb des Gefechts aufs Genaueste beschrieben.[60]

Die Zustände der Depersonalisation sind die Gefechtsphasen der größtmöglichen Geländeanpassung, also vor allem während des Sturms. Doch auch sonst führt die Taktik der Camouflage zu immer weiter reichenden sensorischen Deprivationen: Truppentransporte bei Nacht und tagsüber, Hausen in den Gräben. Je weniger es zu sehen gibt, desto wichtiger werden schließlich Landkarten, diese Nachfolgerinnen der gemaltgeträumten Landschaften des 19. Jahrhunderts. Generalstabskarten im Maßstab 1:25 000 kompensieren die unsichtbar gewordenen Welten. Sie sind der »mnemotechnische Behelf« des 20. Jahrhunderts. Stellungs- und geheime Lagekarten geben Auskunft über das kriegstechnisch errichtete Gelände mit seinen Grabensystemen, echten und Scheinanlagen, verlassenen und noch feuernden Stellungen. Solche Stellungskarten sind auf topographische Leerkarten aufgedruckte Karten, die die manchmal täglich sich verändernde Lage wiedergeben[61]. – Es ist daher wirklich nicht verwunderlich, dass »die Leute […] verstummt aus dem Felde« kamen, wie es in *Erfahrung und Armut* heißt (II, 214). Was hätten sie schon zu berichten, was nicht schon in den Stellungs- und Generalstabskarten steht? – Dass sie ein Baum, eine Felsspalte oder ein Schatten gewesen sind, dass sie nichts gesehen haben, weil mimetische Camouflage und sensorische Deprivation sie von jeder Erfahrung abgeschnitten hat? Nur das Bild einer Nicht-Landschaft hat sich ihnen eingeprägt, der Ausfall der Landschaft, auf die sie, diese Wandervögel, im August 1914 disponiert waren.

Nach dem Krieg generiert die ausgefallene Landschaft unzählige Landschaftsbeschreibungen des Krieges, die davon berichten, wie im Gelände nach dem Gedächtnis gesucht wird, das sie als Infanteristen an das semiotisierte und kartographierte Gelände verloren haben. Diese Berichte ähneln sich, und man könnte sie einmal nach dem Grad ihrer Abweichung von dem, was mit den »Augen der Front« zu sehen war, klassifizieren; also danach, inwieweit die literarischen Kriegslandschaftsbeschreibungen die semiotisierte und kartographierte Merkwelt der OHL schlicht reproduzieren oder sie zur arkadischen (Roethe) bzw. »vulkanischen Landschaft« (Jünger) überhöhen.

*

Der Überschuss an Landschaft leitet in Zeiten der Verkümmerung der Erfahrung das Erinnern fehl. »Rauschzustände des Erinnerns« (Erich Weniger) brechen über den winzigen Menschenkörper herein. Wahrgenommenes ist Zustoßendes, so ungefähr lautet die »Formel der Traumwahrnehmung« (I, 464). Die Träume, die dem gebrechlichen Körper zustoßen, handeln von der Verwüstung der Landschaften, die, weil er mimetisches Fragment dieser Landschaft ist, seine eigene ist. Ein zerschossener Baum, eine Trichterfeld, eine Kraterlandschaft – das alles ist ihm zugestoßen. »Verwundete Bäume und verwundete Menschen«[62]; »kriegswunde Wälder«[63] sprechen von seiner Verletzung/Traumatisierung. Im Schlaf nur ist er dem Bombardement dieser Bilder nicht ausgeliefert. Daher die Angst vor dem Erwachen:

> Und oft lag ich bereits im Dunkeln, wenn ich ein zweites oder drittes Mal erwachte. Die Hand mußte als erste ich beherzen, über den Grabenrand des Schlafs zu tauchen, in dem sie Deckung vor dem Traum gefunden hatte. Und wie noch nach Gefechtsschluß einer manchmal von einem Blindgänger ereilt wird, blieb die Hand gegenwärtig, unterwegs verspätet einem Traum anheimzufallen (IV, 301)

– So schreibt Benjamin, der Erinnern an die Kindheit meint und das Träumen im Krieg trifft. Die unauslöschlichen Bilder, Blindgänger von Träumen, sind der Zugang zu einer Geschichte des Ersten Weltkrieges, die nicht in die Falle der Erinnerung geht, in welche die mythischen Landschaften à la Jünger locken. Die einleitenden Sätze der Glosse *Traumkitsch* lesen sich wie der programmatische Auftakt, den Traumbildern des Krieges zu folgen:

> Die Geschichte des Traumes bleibt noch zu schreiben [...]. Das Träumen hat an der Geschichte teil. Die Traumstatistik würde jenseits der Lieblichkeit der anekdotischen Landschaft in die Dürre des Schlachtfeldes vorstoßen. Träume haben Kriege befohlen (II, 620)

... und Kriegen ihr Gepräge gegeben. Der monotone Traum in den Gräben handelt von der totalen Verwüstung der Landschaft, von der Angst, durch eine schwere Granate im Graben lebendig begraben zu werden.[64] Auch in diesem verkümmerten Traum lässt sich der Zustand ermessen, in den historische Erfahrung geraten ist. Im 19. Jahrhundert heften sich Träume noch an die Passagen. Passagen sind Gebilde ohne Außenseite.[65] Träumend wird das Fehlende ergänzt. Benjamin erkennt in der »Landschaft einer Passage« (V, 993 [A°, 5]) die geträumte Außenseite der Großstadt. Sie ist der Gegenstand des historischen Materialisten. Im Ersten Weltkrieg treten an ihre Stelle Verwüstungs- und Verschüttungs-Traumen, die sich an die Gräben heften. Denn auch Schützengräben haben keine Außenseite: »The trench is a system with no externality.«[66] Wer sich nicht an die Lage- und Stellungskarten hält, die Auskunft über die Lage außerhalb des Grabens geben, produziert Wahnwelten, Wüsten. Die Verwüstung der Gräben ist die geträumte Außenseite des Krieges. »Es ist eine Gesichtsvorstellung, welche im Traum geboren, keine äußere Tatsächlichkeit beansprucht, innerlich aber erfüllt ist von leidenschaftlicher Wahrheit«,[67] schreibt ein Unteroffizier über die Phantasmagorien in den Gräben. Wenn Gräben eigentlich in die Erde versenkte Passagen sind – ihre Gemeinsamkeiten, ohne Außenseite und labyrinthisch, legen es nahe –, dann versinkt mit ihnen die Traumlandschaft der Passage. Schützengräben werden zum Umschlagplatz des 19. Jahrhunderts. Die Landschaft der Passage invertiert zur zerfurchten Grabenlandschaft. An allem, was zur Passagenwelt gehört, vollzieht sich diese kriegerische Inversion. Das ist das literarische Thema des »perverse pastoral«, von dem Paul Fussell sagt, dass es zur Chiffre für die durch den Weltkrieg zerstörten Landschaft geworden sei.[68]

Der bedrohliche Traum von der Verwüstung der Landschaften, denen das Grabeninnere so schutzlos ausgeliefert ist, befiehlt die Form des nächsten Krieges, der, noch bevor er ausbricht, sicherere Gehäuse erfindet, ultimative Gräben, in denen niemand mehr verschüttet werden kann. Der Grundriss der ersten Bunkerbauten scheint sich noch an den Unterständen des Ersten Weltkrieges zu orientieren. Die verschachtelten, kantigen und unübersichtlichen Außenseiten mit vielen toten Winkeln kommen einem wie aus der Tiefe gehobene Zick-Zack-Gräben vor. Sie werden von Innen nach Außen geplant, als hätte man noch nicht umgedacht, dass Bunker eine Außenseite brauchen. So gleicht der Westwall einem aus der Versenkung heraufgeholten Grabensystem.

Die andere militärische Antwort auf das Trauma der Verwüstung der Landschaften geht auf die technische Verbesserung der Tanks. Diese Gehäuse, mobile Bunker, beherrschen das Trichtergelände, das für die Infanterie unpassierbar geworden ist. Ernst Jünger, der Fürsprecher der Infanterie, wittert die Konkurrenz. Er hatte die verwüsteten Landschaften zum Emblem des Krieges erhoben und in ihnen jeden nur denkbaren Verlust untergebracht, vom verlorenen Krieg bis zum Verlust des infanteristischen Mediums, der Heimatlosigkeit der Krieger. Seine Vision von der Zukunftsschlacht:

> So ist zu vermuten, daß das Heer der Motore, das sie zu Lande *(die Infanterie)* und in der Luft bewegt, einen jahrlangen Stillstand des Krieges in der Landschaft nicht mehr dulden wird.[69]

Und damit die Gattung der Infanterie der maschinellen Konkurrenz nicht vollends anheimfällt, das heißt, damit der zukünftige Krieg überhaupt noch in der Landschaft stattfindet, arbeitet Jünger an zwei Fronten. Als Autor einiger militärtaktischer Aufsätze, Mitverfasser der oben zitierten Nachkriegs-Ausbildungsvorschriften für die Infanterie und Rezensent seiner eigenen, anonym verfassten Vorschriften[70] setzt er sich für eine konservative Infanterietaktik ein, die sich gegen ihre Rationalisierung durch Panzer zu behaupten sucht. Jüngers Infanterie operiert im »bewegten Gelände«, das durch das richtige Verhältnis von Feuer und Bewegung nie erstarren soll. Und an der Heimatfront des Nachkriegs beschwört er die Landschaften des Krieges, besetzt die erstarrte Landschaft der immobilen Fronten infanteristisch, um ihr literarisch zu dem Durchbruch zu verhelfen, der am 21. März 1918 militärisch fehlgeschlagen ist. Jüngers Krieger und nicht Maschinengewehre und Panzer sollen die erstarrte Landschaft mobilisieren. – Immer geht es um Kompensation für die verwüsteten Landschaften, diese unpassierbaren und unerinnerbaren Orte des Krieges.

Benjamin, dessen Rede vom Ende historischer Erfahrung mit der Realallegorie der »erstarrten Urlandschaft« (I, 343) zusammenfällt, die erstarrt ist, bevor der Historiker sie zur Allegorie stillstellt, erfasst dagegen die Konsequenzen dieser irreversiblen Ortlosigkeit, Deterritorialisierung, die sich in den Beschwörungen der Landschaften des Krieges verrät. Wenn es um letzte Orte geht, so sind dies keine Refugien und keine wiederherzustellenden Landschaften. Es geht nicht um Heimat, sondern um Durchkommen in diesem deckungslosen und amorphen Trichtergelände. Nur noch für Panzer, die es zugleich noch weiter verwüsten werden, ist es passierbar. »Dasein in einem Tank« schreibt Benjamin über das besinnungslose und »besondere und schreckliche Hausen« in der Stärke, das gegen kommende Niederlagen sich zu panzern sucht und in den Panzerschlachten des Zweiten Weltkrieges seine grausame

Stärke demonstriert. In Verbeugung vor Heiner Müller[71] soll die visionäre Passage Benjamins zum Schluss zitiert werden:

> Dasein in einem Tank. Hausen wir drinnen, sind wir dumm und unnahbar, fallen in alle Gräben, stürzen über alle Hindernisse, wühlen Schmutz auf und schänden die Erde (IV, 372).

*

Epilog eines Verteidigungsministers nach einem Wüsten- und zwei Weltkriegen, als Deterritorialisierung zum Status quo, dem die Rhetorik der Landschaften populär und die militärische Strategie mobiler Fronten allgemein geworden ist:

> Die Sicherheitslandschaft liegt in diffusem strategischem Licht. Es macht keinen Sinn, sich auf ein festgelegtes Szenario einzurichten.[72]

Terra nullius
Zum Feindbegriff im Völkerrecht

Terra nullius, das Land, das nach der Bestimmung des römischen Bodenrechts niemandem gehört, das herrenlos und noch unbearbeitet ist, lässt sich als Leere, Abwesenheit, Wüste oder weißer Fleck verstehen und in eine Aufforderung übersetzen: expandieren, entdecken, erobern, das Abwesende anwesend zu machen, von diesem Land Besitz zu ergreifen, es zu beherrschen und zu bearbeiten. So jedenfalls hört es das Völkerrecht, das all die Gebiete, auf die sich der Wille zur Okkupation richtet, zur *terra nullius* erklärt, zu einem Gebiet, das rechtlich wirksam vereinnahmt werden kann, da es niemandem gehört.

Terra nullius ist demnach allein durch das gekennzeichnet, was es nicht ist. In dem leeren Land liegt ein Versprechen wie ein unausgeschöpftes Reservoir – Rohstoffe, wirtschaftliche und räumliche Potentiale locken. Und *nullus* – dieser Shifter durch die Epochen der Entdeckungen, Eroberungen und Kriege – hat noch jedes »-los« angenommen, das man ihm aufgebürdet hat: herrenlos, glaubenslos, rechtlos, staatenlos. Der fehlende christliche Glaube zunächst, dann die fehlende Zivilisierung der Eingeborenen, ihre mangelnde Rechtsfähigkeit und später die nicht vorhandene Staatlichkeit dieser Gebiete, ihr Nichtbewohntsein, ihre Menschenleere, schließlich die vollkommene Entterritorialisierung, die Verwüstung aufgrund von Kriegen. Okkupation, so ließe sich nach dieser ersten Übersicht sagen, beginnt mit der Durchstreichung, dem Ignorieren dessen, was ist.

Hingegen haben die Positivierungen, die Personalisierungen des Niemand – Heiden, Barbaren, Muslime, Wilde, Fremde, Nomaden et cetera – völkerrechtlich zu keiner Zeit eine Rolle gespielt. Denn in den Erörterungen um die rechtliche Wirksamkeit von Okkupationen geht es nicht um das Andere, welches aus solchen Substantialisierungen gewonnen wird. Für das Völkerrecht, das sich ungefähr seit dem 16./17. Jahrhundert mit Fragen des Gebietserwerbs beschäftigt, kommt es auf die Einwohner nicht an. Als Nichts und Niemand, null und nichtig, werden sie vom Völkerrecht behandelt. Sie kommen darin nicht vor. Nicht einmal als »Feinde«.

Wenn es um die Unterscheidung von Freund und Feind, genauer um die Frage nach dem historischen Ort dieser Unterscheidung geht, dann nimmt das Völkerrecht eine zentrale Stellung ein. Das Völkerrecht ist gekennzeichnet von Teilungen, Trennungen und Grenzziehungen, die auf einer als freie Fläche, einer als *terra nullius* gedachten Welt vorgenommen werden. Von der päpstlichen Demarkation bis hin zu territorialen Staatsgrenzen sind es »Linien«, die politische Verhältnisse strukturieren und die so eine völkerrechtliche, das heißt nicht personale Vorstellung von Freund und Feind hervorbringen. Es sind genauer noch die diskursiven Wirkungen einer Darstellung der Geschichte des Völkerrechts als einer Geschichte aus Linien, die Freund und Feind feststellen. Grenzarten sind Feindbestimmungen. Dabei gehen dem imperialen Gestus des Linienziehens, dem Souveränitätsakt schlechthin, stets Annullierungen voraus. Denn um welthistorische Linien zu ziehen, muss die Welt als *blank space* daliegen, als aufzuteilendes Land und beschriftbares Terrain. In der nachfolgenden Skizze soll das Ideologem der Grenzziehung, das in den Völkerrechtstheorien der 20er und 30er Jahre des 20. Jahrhunderts als Denken des Feindes wirksam geworden ist, untersucht werden, indem anhand von drei zum Modellfall vereinfachten völkerrechtlichen Linien der Mechanismus von Annullierung, Grenzziehung und Feindbestimmung freigelegt werden soll.

I Monopol und Expansion: Demarkationslinien

Vom Rom des 15. Jahrhunderts aus betrachtet, sind Geltungsbereich der Gesetze und Herrschaftsbereich koextensiv. Als Seefahrer davon künden, dass die Gesetze nicht überall eingehalten und der christliche Glaube nicht überall praktiziert werde, ändert sich an dieser juridischen Ubiquitätsvorstellung zunächst nichts. *Terra nullius*, das herrenlose Land, kommt im *dominium* der päpstlichen Welt nicht vor. Sie kennt allenfalls *terrae incognitae*. Die Welt der *oikumene* hat die Struktur eines Monopols – eines Rechts- wie Glaubensmonopols, welches in bestimmten, noch nicht erschlossenen Erdteilen virtuell bereits gilt und nur noch aktualisiert zu werden braucht.

Kolonialisierung und Missionierung lauten die Aufträge in den Gebieten der unbekannten Welt. Weil seit Papst Gregor VII. die Gebiete *ex ante* bereits der Hoheit der römischen Kirche unterliegen, kann er sie als weltliches Lehen austeilen, noch bevor sie entdeckt oder tatsächlich beherrscht werden. In einem Edikt Nicolaus V. von 1454 werden dementsprechend auch künftige Gebietserwerbungen unter den Lehensschutz der Kirche gestellt.[1] Die päpstliche Investitur hat darum potentiell alle Erdteile zum Gegenstand.

Diese Monopolstellung wird auch durch die beiden iberischen Expansionsmächte Spanien und Portugal nicht angefochten. Sie erhalten aufgrund der ersten großen Linie, die nach der Geschichtsschreibung des Völkerrechts eine Rolle spielt, das Entdeckermonopol auf je eine Hemisphäre.[2] »Die Welt wurde in zwei Hälften, in zwei Monopolsphären geteilt. Östlich der Linie sollte Portugal, westlich Spanien exklusive Rechte auf Handel, Schifffahrt und Gebietserwerb haben.«[3] Vertragliche Bestätigung findet diese päpstliche Demarkationslinie, wenngleich in westlicher Richtung ein wenig verschoben, in der spanisch-portugiesischen Vereinbarung von Tordesillas (1494). Das »System der Monopole« wird durch die Aufteilung der Expansionsräume in zwei Sphären beibehalten. Beide Monopole interferieren nicht, denn die Demarkationslinie schafft »exklusive Aktionsräume«.[4] Sie sind zwar in ihrem Ausgangspunkt, besser gesagt ihrer Ausgangslinie, nicht aber in ihrer Ausdehnung definiert. Expansion bestimmt sich allein von der Demarkation her.

Dies wird noch deutlicher in den Vorläufervereinbarungen von Tordesillas, in denen die Monopole in ihrer expandierenden Richtung noch vager durch »diesseits und jenseits«[5] eines Gebiets definiert werden. Mehr als Geste der Macht denn als geographisch exakte Grenze werden diese monopolisierenden, auf reale Verhältnisse vorgreifenden Linien gezogen. Die Definitionsgewalt von Rom geht von Linien auf dem Papier aus. Auf diese Weise wird auch die ein Jahr vor Tordesillas geltende Demarkation für das »Inter caetera Edikt« von 1493 festgelegt: »Pope Alexander VI. then sat down before his mappamundi and arbitrarily, in the blank space to the left of the oikumene drew a new meridian that he proclaimed to be a ›one hundred leguas west of the Azores‹. All the vast terra incognita to the west of this purely abstract demarcation line he awarded to the Spanish, Everything East must go to Portugal.«[6] Diese Szene mag als eine Art Gründungsszene des Denkens in binären Polen gelten.

Noch ist die Aufteilung allerdings höchst abstrakt. Da Längengrade geographisch exakt erst mit der Möglichkeit meridionaler Vermessung bestimmt werden können, bleibt die Beschreibung der Demarkationslinie noch vage, wonach der Grenzmeridian von Cap Verde oder Azoren aus nicht weiterer Entfernung als 100 leguas (in der Tordesillas-Vereinbarung werden daraus 370 leguas) gemessen werden soll.[7] Dass diese wenig genaue und kaum lokalisierbare Linie dennoch als Grundlage für ein päpstliches Edikt ausreicht, bestätigt ihren vornehmlich rechtlichen Charakter. Die näheren, auch geographischen Bestimmungen überlässt der Papst den Entdeckermächten selbst. In Verträgen zu den Bullen werden zwischen Spanien und Portugal die Grundlagen der Entdeckungsfahrten ausgehandelt, nachdem ihre konkurrierenden Ausgangspositionen für die Vertragsverhandlungen in diesen Edikten rechtlich fixiert worden sind.[8] So könnte es ein geschickter Zug von Columbus gewesen sein, die »Routinegeschäfte der Kurie« auszunutzen[9] – die nicht zuletzt im Ziehen solcher Linien bestand, in der Aufteilung der Welt auf dem Papier –, um sich auf diese Weise einen Vorsprung in den Verhandlungen mit Portugal zu verschaffen, zumal seine erste Fahrt bekanntlich zu einiger Verstimmung zwischen den beiden Mächten geführt hatte. Die päpstlichen Bullen haben demnach vor allem die Funktion, solche Vertragsverhandlungen zu autorisieren, eher noch zu Konkurrenzverhältnissen zu ermächtigen. Die Demarkation definiert Spanien und Portugal zu Konkurrenten (nicht Feinden) in dem päpstlich-iberischen Gemeinschaftsunternehmen »Expansion«.

II Polarisierung und Exklusion: Lignes des Amitiés et des Alliances

Geographische Ungenauigkeiten werden erst von den Mächten moniert, die nicht von päpstlicher Seite zu Unterwerfungen, zu Konvertierungen Rom-ferner Länder autorisiert sind. England und Frankreich stellen als die jüngeren Expansionsmächte die Herrschaft und umfassende Verfügungsgewalt Roms über die *terrae incognitae* infrage, um ihre Handelsinteressen in diesen Gebieten durchzusetzen. Sie gehen von einer anderen Weltaufteilung aus, die keine *oikomene*, sondern ein dichotomisches Gebilde aus Europa und Übersee ist.

Das Verhältnis von *de jure* und *de facto* Herrschaft kehrt sich damit um. Statt des rein juridischen Herrschaftsprinzips der Kurie, der rechtlichen Fiktion universaler Herrschaft, führen England und Frankreich das Faktum der Beherrschung ins Feld, um ihre Ansprüche auf neu erschlossene Gebiete zu begründen. Die technischen Möglichkeiten, weite Entfernungen auf dem Seeweg zu überbrücken, überholen die Kompetenz des Rechts, diese Entfernungen virtuell, im Vorgriff, und das heißt auf einer Landkarte, zu vereinnahmen. Auf die päpstliche Autorisierung zur Eroberung folgt nicht mehr die tatsächliche, sondern umgekehrt, die Eroberung steht am Anfang und erst nachfolgend werden die dadurch geschaffenen Verhältnisse rechtlich bestätigt. Dort also, wo die *plenitudo potestatis* des Papstes Risse bekommt, entstehen *terrae nulliūs*, die entdeckt, erobert, von denen schließlich Besitz ergriffen werden kann.

Mit der Vorstellung der Existenz von Gebieten, in welche die päpstliche Herrschaft nicht hineinreicht, hängt eine andere Art der Linie zusammen: die »Lignes des Amitiés et des Alliances«, Freundschafts- und Bündnislinien, wie sie in einem Edikt Richelieus von 1634 erstmals[10] namentlich erwähnt sind.[11] Sie sind, so ließe sich sagen, die diplomatische Antwort der neuen europäischen Expansionsmächte Frankreich und England auf das Prinzip der Demarkation nach Schwächung der päpstlichen Autorität.[12] Ihr Zweck kann darin gesehen werden, Gebiete jenseits der Lignes des Amitiés et des Alliances den jeweils vertragschließenden Mächten zumindest für die friedliche Handelsschifffahrt zugänglich zu machen. Wenn es in diesen Gebieten trotz des vertraglich vereinbarten Friedens zu bewaffneten Zusammenstößen kommt, dann soll, das besagt das Rechtsinstitut der Freundschafts- und Bündnislinien, dies auf den Frieden der Vertragsparteien innerhalb Europas keinen Einfluss haben.

»No peace beyond the line«, so brachte Sir Francis Drake diesen Grundsatz im Zusammenhang mit einem 1604 zwischen England und Spanien-Portugal geschlossenen Friedensvertrag auf eine einprägsame Formel. Weil in diesem Vertrag die Divergenz zwischen dem Interesse Englands am Indienhandel und den spanischen Monopolansprüchen nicht geklärt wurde, trat die Formel »no peace beyond the line« an die Stelle einer Einigung dieses Interessenkonflikts. Sie markiert eine Leerstelle, die durch Aussparung eines an sich regelungsbedürftigen Konfliktfalles entstanden ist. Die mangelnde Einigung über die rechtlichen Konsequenzen des Handeltreibens Englands in spanisch-portugiesischen Gebieten ist in der Formel »No peace beyond the line« supplementiert. Die für die überseeischen Gebiete geltende iberische Polizeigewalt kann in diesem Fall gegen den vertragsbrüchigen Bündnispartner eingesetzt werden, und zwar nur in Übersee, nicht in Europa. Damit wird vereinbart, dass ein Friedensbruch in Übersee den europäischen Friedensschluss der Vertragsparteien nicht unwirksam machen solle.[13] Die in der Formel angesprochene Linie ist in ihrer Funktion einer Teilnichtigkeitserklärung vergleichbar, deren unwirksamer Teil nicht die Nichtigkeit des gesamten Vertrags zur Folge haben soll. Man könnte in der Formel also die vertragliche Einigung auf die faktische Nichteinigung sehen, die rechtliche Vereinbarung auf die Nichtrechtlichkeit der Folgen eines Vertragsverstoßes: keine umfassende Unwirksamkeit des Vertrags, sondern räumlich begrenzte Aussetzung, kein Recht, »no peace« jenseits der Linie.

Dass hier nur von einer Linie, von der »Linie im Singular«[14] die Rede ist, generiert ihre phantasmatische Wirkung. Durch die Idee, das Phantasma einer Achse wie des ptolemäischen Nullmeridians, der Linie des Wendekreises des Krebses und des Azorenmeridians, oder der äquatorialen Linie, polarisiert sich die bis dahin geltende monopolare Welt. Eine binäre Ordnung entsteht, in der Europa sich von da ab dekliniert: hier Europa, dort *terra nullius*; hier Rechtszustand, dort Naturzustand; hier Vernunft, dort Gewalt. So, wie im Testament des Kardinals Richelieu verfügt wird, dass Freundschafts- und Bündnislinien die Sphäre der »raison« von der Sphäre der »force« trennen.[15]

Was durch diese Linie getrennt wird, sind jedoch weniger komplementäre Zustände. Vielmehr ist der Akt, eine Linie zu ziehen, – wie symbolisch auch immer – ein Akt der Negation. Dadurch entsteht der andere Pol, der Pol des Abwesenden: a-nomisch und an-archisch. Die Vorstellung von etwas Fehlendem wirkt schließlich auf die europäische Ordnung in konstitutiver Weise zurück.[16] Dass es sich beim Ziehen der Linie um einen Akt der Negation handelt, kann völkerrechtlich präziser gefasst werden, wenn man bedenkt, dass dem Äquator, auf den in völkerrechtlichen Verträgen des 17. Jahrhunderts zuweilen Bezug genommen wird, zunächst die Funktion einer aufschiebenden Wirkung der Vertragsgeltung zukam. Denn um der längeren Benachrichtigungsdauer nach Übersee Rechnung zu tragen, sollte die Rechtskraft der in Europa abgeschlossenen Verträge in Übersee solange suspendiert bleiben, bis sie auch dorthin übermittelt worden sind. So sieht beispielsweise der spanisch-englische Vertrag über die Unwirksamkeit von Kaperungen (1630) vor, dass dieser innerhalb der »narrow seas« 15 Tage nach Vertragsabschluss, in den übrigen Gegenden um Europa drei Monate danach und »ultra lineam« neun Monate danach in Kraft tritt.[17] Verallgemeinernd ließe sich also sagen, die Freundschafts- und Bündnislinie konstituiert und suspendiert *uno actu* eine europäische Rechts- und Friedensordnung.

Nimmt man all diese Kennzeichnungen der Freundschaftslinie zusammen, so folgt daraus ein bestimmter Begriff von Feindschaft. An dieser Extrapolation des Feindes aus der Freundschaftslinie hatte, wie es scheint, vor allem die völkerrechtliche Geschichtsschreibung der 20er und 30er Jahre ein Interesse. Erwiesenermaßen ist von ihr die Bedeutung der Freundschaftslinien überschätzt worden[18], die tatsächlich oftmals schon nach kurzer Zeit wieder aufgekündigt und die spätestens mit dem Westfälischen Frieden von 1645 zugunsten eines umfassenden Friedens »in et extra Europam, tam cis quam trans lineam«[19] verabschiedet wurden. Gleichwohl prägen die Freundschaftslinien einen Begriff von Feindschaft, der unter dem historischen Deckdiskurs über das 17. Jahrhundert Anfang des 20. Jahrhunderts politisch wirksam geworden ist. Der Diskurs über die Linie, der vom Völkerrecht seinen Ausgang nimmt, findet im Dezisionismus seine Fortsetzung. Er strukturiert politische Verhältnisse in Freund und Feind entlang der Linie.[20]

Feindschaft ist nach diesem zum Philosophem erhobenen völkerrechtlichen Prinzip der Linie durch die Annullierung vertraglicher Beziehungen unter Staaten gekennzeichnet. Jenseits einer bestimmten Linie begegnen die europäischen Bündnispartner sich als feindliche Mächte. Was sie bindet, ist eine rechtliche Vereinbarung: ein Waffenstillstandsvertrag, ein völkerrechtlicher Bündnisvertrag oder Nicht-Angriffs-Pakt. Freundschaft ist demnach ein rechtliches Prinzip, dessen Nichtgeltung mit dem Raum des Rechtlosen zusammenfällt, welcher wiederum als Antithese zum Recht auf »alles Militärische« verweist. Feindschaft ist, wenn man Völkerrechtlern wie Adolf Rein und Carl Schmitt, aber auch Wilhelm Grewe folgt,[21] die Verneinung des rechtlichen Prinzips von Freundschaft und damit seine Verräumlichung. Denn durch Verträge gesetztes Recht steht in diesem völkerrechtlichen Modell dem durch den Raum geschaffenen gegenüber. Die verräumlichte Feindschaft ist demnach durch nichts anderes als durch ihre Position *extra lineam* gekennzeichnet.

Im Setzen dieser ausgrenzenden Linie liegt eine Feindschaftserklärung. Dabei ist es schon bemerkenswert, dass die imaginärste Linie des Völkerrechts, die *Lignes des Amitiés et des Alliances*, die plastischste Feindbestimmung hervorbringt. Die Bündnispartner begegnen sich außerhalb der Linie, außerhalb des Völkerrechts als Feinde. So wie im römischen Bodenrecht das Ziehen einer Linie ein *jus alios excludendi* vermittelt, geht die Souveränität über ein Gebiet mit der Macht einher, eine Bündnislinie festzulegen. Das Recht dazu steht der souveränen Macht zu, die (mittels Polizeigewalt) bereits über ein bestimmtes Gebiet verfügt. Dass man sich zumindest formal auf eine Linie einigt, selbst wenn sie tatsächlich von dem stärkeren Verhandlungspartner gesetzt wird, soll nach völkerrechtlicher Sicht Reziprozität, wechselseitiges und gleichrangiges Anerkennen als Feind, wahren und damit überhaupt erst äußere Feindschaft begründen.

Jenseits der Linie wird der Bündnispartner, der widerrechtlich die Linie übertritt, rechtlos. Als rechtlos werden im römischen Recht *res hostium* und gleichermaßen *res nullius* angesehen.[22] Feinde wie Niemande sind ohne Recht. Feinde sind Niemande. Der Feind ist nicht der Andere, sondern derselbe als Exterritorialisierter. Dass der Feind derselbe in einem anderen Raum ist, der durch die Übertretung einer Linie Verwandelte, diese Vorstellung bestätigt sich in der Definition der Wilden, wie sie im 18. Jahrhundert gegeben wird. Über sie heißt es nicht etwa, dass sie Eingeborene, sondern dass sie Europäer jenseits der Linie seien. »Hat er den Äquator überschritten, ist der Mensch weder Engländer mehr, noch Holländer, noch Franzose, noch Spanier, noch Portugiese. Er ist ein gezähmter Tiger, der in den Wald zurückkehrt.« Was ihn wieder wild macht, ist der sogenannte Tropenkoller bei Übertretung der Linie;[23] gezähmt aber hat ihn die Sphäre des Rechts, die synonym ist mit »Europa«.

III Souveränität in Übersee

Im Ausgrenzen schaffen die Freundschafts- und Bündnislinien ein außereuropäisches Gebiet, das okkupierbar ist. Diese umstrittene These wird von dem Völkerrechtler Adolf Rein vertreten und im Anschluss an ihn von Carl Schmitt.[24] Selbst wenn man nicht davon ausgehen kann, dass Freundschaftslinien mit dem Ziel entstanden sind, ein okkupierbares Gebiet zu definieren – primär ging es dabei um den freien Handel –, so haben die »raumausgrenzenden Linien« (Schmitt) jedenfalls den Effekt, die Gebiete in Übersee zur Okkupation freizugeben.

In Anspielung auf das römische Privatrecht wird also ein okkupierbares Gebiet als *terra nullius* bezeichnet, so, als ginge es bei Okkupationen um eigentumsrechtliche Fragen an Grund und Boden.[25] Wie oft im internationalen Recht wird auch hier ein politischer Vorgang durch Rückführung auf zivilrechtliche (oder auch strafrechtliche) Kategorien entpolitisiert.[26] Souveränitätsfragen kommen als Eigentumsfragen daher. Tatsächlich aber wird unterhalb von eigentumsrechtlichen Erörterungen in aller Deutlichkeit die Frage nach der Souveränitätsbasis eines Staates gestellt. In aller Deutlichkeit, insofern die Souveränität, die man in Europa voraussetzt, für Übersee erst noch definiert werden muss. Denn die Wirksamkeit einer Okkupation soll in der Ausübung souveräner Macht bestehen. Deutlicher als jede staatstheoretische Abhandlung drücken darum die verschiedenen völkerrechtlichen Argumentationen aus, wodurch Staatlichkeit definiert sein soll und worauf Souveränität basiert.

Die völkerrechtliche Figur der *terra nulliūs* ist durch Abwesenheit von Souveränität definiert. Dass dieses Gebiet deswegen nicht bar jeden Rechts ist, ist eine Überzeugung, die sich im Zuge der Aufklärung durchgesetzt hat, als man auch Eingeborene zu Trägern von Rechten macht. Um dennoch die Rechtsvorstellung von der *terra nulliūs* als okkupierbarem Gebiet aufrechtzuerhalten, um also kein Okkupationshindernis in Form von Rechten der Einwohner in Übersee entstehen zu lassen, wird zwischen Rechts- und Staatsfähigkeit unterschieden. Nomaden – die von den Völkerrechtlern des 18. und 19. Jahrhunderts favorisierten »Bewohner« der *terra nulliūs* – können Inhaber von Rechten sein, sie sollen jedoch mangels Sesshaftigkeit unfähig sein, einen Staat zu bilden.[27] Souveräne Mächte können aufgrund dieses Mangels an »Staat«, an Staatsfähigkeit und Staatsbildung, einen Anspruch auf sogenanntes staatenloses Gebiet erheben.

Oftmals bestehen Ansprüche mehrerer Nationen auf ein und dasselbe Gebiet. Interessant sind nun die verschiedenen völkerrechtlichen Begründungsversuche. In der Frage der Gebietserwerbungen verhält es sich selbstverständlich keineswegs so, dass erst rechtlich verbindliche Maßstäbe aufgestellt und darin danach gehandelt wird. Hier – und das macht die Anziehungskraft des Völkerrechts für einen Rechtstheoretiker wie Schmitt aus – entscheidet Faktizität über Geltung. Erst wird entdeckt, erobert, kolonialisiert, und dann wird über die rechtliche Wertung dieser Akte gestritten. So stehen sich beispielsweise alte Rechtstitel aus Entdeckung und neue aus Okkupation oder Kolonialisierung gegenüber (Carolinen-Fall, Falkland Inseln, Las Palmas, Polargebiete). Historische Fakten kommen dabei nachträglich, manchmal erst Jahrhunderte später, als rechtliche Argumente zum Einsatz.

Ältere Entdeckernationen führen gegenüber den jüngeren Eroberungsmächten zu ihren Gunsten das Argument an, dass sie durch das Entlangsegeln an einer bestimmten Küste und durch sporadisches An-Land-Gehen bereits ein Recht auf dieses völkerrechtlich als »Hinterland« bezeichnete Gebiet erworben hätten. England beruft sich zur Begründung des Besitzanspruchs auf das riesige Gebiet vom Golf von Mexiko bis nach New York auf die Küstenbesegelungen, die Giovanni Caboto (zur Stützung des Arguments in John Cabot anglisiert) 1497/98 unternahm.[28] Auch die Besegelung der Küste durch Sir Francis Drake sollte England bekanntlich ein Recht auf das Hinterland Amerikas verschaffen. Mit der Möglichkeit des Überfliegens von unerschlossenen Gebieten wiederholt sich die Argumentation, dass durch Sichtung, In-Augenschein-Nehmen, ein Rechtstitel erworben werde.[29]

Doch hat das Völkerrecht derart weitreichende Ansprüche aus derart partikularen Akten nicht gelten lassen. Einig ist man sich in der Theorie vielmehr darüber, dass die Tatsache der Entdeckung,[30] des Entlangsegelns oder Überfliegens keinen Rechtstitel auf dieses Gebiet, sondern allenfalls ein Prioritätsrecht zur Besetzung, ein sogenanntes *jus ad occupationem* vermittle?[31] Was einer Entdeckung fehle, sei eine symbolische Kraft, die den Besitzwillen in juridischen Formen dokumentiere. Vasco Nunez Balboa scheint dieses Erfordernis erkannt zu haben, als er 1513 im Stillen Ozean mit einem Schwert und einer Fahne in den Händen »bis an die Knie in die Fluten des Meeres hineinschritt und damit symbolisch in Gegenwart eines Notars von dem unermesslichen Wasser von Pol zu Pol Besitz ergriff«.[32]

Den Besitzanspruch Spaniens vermochte er mit dieser notariell abgesicherten, symbolischen Besitzergreifung gleichwohl nicht zu begründen.

Nicht nur die potentielle Ubiquität symbolischer Akte stellte ein Problem dar. Die Rechtswirksamkeit solcher Akte wie das Hissen einer Flagge oder das feierliche Verlesen einer Deklaration wird auch mit dem Argument in Zweifel gezogen, dass Privatpersonen oder -gesellschaften, von denen sie vorgenommen werden, diese überhaupt nicht vollziehen könnten. Columbus zum Beispiel reist in privatem Auftrag der Königin Isabella, nachdem er sich zuvor ausdrücklich von der päpstlichen Autorisierung durch Nichtigkeitserklärung hat entbinden lassen. Die völkerrechtliche Problematik einer rechtlich wirksamen Entdeckung spitzte sich im Fall Columbus nur deswegen nicht zu, weil die spanische Krone sich später dem Privatauftrag der Königin anschloss.[33] Oft werden auf diese Weise nachträglich Entdeckungen »verstaatlicht«. Entdecker werden als Gouverneure in dem von ihnen entdeckten Land eingesetzt, wie im Fall LaSalles, mit dessen Ernennung zum Gouverneur von Louisiana Frankreich seinen Gebietsanspruch dokumentiert.[34] Die Vereinigten Staaten sind ebenso verfahren, als sie ein von dem Flieger William Byrd 1929 im Südpol entdecktes Land »Mary-Byrd-Land« nennen, um mit dem Namen der amerikanischen Ehefrau des Entdeckers die staatliche Autorisierung zu dieser Entdeckung zum Ausdruck zu bringen und in der Folge englische Gebietsansprüche auszuschließen.[35]

Die völkerrechtliche Auseinandersetzung im 16. und 17. Jahrhundert kreist jedoch vor allem um die Frage, ob symbolische Akte unabhängig davon, wer sie vornimmt, überhaupt zur Begründung eines Gebietsanspruchs ausreichen können. Elisabeth I. stellt 1580 in einem oft zitierten, an die Adresse der Spanier gerichteten Ausspruch klar, dass dies nicht der Fall sein soll: »She would not persuade herself that the Indies are the rightful property of Spain only on the ground that the Spaniards have erected shelters, have given names to a river, acts which cannot confer property.«[36] Sie degradiert alle rein symbolischen Formen der Aneignung wie das Flaggenhissen oder das Ziehen von Linien auf Landkarten, Benennungen und Deklarationen als »imaginary proprietorship« und dringt stattdessen auf etwas, das später vom Völkerrecht »effektive Okkupation« genannt wird. Hierin deutet sich an, dass symbolische und effektive Rechtsformen offenbar zu Gegensätzen werden.

Wann eine Okkupation effektiv und damit rechtswirksam ist, wird allerdings nicht weiter definiert. Auch dann nicht, als die »effektive Okkupation« – wohl einmalig – in einem Abkommen (in Art. 34 und 35 der Kongo-Akte) Erwähnung findet.[37] Eindeutig ist insoweit nur, dass die Völkerrechtstheorie für die Bejahung effektiver Okkupation eine Umwandlung von staatenlosem in Hoheitsgebiet verlangt. Entsprechend des dem römischen Bodenrecht entnommenen Terminus der *terra nulliūs* wird das Vorliegen einer solchen Umwandlung oft mit der Handlung des Pflügens, der Urbarmachung des Landes begründet.[38] Angefangen von den Niederländern, die Tasman, dem Entdecker Australiens, 1642 auftragen, dort Obstbäume zu pflanzen,[39] bis hin zum Staat Israel, der gepanzerte Traktoren einsetzt, um demonstrativ die Felder der von Arabern beanspruchten Gebiete zu pflügen,[40] scheinen Okkupationen sich nach diesem Muster agrikultureller Inbesitznahme zu vollziehen. Säen und Pflügen, diese Handlungen mit hohem Symbolgehalt, machen deutlich, dass Effektivität keineswegs auf Symbolik verzichtet, sondern dass sie diese vielmehr flächendeckend statt punktuell einsetzt. Effektivität wäre demnach gekennzeichnet durch flächendeckende und raumgreifende symbolische Akte, die zugleich Akte des Fläche-Bedeckens und Raum-Ergreifens sind. Und wenn Schmitt, bei dem der Begriff von der *terra nulliūs* durch den allgemeineren des »Raumes« ersetzt ist, der »alles [ist], was der ausschließlichen Herrschaft, der Machtentfaltung und der Machtverteilung zulänglich ist«, dann ließe sich von hier aus die Rede von der »Effektivität der Raumbeherrschung«[41] als Okkupationsvorgang entschlüsseln, für den offenbar vom Pflügen bis zum Kriegführen alles stehen kann, wenn es nur raumgreifend ist.

Wenn aber mit der Okkupation Tatsachen geschaffen werden, die zugleich ein Recht vermitteln können, so ist spätestens hier aus der fiktionalen Investitur des Papstes die Invention des Faktischen geworden. Im extra-juridischen Raum der *terra nullius* wird – und das ist das Bemerkenswerte daran – aus der Faktizität effektiver Machtausübung ein Rechtsprinzip. Jenseits der Linie manifestiert Souveränität sich demnach nicht in rein symbolischer Repräsentation, sondern in den zur »Effektivität« verrechtlichten, tatsächlichen und vom Ziel der Okkupation aus beurteilten notwendigen Handlungen, Effektivität ließe sich also durch die Handlungen bestimmen, die diesseits der Linie als Effekt von Souveränität vorkommen – Gesetze machen, strafen, Steuern erheben, Polizeigewalt errichten beispielsweise. Sie dienen in Übersee zum Nachweis des Vorliegens von Souveränität. Entsprechend gilt die Errichtung von Gerichten, Zollämtern, Verwaltungsbehörden nach heutiger völkerrechtlicher Auffassung als Indiz effektiver Ausübung der Gebietshoheit, in Übersee übersetzte Souveränität.[42]

IV Territorialisierung und Inklusion: Staatsgrenze

Souveränität und Territorium sind aneinander gekoppelt, wie sich an diesem völkerrechtlichen Verständnis von »Effektivität« zeigt. Damit werden auch die auf dem Papier gezogenen Linien – jene Souveränitätsakte par excellence – auf ihre Korrespondenz mit dem Territorium verpflichtet. Durch »diese systematische Verknüpfung zwischen Territorialität und Code«[43] definieren Grenze und Territorium sich wechselseitig. »Die technische Durchbildung des modernen linearen Grenzbegriffs … beruht auf einem gewissen fortgeschrittenen Stand der geodätischen, topographischen und kartographischen Wissenschaft«.[44] Funktional nimmt die lineare Grenze im 18. Jahrhundert die Stelle ein, welche Äquator und Meridian für das Völkerrecht des 16. und 17. Jahrhundert besaßen, nämlich Eroberungen auf dem Papier zu antizipieren. Als der Meridian in Paris aufgrund der Initiative Colberts vermessen wird, kann er 1724 zur Grundlage für die erste allgemeine meridional angelegte Karte Frankreichs werden. Auch unbekannte Gebiete können auf diese Weise erschlossen, vermessen werden.

Das Phantasma einer detailgetreuen Abbildung vom Land in Karten, die Antizipation und Übersetzung von einem in das andere, führt schließlich dazu, dass eine Okkupation erst wirksam wird, wenn sie kartographisch besiegelt ist. Karten werden zur Anlage völkerrechtlicher Verträge, erstmals wohl 1718 zwischen Frankreich und den niederländischen Generalstaaten.[45] Man denke auch an den Versailler Friedensvertrag mit seinen ausführlichen Grenzbeschreibungen im zweiten Teil.

In der Folge dieser kartographischen Grenzbestimmung beruhen völkerrechtliche Streitigkeiten seit dem 18. bis zum Anfang dieses Jahrhunderts auf deren fraglicher Übereinstimmung mit dem realen Territorium: »weil die in den Atlanten scheinbar so klar und scharf eingetragenen Grenzen nicht selten bis auf Tausende von Kilometern unsicher waren, und zwar zum Teil einfach deshalb, weit man eben gar nicht wusste, wieweit das Kartenbild der Natur entsprach«. So beispielsweise in einem Grenzstreit zwischen Venezuela und Kolumbien von 1922, in dem es um eine über 3600 km unsichere Staatsgrenze ging.[46]

Wie unsicher – vermessungstechnisch wie politisch – Grenzen sein mögen, sie definieren alle Länder als territoriale Einheiten.[47] Aus den großzügig durch die Welt gelegten Linien werden detaillierte lineare Grenzen. Sie teilen, trennen Gleiches, separieren Staaten. Eine Freund-Feind-Unterscheidung kann folglich nicht auf der räumlichen Lage von diesseits und jenseits der Linie beruhen, da »hier« zugleich »dort«, »Freund« zugleich – und das heißt am gleichen Ort – »Feind« ist. Die wechselseitige Feindschaft ohne Verlagerung auf ein äußeres Gebiet, ohne Exterritorialisierung, erzeugt, sobald Staaten sich als Rechtssubjekte begegnen, Feindschaft in einer »rechtlich-politischen Bewertung«[48] – und dies oftmals im Vokabular des Strafrechts. Nach Schmitt ist Feindschaft dort der Verabsolutierung ausgesetzt, wo sie den räumlichen Bezug auf eine den Feinden gemeinsame Linie verliert. Dies macht deutlich, wie entlastend auf diskursiver Ebene die Denkmöglichkeit eines äußeren, herausgehobenen Raumes nach Art einer *terra nullius* nicht nur für das Völkerrecht wirkt, um alles Bedrohliche zu veräußern und zu begrenzen.

Umgekehrt lässt sich erahnen, welches Begehren nach einem exterritorialen Ort die kartographisch umfassende Territorialisierung und juridisch lückenlose Inklusion aller Räume freisetzt. Wenn alle Gebiete zu Territorialstaaten umgewandelt sind, gibt es kein unerschlossenes, unvermessenes, unbegrenztes Land mehr. Nicht nur die Verlagerung des Feindes auf ein äußeres Terrain ist damit undenkbar geworden, auch der Imperativ zur Eroberung, genauer Erschließung, der in der leeren Fläche eines weiten Landes liegt, ist erloschen. »Lange Jahre«, schreibt Norbert Wiener, »vollzog sich die Entwicklung der Vereinigten Staaten vor dem Hintergrund eines leeren Landes, das immer weiter nach Westen rückte. [...] Bereits 1890 stellt die Volkszählung das Ende wirklicher Grenzlandbedingungen fest; damit waren die geographischen Grenzen der großen Reserven voll unausgeschöpfter und unerwarteter Hilfsquellen für das Land eindeutig festgelegt.«[49] Mit den großen Inventarisierungen des 19. Jahrhunderts, den kartographischen Vermessungen und demographischen Zählungen, setzt der Schock über die Begrenztheit des Raumes, über »das Ende wirklicher Grenzlandbedingungen« ein. Malthus reagiert darauf, wenn er Bevölkerung und Raum miteinander verbindet, um die räumliche Begrenztheit berechenbar zu machen.

Carl Schmitt konstatiert 1940 nicht ohne Bedauern das Ende aller Möglichkeiten zur Okkupation und macht dafür die rechtlich unterschiedslose Behandlung aller Gebiete, auch der Kolonien, als Staatsgebiet verantwortlich.[50] Auf die Vision einer zu kleinen Welt ohne okkupierbares Land wird die Forderung nach Nicht-Staatsgebieten oder *terrae nulliūs* laut. Der Ruf danach geht von den »Völkern ohne Land« (Valli) aus, zu denen sich Deutschland, Italien und Japan zählen. Er zielt auf Expansion in unbesiedeltes, staatenloses Land,[51] wenn man dem 1934 gehaltenen Plädoyer des faschistischen Danteforschers Luigi Valli folgt. Valli, der angeblich inmitten eines Vortrags über die Symbolik von Kreuz und Adler bei Dante »vom Schlag gerührt« zusammenbricht,[52] also ausgerechnet inmitten eines Vortrags über die Insignien eines Staates, ist zwar kein Völkerrechtler, doch bestätigen die Völkerrechtler der 30er Jahre die Gleichsetzung von staatenlosem mit unbesiedeltem Gebiet. Denn im Effekt ist im 20. Jahrhundert okkupierbares Land auf unbewohntes beschränkt,[53] selbst wenn letzteres kein Kriterium des Völkerrechts ist. So weist 1937, einige Jahre nach Valli und anderen erhobenen Expansionsforderungen, der Völkerrechtler Friedrich Giese darauf hin, dass es noch genügend unbesiedeltes Gebiet zu Expansionszwecken gäbe.[54] Wo aber dem »Volk ohne Raum« unbesiedeltes Land nicht ausreicht, weil die unbewohnten Gebiete meist auch die unbewohnbaren sind (Antarktis), da tragen die Verwüstungen zweier Weltkriege auf ihre Weise dazu bei, neue *terrae nulliūs* zu produzieren, die – wenn auch nicht im völkerrechtlich anerkannten Sinne – zur Okkupation freigegeben sind.[55]

V Grenzraum Niemandsland

Wenn der Terminus »terra nullius« aufhört, im Völkerrecht eine Rolle zu spielen, ist der Raum frei für einen metaphorisch hoch aufgeladenen Diskurs vom »Niemandsland«. Was vor dem Ersten Weltkrieg aufgrund der erhöhten Feuerwirkung moderner Geschütze als »öde Weite« (von Schlieffen 1909) des Schlachtfelds vorgedacht wird, erhält im Nachkrieg seinen Ausdruck in der »Menschenleere des Schlachtfeldes« (Ernst Jünger). Gemeint ist ein Land aus Niemanden, eine Landschaft ohne Menschen, genauer ohne Infanteristen, die verschwunden sind, weil sie sich vor den weitreichenden und flächendeckenden neuen Waffen so an das Gelände anpassen, dass sie unsichtbar, dass sie zu »Gefechtsdingen« (Kurt Lewin) werden.

Das Weltkriegs-Niemandsland trägt das Signum der Unentschiedenheit zwischen den Fronten – auch im militärischen Sinn – allerdings ohne militäramtlichen Status. Ein »schmale[r] Streifen Erdstrich, der aber dennoch immer unüberschreitbarer wird«,[56] heißt es darüber beim Apologeten des Niemandslandes, Ernst Jünger. Es wird schließlich zur Chiffre für alle unentschiedenen Zustände – unpassierbar, unmarkiert, unbekannt, aus allen gewohnten Erfahrungsbildern, eingeübten Wahrnehmungen und gültigen Bestimmungen herausgehoben. Eric Leed verortet die Erfahrungen des Zwischenzustandes im Ersten Weltkrieg in dieser Zone: »The most lasting memory of war [...] is the very image of the marginal, the liminal, the ›betwixt-and-between‹ – No Man's Land«.[57]

Marginal und liminal, Grenzerfahrung und Grenzbestimmung. Davon zehrt die Rede vom Niemandsland auch noch, wenn die Metaphorik sich vom Militärischen löst: als Denken des Zwischen, als eine das Selbst übersteigende, nicht-anthropomorphe Philosophie, (Niemands)Ethik und atopischer Ort historischer wie politischer Auflösungen und Grenzverwischungen, als Raum eines Anderen, in dem Verneinung weder Ausschluss noch Auslöschung oder absolute Negation meint, sondern Verlagerung in einen anderen Raum, Spatialisierung des Anderen, Markierung eines Grenzraums, »an imperceptible, incomprehensible and unbridgeable distance which expresses the paradox of disengagement within engagement. This no man's land is a [...] suspended moment of equivocation, the ›between‹ of an encounter which has no between«, wie die Philosophie des Zwischen von Emmanuel Levinas charakterisiert wird.[58] Das Niemandsland übernimmt dann selbst die Funktion einer Grenze, genauer einer Zone ohne fixierte Umrisse, ohne kartographische Koordinaten und ohne entschiedene Unterscheidungen. Seine Anziehungskraft scheint in dieser Schwebe, dieser Enthebung oder Entlastung von einer definitiven Ordnung, einer Suspension in Form eines temporären Aufschubs wie auch einer räumlich begrenzten Nichtgeltung zu bestehen. Die Attraktion mag schließlich in der Möglichkeit liegen, einen vorgeometrischen, einen juridisch noch nicht erschlossenen Raum zu denken. Damit wäre wiederum eine *terra nulliūs* ausgebreitet, die – was hier zum Schluss Andeutung bleiben muss, ebenso okkupierbar wäre. Denn so wenig zwar einfache Oppositionen wie Freund und Feind dieses disjunktive Niemandsland strukturieren, so wenig damit schlicht ein Ort der Indifferenz gemeint ist, so sehr untersteht der unmarkierte Zwischenraum doch dem in der Figur der *terra nulliūs* erhaltenen Imperativ zur Besetzung, in dessen Befolgung er unversehens und unwillentlich auch zum Ort der Verbannung gerät, zur Projektionsfläche für alles, was verbannenswert erscheint, schließlich zum phantasmatischen Raum des Feindlichen, wenn nicht des Feindes.

Das Gesetz ›DER Dekonstruktion‹

I

New York, Fifth Avenue, Cardozo Law School – ein Hort der Gerechtigkeit inmitten einer »Hölle der Ungerechtigkeit«.[1] Hier, wo man von Berufs wegen von Gerechtigkeit redet, innerhalb einer Akademie des Rechts, stellt der französische Philosoph Jacques Derrida die Frage, ob Gerechtigkeit sich nicht einmal wirklich ereignen könne, statt immer nur Gegenstand von Reden zu sein. Sein in der Law School teils vorgelesener, teils bloß verteilter Text »Gesetzeskraft« gibt den anwesenden Juristen die erstaunliche Auskunft, dass Gerechtigkeit dann eine Chance hat, wenn die Juristen mit ihrer üblichen Tätigkeit einmal aufhören würden: mit dem Auslegen von Gesetzen. Derrida propagiert eine Unterbrechung, eine Blockade, einen »Streik«[2] als Beginn des Ereignisses »Gerechtigkeit« – einen Streik, der nicht an »ausbesuchten Orten (dort etwa, wo sich das öffentliche oder private Post- oder Fernmeldewesen, der Rundfunk und das Fernsehen befinden)« stattfindet, sondern auf hermeneutischem Terrain. Analog zur politisch-technischen Streikpraxis effektiver Unterbrechungen der postalischen und medialen Kommunikationswege, der Stromzufuhr oder den empfindlichen Störungen durch Viren im Computernetz ist der ausgesuchte Ort der Unterbrechung in Derridas Streiktheorie die juristische Hermeneutik.[3]

Ein solcher hermeneutischer Streik würde nach Derrida den Kreislauf aus Gründung und Begründung der Gewalt im Recht unterbrechen. Der Kreis aus Recht und Gewalt schließt sich, wenn Gewalt vom Recht autorisiert und gerechtfertigt wird. Vor der Rechts-Gewalt liegt stets eine Gewalt ohne Recht. Das ist die Gewalt des Siegers, des Überlegenen, der Unterwerfung fordert, der Bedingungen stellt, der mit der Unterstellung des

Verstehens eines Gesetzestextes arbeitet. Die Kraft zur Durchsetzung der Gesetze, das englische Wort *enforceability* belegt es, enthält noch etwas von dieser Gründungsgewalt jeder Rechtsordnung. Indem sie die Gewalt autorisiert, stattet sie die Gesetze mit Autorität – Gesetzeskraft – aus. Wie auch immer der empirische Gewaltakt beschaffen ist, der eine Rechtsordnung installiert und durchsetzt – revolutionär, kriegerisch, oder »auf subtile Weise diskursiv«[4] –, eine Rechtsordnung stellt sich gerade dadurch her, dass sie die Gewaltakte vor dem Recht, ohne Recht, in Legitimität überführt. Denn Auslegungsregeln schreiben vor, wie das Recht zu lesen sei, damit es die Gewalt, die das Recht ausübt, autorisiert und legitimiert. Damit wiederholen Auslegungsregeln die Gewalt der Gründung und Durchsetzung des Rechts auf sprachlicher Ebene. Gründungs-, Durchsetzungs- und Begründungsgewalt gehören für Derrida ununterscheidbar zusammen. Die empirischen Gewaltakte der Gründung und Durchsetzung erhalten überhaupt erst durch ihre sprachliche Einkleidung innerhalb juristischer Legitimierungsdiskurse eine Bedeutung, werden benennbar. Die Deutungsvorschriften juristischer Hermeneutik bestätigen die Gewalt, auf die sich Recht gründet und durch die es sich erhält, jeweils als rechtmäßige und operieren schließlich selbst wie eine Rechtsordnung. Derrida nennt sie darum analog dazu eine »Leseordnung«.[5]

Auf dieser Ebene, der Ebene des richtigen Lesens von Gesetzen, wirkt die Gewalt, um die es Derrida geht. Die »Gewalt« der Leseordnung wiederholt und verstärkt die Gewalt des Rechts, sie übersetzt die empirischen Gewaltakte jeder Rechtssetzung in die Sprache des Rechts. Dann wird daraus die stattgegebene, gerechtfertigte Gewalt, denn die Sprache des Rechts formuliert sich im Umfeld von »Gerechtigkeit«. Diese Übersetzung von Gewalt in der Sphäre des Rechts, in Formen von Gerechtigkeit, macht die performative, sich selbst-ermächtigende und -bestätigende Kraft des Rechts aus. Für Derrida ist diese Kraft selbst »Gewalt« und dem ersten Anschein nach ist sie genau das Gegenteil von der Gerechtigkeit, die sie für sich beansprucht. Denn sie ist nichts anderes als in juridische Formen gegossene Gewalt. Was liegt also näher, als die Zirkularität aus Recht und Gewalt, welche die Leseordnung oder juristische Hermeneutik herstellt, zu unterbrechen, um eine Chance für Gerechtigkeit zu eröffnen? Mittels des unterbrechenden Gestus eines Streiks ließe sich Rechts-Gewalt in Richtung Gerechtigkeit auflösen, so Derridas An-deutung einer sich ereignenden Gerechtigkeit.

Der Stratege des hermeneutischen Streiks erzählt daher den anwesenden Juristen, dass sie die Gewalt des Rechts minimieren, kleinarbeiten, »dekonstruieren« können, wenn sie eine Auslegung jenseits der Rechts- / Leseordnung und unabhängig davon wagen. Eine Auslegung, die nicht bestätigt, sondern ändert, nicht wiederholt, sondern unterbricht, abbricht, blockiert. Was Derrida da von den Juristen verlangt, ist ein Operieren ohne den Boden einer Ordnung, ein unvorschriftsmäßiges Auslegen der Gesetze! Nicht aufgrund eines Streikrechts, sondern im Sinne eines rechtlich nicht gedeckten Generalstreiks sollen sie agieren. Der Generalstreik ist aus Derridascher Perspektive nichts anderes als eine »neue«, von der Leseordnung nicht mehr gedeckte Auslegung des Rechts. Aus Walter Benjamins Essay »Zur Kritik der Gewalt«[6], der die Untergrundlektüre des Derridaschen Vortrages bildet, kann Derrida diese »Deutung« des Generalstreiks für sein Gebiet der Gesetzesinterpretation übernehmen. Benjamins Beobachtung, dass die Staatsgewalt den General-Streikenden ein »›So‹ nicht«[7] entgegenhält, bestätigt zusätzlich zu Derridas Deutung, dass es tatsächlich eine Auslegungsfrage ist, um die hier gekämpft wird. Das »So nicht« soll besagen, dass das Streikrecht falsch ausgelegt worden sei. Nach der »richtigen« Auslegung gewährt das Streikrecht bestimmten Arbeitern in einer bestimmten Situation ein Recht auf Streik. Doch gerade die vorschriftsmäßige Auslegung der zum Streik berechtigenden Situation ignoriert der Generalstreik. An die Stelle ordnungsgemäßer Auslegung tritt nach Benjamin eine Form der »Erpressung«[8], also eine

Form von sprachlicher Gewalt. Denn das »So nicht«, wird nicht mehr gehört, solange bestimmte Bedingungen nicht erfüllt sind.

Derrida beschäftigt nicht das Erpresserische dieser Gewalt, sondern die Tatsache, dass der Generalstreik Gewalt anwendet, dass er selbst ein Akt der Gewalt ist. Was unterscheidet also die Gewalt des Streiks von der Gewalt, die in der Rechtsordnung herrscht, und warum soll sie näher an der Gerechtigkeit sein als die Rechts-Gewalt? Der Generalstreik der Gesetzesinterpretation operiert mit einer Gewalt, welche die Leseordnung unterbricht, so wie man eine Stromzufuhr unterbricht. Im Dunkel der unterbrochenen Leseordnung aber bleibt Gewalt unlesbar. Es fehlt eine Grammatik, ein Maßstab, an dem sich eine Aussage über die Gewalt orientieren könnte. Denn die Gewalt, die man beurteilen kann, über die man eine Aussage treffen oder gar einen Vortrag halten kann, steht in den Koordinaten von Gerechtigkeit und Recht, welche nach Derrida die Leseordnung erstellen. Erst wenn dem Generalstreik die Frage vorgelegt wird, was die von ihm angewendete empirische Gewalt der Gewalt oder Ungerechtigkeit voraushabe, die er abschaffen wollte, wird eine Aussage über diese Gewalt möglich, denn dann ist ein Gerechtigkeitsmaßstab oder eine neue Leseordnung gefragt. Diese Frage generiert den performativen Mechanismus einer sich selbst legitimierenden Gewalt. So werden die unlesbaren, empirischen Gewaltakte, die außerhalb der Rechts-/Leseordnung stattfanden, wieder lesbar. Die Frage nach der Legitimität dieser Gewaltakte evoziert eine neue Leseordnung, die dafür sorgen wird, dass die unlesbare, unterbrechende Gewalt eine Deutung erhält, wonach sie gerechtfertigt ist. Es entstehen »Interpretationsmodelle, die sich zu einer rückwirkenden Lektüre eignen, die geeignet sind, der Gewalt, die unter anderem das fragliche Interpretationsmodell selbst [...] hervorgebracht hat, Sinn zu verleihen – die geeignet sind, die Notwendigkeit und besonders die Legitimität dieser Gewalt hervorzuheben«.[9] Und diese Interpretationsmodelle rufen wiederum »streikende« Juristen auf den Plan, die sie infrage stellen, die sich den Deutungsvorschriften verweigern. Sobald dieser revolutionäre Akt der Verweigerung einer Auslegung seinerseits nach einer Rechtfertigung verlangt, entsteht wieder eine neue Ordnung, ein neue Deutung der legitimen, der notwendigen Gewalt, und so fort.

Dieser endlose Prozess aus permanenten Unterbrechungen und Erneuerungen der Leseordnung besteht aus einer Kette von unterbrechender und begründender, unlesbarer und lesbarer Gewalt. Damit ähnelt er der Bewegung der Rechtsordnung selbst, die sich ebenfalls aus einer Abfolge aus lesbarer und unlesbarer Gewalt zusammensetzt. Auf der Oberfläche unterliegen beide »Ordnungen«, Generalstreik und Rechtsordnung, demselben Mechanismus. In beiden »Ordnungen« ist Gewalt im Spiel. In der einen, um die Gewalt der Rechtsordnung an der ausgesuchten Stelle der Auslegung zu unterbrechen, in der anderen, um die unterbrochene Ordnung wiederherzustellen. Denn die Gewalt, die das Recht aufbietet, wenn ihre Ordnung unterbrochen ist, ist ebenfalls unlesbar. Auf die Gewalt des Generalstreiks reagiert konkret die Polizei. Derrida lässt sich auch dieses Institut der Gewalt, wie den Generalstreik, von Benjamin vorgeben und übersetzt es aus der historisch-politischen Dimension in eine exemplarische Figur der Leseordnung. Die Polizei ist ein Paradigma der unlesbaren Gewalt, die die unterbrochene Ordnung wiederherstellt. Denn die Polizei handelt, wenn die Rechts- / Leseordnung unterbrochen ist. Daher ist die von ihr angewendete Gewalt unlesbar. Aber – und das unterscheidet sie von der unlesbaren Gewalt des Generalstreiks – sie agiert noch auf dem Boden der unterbrochenen Ordnung, mit der Aussicht darauf, dass ihre Gewalt lesbar und gerechtfertigt sein wird, wenn sie ihre Aufgabe erfüllt, das heißt, wenn sie die Ordnung wiederherstellt. Jedoch ist die wiederhergestellte Ordnung nie ganz identisch mit der vorhergehenden, unterbrochenen. Sie ist stets eine Erweiterung oder Modifikation davon, denn die Gewalt der Polizei beruht auf

Generalermächtigungen, kennt Ermessensspielräume. Sie wirkt auch in Bereichen, in denen bisher noch keine rechtliche Ordnung bestand, die es wiederherzustellen gilt, sondern erstellt diese erst. Die vermeintlich exekutierende, wiederherstellende Gewalt der Polizei erweitert die Rechtsordnung, von der sie zwar global gedeckt ist, die im Konkreten jedoch erst nachträglich legitimiert wird. Derrida kann im Anschluss an Benjamin sagen, dass die Polizei legislativ wirkt, wenn sie exekutiv tätig wird.[10]

Die unlesbare Gewalt der Polizei scheint in einer gewissen Konkurrenz zur unlesbaren Gewalt des Generalstreiks zu stehen, auch wenn Derrida dieses Verhältnis nirgends ausdrücklich so beschreibt. Denn so, wie aus der unterbrechenden nie eine völlig neue Ordnung hervorgeht, stellt die juridische Gewalt die Ordnung nie wieder genauso her, wie sie zuvor gewesen ist. Worin unterscheiden sich nun die neue, revolutionäre und die wiederhergestellte Ordnung, anders gefragt, was privilegiert die unterbrechende Gewalt des Streiks vor der wiederherstellenden des Rechts? Es scheint, als befinden sich die unterbrechende Kette des Generalstreiks und die wiederherstellende der Rechtsordnung in einem Wettlauf, in einer Konkurrenz zueinander. Um also die Frage nach der Überlegenheit der unterbrechenden, streikenden Gewalt zu beantworten, muss diese sich zur (polizeilichen) Gewalt der Rechtsordnung ins Verhältnis setzen. Sie muss beweisen, dass es gerechtfertigt war, die Gewalt der Unterbrechung anzuwenden, um die noch größere Gewalt der Rechts- und Leseordnung zu blockieren. Derrida sagt daher in Bezug auf die Bestreikung der Leseordnung, dass die Gewalt, welche die Interpretationsregeln des Rechts unterbricht, »sich zu einem bestimmten Recht [...] und damit zwangsläufig zu einer bestimmten Polizei« verhalten muss.[11]

II

Die Beweisführung für die Überlegenheit der unlesbaren Gewalt des Generalstreiks gegenüber der (polizeilichen) Rechts-Gewalt, als die man Derridas Text auch lesen kann, ist umwegig. Ein Umweg, den Derrida selbst nicht geht, auf den er aber anspielt, führt über das Seminar des Psychoanalytikers Jacques Lacan, das er am 26. April 1955 über die Kriminalerzählung »Der entwendete Brief von E. A. Poe«[12] abgehalten hat. Lacans Analyse kreist genau um die Frage, wie eine unterbrochene »Leseordnung« sich zur Polizei verhält.

In Poes Erzählung hatte die Königin einen an sie adressierten Brief erhalten. Der Brief: ein Liebesbrief, sollte geheim bleiben. Dadurch ist eine bestimmte, nennen wir sie eine königliche Ordnung, hergestellt. Diese Ordnung wird empfindlich gestört, als ein Minister der Königin den Brief entwendet und versteckt. Das Versteck besteht darin, die Außenseite des Briefes nach innen zu stülpen und ihn dann an einer für Briefe üblichen Stelle aufzubewahren. Poe vergleicht den umgewendeten Brief mit einem umgestülpten Handschuh. Durch den Akt der Umstülpung des Briefes wird die Adresse unlesbar, der Brief wird entstellt und dadurch unauffindbar. Die unlesbare Adresse auf dem Brief dient dem Minister dazu, eine erpresserische Gewalt auf die Königin auszuüben, indem er indirekt droht, den Brief an eine andere Adresse (die des Königs) zu senden. Die Aufgabe der Polizei lautet daher, den Brief wiederzufinden, um die Leseordnung der rechtmäßigen Adressierung wiederherzustellen. Die Polizei kann den Brief jedoch nicht finden, weil sie nicht selbst für die Wiederherstellung unterbrochener Leseordnungen zuständig ist – davon versteht sie buchstäblich nichts. Ihre Aufgabe besteht in der physischen Umsetzung des Willens zur Wiederherstellung von Ordnung und Sicherheit. Die begrenzte Möglichkeit der physischen Gewalt, Ordnung wiederherzustellen, macht die Polizei jedenfalls in Kriminalerzählungen immer so lächerlich. Sie ist regelmäßig die Dumme. Sie ist zu dumm, den entwendeten, unlesbar gemachten Brief zu finden, wie sie zu dumm wäre, einen Handschuh wiederzuerkennen, wenn er umgestülpt daliegen würde. Ohnmächtig gegenüber listigen Entstellungen durchkämmt sie die Wohnung des Ministers flächendeckend, um den gestohlenen Brief zu finden – erfolglos. Sie versteht nicht. Weil sie in einem Moment der Unlesbarkeit, der unterbrochenen Leseordnung agiert, kann sie nicht verstehen. Sie glaubt stattdessen an ihre physische Gewalt, um Ordnung wiederherzustellen. Dieser Glaube macht nach Lacan ihre Dummheit aus. Die Polizei ist »so ohnmächtig, wie man sich's nur wünschen kann«[13], solange sie an ihre physische / reale Gewalt glaubt, heißt es bei ihm. Einzig Dupin, der Detektiv, versteht, dass das Versteck des Briefes in der Unlesbarkeit der Adresse besteht. Er durchschaut die Logik der Unlesbarkeit, die der entwendete Brief schafft und der mit der physischen Anstrengung polizeilicher Durchsuchung nicht beizukommen ist. Er lässt sich nicht in die Irre führen von einer unlesbaren Adresse und folgt der Logik, der Ordnung, wenn man so will, der Unlesbarkeit. Da findet er den Brief an einer recht offensichtlichen Stelle, an der der Minister seine Briefe gewöhnlich aufbewahrt.

Lacan hat an Poes Erzählung die Ordnung fasziniert, die sich auf einen verschwundenen Brief gründet. Der entwendete Brief etabliert eine bestimmte Ordnung, stellt neue Beziehungen her zwischen den ordnungsgemäßen und den angemaßten Adressaten, er entfaltet eine erpresserische, diskursive Gewalt[14] gegenüber der Königin[15] und bringt jeden weiteren Besitzer des Briefes in Gefahr. Durch den gestohlenen Brief entsteht eine Über-Ordnung, eine »heimliche Korrespondenz«[16], wie Jacques Lacan sagt, die der jeweilige Besitzer des Briefes nie ganz beherrscht. Es ist die symbolische Ordnung, in der die Polizei mit dem Glauben an ihre physische Macht ein so lächerliches Dasein führt.

Derrida betont gegenüber der Ordnungs-Macht des verschwundenen Briefes die Tatsache, dass es überhaupt ein Brief ist, der Beziehungen herstellt und sie ordnet. Es ist der Akt des Adressierens[17], durch den ein Schriftstück, ein Brief oder ein Gesetz wirksam wird. Gesetze adressieren sich wie Briefe. Ein Brief ohne Adresse ist unzustellbar, so wie ein Gesetz, das sich an niemanden richtet, das von niemandem gelesen und ausgelegt wird, keine Durchsetzungskraft besitzt. Wer also die Durchsetzungskraft einer Ordnung unterbrechen will, braucht bloß die Adresse unlesbar zu machen, wie der Minister es getan hat. Er unterbricht die Rechts- / Leseordnung, die sich auf die lesbare Adresse, den rechtmäßigen Empfänger gründet, an seiner wirksamsten Stelle. Der ausgesuchte Ort, an dem ein hermeneutischer Streik stattfindet, ist hier die Durchstreichung der Adresse. Dadurch wird der Brief unauffindbar, die Ordnung, die auf dem Brief aufbaut, gerät durcheinander. Die (erpresserische) Gewalt, die der unauffindbare Brief entfaltet, gehört nicht mehr der Ordnung an, die der Brief ursprünglich etabliert hat. Sie fällt aus der Ordnung heraus, ist ohne Recht. Die Gewalt der Durchstreichung der Adresse ist im wörtlichsten Sinn unlesbar. In Poes Erzählung konvergiert die unlesbare Gewalt sogar mit der Gewalt der Unlesbarkeit. »Diese Unlesbarkeit der Gewalt rührt gerade von der Lesbarkeit einer Gewalt her, die, wenn Sie so wollen, dem angehört, was andere die symbolische Ordnung des Rechts nennen würden« – so kommentiert Derrida in Anspielung auf Lacan das Verhältnis von lesbarer und unlesbarer Gewalt. Und um einem von Lacan nahegelegten Missverständnis vorzubeugen, heißt es dort weiter: die unlesbare Gewalt »gehört aber nicht der reinen Physik an.« Denn sie kann auch, wie wir inzwischen vernommen haben, in dem nicht rein physischen Akt der Durchstreichung einer Adresse liegen. Die Unterscheidungslinien zur Begutachtung dessen, was eine Ordnung ist, verlaufen für Derrida also nicht zwischen symbolisch und real / physisch, sondern zwischen lesbar und unlesbar.

Anhand der Kriterien lesbar-unlesbar war Derrida ja die unheimliche Vermischung der polizeilichen Gewalt aufgefallen.

Die Dummheit der Polizei, die nach Lacan auf dem Glauben an ihre physische Macht beruht, ihre »Illiteralität«, ist unter diesem Aspekt genau der Einsatz der Leseordnung, um die unterbrochene Ordnung wiederherzustellen. Die unlesbare Gewalt der Polizei ist ein Moment, eine Funktion in der Aufrechterhaltung der Leseordnung. Wer jedoch wie Dupin und Lacan sein Augenmerk auf die Wirkungen des unlesbar gemachten Briefes richtet, dem fällt vor allem die Ordnung der Unlesbarkeit auf. Der Detektiv Dupin hatte aufgrund der lesbaren Zeichen kombiniert, dass die Logik der Erpressung des Ministers auf einer Unlesbarkeit des Briefes beruhen musste. Lacan macht daraus die symbolische Ordnung, die sich auf Unlesbarkeit des Briefes gründet, die Leseordnung des Unlesbaren. Mit einem gewissen Sinn für umgestülpte Handschuhe entgegnet Derrida darauf am 26. April 1990, also auf den Tag 35 Jahre nach Lacans Seminar über den entwendeten Brief in Fortführung der bereits weiter oben zitierten Testpassage: »Man könnte versucht sein, die ›Logik‹ (ich setze den Begriff in Anführungszeichen, da das ›Unlesbare‹, um das es geht, auch ›unlogisch‹ ist, wenn man es an der Ordnung des Logos misst; das ist auch der Grund dafür, dass ich zögere, es ›symbolisch‹ zu nennen und es übereilt dem Lacan'schen Diskurs und dessen Ordnung zuzuweisen) dieser lesbaren Unlesbarkeit wie ein Handschuh umzustülpen« (S. 80), Man könnte also versucht sein, in dem Moment der unlesbaren Lesbarkeit schon die ganze Ordnung zu sehen – Lacans Leseordnung des Unlesbaren. Daran ist nach Derrida richtig, dass es immer eine unlesbare Gewalt ist, auf die sich eine Ordnung gründet. Doch dann werden die Dinge für ihn komplizierter. Denn die Rechtsordnung begnügt sich nicht mit dieser Ordnung des Unlesbaren, sondern steht unter Begründungszwang, das heißt, unter dem Zwang, die unlesbare Gewalt lesbar zu machen und ihr Sinn zu verleihen. Erst in dieser Bewegung stellt sich die spezifische Rechts- / Leseordnung her, um die es Derrida in dem Buch *Gesetzeskraft* geht.

III

Diejenigen, die die Rechts / -Leseordnung unterbrechen wollen und dabei diese Bewegung ignorieren, unterliegen der Versuchung, das unterbrechende Moment zu einer Ordnung der Unterbrechung zu verfestigen. Ihnen erteilt Derrida auf dem Umweg der Kritik an Benjamin eine Absage. Wie überhaupt der Text *Gesetzeskraft* besorgt darum ist, die Dekonstruktion von falschen Versuchungen und Verwechslungen reinzuhalten. So grenzt Derrida sich zunächst von den »Critical Legal Scholars«[18], die unter den Zuhörern seines Vortrags in der Cardozo Law School zu vermuten sind, ab, sofern sie unter dem Namen der Dekonstruktion etwas tun, was diesen Namen nicht verdient. Wohl an ihre Adresse gerichtet, heißt es bei Derrida: die »Freilegung [...] des rechtlichen Überbaus, dessen Strukturen die ökonomischen und politischen Interessen der herrschenden gesellschaftlichen Kräfte verbergen und zugleich spiegeln«[19], mag »nützlich« sein, »wesentlich« oder gar eine Sache der Dekonstruktion sei sie gleichwohl nicht.[20] Stanley Fishs Kritik an den Critical Legal Studies[21] ist hier herauszuhören.

Erst nach dieser Abgrenzung widmet Derrida sich den »beiden Versuchungen der Dekonstruktion«[22], um zu entscheiden, welche die »richtige« ist. Die beiden Versuchungen unterscheiden sich nach ihrer Zielrichtung, wie der Generalstreik, dem es entweder darum geht, die bestehende Lese- / Rechtsordnung zu vernichten oder sie durch eine andere zu ersetzen. Die Versuchung vernichtender Dekonstruktion begnügt sich mit der Durchstreichung der Rechtsordnung, stülpt die Rechtsordnung einfach um zu einer Ordnung dauerhafter Durchstreichung, einer Ordnung der großen Blockade, die sich der Lesbarmachung der eigenen Gewalt verweigert und offensichtlich nur um der Vernichtung willen existiert. Dass Derrida dieser Versuchung nicht gerade den Vorzug geben wird, dieses Ergebnis steht schon fest, denn die Versuchung der Vernichtung der großen und starren Blockade ist nicht Derridas Sache, schädigt sogar das Ansehen der Dekonstruktion; das durchstreichende, unterbrechende, vernichtende oder nihilistische Moment der Dekonstruktion darf nicht selbstständig zum Programm erhoben werden, ohne den Umweg der Lesbarmachung der eigenen Gewalt. Es ist unschwer zu erkennen, dass das indirekt von Derrida ausgesprochene Verbot einer vernichtenden Dekonstruktion nicht zuletzt von jedem Nihilismusverdacht gegenüber der Dekonstruktion entlasten soll.

Das Manöver der Entlastung von der falschen Versuchung der Dekonstruktion findet, wie schon gesagt, auf benjaminischem Terrain statt. Mit der Gewalt einer interpretierenden Lektüre[23] – keine Leseordnung oder Deutung ist ohne Gewalt – schlägt Derrida die Rechtskritik in Benjamins Essay »Zur Kritik der Gewalt« der einen Seite der beiden Versuchungen, der vernichtenden, zu. Er diskreditiert, mehr noch, vernichtet Benjamins Sehnsucht nach der großen Unterbrechung, nach einer grundsätzlich anderen Ordnung, die nicht in Gewalt verstrickt ist. Indem Derrida die, »Endlösung« (Derrida gebraucht dieses Wort der nationalsozialistischen Verwaltungssprache) als das Ergebnis des benjaminischen Versuchs liest, der Verstrickung von Recht und Gewalt zu entfliehen, macht er diese Versuchung ein für alle Mal unmöglich.

Doch die Lektüre Derridas ist zu grob. Sie unterschlägt, dass Benjamin selbst solche Perversionen, also die ungewollten Umstülpungen einer Rechtsordnung, befürchtet und sechs Jahre nach dem »Gewalt-Aufsatz« an der Person Sorels vorführt. Benjamin schreibt, dass der Syndikalist Georges Sorel, dem er wesentliche Gedanken für seinen Aufsatz zur Gewalt verdankt, auch »Fascistenführer« wie Georges Valois hervorgebracht habe[24]. Gerade weil Benjamin bemerkt, dass die Rechtsfeindlichkeit des Faschismus sich aus der derselben Quelle wie seine Rechtskritik speist, versucht er, sich davon abzugrenzen. Die Schwierigkeit liegt für ihn darin, dem »Schwankungsgesetz«[25] zu entkommen, wonach das Moment der freigelegten Gewalt im Recht immer wieder in eine Ordnung aus der Gewalt übergeht, die vernichtet werden sollte. Derrida hat diesen Mechanismus aus unterbrechender und gründender, unlesbarer und lesbarer Gewalt durch die kommentierende Lektüre von Benjamins Aufsatz aufgezeigt; er hat ihn ebenfalls als eine Art »Gesetzmäßigkeit« beschrieben. An Benjamin will er zeigen, dass Gesetzmäßigkeiten nicht einfach durch Durchstreichung vernichtet werden können. Benjamin streicht jedoch die Gesetzmäßigkeit gar nicht durch, wie Derrida es interpretiert. Er versucht vielmehr, sich ihr durch Einführung einer dritten Form der Gewalt zu entwinden. Und er weiß, welches Risiko er damit eingeht, denn die dritte Form der Gewalt, die reine oder göttliche Gewalt, wie Benjamin sie nennt, ist der Vereinnahmung durch eine liquidatorische Gewalt schlechthin ausgesetzt. Weil die reine Gewalt nicht definiert oder begrenzt ist durch die Ordnung des Rechts, ist sie bis zur Verwechslung nahe an der totalisierenden anti-rechtlichen Gewalt der Vernichtung – konkret der rechts-vernichtenden Kritik der Faschisten in den zwanziger Jahren mit ihren liquidatorischen und rassistischen Untertönen. Aus der Sorge um die rassistische, »biologistische« Vereinnahmung der eigenen (rechts-)vernichtenden Gewalt, ist zu erklären[26], dass Benjamin die reine, göttliche Gewalt mit gänzlich unbiologischen Eigenschaften belegt. Das sind die »Momente des unblutigen, schlagenden und entsühnenden Vollzugs« der göttlichen Gewalt, die in der Folge gerade nicht »den Menschen bedingungsweise gegeneinander« freigegeben ist[27]. Die menschliche – und das ist zugleich die rechtliche – Verfügung über Leben und Tod soll das göttliche Gebot der Nicht-Tötung hindern, das außerhalb einer Rechtsordnung stellt und unanwendbar auf die Tat der Tötung ist.

»Auf unblutige Weise letal«[28] aber war die göttliche Gewalt dann schließlich in den »Gaskammern«. Dieser absolut schockierenden Übersetzung und »Manifestation der göttlichen Gewalt« gegenüber bleibt Benjamins' Essay unanwendbar. Derridas planvolle Interpretation, die sich von der »Zukunft«[29] des Essays leiten lässt, tut jedoch so, als seien Text und »namenlose Sache«[30], kommensurabel. Sie verkoppelt in unhistorischer Weise den messianisch-marxistischen Diskurs Benjamins mit dem nationalsozialistischen, statt die Trauer, den diese Vereinnahmung des messianischen Diskurses durch den Nazismus hinterlassen hat, auszudrücken, wie Levinas es versucht. Derrida fällt eher zurück ins Banale, Atmosphärische. Die Stelle des Schmerzes, die diese Vereinnahmung hinterlässt, wird im beziehungslosen Sprachspiel versiegelt, abgetötet, beispielsweise wenn er behauptet, Benjamins Aufsatz gehöre »der großen anti-parlamentarischen und gegen-aufklärerischen[31] Welle an, an deren Oberfläche dann der Nazismus auftaucht [faire surface] und [...] sogar ›surft‹« (S. 62). Dass die Veröffentlichung des Gewalt-Aufsatzes Benjamin die Glückwünsche eines zum »Hitlerismus« bekehrten »konservativen, katholischen Juristen«, nämlich Carl Schmitts eingebracht haben soll (S. 67), ist ebenfalls kaum mehr als ein atmosphärischer Beleg seiner Behauptung, die Rechtskritik Benjamins habe eine Anziehungskraft auf den Nazisinus ausgeübt – zumal die Quellenangabe zu diesem Glückwunsch noch aussteht.

Warum bringt der Gewalt-Aufsatz Benjamin postum eine derart vernichtende Kritik ein? Benjamin hat versucht, entlang seiner Feinde den dichtesten Punkt der Abgrenzung zu finden. Jetzt wirft Derrida ihm das Scheitern an der Grenze vor (vgl. S. 118–120), und wir wissen, wie wörtlich das zu hören ist. Benjamin hat in geradezu »dekonstruktivem« Stil die Bewegung der auslöschenden und vernichtenden Gewalt des Rechts verfolgt, die, einmal bloßgelegt, so unheimlich und bedrohlich ist, dass er dagegen eine noch größere Gewalt aufbietet, welche der menschlichen Handhabung entzogen sein muss. Derrida handhabt sie dennoch, um Benjamin die Perversion der noch größeren Gewalt anzulasten, fast so, als ginge es um die Verurteilung einer Versuchung der Dekonstruktion, die nicht die eigene ist. Derrida schreibt über die Versuchung der vernichtenden Dekonstruktion als vernichtete. Er schreibt, nachdem die Zeugen der anderen, der göttlichen Gewalt, ausgelöscht sind, erschreckend kalt die Logik der Liquidation, die göttliche Gewalt evoziert, und heimgesucht« hat (S. 119), so als könne auch Benjamins Sehnsucht nach dem Anderen, jenseits von Rechts-Gewalt, nicht mehr gehört werden, weil sie sich selbst mit ihren Affinitäten zur liquidatorischen Gewalt vernichtet hat, weil Benjamin gegen den »Selbstmord des Textes« (S. 66) und durch ihn schutzlos geblieben ist.

IV

Warum den Essay Benjamins nicht von 1921, von seiner eigenen statt von seiner vernichtenden Zukunft her lesen und ihm damit Gerechtigkeit widerfahren lassen? Wäre das nicht historisch genauer, angemessener gegenüber dem Risiko der totalen Pervertierung seiner Rechtskritik, das Benjamin auf sich genommen hat? Warum kontert Derrida brutal mit der Geschichte der Vernichtung, um jeden destruktiven Gestus im Denken, wie's scheint, ein für alle Mal zu vernichten, widerspricht er doch damit sogar dem eigenen Stil der Dekonstruktion, die selbst nicht bloß vernichten will? Ginge es nicht darum, den Text Benjamins gegen seine Perversion, die Ordnung der Vernichtung, in Schutz zu nehmen? Derrida aber treibt, vielleicht weil die Zweideutigkeiten, die Benjamins Text durchziehen, unaushaltbar sind, die Versuchung der Dekonstruktion als vernichtende auf die Spitze der Vernichtung im organisierten, rechtlich verwalteten Massenmord. Von dort aus »diktiert« sich ein Denken der »dekonstruktiven Bejahung«[32], wie man ein Gesetz diktiert. Geradezu verheißungsvoll lockt dann, nachdem unterschwellig die eine gegen die andere Versuchung der Dekonstruktion ausgespielt ist, die zweite Versuchung der Dekonstruktion als bejahende, ersetzende. – Dazu also das Manöver der verächtlichen Benjamin-Lektüre, exkulpiert durch die von Derrida freigelegte Gesetzmäßigkeit, dass jede Deutung, wie jede Gesetzes-Anwendung, zwangsweise ungerecht und von Gewalt durchkreuzt ist.

Von der erschreckenden Benjamin-Exegese im zweiten Teil des Textes *Gesetzeskraft* her gelesen gewinnt der erste Teil, der um die Möglichkeit von Gerechtigkeit kreist, an Dringlichkeit. Die Möglichkeit einer Sehnsucht nach Gerechtigkeit, die nicht ihr eigenes Opfer wird, taucht dann auf als *die* Dekonstruktion. Die Lektion, die Derrida durch die Grenzerfahrung Benjamins erteilt hat, lautet, dass das Recht ohne Fluchtwege in die Gewaltlosigkeit ist. Von da an gehen die »Umwege« der Rechtskritik zwangsweise durch die Rechtsordnung hindurch. Keine frontale Vernichtung, sondern eine zirkuläre Entgrenzung des Rechts ist das Verfahren der bejahenden Dekonstruktion. Im Zurückverfolgen oder Abwickeln der performativen Struktur des Rechts stößt sie auf die Gewalt des Gründungsaktes, revidiert sie und eröffnet die Möglichkeit von mehr Gerechtigkeit. Sie vertraut die von Legitimationsvorschriften, Leseordnungen, befreite Gewalt des Rechts dem »Gesetz der Iterabilität« an. »Die (be)gründende, setzende Gewalt schwächt sich folglich durch die Kreisdrehung: sie wird an oder durch sich selbst schwach«[33]. Wiederholung des Gesetzes »vergißt« zunehmend die Gewalt, die es (be)gründete, amnestiert sie, statt sie zu autorisieren. Amnestie nimmt genau die Stelle im Rechtssystem ein, die Derrida seiner Dekonstruktion zuweist: ein rechtlicher Akt außerhalb der Rechtsordnung zur Milderung ihrer Härte.

Dekonstruktion arbeitet die Gewalt, die noch zwischen Recht und Gerechtigkeit steht, klein, um sie zu schwächen. So erweist der hermeneutische Generalstreik sich als Fragment. Dekonstruktion fragmentiert die große Blockade in lauter einander ersetzende Blockierungen. Trotz der Entschiedenheit der Absage an die Destruktion im benjaminischen Stil sind daher die abbrechenden, zerstörenden, vernichtenden Momente in der ersetzenden Dekonstruktion enthalten, nur eben in einer graduellen Abschwächung statt permanenten Aufrechterhaltung der »Ursprungsgewalt« des Rechts. In Derridas »Liebe zu den Ruinen«[34] (»what else is there to love, anyway?[35]) findet die Destruktion, die Ruinen hinterlässt, ihre Anerkennung. Als geteiltes, fast könnte man sagen ruiniertes und gegenüber seiner totalisierenden Ausbreitung unschädlich gemachtes Moment der Vernichtung erhält »die Ruine« einen bestimmten Platz in der Derrida'schen Dekonstruktion. Die Ruine steht für den Akt der Unterbrechung, der »Aufkündigung«[36] der bestehenden Leseordnung. Dieser Akt eröffnet einen Zwischenraum zwischen der bestehenden und einer neuen Leseordnung, die es noch nicht gibt. Das ist die revolutionäre Situation der Deutung, die manche Juristen an der Dekonstruktion so beunruhigt. Derrida kann sie beruhigen: denn in der Aufkündigung oder Unterbrechung steckt zugleich der Gründungsakt einer neuen (Rechts-)Ordnung, da auch eine aufgekündigte Ordnung nicht der Logik der Ordnungen, des Rechts, entkommt. Ob die neue Ordnung gerechter oder ungerechter ist, ist im Augenblick der Aufkündigung unentscheidbar. Der Revolutionsstratege der Hermeneutik Derrida fordert, das Risiko, die Ungewissheit oder Unlesbarkeit auf sich zu nehmen. Denn immer fällt der Augenblick der Entscheidung einer neuen Deutung in die »Nacht, die entscheidet« (Trotzki), das ist die Nacht der Revolutionen oder des Nicht-Wissens, und nicht in die Idealität unendlicher Tage des Wissbaren (Habermas).[37]

Es ist wie bei der Polizei, deren Handeln auch in den Zwischenraum ohne Recht fällt. Nur ist die Polizei, anders als Revolutionäre, vom Gesetz dazu ermächtigt und nicht von dem »Wahn« nach Gerechtigkeit getrieben. »Die Dekonstruktion [aber] ist verrückt (*folle, mad*)[38] nach Gerechtigkeit« (S. 52). In dem Wahn steckt die Generalermächtigung zur Dekonstruktion oder das »Recht auf Generalstreik« (S. 81), das, von der kommenden Gerechtigkeit her gelesen, jedes anzuwendende Recht enthält. Das Auf-uns-Zukommen der Gerechtigkeit (S. 56) und die Frage, wie diese Zukunft von der Zukunft Benjamins, die die Vergangenheit total pervertierter Gerechtigkeit geworden ist, noch so unschuldig emanzipatorisch als mehr Gerechtigkeit gedacht werden kann, wird allein im rhetorischen Spiel mit der Unentscheidbarkeit und der Metaphorik des Wahns beantwortet, der übrigens innerhalb der bestehenden Rechtsordnung als Schuldunfähigkeit behandelt werden würde.

Die Beweisführung der Überlegenheit der unterbrechenden Gewalt gegenüber der wiederherstellenden ist nach den Umwegen über Lacan und Benjamin zu einem eindeutigen Ergebnis gekommen. Es drängt sich auf, dass die Versuchung des ersetzenden Generalstreiks, die bejahende Dekonstruktion, die einzige Chance für Gerechtigkeit ist. Das Auf-uns-Kommen der Gerechtigkeit fällt zusammen mit der Bewegung der Dekonstruktion. »Die Dekonstruktion ist die Gerechtigkeit«[39] bringt die richtige Dekonstruktion auf den Punkt. Ungeachtet aller Zweideutigkeiten, die Derridas Text kreuzen, und ungeachtet der Vielzahl dekonstruktiver Diskurse, errichtet der Text »Gesetzeskraft« darin schließlich die Einzahl und Eindeutigkeit »DER Dekonstruktion«.[40] Die Übersetzung der Großbuchstaben »THE« des englischen Textes treibt mit Derrida das Spiel der Eigennamen, das Derrida mit dem Vornamen Benjamins (»Walter«-Walten«) spielt: DER wird dann als Paraphe DERrida unter seinem Gesetzesentwurf zur Dekonstruktion lesbar. Der paraphierte Text nimmt zwangsläufig »Gesetzeskraft« an, da jeder Diskurs, auch der die Rechtsordnung aufkündigende, Recht setzt.

Und wie jeder Gesetzestext generiert *Gesetzeskraft* weitere Texte, unzählige Auflagen von (Gesetzes-)Kommentaren[41]. Das abstrakte Kräfteparallelogramm aus Gewalt-Recht-Gerechtigkeit, das Derrida entwickelt, verlangt nach Auslegungen. Es wird in seiner Abstraktheit fast beliebig anwendbar auf historisch-politische Situationen und entschärft diese durch Subsumtion unter die Leseordnung, die Derrida mittels der Trias von Gewalt, Recht und Gerechtigkeit erstellt. Weil bei Derrida Gewalt ausschließlich als Phänomen der Rechts- / Leseordnung vorkommt, als sprachliche und versprachlichte Gewalt, als die Gewalt (juristischer) Hermeneutik, können die Gewalten, die historisch wirksam sind, nicht benannt werden. Die Gewalten der Schlachtenordnung, militärische, effektive, faktische Gewalten, die Gewalt einer Leidenschaft, einer Feindschaft fehlen in Derridas Leseordnung zur Gewalt. Die Auslegungen der Derrida'schen Begriffe von Gewalt, Recht und Gerechtigkeit lassen sich in der philosophischen Sphäre, der Leseordnung kaum noch oder unüberprüfbar beliebig in historische Konkretionen zurückbinden. Sie entfalten eine Eigendynamik, in der sie nicht mehr zu stoppen sind – bis tatsächlich jede die Rechtsordnung unterbrechende Gewalt per se Gerechtigkeit ist. »Die Dekonstruktion ist die Gerechtigkeit« deckt noch jede Auslegung, die sich selbst dekonstruierend nennt. In dieser Gleichsetzung von Dekonstruktion und Gerechtigkeit liegt die gefährliche Möglichkeit einer Generalermächtigung zum Streik juristischer Hermeneutik ohne jedes Risiko. Die Gleichsetzung hat etwas von einer wiederholbaren Regel, von einer Zusicherung der gelungenen Interpretation. So gelesen erhielte der Satz »die Dekonstruktion ist die Gerechtigkeit« den Status einer undekonstruierbaren Präambel. Als Präambel, die jeder Dekonstruktion vorangestellt würde, kürzt sie das eigene Verfahren des »Indirekten, auf Umwegen oder schräg von der Seite Kommenden«[42] jeder dekonstruierenden Bewegung ab und unterliegt der Versuchung eines immer schon gelungenen Interpretationsmodells. Dann freilich ist Derridas Text in Gefahr, das eigene Gesetz zu unterlaufen. Das »Gesetz der Iterabilität«[43], das in jeder Wiederholung (sich) ändert, (ver)ändert nichts, dort wo Kommentatoren den vorliegenden Text als Legaldefinition der Dekonstruktion wiederholen. – Und am Ende war's dann doch bloß ein Repetitorium DER Dekonstruktion, das Derrida in der Cardozo Law School abgehalten hat.

Benjamin als Kommentator

I Zur Form des Kommentars

Welcher Gattung sind die Texte zuzuordnen, die Walter Benjamin über andere Autoren, etwa über Hebel, Kraus, Brecht oder Kafka geschrieben hat? In der Gesamtausgabe firmieren sie unter der Rubrik »Aufsätze, Essays, Vorträge«. Lassen wir dahingestellt, ob die Texte zu Werken vergangener und zeitgenössischer Schriftsteller nun eher Aufsätzen oder Essays zuzurechnen wären und worin der Unterschied genau besteht. Lassen wir den Verfasser selbst dazu Stellung nehmen. Kaum einer seiner Texte ist ohne eine Reflexion auf die Form des Texts geschrieben. Für die hier in Rede stehenden Stücke zu anderen Schriftstellern gibt es sogar einen eigenständigen Text. »Zur Form des Kommentars« ist die kleine Abhandlung überschrieben. Vorangestellt ist sie den »Kommentare[n] zu Gedichten von Brecht«.[1]

Benjamin grenzt in dieser gattungspoetischen Betrachtung den Kommentar zunächst von der Würdigung ab, offenbar davon ausgehend, dass ein Text über die Werke von Schriftstellern am ehesten diesem Genre zugeordnet werden würde. Würdigung und Kommentar sind nun nicht gerade Gegensätze. Auch ein Kommentar kann schließlich eine Würdigung sein. Beide Formen unterscheiden sich allein in dem Zeitpunkt der kritischen Einschätzung und Beurteilung ihres Gegenstandes. Wer ein literarisches Werk würdigt, kommt im Verlauf der Auseinandersetzung damit zu einem Urteil darüber. Der Kommentar hingegen geht immer schon »von der Klassizität seines Textes« aus (539). Die Qualifizierung eines zu kommentierenden Textes als »klassisch« ist dann auch keine Würdigung im Sinn eines Urteils darüber. Es ist ein Vorurteil, wie Benjamin schreibt. Mit der Wahl, den eigenen Text der Form des Kommentars zu unterstellen, werden die Referenztexte zwangsläufig zu Klassikern.

Diese performative Macht der Kommentar*form* gibt schon eine Ahnung davon, dass es sich dabei um eine hoch formalisierte Gattung handeln muss. Doch wird sie nicht etwa von einem Korsett an Regeln in Form gehalten. Sie ist schlichtweg in Form, sobald ein Text als Kommentar eingeordnet ist. Die Form genügt, um jede Formlosigkeit zu verhindern. Eine derartige Souveränität der Form über den Inhalt sucht ihresgleichen unter den literarischen Gattungen. Anders als etwa das formenstrenge Sonett oder auch der Essay hat die Form des Kommentars sich auch nicht in einer literarischen Schreibpraxis herausgebildet. Sie ist per Gesetz und im Umkreis von Gesetzen dekretiert worden.

Der Kommentar, gleichviel, ob auf juristische oder andere Texte bezogen, hat seine Form durch ein Rechtswerk erhalten, das zum Klassischsten gehört, was Juristen zu bieten haben, den Digesten. Diese Sammlung juristischer Sentenzen war bekanntlich aus einer unüberschaubaren Vielzahl von überlieferten Rechtstexten hervorgegangen. Der spätantike Kaiser Justinian hatte unter das bis dahin unbekümmerte Weiterwuchern von Rechtstexten einen Schlussstrich gezogen. Er hatte eine Kommission damit beauftragt, aus dem Fundus alter Schriften die brauchbarsten auszusortieren und diese so anzuordnen, dass daraus ein abgeschlossenes Buch entstehen würde. Das Ergebnis waren die Digesten. Sie boten erstmals die Möglichkeit, sich darauf zu beziehen, ohne den Text selbst zu verändern. Statt ihn wie bisher fort- und umzuschreiben, konnte ein Kommentar das Kommentierte nun unangetastet lassen. Doch ehe diese Möglichkeit ausgeschöpft werden sollte, wird sie erst einmal selbst Gegenstand von Reglements. Besessen von der Angst, das einmal geschaffene Rechtswerk könne durch Kommentare wieder unförmig werden, verbietet der Kaiser, der die Kodifikation proliferierender Rechtstexte befohlen hatte, alle Formen des Schreibens, die den so entstandenen abgeschlossenen Text antasten könnten. Die Digesten untersagen es, ihnen selbst Kommentare hinzuzufügen (Const. Deo Auctore 12: »[...] commentaries illi applicare [...]«; Const. Tanta 21: »[...] comentarios adiectere [...]«). Unklar bleibt, ob damit lediglich gemeint ist, dem Rechtsbuch in seiner Materialität keine Kommentare hinzuzufügen, oder ob das Verbot jegliche darauf bezogene Kommentierung unterbinden will, selbst wenn sie auf einem Extrablatt steht. Die nachfolgenden Juristen haben das Verbot jedenfalls so verstanden, dass die Form des Kommentars als solche ungesetzlich sein soll, und hatten folglich mit ihrem Kommentar des Verbots schon selbst dagegen verstoßen.

Auf dem Hintergrund dieses Generalverbots machen die Digesten drei Ausnahmen, was im Effekt bedeutet, dass sie das Genre des Kommentars in seine gesetzmäßigen Schranken weisen und ihm allererst eine Form geben. Zu den erlaubten Formen des Kommentars gehören – und auch das regeln die Digesten gleich selbst mit (Const. Tanta 21) – *paratitla* (Sammlungen mit Parallelstellen), *indices* (inhaltliche Umschreibungen des Textes) und wörtliche (*katá podà*) Übersetzungen. Ein Kommentar, der mehr und anderes tut als dieses, ein Kommentar, der nicht allein analogisiert, paraphrasiert oder übersetzt, dieser Kommentar begeht eine Fälschung (*crimen falsi*). Für den Fall der Zuwiderhandlung drohen die Digesten die Vernichtung der illegalen Textsorte an.

Seit Kaiser Justinians Reglementierung der Rechtspraxis des Auslegens und Erörterns steht fest, was Kommentare dürfen: Sie dürfen sagen, was der Text schon enthält, und nur das. Sie dürfen das Gesagte mit anderen Worten wiederholen. Oder, um es noch einmal mit anderen Worten zu umschreiben, sie sollen nichts weiter tun, als Redundanzen oder Rauschen zu einem Urtext zu erzeugen. Daran hat sich bis heute nichts geändert, nur bedarf es dazu keines strafrechtlich verstärkten Diskursreglements wie noch in den Digesten. Nicht, dass Kommentatoren inzwischen brav geworden und von der Autorität des Rechts dauerhaft gezähmt worden wären. Kommentare sind von sich aus und ohne jede Strafandrohung der Textvernichtung gegen Zuwiderhandlungen gesichert, weil sie in Form sind. Die Form unterwirft jeden Inhalt dem Gesetz der Redundanz. Oder anders ausgedrückt: Sie sind per definitionem, per gesetzlicher Definition, gesetzmäßig. Es wäre also sogar widersinnig, von verbotenen Kommentaren oder Kommentarverboten zu sprechen. Entweder ein Text ist ein Kommentar oder er ist keiner. Einen illegalen Kommentar gibt es nicht. Kommentarverbote wie das justinianische sind überflüssig geworden, seit die Form des Kommentars dieses Gesetz implementiert hat. Kommentare erweisen sich damit als »autoritäre Form« (539). Sie zwingen den Autor eines Kommentars ganz ohne Verbot, sich der Form zu unterwerfen. Die Autorität der Form ist in jedem Fall stärker als der Wille eines Kommentators, sie zu sprengen.

Die Frage ist dann, wozu überhaupt Kommentare? Warum sollte jemand freiwillig die Form des Kommentars wählen, um seine Meinung zu einem – sei es gesetzgeberischen, sei es literarischen – Werk kundzutun? Was könnte er Neues sagen, wenn seine Rede im Kommentarformat unweigerlich dem Gesetz der Redundanz unterliegt? Wozu bedarf es überhaupt eines Kommentars, wenn dieser garantiert nur Rauschen und nichts Neues enthält? Informationstheoretisch betrachtet fällt die Antwort leicht: weil erst Rauschen Information zulässt. Die Hermeneutiker würden die Notwendigkeit von Kommentaren damit begründen, dass ein Text, auch und gerade ein Gesetzestext, nicht aus sich heraus verständlich ist. Die Diskursanalyse sagt, der Kommentar hat die Funktion: »das schließlich zu sagen, was doch schon gesagt worden ist, und muß unablässig das wiederholen, was eigentlich niemals gesagt worden ist.«[2] Es geht also nicht allein um Analogie, Paraphrase und Übersetzung, den drei in den Digesten ausdrücklich erlaubten Kommentarformen. Es geht auch darum, im Gewand des Kommentars etwas Neues einzuschmuggeln.

Diese Schmugglerware ist nicht einmal in den kommentierungsfeindlichen Digesten inkriminiert. Selbst sie nutzen die Komplizenschaft von Text und Kommentar: Während der eine Schmiere steht, kann der andere in Ruhe sein Ding drehen. So erhält das ewige Gesetz Deckung vom allzeit wachsamen, jede Änderung registrierenden und jederzeit aktualisierbaren Kommentar. Die Diskurspolitik Kaiser Justinians verfolgt genau dieses doppelte Ziel, im Kommentar sowohl einen beständigen Refrain zu seinem Rechtsbuch zu erzeugen, als auch das, was darin niemals gesagt worden ist, in der Maske von Paratitla, Indices und Übersetzung zu wiederholen. Der Kommentar renoviert und perfektioniert also unter der Hand des Kommentators das Gesetz. Er hat die Funktion, die Fehlbarkeit des klassischen Texts zu kompensieren. Er glättet Widersprüche, erhellt obskure Textpassagen, füllt Regelungslücken, passt den Text der veränderten Lage an. Die Gefahr subversiver Neuerungen, die Kaiser Justinian bedrohlich vor Augen stand, ist in der *Form* wirksam gebannt. Es kann soviel Neues gesagt werden, wie überhaupt ein Jurist sich nur auszudenken vermag, in einem Kommentar kann es nicht gegen, sondern nur für das bestehende Gesetz wirken. Der Kommentar braucht daher keinen Zensor gegen subversive Neuerungen. Eine Zensur liegt in Form der Form des Kommentars bereits vor. Foucault beschreibt diesen Mechanismus der Selbstlegalisierung kraft Form – er sagt: Prinzip – mit folgenden Worten:

> Der Kommentar bannt den Zufall des Diskurses, indem er ihm gewisse Zugeständnisse macht: er erlaubt zwar, etwas anderes als den Text selbst zu sagen, aber unter der Voraussetzung, daß der Text selbst gesagt und in gewisser Weise vollendet werde. Die offene Vielfalt und das Wagnis des Zufalls werden durch das Prinzip des Kommentars von dem, was gesagt zu werden droht, auf die Zahl, die Form, die Maske, die Umstände der Wiederholung übertragen. Das Neue ist nicht in dem, was gesagt wird, sondern im Ereignis seiner Wiederkehr.[3]

Benjamin, der die Figur der Wiederkehr des Immergleichen im Passagenwerk selbst wiederum referenziert und kommentiert hat, vernimmt im Kommenderen und in der damit verwandten Tätigkeit des Übersetzers zunächst bloß jenes Rauschen, das die beiden Operationen erzeugen. Darüber schreibt er in der *Einbahnstraße*: »Kommentar und Übersetzung [...]: [...] Am Baum des heiligen Textes sind beide nur die ewig rauschenden Blätter, am Baum des profanen die rechtzeitig fallenden Früchte.«[4] Benjamin differenziert also, ob ein heiliger oder ein profaner Text kommentiert wird. Die Referenz auf die Bibel erzeugt überzeitliches Rauschen. Ein Blick auf die Texte der Scholastiker, einem unaufhörlichen Gemurmel zur Heiligen Schrift, gibt ihm recht. Und die Kommentierungen profaner Texte produzieren nach der anspielungsreichen botanischen Metapher für Worte wie Blumen, Blätter und Bäume[5] demnach letztlich nur Fallobst. Das wiederum können die einander jagenden Auflagen von Gesetzeskommentaren bezeugen, etwa der im Januar 1939 erstmals erschienene »Palandt«, der Kommentar zum über hundertjährigen Bürgerlichen Gesetzbuch – einem profanen Text, wenngleich einem Klassiker seiner Art –, der inzwischen in die 63. Auflage geht und also jede Menge fallender Früchte hinterlassen hat.

Das Zitat aus der *Einbahnstraße* nennt Kommentar und Übersetzung in einem Atemzug. Beide Aktivitäten gehören für den Verfasser zusammen, weil sie dieselbe mimetische Fähigkeit voraussetzen. So wie Benjamin die Übersetzer auf Buchstabengenauigkeit verpflichtet, ist auch der Kommentator – mit Justinians Dekret sogar ausdrücklich – angehalten, Wort für Wort vorzugehen. Benjamin findet für diese die Syntax zergliedernde Pflicht zur Buchstabentreue an anderer Stelle noch ein anderes Bild. Es ist von der Vorstellung vorgegeben, dass ein Kommentar immer eng am Text argumentieren muss. »(Der Kommentar, der heute noch zu prall ansitzt, kann morgen schon klassische Falten werfen. Wo seine Präzision fast indezent wirken könnte, kann morgen schon das Geheimnis sich retabliert haben.)« (540) Dieser Satz von Benjamin in Klammem – ein Selbstkommentar zur Form des Kommentars – entlarvt den Kommentar als unmögliche Gattung. Niemals kann der Kommentator ein guter Maßschneider sein. Was er hinbekommt, ist bestenfalls ein obszön eng anliegendes Kleidungsstück, von dem er riskiert, dass es einmal als weiter Mantel über dem Textcorpus schlottert. Keine besonders attraktiven Aussichten also für einen Kommentator.

Es steht viel dagegen, sich dieser Form zu bedienen, die die Geheimnisse des Textes erst herausschreit, um diese dann im zeitlichen Abstand nur noch zu vergrößern. Nicht zuletzt steht die autoritative Geste des Kommentars dagegen, die den Kommentator zwingt, die Form nicht zu verlassen oder doch nur um den Preis, als Kommentator entlassen zu sein. Eine Sprengung der Form des Kommentars ist unmöglich. Jede Kritik am Referenztext des Kommentars trüge doch bloß zu dessen Optimierung bei. Und wer es gar wagt, das autoritätserzeugende Gefälle zwischen Referenztext und Kommentar selbst anzugreifen, dem ergeht es nicht besser. Wer also kritisiert, der kommentiert nicht und umgekehrt.

II Kommentar und Kritik

Kritik, als eine gegen Autorität gerichtete Aktivität, und Kommentar schließen einander aus. Sie schließen einander nicht allein aus methodischen Gründen aus. Sie sind auch in genealogischer Perspektive unvereinbar. Der Kommentar ist, historisch betrachtet, der Kritik gewichen. Michel Foucault führt diese Ersetzung auf einen Bruch in der Auffassung von Sprache zurück.[6] Die Renaissance sei das große Zeitalter des Kommentars gewesen. Man ging davon aus, dass es Sprache gibt. Sehr anschaulich lag sie ja auch tatsächlich vor in Form von überlieferten Schriften, Odyssee, Bibel, Digesten … Diese ehrwürdigen Texte kommentierten die Humanisten, machten sichtbar, was die Sprache erster Ordnung enthielt. Von einer gegebenen Sprache weiß die Logik der Repräsentation im 17. Jahrhundert dann nichts mehr. Alles ist von da an gleichermaßen sprachliches Zeichen. Das Gefälle zwischen der Sprache, die es gibt, und der, in der kommentiert wird, ist aufgehoben. Der Kommentar versteht sich nicht länger als Übersetzung aus einer anderen in die eigene Sprache. Er glossiert nicht in eigener Zunge, was der Referenztext in fremder ausgedrückt hat. Statt die Wahrheit des einen unantastbaren Texts zu offenbaren, legt der Kommentar bloß, was dieser selbst nicht enthält: seine Genese, den Kontext, die Bedeutungsverschiebungen und Auslegungsschwierigkeiten. Jeder Kommentar betreibt seither letztlich Quellenkritik, unterscheidet einen Text nach richtiger und falscher Überlieferung.

Hinter die historisch-kritische Dimension des Kommentars gibt es kein Zurück. Die Vorstellung einer gegebenen Sprache ist verloren; der Kommentar der Scholastiker eine antiquierte Form. Das heißt nicht, dass diese Form nicht weiter benutzt würde. Zumal unter Juristen haben Kommentare aller Art und zu jedem noch so unterrangigen Gesetz Konjunktur. Doch stehen diese modernen Kommentare selbst dort nicht mehr im Dienst eines heiligen Referenztexts, wo sie sich auf ein Sakralität in Form von Autorität beanspruchendes Gesetz beziehen. Würden sie auch Entstehungsgeschichte und Debatten um die richtige Auslegung komplett verschweigen, so blieben sie doch stets Kritik in Kommentarform. Geschrieben sind sie in der einen Sprache, die zur Verfügung steht, der Sprache, die von einem Unterschied zwischen Kommentar und Referenztext nichts mehr weiß. Wo er aber fehlt, tastet jede Erörterung eines gegebenen Texts diese Gabe unweigerlich an. Jede Auslegung ändert bekanntlich den Text, auf den sie sich bezieht.

Kommentare sind damit, ob sie es wollen oder nicht, kritische Einschätzungen oder eben Würdigungen. Doch will Benjamin Würdigungen von den Kommentaren gerade unterschieden wissen. Seine Bezeichnung der Kommentarform als »archaisch« (539) deutet an, dass er den Kommentar in einer Tiefenschicht der Genealogie literarischer Formen vermutet. Ob eine Sprachkritik bis dorthin vorzudringen vermag, sagt der Sprachphilosoph Benjamin in seinem kleinen Text zur Form des Kommentars nicht. Auch fällt der Ausdruck »Kritik« in diesem Text nicht, der Sache nach geht es aber um das, was nach Foucault jede Kritik auszeichnet: eine Skepsis oder Opposition gegenüber dem, was eine Autorität wahr nennt.[7] Benjamin stellt in seiner Reflexion auf die Form die Frage, wie ein Kommentar der Autorität, die er immerhin selbst errichtet, die Stirn bieten kann (vgl. 539).

Die gesetzesgleiche Autorität eines Textes, die hier kommentierend hervorgehoben wird, steht im Zentrum von Benjamins Rechtskritik, die er zu anderer Gelegenheit, und dann ohne Rekurs auf den Kommentar, formuliert hatte in seinem Essay »Zur Kritik der Gewalt.[8] Hier fällt das Wort von der Kritik, und zwar im kantischen Gebrauch des Wortes, den Foucault in seiner Schrift *Was ist Kritik?* zur autoritätskritischen Haltung im Allgemeinen verlängert. Diese Haltung prägt auch Benjamins Rechtskritik. Sie hatte sich allerdings als kritikresistent erwiesen, was wiederum jede Menge Kommentare hervorrief, nachdem Jacques Derrida den Anfang gemacht und gegen das Schneidende der Kritik ankommentiert und so das Approximative der Dekonstruktion herausgestellt hatte.[9] Dass seither Critical Theory und Deconstruction einander anziehen und abstoßen, sich wechselseitig vereinnahmen[10] und inzwischen sogar offiziell befreundet sind, steht auf einem anderen Blatt. Innerhalb von Benjamins eigenem Werk kompensiert kein dekonstruktives Denken (auch nicht avant la lettre) das Prekäre der Kritik. Prekär war, dass die Kritik letztlich ohne Kriterien und damit gegen sich selbst argumentiert hatte.[11] Anders der Kommentar: Er gewinnt seine Kriterien aus dem Referenztext. Doch kann ein Kommentar Kritik an der Autorität äußern, die er kommentierend selbst herstellt? Er wäre dann entweder doch eine Würdigung oder aber eine Selbstbeobachtung zur Performanz des Kommentars.

Die Frage, um die Benjamins kleiner Text zur Form des Kommentars kreist, lautet daher nicht einfach: Wie ist Kritik möglich, sondern: Wie ist Kritik in Form des Kommentars möglich? Und in den achtziger Jahren hätte man achselzuckend zurückgefragt, wie denn nicht? Schließlich gibt es kritische Kommentare. Die Rede ist von Alternativkommentaren, die in diesen Jahren zu den großen Gesetzeswerken der Bundesrepublik herauskamen. Sie traten gegen die autoritäre Form der Kommentare an, ganz so wie Benjamin diese Vokabel verwendet. Uwe Wesel hatte 1979 in seinem legendär gewordenen Aufsatz mit dem unschlagbar kurzen Titel »hM« an einzelnen Fällen rekonstruiert[12], wie diese Autorität zustande kommt, wie also konkret die verschiedenen Rechtsorgane, Richter, Juraprofessoren und Kommentatoren (teilweise in Personalunion) an der Herausbildung einer herrschenden Meinung (dafür steht in der abkürzenden, Vokale vermeidenden Kommentarsprache der Juristen das Kürzel hM) zusammenwirkten. Eine Alternative zu solchen Meinungskartellen unter Juristen sollte ein alternativer Kommentar bieten, der beanspruchte, die Vielfalt der Meinungen zu Wort kommen zu lassen. »Mindestens so wichtig wie die Darstellung der herrschenden Auffassung und der Rechtsanwendung erscheint das kritische Eindringen vernachlässigter Denkansätze«, heißt es im Vorwort zum 1984 erstmals herausgegebenen Alternativkommentar zum Grundgesetz.[13]

Die Alternativität des Kommentars bezog sich ganz auf den Inhalt. Man kommentierte, wie von der hM – als Chiffre für Autorität schlechthin – vorgesehen, die bestehenden Gesetze, doch tat man es nicht wie diese abstrakt-normativ. »Vielmehr müssen zugleich die historischen und gesellschaftlichen Prämissen und Folgen der Rechtsnormen und ihrer Auslegung sowie die sozialen, wirtschaftlichen und politischen Interessen aufgedeckt werden.«[14] Solche Akzentverschiebungen von der Dogmatik auf die gesellschaftlichen Bedingungen des Rechts haben die autoritative Form des Kommentars nicht einmal angekratzt. Die Autorität, die sie schafft und stützt, blieb unangetastet, mit dem Erfolg, dass jede noch so vereinzelte, kluge und die herrschende Meinung revolutionierende Kommentierung von der gesetzestreuen *Form* des Kommentars in ihrer Wirkung geschluckt wurde. Kurzum: Eine Alternative zur Form des Kommentars bot der AK (Alternativkommentar) nicht.

Dass Alternativität in erster Linie keine Frage alternativer Inhalte, sondern eine Formfrage ist, leuchtet schon eher solchen Juristen ein, die, am Autor des Essays »Römischer Katholizismus und politische Form« (1925) geschult, einen Sinn dafür hegen. Einer von ihnen reagierte dann auch prompt, als es einem Kommentar an den Kragen ging, der seinem Inhalt nach zwar alles andere als alternativ war, der Form nach aber ein kleines Meisterstück an Subversion der Form. Der ehemalige Bundesverfassungsrichter Ernst-Wolfgang Böckenförde brachte es ans Licht, als er eine Änderung in dem für die Geschicke der anfänglichen Bundesrepublik maßgeblichen Kommentar zum Grundgesetz monierte.[15] Die Änderung kam ohne Ankündigung und unter keiner Großüberschrift daher. Sie vollzog sich als bloß redaktionelle Maßnahme. Der C. H. Beck-Verlag hatte nach über fünfzig Jahren die längst überfällige Auswechselung der Kommentierung zu Artikel 1 Abs. 1 des Grundgesetzes vorgenommen. Eine Routine, sollte man mit Blick auf das Accelerando an aktualisierten Auflagen von Kommentaren andernorts meinen, dem ausgerechnet der Artikel standgehalten hatte, der seit Jahrzehnten den gravierendsten Änderungen in der Auslegung ausgesetzt ist, der Artikel zur Menschenwürde. Die ausgewechselte Kommentierung, die Böckenförde zum Ärgernis gereichte, trägt diesen Neuerungen Rechnung. Der Staatsrechtler ließ das nicht gelten und dramatisierte die Anpassung des Grundgesetz-Kommentars an den aktuellen Stand der Debatte um die Menschenwürde zu einem Umsturz. Indem er die Arbeit des alten Kommentators mit dem »Legen eines Fundaments und der Ausarbeitung von Gerüststangen« verglich, bezichtigte er den neuen Kommentator, dieses Gebäude zum Einsturz gebracht zu haben.

Um den Ärger des von der katholischen Soziallehre her argumentierenden Verfassungsjuristen verständlich zu machen: Der neue Kommentator hatte Artikel 1 kommentiert, so wie man es von einem Juristen erwartet, mit der inhaltlichen Wiedergabe von Gerichtsurteilen und der Aufzählung von Parallelstellen aus der Rechtsliteratur, die eine bestimmte Ansicht stützen oder widerlegen sollen. Damit hatte er in der Tat das Werk des alten Kommentators zerstört, der in diesen einen, ersten Artikel des Grundgesetzes die gesamte Verfassung hineinkommentiert hatte. Mit der Ersetzung der Kommentierung von Artikel 1 Absatz 1 durch eine, die diese Norm auf eine Stufe mit den übrigen Grundrechten stellt – Böckenförde würde sagen: herabwürdigt – verschwand der tragende Stein dieses Kommentargebäudes. Und es ist nur folgerichtig, dass der Kritiker des neuen Kommentators zumindest den Namen hochhält, der für die alte, grundlegend andere Kommentierung steht, wenn er schon die jüngere Rechtsprechung zu einem nunmehr abgestuften Menschenwürdeschutz selbst nicht aufhalten kann.[16] Er verlangt darum, künftig den Namen des alten Kommentators aus dem Spiel zu lassen. (Gesetzeskommentare werden nach einer reichlich widersinnigen Sitte mit den Namen der sie herausgebenden Kommentatoren benannt, die in dieser Funktion schließlich gerade nicht als Autoren mit ihrer individuellen Meinung hervortreten.) Am Schluss seiner Anklage an die als Teillieferung getarnte Totalrevision des fraglichen Kommentars, der schon mit dem anderen seiner beiden Namensgeber einiges durchgemacht hat,[17] spricht Böckenförde durch die Totenmaske des klammheimlich ausgewechselten Kommentators: »das ist nicht mehr der Maunz / Dürig, den ich gewollt, für den ich mit […] Leidenschaft […] gearbeitet habe, da ist das Kernstück herausgebrochen.«

In den Augen des so beschworenen Günter Dürig, der noch lange vor jeder Stammzellendebatte gegen die Biotechnologie ankommentierte und gut heideggerisch die Geworfenheit des Menschen dagegen an- oder, in dessen militärtaktischem Vokabular gesprochen, ins Feld führte, war ein Kommentar mehr als ein Nachschlagewerk für Juristen. Es ging nicht bloß darum, Meinungen und Rechtsprechung im Überblick zu halten. Der katholisch erzogene Jurist[18] setzte in den fünfziger Jahren, als er den Kommentar abfasste, alles daran, die gerade erst beginnende Rechtsprechung des Bundesverfassungsgerichts zu beeinflussen, was konkret hieß: die Zurichtung des Menschen durch die Technik im Medium des Gesetzeskommentars aufzuhalten – der Kommentar in katechontischer Mission.

Es gehört zur Ironie dieses Kommentars, dass er von Anfang an, seit 1958, in Teillieferungen, als Loseblattausgabe erschien und damit schon immer anfällig für die Teilauswechselung war, die dann tatsächlich erfolgte und die den Anlass für die Intervention Böckenfördes gab. So ist bislang lediglich die Kommentierung zum ersten Absatz von Artikel 1, nicht aber zum zweiten und dritten ersetzt worden. Dürig hatte die in den fünfziger Jahren aufkommende Mode von Loseblattwerken – Benjamins Fallobst-Metapher nicht unähnlich – als »fallende Blätter«[19] denunziert. Sie seien dem schnellen Altern ausgesetzt, wo doch das Recht die feste Größe im Strudel des Wertewandels zu sein hätte. Seiner monumentalen Kommentierung indes traute er diese katechontische Kraft auch dann zu, wenn sie nicht in der dafür angemessenen äußeren Form, als gebundene Hardcoverausgabe, daherkommt. Ausgerechnet im ephemersten aller Publikationsformate, als Loseblattsammlung, überdauerte seine Grundlegung des Grundgesetzes über 50 Jahre denn auch tatsächlich unbeschadet jede Neuerung.

Was der graue Ordner des Maunz-Dürig sorgsam hütete, war die Subversion der Form des Kommentars selbst. Dürigs Kommentierungen einzelner Grundgesetz-Artikel waren selbständige, auf Ewigkeit angelegte Abhandlungen, Monographien im Kommentarsgewand.[20] Die Verkleidung hatte Gründe, erlaubte sie doch, das zu wiederholen, was eigentlich niemals gesagt worden ist. Dürigs Kommentierung zu Artikel 1 gab dem Grundgesetz eine aus der Menschenwürde sich ableitende Systematik, die das Verfassungswerk nicht etwa schon von sich aus besitzt. In der Maske des Kommentators tat Dürig das, was ihm als ordentlicher Juraprofessor und Autor einer Abhandlung über die Menschenwürde allein niemand abgenommen hätte: Er schuf eine auf Artikel 1 fußende Systematik des Grundgesetzes. Die Rechtsprechung des Verfassungsgerichts und überhaupt Generationen von Juristen folgten dem Kommentar, so wie sie einem Verfasser namens Dürig nie hätten folgen können.[21] Sie nahmen es als gegeben hin, dass die Menschenwürde das Fundament der Verfassung sei. So stand es im Maunz-Dürig, und der wiederholte doch bloß mit anderen Worten, was das Grundgesetz sagt.

Gebrochen wurde diese Macht des Kommentars dann nicht etwa durch kritische Juristen, die aufdeckten, dass hier doch bloß ein einzelner Autor seine persönliche Ansicht kundgab. Gebrochen wurde sie erst einige Dekaden nach den kritischen Jahren der Bundesrepublik von anderen Mächten, namentlich den biopolitischen, die dem Grundgesetz eine höhere Flexibilität in Sachen Menschenwürde abverlangten – ein Anspruch, dem das gegenwärtige, innovationsversessene Recht willig Folge leistet. Die nunmehr geltenden Abstufungen des grundrechtlichen Schutzes vollzieht der neue Kommentar von Artikel 1 Absatz 1 nach. Er tut seinen Dienst und damit das glatte Gegenteil von dem, was Dürig vorschwebte: nicht Mimesis an die jeweils neueste Mode in Rechtsprechung und Rechtsliteratur, sondern Stillstellung im Grundsätzlichen – eine Haltung, die ihn wiederum an Benjamin heranrückt, die Autorität der Form des Kommentars indes nicht kritisierend, sondern sie nutzend zum Ausbau einer eigenen Macht aus dem Off, die hinterrücks sogar über die offiziellen Rechtsgewalten waltet.

III Kommentar als Kritik

Wie geht Benjamin vor, wenn er aus der Form des Kommentars eine Form der Kritik herausschlagen will? Die Probleme liegen auf der Hand. Kommentar und Kritik sind unvereinbar. Selbst wenn eine Sprachkritik zur archaischen Form des Kommentars vorstieße, bliebe das Problem, dass die Form des Kommentars Kritik im Keim erstickt. Das zeigt der Alternativkommentar, der in kritischer Absicht antrat und doch keine Alternative zur Form des Kommentars bot. Umgekehrt fehlte dem Kommentar, der aus der Form des Kommentars die Kunst machte, in eine einzige Norm das gesamte verfassungsrechtliche Nonnenwerk hineinzukommentieren, jede kritische Absicht.

Benjamin löst die Unvereinbarkeit von Kommentar und Kritik nach der selbstgesetzten Maxime: »Überwindung von Schwierigkeiten durch Häufung derselben« (540). Das heißt: statt die Form des Kommentars zu meiden, sie exzessiv nutzen. Wie man die Form innerhalb der Form verweigert, hatte ein anderer ihm vorgemacht. Robert Walser schrieb über eine Vorform des Kommentars, die Glosse, eine Glosse. Er unterwirft seinen kleinen Text der journalistischen Form der Glosse, überschreibt ihn mit »Die Glosse« und reitet solange darauf herum, bis er am Ende sich selbst bescheinigen kann, froh zu sein, »eine Glosse über das Schicksal und den Wert der Glosse in Angriff genommen zu haben, und als Feldherr der Buchstaben, die ich befehlige, und die meine treuen Truppen sind, glaube ich einen, wenn auch nicht großen, so doch echten Glossensieg zu erringen.«[22] Unerschrocken meistert der Glossenreiter Walser die literarische Überwältigungsform der Glosse, indem er sie glossiert. Wim Peeters kommentiert: »Der Verfasser der Glosse richtet sich in der Glosse ein, ohne einen Text auszulegen.«[23] Die in die Form integrierte Kritik an der Form entkommt mit anderen Worten der schnöden Option, sich der Form entweder anzupassen oder sie zu meiden. Indem der Glosse ein auszulegender Referenztext fehlt, gelangt sie zur Form der Glosse.

Der neue Schottelius, den Walser über die Glosse herrschen lässt, erringt seinen Sieg mit den unschlagbaren Waffen der Selbstreferenz. Der Kommentator Benjamin tut es ihm insoweit nach, als auch er die Auslegung eines Textes verweigert. Als Antihermeneut hatte ihn vor allem Derrida einem größeren Publikum bekanntgemacht.[24] Doch ist Benjamin kein Totalverweigerer. Seine Kommentare haben schließlich einen Referenztext. Auf die Frage, wie er mit ihnen umgeht, wenn er sie nicht auslegt, gibt eine Passage aus einem Stück von Brecht, die Benjamin kommentiert hat, indirekt eine Antwort: Der Text ist »Aus dem Brecht-Kommentar« (506) überschrieben, als würde lediglich aus Brechts Kommentar, den es tatsächlich zu diesem Stück gibt, zitiert. Benjamin hat einen eigenen Kommentar dazu geschrieben. Dieser ist auch in der Gesamtausgabe in der Form wiedergeben, in der er erstmals in der Frankfurter Zeitung erschienen ist, zweispaltig gesetzt. Benjamin kommentiert nach Glossenmanier. Die linke Spalte enthält Zitate von Brecht zu dessen Stück *Untergang des Egoisten Johann Fatzer*, die rechte den Kommentar Benjamins dazu.

Die von Benjamin ausgewählten Zitate stammen aus dem Chor zum Fatzer-Stück. Sie stehen unter der Überschrift »Fatzer, komm«. Die grammatikalische Form dieses Titels ist Programm. Der Imperativ beherrscht die Sätze, die der Chor spricht. Verschiedene Personen werden angeredet, von denen Benjamin nicht zufällig die auswählt, die in der Sphäre von Autorität angesiedelt sind: den Redner, den Funktionär (nicht etwa den Tischler) – und schließlich den Staatsmann. Sie werden aufgefordert, ihren Posten zu verlassen. Die letzte Passage des Chorstücks lautet: »Du bist fertig, Staatsmann / Der Staat ist nicht fertig. / Gestatte, daß wir ihn verändern / [...] Unter deinen Gesetzen steht dein Name. / Vergiß den Namen / [...] Ordner. / Der Staat braucht dich nicht mehr / Gib ihn heraus« (510).[25] »Der Staat soll kein Kunstwerk, kein Ewigkeitswert, sondern etwas Brauchbares sein«, kommentiert Benjamin dazu (510).

Man wäre nun schnell geneigt, die Anweisung an die Staatsmänner auf den Kommentator zu übertragen, wonach auch dieser abzutreten hätte?[26] Die Analogie ginge allerdings fehl. Der Kommentator ist schließlich kein Staatsmann. Er hat nicht mal einen Posten inne, den er verlassen könnte, ist er doch bloß Handlanger der Staatsmänner und Ordner. Ebenso wenig ist der Kommentar ein Werk, das es herauszugeben gälte. Es ist ein Handwerksmittel zur Erschließung eines Werks, also etwas Brauchbares. Benjamin kommentiert daher die Passage auch nicht im Hinblick auf das Problem der Form des Kommentars, das er anhand der Gedichte von Brecht erörtert. Er lässt an dieser Stelle Brecht selbst als Kommentator von dessen eigenen Texten auftreten.

Zunächst ist da der Autor Brecht. Er macht es den Staatsmännern vor, wie man ein Werk (das letztlich stets ein Werk der Sprache ist) herausgibt. So wie diese den Staat und die Gesetze zur Kritik freigeben sollen, hat er sein Fatzer-Stück herausgegeben: unvollendet, um es für Kritik offenzuhalten. Eine Fassung letzter Hand hat er verweigert. »Ich, der Schreibende, muß nichts fertigmachen«,[27] notiert er beinahe trotzig. »Die Überlieferung zu Fatzer gleicht einem Chaos«, schreiben Haare raufend die Herausgeber der kommentierten Berliner und Frankfurter Ausgabe zu Brechts Werken.[28] Über fünfhundert Seiten Typoskripte ungewisser Provenienz und Gattung überwuchern das Fragment gebliebene Stück »Untergang des Egoisten Fatzer«. Brecht hat dem Klassikerstatus seines Werks damit vorgebeugt. Die Konvolute bewahren es davor, so viele Kommentare und Auslegungen es auch dazu geben wird.

Indem der Schriftsteller Brecht beherzigt, was er den Staatsmännern in *Fatzer, komm* empfiehlt, das rechtzeitige Abtreten und Unvollendetlassen eines Werks, schafft er den Freiraum für einen Kommentar, der nicht anders kann, als sich auf Texte in der Schwebe, fliegende Blätter und keine klassischen Werke zu beziehen. Brecht nutzt den Freiraum für einen Selbstkommentar. Er dient ihm als das Medium, durch das Kritik am Werk hindurchgehen soll. »Das Fatzerkommentar«, als den Brecht dieses Ungetüm tauft und es philologisch präzise vom Fatzerdokument unterscheidet,[29] ist an die Schauspieler adressiert, die das Stück darstellen und »anwenden«, wie Brecht schreibt. Sie sollen Kritik üben an der Darstellung ebenso wie am Kommentar dazu. »Auf diese Weise [die Weise fortgesetzter Kritik, CV] können dann auch die Anweisungen des Kommentars jederzeit geändert werden. Sie sind voller Fehler, was unsere Zeit, und seine Tugenden sind unverwertbar, was andere Zeiten betrifft.[30]

Brecht wählt die Form des Kommentars wegen der Vorläufigkeit und jederzeitigen Revidierbarkeit dieser Textsorte. Als das, was auf immer unabgeschlossen zu bleiben hat, passt der Kommentar zu einer nie zu Ende kommenden Kritik. Die Vorstellung von Kritik als einer unabschließbaren Aufgabe ist der Dekonstruktion näher als einer Kritik der Gewalt, die mit dem erledigenden Gestus des Ein-für-alle-Mal-Sagens aufgetreten war. Brecht erwiese sich damit der Dekonstruktion näher als der Autor der Kritik der Gewalt. Benjamin stimmt mit ihm allerdings darin überein, dass alles darauf ankommt, Kritik in die richtige Form zu kleiden. »Die Wahl der Stilart entscheidet über alles. Möglich nur die Stilart des Kommentars«, notiert Brecht.[31] Wie Benjamin traut er dem Kommentar zu, der Autorität die Stirn zu bieten (das heißt: sie dazu zu bewegen, den Posten rechtzeitig zu verlassen). Probleme mit der Vereinbarkeit von Kritik und Kommentar tauchen hier nicht auf. Schlafwandlerisch meistert sie Brecht in Form des Selbstkommentars.

Ein Kommentar, der, wie der Brecht'sche, die ewige Geltung des Gesetzes in der fortgesetzten Revision des Kommentars wegkommentiert, statt nach Art Dürigs eine Systematik hineinzukommentieren, ein Kommentar, der das Werk dem Autor enteignet und das Gesetz zur Veränderung freigibt, antwortet indirekt auf Benjamins Frage nach der Form des Kommentars. Es geht um den Akt des Wegkommentierens. So könnte man das bezeichnen, was Benjamin in seiner Vorrede zum Kommentar der Gedichte von Brecht vorschwebt. Es reicht demnach nicht aus, die üblicherweise Gesetzen vorbehaltene Form nunmehr auf Gedichte zu beziehen und damit das zu kommentieren, was »dem, dem heute Autorität zuerkannt wird, die Stirne bietet« (539). Dies genügt schon deswegen nicht, weil Kommentare im Dienst der Autorität stehen, selbst wenn sie autoritätskritische Texte zum Gegenstand haben. Um diese Funktionslogik des Kommentars zu unterbrechen, geht Benjamin dialektisch vor. Er kommentiert das an einem Referenztext, was nicht kommentierungswürdig erscheint und was man am wenigsten oder überhaupt nicht erwartet. Diese Verkehrung der Ebenen wendet letztlich die juridische Textsorte des Kommentars gegen das Recht selbst. Heraus kommt Kritik. Sie schafft einen Kommentar, welcher der Indienstnahme durch Autoritäten trotzt und damit dem gleicht, was üblicherweise zur Kritik zählt. Das, was der Autorität die Stirn bietet, und Kritik am Kommentar fallen bei Benjamin zusammen. Sie verdichten sich zu einer Kritik als Kommentar.

Der Kommentator Benjamin findet für seine autoritätskritischen Kommentare solche Autoren, die selbst in der einen oder anderen Form Kritik an Autoritäten üben. Doch verstärkt er nicht einfach deren Kritik, indem er sie im Kommentar mit eigenen Worten wiederholt. Er verweigert die gesetzmäßige Auslegung und verschiebt die Konstellation, in der die Werke üblicherweise gelesen werden. Karl Kraus stellt er daher nicht ein weiteres Mal als den notorischen Kritiker der Wiener Justiz vor, der zugleich auch noch als unerbittlicher Sprachkritiker bekannt ist. »Man begreift seine sprachlichen Untersuchungen nicht, erkennt man sie nicht als Beitrag zur Strafprozessordnung. […] Um ihn türmen sich die Prozesse. Nicht die, die er vor Wiener Gerichten zu führen hat, sondern die, deren Gerichtsstand die ›Fackel‹ ist.«[32] Benjamin liest Kraus' Sprachkritik als Rechtskritik.[33]

Das Werk von Franz Kafka kommentiert Benjamin ebenso wenig, indem er Kurs auf das nimmt, was die Deutungen daran üblicherweise hervorheben: die Absurditäten der Bürokratie und die Paradoxien des Gesetzes. Er schreibt in einem Brief an Scholem: »Kafkas stetes Drängen auf das Gesetz halte ich für den toten Punkt seines Werkes, womit ich nur sagen will, dass es gerade von ihm aus interpretativ mir nichts zu bewegen scheint.«[34] Stattdessen geht Benjamin von Kafkas szenischen Bildern aus.[35] »Einen wirklichen Schlüssel zur Deutung Kafkas hält Chaplin in Händen« liest man in Benjamins Aufzeichnungen.[36] Und so wie er die Slapstickszenen in Kafkas Romanen hervorhebt, interpretiert er an Johann Peter Hebels Kalendergeschichten nicht, wie es sich für einen getreuen Kommentator gehörte, welche Moral dessen Item- und Merke-Zusätze am Ende der Geschichten enthalten. Er übersetzt sie in eine Art episches Recht: »Seine Moral ist die Fortführung der Erzählung mit anderen Mitteln; sein Humor ist urteilslose Vollstreckung; angewandte Gerechtigkeit, welche jenen mit ganz anderem Maße misst als alle übrigen.«[37]

In den Kommentar versenkt Benjamin eine Kritik an juridischer Autorität. Diese Kritik ist nicht kriterienlos, so wie die, die direkt auf die Gewalt des Rechts ging. Sie entnimmt ihre Kriterien aus der Verkehrung dessen, was die Texte von Kraus, Kafka oder Hebel klassisch gemacht hat und was dem Kommentator Benjamin am allersuspektesten ist. Im Kraus-Essay wird so aus der allgemein üblichen Justizkritik, die ein getreuer Kommentator hervorheben würde, eine Sprach- als Rechtskritik, bei Kafka sind es Sprachbilder statt des Gesetzes und bei Hebel Geschichten statt einer Moral, die Benjamin kommentiert. Nicht die lesbare, sondern die unlesbare Seite verdient einen Kommentar, nicht die manifesten Inhalte, sondern das, was man mit Anselm Haverkamp die Latenzen dieser Referenztexte nennen könnte.[38] Gemeint sind die Mächte, die Texten Geltung verschaffen, einschließlich der Kommentarmacht selbst, die Benjamin – darin liegt die bewundernswerte Konsequenz seines Vorhabens – in dem kleinen Text zur Form des Kommentars selbst wiederum der Kritik unterzieht.

Benjamins darauf folgender Brecht-Kommentar setzt diese theoretisch entworfene Kritik an der Form des Kommentars um. Er wählt Gedichte, und damit das, was am weitesten von der mit dem Namen Brecht verbundenen marxistischen Autoritätskritik entfernt ist. Wie bei den zuvor genannten Kommentaren verweigert er auch hier eine Auslegung des Texts. Er verschiebt den Fokus des Kommentars. An den Gedichten Brechts hebt Benjamins Kommentar eine Schicht hervor, die man zuallerletzt dort vermuten würde. »Dem Kommentar ist es angelegen«, schreibt er in der Vorrede zur Form des Kommentars, »die politischen Inhalte gerade rein lyrischer Partien herauszustellen« (540). Anstatt also den politischen Brecht etwa in Fatzer oder einem anderen manifest politischen Theaterstück aufzusuchen, wählt er die zeitlos schönen Sonette, die von Liebe handeln.

Ein juristischer Kommentar müsste gemäß diesem Chiasmus von Poesie und Politik das Gedichtete der Gesetze auffinden, die latenten und nicht die manifesten Gehalte von Texten, so wie es zwischen New York und Frankfurt an der Oder gang und gäbe wurde. An Gesetzestexten sind dann nicht oder jedenfalls nicht allein die gesellschaftlichen, wirtschaftlichen und politischen Mächte kommentierungswürdig, die in ihnen wirksam sind, sondern die verstellten und verkannten Wirkmächte des Rechts: seine rhetorischen Figuren, Metaphern, Medien und Materialitäten, seine Bilder und Geschichten, die Paradoxien, die Schönheit und das Elend der Gesetze, das Begehren, die Phantasmen und realen Gewalten im Recht. Von selbst kommentierte ein solcher Kommentar die Autorität der Gesetze hinweg.

hält zusammen, was nicht miteinander zu vereinbaren ist. Das ist anders als in einer U-Bahn oder in einem Kaufhaus. Der Gerichtssaal hat die Aufgabe, kenntlich zu machen, wer nicht zusammengehört. Ein Raum, der versammelt, ohne zu einen und ohne gleichzumachen. Es ist daher ein ungewöhnlicher Raum mit getrennten Türen für die Unvereinbaren. Sie sind je verschieden für Geladene und Ungeladene, für Funktionsträger und Funktionslose. Sie markieren Unterschiede, ohne dass an ihnen die Würde und die Rangunterschiede ablesbar wären, denn die Türen haben alle dieselben Maße und liegen auf einer Ebene. Auch die Türen, über denen ›for whites only‹/›for blacks only‹ steht, sind gleich groß und liegen nebeneinander. Der Zugang ist nicht erschwert. Es gibt auch für den Höchsten keinen erhöhten vornehmeren Eingang. Wenn man allerdings genau hinsieht, kann man bemerken, dass die Tür, durch die der Angeklagte kommt, wenn er zuvor in U-Haft gesessen hat, etwas schmaler ist als die übrigen.

Eine Tür ist auch etwas geheimnisvoller. Einen Spaltbreit geöffnet offenbart sie eine schöne freundlichere Welt mit Sonnenlicht, das im Gerichtssaal fehlt. Das Licht fällt auf eine silberne Thermoskanne. An diesem Gegenstand, der davon spricht, dass hier keine Folterkammer ist, sondern Menschen hier etwas tun, was auch sonst üblich ist, möchte der Blick sich festhalten, ginge die Tür nicht bald wieder zu. Wie die Tür, die Kanzel und Sakristei miteinander verbindet. Trotz des Zeugens aus der üblichen Welt der Thermoskanne beginnt hier eine undurchschaubare Welt. Hier wird das Heilige gemacht. Sie legen ihre Roben an und verwandeln sich. Von dort kommen sie und auf ihrem ersten Wort lastet die Erwartung der Übrigen. Heil, Segen, Gnade und Strafe können von hier aus verkündet werden. Auf die Türen abgestimmt sind kniehohe Trennwände. Wer durch die für ihn bestimmte Tür geht, findet sich automatisch in dem für ihn vorgesehenen Kompartiment des Saales. Sein Platz wird vorherbestimmt durch die Tür, durch die er geht. Die Zuhörer können zwischen verschiedenen Plätzen wählen. Es gibt aber auch sehr spezialisierte Plätze. Jedem seinen Platz.

In einem Gerichtssaal rutscht für eine stillgestellte gestellte Zeit die Hierarchie ins Horizontale. Eine Stillstellung ohne Verbindung nach außen. Eine Umgewichtung aller üblichen Bedeutungen. Die Bedeutung einer Handtasche, einer roten Handtasche etwa, kann das Gericht Stunden beschäftigen. Bisher wurde sie benutzt, ohne beachtet zu werden. Hier gelten eigene Gesetze auch für den Umgang. Es gibt ein einseitiges Fragerecht, wie es außerhalb des Gerichtssaales nur in den Familien vorkommt, wenn der Vater fragt. Aber ein Kind kann sich rächen, indem es, man kennt das, sich an den Ursprung der Welt zurückfragt. Der Angeklagte stellt keine Frage mehr. Er hat nur ein nachrangiges Fragerecht.

Teil V

Medien, Kulturtechniken

St. Benedict, Inc.
Zur Rechtsförmigkeit von Gemeinschaft

I

Im Anfang war die freie Assoziation.[1] Wenn die Geburt einer Verfassung aus dem Geist der Gemeinschaft reklamiert wird, steht am Anfang die freie Assoziation der Brüder, der Bürger, der Menschen. Die Rede ist von den letzten zweihundert Jahren, als Verfassungen auf ganz unterschiedliche Weise die Gemeinschaft als Stifterfigur für eine gerechte Gesellschaft inauguriert haben. Verfassungen aus dem Geist der Gemeinschaft beziehen sich auf eine Gemeinschaft vor jeder Verfassung – eine, die ohne Verfassung ausgekommen ist, eine, die aus der reinen Immanenz heraus eine *communio* bildete. Sie ist, wie es scheint, auch gegenwärtig das kommunitaristisch geprägte Ideal eines demokratischen »day to day self-government of society«.[2]

In allen Diskursen über Gemeinschaft wiederholt sich mehr oder weniger explizit das Muster kommunitärer Gründung innerhalb einer Verfassung. Sie konstituiert ihre Gemeinschaft nach dem frei assoziierten Vorbild einer vergangenen Gemeinschaft. »Die verlorene oder zerbrochene Gemeinschaft kann auf verschiedenste Weise, mit allen möglichen Paradigmen illustriert werden: die natürliche Familie, die attische Polis, die römische Republik, die urchristliche Gemeinde, Korporationen, Gemeinden oder Bruderschaften.«[3] Diese imaginären und projizierten Kommunitäten sind es, die Gemeinschaft in die Sphäre des Politischen erheben und als Idee, als Programm oder als Staatszielbestimmung zirkulieren lassen. Sie sind schließlich auch Objekt kommunitaristischen Begehrens.

Das utopische Maß kommunitärer Entwürfe deckt sich mit der Reinstallation einer untergegangenen Gemeinschaft. In den Spekulationen über eine verlorene Gemeinschaft öffnet sich der Raum für kommunitäre Programme und Projekte. Sie umschreiben eine Sehnsucht nach Gemeinschaft, die konstitutiv wirkt. Kommunitaristische Diskurse setzen mit der Feststellung eines Verlusts von Gemeinschaft ein. – Man denke nur an Alasdair MacIntyres *Verlust der Tugend,* die seine Suche nach Gemeinschaft leitet. Was verloren wurde, wird im Vorstellen zurückgewonnen. Beschreibungen, Theorien, Regeln, Gemeinschaftssatzungen oder Verfassungen bilden das Verlorene nach. Doch zwischen Vorstellen und Nachbilden prangt keine echte und wahre Gemeinschaft, die wirklich einmal existiert hätte. »Die Gemeinschaft hat nicht stattgefunden«[4], schreibt der Philosoph Jean-Luc Nancy, der damit für die folgenden Überlegungen einen wichtigen Punkt der Auseinandersetzung bietet. Von Gemeinschaft kann man erst und nur dann reden, wenn es sprachliche Fassungen gibt, die sie formiert. Diese sprachlichen Fassungen sind selbst dann noch juridisch, wenn es nicht Staats-Verfassungen sind, die benennen, was Gemeinschaft sein soll. Jeder Diskurs, in dem von Gemeinschaft die Rede ist, ist – wie zu zeigen sein wird – von Anfang an in die Rechtsförmigkeit einer Verfassung verwickelt.

Diese originäre Rechtsförmigkeit einer Gemeinschaft scheint ihrem Geist zuwiderzulaufen. Der Geist der Gemeinschaft bezieht sich vor allem auf die freie Assoziation, die vor jeder Konstitution aus sich selbst heraus kommunitär funktioniert, die keiner vorgängigen (Rechts-)Ordnung bedarf. Zum Inbegriff der freien und unverfassten Assoziation wird Gemeinschaft jedoch erstmals und ausschließlich am Ort der Verfassung selbst. Die Verfassung einer Gemeinschaft fängt den Geist der freien Assoziation ein. Derart eingefangen erhält das Ideal einer sich selbst organisierenden Gemeinschaft seine Geltung. Es ist das Recht, das der sich frei assoziierenden Gemeinschaft einen Platz vor dem Recht zuweist. Vor dem Recht als juridischer Instanz formiert sich die Gemeinschaft zu dem, was dem Recht – als gewordenem Zustand eines Ordnungssystems – vorausgehen soll. Dort entsteht Gemeinschaft: als das Institut der Institutionslosigkeit, um das es im Folgenden gehen wird.

Weil es das Recht ist, das Gemeinschaft instituiert, hat man von ihr als einer juristischen Fiktion gesprochen. Der Streit um die Wirklichkeit, die Erfahrbarkeit der Gemeinschaft ist nicht neu. Otto von Gierkes vierbändiges Werk über das Genossenschaftsrecht ist die großangelegte Beweisführung für die Wirklichkeit von Gemeinschaft, die das Recht lediglich spiegelt und nicht hervorbringt. Was auf dem Spiel steht, wenn um Fiktion und Wirklichkeit der Gemeinschaft gestritten wird, trifft das Herzstück kommunitärer Vorstellungen: den Geist der Gemeinschaft namens Institutionslosigkeit. Dieser ist geradezu »rechtsscheu«. Er lässt sich nicht normieren. Ebenso wenig wie die freie Assoziation ihrem Begriff nach durch einen Imperativ eingesetzt werden könnte. Das Recht als die Instanz, die Gemeinschaft erzeugt, darf darum nicht vorkommen. Der Gründungsakt der freien Assoziation bleibt im Dunkeln. Er muss im Dunkeln bleiben, wenn der Gegensatz zwischen einer sich selbst organisierenden Gemeinschaft und einem instituierten Zusammenschluss, per Gesetz oder Vertrag, aufrechterhalten werden soll. Bis in die Wortwahl des BGB hinein hat sich die Unterscheidung zwischen freien und instituierten Verbänden, kommunitären und rein rechtlichen Zusammenschlüssen jedenfalls ansatzweise durchgehalten: Die BGB-Gesellschaften entstehen aufgrund eines vertraglichen Aktes; die in §§ 741 ff. BGB geregelten »Gemeinschaften« dagegen werden unabhängig von ihrem Entstehensgrund als solche bezeichnet.[5] Im Folgenden wird es auch um den rhetorischen Aufwand, um die diskursiven Strategien gehen, die innerhalb des Kommunitarismus (mit seinen oftmals monasterischen Untertönen) aktiviert werden, um den Geist der Gemeinschaft zu erhalten, was soviel heißt, wie die Sphäre des Rechts aus der Gemeinschaft auszublenden.

Ihrem eigenen Entwurf nach bedarf Gemeinschaft der Gesetze nicht Schrift und Gesetz, einklagbare, justizförmige Rechte, sind ihr »wesensfremd«. Wenn es Gesetze gibt, so sollen sie nichts anderes darstellen als die Artikulation kommunitärer

Praxis. Die Regeln der Ordensgemeinschaften beispielsweise heißen darum auch *consuetudines* und nicht Gesetze. Sie präsentieren sich als nachträglich aufgeschriebene Lebensgewohnheiten der Mönche in den Klöstern. Ihr Recht bildet sich institutionslos in gegenseitigem Umgang: mündlich, handelnd. Diese imaginierte Praxis kommunitärer Selbstorganisierung soll für ein Mehr an Gerechtigkeit vor jedem Gesetz bürgen. So beziehen die *ordines* ihren Überschuss an Gerechtigkeit daraus, dass sie nicht Produkt eines fremden Rechtsetzungsaktes sind, sondern aus dem Willen zur Gemeinschaft, dem erprobten Zusammenleben in der Gemeinschaft entstehen.

Theoretiker der Gemeinschaft bedienen sich oftmals einer ganz ähnlichen Figur. Ihr Ausgangspunkt ist die Gemeinschaft als eigenständige, soziologisch-empirische Größe, die unabhängig vom Recht existiert. Dem Recht kommt höchstens die Funktion zu, Spiegelbild von bestehenden und erfahrbaren kommunitären Umgangsweisen zu sein. Der Kommunitarist Michael Walzer beispielsweise will keine abstrakte Ideal-Gemeinschaft konstruieren, sondern die Praxis von Gemeinschaften, die Strukturen wechselseitiger Verbindlichkeit, die sich im alltäglichen Umgang herausbilden, zum Ausgangspunkt seiner Theorie machen. Das Recht kommt darin nur insofern vor, als es sich an die vorgefundenen kommunitären Strukturen assimilieren kann. »If the whole gamut of possible commitments cannot be specified in law, it can be understood in theory, and law can be adjusted on the basis of that understanding«[6], schreibt Walzer in einer Sammlung mit seinen Aufsätzen, die ungefähr zwei Jahrzehnte vor der US-amerikanischen Kommunitarismusbewegung entstanden sind. Das Zitat besagt, dass die Verbindlichkeiten, die Gemeinschaften übernehmen, die Verbindungen, die zwischen ihren Mitgliedern bestehen, sich nicht per Gesetz befehlen lassen. Ebenso wenig wie eine Theorie der Gemeinschaft abstrakt bei einem frei erfundenen Gemeinschaftsideal ansetzen könne. Die Hierarchie der Gemeinschaftsmodi im Denken Walzers verläuft daher umgekehrt.

Von einer konkret-kommunitären Formation zum Verstehen, dem Zur-Sprache-Bringen dieser Formation in der Theorie der Gemeinschaft, hin zu den Übersetzungen in die Sphäre des Rechts. Diese »Adjustierungen« haben den Status von *consuetudines,* von explizierten Gewohnheiten der Gemeinschaften. Allein deshalb versprechen sie ein Plus an Gerechtigkeit. Der Gemeinschaft ist Gerechtigkeit nach ihrem Selbstbildnis immanent, während sie ein liberales Rechtssystem, das sich nicht aus einer Gemeinschaft ableitet, extern erstellen muss.

Ähnlich den monasterischen *consuetudines,* die in dem Moment schriftlich abgefasst wurden, als »eine klösterliche Gemeinschaft mit ihnen andere Klöster oder die ganze Christenheit mönchisch zu reformieren beanspruchte«[7], exponiert der Kommunitarismus die Umgangsweisen einer Gemeinschaft in einer Theorie, um die gesamte Gesellschaft zu reformieren. Das Vorgehen, Gemeinschaft auf die Dimension der Gesellschaft, *res publica,* zu vergrößern, ist für ihn kennzeichnend. Gemeinschaft wird zum Schema oder Dispositiv aller denkbaren Zusammenschlüsse der Gesellschaft und innerhalb der Gesellschaft. Derart transponiert klingt Gemeinschaft entweder nach »Gemeinwohl« oder nach »Gemeinsinn«. Ersteres »vergemeinschaftet« alle Staatsbürger, während letzteres Gemeinschaft zur kommunitären Interpretation des bestehenden Staats- und Rechtssystems heranzieht. Charles Taylors »Augustinianismus«[8], seine Vorstellung einer verallgemeinerten, harmonischen Gemeinschaft aller Bürger auf der einen Seite und Walzers kommunitaristisch modifizierter Liberalismus auf der anderen Seite repräsentieren – sehr verkürzt – die beiden Richtungen des Kommunitarismus.[9] In den Termini des römischen Rechts, das zwischen einem Zusammenschluss, der von seinen Mitgliedern abhängig ist (*societas*), und einem davon unabhängig existierenden Verband (*universitas*) unterscheidet, würde also die *societas* entweder in eine *universitas* überführt oder umgekehrt die *universitas* in einer kommunitären Interpretation zur virtuellen *societas.*[10]

Mit der Extrapolation von Gemeinschaft auf die Dimension des Staates ändert sich in beiden Varianten des Kommunitarismus die konkrete, lokal oder zeitlich begrenzte Gemeinschaft. Sie nimmt zwangsläufig universale Züge an. Diese verleihen ihr eine unhintergehbare Rechtsförmigkeit, die sich mit dem eigenen Entwurf allerdings schneidet. Universalität ermöglicht zwar den Einsatz der Gemeinschaft als Prinzip, als Modell oder Dispositiv. Der Preis jedoch, der dafür zu entrichten ist, liegt im Verlust des begrenzten Geltungs- und Wirkungskreises der Gemeinschaft, seines lokalen, personalen und kontextuell dichteren Bezuges, der gerade die größere Gerechtigkeit kommunitärer Ordnungen verbürgen sollte. Zwischen *communio* und *res publica* besteht daher eine Reibung, eine Unvereinbarkeit, die kommunitäre Entwürfe immer in irgendeiner Weise angehen, überbrücken und glätten müssen, wenn Gemeinschaft das »Gesellschaftliche« fundieren soll.[11] Die Unvereinbarkeit ist tief in die Konstruktion der Gemeinschaft eingeprägt: denn schon das, was als freie Assoziation vorgestellt wird, ist jeweils Folgeerscheinung des Rechts. Damit ist sie um das Moment der Gerechtigkeit gebracht, das sie dem Recht voraushaben will.

Das kommunitäre Fundament heißt Gerechtigkeit. Der Kommunitarismus erhebt einen Anspruch auf jenes Mehr an Gerechtigkeit, das Gemeinschaft gegenüber einem ausschließlich auf Rechten und Pflichten basierenden Verhältnis zwischen Einzelnen verspricht. Er will es, wie beschrieben, auch für größere Zusammenschlüsse oberhalb der lokal begrenzten Gemeinschaft nutzbar machen. Aus ganz ähnlichen Motiven heraus haben etwa zeitgleich mit dem Kommunitarismus Teile des Critical Legal Studies Movement in den USA die *community* als Potential einer kritischen Rechtstheorie ausschöpfen wollen. Die Debatte unter den US-amerikanischen Rechtskritikern bezieht sich auf das in einer ethischen Rekonstruktion von Gemeinschaft liegende Versprechen um eine Alternative zum Recht oder jedenfalls um ein alternatives Recht.[12] Ebenso wie innerhalb kommunitaristischer Diskurse changiert hier der

Status von Gemeinschaft zwischen Faktum und normativem Ideal.

Worin genau soll nun dieses Mehr an Gerechtigkeit kommunitärer Ordnungen liegen? Im Vergleich zum Recht, das sich an ein neutrales Rechtssubjekt adressiert, erreichen kommunitäre Ordnungen einen höheren Grad an Verbindlichkeit – proportional zur Freiheit des individuellen Entschlusses, einer Gemeinschaft anzugehören. Die Wortwahl »Gemeinschaft« indiziert, dass Verbindlichkeiten erwachsen, ohne dass ihnen einklagbare Rechte gegenüberstehen, da eine der Gemeinschaft übergeordnete Instanz fehlt. Das ist übrigens bei der »Europäischen Gemeinschaft« nicht anders als bei der Fiktion der »Rechtsgemeinschaft«. Die Beschreibungen kommunitärer Beziehungen verweigern sich der strengen Geometrie von Rechten und Pflichten. Von »Sphären« ist stattdessen die Rede, um das größere Maß an Flexibilität und Situationsoffenheit bei Entscheidungen zu signalisieren. Es basiert wesentlich auf einer Zusammenfassung aller drei Staatsgewalten in der Selbstorganisation: Die Regeln der Gemeinschaft ergeben sich im Idealfall aus der gemeinsamen Praxis (s. die *consuetudines*), statt dass sie gegeben werden. Die Durchsetzung der Regeln obliegt der Gemeinschaft gemeinsam. Die Gemeinschaft ist es, die zugleich ordnet, richtet und amnestiert. In kommunitären Ordnungen wird Verhalten schließlich positiv normierbar. Auch das ist ein Unterschied zu den Rechtsformen der reinen Reziprozität, die das Verhalten nur negativ, durch Verbote bestimmen. So können die *ordines* der Fraternitäten bis ins Detail Verhalten und Diätetik der Mönche regeln.

Die symmetrische Beziehung, die ein Vertrag oder überhaupt eine Ordnung aus Rechten und Pflichten herstellt, bleibt im Rahmen des Tausches. Einklagbar. Symmetrisch. Im Mehrwert des Tausches wird die Gerechtigkeit angesiedelt, um die es dem kommunitären Diskurs zu tun ist. Welche Bindungen lassen Gemeinschaft entstehen, wenn sie nicht per Vertrag oder Gesetzeszwang festgelegt sind? Was bildet den über eine Reziprozitätsbeziehung hinausgehenden Überschuss kommunitärer Beziehungen? Oftmals fällt hier das schwer zu fassende Wort von der Solidarität unter den Mitgliedern einer Gemeinschaft. Was ist damit gemeint? Versuchsweise soll es durch *homonia/homonomia*, die aristotelische Bezeichnung für »Freundschaft unter Mitbürgern«[13], ersetzt werden. Denn »Freundschaft ist ja doch Gemeinschaft (*koinonia*)«.[14] Derrida zitiert die aristotelische Vorstellung von dieser Freundschaft auf der Suche nach einer Beziehung zum Anderen, »prior to any organized socius, to any determined ›government‹, to any ›law‹«.[15] Und genau um diese originäre Freundschaft, diese ursprüngliche Assoziation vor jeder (Ver-)Ordnung, geht es dem Kommunitarismus auf der Suche nach der spezifisch kommunitären Gerechtigkeit. Für Aristoteles knüpft die gemeinsame Zweckverfolgung das Band der Freundschaft,[16] die ein rein reziprokes Verhältnis sprengen könnte. Voraussetzung ist, dass es keine legale, sondern eine ethische Freundschaft ist, die sich vor allem dadurch auszeichnet, dass sie »keine Klagen kennt«[17]. *Homonia* ist nicht einklagbar, sie verlangt keine Gegenleistung.

Sollte mit dieser aristotelischen Vorstellung von Freundschaft eine Region umrissen sein, in die das Recht nicht hineinragt und in der sich das ereignen kann, was eingangs als freie Assoziation oder kommunitäre Gerechtigkeit bezeichnet wurde? In den beiden folgenden Kapiteln, in denen Freundschaft durch die »Instanz des Bruders« (2) und den Begriff des »Werks« (3) eine Präzisierung erfährt, soll versucht werden, auf diese Frage eine Antwort zu finden.

II

Freundschaft ist nach einer zentralen Auffassung Aristoteles' die Beziehung unter Gleichen. – So wie die Bindungen innerhalb einer Gemeinschaft zwischen Gleichen bestehen. Erst mit

Einführung eines Dritten entgeht die Bestimmung reiner Selbstbezüglichkeit unter Gleichen ihrer Tautologie. Ordensregeln treffen beispielsweise Aussagen über Fremde, Gastmönche oder auch Abtrünnige. Walzer sieht in solchen Zugangs- und Ausschlussregelungen den Kernbereich der Gemeinschaft, in denen sich die für Gemeinschaften integrale Fähigkeit zur Selbstbestimmung ausdrücke.[18] Für ihn stellen Zugangs- und Ausschlussregeln ein Faktum funktionierender Gemeinschaften dar, sind also nicht weiter begründungsbedürftig. Es ist ein bekanntes Faktum, dass sich Gemeinschaften über Exklusionen – als direkte Ausschlussregeln oder indirekt als Effekt von Zugehörigkeitsbestimmungen – formieren. In Regeln zur Mitgliedschaft gewinnt das Un-Gleiche personale Konturen. Sie bestimmen, wer Bruder ist, wer Gastmönch, Fremder, Abtrünniger. Nach Definition dieser Phantome des Anderen erkennen sich alle übrigen als »Gleiche«.

Gleichheit unterliegt demnach einer juridischen Definition. Die Idee der ursprünglichen, natürlichen Gleichheit, die jeder Definition vorausgeht, evoziert die Rhetorik des Dritten, eines Anderen, Fremden. Weil er die natürliche Gleichheit in Gefahr bringt, muss Gleichheit kodifiziert werden, lautet die Begründung für die Existenz kommunitärer Ordnungen, die einen Begriff von der natürlichen im Gegensatz zur juridischen Gleichheit zu sichern und zu verteidigen haben. Für die anderen und nicht für die Gemeinschaft der Gleichen müssen Regeln aufgestellt werden, heißt es darum. Die Brüder lebten ohne schriftliche Regeln, bis die Schwester kam. So will es eine Erklärung aus diesem Jahrhundert für das Aufkommen der ersten schriftlich abgefassten Augustinerregel.[19] Als die Schwester Augustinus' auch einen Orden gründen will, als sie es den Brüdern gleichtun will, bedurfte es demnach erstmals einer schriftlichen Ordnung. Der juridischen Gleichheit wird mit dieser Ordens- und Ordnungsgenealogie eine mythisch-biblische Gemeinschaft der Brüder vorangestellt. Keinesfalls konstitutiv darf die augustinische Regel sein. Dem sukzessorischen Ordnungsschema entsprechend wird sie vielmehr erst dann notwendig, als andere eine Gemeinschaft kopieren wollen. So kommen Frauenorden immer als sekundäre, die Fraternitäten kopierende Orden vor. Mit Verlagerung der Regelaufstellung in die »Kopie« ersteht eine ursprüngliche, sich selbst regulierende Brüdergemeinde. Im Akt der regel(ge)rechten Instituierung erzeugt sich die originäre Institutionslosigkeit von Gemeinschaften. Sie verbürgt die Gerechtigkeit, die in den consuetudines nachträglich erfasst werden soll.

Den legitimatorischen Vorschuss, den spezifischen Kredit auf kommunitäre Gerechtigkeit erhalten daher offenbar die Gemeinschaften, die sich in die Nachfolge einer anderen stellen. Ordensregeln von Fraternitäten leiten sich darum aus der Grundregel des »Regelvaters« Augustin ab, wie ihn ein Benediktinermönch im 16. Jahrhundert mit spezifisch kommunitärem »Familiensinn«[20] bezeichnet hat. Die Organisationsstruktur der »Internationalen Brüderschaft« Michael Bakunins macht monasterische Anleihen, trägt ihre Organisierung doch durchaus Züge jesuitischer Orden.[21] Leo Trotzki, der für John Dewey, einen der »Gründungsväter« des Kommunitarismus, zum Testfall seines eigenen Lebenswerks wird,[22] stellte bei seiner Beschäftigung mit der Geschichte der Freimaurer-Bünde fest, dass die mittelalterlichen Zusammenschlüsse der Handwerker zu Zünften für diese das Vorbild waren. Sie repräsentierten eine bestimmte »sittliche Disziplin«, die bewahrt werden sollte: »Die produktive Maurerei verwandelte sich in die spekulative ›Maurerei‹.«[23] Das Moment des Spekulativen, so könnte man sagen, erzeugt im Gewande der Retrospektion das kommunitäre Ethos, die Ethik der Gemeinschaft, ihren Vorsprung an Gerechtigkeit. Und, um ein letztes Beispiel für die legitimierende Figur der *imitatio communis* anzuführen, moderne Gemeinschaftsentwürfe stellen sich ebenfalls in die Tradition längst vergangener Gemeinschaften. Die Entwürfe des utopischen Sozialismus, der christlichen Basisgemeinschaften und Kommunen werden hier wieder aktiviert.[24] Solche

Genealogien sorgen für die Enthistorisierung von Gemeinschaften. Es entsteht eine in zeitlicher Hinsicht universale Brüderschaft durch alle Epochen hindurch. Sie ist kennzeichnend für die kommunitären Diskurse, die in der Folge der Französischen Revolution Gemeinschaft zum Fundament des Politischen, des Staates, erheben.

Um nun auf das Urbild der Gemeinschaftssukzession, die Brüder, zurückzukommen, so haben sie noch in anderer Hinsicht das Ideal der Gemeinschaft geprägt. Die kommunitäre Gleichheit, die sich unter den Augen der Schwestern bildet, trägt die Züge des Bruders. Die natürliche Gleichheit der Brüder wird – für die Schwester Augustins – kodifiziert. Die Schwestern werden unter die Brüder subsumiert. Kommunitäre Gleichheit, so ließe sich folgern, ist nichts anderes als die juridische Nicht-Adressierung einer Differenz. Ein androgynes Ideal durchzieht daher die Geschichte der europäischen Sozietätsbewegungen.[25] Derrida spricht in dem schon zitierten Aufsatz über die Freundschaft von einer »double exclusion« des Weiblichen: Ausschluss der Freundschaft unter Frauen und zwischen Frauen und Männern. Es ist die Figur des Bruders, der Name des Bruders, der Name Bruder, der Gemeinschaft modelliert. Überall dort, wo ein Akt der Transmission der kommunitären Idee gefragt ist, stellt er die Definitionsmacht. In den Regionen des Gesellschaftlichen prägt er die Vorstellung von Demokratie. So kommt es, dass alle Brüder werden, wenn die Republik sich im Namen von Gemeinschaft konstituiert. Freundschaft, sprich Solidarität unter Brüdern, erhält dann einen neuen Namen: Brüderlichkeit.[26] »Im Leitspruch der Republik definiert Brüderlichkeit die Gemeinschaft.«[27]

Der Bruder verallgemeinert sich. Wenn Gemeinschaft sich selbst fundieren soll, dann müssen kommunitäre Strukturen auf allgemeinverbindliche Art expliziert werden. Das ist der Anteil der *universitas* an jeder Gemeinschaft, der sie als Idee zirkulieren lässt. Der universalisierte Bruder tangiert die Ordnung des Juridischen. In dem Moment, in dem der Bruder zu einem

Prinzip wird, ist man vor das Recht gestellt: »the law, a tribunal, a jury, some agency (instance) authorized to represent the Other legitimately, in the form of a moral, legal or political community«.[28] In der Instanz des Bruders (BrOther) erkennt sich die Gemeinschaft, und umgekehrt erkennt diese Instanz die Gemeinschaft als solche an. In Gestalt des universalisierten Bruders präsentiert sie jenes Dritte, das die reine Selbstbezüglichkeit unter Gleichen gründet und das zugleich die darin enthaltene Tautologie ihrer Beziehungen unterbricht. Sie vermittelt den Bezug der Gemeinschaft zu sich selbst. Um einen Begriff von sich zu erhalten, durchläuft daher jede, auch die lokal begrenzte Gemeinschaft, notwendigerweise die Universalität des Gesetzes. Darin liegt der wesentliche Grund für ihre Rechtsförmigkeit.

Noch etwas wird durch die Instanz des Bruders deutlich: Sie verbindet einzelne nicht allein durch das Wiedererkennen im Bruder zu einer Gemeinschaft, sondern auch in Abgrenzung zu ihm. Fast scheint es, als ob die Gemeinschaften, von denen der Kommunitarismus ausgeht, vor allem die in Abgrenzung sich formierenden Gemeinschaften im Blick hat. Der universalisierte Bruder wird zum Maß aller Dinge des Gemeinwesens. Gemessen daran werden tendenziell alle zu Fremden, weil das Ideal der Gleichheit, das alle zu Brüdern macht, auf niemanden recht zu passen scheint.[29] Walzer diagnostiziert diese Tendenz als Ausgangspunkt des liberalen Staates. »There is a sense, then, in which no one is at home in a modern state; we are all nameless aliens, *extra patria*.«[30] Die Gemeinschaften, die sich unter den Bedingungen des Liberalstaates formieren, sind Gemeinschaften von *nameless aliens, extra patria*. Was sie eint, ist ihre Namenlosigkeit, ihre Fremdheit. Zusammenschlüsse von *Aliens*, so ließe sich formulieren, sind Reaktionen auf die juridische Kategorie des Bruders, der sie ignoriert hat, der sie gewissermaßen außer Landes verweist. Die *Aliens* geben sich den Ort und den Namen, der ihnen von Rechts wegen verweigert wird. Ihre Gleichheit erkennen sie in dem, was das Ideal der

Gleichheit auslässt: So wie im Gleichheitsideal der Brüder die Frauen nicht vorkommen, hat das Ideal, das den Menschen zum Maß nimmt, die ethnische Definition des Menschen unterschlagen – und so fort. Die Entdeckung der Unterschiede, die darum und nur so lange »natürlich« heißen, solange sie nicht in der Definition des Rechts vorkommen, ist jeweils Effekt eines universalen Geltungsprinzips oder Gleichheitsideals.

Diejenigen, die sich als Ausgeschlossene aus dem gesetzlich definierten Kreis von Berechtigten erkennen, vereinigen sich in spezialisierten Gemeinschaften der Ausgeschlossenen, wie sie gegenwärtig das Bild von *communities* bestimmen (beispielsweise *gay* oder *black community*). Sie finden sich aufgrund von gemeinsamen Merkmalen der Differenz (im Verhältnis zu den übrigen) zusammen, Merkmalen, die das Recht bislang nicht adressiert hat. Auf der Suche nach dem Identischen, dem, wozu man gehört – und das ist immer eine juridische Definition –, wächst die Aufmerksamkeit für das Nicht-Identische darin. »Gemeinsinn«, so könnte man sagen, ist eine erhöhte Sensibilität gegenüber den rechtlich nicht adressierten Unterschieden und das heißt gegenüber dem latenten Zwang zur Gemeinschaft als Subsumtion unter ein fremdes Gleichheitsideal. Die Thematisierung einer bestimmten Diskriminierung hat mittlerweile fast zwangsläufig den Zusammenschluss zu Gemeinschaften, die diese Diskriminierung zum Merkmal der Zugehörigkeit erheben, zur Folge. Differenz wirkt geradezu gemeinschaftsfördernd. Je neutraler, undifferenzierter, »liberaler« rechtliche Regelungen gestaltet sind, desto eher scheinen sich solche Merkmalsgemeinschaften zu bilden. Es wäre dann das Recht selbst, das aufgrund seiner Abstraktionen die Bildung von Gemeinschaften katalysiert.

Moderne Gemeinschaftsentwürfe setzen bei der Anerkennung dieser Differenz ein, und zwar sowohl der Differenz als gemeinsames Merkmal als auch der Differenz als personale Verschiedenheit. »Gemeinschaft meint unmittelbar mitmenschliche Beziehungen autonomer Personen zueinander und ein Geflecht von Institutionen, die das Leben von Personen in Gemeinschaft fördern […]. Indem diese Beziehungen und Institutionen als ein Sich-Anschmiegen an personale Verschiedenheit realisieren, verwirklichen sie zugleich die Einheit von Freiheit und Gerechtigkeit.«[31] So definiert Helmut Thielen, Gemeinschaftstheoretiker aus befreiungstheologischer Sicht, die kommunitären Entwürfe, die allen homogenisierenden und darum ungerechten Tendenzen vorbeugen wollen. Das »Sich-Anschmiegen der Beziehungen und Institutionen an die personale Verschiedenheit« bereitet Gemeinschaften ein Fundament in einer spezifischen Differenz statt in nivellierender Gleichheit: in der Andersartigkeit der Schwester statt im Namen des Bruders. Das Verhältnis von konstituierender Gleichheit und Differenz verkehrt sich ins Gegenteil. In den Huldigungen des Nicht-Identischen hypostasiert sich Differenz und wird zum Konstituens von Gemeinschaft.

Das ist die Ausgangssituation des Kommunitarismus. Walzers Theorie macht besonders deutlich, dass der Kommunitarismus keineswegs unfähig ist, Differenz zu denken, sondern dass im Gegenteil Differenz eine spezifisch kommunitäre Gleichheit erstellt.[32] Sein Kommunitarismus siedelt sich in der internen Differenz des Liberalismus an. »Komplexe Gleichheit« ist Walzers Stichwort, unter dem Differenz als Pluralität von Gemeinschaften[33] Beachtung finden soll. Die Fragmentierung »universaler« Gleichheit durch die Entdeckung von Unterschieden eröffnet nach Walzer die Möglichkeit der Koexistenz einer Vielzahl von Gemeinschaften und, bezogen auf den Einzelnen, innerhalb einer Vielzahl von Gemeinschaften. Das ist seine Vision eines »decentralized democratic socialism«.[34] Die Gemeinschaften, die er im Blick hat, reagieren auf die vom Liberalstaat geschaffene »*extra-patria*-Situation«. Überall bilden sich *communities*, die eine bestimmte Differenz zu ihrem gemeinsamen Merkmal erheben. Die personale Verschiedenheit soll darin garantiert sein, weil jeder in einer Vielzahl von Gemeinschaften partizipiert. Kaskadenförmig setzt sich die

Verschiedenheit, die in einer Gemeinschaft keinen Platz hat, in einer neuen fort. Das Individuum wäre demnach die am weitesten ausdifferenzierte Schnittmenge aller Gemeinschaften, die es integrieren.

Die Differenzierung universaler Gleichheit in der Pluralität von Gemeinschaften, oder auch die Entmonopolisierung des Staates als Gemeinschaft, bedeutet für Walzer nicht, dass es keine Exklusionen durch Grenzziehungen mehr gäbe, sondern dass »thousand petty fortresses« entstehen?[35] Doch ist schwer vorstellbar, dass diese Festungen sich nicht gegenseitig bekriegen. Löst nicht die Fragmentierung von Universalismen und Gleichheitspostulaten eher Hegemonialkämpfe unter Gemeinschaften aus, Kämpfe um die richtige oder die beste Gemeinschaft? Nach Carl Schmitt trügen sie das Signum des Politischen. Walzer lehnt diese Art der Politisierung von Gemeinschaften ab. Damit sie nicht in gegenseitigen Dominanz- und Abgrenzungskriegen untergehen, betont er die Notwendigkeit von richtigen Grenzziehungen. Darin sieht er die befriedenden, *egalitarian effects* der Pluralität von Gemeinschaften. Walzer nennt diese kommunitäre Verwaltung der Differenz eine Kunst der Trennung.

Walzer sagt »Kunst«, nicht etwa Gesetz, obwohl »Trennung« ein juridischer Akt ist. Die Kunst der Trennung verrechtlicht ein demokratisches Ideal: Sie gewährt ein Recht auf Gemeinschaft. Es sei Aufgabe der »company, that possesses or exercizes state power«[36], die richtigen Grenzen zu ziehen. So soll die Gefahr der *communities at war,* die in jeder Dezentralisierung liegt, aufgefangen werden durch eine kommunitäre Zentrale, eine virtuelle *societas*, die bei Walzer Sozialstaat heißt. Nach seiner Vorstellung ist der demokratisch verfasste Sozialstaat eine Art Dachverband oder Rahmen, in dem Gemeinschaften als Gemeinschaften Anerkennung finden. Unter staatlicher Schirmherrschaft kann Verschiedenheit als komplexe Gleichheit kommunitär verwaltet werden. Der festungsartige Protektionismus der einzelnen Gemeinschaft soll dann durch die *Company* namens Staat moderiert werden.

Dieses sehr sinnvoll erscheinende Ineinander von *Company* und *communities* zeigt deutlich, dass das Recht einer Gemeinschaft mit ihrer Gerechtigkeit zusammenfällt. In den juridischen Strukturen von Anerkennung wird Gemeinschaft ebenso wie ein Rechtssubjekt zu einem Träger von Rechten und Pflichten. Gleichheit wird in diesem rechtlichen Rahmen als Gleichbehandlung einklagbar; Solidarität zu einer reziproken Pflicht. In den Akten der Anerkennung als Gemeinschaft konsumiert der Staat den diskursiv frei verfügbaren Mehrwert kommunitärer Gerechtigkeit. Als kommunitäre Interpretation des staatlichen Gefüges, bestehend aus einer Vielzahl von Gemeinschaften, teilt er ihn wieder aus. So nutzt der Staat kommunitäre Versatzstücke als sein legitimatorisches Potential. Wenn Gemeinschaften Aufgaben der staatlichen Verwaltung übernehmen (z. B. Ethikkommissionen zur Genehmigung von gentechnischen Versuchen), ist das nichts anderes, als den »Gemeinsinn« sprechen zu machen, ihn (im) Recht sprechen zu lassen. Hier stimmt Walzers Entwurf mit den kommunitär-kommunikativen Praktiken einer Demokratie überein.

Die Gemeinschaften, die auf der Grundlage eines Rechts auf sich selbst entstehen, operieren notwendigerweise in der Logik des liberalen Rechtsstaates: als kommunitäre Rechtssubjekte, denen kollektiv Individualrechte zustehen. – Es war schließlich der liberale Rechtsstaat, der unter seiner Codierung die Bildung von *communities* freisetzte. Insofern Walzer seinen Entwurf eines Kommunitarismus in die bestehende Rechtsordnung stellt, zeigt er besonders deutlich, dass Gemeinschaft nur als rechtsförmige vorkommt. Der Staat ist lediglich eine besonders plastische Anerkennungsinstanz, die auch dort, wo sie nicht mitgedacht wird, als juridische Struktur vorhanden ist. Auch die genuin kommunitäre Instanz des Bruders strukturiert freie Assoziationen rechtsförmig. In ihren faktischen Aberkennungen produziert sie neue und immer neue Instanzen (des Weiblichen, des Ausländers …), in der sich die anderen jeweils (wieder)erkennen können. Trotz solcher wechselnden materialen Bestimmungen bedarf es einer Anerkennung. Und darum ist es eine (juridische) Instanz, die das Rechtssystem einer Gemeinschaft produziert, die Gemeinschaft als Rechtssystem erzeugt.

III

Wer seine Anerkennung als Gemeinschaft verlangt, tritt notwendig vor eine juridische Instanz. Er muss seine Differenz darstellen, sein Merkmal offenlegen, seine Diskriminierung unter Beweis stellen – seine Wunde zeigen, die ihn zu einer entsprechenden Kompensations- oder Schutzforderung berechtigt. Dieses besondere Publizitätserfordernis der Gemeinschaften ist der zweite Aspekt, unter dem sich die Rechtsförmigkeit von Gemeinschaft zeigt, die ihr Selbstbildnis unterminiert. Vom Recht kann Gemeinschaft überhaupt erst wahrgenommen werden, wenn sie sich mitteilt. In der Sphäre des Juridischen heißt kommunitär daher kommunikativ. Im Folgenden soll sich zeigen, dass kommunitäre Kommunikation nicht symmetrisch-dialogisch ist, sondern dass Gemeinschaften die Sprache der Handlung, des Werks sprechen. Das Werk aber bringt Gemeinschaft an den Rand ihrer Möglichkeiten.

Das Ideal der Mitteilung als Basis kommunitärer Beziehungen sieht Derrida in Kants Bestimmung von Freundschaft in der *Metaphysik der Sitten* angelegt: »das völlige Vertrauen zweier Personen in wechselseitiger Eröffnung ihrer geheimen Urteile und Empfindungen«.[37] Gemeinschaft, sofern ihre Basis als Freundschaft angegeben werden kann, wird durch das Ideal der Mitteilung in – juridische – Gegenseitigkeitsverhältnisse aufgelöst. Man wird also wieder auf die asymmetrische Verhältnisbestimmung der *homonia* bei Aristoteles zurückverweisen, wenn man nach einer spezifisch kommunitären Gerechtigkeit sucht. Sie kann nicht in der symmetrischen Mitteilung zweier Personen liegen, die keinen Raum für einen Überschuss an Gerechtigkeit zu lassen scheint. Nach Aristoteles entsteht Freundschaft im gemeinsamen Bezug auf etwas Drittes, einen gemeinsamen Zweck. Dieses Dritte ist, vor Erreichung des Zwecks, eine Art Geheimnis: Und weil man ein Geheimnis nicht mitteilen kann, ohne es dabei zu zerstören, tritt in der aristotelischen Bestimmung von Freundschaft die Verwirklichung des gemeinsamen Zwecks anstelle eines Mitteilungsideals. Vor dem verwirklichten Zweck, dem vollendeten Werk, liegt das unmitteilbare Geheimnis der Gemeinschaft. Kommunitäre Regeln sind daher Regeln der Konspiration. (Vielleicht liegt darin auch eine Erklärung für die Ähnlichkeit von Ordensregeln mit Vorschriften von Geheimbünden.)

Ein Geheimnis kann für einen Staat eine Bedrohung darstellen, insofern es ein Moment des Unverwaltbaren und Unregierbaren enthält. Wegen dieses Potentials offenbar hat der machiavellistische Staatsstreichtheoretiker und ehemalige Strategieberater des Pentagon Edward Luttwak vor den Gefahren des Kommunitarismus für die innere Sicherheit gewarnt.[38] Denn Gemeinschaften operieren dort, wo sie die Kommunikation verweigern, wie ein Staat im Staat. Oftmals etablieren sie – nach jesuitischem Vorbild – ein geheimes, selbst den eigenen Mitgliedern unbekanntes Zentralkomitee. Diese Zentrale entscheidet über Aufnahme in und Ausschluss aus der Gemeinschaft und gibt »Befehle« aus. Die Befürchtung ist, dass »Geheimbünde« solcher Art sich absolut setzen, dass sie ein Staat werden. Die Selbstbestimmung, die nach Walzer den Kernbereich der Gemeinschaft ausmacht, enthält in letzter Konsequenz auch die Möglichkeit, sich selbst zum Staat zu deklarieren. »Hence, if states ever become large neighborhoods, it is likely, that neighbors will become little states.«[39] Die nicht gerade bedrohlich gemeinte Vision Walzers beschreibt recht genau die gegenwärtige völkerrechtliche Lage aus Sicht der Vereinten Nationen. Dem völkerrechtlichen Diskurs ist zum Problem geworden, dass ethnische oder andere Gruppierungen ihre Selbstbestimmung in diesem Sinne ausüben und beanspruchen, ein Staat zu sein, wie in den ehemaligen Ostblockstaaten zu beobachten ist. Eine vom UN-Generalsekretär herausgegebene »Agenda for Peace« warnt daher vor den Fragmentierungen, die durch sogenannte »Community-States« eintreten können.[40]

Um solchen Bedrohungen durch Gemeinschaftsbildungen zu entgehen, monopolisieren Staaten alle möglichen Geheimnisse von Gemeinschaften. Der Staat duldet keine Arkana neben sich. »Die erste communio: die Stadt. ›Die deutschen Kaiser, z. B. Friedrich I. und II., erließen Edikte gegen diese ›communiones‹ (Gemeinschaften), ›conspirationes‹ …, ganz im Geist des deutschen Bundestages …‹«[41] Es ist bekannt, dass die Erklärung der Menschen- und Bürgerrechte von 1789 die Nation als die einzige autorisierte Gemeinschaft ansieht: »nul corps, nul individu ne peut exercer d'autorité, qui n'en émane expressément«, heißt es dort in Artikel 3. Zwei Jahre später stellt ein Gesetz der Nationalversammlung alle Zusammenschlüsse von Arbeitern unter Verbot. Legitimiert ist diese Monopolisierung von Gemeinschaften im Staat durch die Genesis des Staates aus der Gemeinschaft. Der Deputierte Chapelier verteidigt das genannte Gesetz entsprechend: »Es gibt keine Corporationen im Staat mehr, es gibt nur noch einen Gegensatz, das Sonderinteresse eines jeden Individuums und das Gemein-Interesse.«[42]

Dieses Verdikt erhebt den Staat zur einzigen, zur absoluten Gemeinschaft – oder zur totalisierenden »Super-Gemeinschaft«, aus der sich alle weiteren Gemeinschaften ableiten. Nachdem diese Formen von der Geschichte diskreditiert sind, bleibt noch die von Walzer dargelegte Variante, wonach der Staat lediglich den Rahmen der Pluralität aller Gemeinschaften bildet. Anders als die Formen des Staatskorporatismus sind die ihrer Konstruktion nach staatsunabhängigen Gemeinschaftsbildungen innerhalb dieses kommunitaristisch-demokratischen Modells ausdrücklich zugelassen. Die Öffnung für Gemeinschaften geht auf die Vorstellung zurück, dass Gemeinschaften die Kultur der Oralität verbürgen und so die Öffentlichkeit erstellen, die eine Demokratie ausmacht. Das Grundrecht der Vereinigungsfreiheit in Artikel 9 des Grundgesetzes gilt darum als »Kommunikationsgrundrecht«.[43] Die Kommunikation der Pluralität von Gemeinschaften ist die Legitimationsfigur der Demokratie. Eine kommunizierende Öffentlichkeit ist eigentlich eine Gemeinschaft samt ihren »Unter-Gemeinschaften«, die mündlich-handelnd ihre Selbstorganisierung betreibt. In der Vorstellung öffentlicher Sphären, Foren der öffentlichen Debatte, wird Staat kommunitär.

In welchem Verhältnis steht nun die Kommunikation als kommunitäres Emblem einer Demokratie zum Geheimnis der Gemeinschaften? Zwar duldet Demokratie, anders als bei staatskorporatistischen Strukturen, Geheimnisse. Doch die Integration in den Staat, die den Gemeinschaften im Gegenzug Staatsfreiheit garantiert, verlangt immerhin eine Indiskretion. Die Akkreditierung als Gemeinschaft ist an einen Akt der Publizität geknüpft, etwas, das Gemeinschaften publiziert, das sie in die öffentliche Kommunikation einbindet: die Anerkennung als Ehegemeinschaft an die standesamtliche Trauung, die der Familie an einen Akt staatlicher Registrierung, Vereine müssen ihre Satzungen und Statuten notariell beglaubigen lassen, von einer GmbH wird die Eintragung ins Handelsregister verlangt, bei Gesellschaften des bürgerlichen Rechts besteht die Publizität, am wenigsten rechtlich, in der Erkennbarkeit eines gemeinsamen Zwecks. Die Beispiele zeigen, dass die Anerkennung als Gemeinschaft keineswegs an die Offenlegung des Geheimnisses selbst gebunden ist. Es genügt ein Anknüpfungspunkt. Konspiration wird gewissermaßen unter Rechtsaufsicht gestellt. Alles weitere, die interne Organisierung der Gemeinschaften, ist dann gleichgültig – sie kann despotisch oder demokratisch sein.

Die Selbstbestimmung, die den Gemeinschaften als Recht zusteht, ist um ihr Potential gebracht, »Gegen-Arkana« zu bilden. Sie ist eingebunden in das Ideal der Mitteilung oder die öffentliche Kommunikation, die nicht dialogisch strukturiert ist, sondern von einer Zentralinstanz aus dirigiert wird. Auf diese Weise ist sie verkürzt um die Dimension der Souveränität, die sich in der Fähigkeit zur Selbstdeklaration als Ehe, als Verein, als Gesellschaft, als Staat ausdrückt und die latent eine »Kriegserklärung« gegenüber anderen Gemeinschaften und vor allem gegenüber dem Staat selbst enthält. Der Staat monopolisiert nichts außer diesem politisch-polemischen Moment einer Gemeinschaft, der Fähigkeit zur Selbstbestimmung und -anerkennung als Gemeinschaft. So meidet Walzer, jedenfalls der Theorie nach, die Politisierung von Gemeinschaften im Schmittschen Sinn. Er reduziert die Bildung von Gemeinschaften auf (entpolitisierte) Lebensbereiche, Sphären. Es muss allerdings bezweifelt werden, dass die Harmonie eines solchen Gefüges aus Staatsgewalt ausübender *Company* und ihr untergeordneten *communities* den totalisierenden Tendenzen von Gemeinschaften, ihrer eigenen, oftmals auch autoritären Machtausübung und Staats-Mächtigkeit (die kommunitäre Fähigkeit zur Etablierung als *community-state*) begegnen könnte.

Ist Gemeinschaft nicht in die öffentliche Kommunikation eingebunden, so lebt sie dennoch nicht allein aus ihrer spezifisch kommunitären Klandestinität. Gemeinschaft muss sich darstellen, um sich zu erkennen, selbst dort, wo es nicht um ihre Einbindung in ein Rechtssystem geht. Das geheime Zentralkomitee, von dem die Rede gewesen ist, stellt so etwas wie eine unsichtbare Struktur von Gemeinschaft dar: eine Instanz, die ›die Fäden in der Hand hält‹. Sie strukturiert die Beziehungen zur Gemeinschaft – asymmetrisch, um ein Geheimnis herum. Wenn also der Staat als Bedingung der Anerkennung von Gemeinschaften Publizität fordert, so wiederholt sich diese Forderung auch intern, innerhalb einer Gemeinschaft. Der Bezug der Gemeinschaft zu sich selbst vermittelt sich über einen Akt der Publizität. Ein Geheimnis mag auf geheimnisvolle

Weise eine Gemeinschaft zusammenhalten. Doch muss es an irgendeiner Stelle dargestellt, publiziert werden, um zum Medium, zum Bezugspunkt einer Gemeinschaft werden zu können. Dieser Sog zur Veröffentlichung, zur Offenlegung zieht Gemeinschaft in die Sphäre des Rechts.

Als Aristoteles sich die Frage vorlegt, warum der Geber einer Wohltat mehr Freundschaft und Liebe hege als der Empfänger, benennt er mit seiner Antwort den Akt der Publizität, in dem sich Freundschaft zeige. Es sei wie bei den Künstlern, schreibt er, die ihr Werk mehr lieben, als das Werk »ihn lieben würde, wenn es eine Seele bekäme. [...] Solchen Gefühlen sind nun auch die des Wohltäters ähnlich. Was ihre Wohltat empfangen hat, ist gleichsam ihr Werk, und das liebt man ja mehr als das Werk den Meister. Der Grund davon ist, daß das Sein allen Wesen begehrens- und liebenswert ist, und daß wir insofern sind, nämlich leben und handeln. Durch seine Tätigkeit ist also der Meister gewissermaßen das Werk, und daher liebt er das Werk [...]. Denn was er in Möglichkeit ist, ist das Werk in Wirklichkeit.«[44]

Was im Zustand der *dynamis* Geheimnis war, offenbart sich im Zustand der *energeia* als Werk. Das Werk vermittelt die Freundschaft. Es stellt die Beziehungen der Freunde untereinander her. Im Werk äußert sich die Freundschaft. Solange Gemeinschaft nicht ins Werk gesetzt ist, ist *homonia* eine Rede, eine »untätige Freundschaft«[45], eine Möglichkeit, ein Geheimnis. Latent befindet sich das Denken von Gemeinschaft daher in einer Illusion. Die meisten Missverständnisse unter Freunden kämen daher, schreibt Aristoteles, »daß die Freundschaft in Wahrheit eine andere ist als man meint«.[46] Was sie in Wahrheit ist, zeigt allein das Werk. Wo von Freundschaft die Rede ist, verlangt sie nach einem sichtbaren Zeichen, das Aristoteles eben Werk, *ergon*, nennt. Darum gehört Freundschaft zum »Gebiet des Handelns«.[47] Kommunikation innerhalb von Kommunitäten ist die Sprache der Handlung. Walzer bestätigt diese Vorstellung, wenn er schreibt: »By our acts of consent, we communicate to others.«[48] Alle Akte der Zustimmung zur Gemeinschaft sind auf die Verwirklichung der Gemeinschaft im Werk oder als Werk gerichtet, das in Regeln vorgeschrieben ist. – So wie Fraternitäten sich etwa verpflichten, das »Werk Gottes« zu verrichten. Gemeinschaften stehen unter dem Druck der Tat, um darin ein Zeugnis abzulegen für die Existenz der Freundschaft als Rede, als Ahnung, der Gemeinschaft als Sehnsucht, als Entwurf.

Das Publizitätserfordernis, der Beweisdruck erklärt vielleicht den Terror, den Gemeinschaften oder genauer jene unsichtbare Instanz eines ›ZK‹ entfalten kann, wenn sie sichtbare Zeichen der Zugehörigkeit fordert. Bezeugungen der Zugehörigkeit realisieren Gemeinschaft. Sie transformieren die Idee der Gemeinschaft auf die sichtbare Ebene des Werks. Das Werk ist das Beweiszeichen einer Gemeinschaft. Wenn der Staat sich als Gemeinschaft darstellt, verlangt er von seinen Mitgliedern ein Zeichen der Bejahung – »eine schöne und große Tat«, wie Aristoteles sagt. Alle diese Zeichen scheinen Derivate des Extremfalls zu sein, für das Vaterland zu sterben.[49] Nancy schreibt, dass die Wirklichkeit des Staates sich »am allerdeutlichsten dann zeigt, wenn seine Glieder ihr Leben in einem Krieg hingeben«.[50] Dann wäre es also die alte Kreuzzugsformel *pro patria mori*, die das strukturiert, was man Gemeinwesen nennt.

Walzer stößt auf dieselbe Verpflichtung, die jemand auf sich nimmt, um einem Gemeinwesen (*citizenship*) anzugehören: »The Obligation to Die for the State.« Er unterscheidet in fast aristotelischem Sinn zwischen Gemeinschaft als Gefühl und als Faktum: »It is not enough that a common life be felt or thought to exist; there must be a common life.« Das *common life* empfängt seine Realität gerade nicht aus irgendwelchen Überzeugungen oder Vorstellungen, Ideologien des Gemeinwesens, die man fast zwangsläufig mithört, sobald von der Bereitschaft, für das Vaterland zu sterben, die Rede ist, sondern aus Taten: »I do not mean to defend all those nationalistic or ideological mystifications that lead men to believe they are living in a community when in fact they are not. Men are bound by their significant actions, not by their feelings or thoughts; action is the crucial language of moral commitment.«[51] Die Anziehungskraft von Gemeinschaften zeigt sich an diesem Punkt, an dem Handlungen durch eine andere Macht als durch die Kraft eines Gesetzes veranlasst werden. Sie nehmen, insofern sie Verbindlichkeiten erzeugen können, die Stelle des Gesetzes ein. Dass jemand mit dem Leben für die Erfüllung eines Gesetzes eintritt, verlangt, wie symbolisch auch immer, jedes Gesetz. Gemeinschaften sind hier nur ein Sonderfall, da ihre Gesetzesbindung nicht auf Sanktionsandrohungen, sondern auf dem besonderen Beweisdruck, dem Gemeinschaften unterliegen, beruht.[52] Um zu beweisen, dass eine Gemeinschaft existiert, muss ihr Gesetz erfüllt werden. Es ist, wie alle Gesetze, letztlich auf den Tod aus.

Die Realität der Gemeinschaft und die *significant action*, die ihre höchste Bedeutung im Tod des Einzelnen erhält, bedingen sich wechselseitig. Heraus kommt die Gemeinschaft, die mit ihrem Werk, der ausgeführten Handlung, identisch ist. Das mag sie über jede ideologisch aufgeladene Gemeinschaft stellen, zeigt jedoch nur um so »nackter« das Prinzip ihrer (Ver-)Wirkung. Das Paradox der Selbstdarstellung einer Gemeinschaft in ihrem Werk besteht darin, dass das (Todes-)Werk die Gemeinschaft zugleich realisiert und vernichtet. Dies ist der tragende Gedanke in Nancys bereits zitiertem Essay über die Gemeinschaft. Das Werk braucht den kommunitären Kredit auf, es veräußert den Mehrwert an Gerechtigkeit, der ihr unterstellt wird, es gibt ihr Geheimnis preis. Denkt man an Aristoteles' Bestimmung der Freundschaft, dann tut sich in der verwirklichten Freundschaft ein unüberbrückbarer Abstand, eine Asymmetrie zum Freund auf, der nur der Möglichkeit nach »gleich« war – er wird herabgestuft zum Empfänger eines wohltätigen Werks. Im Werk verwirklicht sich Freundschaft in dem Sinne, wie, juristisch gesprochen, eine Gemeinschaft mit Zweckerreichung untergeht. Diese Konsequenz ist unumgänglich.

Denn wenn Gemeinschaft sich in der Verpflichtung realisiert, dafür mit dem eigenen Tod einzutreten, und sei es auch nur für den Extremfall eines Krieges, dann ist es gerade dieser Extremfall, der die Beziehungen innerhalb einer Gemeinschaft strukturiert. Man bedenke, dass alle »Solidargemeinschaften« bis hin zu Versicherungen im Horizont einer (Todes-)Gefahr, eines Notfalls zusammenhalten. Nancy fordert dazu auf, diesen das Selbst und sich selbst verzehrenden Sinn von Gemeinschaft mitzubedenken und das »System der *communio* zu dekonstruieren«.[53]

Die *communio* ist ein Corpus. Mit ihren Körpern stehen die Sympäkten (Genossen militärischer und sportlicher Übungen), als die die Mitbrüder in der Benediktinerregel bezeichnet werden, für die Gemeinschaft ein. Sie verkörpern buchstäblich die Gemeinschaft. »Folglich repräsentieren das ökonomische Band, die technologische Verfahrensweise und die politische Verschmelzung (zu einem Körper oder unter einer persönlichen Herrschaft) an sich schon notwendig dieses Wesen ›der Gemeinschaft‹ oder vielmehr bieten sie es dar, exponieren und realisieren es. Hier wird es ins Werk gesetzt; hier ist es Ergebnis seines eigenen Wirkens geworden.«[54] Die Gemeinschaft entgeht dieser Struktur der Selbstauslöschung auch da nicht, wo sie das (Todes-)Werk in symbolisierten Formen verkörpert: im Regel-Werk einer Kommunität. Dann heißt *corpus* Körperschaft. Die Körperschaft ist der symbolische Tod oder das Werk der Gemeinschaft, weil Gemeinschaft eine Körperschaft ist, ist sie immer schon Rechtsinstitut.

Aus dem Erstaunen über die körperschaftliche Verfasstheit einer Kommunität ist nicht zuletzt das großartige Buch über *Die zwei Körper des Königs* entstanden. Als Ernst H. Kantorowicz in seiner Post eine Zeitschrift mit dem Impressum *The order of St. Benedict, Inc.* fand, war er überrascht zu sehen, dass Aktiengesellschaften ebenso wie Klöster organisiert sein können, und begann darum, dem Begriff des Körpers, den mythischen Aufladungen einer juridischen Konstruktion nachzugehen.[55] Aktiengesellschaften und Klöster sind gleichermaßen

Körperschaften. Will eine klösterliche Gemeinschaft mehr sein als eine Aktiengesellschaft, so muss sie es postulieren – an einem Ort außerhalb des Rechts. »Inc.« wird zum Kürzel einer Verweisungskette auf die Inkorporierung, die vor dem Recht stattgefunden haben soll. Dass von ihr die Rede sein kann, verdankt sie allerdings der sprachlich-juridischen Fassung, die sie erhalten hat: nach dem bekannten Wortspiel Derridas der Tinte (*inc*), mit der eine *order* (Orden und Regel) ins Werk gesetzt wird. Das Recht ist am Werk, wenn von Körperschaft die Rede ist. Der *corpus* ist die sprachlich-juridische Darstellungsform, das Werk der Gemeinschaft. Der Subtext des Todes, der jeder rechtlichen Fassung, jedem Regel-Werk der Gemeinschaft unterlegt ist, negiert sie schließlich zugleich.

Alle Versuche, der Vernichtung durch die Rechtsförmigkeit der Gemeinschaft zu entgehen, zielen auf die Unmöglichkeit einer freien Assoziation, einer Gemeinschaft, die von ihrem Geheimnis lebt, die sich nicht manifestiert im Recht, die auf Solidarität und nicht auf Rechtsbeziehungen basiert. Diese Gemeinschaft geistert durch die kommunitären Diskurse. In dem Zustand als Idee, als Entwurf enthält sie einen Appell, einen Antrag auf Verwirklichung, und sei es auch nur in der »sanften« Form der Frage.[56] All diese Formen, Appell, Antrag, Frage, entstammen der Sphäre des Juridischen. Dem Appell zur Gemeinschaft muss man sich stellen, man ist darin bereits vor eine juridische Instanz gestellt und muss antworten. Man hat die Wahl zwischen Partizipation in einer bereits entworfenen, instituierten Gemeinschaft oder ihrer Verneinung. Partizipation aber ist Vollzug des Regelwerks, auch da, wo es Regellosigkeit inszeniert oder, wie in den kommunitaristischen Theorien, Selbstregulation, *the day to day self-government of society*, zur Bedingung des Werks macht. So bringt das Werk die Idee von der Gemeinschaft zum Verschwinden. Was Gemeinschaft darstellt, verrechtlicht sie und verneint sie damit zugleich.

Der Kommunitarismus nimmt alle Fixierungen in seinen Darstellungen von Gemeinschaft so weit wie möglich zurück.

Um sich nicht in den Paradoxien des »Gemeinschafts-Werks« zu verfangen, nicht den Anschein von programmatischen Festlegungen, geradezu Gesetzen, zu erwecken, ist von Sphären von pluralen und relativen Formen von Gerechtigkeit sowie von »Kritikdimensionen«[57] die Rede. Der Kommunitarismus will vor allem eines nicht: eine Art Kommunismus sein. Entsprechend zurückhaltend, beschreibend gibt sich der kommunitaristische Diskurs. Um Gemeinschaft keinesfalls zu oktroyieren, hat MacIntyre versucht, die Idee der Gemeinschaft jenseits ihrer juridisch-imperialen Formen zu beleben, indem er die kommunitäre Unbeirrbarkeit eines heiligen Benedikt durch den Gemeinschaftspessimismus eines alten Trotzki relativiert. »Trotzki und der heilige Benedikt« lautet das kommunitäre Credo des ehemaligen Klosterbruders und ehemaligen Kommunisten. Die Sowjetunion, die Gemeinschaft imperial durchsetzte und damit die Idee der Gemeinschaft aufbrauchte, habe Trotzki so gemeinschaftsskeptisch gestimmt. Umgekehrt verlange ein untergehendes Reich (MacIntyre münzte dies – 1981 – nicht auf die Sowjetunion, sondern in Parallele zum Römischen Reich auf Nordamerika) nach staatsfernen, ordensähnlichen »neuen Formen von Gemeinschaft [...], in denen das moralische Leben aufrechterhalten« werde.[58] Dass die gewünschte Staatsferne nur in Form der rechtlich garantierten Staatsfreiheit zu haben ist, hat ein Blick auf Walzers Entwurf der Pluralität von Gemeinschaften innerhalb des Staates gezeigt. Auch wird das Versprechen um neue und gerechtere kommunitäre Formen nur innerhalb der juridischen vernehmbar, denen man Gerechtigkeit gerade abspricht. Die vorangegangenen Überlegungen jedenfalls scheinen nur die Seite des Pessimismus in MacIntyres Schema eines möglichen Kommunitarismus übrigzulassen.

Bevor man ihm verfällt, gilt es zum Schluss zwei Vorschläge zu bedenken: Die unumgängliche Rechtsförmigkeit der Gemeinschaft muss nicht gleichgesetzt werden mit der Unmöglichkeit, Gemeinschaft zum Fundament des Gesellschaftlichen zu machen. Die Rechtsförmigkeit von Gemeinschaft ist allerdings solange gleichbedeutend mit ihrer Unmöglichkeit, wie Kommunitarismus eine dem Recht entgegengesetzte Gerechtigkeit beansprucht. Solange kommunitäre Formen sich als Alternative zu juridischen positionieren und solange eine mehr oder weniger explizite Gegenüberstellung von (mündlichen) Regeln und (schriftlichen) Gesetzen, von freier Assoziation und rechtsförmiger Körperschaft, von erfahrbarer und rechtlich konstruierter Gemeinschaft getroffen wird, streicht sich die Möglichkeit von Gemeinschaft selbst durch. Wenn man jedoch mit Derrida annimmt, dass es gerade die Rechtsförmigkeit ist, die Gemeinschaft ermöglicht, entfallen diese Unterscheidungen. Dann ist eine Gemeinschaft ebenso wie ein Gesetz strukturiert. Bevor es sich als »the determined law, as either natural or positive law« manifestiert, enthält Gemeinschaft ebenso wie ein Gesetz die Frage nach der eigenen Möglichkeit. Es bedarf einer Instanz der Vermittlung, die den Anderen fragend, appellierend in die Verantwortung einer Antwort zieht. Was gemessen an dem Selbstbildnis der Gemeinschaft als freier und selbstbestimmter Assoziation daran problematisch erscheinen mag – die Heteronomie und die Asymmetrie, die mit der Instanz des Dritten ins Spiel kommt –, wird nach Derrida, für den Recht und Sprache ungeschieden und ununterscheidbar sind, zur Gesetzmäßigkeit, zur Eigengesetzlichkeit von Gemeinschaft. Wenn überhaupt, dann kann sich nach Derrida Gemeinschaft in dieser Sphäre des Sprachlich-Juridischen, *the law in general,* ereignen. »This heteronomical and asymmetrical curvature of a sort of originary sociality is a law, perhaps the very essence of law.«[59] Sozialität, ursprüngliche Gemeinschaft wird darin zur Substanz des Rechts selbst.

Nancy versucht ebenfalls, die Gemeinschaft zurückzunehmen in eine originäre Zone, in der sie noch nicht durch Zwecksetzungen deformiert ist oder in der Kommunikation aufgezehrt. Er stößt dabei gerade nicht auf eine juridische Instanz, wie sie für Derridas Überlegung bestimmend ist. Sie gehört für ihn auf die Seite des Darstellbaren und Mitteilbaren, des Werks – Nancys zentraler Begriff, der für ihn die Unmöglichkeit von Gemeinschaft in allen Formen der (Selbst-)Darstellung ausmacht. In geradezu paulinischen Unterscheidungen schlägt er das Werk der Seite des Gesetzesgehorsams zu und sucht nach Formen der Gerechtigkeit durch eine Gemeinschaft jenseits des Werks. Die mögliche Gemeinschaft ist für Nancy in der Schwebe, undarstellbar und ohne Werk. *La communauté désœvrée.* Was er darüber aussagen kann, ohne in die Paradoxien der Werk-Gemeinschaft zu geraten, beginnt allerdings juridisch-normativ mit einem Verbot. Er schreibt: Gemeinschaft »darf keinesfalls [...] ins Werk setzen wollen«.[60] Um also sein eigenes Verbot nicht zu missachten, situiert er die Gemeinschaft, die er meint, im Werk eines anderen – George Bataille, der ihr einen festen Ort verweigert hat, der »sicher als erster oder zumindest am intensivsten diese moderne Erfahrung der Gemeinschaft gemacht [hat]: die Gemeinschaft ist weder ein herzustellendes Werk noch eine verlorene Kommunion, sondern der Raum selbst, das Eröffnen eines Raumes der Erfahrung des Draußen, des Außer-sich-Sein«.[61] Nancy tastet sich vor zu einer Vorstellung von Gemeinschaft, die kein Institut hat, das sie beschützt, keine Sehnsucht, die sie vorentwirft, keinen Raum, der sie birgt. Er denkt Gemeinschaft als etwas, das noch (eine) »Statt-finden«[62] kann.[63]

Action writing: Zur Mündlichkeit im Recht

I Protokollieren

»Wie lange noch Catilina, missbrauchst Du unsere Geduld, *patientia nostra*?« – mit dieser Frage eröffnet Cicero nicht nur den Prozess um die catilinarische Verschwörung, mit ihr soll einer Legende zufolge auch eine Schrift einsetzen,[1] die sich seither äußerst erfolgreich an gesprochene Worte heftet: eine Schrift aus Ungeduld über das langsame und mühsame Mitschreiben auf widerspenstigen Unterlagen, die wegen ihrer Schnelligkeit Tachygraphie genannt wird. Sie bezieht ihre Ökonomie aus Auslassungen, *exceptiones*. Nach einer Erfindung von Ciceros Privatsekretär, dem freigelassenen Sklaven Tiro, lässt sie Vokale aus und notiert den denkbar minimalsten Gegenwert der Stimme in Schrift: die Konsonantenzeichen. Im Rotationsverfahren mitschreibend bewältigen die nach ihrem Handwerk benannten *exceptores* von da an senatorische Wortschwälle im nicht-phonographischen Medium der Schnellschrift. Im Fall der Eröffnungsfrage des Prozesses hätten sie Vokale herausgekürzt, Verben sogar vollständig weggelassen und schlicht die Anfangsbuchstaben *qpn* für »*q*uosque abutere *p*atientia *n*ostra?« hingeschrieben, die, zu einem einzigen Zeichen verdichtet, stellvertretend für die gesamte Frage stehen. Dieses Zeichen reicht aus, um alle Redundanzen der Rede zu speichern.

Die Initialien *qpn* initiieren eine Aufschreibetechnik, die nicht nur mit dem Redetempo von Senatoren Schritt hält, sondern auch mit den Übertragungsgeschwindigkeiten im gesamten Römischen Reich. Mit der Schnellschrift wird es expandieren, mit ihr wird es, einem ihrer Chronisten zufolge, verschwinden.[2] Tatsächlich wird die aus Kürzeln bestehende Tachygraphie mit dem Untergang des *Imperium Romanum* –

bis auf wenige zu Herrscher-Insignien geadelte Sigeln – verboten. Chiffren sind byzantinischen Kaisern so verdächtig wie später amerikanischen Präsidenten Kryptographien auf elektronischen Trägern, welche, als Waffe eingestuft, ebenso einem Verbot unterliegen sollen.

Eine Kontrolle über Zeichen, die konspirative Aktionen zweifellos wirksamer unterbindet als irgendwelche Zensurmaßnahmen an Volltexten, ist vor allem Kontrolle über gesprochene Worte, welche ansonsten flüchtig blieben wie Diebe. Reden evozieren schon darum die typischen Akte des Rechts, klare Verhältnisse zu schaffen und Zurechenbarkeit sicherzustellen. In der Sphäre des Rechts selbst fällt kein Wort, das nicht durch notierend-notarielle Akte dingfest gemacht wird, angefangen bei den Sitzungen des römischen Senats über die Mitschriften in Gerichtsverhandlungen bis hin zu den Handlungen der Verwaltung. Für diese bringt Max Weber das Paradox verschriftlichter Mündlichkeit im knappen Stil einer Geschäftsordnung auf den Punkt: »Es gilt das Prinzip der *Aktenmäßigkeit* der Verwaltung, auch da, wo mündliche Erörterung tatsächlich Regel oder geradezu Vorschrift ist.«[3] Je bindender Rechtsakte sein sollen, desto ausführlicher wird mitgeschrieben. Und umgekehrt, je detaillierter die Mitschrift, desto höher ist ihre Bindungswirkung. Weil der Senat *rechtskräftige* Beschlüsse fassen kann, notieren Schnellschreiber den Verlauf der Verhandlungen minutiös bis hin zu den *acclamationes*, was medientechnisch noch durch den Einsatz von Wachstafeln begünstigt wird, die mitschreibefreundlicher sind als so störrische Schreibmaterialien wie Papyrus oder Stein und vergleichsweise widerstandslos sämtliche Abbreviaturen der Reden aufnehmen. – Der Schreibfluss mimt den Redefluss. Die stimmanalogen Eigenschaften der Tachygraphie verdanken sich der Dialektik jener auslassenden, exzerpierenden Aufzeichnungstechnik in diskreten Zeichen. Weil Mitschriften oder *minutes* Töne unterschlagen und Vokale herausfiltern, gewinnen sie Zeit für ausführliches Mitschreiben, bis hin zu akklamierenden Nebenstimmen, Zurufen. Kurz: In den Leerstellen der Stimme überträgt sich die Stimmung.

Wegen dieser einzigartigen Fähigkeit der Tachygraphie, Stimmengewirr in zurechenbare Einzelstimmen zu zerlegen und zugleich Atmosphäre zu übermitteln, verzichten auch heutige Bundestagsprotokolle noch nicht auf manuelle Mitschriften, obwohl diese längst durch technische Aufzeichnungsmedien überflüssig geworden sein könnten. Doch traut die Schrift-Macht namens Recht keiner anderen Technik eine wort- und zugleich stimmungsgetreue Aufzeichnung zu. Nur Stenographen, heißt es in den einschlägigen Kommentaren zur Begründung ihrer Unabdingbarkeit, können auch Zwischenrufe orten und notieren.[4] Tonbandgeräte haben tatsächlich ein Problem mit dem Durcheinandersprechen von Abgeordneten. Sie unterscheiden Stimmen nicht und geben diese folglich als Geräusch wieder. Das technische Problem der Differenzierung vieler Stimmen, das von Physikern sogenannte Cocktail-Party-Problem[5], ist daher auch ein Parlamentsproblem. Zumindest für technische Apparaturen. Stenographen dagegen, die das Stimmengewirr im Bundestag mit eigenen Ohren filtern, ordnen das Rauschen übereinander gelagerter Zwischenrufe mühelos hintereinander und präsentieren es der Nachwelt in Form von Zwischentexten.

Zwölf bis vierzehn Turnusstenographen[6] zeichnen nach dem bereits in Rom bewährten und im französischen Nationalkonvent etablierten Rotationsverfahren[7] im Fünf-Minuten-Takt auf, Oberstenographen zur Kontrolle zusätzlich im Halbstundentakt, Tonbänder zur ferneren Kontrolle darüber hinaus kontinuierlich, was Parlamentarier sagen.[8] Bei aller High-fidelity dieser gestaffelten Aufzeichnungskette, deren letztes Glied wohlgemerkt erst das technische Medium ist, vermag diese in alphabetische Schrift übertragene Mitschrift noch nicht zu erfassen, was über artikulierte Worte hinausgeht: Tonfall, Gesten, diffuse Unmuts- und Beifallsbekundungen. Nach einer ungeschriebenen Codierung der Stenographenzunft lassen sich diese unscharfen Äußerungen in bestimmte Worteinheiten übersetzen; so etwa in aufsteigender Linie: Beifall, lebhafter Beifall, Heiterkeit.[9] Das Tumultuarische einer erregten Debatte ginge unter dem Vermerk »Tumult« in diese Stenogramme einer Stimmung und damit in die Geschichte ein. Denn darin liegt der Hauptzweck nicht nur stenographischer Bundestagsprotokolle. Seit den Mitschriften des französischen Nationalkonvents werden Protokolle gesetzgebender Versammlungen unter dem Blick auf sich selbst als Geschichte angefertigt, als historische Quelle.[10]

Was verleiht dieser Textgattung Protokoll ihre unbezweifelbare Glaubhaftigkeit, sobald die kryptischen Zeichen in Alphabetschrift übertragen worden sind? Es ist die Tatsache einer Schrift, die nicht in absoluter Differenz zur Rede, sondern analog dazu steht, die einen Vorgang dauerhaft als Vorgang authentifiziert, als eine Art festinstallierter Live-Übertragung. Authentifizierend wirkt dafür gerade, dass es eine unlesbare Schrift vor der lesbaren gibt, eine Kryptoschrift, die zerstört wird, sobald die stenographische Mitschrift in Reinschrift übertragen ist. Eine nicht verleugnete, stets mitrepräsentierte Mitschrift des Verhandlungsverlaufs unterläuft die Monumentalität der Schrift. Die Technik des Mitschreibens erzeugt so eine präsentische Schrift, die noch zugegen ist, wenn gesprochene Worte schon verhallt sind. Sie verdankt sich den tachy- oder stenographischen *notae*, nichtalphabetischen Kurz- beziehungsweise Schnellzeichen im Realen, operativen Codes, welche die phonetische Umschrift steuern. Erst in der Fassung als ausführliche Folge von Vokal- und Konsonantenzeichen beanspruchen diese *short-hand*-Noten Repräsentation im Akustischen. Erst in diesem Aggregatzustand sind sie reintonierbare Graphen und folglich grammatologisch zugänglich, als Steno*gramme* im Symbolischen, als lesbare Zeichen auf der Schwelle zwischen Stimme und Schrift.

In der Mitrepräsentation der Mitschrift, in den Protokollierungen des Präsentischen, gehen dann sämtliche Attribute des

Aktionistischen auf die Mitschrift über, von der Handlung des Aufzuschreibenden auf den Schreibprozess. Im *action writing*, wie man zu der protokollierenden Schreibtechnik darum auch sagen könnte, synchronisieren sich Schreib- und Redezeit. Das Partizip Präsens der Schrift, *writing*, lässt diese bereits grammatikalisch an der Gegenwart der Handlung teilhaben. Eine simulierte, erschlichene Präsenz dieser Mit-Schrift übernimmt die Zeugenschaft für mündliches Geschehen. Sie spielt dem Traum aller Historiker und Juristen vom *total recall* zu.[11] Die handlungsmimetische Protokollschrift scheint damit das Paradox der nachträglichen und fixierenden Schrift zu lösen, das üblicherweise mit dem Recht verbunden ist. Das gesetzte, geschriebene Recht, das konstitutiv nicht gegenwärtig ist, das Vorschriften macht und diese nachträglich anwendet, holt seine Ungleichzeitigkeiten dank dieser redesynchronen Aufzeichnungstechnik ein. In den handlungsanalogen Schreibakten hält es etwas von der Prozesshaftigkeit aufrecht, die in anderen Schriftdokumenten des Rechts, vor allem Urkunden und Gesetzen, verloren ist und auf die es dort auch gar nicht ankommt. Erst wenn es um das paradoxe Ziel geht, einen Verlauf in seiner Verlaufsförmigkeit festzuhalten, ist das Aufschreibeverfahren des Protokollierens gefragt. Das Protokoll bürgt dann im Gegenwert der Schriftzeichen für das Geschehene. Es übernimmt die Funktion eines Wahrheitszeichens für Echtzeit.

Einst, bei ägyptischen Papyruslieferungen, galt das Protokoll als Echtheitszeichen. *Protokollon* bezeichnete den ersten Abschnitt (*kollema*) eines Papyrusbuchs oder einer Papyrusrolle, die in den kaiserlichen Fabriken Ägyptens hergestellt wurden. Dieses Vorblatt beglaubigte die Echtheit des nachfolgenden Texts. Nur auf kaiserlichem Papyrus geschriebene Verträge waren gültige. Gegen nachträgliche Fälschungen waren sie durch eine eigentümlich ineinander verschlungene, die gesamte Papyrusoberfläche bedeckende Schrift gesichert. Im weiteren Verlauf des abendländischen Rechts änderte sich die Funktion des Protokolls, bis es nicht mehr die äußere Echtheit des kaiserlichen Beschreibmaterials bestätigte, sondern den *Inhalt*, d.h. die in einer Verhandlung oder während einer gerichtlichen Aussage gesprochenen Worte beglaubigt. Seither gilt keine Handlung als geschehen, kein Wort als gesprochen ohne den beglaubigenden Akt des *acta facere*, was Akten anlegen und Protokollieren zugleich bedeutet. Aus Sprechakten werden Schreibfakten und am Ende schlicht Akten. »Einen Akt machen« und »von diesem Faktum eine Akte anlegen (*prendre acte*)« sind darum nicht erst im Sprachspiel Jacques Derridas synonym verwendbar, der unter dem Titel »Akte(n)« an den Theoretiker der »Versprechen als ›Sprechfakten‹« Paul de Man erinnert.[12]

Der Akt des Aufschreibens und das Aufschreiben eines Aktes stützen sich wechselseitig. Sie schließen sich zur Wahrheit des Aufgeschriebenen zusammen, zu einem Wahrheitskartell, das so gut wie unzerschlagbar ist. Nur auf dem Boden der Protokoll-Wahrheit, nur als Verfahrensfehler beim Aufschreiben, nicht als inhaltlich falsche Mitschrift lässt sich ein im Protokoll faktizierter Akt überhaupt angreifen. Oder, um es sprechakttheoretisch zu formulieren: Das handelnde Schreiben ist ein performativer Akt, der zwar misslingen, nicht jedoch in seiner substantiellen Wahrheit angezweifelt werden kann. Was im Protokoll steht, gilt als so und nicht anders geschehen. Die Bedingung, die das Recht an einen gelungenen Sprechakt stellt, besteht allein in der Währung der spezifischen Schriftform, dem Protokoll, das von seinem Anfang an als Echtheitszeichen auf ägyptischen Papyri in der Sphäre der Geltung residiert, in der es nicht um materielle Wahrheiten, sondern um die Einhaltung von Formvorschriften geht. Sie werden dort errichtet, wo das Recht sich über Verfahren legitimiert. Die protokollierende Schrift ist daher an den beiden wichtigsten Orten des Rechts zugegen, die schon in ihrer Bezeichnung die Mündlichkeit des Vollzugs betonen: im Parlament und in der Rechtsprechung. Kein *parlare* des Gesetzgebers, kein Sprechen vor Gericht, das nicht seinen schriftlichen Gegenwert im Protokoll erhielte, das nicht umgeben ist von Heerscharen gezückter Bleistifte, ehemals *stilus* und *calamus*, und ihren getreuen Stenographen. Die Aktenanleger, *record-maker*, sind da, wo das Recht in Aktion tritt.

II Diktieren

Kehrseite des Protokolls ist das Diktat. Denn nicht immer verbirgt sich hinter dem Gesetzgeber ein vielstimmiges Gremium. Der Gesetzgeber als einzelner Machthaber verhandelt nicht, er diktiert. War die Tätigkeit des *dictare* in den antiken und frühmittelalterlichen Kanzleien eine des Entwerfens, bringt die stenographische Technik hier eine immer höhere Wortwörtlichkeit mit sich, die den Spielraum bei der Umsetzung des Diktierten zunehmend verengt. Die Unhintergehbarkeit des Diktats schafft schließlich die Bindung an das Gesetz, den Gehorsam oder, etymologisch genauer, Gehörsam. Aus dem rechtsschöpferischen Akt des Diktierens wird eine subalterne Tätigkeit. Entwerfen und Kopieren, Schreiben und Verfassen differenzieren sich aus, bis in den Kanzleien der Landesherren um 1500 Sekretäre höriggetreu nachschreiben, was ihnen Protonotare oder Kanzler diktieren. Als im 20. Jahrhundert nicht römische Tachygraphen, sondern Geisterhände eine Schrift in Wachs ziehen, als Diktaphone die Tätigkeit des Diktierens technisieren, wird die Diktatstimme vollends vom Akt des Niederschreibens losgelöst. Sie wird zur körperlosen Konserve. Ungebremst vom Tempo anwesender Schreiber diktiert sie in und von Wachsrollen. Was dabei herauskommt, gleicht nicht etwa gut ausformulierten Schriftsätzen. Die erhöhte Redegeschwindigkeit verleitet daher auch eher zum Diktieren von Action-Romanen als von schwerfälligen Anwaltsschriftsätzen.[13]

Bevor die isolierte Stimme ein Effekt der Diktaphon-Technik wird, kommt sie in der *ars dictandi* frühmittelalterlicher Kanzleien rhetorisch zum Einsatz, in der Kunst, die Stimme des Souveräns in seine Gesetze zu versenken. *Lex animata* oder die überall hörbare Herrscherstimme lautet etwa das Programm des Stauferkönigs Friedrich II. Die *ars notaria* seiner Kanzleischreiber verbindet sich dort mit der *ars dictandi* der Poeten, in Person des Kanzlers Petrus von Vinca, der Jurist und Rhetor, Logothet und Dichter zugleich ist.[14] Diktieren und Notieren bilden ein Paar, das jeweils Bezug nimmt auf die Stimme. Im Diktieren prägt sie sich dem Text ein. In der Notation wird sie gespeichert für eine jederzeit wiederholbare Reintonierung. Der schriftliche Output der sizilianischen Kanzlei des Stauferkönigs ist insgesamt so notiert, dass sie in dessen unverkennbarer Tonart oder besser Takt, einem bestimmten *cursus* beim Sprechen, wieder verlesen werden können.[15] Das Verfahren der Stimmgebung ist ein prosopoietisches. Jede zur Kanzlei gehörende Person kann mit der Stimme des Souveräns sprechen. Die rechtlichen Liturgien erzeugen hörbar die Präsenz eines stets abwesenden, reisenden Kaisers. Seine notierte und von autorisierten Personen verlautbarte Stimme ist dennoch nicht bloß Surrogat des Souveräns, sie ist der Souverän, dessen Gegenwart sich akustisch einlöst und dessen effektivster Übertragungsmodus darum seine in *notae* gespeicherte und allzeit animierbare Stimme ist.

Doch kassiert die Stimme des Souveräns nicht, wie man annehmen könnte, die römische Vorstellung vom geschriebenen Recht, die für die Politik Friedrichs II. gleichermaßen unverzichtbar ist. Mit dem Konzept des *ius scriptum* renoviert er sein Königreich, als er 1230 sein eigenes Gesetzbuch in Kraft setzt, nicht ohne dafür simultan seine Stimmenpolitik zu nutzen. Zwischen *ius scriptum* und *lex animata* besteht ein differenziertes, man könnte sagen, arbeitsteiliges Verhältnis. Die Stimme des Gesetzgebers ist aus der Schriftfassung der Gesetze verdrängt, genauer ist sie an den Rand des Gesetzes gedrängt. Seit den Novellen der byzantinischen Kaiser hat die Stimme den Vorsitz vor dem Gesetz. Sie haust in den Prooimien, den zu

Vorreden stilisierten, rede-simulierenden Textteilen in der Einleitung zu den Gesetzen. Darin spricht der Gesetzgeber zu seinen Untertanen. Er ruft sich ihnen ins Gedächtnis und diktiert, wie sie das nachfolgende Gesetz zu hören haben. Seine Vorreden programmieren ihre Rezeption. Der Stauferkönig steigert die Kunst des Verfassens von Prooimien, in denen seiner Anweisung zufolge niemals gleiche Textteile wiederverwendet werden sollen, zur literarischen Höchstform und erhält auf diese Weise seine souveräne Stellung über dem Gesetz. Er präsidiert dem Gesetz, dem er nach kanonistischer Auffassung als geschriebenem unterworfen ist. Er steht, mit Bractons Formel, sowohl über als auch unter dem Gesetz.[16]

Moderne Diktatoren sind begierig, akustische Präsenz und verlustlose Übertragung der Stimme des Souveräns zu nutzen, so dass sie dafür nicht nur auf Tribünen und im Radio, über Mega- und Mikrophone zu ihrem Volk sprechen, sondern auch ihre Gesetzgebung vollkommen auf die stimmenverwandte Technik der Prooimien umstellen. Im Nationalsozialismus sind Führerworte dem Gesetz nicht einfach vorangestellt, sie treten an seine Stelle. Carl Schmitt schreibt 1935 über die »Leitsätze des heutigen Gesetzgebers«, die »heute meistens noch ›Vorsprüche‹ oder ›Präambeln‹ genannt werden«, dass sie »unmittelbar und in der intensivsten Weise positives Recht« sind[17]. Dieser gesetzestechnische Lapsus einer Vorrede, die selbst Gesetzeskraft besitzt, ist allerdings kalkuliert. Er hat die Gesetzgebung im Nationalsozialismus der Sprache der Befehle angepasst, die in der Flüchtigkeit des Mediums Stimme ihren Vorteil sucht: als flexible Reaktion, ad hoc auf das Gebot der Stunde, auf die gegenwärtige Lage, wie Ausnahmesituationen sie erfordern. Erzeugung, Deklaration und permanente Simulation des Notstands schaffen die Bedingungen für eine unüberhörbare Kommandostimme. »Wille und Plan des Führers« sind darum in Präambeln hinterlegt.[18] So übertönt die Univozität der Führerstimme eine bedrohliche Vielstimmigkeit – freilich nicht ohne von den ausgeschlossenen Stimmen heimgesucht zu werden. Gegen paranoische Folgen soll das geschriebene Gesetz schützen. Die unbedingte Forderung des Staatsrechtlers Schmitt, trotz aller Stimmengewalt die Stimme an den Text zu binden, liegt in der Logik des Rechts. Erst die dingfest gemachte, territorialisierte Stimme erlaubt es, Sprecher und Stimme eindeutig einander zuzuordnen. Das Recht ist eine Schriftmacht, das Stimmen nur als individualisierte im Aggregatzustand von Schrift kennt, um nicht etwa einer unlokalisierbaren Stimmenvielfalt zum Opfer zu fallen.

III Verhören

Auch Reden vor Gericht werden in Schrift konvertiert, damit sie nicht einfach in Schallwellen vergehen. Gerichtsschreiber notieren die Aussagen von Inquisiten in strafrechtlichen und die Vorträge der Parteien in zivilrechtlichen Angelegenheiten. Es wird vom »Mund in die Feder« verhandelt.[19] Der Kläger diktiert einem Schreiber, der zuweilen sogar noch identisch mit dem Richter ist. *Sunderliche schreyber* sind gefragt, denen die Reichsgerichtsordnung von 1555 die Mitschrift von Gerichtsreden in der grundlegenden diskreten Kanzleieinheit »von wort zu wort« (Tit. 23 § 6) aufträgt[20]. Doch lässt diese sich ohne besondere Techniken des Schnellschreibens, die zwischen dem 10. und 17. Jahrhundert in ganz Europa brachliegen, nur durch Drosselung der Wortdichte erreichen. Die erste Pflicht zum wortgetreuen Mitschreiben richtet sich daher an die Sprecher selbst, denen eine langsame und verständliche Sprechweise befohlen wird: »so daß sie sich der nebenwort, die der sachen nit dienlich und in die feder zu reden nit gebüren, gentzlich enthalten und sunst die prothonatarien mit der feder nit ubereylen, sonder was sie fürzutragen, daß sie sallichs verstendlich und dergestalt reden, damit die prothonotarien dasselbig schreiben und prothokollieren können.«[21]

Auch in späteren Gerichtsprozessen waltet noch dieselbe Diskursökonomie. Dorfrichter Adams beständig wiederholtes, entnervtes »Zur Sache, wenns beliebt, Frau Marthe Rull! Zur Sache« gehört hierher. Es steht im Dienst des Gerichtsschreibers Licht, der über den zerbrochnen Krug nicht noch die ganze darauf abgebildete Geschichte der Niederlande protokollieren müssen soll.

Vom Mund in die Feder gehen sämtliche vor Gericht gesprochene Worte. Niemand spricht dort ohne Begleitschutz im Schriftlichen. Der aber folgt keinem blinden Aufschreibewahn des Rechts. Dass alle Reden vor Gericht »irgendwie aktenkundig«[22] werden, ist auf der Ebene der Rechtsprechung einem Übertragungsinstitut eigener Art geschuldet: einer *transmissio actorum* oder Aktenversendung, die seit dem frühen Mittelalter im gesamten alten Reich dazu dient, gelehrten Richtern den Prozessstoff in Form von Akten zuzuführen. Die *iures prudentes* urteilen nach Aktenlage. Wer also im alten Reich einen schriftlichen und einen mündlichen Prozesstyp unterscheiden will, kann kaum aus der Existenz von Akten darauf schließen. Die fallen immer an. Die Frage ist nicht, ob mitgeschrieben wird, sondern in welcher Phase des Verfahrens. In einem sogenannten schriftlichen Verfahren wird allein aufgrund der Akten entschieden, in einem mündlich geführten Prozess kommen Akten dagegen erst in der Verhandlung zustande.[23] Welche der beiden Verfahrensarten angewendet wird, entscheidet sich ausschließlich danach, was jeweils prozessökonomischer erschien.[24]

An dieser medienpragmatischen Haltung der Justiz ändern erst die französischen Revolutionsideale etwas, die mit einer im Geheimen operierenden Kabinettsjustiz aus den Tagen der Madame Scudéry aufräumen. Mündlichkeit und Öffentlichkeit nehmen den Klang der Aufklärung an, um die Justiz aus ihrem unbewussten Umgang mit Stimme und Schrift zu reißen. Die ersten nachrevolutionären Gesetze in Frankreich dekretieren eine mündliche Verhandlung ohne Akten, allein auf der Grundlage der lebendigen Stimme.[25] In den Napoleonischen *codes de procédure civile et pénale* von 1806 wird die *vive voix* schließlich Gesetz, das im Jahr darauf mit der französischen Besetzung erst zu den linksrheinischen, dann auch den mittel- und westdeutschen Gebieten nach Deutschland gelangt.[26] Die lebendige Stimme findet auch dort immer größere Anerkennung. Ob im Grundrechtekatalog der Paulskirchenverfassung oder den Prozessordnungen Ende des 19. Jahrhunderts: Überall wird die mündliche Praxis zu einem rechtlich verankerten Prinzip.[27] Paragraph 128 der heute geltenden Zivilprozessordnung stellt fest: »Die Parteien verhandeln über den Rechtsstreit vor dem erkennenden Gericht mündlich«.

Im Strafverfahren verhält es sich nicht anders. Verbot der toten Buchstaben, da wo lebendiger Geist herrscht. So darf nach der heute noch mit Modifikationen geltenden Strafprozessordnung von 1877 in Deutschland kein Fall per Aktenumlauf in die Gerichtswelt gesetzt werden. Er muss mündlich zur Sprache kommen. Es gilt die Regel, dass ein geschriebener Text nur dann Beachtung vor dem Gericht findet, wenn er in die mündliche Rede überführt worden ist, sei es durch Verlesung oder sinngemäße Wiedergabe (§ 249 I StPO). Das Zeremoniell der mündlichen Hauptverhandlung bringt folglich alle am Verfahren Beteiligten zum Sprechen. Der Staatsanwalt verliest die Anklageschrift (§ 243 Abs. 3 S. 1 StPO), der Richter vernimmt die Angeklagten, Zeugen und Sachverständigen persönlich (§§ 69, 72, 239 StPO). Staatsanwalt und Verteidiger äußern sich zur Beweiserhebung (§ 257 StPO) und halten am Schluss der Beweisaufnahme ihre Plädoyers; der Angeklagte hat das letzte Wort; das Gericht verkündet sein Urteil mündlich (§§ 260 Abs. 1 und 268 Abs. 2 StPO).

Man sieht oder hört, wie all diese Prozesshandlungen Transformationen von Akten in gesprochene Worte sind, so dass von einem mündlichen Gerichtstermin durchaus als von »rückwärts verhandelten Akten« gesprochen werden kann.[28] Eine reine Mündlichkeit kommt im Recht trotz ihrer Installierung als Prinzip nicht vor. Ein bloß pneumatisches Sprechen läge nicht im Frequenzbereich des Gerichts, das nur hört, was seinen Widerhall in Schrift findet. Paul Johann Anselm von Feuerbach, einer der prononciertesten Befürworter zur Einführung des Mündlichkeitsgrundsatzes, setzt daher für eine Unterscheidung zwischen Mündlichkeit und Schriftlichkeit des Verfahrens auch nicht beim Phänomen von Akten ein, sondern bei der tatsächlichen, nicht bloß schriftlich simulierten Präsenz der Stimme: »Wer nicht blos unmittelbar aus dem Geist spricht, sondern von dem Papier aus zu einem anderen spricht, steht mit diesem in mündlicher Verhandlung: wer einem zweiten in die Feder sagt, was ein dritter erst durch diese Schrift erfahren soll, verhandelt mit diesem schriftlich.«[29]

Ob mündlich oder schriftlich verhandelt wird, entscheidet sich also allein nach der aktuellen Hörbarkeit der Stimme, weil kein Prozesstyp ohne die Passage der Stimme existiert: entweder als Verlesung oder als Verschriftlichung. Am Kreuzungspunkt von Intonation und Transkription steht wiederum das Protokoll, das Stimmen stimmengerecht konvertiert. Doch interessieren Theoretiker der Mündlichkeit nicht die Techniken der Aufzeichnung gesprochener Worte. Die werden stillschweigend vorausgesetzt, wenn es darum geht, den Wert der mündlichen Rede vor Gericht zu propagieren. Dann treten Akten und Stimme in Medienkonkurrenz zueinander und thematisieren somit erstmals explizit die herkömmlichen Praktiken der Justiz. Sie veranlassen den Kantianer Feuerbach zu einer »Vergleichung der mündlichen Gedankenmittheilung mit der schriftlichen«.

Dort erhält eine Erklärung der Partheien oder des Gerichts erst dadurch ihr vollständiges Daseyn, daß sie in eine Urkunde verwandelt wird (daher die in diesem System begründete Rechtsregel: quod non est in actis non est in mundo): hier hingegen ist die rechtlich entscheidende Wirksamkeit der Gedankenäußerung an das *lebendige gesprochene Wort* geknüpft, so daß alles Schriftliche, was [...] mit der mündlichen Rede verbunden sein mag, entweder nur als [...] gleichgültige Zufälligkeit erscheint, oder bloß [...] in Beziehung auf das Gesprochene oder zu Sprechende Bedeutung erhält.[30]

Alles Schriftliche, was mit der Rede verbunden ist, alles Protokollierte also offenbart angesichts der Datenfülle lebendig gesprochener Worte seine Dürftigkeit. Was von gesprochenen Worten notiert werden kann, erweist sich gemessen an der menschlichen Stimme als bedeutungslose Kürzel ihrer Lebendigkeit, erkaltete Abbreviaturen des Lebens.

Die Aufwertung der Oralität im Recht geht seit Feuerbach mit einer Abwertung der Akten einher (ungeachtet ihres Wachstums im Realen). Unvorstellbar, sogar inhuman erscheint im 20. Jahrhundert dem sozialdemokratischen Juristen Gustav Radbruch, vom Boden eines gesetzlich fixierten Mündlichkeitsprinzips aus betrachtet, ein Urteil rein nach Aktenlage,

> auf Grund von Zeugenaussagen, die [Richter] nie mit eigenen Ohren gehört hatten, über die Beschuldigten, die ihnen nie zu Gesichte gekommen waren. Das Gebärdenspiel, das Erröten und Erbleichen des Beschuldigten, das Stocken der widerwilligen und das geläufige Hervorsprudeln der auswendig gelernten Zeugenaussage, alle Nuancen und Imponderabilien gehen [...] in dem einförmigen Kanzleistil des Protokolls verloren.[31]

Auf die *Stimme* des Verhörten kommt es der Rechtsprechung an, die im Zusammenspiel mit Gebärden, Nuancen und Imponderabilien Informationen freigibt, die sogar gegen den Sprecher sprechen, die eine eigene Wahrheit unterhalb aufzeichenbarer Worte kundtun, welche allein für Richterohren und -augen wahrnehmbar ist:

> ... das ganze Benehmen der Aussagenden, der Ernst oder die Flüchtigkeit seiner Rede, die Beharrlichkeit in den Aussagen oder sein beständiges Schwanken [...] geben dem Richter die Möglichkeit, die Glaubwürdigkeit des Zeugen zu beurtheilen. Vorzüglich ist die Individualität des Angeklagten von höchster Bedeutung; nur sie gibt Aufschluß über seinen Seelenzustand und zeigt, in wie ferne seinen Worten getraut werden kann.[32]

Die unverstellte Stimme unter der Oberfläche des Gesagten, die Feuerbachs Kollege Carl Josef Anton Mittermaier hier für den Gerichtsprozess, den Strafprozess zumal erschließt, ist die Stimme, die unkorrumpiert und authentisch Seelenzustände offenbart. Diese Stimme übernimmt eine idealistisch geprägte Rechtspraxis um 1800 für ihre Prozeduren der Wahrheitsfindung. Dass die Stimme den Sprecher entgegen seinen wörtlichen Beteuerungen verraten kann, verrät sich dabei selbst als antirhetorischer Affekt.[33] Die lebendige Stimme vor Gericht erhebt sich über die rhetorische, die einzige, die bisher in der Sphäre des Rechts zu hören war, solange ein Redner schlicht Funktion einer Rede ist. In der römischen Gerichtsrede ist das Moment der Dissoziation oder Verstellung von Wort und Sprecher sogar Bedingung für eine Verteidigung vor Gericht. Sie liegt in der Fürsprache für einen anderen, der selbst nicht spricht. Für ihn tritt ein Advocatus in dessen Namen oder ein Procurator an dessen Stelle auf. Das Patronat der Oratoren, die sich eine fremde Sache zu eigen machen, die Tatsache ihres Engagements ist das Verteidigungsmittel[34]; es erzeugt die Glaubwürdigkeit, die unter dem Prinzip des lebendig gesprochenen Worts nur ein für sich selbst sprechendes Subjekt herstellen kann. Zum Tathergang befragt, hat es schon aus beweislogischen Gründen keinen Fürsprecher, soll es doch aussagen, was nur es selbst wahrnehmen konnte. So wird unter der Bedingung empirischer Wahrheitsformen im Recht die forensische Kunst der Fürsprache von der kunstlosen Praxis der Aussprache kassiert. Der Angeklagte, der nach römischer Rechtsvorstellung nie spricht und rhetorisch betrachtet daher Toten und Abwesenden gleichgestellt ist, wird unter den prozessualen Prämissen der lebendigen Stimme zum Sprechen angehalten. Er hat allein noch ein Recht zu schweigen.

Wo die Rede nicht mehr rhetorisch verstellt ist, steht der Verhörte, der für sich selbst sprechen soll, immer in Verdacht, sich zu verstellen. Nur wird die »Verstellung des Angeschuldigten, welcher die Maske der Unschuld annimmt«, diesem nichts nützen, denn dem »aufmerksam, länger beobachtenden Richter zeigt sich bald, was Wahrheit oder Lüge ist.«[35] Der unmittelbare Eindruck des Verhörten eröffnet ein neues Feld der Wahrheitsfindung, das an die empirische Psychologie anschließt. Die substantielle Wahrheit steht folglich nicht mehr in der rhetorischen Verfügungsgewalt des Sprechers. Sobald die Rede vor Gericht urheberschaftlich konzipiert ist, als zurechenbare Aussage, kann sie nicht ihre eigene Wahrheit erzeugen. Das muss sie Richtern überlassen. Juristische Formeln, wie »ich schwöre«, machen den darauf folgenden Satz daher nicht etwa wahr. Sie stellen ihn lediglich in die Sphäre richterlicher Wahrheitsfindung. »Ich bestreite« und »ich gestehe« sind prozessuale Sprechakte nicht der Performanz von Wahrheit; sie sind nicht, um noch einmal Radbruch zu zitieren, »Aussagen darüber, daß eine Tatsache wahr oder nicht wahr sei, sondern eine Willensäußerung darüber, daß für eine Tatsache Beweise verlangt oder auf Beweis verzichtet wird.«[36]

Juristen wissen, was der Theoretiker der Sprechakte John Langshaw Austin für alle Nichtjuristen klarstellt, wenn er Hippolyt mit dem Ausspruch zitiert: »Meine Zunge, (*glossa*), hat geschworen, mein Herz (oder Geist oder sonst ein Künstler hinter den Kulissen) aber nicht«.[37] Die Trennung von Zunge und Herz, die der Sohn Theseus' und alle anderen »Betrüger«, wie Austin sagt, »mit einer Ausrede« für ihr gesprochenes Wort »versorgt« – Hippolyt hatte ein Schweigeversprechen brechen wollen –, diese Ausrede lässt der Linguist nicht gelten, und sie gilt auch nicht im Recht. Die innere Absicht, *phrèn*, mit Sitz im Zwerchfell, tut nichts zur *Sache* der Performanz. Die materielle Wahrheit bleibt davon unberührt. Rechtliche und quasi-rechtliche Akte wie Schwören, Versprechen, Gestehen oder Bestreiten haben nur eine Macht über die formelle Wahrheit. Sie operieren auf der Oberfläche vernommener, ins Protokoll aufgenommener Worte. Der Akt des *acta facere* – Austin schreibt: »to put on record« – bindet den Sprecher an seine Worte. Ein Sprechakt, auch ein lügnerischer, ist folglich schon dann geglückt, wenn er nur ordnungsgemäß protokolliert wird.

Der Akt des Protokollierens wird mit dem Mündlichkeitsprinzip zur bloßen Formsache. Die »Protokollführung in Hauptverhandlungen in Strafsachen, die stets als besonders schwierig und hochwertig gegolten hat, kann«, wie es in einer Durchführungsbestimmung zur Strafprozessordnung für den mittleren Justizdienst in Preußen von 1928 heißt, »von Beamten des einfacheren Bürodienstes wahrgenommen werden«. Im Zentrum des justitiellen Interesses steht nicht mehr die Worttreue der Protokollanten, sondern die Wahrheitstreue der Verhörten. Unter den veränderten Protokollprämissen des Idealismus, lebendige Worte in ihrer ganzen, auch nicht verbalen Lebendigkeit zu notieren, hätten Gerichtsschreiber auch tatsächlich alle Hände voll zu tun. Noch die akribischste Wort-für-Wort-Protokollierung[38], »der fingerfertigste Stenograph (würde) oft ganze Tage nöthig haben, um zu beschreiben, was im Mienen- und Geberdenspiel eines Inquisiten in wenigen Minuten vor sich geht«;[39] doch würden selbst diese Tage des Aufschreibens nicht den unmittelbaren Eindruck des Richters ersetzen können. Der Grund, der zum Verfall des Protokolls führt, ist darum auch kein aufzeichnungstechnisches Hindernis. Nicht der gestiegene Einzugsbereich an entscheidungsrelevanten Daten oder Sprech-Handlungen wie Ernst oder Flüchtigkeit, Beharrlichkeit und Schwanken einer Rede versetzen Protokollführer in den zweiten Rang unterhalb des Richters, nicht die zeitliche, sondern die prinzipielle Unmöglichkeit, lebendig gesprochene Worte in Schriftform zu übertragen. Ihre Wahrnehmung ist Richtern vorbehalten. »Hört das Gericht die Parthien selbst, so erlangt dasselbe über den Inhalt […] eine auf absolute Gewißheit gegründete Überzeugung.«[40] Weil absolute Gewissheit durch unmittelbares Hören und Sehen kein Protokoll je ersetzen kann, lesen Richter nach 1877 zur Urteilsfindung keine Protokolle mehr. Die entsprechende französische Vorschrift verlangt ausdrücklich, dass die Akten vor

Entscheidungsfindung dem Gerichtsschreiber ausgehändigt werden: »le dossier de la procédure soit déposé entre les mains du greffier« (*Code de procédure pénale*, Art. 347).

Richter, die keine Protokolle lesen, schöpfen stattdessen aus dem Inbegriff der Verhandlung, wie es mit einem Lieblingswort Kants[41] noch in der heute gültigen Fassung der Strafprozessordnung heißt: »Über das Ergebnis der Beweisaufnahme entscheidet das Gericht nach seiner freien, aus dem Inbegriff der Verhandlung geschöpften Überzeugung.« (§ 261)[42] Der Begriff, der Hegel zufolge im tönenden Wort zu sich findet, befähigt Richter zu ihrem Urteil. Was zum Inbegriff zählt, kann auch in heutigen Rechtslehrbüchern nicht anders als idealistisch definiert werden: »Die Zurechnung zum Inbegriff der Hauptverhandlung folgt aus dem Wesen der mündlichen Verhandlung und des Rechts auf Gehör.«[43] Trotz Abdankung des Protokolls zugunsten richterlicher Inbegrifflichkeit werden die Austinschen Künstler hinter den Kulissen, werden Gerichtsschreiber dennoch nicht arbeitslos. Ihr Protokoll, nun kein inhaltliches Wortprotokoll mehr, sondern Notation der wesentlichen Rechtsakte einer Verhandlung, beweist, wie es das Gesetz vorschreibt, die »Beobachtung aller Förmlichkeiten« (§ 274 StPO).

IV Technische Aufzeichnungsapparate

Nun ließe sich für die Protokollierung solcher performativen Randbedingungen eines Gerichtsprozesses auf praktikablere Einrichtungen zurückgreifen als mechanisch oder manuell mitschreibende Beamte des einfachen Bürodienstes. Seit der Verbreitung von Tonband und Film könnten *recording machines* Protokollfunktion übernehmen, wodurch der Akt des Aktenmachens glatt entfiele. Das Aktenanlegen, *to put on record*, ginge im *recording* auf. Die prinzipielle Unmöglichkeit, sämtliche Sinneseindrücke zu protokollieren, wäre überwunden, richterliche Inbegrifflichkeit technisch implementierbar. Doch ist auch hier das von alters her bestehende Stimme-Schrift-Kartell des Rechts davor. Es blockiert den Einsatz technischer Medien im Gerichtssaal. Zwar mögen sie als lesbare Spur, als Urkunde oder kriminologisches Beweisstück in Form von Fotografien etwa in den Prozess eingeführt werden. Für die Aufzeichnung eines Gerichtsprozesses und für seine Berichterstattung jedoch verstößt eine un-schriftliche, rein phonetisch-analoge Notation mit technischen Aufnahmegeräten gegen das Recht, das auf das Gesetz der Schrift gegründet ist. Die mit Beginn des Jahres 1998 eingeführte Regelung zur Zulässigkeit von Videoaufzeichnungen in der Hauptverhandlung (§ 247a StPO) folgt ebenfalls noch dieser Logik: Videoaufzeichnungen gelten als Äquivalent für das Wortprotokoll (nach § 273 Abs. 3 StPO) – mit der paradoxen Folge, dass tatrichterliche Feststellungen der Revision plötzlich in bis dato ungekannt lückenloser Wortwörtlichkeit zugänglich sind.[44] Die Neuregelung generiert im Zusammenstoß audiovisueller Vernehmungstätigkeit des Gerichts und seiner technischen Implementierung einen Medienvergleich wie um 1800, der wiederum zugunsten reiner Mündlichkeit ausfällt. So heißt es resümierend, die Videovernehmungen bleiben »ein schlechter Ersatz [...]. Der unmittelbare Eindruck eines Zeugen – auch seiner Körpersprache – läßt sich mit Hilfe der Videotechnik nicht vermitteln.«[45]

In den fünfziger Jahren, als Tonbänder handlich und benutzerfreundlich geworden waren, fiel die Skepsis gegen audiovisuelle Träger als Nicht-Schrift noch expliziter aus. Als der Bundesgerichtshof sich mit der Zulässigkeit von Tonbandaufnahmen zu beschäftigen hatte, zeigte sich ein Grundrechtskommentar im Anschluss daran erfreut darüber, dass Rechtsprechung und -diskussion den »Werteanruf der Verfassung« vernommen habe.[46] Die Richter hatten in ihrem Urteil »das Gefühl des Preisgegebenseins«[47] angeführt, das sie nicht etwa allgemein auf die Situation eines Verhörten vor Gericht bezogen, sondern auf den Tonbandmitschnitt seiner Stimme. Sie hatten, so scheint es, in ihrer Entscheidung von 1958 auf den Werteanruf der Verfassung mit einem Echo Heideggers geantwortet, der vier Jahre zuvor über das Gestell geschrieben hatte, dass es »den Menschen [...] fortzureißen droht und so den Menschen in die Gefahr der Preisgabe seines freien Wesens stößt«, aber auch »den Menschen in die höchste Würde seines Wesens schauen und einkehren« lässt.[48] Mit demselben Gestus des Rettenden entdeckt auch das Recht umgehend den Menschen, seine Würde, seine Persönlichkeitsrechte. Im Namen des Menschen spricht ein für die Bundesrepublik maßgeblicher Grundrechtskommentar das Verbot von Radioübertragungen im Gerichtssaal aus, die wegen ihrer mit der Justiz konkurrierenden Inbegrifflichkeit stellvertretend für sämtliche phonographischen Apparate stehen: »Alles in allem haben wir in dem zustimmungslosen Festhalten der Stimme vor Gericht durch den Funk einen Auslieferungsvorgang an die Technik vor uns.«[49]

Auf diesen Auslieferungsvorgang ontologischen Ausmaßes reagiert das Recht mit seiner ganzen, präzisen Härte. Dafür, dass Funk und Fernsehen trotz ihrer Eigenschaft als perfekte Protokollmaschinen nicht im Gerichtsaal zulässig sein sollen, muss das verhörte Subjekt den Begründungshorizont liefern. Das allerdings ist nicht ohne argumentative Verdrehung möglich. Denn trotz der urheberschaftlichen Fassung des Subjekts, das ihm angesichts der technischen Reproduzierbarkeit seiner verbalen Äußerungen im täglichen Leben ein Recht am eigenen Wort beschert hat, ist es im Prozess nur noch Urheber seiner Tat, nicht des gesamten Prozessgeschehens. Dieses steht unter der Regie der Richter, mit der Folge, dass für die Aufzeichnung und Verbreitung seiner Äußerungen vor Gericht auch kein Urheberrechtsschutz oder Recht am eigenen Wort greift. Ein Geständnis ist nun mal kein (Kunst-)Werk. Warum Gerichtsreden dennoch vor ihrer technischen Reproduzierbarkeit geschützt werden können, dafür findet der Bearbeiter der Kommentierung zu Artikel 2 des Grundgesetzes, der Tübinger Staatsrechtsprofessor Günter Dürig, 1958 eine Begründung, die sich seither bis in die neuste Auflage des Kommentars erhalten hat:

Die entscheidende Beeinträchtigung des Grundrechts am gesprochenen Wort besteht darin, dass kraft der Nachrichtentechnik das gesendete Wort des vor Gericht Sprechenden mit einem *Anspruch auf objektive Wahrheit* im Raum einer theoretisch unbegrenzten Öffentlichkeit steht, wie ihn sich selbst ein mitgeschriebenes oder nachgesprochenes Zitat nicht beimisst. Jeder Bericht *über* das Gesprochene ist relativiert (und ›vermenschlicht‹) durch mitgedachte Zweifel an der Berichterstattung. Die zwischen Sprecher und Hörer geschaltete technische Apparatur tötet dagegen diese menschlichen Zweifel.[50]

Eine Justiz, deren Aufgabe darin besteht, objektive Wahrheit erst noch durch die menschliche Stimme hindurch zu ermitteln, kann folglich die von ihr sogenannte »akustische Objektivierung«[51] nicht dulden. Akustische Festwertspeicher drohen darum nicht so sehr menschliche Zweifel, sondern richterliche Inbegrifflichkeit zu tilgen. Strafrechtler diagnostizieren angesichts von Foto-, Film- und Videoaufnahmen zur Beweis*aufnahme* eine »Objektivierung der Überzeugungsbildung«.[52] Das Wahrheitsmonopol im Verbund von Hand-Schrift und Menschen-Stimme duldet diese technisch supplementierten Spurenschriften nur als »technisches Hilfsmittel«, als ein Mittel also, das richterlicher Inbegrifflichkeit lediglich assistiert.[53]

Im Imaginären des Kinos, in Filmen genauer, die nicht als Beweismittel in Gerichtsprozesse eingeführt werden, sondern von Gerichtsprozessen handeln, wird mit den Möglichkeiten der Transgression des Schrift-Rechts gespielt, damit, wie es wäre, wenn anstelle von Stimmen Bilder die richterliche Wahrheitsfindung leiten. Das Rechtskonzept vom Augenzeugen löst sich darin buchstäblich, das heißt filmisch ein. Ein Tonfilm von 1932, *The Silent Witness*,[54] lässt den Zeugen verstummen, um sein Schweigen mit Bildern zu supplementieren. Die metonymische Verschiebung von Worten auf Bilder, die zunächst also kein Kunstgriff, sondern mangels Ton technisch bedingt ist, thematisiert dank dieses Ausfalls explizit den Stimme-Schriftverbund, in dem das Recht operiert. Das Verhör des Zeugen verschiebt sich zur Rückblende in bewegten Bildern.[55] Der Psychologe Hugo Münsterberg, der um 1900 sowohl das Lichtspiel als auch die Gerichtspraxis erforschte, gibt Aufschluss über die Machart solcher Filme, die Zeugenaussagen in Flashbacks übersetzen, als »external substitution of the pictures for the words«.[56] Er berichtet von einem zwar niemals aufgefundenen, aber in seiner Art doch exemplarischen Gerichtsfilm aus der Stummfilmzeit, in dem eine Frau es ablehnt,

> vor Gericht ihre Lebensgeschichte zu erzählen, an deren Ende ein Verbrechen stand. Schließlich gibt sie nach, sie beginnt unter Eid ihre ganze Vergangenheit zu beschreiben. In dem Augenblick, als sie ihren Mund öffnet, verschwindet der Gerichtssaal und löst sich in der Szene, mit der das Liebesabenteuer begann, auf. Dann gehen wir durch eine lange Folge von Szenen, die uns zu dem kritischen Punkt leiten, in diesem Moment gleiten wir zurück in den Gerichtssaal, und die Frau beendet ihr Geständnis.[57]

Die gerichtliche Aussage im Modus des *cut-back*, das den Gerichtssaal in Raum, Zeit und eben Bild überschreitet, durchkreuzt die Wahrheitsformen des Rechts. Im Kunstschluss von Worten als Bildern entsteht keine im Symbolischen lesbare Schrift, sondern eine ins Imaginäre entschränkte Form des *action writing*, ein phantasmatisches Protokoll ohne Halt in der Ratio des *ius scriptum*. Externe Kriterien zum Abgleich der Wahrheit fehlen, wenn man etwa an den nie geklärten Streitfall der *Zeugin der Anklage* denkt. Dort konnte Marlene Dietrichs ins Flashback übertragene Aussage vor Gericht bislang von Filmwissenschaftlern nie eindeutig der Wahrheit oder Lüge überführt werden[58] – und wird es nie, oszillieren die Bilder doch zwischen der visualisierten Stimme eines sprechenden und mithin immer lügenden Subjekts und der objektiven Aufzeichnung eines nicht korrumpierbaren Kameraauges oder Objektivs.

Aufzeichnungsapparaten des Imaginären liefert sich das Recht so wenig aus wie *recording machines* im technisch Realen. Es nimmt allein wahr, was zur Schrift der symbolischen Ordnung verarbeitet worden ist. In welcher Form die Stimme also in den Raum des Rechts fällt, ob als Live-Stimme, stenographisch notierte oder technisch aufgenommene, findet sie dort erst Gehör im Aggregatzustand alphabetischer Schrift.

Image and Law – a Troubled Relationship

As it is well known, images, both verbal and pictoral, are not always met with delight and they are certainly not appreciated by all. They are also perceived as threatening and the first to come to mind as being afraid of images are undeniably jurists. Jurists fear images foremost and by vocation.[1] After all, they are expected to establish order, a mission they see frequently challenged by the ambiguity of images. For, as long as it is not possible to ascribe to images a monosemic pictorial content, they will not be fit to provide a foundation capable of sustaining order. Polisemic images do not achieve an emblematic effect nor do they suggest any binding, order-establishing force. They proliferate, they are up to mischief in the fantasmatic, and they all of a sudden attack order structures that may have been intact for centuries. So it is hardly surprising if in the context of ›image and law‹ what is striking is the misalliance between the two, a troubled relationship, as it were, due to the pronounced image scepticism on behalf of jurists.

To be sure, this iconoscepticism goes through cycles for the simple reason that at times the law was capable of dealing with images more confidently and more cunningly than at others. To speak with the law historian Pierre Legendre, a sound legal order is characterized by the fact that it has command over images.[2] Images will not pose a threat to it. They work for the law and to the purpose that the law can present its order. This according to Legendre is achieved by an order based on a banned image. It is from this one image, which must not and cannot be shown, that visible images will derive. Mediation between things and their representation within the sphere of the law is accomplished by the blank screen, a projection surface on which may become visible what otherwise eludes visibility because the law itself consists of abstract concepts and figures still needing to be transferred to the sphere of representation. For Legendre's image theory of the law the concepts of mirror and screen are therefore of key significance.[3] In other words: the blank created by the ban provides the law with its own visibility. By consistently bridging the absence of the image with images and referring there to it supports the ban. It is therefore the ban, the law's most immediate form of articulation, which links law to the realm of images – a realm which for law is absolutely indispensable. The law has to communicate itself in images in order to overcome its abstractness.[4]

It is probably no coincidence that juridical image studies carrying Legendre's theory further relate his representation theory of the law primarily to dealings with images in the Byzantium or in early modern times.[5] With regard to the present – except for the strict representation regime of Vatican one is bound to search in vain for a banned image power. When they are banned, it is done in retrospect as a legal sanction against violations of the law. Yet a banned image that established an order and permanently supports it seems to be absent. The nowadays ubiquitous complaint about the proliferation of images or their sheer flooding may be considered a symptom for this lack in iconic clarity. It mostly refers to digitalized images and the fact that they unsettle the classical regime of source, author and other juridical authentication techniques in place for a good 200 years. Or, to stay within the metaphor: since images seem to be literally pouring from the sky, sources become torrents if not actual floods. Efforts to control this by erecting a dam consisting of allegedly tried and tested legal techniques and to carry the authentication instrument of the signature over to the digital world resurrecting it as digital signature or to convert watermarks to digital watermarks, not only seem unimaginative but are clearly beginning the workings of digital media.

It does not lack a certain irony that at the very moment in the history of media when the possibilities to forge images have never been greater, the courts have begun to discard their traditional image scepticism and started to admit to a so far unprecedented extent the use of digitalized, animated and still images as means of evidence and even as a stand-in for hearings of witnesses. The only explanation for this kind of capitulation before images is the superior function images hold in juridical practice. They are the medium of evidence par excellence and since the emergence of technically produced images such as photographs, films and videos it has become repeatedly manifest that the visual strategies of evidence do indeed at one stage or another overcome any kind of juridical image scepticism. So, however much the law may be riveted on the word, the judicial inspection and its media technical derivates have never ceased to determine a court case's evidence procedures.

The fact that with digital images the issue of manipulability reaches a whole new dimension does not seem to play a major part in legal deliberations with regard to their admissibility. The law, instead of completely re-considering dealings with images for all kinds of evidence purposes and even though media technical conditions have completely changed, continues to hold on to tried and tested techniques. If, for instance, each and any authentication procedure presupposes an incident, then the question would be as to where in digitalized images unconscious traces, per chance markings and the ruptures in tradition were still to be detected. Who, in other words, would be the Dupin of the digital? What would a Sherlock Holmes-like expert in the variety of cigar ash be looking for on the Internet?

Confronted with the complaint about the proliferation of images which the law attempts to regulate with its traditional arsenal, one needs to raise the fundamental question whether the law indeed still represents the power to tame images – and moreover, whether it actually ever held this power. Has the juridical power over images ever been anything but a fixed idea, albeit a supremely effective one? Even in times such as the Byzantium when the powers of the law had a greater influence over images than at present, it would still not have been possible to tie an image to an unambiguous semantic. Images will be perceived as threatening no matter the circumstances. They can always also be seen differently and are thus capable of overturning order. So will it ever be possible to say that the law has sovereign command over image worlds?

Someone who seems to have been concerned with this juridical intangibility of images was Bartolo, the great medieval jurist, who made a more thorough effort than possibly anyone before or after him to standardize images.[6] Wanting to regular insignia, he drafted a code of law in which for instance the color red signifies the most aristocratic of colors whereas a lion in an upright sitting position is encoded with strength. His legal image code determines when the color blue may be used and what it means when an image shows an animal. It also meticulously establishes who ought to be considered, thereby entitling him alone with the right of use – thus making Bartolo the copyright holder of copyright law (avant la lettre).

Given Bartolo's enterprise, trust in the twelfth century in the meaning defining power of the law must have been considerable. But irrespective of the alleged naivety shaping the implementation of the project, the strategy for his semantic code of images is conclusive. The purpose according to Bartolo was to subject images to the logic of writing because the written word alone was rational and thus accessible to law. The result was a ›Grammar of Signs‹ in order to curb the rampant use of heraldic insignia, which at the time went unchecked by the authorities. Bartolo thereby articulated in all explicitness what has been the jurists' endeavor ever since. And even if nowadays no one would summon the consistency to legally tackle the ambiguity of images, the juridical image strategies pursued at present continue to be characterized by privileging the written over the image as can be observed in Bartolo.

Among jurists hardly anyone would question that within

legal communications words are to be given preference over images because

> […] compared to the written word any image language remains non-committal. Hence, meaning can be expressed much more precisely and concretely by way of language than images. In terms of their meaning images are still a lot less intelligible than words. Instead they instantly provoke autonomous interpretations.[7]

The law is obviously not interested in such arbitrary or autological interpretations. ›Images are dangerous to the law in their own way‹,[8] concludes a jurist about the law's troubled relationship with images. For legal professionals in particular do not want to face the affects provoked by images and their ambiguities unarmed. They know best that images allegedly posing a threat will not disappear by simply blending them out or by banning manipulative, suggestive, emotive and discriminating images. On the contrary: bans on images are often as emotionally driven as the images they forbid.[9] So, if images are to be tamed the point would be to submit them to the text regime familiar to the law.

If images as opposed to texts are invariably seen as deficient or even dangerous it does not as yet mean that ideal unambiguity rules on the one, the text hand, and that there is nothing but an out-of-control proliferation of meanings and interpretations on the other, the image band. This is not the case simply because words too are polysemic. And that is precisely why the law also regards metaphors with great scepticism. Rather than being convincing by choosing the right words and carefully weighing the arguments, they too take an effect below the threshold of reason. They stir up emotions, suggest judgment and elude any semantic determination. The law, however, wants neither to be seduced nor persuaded – be it by verbal or pictoral images. Hence, to safeguard its operationality it relies on communication conventions, hermeneutic procedures, juridical methods of interpretation and legal commentaries establishing a canon of interpretation. These processes, however, only work in language; if they were to be applied to pictorial images as well they too would first have to be bound to a discoursive logic. Therefore, most proposals regarding the Law's dealings with images are until this day fashioned after the Bartolo model. A grammar of signs is to restrain the auto-logic of images.

With regard to words, the law disposes of a regime that has worked reliably for centuries: the rhetoric. Rhetoric restraint of images frames images with words. A characteristic example is the emblem of the sixteenth and seventeenth century. Images are framed by a title or a signature. One can read them like an instruction for proper seeing. But in many instances they do not even prescribe what one is to see. Instead they express what one does not see. The emblematist Andrea Ariato,[10] a jurist who after a day's work commenting Roman law crafted or threw together [*emballein*] his word-images, played this game very cunningly. Word and image were by no means in support of each other. Their meanings opposed one another, they produced friction and controversy and showed in the image what the *subscriptio* concealed – for instance, when on the word level the judge incorporated justice whereas in the image he appeared as the one coveting carnal lust. Still, nothing of the sort suggests that these images could pose a threat to the law; and not because they are dismissed as mere gimmickries. The frame the law applies to the image ensures that the image becomes legible.

That which is incompatible with the law, more precisely with its demand for rationality, comes together in the emblem. Thus the emblem can be considered one, if not *the* option to cunningly deal with images: not a more or less obstinate effort to arrive at a semantic encoding and even less so an inept medial comparison of word and image from which the word will always emerge victorious, but a synthesis of the incompatible elements constituting the law, i. e. desire and reason. It is therefore not surprising that Pierre Legendre and all those carrying his image theory further[11] place the emblem at the heart of the matter.

The emblem establishes a frame in order to see at all. For Legendre, seeing is not a mere perception physiological process in need of scientific explanation. Nor is it about accepting the latest neurobiological research as has become the fashion in order to update classic image theories. Instead, Legendre's image theory aims foremost and exclusively at the normative elements of seeing.[12] One sees nothing without the framing or instruction of what one is supposed to be seeing. Even if one were to refuse to see the prescribed and to emphasize the polyvalence of an image, one would not leave the normative sphere of seeing. Such disobedience with regard to the image contents is even welcome. Normatively spoken, images are supposed to unfold their ambiguity – at any rate as per the terms of the law.

At this point, the definition of art Legendre obtains by opposing it to the law emerges almost on its own accord it is that particular sphere which does not subject in the image rules. As is well known it was Immanuel Kant who with this opposition of the arts and the law arrived at a comparison of the judgments of taste and trial.[13] If one stresses the complementarity of both modes of judgment, the juridical conditionality of all perception [*aisthesis*] becomes again manifest. One sees nothing without instruction. And there is no reason to anxiously stand guard that what is seen is the right thing as was for instance Bartolo's worry. The semantic indecisiveness of images is their great potential given that in Legendre's world art is that which spreads out the semantic variety of images rather than restricting it. The instability of meanings which can also be called contextability thereby loses its terror for the legal profession – and that which is constantly shifted and re-assembled and taken out of contest leads to explosions of meaning that in turn can be called art.[14]

But does this division of labor between law and art as assured by Legendre still work in the twenty-first century? What is more, is art's freedom from all restraint indeed still due to an intact legal image regime? In order to assess the kind of historical ruptures in the relationship of image and law currently taking place under our very eyes albeit often without us actually registering them, the digitality of images needs to be addressed once more. What is certain is that the biggest struggles for power over images are presently sparked off wherever the law has either abandoned or lost its capacity as a normative force. The provision of a legal framing of images such as in the emblem is often not visible. Digital images are subject to other than juridical regimes. Often they obey just their own mediatechnical logic. The law is in trouble then to implement also in the digital sphere its classical regime of authenticity and accountability. Thus in digital image processing the fiction of an individual author is completely annulled by gadgets and techniques. Whether it will again be possible to expand the concept of authorship along the emerging optical media to the apparatures of image production,[15] it is the hope of the law that seems in any case dubious.

Besides this auto-logic of the medium it is however primarily the economic regime which is about: to weaken the law as the supreme image power. The current tendency of the economy of images for instance to keep inventories, creates new forms of distribution[16] that the law is desperately trying to catch up with in order not to lose touch with the commercial image regime. The complicated jurisdiction with regard to image protection[17] illustrates the manner in which the European Court of Justice in Strasbourg undertakes yet again to restrain the strengthening of an economic regime of images by granting merely weak legal protection to purely commercial interests in images as opposed to images published for information purposes. A system, however, which couples law and economy, is no longer capable of sharply distinguishing whether the motives for a publication of images are of a commercial or public (political) nature. Thus legal image regimes are increasingly based on economic considerations without any apparent sign as to how the law in its current state is to be able to actually restrain this tendency.

So if it is true to say that images – also works of art – essentially obey the rules of the market, if their falsification can no longer be dealt with by applying common legal authentication techniques and if finally they undermine the entire legal system of rules for personal, territorial and contextual accounts, then it is no longer possible to speak of the law's sovereignty over images. In that case, the law would indeed be at war with images. Yet, in the current determination of the law's relationship with images nothing points to the challenge being taken on. Instead legal professionals, when confronted with images, seem to behave as tranquil and as trusting as perhaps never before. Faced with the images' auto-logic and superiority they seem quite determined to want to rid themselves of their image-hostile reputation, bravely looking a ›visualization of culture‹ into the eye which neither could nor should be stopped.[18] Images after all, as can often be read nowadays, also have their benefits: for instance in the teaching of law scientific curricula that has begun to include the viewing of court room dramas.[19] Images can be so useful … and the useless ones should to be excluded. They are the nasty images, those showing violence, the discriminating ones etc. In the context of such a division digital images do not fare differently from other technical – and particularly information technological – innovations. Sounding out the opportunities and risks, the juridical expertise sorts images into desired and undesired ones in order to maintain its regime of differentiation also under the premises of digitalization.

So, to speak of a struggle for a specific legal theory of images would be a bit far-fetched. There are, of course, those calling for some sort of theoretical back-up in image science for jurists. In order to be able from now on to tackle the visual media, they recommend an image scientific state of the art analyzing instrumentarium that should be on par with text hermeneutical techniques as this would be the only chance for the allegedly text-centric law to catch up and come to grips with the onslaught of images. Their concern is based on the admittedly practical idea that only an image theoretical rearmament of legal professionals will enable them not only to make adequate use of today's various visual means of evidence provided by surveillance cameras or pixel images captured on mobile phones and presented in court, but also to arbitrate copyright conflicts over manipulable digital images. It does not, however, include a theory on the relationship of law and image.

What could such a theory be? Two options strike the eye: the first counts on the media historical ruptures resulting from the change from analogous to digital, whereas the second stresses the continuities in the law's dealings with images. A media theoretical theory of change would have to analyze how the law which during the nineteenth and twentieth century had control over the media is now being disempowered by the digital medium. After all, the medium incorporating all other media causes the collapse of all the law's fundamental distinctions such as between public and private thereby compelling a complete reorientation of the law.[20]

The second option focuses on the long image tradition the law can look back to. It is thereby possible to draw a line going back to the modern times emblem culture allowing for an emblematically trained view on images.[21] This becomes evident for instance when looking at works of art created in the period marking the change from medieval to modern times. While an ›un-emblematic view‹ would recognize in these paintings nothing but Christological motives, an emblematically informed viewer would be able to decipher new forms of secular jurisprudence. The same is true for all other images dealing with the topic of the law including courtroom dramas. Irrespective of how unrealistically legal proceedings may be presented in courtroom dramas, they provide in their very fantasmas a good indicator for the ruptures in juridical forms of truth – as was one of Michel Foucault's focuses in his work. However fantasmatically the law presents itself therein, they represent for this very reason an indicator of the ruptures in juridical forms of truth.

An image theory formed along such law historical lines[22] re-emphasizes the actual significance of a struggle for an image theory for the law. It is not just about preparing today's image accumulations to warrant a smooth operation of the legal practice; what is at stake is nothing less than to disclose the law's representation in these images. The law communicates itself in each image. One would, however, have to learn to see that. To do so, it is absolutely essential to have forums in which law theorists and image theorists can meet and make their texts available.

Genealogische Ordnung und ungeschlechtliche Vermehrungsweise

I Pflügen und Pfropfen

Das Pfropfen zählt, wie das Zähmen und Züchten, zu den elementaren Kulturtechniken.[1] Seit der Antike wird es für die Züchtung von Pflanzen, vornehmlich widerstandsfähiger Obstsorten, verwendet. Darüber belehrt wohl so gut wie jede Einführung in die Botanik. Und obwohl das Pfropfen eine so elementare Kulturtechnik darstellt, gehört es nicht gerade zu den ausgesprochenen Lieblingsgegenständen der Kulturwissenschaften. Eher findet man, wenn es um archaische Techniken geht, etwas zu solchen, die mit der Urbarmachung des Bodens verbunden sind. So nennen beispielsweise die beiden Herausgeber eines Sammelbandes zur *Geschichte der Kulturtechniken,* Bernhard Siegert und Tobias Nanz, in ihrem Vorwort gleich zu Beginn die Techniken der Bodenbewirtschaftung und Besiedelung.[2] Warum gelten gerade diese Techniken als elementar, während andere, wie etwa das Pfropfen ungenannt bleiben? Eine Vermutung legt sich nahe, wenn man Urbarmachung und Besiedelung mit dem Akt des Ziehens einer Linie auf einem Stück Land zusammendenkt. Diesen Akt hat der Jurist Carl Schmitt bekanntlich zum Urakt aller Ordnung bestimmt. Der Protagonist des konkreten Ordnungsdenkens spielt dabei unter anderem auf die anfängliche römische Praxis an, einen Pflug um das Feld zu ziehen, damit die Furchen, die diese Tätigkeit hinterlässt, markieren, wo die darauf zu errichtende Stadt beginnt und wo sie endet.

Das Pflügen umfasst die Urbarmachung eines Stück Landes und den Akt zur Errichtung von Rechtsordnungen. Es dient der Bestellung des Feldes ebenso wie der Markierung von Eigentumsansprüchen. Diese Verbindung von Furchen-Ziehen und Schrift zeichnet diese Kulturtechnik vor anderen, ebenso archaischen aus, etwa das Bewässern, Züchten oder Zähmen. Beim Pflügen handelt es sich hingegen um eine Kulturtechnik innerhalb und außerhalb des Textes. Bekanntlich hat Jacques Derrida in der *Grammatologie* die Verbindung von Pflügen und Schreiben gezogen. Die Markierungsfunktion hat ihn veranlasst, im Furchenziehen eine Urschrift zu sehen. Und diese Doppelung macht das Pflügen so anziehend für eine kultur- und medienwissenschaftliche Betrachtung, der es immer auch um den Übertrag von Kultivierungs- auf Kulturtechniken geht, von archaischen Techniken mithin, die auch eine bestimmte symbolische Praxis prägen.

Wenn dies so ist, dass Kulturtechniken, die innerhalb und außerhalb der alphabetischen Ordnung greifen, für eine kulturwissenschaftliche Betrachtung von besonderer Relevanz sind, dann ist es allerdings umso erstaunlicher, dass nicht auch das Pfropfen dazugezählt wird. Diese archaische Technik gleicht schließlich eher dem Pflügen als beispielsweise altägyptischen Irrigationstechniken. Wie die elementare Agrotechnik ist auch das Pfropfen eine diskursive und zugleich eine nichtdiskursive Angelegenheit. Der Ausdruck *greffe*, der im Französischen Pfropfen bedeutet, und auf das griechische *graphein*, ritzen, zurückgeht, indiziert diese Nähe dieser Kultivierungstechnik der Pflanzenzüchtung zur Kulturtechnik des Schreibens. Folgt man Uwe Wirth, dann ist es wiederum Derridas Verdienst gewesen, diese Verbindung von einer alten Kulturisationsmethode mit der Schrift hergestellt zu haben.[3] Derrida habe nicht allein *greffe* und *écrire* gleichgesetzt, zuweilen habe er das Pfropfen auch bemüht, um eine Besonderheit der Schrift hervorzuheben: die Heraustrennbarkeit und Wiedereinfügbarkeit einzelner Textteile, etwa im Zitat.[4] Dort, wo die Botaniker von Unterlage sprechen, wird in textwissenschaftlicher Perspektive die Vorlage gewählt. Sie wird zurechtgeschnitten, ein anderer Text wird eingefügt und beide Teile so zu einem neuen Text verbunden. Man kann daher vom Pfropfen als von einer *Composite*-Technik sprechen. Wirth schließlich erkennt in dem Dreischritt aus Schneiden, Einfügen und Verbinden die textuelle Technik des Herausgebens wieder.[5] Ein Text wird zurechtgeschnitten, mit einem Vorwort, oder mit bestimmten Anmerkungen versehen und in dieser Verbindung ediert.

Man hätte damit im Pfropfen eine Technik gefunden, die der des Pflügens in jeder Hinsicht ebenbürtig ist. Ebenso wie der primordiale Raumordnungsakt des Furchenziehens hat man es beim Pfropfen mit einem Urakt des Schreibens – in diesem Fall als Ritzen – zu tun. Und so, wie der Akt des Pfropfens die Kultivierung von Gehölzen bewirkt, kultiviert der Akt des Pflügens das Land. Ausgehend von diesen beiden integralen Techniken ließe sich ›Kultur‹, von den Techniken her gedacht, demnach als Urbarmachung und Veredelung definieren. Wenn gleichwohl eher von den Techniken der Urbarmachung die Rede ist als von denen der Veredelung, dann mag dies mit einer gewissen Dominanz von räumlichen Kulturtechniken zusammenhängen. Diese mag wiederum darauf zurückzuführen sein, dass die entsprechenden kultur- und medienwissenschaftlichen Forschungen sich an Foucaults Dispositiv von »Raum-Wissen-Macht« orientieren.[6] Doch selbst wenn man mit den primordialen Ordnungstechniken eher solche des Raumes verbindet, so sind Kulturtechniken zweifellos von Anfang an auch dazu erfunden und erprobt worden, Zeit zu bewältigen.[7]

Die Frage ist also, ob im Pfropfen eine dem räumlichen Akt korrespondierende zeitliche Kulturtechnik vorliegt. Beide elementaren Kulturtechniken unterscheiden sich in dem Ding, an dem sie vollzogen werden. Das Ding einer Kulturtechnik bezeichnet zum einen sehr konkret das Werkzeug, mit dem sie ausgeführt wird, hier also Pflug bzw. Messer. Das Ding der Kulturtechniken bezeichnet zum anderen die Materialien, die Unterlagen oder zugrunde liegenden Dinge, an denen die Werkzeuge ansetzen. Im Fall des Pflügens ist dies der Acker, das Feld. Die Unterlage des Pfropfens ist der Baum. Feld und Baum wären demnach die Dinge der beiden elementaren Kulturtechniken Pflügen und Pfropfen. Diese ordnen – so die These – jeweils eine eigene Ordnung an. Feldtechniken errichten eine topologische Ordnung aus Zäunen, Gattern und Definitionen. Sie bewältigen Räume, indem sie vermessen, graben, besiedeln, Wege anlegen und Infrastrukturen erstellen. Man kann sie daher als räumliche Kulturtechniken klassifizieren und es ist naheliegend, in den Baumtechniken ihr zeitliches Pendant zu vermuten.

Dass nun im Pfropfen eine temporale Kulturtechnik vorliegt, lässt sich leicht vorstellen. Bäume unterhalten schließlich von jeher eine Beziehung zur genealogischen Ordnung, zu einer Ordnung mithin, die Zeit in einer bestimmten Weise verwaltet, in dem sie Filiationen knüpft, indem sie Abfolgen in die Vergangenheit und in die Zukunft hinein herstellt und auf diese Weise Zeit in Dauer verwandelt. Man braucht nur an Stammbäume zu denken oder an die baumförmigen Darstellungen genealogischen Wissens in der Neuzeit[8] oder auch an die Darwin'schen Visualisierungen der Abstammungslehre in Korallenbäumen.[9] Doch können solche Symbolisierungsleistungen von Baumdiagrammen erst beschrieben werden, wenn die Kulturtechniken konkret erforscht sind. Wenn hier also der Baum als das Ding einer Kulturtechnik angesprochen wird, dann geht es um den Baum in aller Wörtlichkeit oder *Arbor*-Realität, vor seinen semantischen Aufladungen und jenseits seiner Zeichenhaftigkeit.

In meiner folgenden Skizze möchte ich von diesem konkreten Baum ausgehend die arboreale Technik des Pfropfens als eine mit der Agrotechnik des Pflügens korrespondierende Technik zur Errichtung einer genealogischen Ordnung präsentieren, nicht zuletzt, um damit eine Art Gleichgewicht zwischen der Erforschung spatialer und temporaler Kulturtechniken herzustellen, zwischen solchen der Raumbeherrschung und solchen der Kontinuitätssicherung. Es ist für meine Argumentation zunächst nötig, die Betrachtung der botanischen

Technik des Pfropfens beiseitezulassen und ein textuelles *Composite*-Verfahren in den Mittelpunkt zu stellen, welches mit der gärtnerischen Praxis nichts zu tun hat, wohl aber mit der Errichtung einer genealogischen Ordnung. Erst in einem weiteren Schritt wird dieses Verfahren dann auf das Pfropfen zu beziehen sein. Auf diese Weise kann deutlich werden, dass auch das botanische Verfahren ein textuelles *Composite*-Verfahren ist und nicht etwa eine Metapher dafür.

II Institutieren und Adoptieren

Der Text, an dem ich die Errichtung einer genealogischen Ordnung nachweisen möchte, sind die *Institutionen*. Die *Institutiones* sind ein Rechtstext aus dem Jahr 161 n. Chr. Konzipiert waren sie als Lehrbuch für römische Jura-Studenten. Rund 350 Jahre später wurden sie zum Grundbuch des abendländischen Rechts. Für diese umfassende Funktion waren sie schon deswegen besonders gut geeignet, weil sie alles zur Sprache bringen, was man in der Welt vorfindet: Tore, Hafenanlagen, Inseln, Theater, wilde Tiere, Pfauen, Hühner, Hauskinder beiderlei Geschlechts, Witwen, Hausväter und Sklaven. Man hat sich aber keine endlosen Listen vorzustellen. Die *Institutionen* richten die Welt in der Sprache ein, indem sie von einer – historisch betrachtet – äußerst wirkmächtigen Dreiteilung in *personae, res, actiones,* in Personen, Dinge und Handlungen ausgehen.

Actiones sind ein Rechtsterminus, der streng genommen allein die Sprechhandlungen vor Gericht bezeichnet. Doch fällt auf, dass die *Institutionen* auch über die Prozessakte hinaus einen starken Akzent auf Handlungen legen. Das Prädikat entscheidet in den Institutionensätzen über den Status einer Person. Es setzt Dinge in Relation zu Personen. So ist etwa derjenige ein Freigelassener, dem im Akt der *manumissio* die Freiheit gegeben wird. Ähnlich der Eigentümer: Das ist derjenige, der eine Sache ›ergreift‹ (*capere*), etwa eine Fundsache mit den Händen, einen Bienenschwarm mit den Augen oder ein Grundstück durch Okkupation. Und – um ein drittes Beispiel anzuführen – auch die Vaterschaft kann die Folge eines solchen Aktes des Ergreifens sein, konkret: Vater wird, so bestimmen es die Institutionen, wer ein uneheliches Kind adoptiert. Will man schließlich das eigene Vorgehen der Institutionen beschreiben, so braucht man die inhaltlichen Regelungen nur auf diese selbst zu übertragen: Die *Institutionen* ergreifen das, was sie vorfinden, in der Sprache und damit institutieren sie es.

Diese Instituierungen von Personen und Dingen in der symbolischen Ordnung sind zunächst gänzlich unautoritativ. Hier, in diesem Lehrbuch für Jurastudenten spricht keine Autorität, hier spricht ein Lehrer, ein Erklärer oder Ordner des Lebens. Es geht darin schließlich nicht um Geltung, sondern um die diskursive Einrichtung des Lebens für den juristischen Gebrauch. Der dienenden Funktion des Buchs entsprechend verschwindet der Autor auch vollständig hinter seinem Text. Ein gewisser Gaius soll das Institutionenwerk verfasst haben.[10] Über einen Gaius, ein Name, wie ihn in Rom zur Zeit der Abfassung der Institutionen jeder Fünfte trug, ist so gut wie nichts bekannt.[11] Der Text erfüllt seinen Zweck auch ohne Autornamen. Er braucht keinen Autor und keine Autorität, um Jurastudenten in die symbolische Ordnung einzuführen. Das imposante Unternehmen eines Allerwelts-Gaius, die Welt in Sprache zu übertragen, bleibt daher auch solange eine vergleichsweise folgenlose innerjuristische Angelegenheit, bis ein Instituierer von eigenen Gnaden auftritt.

Rund 350 Jahre nach Abfassung der *Institutionen*, im Jahr 533 übernimmt Kaiser Justinian den Institutionentext in programmatischer Absicht für seine *renovatio* Roms in Byzanz. Der Kaiser stattet das Lehrbuch mit Gesetzeskraft aus. Worte des Kaisers im *pluralis maiestatis* verfügen: Wir haben sie, die alten Werke insbesondere des Gaius, »gelesen, geprüft und mit der vollen Kraft unserer Konstitutionen ausgestattet«, *plenissimum robur.* (Const. Imp. 6) Und »unsere Konstitutionen« werden dann als das definiert, was Gesetzeskraft hat (*vigor*). (Inst. 1.2.6.) Dadurch werden die Institutionen Konstitution, Verfassung oder Gesetz. Aus einem didaktischen Text wird einer mit Autorität, ein Gesetzes-, ein Referenztext. Mit nachhaltigem Erfolg: Bis heute wird in aller Regel aus diesem, unter dem Namen von Kaiser Justinian herausgegebenen *Institutionen*-Text zitiert[12] und nicht aus dem Gaiustext.

Was also macht Kaiser Justinian mit dem Text des Gaius, wenn er dem deskriptiven Text seinen Kaisermantel umlegt? In die Textvorlage greift er kaum ein, und wenn, dann sind diese Eingriffe Heraustrennungen und Weglassungen. Hinzugefügt wird fast nichts – außer eben jenem Vorwort, das den Text mit Gesetzeskraft ausstattet. Freilich könnte man bereits an dieser Stelle die Editionsarbeit an einem Fremdtext mit dem Pfropfen in Verbindung bringen. Das schneidende Vorgehen erinnert durchaus an dieses botanische Verfahren. Eine Unterlage, der Gaiustext, wird versehrt, beschnitten, und dann mit einem Fremdkörper, dem kaiserlichen Vortext, in dem die Gesetzeskraft verfügt wird, verbunden. Die Gesetzeskraft wird – wenn man es so nennen will – aufgepfropft. Sie ist – um weiter im Bild zu bleiben – das, was die Unterlage veredelt. Das Dritte, das dabei herauskommt, ist der *Institutionen*text, der von nun an kein simples Studienbuch mehr ist, sondern das Gesetzbuch der westlichen Welt: die *Institutionen,* nach denen die Rechtsordnungen Europas modelliert werden.

Doch was berechtigt zu einer solchen Parallelisierung von Edition und Pfropfung? Der Institutionentext selbst legt einen Vergleich zwischen einem textuellen mit einem botanischen Verfahren nicht nahe. Eine Kulturtechnik namens Pfropfen wird man in den *Institutionen* vergeblich suchen. Sie enthalten Regelungen zum Eigentum und können damit aus sich heraus lediglich auf die Frage antworten: wem gehört was; wer ist Eigentümer des Institutionentextes, oder: in der Sprache des 19. Jahrhunderts reformuliert, wer ist sein Urheber: ein Autor namens Gaius oder Justinian? Will man eine Antwort auf diese Frage aus den *Institutionen* selbst erhalten, so bietet es sich zunächst an, das Kapitel zum Eigentum an einer Sache zu konsultieren. Dieses Kapitel enthält ein differenziertes Regelwerk für alle sächlichen *Composite*-Verfahren, für Fälle also, in denen eine Sache durch irgendeine Tätigkeit verbunden, vermischt oder hybridisiert worden ist:

Wenn jemand aus fremdem Material eine [neue] Sache hergestellt hat (*facta*), wird regelmäßig gefragt, wer von beiden kraft natürlicher Vernunft Eigentümer ist, der Hersteller oder eher derjenige, der Eigentümer des Materials gewesen ist; zum Beispiel wenn jemand aus fremden Trauben, Oliven oder Ähren Wein, Öl oder Getreide hergestellt hat oder aus fremdem Gold, Silber oder Kupfer ein Gefäß; oder wenn jemand fremden Wein und Honig zu Honigwein gemischt hat; oder wenn jemand aus fremden Arzneimitteln ein Heilpflaster oder eine Salbe hergestellt hat; oder aus fremder Wolle ein Kleid oder aus fremden Brettern ein Schiff, einen Schrank oder eine Bank. Nach langem Streit zwischen Sabinianern und Prokulianern hat sich eine vermittelnde Meinung durchgesetzt. Danach wird, wenn die neue Sache in das Rohmaterial zurückgeführt werden kann, derjenige als Eigentümer anerkannt, dem das Material gehörte; ist dies nicht möglich, so wird vielmehr derjenige Eigentümer, der das Material verarbeitet hat. So kann zum Beispiel ein gegossenes Gefäß in das Rohmaterial des Kupfers, Silbers oder Goldes zurückgeführt werden. Dagegen können Wein, Öl und Getreide nicht in Trauben, Oliven oder Ähren zurückverwandelt werden, ebensowenig Honigwein in Wein und Honig. (Inst. 2. 1. 25)

Die darauffolgende Bestimmung geht von den Natur- zu den Kunst-Dingen und deren Vermischungen über: »Wenn jemand fremde Purpurfäden seinem Kleid einwebt, gehört der Purpur, obwohl er mehr wert ist, wie eine Nebensache zum Kleid.« (Inst. 2. 1. 26) Von dort geht es weiter zu den anorganischen

Stoffen: »Wenn Stoffe zweier Eigentümer mit deren Willen vermischt worden sind, so gehört die Sache beiden gemeinsam, z. B. Weine, Klumpen von Gold und Silber, auch wenn eine neuartige Sache entstanden ist, etwa aus Wein und Honig, Honigwein«. (Inst. 2. 1. 27) Es folgen Bestimmungen zu den Vermischungen von Getreidekörnern und zum Verbauen von fremden Materialen im eigenen Gebäude. Dann findet sich unter den Regelungen schließlich auch eine zum Baum, was der Sache des Pfropfens schon näher käme:

> Wenn Titius eine fremde Pflanze auf seinem Grundstück gepflanzt hat, wird sie sein Eigentum [...]. Bevor sie aber Wurzeln geschlagen hat, bleibt sie im Eigentum dessen, der Eigentümer war. Daß das Eigentum an der Pflanze sich ändert, wenn sie Wurzeln geschlagen hat, geht sogar so weit, daß wir folgendes sagen: Wenn Erde des Titius einen Baum des Nachbarn so fest bedeckt, daß er [der Baum] auf dem Grundstück des Titius Wurzeln schlägt, wird der Baum Eigentum des Titius. Denn die Natur der Sache [*ratio*] läßt es nicht zu, den Baum als Eigentum eines anderen anzusehen als desjenigen, in dessen Grundstück er Wurzeln geschlagen hat. (Inst. 2. 1. 31)

Gleich auf die Regelung zum Baum folgt eine Regelung zu den Komposita des Feldes: »Aus dem selben Grund aber, aus dem Pflanzen verwurzelt sind, zum Grundstück gehören, wird auch das Getreide, das ausgesät ist, als zum Grundstück gehörig angesehen«. (Inst. 2. 1. 32) Und, als wolle man den Dingen der Kultivierungs- und Kulturtechniken der Reihe nach die Ehre geben, folgt auf Baum und Feld der Text, genauer: eine Regelung zum Eigentum an Buchstaben:

> Auch die Buchstaben gehören, selbst wenn sie aus Gold sind, ebenso zum Papier und Pergament wie das, was gebaut und gesät wird, regelmäßig zum Grundstück gehört. Wenn daher Titius auf deinem Papier oder Pergament ein Gedicht, eine Geschichte oder eine Rede geschrieben hat, so erkennt man dich, nicht Titius als den Eigentümer dieses Schriftstücks an. (Inst. 2. 1. 33)

Wäre demnach der Eigentümer am Institutionentext derjenige, dem das Papier gehört? Gaius' Buchstaben auf Justinians Pergament? Auch unter diese Vorschrift lässt sich der justinianische Alodus der Textaneignung nicht subsumieren, und dies nicht etwa, weil das 19. Jahrhundert das sogenannte geistige Eigentum erfunden hat, das eine solch materialistische Sicht auf Buchstabe und Beschreibstoff nicht mehr zulässt. Die Regelung in den *Institutionen* passt nicht auf den vorliegenden Fall, weil Kaiser Justinian hier nicht etwa Papier entwendet hat, um darauf seinen eigenen Text zu verfassen. Er entwendet einen fremden Text, um darunter seinen eigenen Namen zu setzen. Diesen Fall sehen die *Institutionen*, Abteilung *res*, jedoch nicht vor. Für die Herausgabe eines fremden Texts findet sich darin ebenso wenig eine Regelung wie zu Eigentumsverhältnissen an Baum, Zweig und Sprössling durch Pfropfen. Gärtnerische und textuelle Aneignung im *Composite*-Verfahren lösten offenbar keine Eigentumsstreitigkeiten aus.

Man muss also noch einmal aus einem anderen Blickwinkel heraus fragen, was Kaiser Justinian tut, wenn er unter einen fremden Text seinen eigenen Namen setzt. Zweifellos gleicht er darin einem Plagiator. Ein Plagiator, das ist nach heutiger allgemeiner Auffassung unter Juristen (eine Legaldefinition gibt es nicht) die unerlaubte Übernahme fremden Geistesguts unter bewusster Anmaßung eigener Urheberschaft. Nur tut der Imperator-Editor Justinian dies nicht unter Verleugnung der Herkunft dieses Textes und das wiederum unterscheidet ihn von einem echten Plagiator, der ja gerade dadurch gekennzeichnet ist, dass er verschweigt, von wem der Text eigentlich stammt. Das kaiserliche Vorwort (Const. Imp. 6) nennt indes die Werke, aus denen es zusammengesetzt (*compositas*) ist: »neben allen Institutionenwerken der alten Juristen, vor allem [...] Werke unseres Gaius« (*Gaii nostri*).

Der byzantinische Kaiser Justinian gibt seinem autoritativen Text damit eine Herkunft. Er ist also, wenn man will, ein rechtmäßiger Plagiator, einer, dessen Textaneignung dadurch legitimiert ist, dass er die Herkunft des Textes offenlegt. Was aber soll das sein: ein *rechtmäßiger* Plagiator? Ein *plagiarius*, lateinisch, bedeutet Kindsräuber.[13] Von einem Kinds- zu einem Texträuber ist es nicht weit seit Platons Vergleich von geschriebenen Texten mit Kindern, die ihren Vater verloren haben. Plagiatoren bemächtigen sich des vaterlosen Texts auf illegale Weise. Wer dasselbe macht, ohne dass es rechtlich verboten ist, adoptiert ein Text-Kind. Diese Übertragung vom Plagiieren zum Adoptieren erlaubt es, nun doch noch einmal innerhalb der *Institutionen* nach einer Reglung für das zu suchen, was Kaiser Justinian mit dem Gaius-Text macht.

Tatsächlich wird das, was eine Adoption ist, in den *Institutionen* eigens und eingehend geregelt. Diese Regelungen finden sich freilich nicht in dem Teil über die Sachen. Sie finden sich in dem ersten Teil der *Institutionen*, in dem es um die Einteilung von Personen geht. Gleich, nachdem über die väterliche Gewalt und die Ehe gehandelt worden ist, findet sich der erste Satz in den Institutionen (1.11.1.) zur Adoption: »Nicht nur die leiblichen Kinder stehen [...] in unserer Gewalt, sondern auch die, die wir adoptieren« (*adoptamus*). Wendet man diese Regelung im Institutionentext auf den Institutionentext an, heißt das: Der Text selbst wird adoptiert. Kaiser Justinian bemächtigt sich eines vaterlosen Textes, stattet ihn mit Gesetzeskraft aus, so wie man ein rechtloses Kind legalisiert. *Enfanter* nennt Legendre diesen Akt der Einrichtung des Kindes durch den Text.[14] Und auch Vater und Mutter werden durch diesen Akt des *adoptare* instituiert. Aus Kaiser Justinian wird der Vater, aus Gaius wird Gaia, die mythische Mutter des Institutionentextes.

Doch wieso ist es so eindeutig, dass Justinian der Vater ist? Was ist überhaupt ein Vater? Nach Auskunft Manfred Schneiders ist der Vater die zweite Mutter, das Ergebnis einer numerischen Distinktion.[15] In Justinian erhielte das Text-Kind also zunächst eine zweite Mutter, wenn dieser den Text an Kindes statt annimmt. Doch lassen die *Institutionen* eine solche Konfusion mit zwei Müttern gar nicht erst aufkommen. Sie bestimmen, dass allein Männer adoptieren können. Der Adoptionsakt ist ihnen vorbehalten, den Zweitmüttern, die dadurch zum amtlichen Vater werden. Frauen dürfen nur ausnahmsweise und gnadenhalber adoptieren, als Trost für den Verlust ihrer eigenen Kinder. (Inst. 1. 11. 10)

Mit dem Institutionentext wird eine Ordnung der Abfolge und Überlieferung errichtet. Es geht von da an in der Welt der Texte um Filiationen und Fortbestehen. Erbschaftsstreitigkeiten sind damit programmiert. Ein Kampf um die Vaterschaft von Texten setzt zwangsläufig ein, nicht zuletzt der Kampf um die Vaterschaft am Institutionentext selbst. Der Protagonist der Historischen Rechtsschule, Friedrich Carl von Savigny, setzte alles daran, ein ebensolcher Vater zu werden, wie es Kaiser Justinian einmal für den Gaius-Text gewesen ist. »Unser Gaius, Gaii nostri« – diese Formel entwendete er dem Ahnherrn, als es darum ging, wer als Herausgeber der zu seiner Zeit wiederaufgefundenen Gaiushandschriften firmieren würde. Und er beließ es nicht bei solchen rhetorischen Reklamationen. Auf allen Ebenen kämpfte er darum, die Vaterschaft dieses Findelkinds zu erhalten.[16]

Der Institutionentext errichtet nicht allein eine genealogische Ordnung innerhalb der Welt der Texte, er errichtet auch die Ordnung der Genealogie selbst als Text. Das Bemerkenswerte an der Adoptionsregelung nach römischem Recht besteht darin, dass die Stellung des Vaters losgelöst von den biologischen Tatsachen bestimmt wird. Sie ergibt sich aufgrund eines rechtlichen Akts. Und daraus folgen alle weiteren verwandtschaftlichen Bestimmungen. Das Kind und die Mutter sind ebenso Einrichtungen des Textes. Instituieren oder den Dingen Namen geben, heißt demnach, sie von der biologischen Welt zu entkoppeln und in Worten nachzugestalten. »Die Adoption ahmt nämlich die Natur nach« (*imitatur*) (Inst. 1.11.4), heißt es an einer Stelle in den *Institutionen* zur Erklärung dafür, dass niemals ein Jüngerer einen Älteren adoptieren darf. Durch diese *imitatio* eines sexuellen Akts wird die genealogische Ordnung instituiert. Sie folgt also nicht etwa biologischen Gegebenheiten, sondern setzt in Nachahmung der Natur Verwandtschaftsverhältnisse im Medium Text.

III Adoptieren und Pfropfen

Das ist nun endlich die Einsatzstelle, um das Adoptieren mit der arborealen Technik des Pfropfens zusammenzubringen. Denn ebenso wie das Adoptieren ist das Pfropfen ein Fall von *imitatio* der Natur. Auch bei diesem Vorgang kann man davon sprechen, dass eine genealogische Ordnung errichtet wird, die nicht die natürliche ist – bestehend aus der »Mater«, dem Pfropfreis (unverkennbar phallisch) und dem Sprössling oder Edelreis. Auch hier ist der Sprössling die Hervorbringung eines nicht-sexuellen Aktes. Mit dem Pfropfreis verbindet das Edelreis so wenig eine verwandtschaftliche Beziehung, wie zwischen einem rechtlichen Vater und seinem adoptierten Kind eine Blutsverwandtschaft besteht. Genetisch ausgedrückt: Pfropfvater und Pfropfkind besitzen ebenso wenig wie Adoptivvater und Adoptivkind identische Gensequenzen.

Die familialen Kategorien begründen demnach eine heriditäre Ordnung entkoppelt von der biologischen Erblinie. Die Übertragung der biologischen Kategorien geht sogar so weit, dass der Baum der Pfropfung tatsächlich als »Mater« bezeichnet wird. *Mater,* so belehren die lateinischen Wörterbücher, ist im Bereich der Pflanzenkunde der Ausdruck für den Mutterstock, also das, was beim Pfropfen Unterlage genannt wird. Und ganz in Übereinstimmung mit der Zweitrangigkeit des Vaters in der familialen Ordnung (der Vater als zweite Mutter) gehen auch die Botanologen davon aus, dass die Mutter durch das Hinzukommende in ihren charakteristischen Eigenschaften nicht verändert wird[17] – so wenig übrigens, wie die Institutionenmatrix in ihrem Inhalt durch die Edition Kaiser Justinians verändert wurde.

Diese Mutter eines Pfropfungsverfahrens ist nun alles andere als die Natur schlechthin. *Mater* wird der Baum offenbar immer dann genannt, wenn etwas mit der Natur gemacht wird. Ivan Illich weiß, dass dieses Wort im Lateinischen den Baum bezeichnet, wenn er zum Bauen verwendet wird – im Gegensatz zum *lignum,* dem Baum, der als Brennholz dient.[18] Das als *Mater* bezeichnete Ding der Pfropfung denkt den Baum also vom Eingriff aus, von einem Eingriff genauer, der die Natur nachahmt. Der Baum, an dem das Pfropfungsverfahren vollzogen wird, ist mithin kein Natur-Ding, das dann auf die alphabetische Welt übertragen wird. Der Baum der Pfropfung wird nicht als ein organisches Ganzes, sondern als Material zum Bauen und allgemeiner zum Herstellen behandelt. Er wird in die beiden Einheiten Unterlage und Zweig (Pfropfreis) zerlegt, ganz so, wie man einen Text in diskrete Einheiten gliedert, etwa, um ihn anders zusammenzusetzen. Man kann daher von dem Baum der Pfropfung in Abgrenzung zum Natur-Ding als von einem Text-Ding sprechen. Anders ausgedrückt: Der Baum kann eine untrennbare Einheit sein – diesen Baum haben die römischen Juristen vor Augen, wenn sie das Eigentum daran regeln (siehe *Institutionen*), oder er kann in Einzelteile zerlegt werden. Diesen gegliederten Baum haben die Gärtner vor Augen, wenn sie das Verfahren des Pfropfens anwenden.

Noch vor jeder Generaldifferenzierung in Natur und Kultur wird hier also innerhalb der in der Natur vorkommenden Dinge eine Differenz zwischen Natürlichem und Gemachtem aufgemacht. Das Organische steht bereits innerhalb des biologischen Systems gegen das Technische, Textuelle. Das 19. Jahrhundert wollte dann freilich von dieser Binnendifferenz der Natur in Vorgefundenes und Hergestelltes nichts mehr wissen. Als weigerte man sich zu dieser Zeit, die Gemachtheit einer genealogischen Ordnung anzuerkennen, wurde sie mit einer

Metaphorik des Organologischen überzogen und tatsächlich biologisiert. Aus Genealogien wurden Abstammungslehren auf biologischer Grundlage. An die Stelle des Amtes des Vaters trat der biologische Vater.[19] Rassismus, so ließe sich die Fortsetzung dieser unheilvollen Geschichte kurzfassen, heißt Leugnung des Text-Dinges, das die genealogische Ordnung formiert.

An dieser Stelle, an der die Textualität des Pfropfens so stark betont wird, mag schließlich auch deutlich werden, warum die Techniken der künstlichen Befruchtung nicht unter die Kulturtechnik des Pfropfens subsumiert werden können. Zwar ist oft davon die Rede, dass etwa eine In-Vitro-Fertilisation die Natur nachahme, doch wechselt dieses gentechnologische Verfahren im Unterschied zum Pfropfen nicht das Register. Es überträgt die Natur nicht in die Ordnung des Texts, sondern bleibt in der Natur – mit der manifesten Folge, dass zwischen Vater und Kind identische Gensequenzen bestehen. Und das genau macht den Unterschied aus zwischen Pfropfen und Adoptieren einerseits und gentechnologischen Reproduktionsverfahren andererseits. Diese maßen sich an, die Natur in ihrer eigenen Ordnung zu imitieren und sogar zu übertrumpfen, jene transponieren die Natur in eine Textordnung und lassen sich (wie im Fall der *Institutionen*) ihre Regelungen und die Grenzen dieser Regelungen von der Natur vorgeben, eben weil sie diese in einem anderen Medium nachahmen. Sie operieren auf der Grundlage einer Unterscheidung in Text und Natur, während die Biotechnologie mit ihrem *Imitatio*-Argument diese Differenz gerade leugnet. Allgemeiner ausgedrückt: Das Ding, an dem eine Kulturtechnik vollzogen wird, kann ein Text-Ding oder ein Natur-Ding sein. Auch innerhalb der nichtdiskursiven Praktiken kann das Ding derselben also ein Text sein. Wenn die Furchen die Begrenzungen einer Stadt markieren, dann ist dieses Feld ein Text-Ding und nicht etwa eine Metapher dafür. Wenn der Baum in Einzelteile zerlegt und diese neu zusammengesetzt werden, dann ist dieser Baum ebenso ein textuelles Verfahren.

Hat man nun also eine alte gärtnerische Kultivierungstechnik als Textpraxis sichtbar gemacht, ist die Argumentationskette geschlossen: Es gibt eine elementare Technik des Schreibens, *graphein* genannt, die – beim Wort genommen – nicht allein ein Schneiden oder Ritzen meint, sondern auch ein *Composite*-Verfahren ist. Die botanische *Greffe* ist ein technisches Verfahren der »ungeschlechtlichen Vermehrungsweise.«[20] So wie der korrespondierende Rechtsakt des Adoptierens instituiert die botanische Methode eine Ordnung nach Geschlecht und Geschlechterabfolge und ist doch nicht geschlechtlich. Was im rechtlichen Kontext eine genealogische Fiktion ist, ist im botanischen ein genealogischer Zwangsverbund, konkret, ein mit einem Stück Bast umwickelter Baum, in den an einer bestimmten Stelle ein anderer Zweig eingefügt worden ist. Man kann vielleicht sagen, dass Adoptieren und Pfropfen sich lediglich in der Akzentuierung unterscheiden. Während die *Institutionen* das Augenmerk auf den Vater richten, verschiebt sich dieses unter dem Aspekt des Pfropfens auf die Mutter. Es betont die maternale Seite des Adoptionsverfahrens, dort, wo es dem Recht um die Instituierung des amtlichen Vaters geht.

Wenn also das Pfropfen eine Ordnung der Abfolge und Dauer, der Vermehrung und Kontinuität hervorbringt, dann ist damit am Schluss dieser Skizze zumindest angedeutet, dass in den Baumtechniken des Pfropfen ein zeitliches Pendant zum Pflügen vorliegt, das historisch betrachtet von ebensolcher Reichweite ist wie die Feldtechniken. Dass die beiden elementaren Kulturtechniken Pflügen und Pfropfen einander nicht etwa ausschließen, sondern ergänzen, kann man schon daran ermessen, dass beide in dem genannten Grundbuch des Rechts, in den *Institutionen*, praktiziert werden. Der räumliche Akt des Furchen-Ziehens ist in allen Instituierungen von Grenzen wiedererkennbar. Die Institutionen ziehen Grenzen, sie gliedern die Welt, teilen ein, was in ihr vorkommt, und bestimmen, dass etwa Mauern als Grenzmarkierungen zu den unantastbaren Dingen, den *res sacrae*, gehören. Der zeitliche Akt, in dem wie beim Pfropfungsverfahren durch die Kombination von diskreten Einheiten eine familiale Ordnung errichtet wird, findet sich in den Institutionen an den Stellen, an denen Verwandtschaftsbeziehungen und Erbfolgen geregelt werden.

Kulturtechniken und Souveränität

I Im Medium handeln

Kulturtechniken: Sie bezeichnen das, was Medien machen, was sie bewirken, zu welchen Handlungen sie verleiten. Kulturtechniken präzisieren die Handlungsmacht von Medien und Dingen. Wäre oder hätte die Medientheorie eine Grammatik, so käme diese Handlungsmacht darin zum Ausdruck, dass Objekte die grammatikalische Stellung des Subjekts einnehmen und Kulturtechniken Verben vertreten. Personen (gleich Menschen) rücken darin an jene Stelle in einem Satz, die für das grammatikalische Objekt reserviert ist. Diese Vertauschung der Positionen ist vielleicht das offensichtlichste Kennzeichen einer Theorie der Kulturtechniken, von den Medien aus betrachtet. Dabei sind die Positionen nicht beliebig kombinierbar. Es sind jeweils bestimmte Dinge und Medien, die bestimmte Techniken nach sich ziehen. Geräte geben ihre eigene Gebrauchsweise vor, Gegenstände haben ihre eigenen Operatoren. Das Ziehen einer Linie im Boden – um gleich bei einer elementaren und archaischen Kulturtechnik einzusetzen – wird vom Pflug ausgeführt. Dieses agrarische Gerät bestimmt den politischen Akt. Und es ist die Operation, die das Subjekt hervorbringt, das sich dann zum Herrscher über Gerät und Handlung gleichermaßen aufschwingen wird. So ist das *Imperium Romanum* Effekt der Linienziehung – einer Handlung, die im römischen Recht nicht zufällig als heilig galt. Ebenso rückt jemand in die rechtliche Position des Eigentümers durch den Akt des Linienziehens, des Umgrenzens eines eigenen Raums, und nicht etwa gibt es ihn schon vor dieser Handlung.

Diese Voreinstellungen in den Medien und Dingen, die die Kulturtechniken aktivieren, durchkreuzen die allgemeine, zumal rechtliche Annahme, dass es der Einzelne ist, der Handlungen ausführt und dem die Dinge zu Willen sind. Bevor diese sich ihm unterwerfen, besteht schon ein Verhältnis zwischen Medien und Kulturtechniken, das den Umgang mit ihnen bestimmt. Man kann einwenden, dass diese »Default-Position« aller Medien und Dinge von denen herrührt, die sie erfunden und gemacht haben. Mag es also sein, dass ein Gerät seinen Gebrauchsmodus vorgibt, so ist es doch immerhin so konstruiert, dass es in der Lage ist, diese Aufgabe zu erfüllen. Die Zwecksetzung ist in das hergestellte Ding eingegangen, und insofern ist die Person des Herstellenden nicht bloßes Vollzugsorgan eines »dinglichen Befehls«. Allerdings, und das ist das Kennzeichnende einer Erforschung der Kulturtechniken, ist keine in das Gerät implementierte Zwecksetzung souverän gegenüber den Bedingungen der Produktion, wie etwa der Beschaffenheit des Materials oder den räumlichen Gegebenheiten. Man muss also unterscheiden zwischen Personen, die *de jure* souverän handeln, und Kulturtechniken, die *de facto* das Vorgehen bestimmen. Wer nach Kulturtechniken fragt, fragt folglich nicht nach Durchsetzbarkeit, Erfolg, Chancen und Risiken bestimmter Neuerungen und Erfindungen in der Sphäre des Subjekts. Er befragt stattdessen die Selbstbestimmung oder Eigenpraxis der Dinge und Medien, welche den Handlungsradius des Subjekts vorgeben.

Was mit der Eigenpraxis der Dinge gemeint ist, könnte ebenfalls eine grammatische Umformulierung der Theorie der Kulturtechniken erläutern. Dazu passt eine bestimmte Art, Verben zu bilden, welche die Abhängigkeitsverhältnisse zwischen Ding, Medium und Kulturtechnik bezeichnet: das sogenannte *Medium,* das in der griechischen Sprache zu finden ist. Anders als bei Aktiv- und Passivbildungen eines Verbs kommt darin zum Ausdruck, dass das handelnde Subjekt (grammatikalisch betrachtet) auf etwas Drittes angewiesen ist. Weder geht in der medialen Form eine Handlung von jemandem aus und trifft auf etwas, noch verhält es sich genau umgekehrt. So »unsinnig« man den grammatischen Begriff des Mediums finden mag,[1] um diesen Sachverhalt des Mittelns zwischen Aktiv- und Passivhandeln auszudrücken, er besagt jedenfalls, dass es einen Handlungsträger gibt, dem man zwar mangels Personeneigenschaft keine Handlungsfähigkeit im syntaktisch juristischen Rahmen zugesteht, der aber dennoch etwas tut. Der Umstand, dass bestimmte Handlungen keiner Person zurechenbar sind, gleichwohl aber die Handlung von etwas getragen wird, kommt im Medium zum Ausdruck. Die Zurechnungsfähigkeit im Rechtlichen ist geradezu das Kennzeichen dieser medialen Verbform, im Medium ist der Normalfall klarer Zuordnungen, der auch den rechtlichen Anforderungen genügt, aufgehoben. Täter und Opfer, Souverän und Duldendes sind nicht mehr deckungsgleich mit grammatikalischem Subjekt und Objekt. Das Medium schafft hier ein Zwischenverhältnis, das nicht einfach bloß in der Verkehrung beider Seiten besteht.

Das Beispiel, das Wolfgang Schadewaldt zur Erklärung der medialen Verbform im Griechischen gibt, ist das Gesetzemachen.[2] Diese Tätigkeit – oder anders gesagt, diese Kulturtechnik – wird von der Volksversammlung ausgeführt. Schadewaldt weist darauf hin, dass die Versammlung in ihrer Handlungsmacht beschränkt sei. Sie könne nur insoweit eigenmächtige Bestimmungen treffen, als die vorhergehenden Gesetze es erlauben. Kein selbstherrliches, durch nichts beschränktes Handeln ist das Gesetzemachen demnach, sondern ein von den Gesetzen bedingtes. Diese Bedingung, die aus derselben rechtlichen Sphäre stammt wie die Tätigkeit, die ihr folgt, ist allerdings nicht die einzige Beschränkung des Gesetzemachens. Auch Versammlungsort, Streitgegenstand und Entscheidungsregeln wirken mit an dem konkreten Gesetz. Im Wort *Ding* oder *Thing* ist diese Vermischung von Ort und Sache einer Versammlung angezeigt. Was dann im späteren, ausgearbeiteten Recht das Grundparadox des Souveräns ausmacht, der seine Position zugleich über- und unterhalb der Gesetze hat, wird hier, im Medium der griechischen Grammatik, schlichtweg gelöst: »Im Medium ist die Tatsache gesichtet, dass gewisse Vollzüge weiter auf den Täter bezogen bleiben.«[3]

Von »gewissen Vollzügen« spricht Schadewaldt und veranschaulicht sie am Beispiel des Badens, einem im Griechischen medial gebrauchten Verb, das die Tatsache aufnimmt, dass Badende vom Wasser getragen werden. Anders als bei einem Speer, der aus der Hand des Werfers gleitet, bleibt die Bewegung des Badens auf das Wasser bezogen. Diese Bezogenheit indiziert die grammatische Form des Mediums. Der Speerwurf dagegen stellt einen klassischen Fall für eine Verbbildung im Aktiv dar. Speer oder Wasser, »anstoßgebend oder weiter bestimmend«, das ist eine Unterscheidung, die über die Verbform entscheidet. Zugleich sind darin die beiden Optionen enthalten, auf Dinge zu schauen. Entweder steht das Ziel (sein Erreichen, Verfehlen und die Geeignetheit bzw. Ungeeignetheit der Mittel dazu) im Mittelpunkt der Betrachtung oder das Mittragende. Die ballistische Sicht (das Aktiv, der Speer) ist eine juristische, die stets Mittel und Zwecke in Relation zueinander bringt. Sie fügt sich überdies in die im Recht wirksame Fiktion, wonach eine Handlung einem Handelnden als Ursache einer Streit- oder Rechtssache zugerechnet wird. Die mediale Sicht (das Medium, das Wasser) passt zur Erforschung von Kulturtechniken. Anstelle von Ursachenforschung, die einen personalen Verursacher in der Sache sucht, wird hier ein Täter aus dem Tatwerkzeug ermittelt, der Handelnde aus dem Medium.

Innerhalb der Kulturtechnikforschung macht es also keinen Unterschied, ob die Tätigkeit des Speerwerfens oder die des Badens betrachtet wird. Speere, die geworfen werden, nehmen darin keine andere Stellung ein als das Wasser, das Badende trägt. Und auch das Gesetzemachen gehört in diese Reihe. Ob also Milieu, Apparat oder Text, Umgebendes oder Gemachtes oder Geltendes, es sind Dinge und Medien, welche die Handlungen, die damit oder darin vollzogen werden, tragen. Die Frage, die sich daran anschließt, betrifft das Verhältnis zwischen einer ballistisch-juristischen und einer medial-kulturtechnischen Sicht auf die Dinge. Es ist schließlich nicht zu übersehen, dass das souveräne Subjekt innerhalb einer kulturtechnischen Betrachtung entmachtet und stattdessen den Sachen eine eigene Handlungsmacht zugebilligt wird. Fällt damit also die abendländische Souveränitätskonzeption? Sind Verantwortlichkeit und Zurechenbarkeit unbrauchbare Kategorien geworden? Es gibt Stimmen, die darauf drängen, den Dingen und Medien im Recht einen den medientheoretischen Einsichten gegenüber angemessenen Platz einzuräumen. Automaten sollen strafrechtlich verantwortlich sein, Computer Verträge abschließen und das Internet in die Funktion eines Autors einrücken können. Andere sehen in solchen dingaffinen Rechtskonzeptionen allerdings nichts anderes als die Wiederauflage einer großen Unschuldskomödie, in der die Schuld auf das Messer abgewälzt wird, mit dem die Tat begangen wurde, und belassen es bei der Fiktion, dass jede Handlung einem handelnden Subjekt zugehört.

Welche Konsequenzen man aus der medientheoretischen Betrachtung der Dinge und Medien als »Machende« zieht, ob man ihnen eigene subjektive Rechte gleich den Menschenrechten zugesteht, oder ob juristische Figuren notwendig werden, in denen Dinge und Medien den Thron des souveränen Subjekts einnehmen oder ihn zumindest mit ihm teilen, ist demnach eine offene Frage. Dass sie überhaupt gestellt wird, zeigt, dass Dinge ebenso wie Medien aus ihrem passiven Dasein als dienstbare Objekte oder zweckdienliche Mittel herausfallen oder auch entlassen wurden. Denn zum Teil geht die Abkehr von einer rein passivischen Positionierung der Dinge auf einen ökologischen Impuls zurück, der die Gleichstellung von Nicht-Menschen mit Menschen und ihren spezifischen Rechten verlangt. Zu einem gewissen Teil haben hier aber auch die Dinge selbst dafür gesorgt, dass eine bloß instrumentelle Sicht auf sie nicht angemessen erscheint. In ihrer Widersetzlichkeit gegen bestimmte Zwecke melden sie einen Anspruch auf eine andere Form der Wahrnehmung an, die wohl nicht zufällig in eine Phase erhöhter Ding- und Medienaufmerksamkeit fällt, welche eine Kulturtechnikforschung angetreten ist zu reflektieren. Was ansteht, ist eine Differenzierung auf der Seite der Objekte (alias Dinge und Medien), so wie sie das Recht auf der Seite des Subjekts längst vollzogen hat, wenn es mit Abstufungen der Willensintensität vom Vorsatz bis hin zur fahrlässigen Handlung arbeitet. Auf der Objektseite sucht man indes vergebens nach einer ebensolchen Differenzierung entlang der Handlungsintensitäten. Was die Akteursqualität von Dingen und Medien betrifft, so herrscht im Recht die Hypothese reiner Passivität. Dieser vom Recht unbearbeiteten Objektseite gilt die Aufmerksamkeit der Theorie von den Kulturtechniken, um einen Handlungsmodus zu formulieren, der nicht ganz losgelöst vom handelnden Subjekt, aber auch nicht ganz unabhängig von »Objekten« (Dingen und Medien) besteht.

II Vollzug und Verfahrensregeln

Wenn es in der zitierten Passage von Schadewaldt zur medialen Form des Verbs heißt, dass im Medium gewisse Vollzüge weiter auf den Täter bezogen bleiben, sticht der Begriff des *Vollzugs* hervor. Für die Erforschung von Kulturtechniken ist er zentral. Denn sobald Techniken und nicht Ideen im Mittelpunkt der Betrachtung stehen, Handlungsschritte und nicht Substantive, liegt das Augenmerk auf dem Vollzug eines Aktes. Vollzüge bezeichnen in der Regel einen gegliederten Handlungsablauf. Etwas vollzieht sich nach einem bestimmten Plan. Eine Handlung folgt einem vorgängigen Schema – selbst dann, wenn es den Anschein hat, dass es sich um einen originären Akt handelt, dem kein Entwurf vorausgeht. Auch scheinbar einmalige und erstmalige Akte laufen nicht planlos ab. Augenfällig ist diese quasi-algorithmische Dimension der Handlung in wiederholt vollzogenen Akten, in Ritualen. Doch auch ein im Affekt geschleuderter Pflasterstein folgt einem bestimmten Verfahrensablauf. Diese Verfahrensförmigkeit der Handlung, die eben nichts gegen ihre Spontaneität besagt, ist in die Medien und Dinge einer Handlung eingeschrieben. Von der Handlung auf das Skript derselben schließen, vom konkreten Vollzug auf die Vollzugsregeln – das kennzeichnet das Vorgehen der Kulturtechnikforschung.

Ob Wasser oder Speer, ob Computer oder ein architektonisches Objekt wie eine Tür oder ein Tisch, sämtliche Medien und Dinge liefern die Regeln ihres Vollzugs mit. Diese »dinglichen« Handlungsanleitungen kommen wiederum aus einer Sphäre, die der Handelnde selbst nicht beherrscht. Sie steuern Abläufe unabhängig von der individuellen Person des Ausführenden, was ihre Wiederholbarkeit ausmacht – an anderen Orten, zu anderen Gelegenheiten, von verschiedenen Personen. Getragen werden diese Handlungen von einem bestimmten Handlungswissen. Dieses kann an andere weitergegeben werden, es ist erlernbar. Wiederholbarkeit und Erlernbarkeit gehören zu den zentralen Erkennungszeichen für Kulturtechniken. All jene Disziplinen, die eine Praxis haben und diese weitergeben, haben demnach Kulturtechniken zum Inhalt. In den klassischen dogmatischen Disziplinen Theologie, Medizin und Recht findet man sie ausdrücklich. Hier sind es Dogmen, die eine personenunabhängige Ausführung eines Handlungsgebots sichern. Dogmen sind demnach nichts anderes als die sprachlichen Fassungen bestimmter Vollzüge. Sie explizieren ein bestimmtes Praxiswissen, das so zu einer erlernbaren und wiederholbaren Angelegenheit wird. Es verwundert nicht, dass der griechische Ausdruck techné ein anderes Wort für Dogma ist.[4] Techné, ebenso wie Dogma, bezeichnet einen Corpus an Regeln und Regelmäßigkeiten einer Praxis. Dort also, wo Kulturtechniken personenunabhängig ausgeführt und vermittelt werden sollen, gelangen sie zu einer ausdrücklichen Form, schriftlich gefasst in Handlungsanleitungen, Notationen, Prozessordnungen, Durchführungsbestimmungen, Kommentierungen und anderen Zeichensystemen.

Solche technischen Anweisungen sind für eine Erforschung

von Kulturtechniken unerlässlich. Zumal in historischen Forschungen sorgen die Regeln des Vollzugs überhaupt erst dafür, dass Kulturtechniken aussagbar werden. Was wüsste man schon von der mächtigen Kulturtechnik des Registermachens, ihrem ersten Aufkommen, ihrem diskursiven Umfeld, ohne solche ausdrücklichen Regelungen in Kanzleivorschriften? Sie sind das Äußerste, was man als Nicht-Eingeweihter, Nicht-Praktizierender von einem impliziten Wissen (*tacit knowledge*) wie Michael Polanyi dieses Praxiswissen genannt hat, erfährt. Auch wenn diese Anweisungen zuweilen den Duktus eines Gesetzes haben, sind sie dennoch nicht gesetzesgleich. Denn während Gesetze übertreten werden können und mit Strafe bewehrt sind, wird niemand die Regeln zum ordnungsgemäßen Gebrauch missachten – oder doch nur auf die Gefahr hin, seines Amtes enthoben oder seines Berufs verwiesen zu werden. Wer nicht nach den Regeln der Kunst seziert, wer nicht so auslegt, wie es die jeweilige Kunst vorsieht, dem wird man das Recht zur Ausübung seiner Tätigkeit entziehen. Die Befolgung von technischen Regeln ist demnach für die Kunst unabdingbar. Die Verfahrensregeln geben den Stand der Kunst wieder. Wer eine Aussage über Kulturtechniken trifft, muss darum auch nicht darüber spekulieren, ob diese Handlungsanweisungen befolgt wurden oder nicht. Dass es sie gibt, verweist auf eine bestimmte Praxis.

Wo immer Regeln zum Handeln implizit in einer Apparatur oder explizit in schriftlichen Ordnungen hinterlegt sind, stellen sie eine Verbindung zwischen einer Handlung und den Ausführenden her: jenen Agenten, die üblicherweise als Subjekt und Objekt angesprochen werden. Agenten stehen sowohl für die eine wie die andere Seite, was im Griechischen die Mediumbildung des Verbs sichtbar macht. Für die Erforschung von Kulturtechniken wird daraus eine Theorie, die Theorie der medialen Handlungen, die für eine logisch-grammatikalisch-juristische Handhabung aufgespalten wird in ein handelndes Subjekt und ein dienstbares Objekt. Im Recht wird aus dem medialen Verhältnis eine Frage der Zurechnung. Nur einem personalen Subjekt wird eine Handlung zugerechnet. Dass das personale Subjekt das Objekt einer Zurechnung ist, die Zurechnung mithin selbst eine Technik, und sogar eine zentrale in einer juristisch geprägten Kultur, erfasst man in der Perspektive der Kulturtechnikforschung. Was diese unternimmt, wenn sie Dinge und Medien auf ihre Handlungsweisen hin befragt, ist die Rückführung der Fiktion vom souveränen Subjekt, sei es als Gesetzgeber, Urheber oder Täter, auf die Techniken, die es jeweils dazu machen.

III Kulturtechniken – Kulturerbe

Der Ausdruck von den Kulturtechniken legt nahe, dass es auch noch andere Techniken gibt. Welche Verrichtung aber führt nicht zu Kultur,[5] geht es doch stets darum, dass es Techniken sind, die der Natur etwas abringen, sei es durch die Umzäunung eines Geländes, den Bau eines Hauses oder das Anlegen eines Bewässerungssystems? Den Kulturtechniken stehen demnach nicht etwa kulturlose Techniken gegenüber. Es gibt keine barbarischen Techniken. In der Techné ist die Kultur mitgegeben, im *colere* die archaischen Techniken des Bewässerns, Pflanzens und Zähmens, welche Natur in Kultur umwandeln.[6] Die andere Seite der Kulturtechniken bildet daher eine gänzlich techniklose Welt, über die ein Wort zu verlieren unmöglich ist, ohne nicht selbst schon wieder eine Kulturtechnik verwendet zu haben: die der Benennung aller Dinge, die daraus überhaupt erst handhabbare und damit auch erforschbare Sachen macht.

Wäre also die Kultur im Wort Kulturtechniken nichts anderes als eine Chiffre für die symbolische Ordnung, in der diese Techniken greifen und die sie überhaupt erst errichten, dann erübrigt sich jeder weitere Versuch, Kultur eigens zu definieren. Die Kulturwissenschaften haben wohl schon aus diesem Grund von vornherein darauf verzichtet, ihren Gegenstand zu definieren. Was Kultur ist, außer etwa im Kontext der Wissenschaftsinstitutionen ein Substitut für Geist und Gesellschaft, das sollte und konnte offenbleiben. Erst die Kulturtechnikforschung hat diese Bezeichnung einer neuen Wissenschaft beim Wort genommen und Kultur von jenem *colere* abgeleitet, das die archaischen Techniken der Kultur (im Sinne von Urbarmachung) umfasst.

Damit bleibt die Kulturtechnikforschung indes nicht diesen archaischen Techniken allein zugewandt. Auch neuere Techniken werden schließlich noch von der Semantik um *colere* getragen, wie ein Blick auf die Entscheidung zeigt, die das Bundesverfassungsgericht zum Vertrag von Lissabon gefällt hat. Auch in diesem Zusammenhang wird Kultur nicht etwa eigens definiert. Was Kultur ist, bestimmt das Gericht von den Techniken her, die in *colere* enthalten sind. Das Gericht, das angerufen worden war, um zu klären, wie viel Souveränitätsverlust ein Staat verkraften kann, ohne sich zu verlieren, antwortete darauf mit einer Betrachtung zur demokratischen Selbstbestimmung, deren Garant der Staat sei. In der Urteilsbegründung wird darauf abgestellt, dass es wesentlich zu einer Demokratie gehöre, sich im eigenen Kulturraum verwirklichen zu können. Damit gibt das Gericht sich die Aufgabe, dieses Eigene des Kulturraums zu definieren. Was in der Begründung folgt, ist bemerkenswerterweise keine Aufzählung substantieller Eigenheiten der deutschen Kultur. Das Gericht nennt stattdessen die Einrichtungen, welche Sorge für die Kultur tragen sollen. Hervorgehoben werden das Schul- und Bildungssystem, die Familie, die Sprache, Teilbereiche der Medienordnung und die Kirche.[7] Allzu weit entfernt von den Kulturtechniken des Erziehens, der Alphabetisierung, des Lesens, Schreibens, Rechnens, Betens, Beichtens, Spielens und jenen Techniken, die von Computer und Internet vorgegeben werden, ist diese Aufzählung nicht. So korrespondieren auf bestimmte und bestimmende Weise die gegenwärtig die Kultur tragenden Institute, die das Recht aufzählt, mit den Kulturtechniken, die die Wissenschaft beschäftigt.

Solche juristische Zuarbeit in Sachen Kulturtechnik ist stets dann zu erwarten, wenn ein drohender Verlust mit den Mitteln des Rechts aufgehalten werden soll. So wie die eigene Kultur im Angesicht einer Gefahr definiert wird (hier der Gefahr des Souveränitätsverlusts), erhalten auch die Kulturtechniken genau dann eine Erklärung durch das Recht, wenn man ihr Verschwinden befürchtet. In einem internationalen Übereinkommen der Vereinten Nationen wird reguliert, welche Maßnahmen ergriffen werden sollen, um gerade noch praktizierte traditionelle Kulturtechniken vor dem Vergessen zu bewahren. Das immaterielle Kulturerbe soll unter Schutz gestellt werden. Was man unter einem immateriellen Kulturerbe versteht, ließe sich ohne Weiteres als Kulturtechniken entziffern. Das Übereinkommen zur Bewahrung des immateriellen Kulturerbes der UNESCO bestimmt seinen Gegenstand mit folgender Liste: »Mündlich überlieferte Tradition und Ausdrucksformen, gesellschaftliche Praktiken, Rituale und Feste, Wissen und Praktiken im Umgang mit der Natur und dem Universum sowie Fachwissen über traditionelle Handwerkstechniken.«[8] Um diese Kurzfassung näher zu erläutern, werden »Praktiken, Darbietungen, Ausdrucksformen, Kenntnisse und Fähigkeiten sowie die damit verbundenen Instrumente, Objekte, Artefakte, und Kulturräume« hervorgehoben.[9] Damit ist auch auf der Ebene des internationalen Rechts die Verbindung hergestellt, die die Kulturtechnikforschung zwischen Dingen, Medien und Handlungen gezogen hat. Die Orte, Architekturen und Gegenstände, welche die Abfolge von Handlungsschritten jeweils organisieren, in die sie sich eingeprägt haben und die bestimmte Voreinstellungen des konkreten Vollzugs beinhalten, werden zum Gegenstand rechtlichen Schutzes.

Dass der Schutz des immateriellen Kulturerbes ungefähr in die gleiche Zeit fällt wie die Anfänge der Erforschung von Kulturtechniken, deutet auf eine Gemeinsamkeit von rechtlichem und epistemischem Gegenstand hin. Forschung und Recht kreuzen sich zu einem bestimmten Zeitpunkt, den man als einen bezeichnen könnte, an dem die Dinge aus dem gewohnten Handlungsgefüge herausfallen. Aus den stummen, unbemerkten und ebenso effektiven Dingen werden Problemfälle. Praktiken, Darbietungen, Ausdrucksformen, Kenntnisse und Fähigkeiten werden nicht mehr weitergegeben. Ihre Überlieferung stockt. Ihre Wiederholbarkeit steht in Gefahr. Die damit verbundenen Instrumente, Objekte, Artefakte und Kulturräume drohen zu verschwinden. So geraten sie zu einer regelbaren Materie. Sie rufen indes nicht allein den Gesetzgeber als Hüter von Dingen und Medien auf den Plan. Ebenso wird das, was keine maßgebende Praxis mehr hat, Objekt forschender Betrachtung.

Freilich gibt es keinen unmittelbaren Zusammenhang zwischen der Problemwerdung im Recht und dem Themawerden in der Wissenschaft. Doch ist die Koinzidenz eines Rechtsschutzes von Märchen, Dialekten, Festen und Handwerkskünsten mit der Begründung einer akademischen Kulturtechnikforschung auch nicht ganz zufällig. Sie erklärt sich aus derselben Inaktualisierung ihres Gegenstandes, ob er nun unter dem Oberbegriff Kulturerbe oder Kulturtechniken zusammengefasst wird. Was keinen Gebrauchswert mehr hat, bietet Anlass für konservatorische Maßnahmen und Theoriebildungen gleichermaßen. Wenn die einen bewahren, was die anderen beobachten, dann tragen die Kulturtechniken also ohne Zweifel einen historischen Index. Dass sie um die Jahrtausendwende herum in ein universitäres Wissen eingehen, zeitgleich mit den Schutzbestimmungen für bedrohtes immaterielles Kulturerbe, markiert das Jetzt dieses Textes als den Moment eines Verschwindens der Basisoperationen von Kulturtechniken.

Der Grund für dieses Verschwinden liegt nicht in einem selbst eingeleiteten Souveränitätsverlust des Staats, wie im Fall der Europäisierung. Nicht der ausdrückliche Abschied »von einer selbstgenügsamen und selbstherrlichen Vorstellung souveräner Staatlichkeit«, wie im Lissabon-Urteil,[10] sondern die Erfahrung einer Entmachtung des handelnden Subjekts initiiert die Kulturtechnikforschung und den Kulturerbeschutz gleichermaßen. Wenn bestimmte, die rechtlichen Operationen tragende Leitunterscheidungen, wie Subjekt und Objekt, verschwinden, so verlangt diese Entdifferenzierung Neueinstellungen, das Ziehen neuer Linien. Dafür bietet etwa auch die Debatte um die Frage im Umgang mit Autorrechten (»Open Access«) eine Anschauung. Wenn es üblich ist, mit und im Internet zu schreiben, wird die urheberrechtliche Vorstellung von einem zweistufigen Verfahren des Schreibens aus künstlerischer Kreation und ökonomischer Verwertung, aus Schöpfer-Souverän und verfügbaren Medien, unangemessen. Ihr steht die kulturtechnische These vom Schreiben als einem Kontinuum aus Übertragungsakten gegenüber. Und die Kunst besteht nun darin, diese These vom unsouveränen Subjekt an die Eigenlogik der Medien anzupassen und das heißt zuallererst: neue, operable Unterscheidungen zu treffen, und zwar genau da, wo die Theorie ihre Ununterscheidbarkeit nachgewiesen hat.

IV Die Ordnung der Kulturtechniken

Eine Theorie der Kulturtechniken mag daher also im Zeichen des Untergehenden stehen, im Gefolge einer Reihe von Archivierungen und Arché-Projekten, doch geht es ihr nicht darum, Bedrohtes vor der neuen Sintflut namens Globalisierung oder Kommerzialisierung zu retten. Vielmehr geht es ihr um eine Beschreibung der Kette an Substituierungen, die mit dem Wechsel der Dinge und Medien einhergehen. Entlang ihren Ähnlichkeiten und Verschiebungen, Nachfolgen und Verwandtschaften lässt sich diese Kette bilden. Die Digitalisierung ist eine solche Achse, die eine diachrone Sicht auf das Schreiben erlaubt, das Schreiben von Tagebüchern etwa, das sich im Blog fortsetzt, oder die Unterschrift, die ihr Pendant in der elektronischen Signatur erhält. Eine zeitlich schon weiter zurückliegende Achse bildet die Säkularisierung. In einer Reihe rechtlicher Kulturtechniken ist ihr religiöses Vorläufermodell erkennbar. Die Beichte ist ein Beispiel dafür. Michel Foucault hat diese Technik auf die Praktiken des Verhörens und Vernehmens ausgedehnt, Polizei und Psychoanalyse stehen so in einer Verbindung, die in den offiziellen Gründungslegenden der jeweiligen Institution nicht vorkommt.

Solche Achsen der Verschiebung erlauben es, Kulturtechniken in eine bestimmte Ordnung zu bringen, und die Frage ist, ob noch andere Kriterien dafür zur Verfügung stehen. Leitend ist dabei auch die Unterscheidung in Raum und Zeit organisierende Kulturtechniken, die nach Harold Innis Staaten und Reiche schaffen. Die raumordnenden Kulturtechniken umfassen Grenzregime und Vermessungstechniken, kurz alles, was den Akt des Linienziehens präzisiert. Ihnen stehen genealogische Techniken gegenüber, welche Dauer verwalten, Herkunft geben und Zukunft sichern. Neben dem Registermachen und den Adoptions- und Erbregelungen zählt etwa auch das Züchten und Pfropfen dazu. Dass in einem Fall ein Rechtstext, in einem anderen aber handgreifliche Operationen mit dem Messer diese zeitordnende Kulturtechnik tragen, legt es nahe, eine weitere Differenz einzuziehen und Kulturtechniken in alphabetische und nichtalphabetische zu unterscheiden. Bewässern ist schließlich etwas anderes als Rechnen auf dem Papier. Und doch können auch Techniken des Machens auf der Grundlage von Texten operieren. Der Grundakt des Ziehens einer Linie auf dem Erdboden ist, ganz ohne Papier, eine kartographische Markierung; er fällt in die symbolische Ordnung, gleich wie »erdig« diese Angelegenheit konkret ausfällt. Ebenso wird der Zweig, mit dem die Kulturtechnik des Pfropfens vorgenommen wird, zu einem Träger bestimmter Eigenschaften, das Pfropfen mithin zu einer textuellen Operation, ohne dass hier »paperwork« im Spiel ist.[11]

Sämtliche Kulturtechniken wahren demnach einen Bezug

zur symbolischen Ordnung oder stellen ihn her, so dass die Unterscheidung in alphabetische und nichtalphabetische Techniken lediglich für eine erste Sortierung plausibel ist. Fundamentaler ist die Unterscheidung in räumliche und zeitliche (genealogische) Kulturtechniken. Alles Weitere bleibt einer Liste überlassen, in welche die zu erforschenden Kulturtechniken um eine Achse ihrer Änderungen und Ähnlichkeiten, ihrer Nachfolgen und Vorläufer herum eingetragen werden. Listen aber sind unabschließbar, das Listenmachen überdies selbst eine Kulturtechnik, die daran erinnert, dass die Forschung der Kulturtechniken in sich verwickelt ist, unendlich rekursiv und fortsetzbar.

Anmerkungen

Vorwort

1 Vgl. den Aufsatz »Kulturtechniken und Souveränität«, S. 457 in diesem Band.

Unentrinnbares Rom?

1 Francesco Petrarca, *Invectiva contra eum qui maledixit Italiae* (1473), zit. nach Michel Foucault, *Vom Licht des Krieges zur Geburt der Geschichte*, Berlin 1986, 40; Ders., *In Verteidigung der Gesellschaft. Vorlesungen am Collège de France* (1975–76), Frankfurt am Main 1999, 86 f.
2 Foucault, *In Verteidigung*, 87.
3 Thomas Kling, »Besprechung von Francesco Petrarca, Aufrufe zur Errettung Italiens und des Erdkreises. Ausgewählte Briefe, Basel 2001«, in: *Süddeutsche Zeitung* vom 4. 2. 2002.
4 Zur Antithese von *restauratio* und *translatio* Barbara Vinken, *Du Bellay und Petrarca. Das Rom der Renaissance*, Tübingen 2001, 43 ff.
5 Dazu Wolfram Brandes, »Die imaginäre Topografie Konstantinopels zwischen apokalyptischem Denken und moderner Wissenschaft«, in: *Rechtsgeschichte* 2 (2003), 58–71.
6 Hans-Heinrich Nolte, *Kleine Geschichte Rußlands*, Stuttgart 1998, 28.
7 Siehe dazu Hans-Christian von Herrmann, »Schauräume – Datenräume. Bürokratie in Florenz im 15. und 16. Jahrhundert«, in: Ursula Kundert, Barbara Schmid und Regula Schmid (Hg.): *Ausmessen – Darstellen – Inszenieren. Raumkonzepte und die Wiedergabe von Räumen in Mittelalter und früher Neuzeit.* Zürich 2007, 211–224.
8 Hannah Arendt, *Über die Revolution*, Frankfurt am Main und Zürich 1968, 273.
9 Foucault, *In Verteidigung*, 87.

10 Im 18. Jahrhundert organisiert sich dieses historische Wissen. »Ministerien für Geschichte«, wie das Dépot des Chartes, werden eingerichtet, Foucault, *In Verteidigung*, 156 ff.
11 Foucault, *In Verteidigung*, 170 f.
12 Zur diskursgenerierenden Wirkung des Untergangstopos: Arnaldo Momigliano, »Christianity and the Decline of the Roman Empire«, in: Ders., *The Conflict between Paganism and Christianity in the Fourth Century*, Oxford 1963, 1–16.
13 Arnaldo Momigliano, »Ein Vorspiel zu Gibbon im 18. Jahrhundert«, in: Ders., *Ausgewählte Schriften zur Geschichte und Geschichtsschreibung*, hg. von Glenn Most unter Mitwirkung von Wilfried Nippel und Anthony Grafton, Bd. 2, Stuttgart und Weimar 1999, 221–236, 227.
14 Momigliano, »Vorspiel«, 235.
15 Zum Zusammenhang von amerikanischer Revolution und Decline and Fall Momigliano »Vorspiel«, 227.
16 Manfred Schneider, *Der Barbar. Endzeitstimmung und Kulturrecycling*, München und Wien 1997, 42.
17 Schneider, *Barbar*, 42.
18 Theodor Mommsen, *Römisches Staatsrecht*, Vorwort zur 2. Auflage, XIV, s. dazu Wolfgang Ernst, »Karthago (Against Romanocentrism)«, in: Armin Adam und Martin Stingelin (Hg.), *Übertragung und Gesetz. Gründungsmythen, Kriegstheater und Unterwerfungstechniken von Institutionen*, Berlin 1995, 177–189, 177.
19 Marie Theres Fögen, *Römische Rechtsgeschichten. Über Ursprung und Evolution eines sozialen Systems*, Göttingen 2002, 213.
20 Pierre Legendre im Gespräch mit Anton Schütz und Clemens Pornschlegel: »Der ›Take-Off‹ des Westens ist ein Gerücht«, in: *Tumult* 26 (2002), 102–118, 112.
21 Jacques Derrida, »Glaube und Wissen«, in: Ders. und Gianni Vattimo (Hg,), *Die Religion*, Frankfurt am Main 2001, 9–106.
22 Siehe Tomasz Giaro, *Aktualisierung Europas. Gespräche mit Paul Koschaker*, Genova 2000.
23 Derrida, »Glaube und Wissen«, etwa: 51, 70.
24 Armin Adam, »›Römischer‹ Katholizismus. Gestaltung und Herausforderung der Romreferenz im Zeitalter der Reformation«, (Ms.) 2002, 1.
25 Zur Koextensivität von Rom und Raum Carl Schmitt, »Raum

und Rom. Zur Phonetik des Wortes Raum«, in: *Universitas* 6 (1951), 693–697.

26 Vgl. Hubert Cancik, »Altertum und Antikerezeption im Spiegel der Geschichte der Realencyclopädie«, in: Richard Faber, Barbara von Reibnitz und Jörg Rüpke (Hg.), *Antik. Modern*, Weimar und Stuttgart 1998, 7–22, 9 und 11.

27 P. G. Monateri, »Black Gaius. A Quest for the Multicultural Origins of the ›Western Legal Traditions‹«, in: Hastings L. J. 51 (2000), 479–555.

28 Wolfgang Ernst unternimmt den Versuch, ein rein datengestütztes Karthago gegen ein narrativ funktionierendes Rom zu stellen in »Karthago (Against Romanocentrism)« (wie Anm. 18).

29 Leon Battista Alberti, *Descriptio Urbis Romanae*, hg. von M. Furno und M. Carpo, Genève Droz 2000. Siehe auch die Arbeiten von Mario Capro (etwa: *Zeitschrift für Kunstgeschichte* LXIV (2001), 223–233) und von Anthony Grafton, *Leon Battista Alberti. Baumeister der Renaissance*, Berlin 2002.

30 Gerhard Radke, *Viae Publicae Romanae*, Stuttgart 1971, 3.

31 Ausführlich Bernhard Siegert, »Der Untergang des römischen Reiches«, in: Hans Ulrich Gumbrecht und K. Ludwig Pfeiffer (Hg.), *Paradoxien, Dissonanzen, Zusammenbrüche, Situationen offener Epistemologie*, Frankfurt am Main 1991, 495–514.

32 Derrida weist mehrfach darauf hin, dass wir immer schon Lateinisch sprechen (»Glaube und Wissen«, 47, 50 ff.) und damit auf das Problem der Unentrinnbarkeit Roms (wie Anm. 21).

33 Cornelia Vismann, »Wort für Wort – Sprachengebrauch als Rechtssetzung«, in: Bernd Liepold-Mosser (Hg.), *Sprache der Politik – Politik der Sprache*, Wien 1996, 103–127.

34 Tomasz Giaro, »Privatrecht als Technik der Gerechtigkeit«, in: Herfried Münkler und Marcus Llanque (Hg,), *Konzeptionen der Gerechtigkeit*, Baden-Baden 1999, 69–80, 73.

35 Tomasz Giaro, »Europa und das Pandektenrecht«, in: *Rechtshistorisches Journal* 12 (1993), 326–345.

36 Dazu Anselm Haverkamp, *Figura cryptica. Theorie der literarischen Latenz*, Frankfurt am Main 2002, 7 ff.

37 Die Funktion der Differenz besteht darin, Referieren und Beobachten gleichzusetzen, das heißt: System- und Selbstreferenz beobachterunabhängig beschreiben zu können. Niklas Luhmann,

Soziale Systeme. Grundriß einer allgemeinen Theorie, Frankfurt am Main 1984, 596 f.

38 Zu den Europabildern im Recht Tomasz Giaro, »Europa und das Pandektenrecht« (wie Anm. 35).

39 Dazu Ernst H. Kantorowicz, »Das Problem mittelalterlicher Welteinheit«, in: Ders., *Götter in Uniform*, Stuttgart, 175–181. Diese Referenz wiederholt sich in der Suche nach einem geeinten Europa, welche die Szene der Rechtswissenschaft nach dem Zusammenbruch der Rechtsordnung 1945 kennzeichnete und im Zug der Bemühungen um eine europäische Integration erneut aktiviert wird, siehe Giaro, Aktualisierung Europas, 13 (wie Anm. 22).

40 Auf das duplizierte Rom wird auch als Doppel Bezug genommen, etwa dann, wenn die Referenz Rom–Byzanz das Verhältnis Moskau–Petersburg zur Zeit der russischen Revolution rastert: So wie Rom ist Moskau ein gewachsenes Zentrum und Petersburg eine Stadt vom Reißbrett (Nolte, *Kleine Geschichte Rußlands*, 96), die wie Konstantinopel eine exzentrische am Meer gelegene Handelsstadt ist. Auch das Ost-Westverhältnis nach 1989 wird nach diesem Muster dieser Spaltung beschrieben (vgl. Jean-Christophe Rufin, *Das Reich und die neuen Barbaren*, Berlin 1993).

41 Vgl. Antonio Negri und Michael Hardt, *Empire. Die neue Weltordnung*, Frankfurt am Main 2002.

42 Arendt, *Revolution*, 267.

43 Zitiert nach Arnaldo Momigliano, »Die Geschichte der Entstehung und die heutige Funktion des Begriffs des Hellenismus«, in: Ders., *Ausgewählte Schriften zur Geschichte und Geschichtsschreibung*, hg. von Glenn Most unter Mitwirkung von Wilfried Nippel und Anthony Grafton, Bd. 3, Stuttgart und Weimar 2001, 114–142, 123.

Wort für Wort

1 Der vorliegende Aufsatz fußt – wenngleich nicht »kata poda« – auf Marie Theres Fögen, »Brüssel, Beirut und Byzanz. Viele Sprachen, ein Recht?«, in: *Rechtshistorisches Journal* 12 (1993), 347–365; zu den Befehlsstrukturen des römischen Reiches als sein Konstituens ausführlich Bernhard Siegert, »Der Untergang des römischen Reiches«, in: Hans Ulrich Gumbrecht und K. Lud-

wig Pfeiffer (Hg.), *Paradoxien, Dissonanzen, Zusammenbrüche, Situationen offener Epistemologie*, Frankfurt am Main 1991, 495–514; zur Sprachverwaltung im römischen Reich grundlegend: Heinrich Eduard Dirksen, »Über den öffentlichen Gebrauch fremder Sprachen bei den Römern«, 1. Abhandlung in: *Civilistische Abhandlungen*, Bd. 1, Berlin 1820, 1–92; ausführlich auch Andreas Wacke, »Gallisch, Punisch, Syrisch oder Griechisch statt Latein? Zur schrittweisen Gleichberechtigung der Geschäftssprachen im römischen Reich«, in: *Zeitschrift der Savigny-Stiftung* (rom. Abt.) 110 (1993), 14–59.

2 Giacomo Devoto, *Geschichte der Sprache Roms*, Heidelberg 1968, 234; vgl. auch zum folgenden Abschnitt 234–239.

3 Zu Ciceros griechisch gehaltenen Senatsreden siehe Dirksen, »Über den öffentlichen Gebrauch«, 25.

4 Vgl. Walter Benjamin, »Die Aufgabe des Übersetzers«, in: Ders., Gesammelte Schriften IV, 1, herausgegeben von Tilman Rexroth, Frankfurt am Main 1980, 9–21.

5 Benjamin, »Aufgabe des Übersetzers«, 18; dazu Jacques Derrida, »Des tours de Babel«, in: Ders., *Psyché. Inventions de l'Autre*, Paris 1987, 203–235; zur Wörtlichkeit von Übersetzungen im Ciceronischen »verbum pro verbo«, 206.

6 Yan Thomas, »La langue du droit romain – Problèmes et méthodes«, in: *Archives de Philosophie du Droit*, 19 (1974), 103–125, besonders 108, 124.

7 Vgl. Pierre Legendre, »›Die Juden interpretieren verrückt‹. Gutachten zu einem klassischen Text«, in: *Psyche. Zeitschrift für Psychoanalyse und ihre Anwendungen*, 43 (1989), 20–39; Ders., *Le Désir politique de Dieu: Etude sur les montages de l'Etat et du Droit*, Paris 1988, 293 ff.

8 Vgl. Bernadette Droste Lehnen, *Die authentische Interpretation. Dogmengeschichtliche Entwicklung und aktuelle Bedeutung*, Baden-Baden 1990; zu Auslegungsverboten in der Frühen Neuzeit vgl. Michael Stolleis: »Condere leges et interpretari. Gesetzgebungsmacht und Staatsbildung in der frühen Neuzeit«, in: Ders., *Staat und Staatsraison in der frühen Neuzeit. Studien zur Geschichte des öffentlichen Rechts*, Frankfurt am Main 1990, 167–196, besonders 173 ff.

9 Pierre Noailles, *Les Collections de Novelles de l'Empereur Justinien*, Paris 1912, 34.

10 Nov. 7 cap.; 1, dt. leicht geändert zit. nach Wacke, »Gallisch, Punisch«, 19.
11 Wulf Eckart Voss, *Recht und Rhetorik in den Kaisergesetzen der Spätantike. Eine Untersuchung zum nachklassischen Kauf- und Übereignungsrecht*, Frankfurt am Main 1982, 80.
12 Zu Gesetz und Entstehungsgeschichte siehe Theodor Schieder, *Das deutsche Kaiserreich von 1871 als Nationalstaat*, Köln und Opladen 1961, 95–124; sowie Helmut Glück, *Die preußisch-polnische Sprachenpolitik*, Hamburg 1979, 202 ff. und besonders 326–329 (dort zu Recht gegen eine Überschätzung des Einflusses des Idealismus).
13 Ress, Art. 111, Rdn. 5, auch Rdn. 9, in: Bruno Simma (Hg.), *Charta der Vereinten Nationen. Kommentar*, München 1991; vgl. auch Jörg Manfred Mössner, »Auslegung mehrsprachiger Staatsverträge. Bemerkungen zu Artikel 33 der Wiener Konvention über das Recht der Verträge vom 23. Mai 1969«, in: *Archiv des Völkerrechts*, 15 (1972), 273–302, bes. 288 f.
14 Mössner, »Auslegung«, 284.
15 Florian Coulmas (Hg.), *A Language Policy for the European Community. Prospects and Quandaries*, Berlin und New York 1991, Einleitung, 8. (Das Buch scheint selbst ein Votum für den Monolingualismus zu sein: alle Beiträge sind unabhängig von den Herkunftssprachen der Verfasser in englischer Sprache.)
16 Jürgen Vollmer, »Eurotra-goals, organization and framework design«, in: *Terminologie et Traduction*, 1 (1985), 85–95, bes. 88 f.
17 Albrecht Weber, Art. 217 Rdn. 12, in: Hans von der Groeben, Jochen Thiesing, Claus Dieter Ehlermann (Hg.), *Großkommentar zum EWG-Vertrag*, Bd. 4, Baden-Baden 1991.

Zeit der Akten

1 Neben der Darstellung von Adolf Harnack, *Geschichte der königlichen Preußischen Akademie der Wissenschaften zu Berlin*, Berlin 1901, 686–695; s. auch die Korrespondenz Savignys in: Adolf Stoll, *Friedrich Karl von Savigny. Ein Bild seines Lebens mit einer Sammlung seiner Briefe*, 3. Band, »Ministerzeit und letzte Lebensjahre«, Berlin 1939, bes. Brief an Zachari wegen der Herausgabe der Pommersfelder Handschrift, 55 f.

2 Zit. nach Mario Bretone, *Geschichte des römischen Rechts*, München 1992, 252f.

3 Gerhard Dulckheit und Fritz Schwarz, neu bearb. von Wolfgang Waldstein, *Römische Rechtsgeschichte. Ein Studienbuch*, München, 8. Aufl. 1989, 304.

4 Detlev Liebs, *Römisches Recht. Ein Studienbuch*, Göttingen, 4. Aufl. 1993, 99, zu den Katenen Leopold Wenger, *Die Quellen des römischen Rechts*, Wien 1953, 125f.

5 Otto Behrends, *Corpus Iuris Civilis*, Text und Übersetzung auf der Grundlage der von Theodor Mommsen und Paul Krüger besorgten Textausgabe, Bd. 1: Institutionen, Heidelberg 1990, »Constitutio Imperatoriam, 21. Nov. 533«, XIIIf.

6 Friedrich Bluhme, »Die Ordnung der Fragmente in den Pandektentiteln. Ein Beitrag zur Entstehungsgeschichte der Pandekten«, in: *Zeitschrift für geschichtliche Rechtswissenschaft*, 4 (1820), 257–472.

7 Vgl. Wenger, *Quellen des römischen Rechts*, 844.

8 Zusätzlich zu dieser Erschließung der Digesten über Originalzitate richtet Mommsen für die Juristen des 19. Jahrhunderts ein Verzeichnis zu Verfassern und Werken ein. Am Ort höchster Rechtswissenschaftlerdichte, in der Königlichen Bibliothek Berlins, ist das Resultat dieser Zerlegung der Zitate in Form eines Zettelkatalogs aufgestellt, bis dieser nach Mommsens Tod von einem mobilen Index, ein »Vokabularium« in Buchform, abgelöst wird; Wenger, *Quellen des römischen Rechts*, 600 (Anm. 214). Vgl. zur Edition Mommsens die Rezension von Karl Eduard Zachari von Lingenthal, »Digesta Justiniani Augusti recognovit, adsumptio in operis societatem Paulo Kruegero. Th. Mommsen, Vol. I.II., Berolino apud Weidmannos, 1870, 8. maj«, in: *Zeitschrift für Rechtsgeschichte* 10 (1872), 165–178, 166f.

9 Wenger, *Quellen des römischen Rechts*, 151.

10 Dazu ausführlich Harnack, *Geschichte der königlichen Preußischen Akademie*, 686–695.

11 Adelheid Mommsen, *Theodor Mommsen im Kreise der Seinen. Erinnerungen seiner Tochter A. M.*, 2. Aufl., Berlin 1937, 7.

12 Friedrich Kittler, *Die Nacht der Substanz*, Bern 1989, 19.

13 A. Mommsen, *Theodor Mommsen*, 13f.

14 Th. Mommsen gegenüber dem Verfasser einer Untersuchung aus

dem öffentlichen römischen Recht, zit. nach Alfred Heuss, *Theodor Mommsen und das 19. Jahrhundert*, Kiel 1956, 48.

15 A. Mommsen, *Theodor Mommsen*, 68.

16 Heuss, *Theodor Mommsen*, 44.

17 Th. Mommsen in: *Verhandlungen über Fragen des höheren Unterrichts*. 6. 8. 1900, Halle 1901, 148; zum »Hofklatsch« 142.

18 Michel Foucault, »Das Leben der infamen Menschen«, in: *Tumult. Zeitschrift für Verkehrswissenschaft*, 4 (1982), 41–58.

19 A. Mommsen, *Theodor Mommsen*, 74.

20 Vgl. Pierre Legendre, *Leçons VII. Le Désir Politique de Dieu. Etude sur les montages de l'Etat du Droit*, Paris 1988, 292.

21 Abgedruckt bei Heuss, *Theodor Mommsen*, (Anhang), 282 (dort ohne Hervorhebung).

The Love of Ruins

1 Constitutio ›Deo Auctore‹, Corpus iuris civilis, Institutiones – Digesta, Vol. I., edited by Theodor Mommsen und Paul Krüger, Berlin, 16. Ed. 1954, § 5.

2 Hans Kelsen (1960), *Pure Theory of Law*, edited and translated from the 2nd revised and enlarged German edition by Max Knight, Berkeley 1967.

3 Constitutio ›Deo Auctore‹, *Corpus iuris civilis*, § 5.

4 Jacques Derrida, »Force of Law. The ›Mystical Foundation of Authority‹«, in: *Cardozo Law Review* 11 (1990), 919–1044, 1009.

5 Caroline Walker Bynum, *Fragmentation and Redemption*, New York 1991.

6 Ernst Kantorowicz, »The Problem of Medieval World Unity«, in: *Selected Studies*, Locust Valley, New York, 76–81, 77.

7 »Seht ihr den Krug, ihr werthgeschätzten Herrn? / Seht ihr den Krug?« [...] »Nichts seht ihr, mit Verlaub, die Scherben seht ihr; / Der Krüge schönster ist entzwei geschlagen. / Hier grade auf dem Loch, wo jetzo nichts, / Sind die gesamten niederländischen Provinzen / Dem spanischen Philipp übergeben worden. / Hier im Ornat stand Kaiser Carl der Fünfte: / Von dem seht ihr nur noch die Beine stehn. / Hier kniete Philipp, und empfing die Krone: / Der liegt im Topf, bis auf den Hinterteil, / Und auch noch der hat einen Stoß empfangen.« Heinrich von Kleist (1811), »Der

zerbrochne Krug«, in: *Sämtliche Werke und Briefe*, vol. 1., edited by Helmut Sembdner, München, 9. Ed 1993, 175–244, 200.

8 »Frau Marth! Erlaßt uns das zerscherbte Pactum, / Wenn es zur Sache nicht gehört. / Uns geht das Loch – nicht die Provinzen an, / Die darauf übergeben sind.«, Kleist, »Krug«, 201.

9 »Den Krug erbeutete sich Childerich, / Der Kesselflicker von Oranien.«, Kleist, »Krug«, 201.

10 »Die einen sind Quellen und wollen es sein, [...] die anderen werden nur durch die Art unserer Benutzung dazu.«, Johann Gustav Droysen (1857), »Historik. Die Vorlesung von 1857«, in: id., *Historik*, historisch-kritische Ausgabe, vol. I. edited by Peter Leyh. Stuttgart 1977, 1–393, 70.

11 Eckart Henning, »Historische ›Überreste‹. Archivalische Quellen und ihre Benutzung«, in: *Der Herold* (Neue Folge) 14 (1993), 51–58, 51.

12 Droysen, »Historik«, 9.

13 Droysen, »Historik«, 12.

14 »Es ist immer viel mehr Material vorhanden, als es auf den ersten Blick scheint, aber es liegt tief eingehüllt, gleichsam latent da.« Droysen, »Historik«, 102.

15 Droysen, »Historik«, 65.

16 »Papiere aus öffentlichen und Privatgeschäften, wie sie sich denn in Akten, Berichten, Rechnungen, Korrespondenzen usw. darstellen. Das in diesem Material Bezeichnende ist, daß sie Momente in den sich vollziehenden Geschäften waren, daß sie zufällig erhaltene Momente aus der Kontinuität von Geschäften [...] sind.«, Droysen, »Historik«, 76.

17 Michael Cahn, »Das Schwanken zwischen Abfall und Wert. Zur kulturellen Hermeneutik des Sammlers«, in: *Merkur* 45 (1991), 674–690, 674.

18 Henning, »Überreste«, 51.

19 Droysen, »Historik«, 72.

20 Dieser Eifer schaffe »reiche und unmittelbare Zusammenstellung[en] von unmittelbaren Resten des Altertums. [...] Man hat [...] einen großen Schatz höchst lehrreicher Dinge zusammengebracht, teils in Gips oder Photographie. Schon ist [...] der Versuch gemacht, die gesamte germanische Vergangenheit nach allen Kategorien in historischer Sammlung herzustellen und in Repertorien nachzuweisen. Der einmal begonnene Zug führt unabläs-

sig weiter. Schon ist in Berlin für die musikalische Kunst ein Zentralpunkt von Handschriften, wie es Alexandrien für die griechische Literatur war. Es ist nur ein Schritt weiter, um in gleicher Weise für die Technologie, für die Agrikultur durch Sammlungen von Modellen aller möglichen Maschinen, von Instrumenten, von Warenproben, usw. zu sorgen.«, Droysen, »Historik«, 72.

21 Droysens Diagnose lautet: es »ist für das Archivwesen eine neue Ära angebrochen. [...] Man begreift, daß jeder Staat in seinen Archiven seine historische Vergangenheit gleichsam deponiert hat, [...]. Es ist weniger wichtig, wie das Archiv und nach welchen System es geordnet ist, als daß es fort und fort lebendig arbeite und evident gehalten werde.«, Droysen, »Historik«, 79.

22 Droysen, »Historik«, 101.

23 Arlette Farge, *Le goût de l'archive*, Paris 1989, 71.

24 »Justinians Digestenwerk, das sich selbst bereits als Auslese aus fast 1400 Jahren römischer Rechtsgeschichte verstand, ausdrücklich als Reduktion von gesichteten 3 Millionen Zeilen auf deren 150 000. Doch selbst diese Auslese auf etwa ein Zwanzigstel, die lediglich gesicherte Überlieferung versprach, drohte gänzlich verloren zu gehen, bis auf vermutlich nur eine oder zwei Handschriften, von denen dann im späten 11. Jahrhundert das Studium des vollständigen Corpus iuris seinen Ausgang nehmen konnte – mit Folgen, die die Welt veränderten.«, Arnold Esch, »Überlieferungs-Chance und Überlieferungs-Zufall als methodisches Problem des Historikers.«, in: *Historische Zeitschrift* 240 (1985), 529–570, 556.

25 Wolfgang Ernst, *M.edium F.oucault*, Weimarer Vorlesungen über Archive, Archäologie, Monumente und Medien, Weimar 2000.

26 Giorgio Agamben, *Remnants of Auschwitz. The Witness and the Archive (Homo Sacer III)*, translated by Daniel Heller-Roazen. Stanford 1999, 158.

27 Agamben, *Auschwitz*, 161.

28 Agamben, *Auschwitz*, 159.

Quellen

1 Theodor Birt, *Kritik und Hermeneutik nebst Abriss des antiken Buchwesens*, München 1913, 16, 23.

2 Birt, *Kritik und Hermeneutik*, 6.

3 Kurt Latte, *Römische Religionsgeschichte*, München 1960, 210f.
4 Dazu und zum folgenden Rudolf Schieffer, »›Redeamus ad fontem‹. Rom als Hort authentischer Überlieferung im frühen Mittelalter«, in: Arnold Angenendt, Ders. (Hg.), *Roma – Caput et Fons. Zwei Vorträge über das päpstliche Rom zwischen Altertum und Mittelalter*, Opladen 1989, 45–70.
5 Caroline Walker Bynum, *Fragmentierung und Erlösung. Geschlecht und Körper im Glauben des Mittelalters*, Frankfurt am Main 1996.
6 Jacques Derrida, »Glaube und Wissen. Die beiden Quellen der ›Religion‹ an den Grenzen der bloßen Vernunft«, in: Ders., Gianni Vattimo (Hg.), *Die Religion*. Frankfurt am Main 2001, 19, 67.
7 Vattimo, *Die Religion*, 7.
8 Der auf Capri ansässige Kaiser Tiberius machte diese epochale Nachricht amtlich, als er den Schiffer zu sich zitierte, dem sie von den den Nymphen verwandten Sirenen verkündet worden war. Vgl. Plutarch *De defectu oraculum*, 419 B.
9 Jacques Derrida, »Glaube und Wissen«, 57, vgl. 101.
10 Émile Benveniste, *Indoeuropäische Institutionen. Wortschatz, Geschichte, Funktionen*, Frankfurt am Main und New York 1993, 464 f.
11 Odyssee, V, 184 f.
12 Nach Walter Burkert, *Die Griechen und der Orient*, München 2003, 38.
13 Zitiert nach Porphyry, *The Cave of the Nymphes in the Odyssey*, A revised Text with Translation, Buffalo 1969, 12.
14 Odyssee, VI, 123.
15 Odyssee, XIII, 102–114. Leicht veränderte Übersetzung von Roland Hampe. Stuttgart 1979.
16 Wenn der Autor zur Kommentierung die Stelle aus der Odyssee auswählt, die von den purpurne Mäntel webenden Nymphen handelt, so ist er, der aus der für seine Purpurproduktion bekannten Stadt Tyros stammt, selbst darin verwoben. Nicht allein heißt Porphyrios übersetzt Purpur, dieser Name ersetzt auch seinen früheren Namen, Basiléus, für den ein purpurner Mantel das Kennzeichen seiner Königswürde ist.
17 Hesiod, *Theogonie*, 347.
18 Plutarch, *Lykurg*, 15, 3–7.
19 Ruge, »Nymphai«, Sp. 1536.

20 Hymne an Apoll, Porphyry, *Nymphes in the Odyssey*, 8.
21 Eine Frau aus Phokis (Suppl. Epigr. Graec. III 406) nach Walter F. Otto, *Die Musen und der göttliche Ursprung des Singens und Sagens*, Darmstadt 1961, 10 f.
22 Johann Jakob Bachofen, »Urreligion«, in: Ders., *Mutterrecht und Urreligion. Eine Auswahl*, hg. v. Rudolf Marx. Stuttgart 1927, 47.
23 Otto, *Musen*, 11.
24 Plutarch, *Lykurg*, 25, 3.
25 ἡδονῆς, Porphyry, *Nymphes in the Odyssey*, 18.
26 Vgl. Porphyry, *Nymphes in the Odyssey*, 19.
27 Paul Valéry, *Tanz, Zeichnung und Degas*, Frankfurt am Main 1996, 9.
28 Georg Wilhelm Friedrich Hegel, *Vorlesungen über die Philosophie der Geschichte*, Sämtliche Werke, 11. Band, Stuttgart-Bad-Cannstatt 1971, 310.
29 Porphyry, *Nymphes in the Odyssey*, 18.
30 Platon, *Phaedros*, 238 D.
31 Platon, *Phaedros*, 241 D.
32 Den Zusammenhang zwischen Vers, Quelle und Nymphe hat Roberto Calasso hergestellt in: *Die Literatur und die Götter*, München und Wien 2003, 29 ff.
33 Später gibt es nur noch die vom Stampfrhythmus römischer Ackerbauern übernommene Metrik, Birt, *Kritik und Hermeneutik*, 69.
34 Vgl. Platon, *Symposion*, 218 B; Burkert, *Griechen und der Orient*, 97.
35 Und Lektürehinweise eines βέβηλος machen – wie im vorliegenden Fall – aus Unwissenden immerhin Leser.

Fluchen in Stein

1 Meine Anmerkungen zum Fluch sind dem Andenken an die staatenlose B. gewidmet, einer schmächtigen Dame in einem römischen Altersheim, die kaum etwas sagte, zuweilen sang und oft fluchte – auf Russisch.
2 Zitiert nach Hans-Christian von Herrmann, »Teos und Abdera im 5. Jahrhundert v. Chr.«, in: *Chiron* 11 (1981), 1–30, 9.

3 Herrmann, »Teos und Abdera«, 4. Auf die Stele von Teos bezieht sich auch Kurt Latte, *Heiliges Recht*, Tübingen 1920, 68 f. und Erich Ziebarth, »Der Fluch im griechischen Recht«, in: *Hermes* 30 (1895), 57–70, 65.

4 Herrmann, »Teos und Abdera«, 13.

5 Vgl. Plutarch, *Alkibiades*, 22. Zur unmittelbaren Ahndung bei Meineid siehe Hesiod, *Theogonie*, 775 f.

6 Jan Assmann, »Altorientalische Fluchinschriften und das Problem performativer Schriftlichkeit«, in: Hans Ulrich Gumbrecht und K. Ludwig Pfeiffer, *Schrift*, München 1993, 233–255, 252.

7 Rudolf Hirzel, *Der Eid: Ein Beitrag zu seiner Geschichte*, Leipzig 1902, 87; vgl. auch Sir Kenneth James Dover, *Greek Popular Morality in the Time of Plato and Aristotle*, Oxford 1974, 257. Zum Zusammenwirken von Eid und Fluch Herrmann, »Teos und Abdera«, 13; Latte, *Heiliges Recht*, 72 f.; Ziebarth, »Fluch«, 69. Die ersten Eide sind Bürgereide, im Unterschied zum Parteieneid vor Gericht. Sie sind negativ formuliert, als Schwur, etwas nicht zu tun, die Ordnung nicht anzutasten. Spätere Eide schwören die Bewahrung der Ordnung sogar unter Benennung des konkreten Verfassungstyps: die Demokratie, Herrmann, »Teos und Abdera«, 15. Zum Solonischen Bürgereid Platon, *Solon*, 25.

8 Latte, *Heiliges Recht*, 68; weitere Beispiele aus archaischer Zeit bei Ziebarth, »Fluch«, 64.

9 Assmann, »Fluchinschriften«, 241. Aufgeschriebene Flüche außerhalb der rechtlichen Verbotssphäre gehören in Griechenland zu den ersten schriftlichen Zeugnissen im 7. Jahrhundert, so etwa der an einem Zeusheiligtum angebrachte Fluch, der auf 650–625 datiert wird. Rosalind Thomas, »Written in Stone?«, in: *Bulletin of the Institute of Classical Studies*, 40 (1995), 59–76, 73.

10 Zu den archaischen Gesetzgebern Griechenlands Frank E. Adcock, »Literary Tradition and Early Greek Code-Makers«, in: *Cambridge Historical Journal* 2 (1927). Zum kulturellen Transfer vom Orient nach Griechenland allgemein Burkert, *Griechen und der Orient*.

11 Nach Ziebarth, »Fluch«, S. 61.

12 Giorgio Camassa, »Verschriftung und Veränderung der Gesetze«, in: Hans-Joachim Gerke (Hg.), *Rechtskodifizierung und soziale Normen im interkulturellen Vergleich*, Tübingen 1994, 97–111, 99.

13 Karl-Joachim Hölkeskamp, »Tempel, Agora und Alphabet«, in: Gerke, *Rechtskodifizierung*, 135–164, 140.
14 Dio Chrysostom. 80, 6; Artist. Athen. Polis, 16. 10.
15 Nach Herrmann, »Teos und Abdera«, 9; etwas andere Übersetzung bei Camassa, »Verschriftung«, 101.
16 Hölkeskamp, »Tempel«, 138.
17 Nach Camassa, »Verschriftung«, 99 f.
18 Weitere Beispiele Camassa, »Verschriftung«, 97.
19 Hannes Böhringer, *Harte Bank. Kunst, Philosophie, Architektur*, Berlin 2004, 57.
20 Camassa, »Verschriftung«, 99 f.
21 Camassa, »Verschriftung«, 99.
22 Camassa, »Verschriftung«, 144 f.
23 Thomas, »Stone«, 63.
24 Plutarch, *Solon*, 30 ff., dazu Nicole Loraux, »Solon et la voix de l'écrit«, in: *Les savoirs de l'écriture en Grèce ancienne*, Lille 1988, 95–129.
25 Thomas, »Stone«, 63.
26 »Nomos«, in: *Der neue Pauly VIII*, Stuttgart 2000, Sp. 982 ff. Eine Differenz zwischen musikalischer und rechtlicher Ordnung kommt erst mit Platon ins Spiel der Gesetzgebung. Nicht jede Musik ist dann noch »in Ordnung«. Es gibt, wenn die Musik in den Dienst der Gesetzgebung genommen und zum Gegenstand derselben geworden ist, erlaubte und ordnungswidrige Musik. Platon lässt einen Athener die Gesetzgebung der Musik entwerfen, um deren Gefährlichkeit zu unterbinden (vgl. Plat. Gesetze 802): eine Kommission soll die alten Gesänge auswählen, von denen man ›nichts Schlimmes für den in der Gründung begriffenen Staat zu befürchten hat‹. Auch die Umgestaltung der alten Gesänge ist vorgesehen, damit kein »ordnungswidrig gestaltetes Musikstück« mehr zu hören sein wird. Normen für Gesänge sollen aufgestellt werden, die den Unterschied zwischen Männern und Frauen in der Art der Musik verdeutlichen (vgl. auch Platon Gesetze 669 f. zur Unterscheidung von schlechter und richtiger Musik). Es ist gemäß dieser Gesetzgebung der Musik also konsequent, die Übertretung von Musenregeln genauso wie die Übertretung von Polisgesetzen zu ahnden (Platon, *Staat*, 424 c). Zu Musik als Gesetz bei Platon siehe auch Siegfried Melchinger, *Das Theater der Tragödie. Ai-*

schylos, Sophokles, Euripides auf der Bühne ihrer Zeit, München 1974, 229.

27 Vgl. Jesper Svenbro, »Nómos, ›exégèse‹, lecture. La voix lectrice et la loi«, in: Ders., *Phrasikleia. Anthropologie de la lecture en Grèce ancienne*, Paris 1988, 123 ff.: dt. 103 ff.

28 Hölkeskamp, »Tempel«, 149 f.

29 Ziebarth, »Fluch«, 61.

30 Iamblichus, *On the mysteries of the Egyptians, Chaldeans, and Assyrians*, übersetzt von Thomas Taylor, Cambridge, Ma. 1895, 399.

31 Herrmann, »Teos und Abdera«, 11; dazu Thomas, »Stone«, 69.

32 Vgl. Solons Gesetz, das vorschreibt, dass zu Beginn jeder Volksversammlung die Vorschriften und die Fluchformel verlesen werden sollen. Ziebarth, »Fluch«, 61.

33 Latte, *Heiliges Recht*, 66.

34 Herrmann, »Teos und Abdera«, 9.

35 Weitere Beispiele für differenzierte Fluchandrohungen unter jeder einzelnen Vorschrift – im Gegensatz zu einem allgemeinen Fluchausspruch in den Vorreden der ersten Gesetzeswerke (s. o. Charondas) im 5. und 4. Jahrhundert bei Ziebarth, »Fluch«, 66–69.

Regierungstechnik um 1550

1 Michel Foucault, *Sicherheit, Territorium, Bevölkerung*, Geschichte der Gouvernementalität I, Frankfurt 2004, 340.

2 Vgl. Foucault, *Sicherheit, Territorium, Bevölkerung*, 334 f.

3 Foucault, *Sicherheit, Territorium, Bevölkerung*, 254.

4 »Regierungshandbuch«. Im Folgenden zitiert mit Blattangabe im Text. Die Passagen, die in einfachen Anführungszeichen aufgeführt sind, geben nicht den Wortlaut, sondern eine an das heutige Deutsch angepasste Version des Originalzitats wieder.

5 Foucault, *Sicherheit, Territorium, Bevölkerung*, 255.

6 Martin Luther, »Von den guten Werken« (1520), in: Ders., *Die reformatorischen Grundschriften*, Band 1, München 1983, 132.

7 Martin Luther, »An den christlichen Adel deutscher Nation von des christlichen Standes Besserung« (1520), in: Ders., *Die reformatorischen Grundschriften*, Band 2, München 1983, 74.

8 *Mütterlicher Unterricht*, Bd. 4.
9 Vgl. Luther, »An den christlichen Adel«, 72.
10 Es ist unwahrscheinlich, dass die Calenberger Regentin das Regierungshandbuch vor der Reinschrift als ein vollständiges Konzept ausgearbeitet hat. Ein erst am Ende erstelltes Inhaltsverzeichnis sowie die etwas wirr angeordneten Materien sprechen dagegen. Ein Vorbild für die Gliederung könnte zu Beginn der Abfassung Luthers Kommentar zum Dekalog (vgl. Luther, »Von den guten Werken«) gewesen sein. Doch schon nach wenigen Absätzen verlässt die Fürstin die Orientierung auf die Mosaischen Gesetze.
11 Mit Ausnahme von Chroniken. Dazu Nadezda Shevchenko, *Eine historische Anthropologie des Buches. Bücher in der preußischen Herzogsfamilie zur Zeit der Reformation*, Göttingen 2007, 47, 49.
12 Shevchenko, *Historische Anthropologie des Buches*, 60.
13 Shevchenko, *Historische Anthropologie des Buches*.
14 Gebete und Trostsprüche.
15 Paul Tschackert, »Herzogin Elisabeth von Münden«, in: »Regierungshandbuch«, 11.
16 Foucault, *Sicherheit, Territorium, Bevölkerung*.
17 Foucault, *Sicherheit, Territorium, Bevölkerung*, 279.
18 Giorgio Agamben, *Was ist ein Dispositiv?*, Zürich und Berlin 2008, 20.

Hardenberg, Verschlusssache

1 Verwendete Literatur: Hans Hausherr, »Die Lücke in den Denkwürdigkeiten des Staatskanzlers Fürsten von Hardenberg«, in: *Archivar und Historiker. Studien zur Archiv- und Geschichtswissenschaft.* Zum 65. Geburtstag von Heinrich Otto Meisner, hg. v. d. Staatl. Archivverwaltung im Staatssekretariat für Innere Angelegenheiten, Berlin 1956, 479–510; Alexander Kluge, »Die Differenz. Rede zur Verleihung des Kleist-Preises«, in: Ders., *Theodor Fontane, Heinrich von Kleist und Anna Wilde. Zur Grammatik der Zeit*, Berlin 1987, 73–89; Reinhart Koselleck, *Preußen zwischen Reform und Revolution*, Stuttgart 1967; Novalis [Friedrich von Hardenberg] (1798), »Glauben und Liebe oder der König und die Königin«, in: Ders., *Schriften*, Bd. 2, hg. Richard Samuel, Hans-Joachim Mähl und Gerhard Schulz, 3. Aufl., Stutt-

gart 1981, 473–498; Leopold von Ranke, »Vorrede«, in: Ders. (Hg.), *Denkwürdigkeiten des Staatskanzlers Fürsten von Hardenberg*, Bd. 1, Leipzig 1877, V–XII; Michael Stolleis, »Grundzüge der Beamtenethik (1550–1650)«, in: Ders., *Staat und Staatsräson in der Frühen Neuzeit*, Frankfurt am Main 1990, 197–231; Peter Gerrit Thielen, *Karl August von Hardenberg 1750–1825: Eine Biografie*, Köln und Berlin 1967; Cornelia Vismann, *Akten. Medientechnik und Recht*, Frankfurt am Main 2000; Gerhard Zimmermann, »Hardenberg. Versuch einer preußischen Archivverwaltung«, in: *Jahrbuch Stiftung Preußischer Kulturbesitz* 4 (1966), 69–87.

Autobiographie und Akteneinsicht

1 Timothy Garton Ash, *Die Akte Romeo. Persönliche Geschichte*, München und Wien 1997; Vera Wollenberger, *Virus der Heuchler. Innenansicht aus Stasi-Akten*, Berlin 1992.

2 Den Gesprächen mit Reinhard Kratz, Ehrhart Neubert und Dieter Vismann, die Bedenken und Kritik an dieser These aus Theologensicht äußerten, verdanke ich wertvolle Hinweise.

3 Hans-Peter Krüger, *Demission der Helden. Kritiken von innen 1983–1992*, Berlin 1992, 46.

4 Zu den einzelnen Stationen der Annäherung von evangelischer Kirche und sozialistischem Staat seit 1972, als dessen Initial Neubert die Rede des DDR-kritischen Theologen Heino Falcke vom »verbesserlichen Sozialismus« ansieht. Siehe Ehrhart Neubert, Geschichte *der Opposition in der DDR 1949–1989* (Schriftenreihe der Bundeszentrale für politische Bildung 346), 2. Aufl., Bonn 2000, 248 ff.

5 Krüger, *Demission*, 33.

6 So Ehrhart Neubert, *Eine protestantische Revolution*, Osnabrück 1990, 82; Affinitäten unter dem Aspekt eines gemeinsamen antikapitalistischen Affekts, Ders., »Vorgeschichte und Geschichte der Revolution als zivilisatorischer Konflikt«, in: Ders. u. Bernd Eisenfeld (Hg.), *Macht Ohnmacht Gegenmacht. Grundfragen zur politischen Gegnerschaft in der DDR* (Analysen und Dokumente. Wissenschaftliche Reihe des Bundesbeauftragten 21), Bremen 2001, 367–412, 392.

7 Zur evangelischen Kirche als sozial prägender Kraft in der DDR Neubert, *Revolution*, 78 f.
8 Michel Foucault, »Omnes et Singulatim. Zu einer Kritik der politischen Vernunft«, in: Joseph Vogl (Hg.), *Gemeinschaften. Positionen zu einer Philosophie des Politischen*, Frankfurt am Main 1994, 65–93, 70, dazu Thomas Lemke, Susanne Krasmann und Ulrich Bröckling, »Gouvernementalität, Neoliberalismus und Selbsttechnologien. Eine Einleitung«, in: dies. (Hg.), *Gouvernementalität der Gegenwart. Studien zur Ökonomisierung des Sozialen*, Frankfurt am Main 2000, 7–40, 11; Wolfgang Fach, »Staatskörperkultur. Ein Traktat über den ›schlanken Staat‹«, in: dies., *Gouvernmentalität*, 110–130, 113.
9 Foucault, »Omnes et Singulatim«, 77.
10 Foucault, »Omnes et Singulatim«, 67.
11 Zum Zusammenhang von »sorgender Mentalität und Polizey« siehe Fach, »Staatskörperkultur«, 113.
12 Martin Luther, »Vom unfreien Willen (1525)«, in: Kurt Aland, (Hg.), *Luther deutsch. Die Werke Martin Luthers in neuer Auswahl für die Gegenwart.* Teil 3: Der neue Glaube, 4. erweiterte Aufl., Stuttgart 1983, 151–334, 286.
13 Luther, »Willen«, 200.
14 Luther, »Willen«, 282–283.
15 Luther, »Willen«, 326 f.
16 Foucault, *Was ist Kritik?*, Berlin 1992, 12.
17 Zur Vereinnahmung Luthers von staatlicher Seite in der DDR Neubert, *Opposition in der DDR*, 359 ff.
18 Kerstin Stüssel, *In Vertretung. Literarische Mitschriften von Bürokratie*, Tübingen 2004, 277.
19 Joachim Walther und Gesine von Prittwitz, »Mielke und die Musen«, in: *Feinderklärung. Literatur und Staatssicherheitsdienst*, München 1993, 74–88, 76.
20 Stüssel, *Vertretung*, 324.
21 Zum Zusammenhang von Revolution und protestantischer Gesinnung bei Neubert, *Revolution*, 77. Unter dem Titel »Ausgerechnet Protestanten« konstatiert Neubert den auffällig hohen Anteil an Protestanten in der Opposition der DDR, Ders., *Revolution*, S. 51 ff.; Ders., *Geschichte der Opposition*, 361 f; Ders., *Vorgeschichte*, 391.
22 Stüssel, *Vertretung*, 330.

23 Nach Stüssel, *Vertretung*, 329 ff. Es mag übrigens kein Zufall sein, dass die Entstehung dieser Bücher über die in Akten niedergelegten Lebensläufe zumeist in die Siebzigerjahre fällt. 1969 war eine eigene Abteilung für die Überwachung von Schriftstellern eingerichtet worden (Walther und von Prittwitz, Mielke, 76 ff.), sodass diese nun ihrerseits eine Anschauung davon hatten, was es heißt, zu Aktenvorgängen geworden zu sein.
24 Gerhart Ebeling, *Luther. Einführung in sein Denken*, 4. durchgesehene Aufl., Tübingen 1981, 277.
25 Zit. nach Matthias Wagner, »Zum Verschlußsachenwesen und zur Geheimhaltung im Staatsapparat der DDR«, in: *Zeitschrift für Geschichtswissenschaft* 44 (1996), 41–48, 41.
26 Zit. nach Wagner, »Verschlußsachenwesen«, 44.
27 Wagner, »Verschlußsachenwesen«, 44.
28 Krüger, *Demission*, 39.
29 Wagner, »Verschlußsachenwesen«, 48.
30 Schlesinger, *Macht*, 70.
31 Krüger, *Demission*, 49.
32 Krüger, *Demission*, 54.
33 Grazyna Skapska, »Coming to Terms with the Past. Three Cultural Approaches and Their Actualizations«, in: Heinz M. Pascher und dies. (Hg.), *A Work in Progress. Social and Political Change in Contemporary Poland and Austria*, Krakau 2001, 87. Die Autorin sieht das protestantische Muster einer Vergangenheitsbewältigung in der Individualisierung und Fokussierung auf Schuld (Skapska, »Coming to Terms«, 88 ff.), während sie Opferorientierung (Entschädigung und sozialer Ausgleich der Opfer) für ein katholisches Merkmal hält (Skapska, »Coming to Terms«, 91 ff.).
34 Deutsche Übersetzung des Gesetzes und der Novellierung desselben in: Dagmar Unverhau (Hg.), *Lustration, Aktenöffnung, demokratischer Umbruch in Polen, Tschechien, der Slowakei und Ungarn*, Referate der Tagung des BStU und der Akademie für Politische Bildung Tutzing vom 26.–28. 10. 1998 (Archiv zur DDR-Staatssicherheit 3), Münster 1999, Anlage 1. Dazu Dieter Bingen, »Die Aufarbeitung der kommunistischen Vergangenheit in Polen«, in: Unverhau, *Lustration*, 73 f., 76. Das Gesetz wird Lustrationsgesetz genannt, nach dem Vorbild des tschechischen Gesetzes von 1990 (Skapska, »Coming to Terms«, 85). Das Gesetz vermittelt bestimmten Bevölkerungsgruppen einen Anspruch auf schrift-

liche Erteilung eines Lustration genannten Dokuments, Es bescheinigt die Kollaboration oder Nichtkollaboration mit dem Geheimdienst. Antragsteller waren naturgemäß diejenigen, die nicht kollaboriert hatten, Skapska, »Coming to Terms«, 84 f; Andrej Paczkowski, »Polen 1959–1998. Die Politik in den Archiven. Die Archive in der Politik«, in: Unverhau, *Lustration*, 47–55, 53.

35 Hinzu kam ein Jahr darauf das Gesetz über die Gründung eines Instituts des Nationalen Gedächtnisses oder Gedenkens, wie man Instytut Pamieci Narodowej übersetzt. Das Institut, das im Jahr 2000 seine Arbeit aufnahm, hat vor allem die Aufgabe, Repressalien gegen polnische Bürger zu bearbeiten und diese Bearbeitungen den Opfern zugänglich zu machen. Deutsche Fassung des Gesetzes abgedruckt bei Unverhau, *Lustration*, Anlage 2. Genauer zum Zweck des Gesetzes und dem Streit um den Kreis der Antragsberechtigten Jaroslav Porazinski, »Akten über den kommunistischen Polizei- und Justizapparat der Volksrepublik Polen in den Beständen der polnischen staatlichen Archive. Aufriß einer Problematik«, in: Unverhau, *Lustration*, 35–41, 35 f.; Dieter Bingen, »Die Aufarbeitung der kommunistischen Vergangenheit in Polen«, in: Unverhau, *Lustration*, 57–100, 75 f. und Andrej Paczkowski, »Polen«, 52. Bingen zufolge ist der Aktenzugang für unmittelbar Betroffene rechtlich noch nicht hinreichend geregelt, siehe: Bingen »Die Aufarbeitung«, 60, 84.

36 Der Begriff entstammt dem römischen Recht. *Lustratio* bezeichnet das Sühneopfer. Bevor daraus in der römischen Kaiserzeit die im Fünfjahreszeitraum wiederkehrende rituelle Reinigung als Akt des Sühnens wird, meint der Begriff schlicht eine Kreisbewegung. Dem magischen Akt wurde eine kathartische Wirkung zugeschrieben.

37 Während seit 1992 knapp 2 Millionen Personen in Deutschland Akteneinsicht nach StUG beantragt haben, waren es in den vergangenen zwei Jahren prozentual nur ein Bruchteil davon: 10 000–12 000 Personen. Dazu Stefanie Peter, »Parteikästen«, in: *Frankfurter Allgemeine Zeitung* vom 13. 05. 2002, 46. Die Verfasserin vermutet, dass das geringere Interesse an den Akten in Polen auf die kleinere Zahl an Spitzeln zurückgehe. Diese könnte wiederum, wenn sie sich nicht als nationaler Mythos erweist (Zahlen zu Spitzelaktivitäten liegen zwar vor, sie sind jedoch bislang nicht allgemein zugänglich), darauf hindeuten, dass bereits die Akten-

führung in Polen einer anderen als der pastoral-protestantischen Machtpraxis folgte.

38 Joachim Gauck, »Wahrnehmen, Widerstehen, Gestalten. Anmerkungen zu Transformationsproblemen posttotalitärer Gesellschaften. Festvortrag zur Verleihung der Ehrenpromotion der Theologischen Fakultät 1999«, in: *Rostocker Universitätsreden*, N. F. 3, Rostock 1999, 44 f.

39 Gauck, »Wahrnehmen«, 44.

40 Joachim Gauck, »Gegen den Schlußstrich. Gespräch mit dem Stasi-Akten-Verwalter Joachim Gauck«, in: *Evangelische Kommentare* 1994, 344.

41 Gauck, »Schlußstrich«, 344.

42 Luther, »Vom unfreien Willen«, 282.

43 Joachim Gauck, »Die Akten und die Wahrheit: Fünf Jahre Stasi-Unterlagen-Gesetz«, in: Edda Ahrberg, Roger Engelmann u. a. (Hg.), *Die Akten und die Wahrheit* (Aktuelle Fragen der Politik 49), Sankt Augustin 1997, 23.

44 Gauck, »Schlußstrich«, 344.

45 Joachim Gauck, *Die Stasi-Akten. Das unheimliche Erbe der DDR*, Reinbek bei Hamburg 1995, 26.

46 Joachim Gauck, »Von der Würde der Unterdrückten«, in: Hans Joachim Schädlich (Hg.), *Aktenkundig*, 1. Aufl., Berlin 1992, 256–276, 270.

47 Joachim Gauck, zit. nach Ilse Staff, »Wiedervereinigung unter Rechtsgesetzen. Ein Beitrag zur Verfassungskonformität des Stasi-Unterlagen-Gesetzes«, in: *Zeitschrift für Rechtspolitik* 25 (1992), 467.

48 Wer keine Akte besitzt, hat unter dem Druck solcher Apotheosen in Akten mit dem behördlichen Negativbescheid umzugehen wie mit einem Endurteil, das ihm bescheinigt, nicht oder jedenfalls nicht richtig (das heißt: oppositionell) gelebt zu haben. Derartige implizite Vernichtungsurteile wehrten manche der Aktenlosen mit der verzweifelten Hoffnung ab, dass die eigenen Akten aufgrund ihrer Brisanz immer noch geheim gehalten würden.

49 Gauck, »Wahrnehmen«, 46 f.

50 Gauck, *Die Stasi-Akten*, 97.

51 Gauck, »Schlußstrich«, 344.

52 Gauck, *Die Stasi-Akten*, 24.

53 Wollenberger, *Virus*, 8.

54 Vgl. auch das Goethesche Programm, das Leben, solange es »noch nah genug an unseren Irrtümern und Fehlern« ist, aufzuzeichnen und später mit dem Gewordenen abzugleichen. Johann Wolfgang von Goethe, *Werke*, Hamburger Ausgabe in 13 Bänden, 6., überarb. Aufl., Band 10, München 1976, 31.

55 Peter Eisenfeld, *› … rausschmeißen …‹ Zwanzig Jahre politischer Gegnerschaft in der DDR*, Bremen 2002.

56 Reiner Kunze, *Deckname ›Lyrik‹. Eine Dokumentation*, Frankfurt am Main 1990, 12.

57 Erich Loest, *Die Stasi war mein Eckermann oder: mein Leben mit der Wanze*, 5. Aufl., Göttingen 1992.

58 Wolf Biermann, »Aktenkundig«, in: Hans Joachim Schädlich (Hg.), *Aktenkundig*, 1. Aufl., Berlin 1992, 54.

59 *Spiegel Spezial*, Januar 1993.

60 *Spiegel Spezial*, Vorwort.

61 Nicht ohne Ironie ist es schließlich, wenn auch die Schriftstellerin, die in ihren während der DDR-Zeit entstandenen Büchern die fortgesetzte Selbstanalyse zum literarischen und moralischen Prinzip schlechthin erhob, die Anwendung desselben auf ihre eigene Person nach dem Ende der DDR verweigert (Jörg Magenau und Christa Wolf, *Eine Biografie*, 2. Aufl., Berlin 2002, 423f.). Nicht Christa Wolf selbst, sondern andere gaben ihre so genannte Täterakte heraus: Hermann Vinke (Hg.), *Akteneinsicht Christa Wolf. Zerrspiegel und Dialog. Eine Dokumentation*, Hamburg 1993; Karl Corino (Hg.), *Die Akte Kant. IM »Martin«, die Stasi und die Literatur in Ost und West*, Reinbek bei Hamburg 1995.

62 Ein Beispiel für einen distanziert ironischen Umgang mit dem Sog der Akteneinsicht ins Autobiographische findet sich in der bildenden Kunst im Werk Cornelia Schleimes, »Bis auf weitere gute Zusammenarbeit, Nr. 72884/85, siehe: *Klopfzeichen, Kunst und Kultur der 80er Jahre in Deutschland*, hg. im Auftrag der Bundeszentrale für politische Bildung, Leipzig o.J., S. 160–163 (Hinweis von Stefanie Peter).

63 Jürgen Fuchs, *Magdalena. MfS. Memfisblues. Stasi. Die Firma, VEB Horch & Gauck. Ein Roman*, Berlin 1998, 75.

64 Fuchs, *Magdalena*, 396.

Aus den Akten, aus dem Sinn

1 Max Weber (1922), *Wirtschaft und Gesellschaft. Grundriß der verstehenden Soziologie* (Studienausgabe), 5. rev. Aufl., Tübingen 1980, 552.

2 Für Details zu diesem Sprichwort sowie zu Akten und Ablagesystemen im Allgemeinen siehe Cornelia Vismann, *Akten, Medientechnik und Recht*, Frankfurt am Main 2000.

3 Siehe Cornelia Vismann, »Von der Poesie im Recht oder vom Recht in der Dichtung – Franz Kafka und Johann Peter Hebel«, in: Rainer Enskat und Hendrik J. Adriaanse (Hg.), *Fremdheit und Vertrautheit, Hermeneutik im europäischen Kontext*, Leuven 2000. S. 275–282.

4 Thomas-Michael Seibert, *Aktenanalysen. Zur Schriftform juristischer Deutungen*, Tübingen 1981, 34.

5 Weber, *Wirtschaft*, Bd. 2, 572.

6 Für diesen und den nächsten Abschnitt mit weiteren Referenzen siehe Cornelia Vismann »Cancels: On the Making of Law in Chanceries«, in: *Law and Critique*, 7:2 (1996), S. 131–151.

7 Jakob und Wilhelm Grimm (1873), *Deutsches Wörterbuch*, Bd. 11, München 1984, siehe »Kanzlei«.

8 Niklas Luhman, *Organisation und Entscheidung*, Opladen 2000, 160.

9 Michael Cahn, »Das Schwanken zwischen Abfall und Wert. Zur kulturellen Hermeneutik des Sammlers«, in: *Merkur* 45 (1991). S. 674–690.

10 Für eine gute Definition des Wortes »Reißwolf« siehe *Meyers Großes Konversations-Lexikon*, 6. gänzlich neu bearbeitete und vermehrte Auflage, Wien und Leipzig 1909, 16. Band.

11 *Gemeinsame Geschäftsordnung der Bundesregierung*, Nachtrag: Registratur-Richtlinie: Bundesarchivgesetz.

12 Thomas Kleine-Brockhoff und Bruno Schirra, »Operation Löschtaste«, *Die Zeit* 20. Juli 2000, 3.

13 Ihre Aufgabe war auf die Untersuchung gemäß der Bundesdisziplinarordnung beschränkt. Da dieses Gesetz nur für Angestellte niedrigeren Ranges Anwendung findet, hatte der Untersuchungsausschuss nicht die Befugnis, den Kanzler selbst oder hochrangige Beamte zu befragen, welche die Vernichtung des Materials angeordnet hatten. Daher war es eine Untersuchung der dunklen

Welt der Vernichtungsarbeit hinter den Kulissen politischer Verantwortung.
14 Kleine-Brockhoff und Schirra, »Löschtaste«.
15 Vertraulicher Nachtrag zum ›Hirsch-Bericht‹, Anhörungsprotokolle, zitiert in: Kleine-Brockhoff und Schirra, »Löschtaste«.
16 Es handelt sich nicht um Verdächtige im strengen gesetzlichen Sinne, da das Komitee nicht die Funktion eines Staatsanwalts hatte.
17 Siehe Michel Foucault, »La vérité et les formes juridiques«, in: *Dits et écrits*, Bd. 2. Paris 1994, 558–623.

Arché, Archiv, Gesetzesherrschaft

1 Jacques Derrida (1995), *Dem Archiv verschrieben*, Berlin 1997, 11.
2 Knut Ebeling danke ich dafür, die Frage nach den griechischen Archiven aufgeworfen und den nachfolgenden Text dadurch angeregt und ihn durch seine Kommentare in eine Fassung gebracht zu haben.
3 Martin Heidegger, *Parmenides* (Freiburger Vorlesung, Wintersemester 1942/43), hg. v. Manfred Frings, *Gesamtausgabe*, Bd. 54, Frankfurt am Main, S. 2 ff. – Die Auseinandersetzung mit diesem Text verdanke ich Werner Hamacher sowie Erich Hörl. (Vgl. dessen Aufsatz »Römische Machenschaften. Heideggers Archäologie des Juridismus«, in: Cornelia Vismann und Thomas Weitin (Hg.), *Urteilen/Entscheiden*, München 2006, 236–253.
4 Heidegger, *Parmenides*, 70 f.
5 Heidegger, *Parmenides*, 65 f.
6 Latenthaltung ist eine lateinische Angelegenheit. (Vgl. Anselm Haverkamp, *Figura cryptica. Theorie der literarischen Latenz*, Frankfurt am Main 2002, 7 ff.)
7 Martin Heidegger (1939), »Vom Wesen und Begriff der Physis. Aristoteles, Physik B, 1. (1939)«, in: *Wegmarken*, Frankfurt am Main 1967, 239–301, 147. – Mit Dank für den Hinweis an Christina Vagt.
8 Heidegger, »Physis«, 300 f.
9 Vgl. Derrida, *Archiv*, 35, im vorliegenden Band S. 39.
10 Vgl. dazu ausführlich Adriaan Lanni, »Arguing from ›Precedent‹. Modern Perspectives on Athenian Practice«, in: Edward M. Har-

ris und Lene Rubinstein (Hg.), *The Law and the Courts in Ancient Greece*, London 2004, 164 f. – Zu den Fällen, in denen bereits im 5. Jahrhundert Texte aus den Archiven in Gerichtsreden zitiert wurden, siehe James P. Sickinger, *Public Records and Archives in Classical Athens*, London 1999, 163 ff.

11 Vgl. dazu Knut Ebeling, »Die Asche des Archivs«, in: Georges Didi-Huberman und Ders. *Das Archiv brennt*, Berlin 2007, 33–221, 114 sowie Sickinger, *Public Records*, 163.

12 Sickinger, *Public Records*, 163, 12.

13 Heidegger, *Parmenides*, 65.

14 Heidegger, »Phýsis«, 248.

15 Die Bezugnahme auf ein nichtexistierendes Urteil soll in Griechenland bei Todesstrafe verboten gewesen sein. (Vgl. Lanni, »Precedent«, 165).

16 Cicero bemerkt, dass es nicht verboten sei, ein Beispiel zu erfinden, das eine vergangene gerichtliche Entscheidung betrifft: »nihil enim prohibit fictam exempli loco panere. (*De inventione* II, XL, 118). – Dass Cicero auch die Erfindungen von altehrwürdigen Gesetzen gutheißt, beschreibt Marie Theres Fögen, »Das römische Zwölftafelgesetz. Eine imaginierte Wirklichkeit« in: Markus Witte (Hg.), *Kodifizierung und Legitimierung des Rechts in der Antike und im Alten Orient*, Wiesbaden 2005, 45–70, 61 ff.

17 Thomas Vesting, *Rechtstheorie*, München 2007, 152.

18 Im Kontext von Freud, in dem Derridas Essay steht, ließe sich dieses Archivübel auch mit den Techniken der Latenthaltung beschreiben, so wie Anselm Haverkamp sie in der genannten, Jacques Derrida gewidmeten Monographie einführt, um einen bestimmten Typ der Bewirtschaftung griechischer Gaben zu kennzeichnen. Rom hält Griechenland latent oder verborgen, latinisiert es buchstäblich oder – wie man nun auch sagen kann – archiviert es. Rom legt Griechenland als Archiv an und bahnt damit den Zugang zu einem vermeintlich griechischen Anfang.

19 Vgl. ausführlich Cornelia Vismann, *Akten. Medientechnik und Recht*, Frankfurt am Main 2006.

20 Ebeling, »Asche«, 33 ff.

21 Michael Knoche, *Die Bibliothek brennt. Ein Bericht aus Weimar*, Göttingen 2006.

22 Vgl. grundlegend Ernst Posner, *Archives in the Ancient World*, Cambridge, Massachusetts 1972.

23 Gerald Wildgruber, »Génos merónoon anthróopoon. Das Geschlecht der Lautstromabteiler, oder: Was es heißt, die eigene Stimme zu analysieren«, in: Wolfgang Ernst und Friedrich Kittler (Hg.), *Die Geburt des Vokalalphabets aus dem Geist der Poesie. Schrift, Zahl und Ton im Medienverbund*, München 2006, 171–198, 192.
24 Vgl. Theo Giershausen, *Ursprungszeiten des Theaters: das Theater der Antike*, Berlin 1999, 109.
25 Zur Datierung siehe Sickingen, *Public Records*, 41 ff.
26 Sickingen, *Public Records*, 47.
27 Giershausen, *Ursprungszeiten*, 110.
28 Giershausen, *Ursprungszeiten*, 110.
29 Rosalind Thomas, *Oral Tradition and Written Record in Classical Athens*, Cambridge England 1986, 82 f.
30 Knoche, *Bibliothek*, S. 81.
31 Siehe Markus Krajewski und Cornelia Vismann, »Verstocktheit«, in: *Tumult* 33 (2008), 95–105.
32 Vgl. Wolfgang Ernst, *Das Rumoren der Archive. Ordnung aus Unordnung*, Berlin 2002, 30 ff., 108 ff.
33 Vgl. etwa Carl Wilhelm Cosmar, *Geschichte des Königlich-Preußischen Geheimen Staats- und Kabinettarchivs*, Köln, Weimar und Wien 1993, 17, 13.
34 Derrida, *Archiv*, 48.
35 Gaston Bachelard, *Poetik des Raumes*, Frankfurt am Main 1957/1994.
36 Vgl. dazu »Welt aus dem Container. Workshop zur Macht der Containerisierung – Einleitendes Vortragsgespräch zwischen Peter Berz und Alexander Klose« unter www.containerwelt.info/pdf/containerwelt_berz_klose_250607.pdf; siehe dort auch die weiteren Arbeiten von Alexander Klose zum Container.

Karl Kraus: die Stimme des Gesetzes

1 Walter Benjamin, *Karl Kraus*, Gesammelte Schriften, I–VII, Frankfurt am Main 1977, II/1, 334–367 (= GS II/1; Anmerkungen, ebd., II/3, 1078–1130 (= GS II/3).
2 Walter Benjamin, *Zur Kritik der Gewalt*, Gesammelte Schriften (Anm. 2), II/1, 179–203 (= GS II/1).

3 Vgl. Elias Canetti, »Der neue Karl Kraus«, in: Ders., *Das Gewissen der Worte. Essays*, 2. Aufl., München 1983, 234–257, 249; die Vermeidung des Pronomens Ich in den Liebesbriefen bringt überdies die Versendungsart als Telegramm mit sich; der Telegrammstil geht, wie Kraus bemerkt, schließlich auch auf die Tagebücher über, vgl. Kraus, *Briefe*, I, München 1994, 218.

4 Das Wien der Jahrhundertwende hatte für Inszenierungen wie das Ausbleiben der periodisch erscheinenden Fackel noch die erwünschten Aufmerksamkeitskapazitäten; vgl. Heinz Müller-Dietz, der die Zeitbedingtheit von Kraus als »Institution« und »kritische Instanz« betont (»Kriminalität und Kriminalitätsverarbeitung in der Fackel. Zur Justiz-, Strafrechts- und Pressekritik von Karl Kraus«, in: Jörg Schönert (Hg.), *Erzählte Kriminalität. Zur Typologie und Funktion von narrativen Darstellungen in Strafrechtspflege, Publizistik und Literatur zwischen 1770 und 1920*, Tübingen 1991, 571–605, 577).

5 Die Fackel berichtet beispielsweise in einer ihrer Ausgaben über einen Wiener Dramatiker, der für die Gefälligkeitsrezension zu einer Theateraufführung ein Grundstück erhalten haben soll. Dieser klagt daraufhin. Kraus druckt sämtliche Dokumente des Prozesses in der Fackel ab; vgl. zu diesem Prozess Paul Schick, *Karl Kraus mit Selbstzeugnissen und Bilddokumenten*, Reinbek bei Hamburg 1986, 45 f.

6 Karl Kraus, *Ausgewählte Werke*, 3 Bde., Berlin 1977, ii, 511.

7 Karl Kraus, Die Stunde des Gerichts. Aufsätze 1925–1928, Christian Wagenknecht (Hg.), XVII, Frankfurt am Main 1992, 47 f.; genauer zu den Prozessumständen Schick, Karl Kraus, 118.

8 Benjamin, *Gesammelte Schriften*, II/3, 1107.

9 »Kennzeichen solcher unumschränkten Autorität ist seit jeher die Vereinigung von legislativer und exekutiver Gewalt« (Benjamin, *Gesammelte Schriften*, II/1, 344).

10 Elias Canetti, »Karl Kraus. Schule des Widerstands« (1965), in: Canetti, *Gewissen*, 39–49, 40 f.

11 Karl Kraus, *Die Sprache*, 2 Bde. der Werke von Karl Kraus, 2. Aufl., München 1956, 106.

12 Kraus, *Ausgewählte Werke*, III, 588.

13 Kraus, *Stunde des Gerichts*, 317 f.

14 Karl Kraus, *Sittlichkeit und Kriminalität. Schriften*, hg. v. Christian Wagenknecht, Frankfurt am Main 1987, 287.

15 Kraus, *Sittlichkeit*, 168.
16 Benjamin, *Gesammelte Schriften*, II/1, 186f., 192.
17 Vgl. dazu Reinhard Merkel, *Strafrecht und Satire im Werk von Karl Kraus*, Baden-Baden 1994, 204f., 361–363.
18 Kraus, *Sittlichkeit*, 65f.
19 Jacques Derrida, *Gesetzeskraft. Der ›mythische Grund der Autorität‹*, Frankfurt am Main 1991, 60ff.
20 Benjamin, *Gesammelte Schriften*, II/1, 356.
21 Kraus, *Ausgewählte Werke*, III, 563.
22 Kraus, *Stunde des Gerichts*, 349.
23 Kraus, *Stunde des Gerichts*, 346.
24 Kraus, *Ausgewählte Werke*, III, 564.
25 Benjamin, *Gesammelte Schriften*, II/1, 367.
26 Benjamin, *Gesammelte Schriften*, II/1, 349.
27 Kraus, *Ausgewählte Werke*, II, 363.
28 Kraus, *Ausgewählte Werke*, I, 452.
29 Vgl. Benjamin, der in seinem Aufsatz über Kraus Loos zitiert: ein Kunstwerk ist das, was »dem Zugriff entzogen« sein soll (*Gesammelte Schriften*, II/1, 366; 337).
30 Benjamin, *Gesammelte Schriften*, II/1, 358.
31 Kraus, *Ausgewählte Werke*, II, 454.
32 »Wie alles, was zur Sprachlehre gehört, und mehr als alles andere bereitet diese Untersuchung die Aussicht einer Mühsal zu keinem größeren, keinem geringeren Ereignis als dem Einblick in eine Unbegrenztheit von Beziehungen, die das Wort, und das kleinste unserer Sprache, durchzuleben vermag. Also einer Ahnung davon, daß es in jeder Form seines mechanischen Gebrauchs ein Organismus sei, umgeben und gehalten vom Leben des Geistes. Die Berührung dieses Geheimnisses ...: sie eröffnet den Zugang in ein Wirken der Sprache, das denen, die sie sprechen, bis nun verschlossen war« (Kraus, *Ausgewählte Werke*, III, 514); vgl. auch Canetti, »Karl Kraus«, 46: »Alle Bau-Gelüste ... erschöpfen sich bei Karl Krauss im einzelnen Satz. Seine Sorge gilt diesem; er sei unantastbar, keine Lücke, keine Ritze, kein falsches Komma. Satz um Satz ...«
33 Kraus, *Ausgewählte Werke*, III, 165.
34 Canetti zitiert eine Briefstelle von Kraus an die von ihm verehrte, geliebte Gräfin Sidonie Nádhérny von Borutin: »Ich habe den gestrigen Tag mit Warten verbracht. Lauern, ob in den Kasten ein

Telegramm fällt … Über zwanzigmal lief ich ins Vorzimmer, wenn ich die Klappe fallen zu hören glaubte.« Canetti dazu: »Er empfängt ihre Briefe auf akustische Weise: er hört sie in den Briefkasten fallen« (Canetti, »Der neue Karl Kraus«, 244); Kraus schreibt in einem Brief von 1914 an die Gräfin: »Aber der Brief war schon die halbe Stimme« (Kraus, *Briefe*, 60).

35 Kraus, *Ausgewählte Werke*, II, 364.

36 Benjamin, *Gesammelte Schriften*, II / 1, 347.

37 Ausführlich dazu Bettine Menke, »Prosopopoiia. Die Stimme des Textes – die Figur des ›sprechenden Gesichts‹«, in: Gerhard Neumann (Hg.), *Poststrukturalismus. Herausforderung an die Literaturwissenschaft*, Germanistische Symposien, Berichtsbände 18, Stuttgart und Weimar 1997, 226–251, 232 ff.

38 Dazu Cornelia Vismann, »Action writing. Zur Mündlichkeit im Recht« in diesem Band auf S. 394–416.

39 Vgl. Menke, »Prosopopoiia«, 228.

40 Benjamin, *Gesammelte Schriften*, II / 1, 347.

41 Kraus, *Stunde des Gerichts*, 345.

42 Kraus, *Ausgewählte Werke*, II, 364.

43 Zu einer genauen linguistischen und kriegstaktischen Auseinandersetzung mit der Befehlsform vgl. Wolfgang Pircher, »Sprache und Körper des Krieges. Befehl, Oberbefehl, Führerbefehl«, in: Armin Adam und Martin Stingelin (Hg.), *Übertragung und Gesetz. Gründungsmythen, Kriegstheater und Unterwerfungstechniken von Institutionen*, Berlin 1995, 75–91.

44 Carl Schmitt, »Die Fackelkraus«, in: Pereginus Steinhövel, *Bestiarum Literarium. Das ist die genaue Beschreibung der Tiere des literarischen Deutschlands*, Berlin 1920, 64–66; s. auch Hansjörg Viesel, *Jawohl der Schmitt. Briefe aus Plettenberg*, Berlin 1988, 34 f.

45 Vgl. Helmut Lethen, *Verhaltenslehren der Kälte. Lebensversuche zwischen den Kriegen*, Frankfurt am Main 1994, 222 f., zur Kritik Schmitts am geschriebenen Gesetz Lethen, *Verhaltenslehren*, 225 f.

46 Schmitt, zit. nach Lethen, *Verhaltenslehren*, 221.

47 Kraus, *Ausgewählte Werke*, II, 9.

48 Kraus, *Ausgewählte Werke*, III, 451.

49 Karl Kraus, *Die letzten Tage der Menschheit. Tragödie in fünf Akten mit Vorspiel und Epilog*, Wien 1919, V. Akt, 56. Szene, 598.

50 Kraus, *Ausgewählte Werke*, I, 190.
51 *Die Fackel*, Nr. 501–507, 12 f.
52 Kraus, *Ausgewählte Werke*, III, 452.

Menschenrechte: Instanz des Sprechens – Instrument der Politik

1 Amnesty International (Hg.), *Librement dit. Écrits sur les droits de l'homme*, Paris 1991; Barbara Johnson (Hg.), *Freiheit und Interpretation. Amnesty-International Vorlesungen 1992*, Frankfurt am Main 1994, Stephen Shute und Susan Hurley (Hg.), *Menschenrechte. Besichtigung einer unvollendeten Idee*, übersetzt von Michael Bischoff, Frankfurt am Main 1995.
2 Jean Baudrillard, von dem diese Metaphorik stammt, bezieht das Auftauen der bis dahin eingefrorenen Menschenrechte in den Prozess des Ineinanderschiebens zweier geschichtlicher Bewegungen – Eiseskälte im Osten und Verflüssigung im Westen – ein. Vgl. Jean Baudrillard, »Tauwetter im Osten und Ende der Geschichte«, in: Ders., *Das Jahr 2000 findet nicht statt*, übersetzt von Peter Geble, Berlin 1990, 29–37, besonders 30 f.
3 Allgemein zu den Non-Governmental Organisations (NGO), die nicht anders als durch die Verneinung von »Regierung« definiert sind und die, als Erben aller Menschenrechtsbewegungen, bereits auf der ersten UN-Konferenz in San Francisco 1945 vertreten waren und seitdem mit finanzieller Unterstützung von staatlicher Seite durchaus staatliche Untätigkeit kompensieren, wie beispielsweise im Bereich Ausländer- und Asylberatung, vgl. auch Andrea Gruber, »Menschenrechtspolitik nichtstaatlicher Organisationen«, in: Heiner Bielefeldt u. a. (Hg.), *Menschenrechte vor der Jahrtausendwende*, Frankfurt am Main 1993, 62–74.
4 Vgl. *Frankfurter Allgemeine Zeitung* Nr. 65 vom 16. März 1996, 2, zum UN-Bericht über Rassismus.
5 Vgl. Jürgen Habermas, »Kants Idee des Ewigen Friedens – aus dem historischen Abstand von 200 Jahren«, in: *Kritische Justiz* 28 (1995), 293–319, 310. Albrecht Wellmer macht die doppelte Anlage zum Ausgangspunkt einer demokratischen Fassung der Menschenrechte, »Menschenrechte und Demokratie«, in: Georg Lohmann und Stephan Gosepath (Hg.), *Philosophie der Menschenrechte*, Frankfurt am Main 1998.

6 Die Menschenrechte »sind absolute Rechte, weil ihre Existenz von keinem anderen Tatbestandsmerkmal abhängt als von der Existenz eines Menschen«; Erhard Denninger, *Menschenrechte und Grundgesetz*, Weinheim 1994, 80.

7 Vgl. Sigmar-Jürgen Samwer, *Die französische Erklärung der Menschen- und Bürgerrechte von 1789/91* (Veröffentlichungen des Instituts für Internationales Recht an der Universität Kiel, 63), Hamburg 1970, 379.

8 Zur mangelnden Legitimation des stellvertretenden Sprechens auf der Philadelphia Convention und den nachträglichen Rationalisierungsversuchen innerhalb der US-amerikanischen Verfassungswissenschaft vgl. die Untersuchung der verschiedenen »Erzählungen« (narratives) der Verfassungsrechtler dazu von Bruce Ackerman, *We the people, Foundations*, Cambridge, MA, 1991, besonders 40–57, 179–186; zur Performanz des Sprechaktes jenes »We the people« vgl. Jacques Derrida, »Nietzsches Otobiografie oder Politik des Eigennamens«, übersetzt von Friedrich Kittler, in: *Fugen. Deutsch-Französisches Jahrbuch für Text-Analytik 1980*, hg. von Manfred Frank, Friedrich Kittler und Samuel Weber, Olten 1980, 64–98; vgl. auch Seyla Benhabibs Auseinandersetzung damit: »Demokratie und Differenz. Betrachtungen über Rationalität, Demokratie und Postmoderne«, in: Micha Brumlik und Hauke Brunkhorst (Hg.), *Gemeinschaft und Gerechtigkeit*, Frankfurt am Main 1993, 97–116, 101–110.

9 Dazu Ernst H. Kantorowicz, *Die zwei Körper des Königs. Eine Studie zur politischen Theologie des Mittelalters*, übersetzt von Walter Theimer und Brigitte Hellmann, München 1990, 159–178.

10 Habermas, »Kants Idee des Ewigen Friedens«, 310.

11 Vgl. Michel Foucault, *Vom Licht des Krieges zur Geburt der Geschichte*, hg. und übersetzt von Walter Seitter, Berlin 1986, 12, 47.

12 Vgl. Kendall Thomas, »Die Verfassung der Amnestie: Der Fall Südafrika«, in: Gary Smith und Avishai Margalit (Hg.), *Amnestie oder die Politik der Erinnerung in der Demokratie*, Frankfurt am Main 1998, 179–191.

13 So erhielten die weiblichen Kommissionsmitglieder zu Beginn der ersten Sitzung Papiertaschentücher; der Vorsitzende der Kommission, Desmond Tutu, ließ in der City Hall einen »Raum zum Weinen« einrichten; vgl. Bericht in *die tageszeitung*, 16. April 1996, 8.

14 Vgl. Renata Salecl, die das Funktionieren dieser Universalitätslogik als Matheme im Lacan'schen Sinn nicht nur konstatiert, sondern auch als Möglichkeit (und eben nicht als Sprechzwang) ansieht, um jeder partikularen Festlegung »des Menschen« zu entkommen; »Die Frau als Symptom der Rechte«, in: dies., *Politik des Phantasmas*, übersetzt von Karl Bruckschwaiger, Wien 1994, 87–91, 83

15 Vgl. Alain Renaut und Lukas Sosoe, *Philosophie du droit*, Paris 1992, Kapitel III: eine mit großem argumentativem Aufwand betriebene Verteidigung des Prinzips der Selbstbestimmung des Menschen, wie es in der Deklaration von 1798 verankert sei (dazu dort besonders 67f.), gegen die Gleichsetzung von Mensch mit Subjekt.

16 Sie wurden dennoch per Dekret vom 24. September 1791 vom Geltungsbereich der Menschenrechte ausdrücklich ausgenommen; vgl. Samwer, *Die französische Erklärung der Menschen- und Bürgerrechte*, S. 218.

17 Vgl. dazu auch Jean-François Lyotard, *Der Widerstreit*, übersetzt von Joseph Vogl, 2. Aufl, München 1989, 241.

18 Vgl. Ute Gerhard, *Gleichheit ohne Angleichung. Frauen im Recht*, München 1990, 263–269; dazu auch Olympe de Gouges, *Denkschrift der Madame de Valmont*, französisch-deutsche Ausgabe, hg. und übersetzt von Gisela Thiele-Knobloch, Frankfurt am Main 1993.

19 Wellmer, »Menschenrechte und Demokratie«, leitet die Rolle als moralische Direktive aus seiner Analyse des Spannungsverhältnisses zwischen Menschen- und Grundrechten ab; Welsch nimmt diese »Doppelstruktur« zum Anlass, um die Idee der universalen Menschenrechte ungeachtet ihrer Konkretionen und Einseitigkeiten für eine »Praxis der Menschenrechte«, und das heißt als Orientierung »für das Zusammenleben der Menschen«, zu reservieren; Wolfgang Welsch, »Eurozentrismus oder Universalität? Über die Menschenrechte und die Gefahr einer rechtshistorischen Kolonisierung«, in: *Frankfurter Rundschau*, 3. September 1994, 10.

20 Vgl. Lyotard, *Der Widerstreit*, 215–250.

21 Lyotard, *Der Widerstreit*, 227, Nr. 184.

22 Walter H. C. Laves und Francis O. Wilcox, »The first meeting of the General Assembly of the United Nations«, in: *The American Journal of International Law* 40 (1946), 346–353, 359.

23 Vgl. Eibe Riedel, »Menschenrechte in der dritten Dimension«, in: *Europäische Grundrechte Zeitschrift* 10 (1989), 9–21, vgl. auch Seite 13 zu der explizit normativ-rechtlichen Ausgestaltung der Menschenrechte nach dem Konzept der Drittdimensionsrechte ab 1969.

24 Vgl. Habermas, »Kants Idee des Ewigen Friedens«, vor allem Seite 300 zu dieser Kaskade von Menschen- zu Weltbürgerrechten, verstanden als ihre Realisierung.

25 Vgl. Albrecht Wellmer, »Menschenrechte und Demokratie«.

26 Nathaniel Berman, »Sovereignty in Abeyance: Self-Determination and International Law«, in: *Wisconsin International Law Journal* 7 (1988), 51–105, 105. Berman bezieht die rhetorische Praxis auf das Selbstbestimmungsrecht der Völker, das als Folge oder Voraussetzung der Menschenrechte angesehen wird; zum Verhältnis von Menschenrechten und dem Recht auf Selbstbestimmung der Völker: Christoph Gusy, »Selbstbestimmungsrecht im Wandel. Von der Selbstbestimmung durch den Staat zur Selbstbestimmung im Staat«, in: *Archiv des Völkerrechts* 30 (1992), 385–410, 388; zur Tendenz einer einmischenden Menschenrechtspolitik und damit gegen eine Analogisierung von Person und Staat: Hauke Brunkhorst, »Paradigmenwechsel im Völkerrecht? Lehren aus Bosnien«, in: Matthias Lutz-Bachmann und John Boman (Hg.), *Frieden durch Recht*, Frankfurt am Main 1996.

27 Vgl. Habermas, »Kants Idee des Ewigen Friedens«, 312 f.

28 Vgl. zur Rolle des Staates als »Gegner« und zugleich als »Beschützer« der Menschenrechte Erhard Denninger, *Menschenrechte und Grundgesetz*, 99.

29 Hannah Arendt, »Es gibt nur ein einziges Menschenrecht«, in: *Die Wandlung* 4 (1949), 754–770, hier vor allem 753–757 (später aufgenommen in *Elemente und Ursprünge totaler Herrschaft*, München 1986, 452 ff.).

30 BT-Drucks. 13/4431 vom 23. 4. 1996, 2 (siehe auch BT-Drucks. 13/4722 vom 23. 5. 1996) und Bericht von Martin Rapp, »Oder und Neiße – die Flüsse des Todes«, in: *die tageszeitung*, 30. April 1996.

31 Günter Frankenberg, »Menschenrechte im Nationalstaat – Schutz vor politischer Verfolgung«, in: Ulrich Klug und

Martin Kriele (Hg.), *Menschen- und Bürgerrechte. Archiv für Rechts- und Sozialphilosophie*, Beiheft 33, Stuttgart 1988, 81–96, 95 (vgl. auch zuvor zur Auseinandersetzung mit Hannah Arendt).

32 Allerdings mit Differenzierungen bezüglich der internationalen Verantwortlichkeit von Staaten, die seit dem Ersten Weltkrieg von der International Law Commission vorgenommen werden; dazu Manfred Mohr, »The ILC's Distinction between ›International Crimes‹ and ›International Delicts‹ and its Implications«, in: Marina Spinedi und Bruno Simma (Hg.), *United Nations Codification of State Responsibility*, New York 1987, 115–141; dazu auch Riedel, »Menschenrechte der dritten Dimension«, 13; vor Kriminalisierungstendenzen im Völkerrecht als Folge einer unmittelbaren Anwendung moralisch begründeter, individuell-strafrechtlicher Zurechnungskriterien und -techniken auf Menschenrechtsverletzungen warnend: Klaus Günther, »Kampf gegen das Böse? Wider die ethische Aufrüstung der Kriminalpolitik«, in: *Kritische Justiz* 27 (1994), 135–157, 141 f.

33 Vgl. Etienne Balibar und Immanuel Wallerstein, *Rasse Klasse Nation. Ambivalente Identitäten*, übersetzt von Michael Haupt und Ilse Utz, Hamburg, Berlin: 1990, besonders Kapitel 3 und dort besonders 57.

34 Nach Balibars Lektüre der Menschenrechtsdeklaration sind Mensch und Bürger allerdings identisch, erst in einer »postmodernen Epoche« gehe es darum, Menschenrechte über die Bürgerrechte hinaus, bis an die »Grenzen der Demokratie«, zu artikulieren. Von dort aus werde eine Politik der Menschenrechte formuliert, die eine vollkommene Singularisierung, eine Sprengung jedes allgemeinen Gesetzes vorsehe und damit – ganz im Sinn der hier vorgenommenen Bestimmung der Menschenrechte – Kommunikation über das Recht an die Stelle von Recht-Sprechen setze; vgl. Etienne Balibar, *Die Grenzen der Demokratie*, Hamburg 1993, Kapitel »Menschenrechte und Bürgerrechte«, besonders 119, 112 f. und Kapitel »Was ist eine Politik der Menschenrechte?«, 218–220.

Versäumnisurteile und andere Unverständlichkeiten

1 Nach Jürgen Schwarze, »Ist das Grundgesetz ein Hindernis auf dem Weg nach Europa?«, in: *Juristenzeitung* (1999), 637–644, 639; siehe zur im Code civil installierten Auslegungspflicht auch Friedrich Kittler, »Vergessen«, in: Ulrich Nassen (Hg.), *Texthermeneutik, Aktualität, Geschichte, Kritik*, Paderborn 1979, 217.
2 Kittler, »Vergessen«, 217.
3 Vgl. beispielsweise Jürgen Monhemius, »Gesetzgebung und Internet«, in: *Neue Justiz* (1999), 521–524, 522 f.
4 Zitiert nach *Frankfurter Allgemeine Zeitung* vom 14. Dezember 2000.
5 Monhemius, »Gesetzgebung und Internet«, 523.
6 Monhemius, »Gesetzgebung und Internet«, 524.
7 Karl Freiherr vom Stein, *Briefe und amtliche Schriften*, Band 5, neu herausgegeben von Walther Hubatsch, bearbeitet von Erich Botzenhart, Stuttgart 1964, 692.
8 Niklas Luhmann, *Das Recht der Gesellschaft*, Frankfurt am Main 1993, 211.
9 John Langshaw Austin, *Zur Theorie der Sprechakte* (How to do things with Words), 2. Aufl., Stuttgart 1979, 189.
10 Zum Vergleich beider Erzählungen siehe Cornelia Vismann, »Von der Poesie im Recht oder vom Recht in der Dichtung – Franz Kafka und Johann Peter Hebel«, in: Rainer Enskat und Hendrik J. Adriaanse (Hg.), *Fremdheit und Vertrautheit. Hermeneutik im europäischen Kontext*, Leuven 2000, 275–282. Kommentar zu Hebel »Der Prozeß ohne Gesetz« bei Michael Stolleis, Der menschenfreundliche Ton. Zwei Dutzend Geschichten von Johann Peter Hebel mit kleinem Kommentar. Frankfurt am Main 2003, 85 ff.
11 Vgl. Günter Dürig, »Zeit und Rechtsgleichheit«, in: Ders., *Gesammelte Schriften: 1952–1983*, Berlin 1984, 292–315, 293 ff.

Drei Versionen des Schlussworts vor Gericht

1 Siehe Peter Niesen, *Kants Theorie der Redefreiheit*, Baden-Baden 2005, insbes. 185, 187
2 Siehe Rüdiger Campe, »Affizieren und Selbstaffizieren«, in: Jo-

seph Kopperschmidt (Hg.), *Rhetorische Anthropologie. Studien zum homo rhetoricus*, München 1999, 11 f.

3 Thomas Seibert, *Gerichtsrede, Wirklichkeit und Möglichkeit des forensischen Diskurses*, Berlin 2004, 168.

4 Gerd Schwerhoff, *Köln im Kreuzverhör. Kriminalität, Herrschaft und Gesellschaft in einer frühneuzeitlichen Stadt*, Bonn und Berlin 1991, 166 ff.

5 Siehe dazu die Arbeiten der Würzburger Forschergruppe mit Birte Englich, Thomas Mussweiler und Fritz Strack.

6 *Zeugen!* Ein Strafkammerspiel von Stefan Kaegi, Helgard Haug und Daniel Wetzel (Rimini-Protokoll).

7 Richard Rorty, *Kontingenz, Ironie und Solidarität*, Frankfurt am Main 1992, 127.

8 Rudi Visker, »Zum Unbegriff des Politischen. Pluralismus und Mé-Ontologie«, in: Alfred Schäfer und Michaela Wimmer (Hg.), *Selbstauslegung im Anderen*, Münster u.a. 2006, 115–128, 121.

9 Stephan Wolff, »Gepflegte Intransparenz. Zur Funktion von Ironie in der Kommunikation vor Gericht«, in: Kent D. Lerch (Hg.), *Recht verhandeln. Argumentieren, Begründen und Entscheiden im Diskurs des Rechts* (= Die Sprache des Rechts, Bd. 2), Berlin 2005, 498–567, 504.

10 Wolff, »Gepflegte Intransparenz«, 500.

11 Bettine Menke betrachtet das Theaterstück von Christoph Marthaler, »Murx den Europäer! Murx ihn! Murx ihn! Murx ihn! Murx ihn ab! Ein patriotischer Abend«, als eine Vorführung des – ansonsten heruntergespielten – Aufwandes, der betrieben werden muß, damit eine Rede-Szene als Rede mit eigener Stimme personal zurechenbar wird (Dies., »Aufpfropfungen der Stimme, Exzitationen, Szenen«, in: Uwe Wirth (Hg.), *Pfropfen, Impfen, Transplantieren*, Berlin 2008, 173–196.)

12 Den Hinweis auf diese Rede entnehme ich Seibert, *Gerichtsrede*, 46.

13 Zu diesen und den nachfolgenden Angaben siehe die Einleitung zur deutschen Übersetzung der Rede gegen T. Annius Milo, in: Marcus Tullius Cicero, *Sämtliche Reden*, eingeleitet, übersetzt und erläutert von Manfred Fuhrmann, Bd. 6, Zürich und München 1980, 320 f.

14 Theodor Mommsen, *Römisches Strafrecht*, Leipzig 1899, 433.

15 Cicero, *Sämtliche Reden*, 373 (Cic. Mil., 92).
16 Cicero, *Sämtliche Reden*, 375 (Cic. Mil., 94) »Ubi, denique tua illa, M. Tilli, quae plurimus fuit auxilio, vox atque defensio?«
17 Cicero, *Sämtliche Reden*, 321.
18 Seibert, *Gerichtsrede*, 46.
19 Marcus Fabius Quintilianus, *Institutionis Oratoriae/Ausbildung des Redners*, Erster Teil, hg, und übers. v. Helmut Rahn, Darmstadt 1988, 6. 1. 26.
20 Quintilianus, *Institutionis Oratoriae*, 6. 1. 26.

Nullpunkt historischer Erfahrung

1 Aus dem Katalog zur »Deutschen Kriegsausstellung Neunzehnhunderfünfzehn«, Berlin 1916; siehe auch *Ausstellungskatalog August 1914 – Ein Volk zieht in den Krieg*, hg. von der Berliner Geschichtswerkstatt, Berlin 1989, 187. Jahre später übrigens werden an ungefähr derselben Stelle im Tiergarten Mauerbruchstücke, gegen Aufpreis mit Echtheitszertifikat, zum Verkauf angeboten.
2 Walter Benjamin, *Gesammelte Schriften*, Bd. IV, Frankfurt am Main 1974, Bd. V, 595 [n, II,3] (im folgenden Text als Band- und Seitenblattzahlangabe mit römischer bzw. arabischer Ziffer zitiert).
3 Unveröffentlichter Brief an Ernst Schoen vom 14. 09. 1916.
4 Zwar meldete Benjamin sich 1914 als Kriegsfreiwilliger, dies jedoch bloß, um für den Fall seiner Kriegstauglichkeit Einfluss auf seinen Standort zu haben. Die Wahlmöglichkeit erhielten nur diejenigen, die sich ›freiwillig‹ meldeten, siehe Gershom Scholem, *Walter Benjamin – Die* Geschichte einer Freundschaft, Frankfurt am Main, 1975, 20, 27, 29; Ders., Von Berlin nach Jerusalem. Jugenderinnerungen, Frankfurt am Main, 1977, 96; Walter Benjamin, *Berliner Chronik*, Frankfurt am Main, 44; s. auch VI, 481.
5 Siehe Scholems ausführliche Schilderung, *Freundschaft*, 279.
6 Zit. nach Walter Benjamin, *1892–1940*, Eine Ausstellung des Theodor W. Adorno Archivs Frankfurt am Main in Verbindung mit dem Deutschen Literaturarchiv Marbach am Neckar, bearbeitet von Rolf Tiedemann, Christoph Gödde und Henri Lonitz (Marbacher Magazin 55/1990), 2. Aufl., Marbach am Neckar 1990, 47.

7 Benjamin berichtet Scholem von einer Nachmusterung vor dem 27. 10. 1915, in: Walter Benjamin, *Briefe* 1, Gershom Scholem, hg. v. Theodor W. Adorno, Frankfurt am Main 1978, 123; Aus einem unveröffentlichten Brief Benjamins an Scholem vom 8. 11. 1916 geht hervor, dass Benjamin vorerst für weitere drei Monate zurückgestellt ist und er Scholem beauftragt, für ihn den Termin zur Nachmusterung im Grunewald ausfindig zu machen. Für die Mitteilung des Inhalts beider unveröffentlichter Briefe möchte ich Gary Smith danken.
8 Nach Walter Benjamin, 147.
9 Scholem, *Berlin*, 96.
10 Scholem, *Freundschaft*, 12; siehe auch Gershom Scholem, *Briefe an Werner Kraft*, Frankfurt am Main 1986, 7 und Werner Kraft, *Spiegelung der Jugend*, Frankfurt am Main 1973, 71, etwas anders Werner Fuld, *Walter Benjamin – Zwischen den Stühlen*, München und Wien 1981, 71.
11 Scholem, *Freundschaft*, 14 f.
12 Jüdische Rundschau von 1915 nach Scholem, *Berlin*, 80.
13 Scholem. *Freundschaft*, 14 f.
14 Scholem, *Freundschaft*, 14 f.
15 Scholem, *Berlin*, 117.
16 Scholem, *Berlin*, 124.
17 Scholem, *Freundschaft*, 59.
18 Scholem, *Freundschaft*, 59.
19 Scholem, *Freundschaft*, 61.
20 Scholem, *Berlin*, 136; Ders., *Freundschaft*, 61.
21 Scholem, *Kraft*, 9.
22 Scholem, *Kraft*, 67.
23 Scholem, *Kraft*, 40.
24 Aus einem Brief Borchardts an Kraft; Benjamin, *Briefe*, 43.
25 Scholem, *Kraft*, 51.
26 Scholem, *Kraft*, 51; später kehrt er zurück in das Lazarett für Kieferschüsse, Scholem, *Kraft*, 83 ff.
27 Scholem, *Kraft*, 56 f.
28 Scholem, *Berlin*, 183.
29 Hilde Benjamin, *Georg Benjamin* (Reihe ›Humanisten der Tat‹), 3. Aufl., Leipzig 1987, 30 f.
30 Scholem, *Kraft*, 21, 50, 65.
31 Georg Benjamin, der um drei Jahre jüngere Bruder Walter Ben-

jamins, tritt in den zwanziger Jahren erst in die USP, später in die KPD ein. H. Benjamin, *Georg*, 39, 42. Scholems Bruder Werner geht 1914 nach Berlin zum Spartakusflügel. Nach dem Krieg tritt er, ähnlich wie Georg Benjamin, zunächst der USP bei und dann der KPD. 1922 ist er als Abgeordneter der KPD jüngstes Mitglied des Berliner Landtags. Scholem, *Berlin*, 183.

32 Scholem jedenfalls berichtet von Benjamins völliger Abneigung, über tagespolitische Ereignisse des Krieges zu sprechen, dagegen von langen theoretischen Auseinandersetzungen über den deutschen Anteil am Kriegsausbruch; Scholem, *Freundschaft*, 34 f.

33 Zu den ›Planzeigerverfahren‹, die im Ersten Weltkrieg entwickelt wurden, siehe Oskar Albrecht, *Das Kriegsvermessungswesen während des Weltkrieges 1914–1918*, München 1969. 28 f.

34 Zu den Verfahren, die eigenen Deckungsmöglichkeiten zu errechnen oder, nach dem Krieg, graphisch zu ermitteln, siehe Hans Schwerdt, »Über eine Auswertung von Schichtenlinien mit Hilfe eines transparenten Blattes«, in: *Zeitung für Vermessungswesen* 1919, 247 ff.

35 *Dienstvorschrift für das indirekte Schießen mit M. G. 08* vom 23. 3. 1918 (dvis).

36 Gustav Roethe, *Goethes Campagne*, Berlin 1919. 165.

37 Roethe, *Campagne*, 54, Fn. 1.

38 Roethe, *Campagne*, 272.

39 Roethe, *Campagne*, 350.

40 Erich Weniger, *Goethe und die Generale der Freiheitskriege*, Stuttgart 1959, 65.

41 Weniger, *Goethe*, 153 ff.

42 Weniger, »Das Bild des Krieges«, in: *Die Erziehung* 5 (1929), 1.

43 Weniger, *Bild des Krieges*, 10.

44 Siehe z. B. *Urkunden der OHL über ihre Tätigkeit* 1916 / 18, hg. von Erich Ludendorff, Berlin 1922 (OHL), 594.

45 Max Schwarte, *Die Technik im Landkriege*, Leipzig 1919, 8.

46 *OHL*, 596.

47 Zu den Wahrnehmungsräumen und den Raumwahrnehmungen des ersten Weltkrieges siehe Bernd Hüppauf, »Räume der Destruktion und Konstruktion von Raum. Landschaft, Sehen, Raum und der Erste Weltkrieg«, in: *Krieg und Literatur / War and Literature* III 5 / 6 (1991), 105–123.

48 *Ausbildungsvorschrift für die Infanterie*, Bd. 15. Berlin 1922 (AVI IV), hier Band II, 237/9.
49 *Schießen mit M. G. 08* vom 23. 3. 1918. 28 (dvis).
50 *OHL*, 606.
51 *Ausbildungsvorschrift* 1, 46.
52 Ernst Jünger, »Die Ausbildungsvorschrift für die Infanterie«, *Militär-Wochenblatt* 107:3 (1922/23), 51, 52.
53 Pfeifer, »Neue Drillformen«, *Militär-Wochenblatt* 107 (1922/23), 637, 638.
54 Ernst Jünger, *Skizze moderner Gefechtsführung*, Militär-Wochenblatt 106:20 (1920), 433, 435.
55 *OHL*, 617.
56 Beide Ausdrücke übernimmt Benjamin von Alois Riegl, *Spätromanische Kunstindustrie.*
57 *Ausbildungsvorschrift* 1, 50.
58 Zu ›Mimetic fragments‹ siehe Eric J. Leed, *No Man's Land. Combat and Identity in World War I*, Cambridge 1979, 178.
59 Freiherr von Reiswitz, *Anzeige in Militär-Wochenblatt* 9:402 (1824), 2973/4, 2973.
60 Kurt Lewin, »Kriegslandschaft«, in: *Zeitschrift für angewandte Psychologie* 12 (1917), 440–447, 440 ff.
61 Max Eckert, »Die Kartografie im Kriege«, in: *Geografische Zeitschrift* 27 (1921) 18, 20; Albrecht, *Kriegsvermessungswesen*, 40, 42.
62 ›Wounded trees und wounded men‹, Leed, *No man's Land*, 122.
63 Walter Flex (1915), *Der Wanderer zwischen beiden Welten*, München 1937, 93.
64 Leed, *No man's Land*, 22.
65 V, 513 zitiert nach Norbert Bolz, *Auszug aus der entzauberten Welt*, München 1989, 109.
66 Leed, *No man's Land*, 80, 145.
67 Luz, »Schlachtenlandschaft«, in: *Kriegstagebuch der 4. Armee*, Stuttgart 1917, 18, 22.
68 Paul Fussell, *The Great War and Modern Memory*, London 1975, 261.
69 Ernst Jünger, »Krieg und Lichtbild« in: Ders. (Hg.), *Das Antlitz des Weltkrieges*, Berlin 1930. 10.
70 Hans Peter Descourdes und Horst Mühleisen, *Bibliografie der Werke Ernst Jüngers*, Stuttgart 1985, 123 (dort nach Reichsdr. 80). Ernst Jünger hat das Heft 2 der Ausbildungsvorschrift verfasst, in

dem es hauptsächlich um die klassische Rolle des Infanteristen als sich bewegender Körper geht, und bezeichnet es in der Rezension zu seinem eigenen Werk als ›Kernheft‹ der Vorschriften (Jünger, *Ausbildungsvorschrift*, 52. Jünger hat die Kapitel »A. Die Einzelausbildung, B. Die Schützengruppe, D. Der Infanteriezug« der Ausbildungsvorschrift II redigiert und bezeichnenderweise das Kapitel C., das die Ausbildung der einzigen nicht traditionellen Gruppe behandelt, der leichten Maschinengewehrgruppe, anderen überlassen.

71 *Heiner Müller liest Walter Benjamin*, Lesung am 10. Juni 1992 im Deutschen Theater Berlin.

72 Volker Rühe, zitiert in: *Frankfurter Allgemeine Zeitung* vom 30. 9. 1992: »Die strategische Lage des Westens hat sich verbessert«.

Terra nullius

1 Vgl. Ernst Staedler, »Zur Vorgeschichte der Raya von 1493«, in: *Zeitschrift für Völkerrecht* 25. Jg. (1941), 57–72, 64 f.

2 Sie weist ohne ausdrückliche Bezugnahme eine Parallele zu der Teilung des römischen Reiches in westliche und östliche Verwaltungssphären auf. Nach der Vereinbarung von Brundisium 40 a. C. verlief der teilende Meridian von Skodra nach Illyrien (Nähe heutiges Konstantinopel); s. Staedler, »Zur Vorgeschichte der Raya«, 69.

3 Jörg Fisch, *Die europäische Expansion und das Völkerrecht. Die Auseinandersetzungen und der Status der überseeischen Gebiete vom 15. Jahrhundert bis zur Gegenwart*, Stuttgart 1984, 53.

4 Fisch, *Die europäische Expansion*, 49

5 Wie beispielsweise im Gebiet von Guinea, geregelt im Friedensvertrag von Alcácovas (1479), und den Bullen von 1455 und 1456, dazu genauer Fisch, *Die europäische Expansion*, 51 f.

6 Samuel Y. Edgerton jr., »From Mental Matrix to Mappamundi to Christian Empire: The Heritage of Ptolemaic Cartography in the Renaissance«, in: David Woodward (Hg.), *Art and Carthography*, Chicago und London 1987, 10–50, 46. Ganz so zufällig, wie es nach dieser Beschreibung den Anschein hat, ist die Linie allerdings nicht. Die bis dato geübte Praxis der Aufteilung nach Brei-

tengraden wird hier erstmals durch die für Spanien wesentlich günstigere nach Längengraden ersetzt. Also von Pol zu Pol (meridional) statt in Parallele zum Äquator. Columbus könnte die Idee zu dieser longitudinalen Aufteilung der Entdeckerhemisphären, die er Papst Alexander vorschlug, beim Anblick der ersten Seekarte mit einem Gradnetz (von Toscanelli) gekommen sein; vgl. Adolf Rein, *Die europäische Ausbreitung über die Erde*, Potsdam 1931, 89.

7 Vgl. Staedler, »Zur Vorgeschichte der Raya«, 69.

8 So vor allem die These Ernst Staedlers, »Die westindische Raya von 1493 und ihr völkerrechtliches Schicksal«, in: *Zeitschrift für Völkerrecht* 22 (1938), 165–193, 168.

9 Fisch, *Die europäische Expansion*, 53.

10 Im oftmals als Modellfall der *lignes des amitiés* angesehenen Friedensvertrag von Cateau-Cainbresis von 1559 wird angeblich mündlich eine Freundschaftslinie vereinbart, die westlich des ersten Meridians und südlich des Wendekreis des Krebses liegen sollte; vgl. Wilhelm G. Grewe, *Epochen der Völkerrechtsgeschichte*, Baden-Baden 1984, 185. Allerdings ist selbst unter der nicht beweisbaren Annahme, dass ein solches mündliches Zusatzabkommen tatsächlich geschlossen wurde, zweifelhaft, dass es mit dem Ziel einer Friedlosigkeitserklärung in den überseeischen Gebieten zustande kam, zumal die dort bestehende einseitige Polizeigewalt Spaniens auch von Frankreich respektiert worden ist; vgl. Fisch, *Die europäische Expansion*, 59 f.

11 In dem Edikt wird Frankreich verboten, Spanien und Portugal auch diesseits der Linien wegen unerlaubten Handeltreibens anzugreifen; vgl. Fisch, *Die europäische Expansion*, 117.

12 Vgl. Fisch, *Die europäische Expansion*, 146.

13 Vgl. Fisch, *Die europäische Expansion*, 69 f.

14 Fisch, *Die europäische Expansion*, 81.

15 Nach Grewe, *Völkerrechtsgeschichte*, 187; ähnlich bei Jean-Jacques Rousseau: »Das Pathos der Grenzziehung: einerseits nämlich die ungebundenen, sprachlosen und nomadischen ›Wilden‹, ›ohne Kunstfleiß, ohne Sprache, ohne Wohnsitz, ohne Krieg und ohne Verbindung‹ (Rousseau), andererseits die Depravation des bürgerlichen Gemeinwesens, Seßhaftigkeit, Parzellierung des Landes, Aneignung des Bodens, begriffliche Sprache.« (Joseph Vogl, *Ort der Gewalt. Kafkas literarische Ethik*, München 1990, 203).

16 Carl Schmitt, *Der Nomos der Erde im Völkerrecht des Jus Publicum Europaeum*, Köln 1950, 60 ff.

17 Adolf Rein, »Zur Geschichte der völkerrechtlichen Trennungslinie zwischen Amerika und Europa«, in: *Ibero-Amerikanisches Archiv* 4 (1931), 530–543, 537; siehe auch Fisch, *Die europäische Expansion*, 70 f.; Grewe, *Völkerrechtsgeschichte*, 188.

18 Dazu einleuchtend Fisch, *Die europäische Expansion*, vor allem Kapitel 3.

19 Dazu und zum Vorhergehenden Grewe, *Völkerrechtsgeschichte*, 184 ff.; siehe auch Schmitt, *Nomos der Erde*, 155.

20 Dazu Norbert Bolz, »Peri Trans Beyond«, in: Friedrich A. Kittler u. Georg Christoph Tholen (Hrsg.), *Arsenale der Seele. Literatur- und Medienanalyse seit 1870*, München 1989, 171–185.

21 Ihnen ist gemeinsam, dass sie mit der Betonung völkerrechtlicher Linien die Raumgebundenheit des Völkerrechts nachweisen wollen. Sie strukturieren die Geschichte des Völkerrechts nach Linien und entdecken das Prinzip der Freundschaftslinien auch in der Kolonialzeit, wo sie ähnlich räumlich und ähnlich ausschließend wirken sollen. So etwa in der Monroe-Doktrin (1823), in der für europäische Mächte ein Interventionsverbot ausgesprochen wird; dazu Carl Schmitt, *Völkerrechtliche Großraumordnung mit Interventionsverbot für raumfremde Mächte. Ein Beitrag zum Reichsbegriff im Völkerrecht*, Berlin und Wien 1939, besonders 23; ähnlich Rein, »Zur Geschichte der völkerrechtlichen Trennungslinie«, 538; auch Grewe, *Völkerrechtsgeschichte*, 538 f.

22 Vgl. Grewe, *Völkerrechtsgeschichte*, 154 f.; siehe auch F. S. Ruddy, »Res nullius and Occupation in Roman and International Law«, in: *University of Missouri at Kansas City Law Review* 2 (1967/68), 274–287, 277.

23 »Dans l'éloignement de sa patrie l'on n'est pas retenu par la crainte de rougir aux yeux de ses concitoyens. Dans un climat chaud, ou le corps perd sa vigeur, l'âme doit perdre de sa force. … Dans les contrées ou l'on est venu pour s'enrichir, on oublie aisément d'être juste.« (Raynal [1784], von dem auch das vorangegangene Zitat stammt, zit. nach Rein, »Zur Geschichte der völkerrechtlichen Trennungslinie«, 534 f.).

24 Carl Schmitt, »Raum und Großraum im Völkerrecht«, in: *Zeitschrift für Völkerrecht* 24 (1940), 145–179, 154; Ders., *Der Nomos der Erde*, 58 ff.; ausführlich Grewe, *Völkerrechtsgeschichte*, 191–193.

25 Letztmals wird »terra nullius« als Argument für eine rechtmäßige Okkupation 1975 von den Spaniern im Streit um die Westsahara angerührt; s. Abdelfadil Gnidil, *Die völkerrechtliche Lage der ehemaligen Spanischen Sahara*, Tübingen 1987; siehe auch Fisch, *Die europäische Expansion*, 461–473.

26 Vgl. Fisch, *Die europäische Expansion*, 89; siehe auch 300.

27 Nach Georg Dahm, *Völkerrecht 1*, Stuttgart 1958, 76.

28 Tatsächlich stützt sich die englische Streitmacht noch rund 150 Jahre später auf diesen vermeintlichen Rechtsanspruch, als es Holland zur Übergabe von Siedlungen in New York zwingt, Walther Schoenborn, »Über Entdeckung als Rechtstitel völkerrechtlichen Gebietserwerbs«, in: *Gegenwartsprobleme des internationalen Rechts und der Rechtsphilosophie.* Festschrift für Rudolf Laun zu seinem 70. Geburtstag, Hamburg 1953, 239–257, 242, 244.

29 Vgl. Walther Schoenborn, »Der Einfluß der neueren technischen Entwicklung auf das Völkerrecht«, in: *Forschungen und Berichte aus dem öffentlichen Recht.* Gedächtnisschrift für Walter Jellinek, München 1962, 77–86, 83; zur Möglichkeit der effektiven Beherrschung des Luftraums siehe auch K. Lampe, »Die Polargebiete in der internationalen Politik«, in: *Arktis. Vierteljahresschrift der internationalen Gesellschaft zur Erforschung der Arktis mit Luftfahrzeugen* 3 (1930), 74–90.

30 Die Bedeutung eines Rechtstitels aus Entdeckung wird aus völkerrechtlicher Sicht unterschiedlich beurteilt. Vor allem Fritz Bleiber geht davon aus, dass sie isoliert, d. h. auch ohne nachfolgende symbolische oder effektive Inbesitznahme einen Erwerbsanspruch vermittelt; *Die Entdeckung im Völkerrecht. Eine Studie zum Problem der Okkupation*, Greifswald 1933, 49 ff.

31 Vgl. Grewe, *Völkerrechtsgeschichte*, 299.

32 Sophus Ruge, *Geschichte des Zeitalters der Entdeckungen*, Berlin 1881, 347; zit. nach Adolf Rein, »Über die Bedeutung der überseeischen Ausdehnung für das europäische Staatensystem«, in: *Historische Zeitung* 137 (1927), 28–90, 36.

33 Neben Isabella wird die Reise 1492 auch von dem König von Aragon – gewissermaßen als Privatunternehmer – getragen; siehe Staedler, »Zur Vorgeschichte der Raya«, 55 und 68; siehe auch Rein, *Die europäische Ausbreitung*, 88.

34 Friedrich August Freiherr von der Heydte, »Discovery, Symbolic

Annexation and Virtual Effectiveness in International Law«, in: *Zeitschrift für Völkerrecht* 25 (1941), 448–471, 467.

35 Vgl. Lampe, »Die Polargebiete in der internationalen Politik«, 85.

36 Nach Heydte, »Discovery, Symbolic Annexation and Virtual Effectiveness«, 459.

37 Das Erfordernis der Effektivität wurde hier begrenzt auf die Gebiete der afrikanischen Küste und galt nur für den Zeitraum von 1885 bis 1919. In dem Nachfolge-Abkommen von St. Germain-en-Laye wurde es nicht mehr aufgenommen; dazu genauer Schoenborn, »Über Entdeckung als Rechtstitel«, 249.

38 Dazu Dan Diner, *Israel in Palästina. Über Tausch und Gewalt im Vorderen Orient*, Königstein / Ts. 1980, Kapitel II.

39 Grewe, *Völkerrechtsgeschichte*, 466 f.; dort als Beispiel rein symbolischer Handlungen.

40 Dies weist zugleich auf die enge Beziehung zwischen agrikultureller, technischer und militärischer Inbesitznahme hin; vgl. Diner, *Israel in Palästina*, 140.

41 Schmitt, »Raum und Großraum im Völkerrecht«, 16 u. 171; siehe auch Ders., *Der Nomos der Erde*, 101.

42 Vgl. »Gebietserwerb«, bearb. v. Eberhard Menzel, in: Hans-Jürgen Schloehauer, *Wörterbuch des Völkerrechts*, Bd. I, Berlin 1960; zum wenig scharf umrissenen Souveränitätsbegriff des Völkerrechts, siehe Fisch, *Die europäische Expansion*, 301–303.

43 Vogl, *Ort der Gewalt*, 203.

44 Grewe, *Völkerrechtsgeschichte*, 378; ausführlich J. R. Prescott, *Boundaries and Frontiers*, London 1978, 54 ff.

45 Vgl. dazu und zum vorhergehenden Grewe, *Völkerrechtsgeschichte*, 378–381.

46 Vgl. Schoenborn, »Über Entdeckung als Rechtstitel«, 244.

47 Als exakte Grenzen zwischen den Staaten befördern sie das jus soli der eindeutigen Staatszugehörigkeit, im Strafrecht die Ausformulierung des »Territorialitätsprinzips«.

48 Siehe Schmitt, *Der Nomos der Erde*, 62.

49 Norbert Wiener, *Mensch und Menschmaschine*, aus dem Amerikanischen übersetzt von Gertrud Walter, Frankfurt am Main / Berlin 1942 / 1952, 40 f.

50 Schmitt, »Raum und Großraum im Völkerrecht«, 157.

51 Luigi Valli, *Das Recht der Völker auf Land*, Hamburg 1957, 34.

52 Valli, *Das Recht der Völker auf Land*, Vorbemerkung.

53 Dass bewohntes Gebiet nicht okkupierbar ist, ist eine sich im 19. Jahrhundert durchsetzende Ansicht; vgl. Fisch, *Die europäische Expansion*, 300.
54 Friedrich Giese, »Zur Rechtslage in staatenlosem Gebiet. Ein Beitrag zur völkerrechtlichen Gebietslehre«, in: *Archiv für öffentliches Recht* 68 (1937/38), 310–360.
55 In der territorialisierten und das heißt vollständig aufgeteilten Welt, gibt es keine Okkupationen mehr. Denkbar sollen nach völkerrechtlicher Auffassung lediglich Annexionen oder Protektorate (verkappte Annexionen) sein. Annektierbar sind entterritorialisierte Gebiete, Staatengebilde im Zerfall, nach Kapitulationen beispielsweise (vgl. Gnidil, *Die völkerrechtliche Lage der ehemaligen Spanischen Sahara*, 63). Das Potsdamer Abkommen fühlte sich aufgrund der Ähnlichkeit ihrer Akte mit denen einer Annexion gedrängt, durch Verneinung klarzustellen, dass die Okkupation (!) der Alliierten keiner Annexion gleichkommen solle, sondern lediglich vorübergehenden Charakter habe: »It is not the intention of the Allies to destroy or to enslave the German people. It is the intention of the Allies that the German people be given the opportunity for the eventual reconstruction of their life on a democratic and peaceful basis.« (»Kommuniqué über die Konferenz von Potsdam III«, in: *Dokumente zur Deutschlandpolitik*, Giesela Biewer [Bearb.], 11. Reihe, Bd. 1: Die Konferenz von Potsdam, Neuwied und Frankfurt am Main 1992, 2106: s. auch Dahm, *Völkerrecht 1*, 591).
56 Ernst Jünger, »Kriegerische Mathematik«, in: *Der Widerstand* 5 (1930), 267 ff., 270.
57 Eric J. Leed, *No Man's Land. Combat and Identity in World War I*, Cambridge u.a. 1979, 14.
58 Siehe dazu Alain Pottage, »A Unique and Different Subject of Law«, in: *Cardozo Law Review* 6 (1995).

Das Gesetz ›DER Dekonstruktion‹

1 Jacques Derrida, *Gesetzeskraft, Der »mystische Grund der Autorität«*, Frankfurt am Main 1991, 82.
2 Siehe Derrida, *Gesetzeskraft*, 82.
3 Derrida, *Gesetzeskraft*, 82.

4 Derrida, *Gesetzeskraft*, 12.
5 Derrida, *Gesetzeskraft*, 81.
6 Walter Benjamin, »Zur Kritik der Gewalt«, in: Ders., *Gesammelte Schriften*, Bd. II. 1., Frankfurt am Main 1977.
7 Benjamin, »Zur Kritik der Gewalt«, 184.
8 Benjamin, »Zur Kritik der Gewalt«, 184.
9 Derrida, *Gesetzeskraft*, 79.
10 Derrida, *Gesetzeskraft*, 90 ff.
11 Derrida, *Gesetzeskraft*, 91.
12 Jacques Lacan, *Das Seminar von Jacques Lacan, Buch II (1954–1955)*, Olten / Freiburg 1980, 243 ff.
13 Lacan, *Das Seminar*, 256.
14 Vgl. Lacan, *Das Seminar*, 248.
15 Vgl. die erpresserische Gewalt, deren Aufkommen Benjamin im Fall des Generalstreiks, dem Durchstreichen der Adressaten des Streik-Rechts, bemerkt hat, Benjamin, »Zur Kritik der Gewalt«, 184.
16 Lacan, *Das Seminar*, 248.
17 Derrida reflektiert darüber im Zusammenhang des Sich-Adressierens durch seinen eigenen Vortrag, siehe Derrida, *Gesetzeskraft*, 9 ff.
18 Ausdrücklich adressiert werden die »Critical Legal Studies« (CLS) auf S. 18–21, wo Derrida sich wohl erstmals – diplomatisch zweideutig – zu CLS positioniert.
19 Für einen Überblick über CLS, der ihre Entwicklung aus Ideologiekritik, aber auch aus anderen »Methoden«, belegt, siehe Allan Hutchinson (Hg.), *Critical Legal Studies*, Tutowa, N. J. 1989.
20 Derrida, *Gesetzeskraft*, 27.
21 Stanley Fish, *Doing what comes Naturally: Change, Rhetoric, and the Practice of Theory on Literary and Legal Studies*, Durham N. C. et. al. 1989, auch Derrida bezieht sich darauf, siehe Derrida, *Gesetzeskraft*, 29; siehe auch die informative Rezension dazu von Leonhard Kaplan, »Without Foundation: Stanley Fish and the Legal Academy«, *Law & Social Inquiry* 16 (1991), 593.
22 Derrida, *Gesetzeskraft*, 81.
23 Siehe Derrida, *Gesetzeskraft*, 23.
24 Walter Benjamin, »Für die Diktatur«, *Gesammelte Schriften*, Bd. IV. 1, 2, Frankfurt am Main 1980, 489.
25 Benjamin, »Zur Kritik der Gewalt«, 202.

26 Zur »Kritik an Vitalismus und Biologismus« Walter Benjamins, siehe Derrida, *Gesetzeskraft*, 108.
27 Benjamin, »Zur Kritik der Gewalt«, 200.
28 Benjamin, »Zur Kritik der Gewalt«, 199.
29 »Avenir« in der französischen und englischen Fassung: Jacques Derrida, »Force of Law«, *Cardozo Law Review* 11 (1990), 919–1045, hier: 992–993.
30 Derrida, *Gesetzeskraft*, 60.
31 Deutsch im Original.
32 Derrida, *Gesetzeskraft*, 125.
33 Derrida, *Gesetzeskraft*, 110.
34 Derrida, *Gesetzeskraft*, 92.
35 Engl. Fassung, 1009, deutsche Fassung: »Was kann man denn sonst lieben?«, 93.
36 Derrida, *Gesetzeskraft*, 42.
37 Vgl. Derrida, *Gesetzeskraft*, 45.
38 Engl. / franz. Fassung, 964–965.
39 Derrida, *Gesetzeskraft*, 30.
40 Derrida, *Gesetzeskraft*, 20.
41 Vgl. die Beiträge im *Cardozo Law Review* 11 (1990), in dem auch die englische und französische Fassung von »Gesetzeskraft« abgedruckt ist, sowie Anselm Haverkamp (Hg.), *»Gewalt und Gerechtigkeit« – Derrida liest Benjamin*, Frankfurt am Main 1992.
42 Derrida, *Gesetzeskraft*, 21.
43 Derrida, *Gesetzeskraft*, 101.

Benjamin als Kommentator

1 Walter Benjamin, *Gesammelte Schriften*, 7 Bde., hg. von Hermann Schweppenhäuser und Rolf Tiedemann, Frankfurt am Main 1991, II. 2, 539 (im Folgenden sind die Seitenzahlen zu diesem Text in Klammern im Text angegeben).
2 Michel Foucault, *Die Ordnung des Diskurses*, Frankfurt am Main 1991, 20.
3 Foucault, *Die Ordnung des Diskurses*, 20.
4 Walter Benjamin. *Einbahnstraße*, 9. Aufl., Frankfurt am Main 1955 (Reprint von 1928), 20.

5 Dazu Anselm Haverkamp, *Laub voll Trauer. Hölderlins späte Allegorie*, München 1991.
6 Foucault, *Die Ordnung der Dinge*, Frankfurt am Main 1971, 114ff.
7 Foucault, *Was ist Kritik?*, Berlin 1992, insbes. 14.
8 Benjamin, *Gesammelte Schriften*, II. 1, 179–203.
9 Jacques Derrida, *Gesetzeskraft. Der »mystische Grund der Autorität«*, Frankfurt am Main 1991, 60ff.
10 Zu diesen Theoriebewegungen in den neunziger Jahren Anselm Haverkamp, »Kritik der Gewalt und die Möglichkeit von Gerechtigkeit: Benjamin in Deconstruction«, in: Ders. (Hg.), *Gewalt und Gerechtigkeit, Derrida – Benjamin*, Frankfurt am Main 1994, 7–50, vor allem 8.
11 Vgl. dazu Bettine Menke, »Benjamin vor dem Gesetz: Die Kritik der Gewalt in der Lektüre Derridas«, in: Haverkamp, *Kritik der Gewalt*, 217–275, 236.
12 Uwe Wesel, »hM«, *Kursbuch* 61 (1979), 88–109; Wiederabdruck in: Ders., *Aufklärungen über Recht. Zehn Beiträge zur Entmythologisierung*, Frankfurt am Main, 1981, 14–40.
13 *Kommentar zum Grundgesetz der Bundesrepublik Deutschland* (Reihe Alternativkommentare), Neuwied, Darmstadt 1984.
14 *Kommentar zum Grundgesetz.*
15 »Die Würde des Menschen war unantastbar«, *Frankfurter Allgemeine Zeitung* vom 3. September 2003, 33f.
16 Ausdrücklich prangert er diese in einem an das juristische Fachpublikum adressierten Aufsatz an: »Menschenwürde als normatives Prinzip«, *Juristenzeitung* 58 (2003), 809–817.
17 Michael Stolleis, »Theodor Maunz«, *Kritische Justiz* 1989, 393ff.
18 Zu seiner Person aus Sicht seines Lektors beim Beck-Verlag: Hans-Ulrich Büchting, »Günter Dürig«, in: *Juristen im Portrait. Verlag und Autoren in 4 Jahrzehnten* (Festschrift zum 225jährigen Jubiläum des Verlages C. H. Beck), München 1988, 280–288.
19 Günter Dürig, »Die losen Blätter«, *Juristenzeitung* 8 (1953), 126.
20 Später verlegte Dürig sich aufs Glossenschreiben und verfasste Kurzkommentare zu einzelnen Einträgen des Sachregisters einer von ihm herausgegebenen Gesetzessammlung (*Gesetze des Landes Baden-Württemberg. Textsammlung mit Verweisungen und Sachverzeichnis*, hg. von Günter Dürig, München 1956).

21 Zu diesen Spuren, die Dürig in der Rechtsprechung hinterlassen hat, Thomas Henne: »Von 0 auf ›Lüth‹ in 6 1/2 Jahren. Zu den prägenden Faktoren der Grundsatzentscheidung«, in: Ders. und Arne Riedlinger (Hg.), *Das Lüth-Urteil in (rechts-)historischer Sicht. Die Konflikte um Veit Harlan und die Grundrechtsjudikatur des Bundesverfassungsgerichts*, Berlin 2004, 189.

22 Robert Walser, *Die Glosse*, Sämtliche Werke in Einzelausgaben, Frankfurt am Main 1986, XIX, 287. Dazu: Wim Peeters, »›Wenn kein Gebot, kein Soll herrschte in der Welt, ich werde sterben.‹ Jakob von Gunten als Glossator«, in: Rüdiger Campe, Michael Niehaus (Hrsg.), *Gesetz. Ironie* (Festschrift für Manfred Schneider), Heidelberg 2004, 179–196.

23 Peeters, »Wenn kein Gebot«, 184.

24 Derrida, *Gesetzeskraft*.

25 Bertolt Brecht, *Große kommentierte Berliner und Frankfurter Ausgabe*, Berlin, Weimar und Frankfurt am Main 1997, Stücke 10, Teil 1, 512 f.

26 So legt es Patrick Primavesi nahe in: *Kommentar, Übersetzung, Theater in Walter Benjamins frühen Schriften*, Basel, Frankfurt am Main 1998, 358.

27 Brecht, *Berliner und Frankfurter Ausgabe*, 514.

28 Brecht, *Berliner und Frankfurter Ausgabe*, Teil 2, 1118.

29 Ausführlich dazu Judith Wilke, *Brechts »Fatzer«-Fragment. Lektüren zum Verhältnis von Dokument und Kommentar*, Bielefeld 1989.

30 Brecht, *Berliner und Frankfurter Ausgabe*, 515 f.

31 Brecht, *Berliner und Frankfurter Ausgabe*, 515.

32 Benjamin, *Karl Kraus*, Gesammelte Schriften, II. 1, 625, siehe auch »Karl Kraus«, ebd., 334–367.

33 Dazu Cornelia Vismann, Karl Kraus: Die Stimme des Gesetzes, in diesem Band auf S. 211–227.

34 Gershom Scholem (Hg.), *Walter Benjamin, Gershom Scholem. Briefwechsel 1933–1940*, Frankfurt am Main 1985, 167 f.

35 Scholem, *Benjamin, Scholem. Briefwechsel*, 168.

36 Benjamin, *Gesammelte Schriften*, II.3, 1198.

37 Benjamin, *J. P. Hebels Schatzkästlein des rheinischen Hausfreundes*, Gesammelte Schriften, II.2, 628, siehe auch: *Johann Peter Hebel* (3), ebd., 635–640, 640.

38 Haverkamp, *Figura cryptica. Theorie der literarischen Latenz*,

Frankfurt am Main 2002, 7–16; Ders., *Latenzzeit, Wissen im Nachkrieg*, Berlin 2004, 15–29.

St. Benedict, Inc.

1 Beispielsweise in der Kommentierung zu Artikel 9 des Grundgesetzes, siehe *Kommentar zum Grundgesetz der Bundesrepublik Deutschland*, Reihe Alternativkommentare, Gesamtherausgeber Rudolf Wassermann. 1984, Rinken, Art. 9 GG, Rdn. 1.

2 Michael Walzer, »Political Alienation and Military Service«, in: Ders., *Obligations. Essays on Disobedience, War, and Citizenship*, Cambridge 1971, 99–119, 119.

3 Jean-Luc Nancy, *Die undarstellbare Gemeinschaft*, Stuttgart 1988, 26 f.

4 Nancy, *Die undarstellbare Gemeinschaft*, 30, auch zum gesamten Abschnitt.

5 Otto Palandt und Heinz Thomas, *Bürgerliches Gesetzbuch. Kommentar*, 52. Aufl. (1992), § 705 BGB, Rdn. 1; § 741 BGB, Rdn. 2.

6 Walzer, »Political Alienation«, 118.

7 Joachim Wollasch, »Reformmönchtum und Schriftlichkeit«, in: *Frühmittelalterliche Studien* 26 (1992), 274–286, 286.

8 Siehe William E. Connolly, *Identity/Difference. Democratic Negotiations of Political Paradox*, Ithaca and London 1991, 89 f.

9 Siehe Axel Honneth, der in diesem Sinne einen starken und einen schwachen Kommunitarismus unterscheidet, »Grenzen des Liberalismus. Zur politisch-ethischen Diskussion um den Kommunitarismus«, in: *Philosophische Rundschau* 38 (1991), 83–102, 101.

10 Siehe dazu Hauke Brunkhorst, der diese neuen Formen des Universalismus, die in der kommunitären Fundierung entstehen, darstellt; »Gesellschaftskritik von innen? Für ein ›covering law‹-Universalismus ohne Dogma«, in: Karl-Otto Apel und Matthias Kettner (Hg.), *Zur Anwendung der Diskursethik in Politik, Recht und Wirtschaft*, Frankfurt am Main 1992, 149–167.

11 Siehe dazu auch Jacques Derrida, »The Politics of Friendship«, in: *The Journal of Philosophy* 35 (1988) (Übersetzung Gabriel Motzkin), 632–644, 641; die Ähnlichkeit der Fragestellung – kann Freundschaft Politik fundieren? – macht den Aufsatz für die

folgenden Überlegungen zu einem zentralen Orientierungspunkt.

12 Teilweise haben die Critical Legal Scholars auch auf Kommunitaristen wie Walzer, Sandel und MacIntyre Bezug genommen. Ausführlich Mark V. Tushnet, »Following the Rules laid down: A Critique of Interpretivism and Neutral Principles«, in: *Harvard Law Review* 96 (1983), 781–805; Gerald E. Frug, »The City as a Legal Concept«, in: *Harvard Law Review* 93 (1980), 1057–1154; Iris Young, »The Ideal of Community and the Politics of Difference«, in: *Social Theory and Practice* 12 (1986), 1 ff. Die meisten Gemeinschafts-Entwürfe beziehen sich auf eine – bestehende oder ideale – »community of understanding«, um der von den Critical Legal Scholars aufgezeigten Unbestimmtheit des Rechts etwas entgegenzusetzen. Beispielsweise Lawrence B. Solum, »On Indeterminaty Crisis: Critiquing Critical Dogma«, in: *University of Chicago Law Review* 54 (1987), 463–502; Owen Fiss, »Objectivity and Interpretation«, in: *Stanford Law Review* 34 (1982), 739–763, 746 ff.; James Boyd White, »Law as Rhetoric, Rhetoric as Law: The Arts of Cultural and Communal Life«, in: *The University of Chicago Law Review* 52 (1985), 684–702, 698; Robin West, »Communities, Texts, and the Law«, in: *Yales Journal of Law & Humanities* 1 (1988), 129–155. Die wohl umfassendste Ethik der Gemeinschaft stammt von Drucilla Cornell, die sich von einem diskursethisch-postmodernen Standpunkt aus mit Kommunitarismus und Critical Legal Studies beschäftigt, siehe »Towards a Modern / Postmodern Reconstruction of Ethics«, in: *University of Pennsylvania Law Review* 133 (1985), 291 ff.; dies., »The Poststructuralist Challenge to the Ideal of Community«, in: *Cardozo Law Review* 8 (1987), 989–1022; dies., »Institutionalization of Meaning, recollective Imagination and the Potential for transformative legal Interpretation«, in: *University of Pennsylvania Law Review*, 136 (1988), 1135–1231.

13 Aristoteles, *Nikomachische Ethik*, 4. Aufl., Hamburg 1985, IX. Buch, 6. Kap. 1167b.

14 Aristoteles, *Nikomachische Ethik*, IX. Buch, 12. Kap. 1171b.

15 Derrida, »The Politics of Friendship«, 634, siehe auch 633.

16 Aristoteles, *Nikomachische Ethik*, VIII. Buch, 11. Kap. 1160a.

17 Aristoteles, *Nikomachische Ethik*, VIII. Buch, 15. Kap. 1163a.

18 Siehe Michael Walzer, *Spheres of Justice. A Defense of Pluralism*

and Equality, New York 1983, 62f. (dt. *Sphären der Gerechtigkeit, Ein Plädoyer für Pluralität und Gerechtigkeit*, Frankfurt am Main 1992).

19 Siehe Hans Urs von Balthasar (Hg.), *Die großen Ordensregeln*, Einsiedeln u.a. 1948, 108; Erasmus sieht einen Beleg für die These, dass die Regeln erst aufgeschrieben wurden, als es weibliche Ordensgründungen gab, in solchen in den Regeln vorkommenden Begriffen, die der Welt der Frauen entnommen seien, wie Schönheit, Liebhaber, Wohlgeruch oder Spiegel; siehe Kapitel 12 der Regel nach von Balthasar, 132f.

20 Die »Familie« nimmt in der Tat die Stellung eines kommunitären Urmodells ein. »Familie« ist die Einheit unterhalb des rechtlichen Zusammenschlusses verwandter Klöster zu einem Orden. Für sie galten die benediktinischen Regeln (nach von Balthasar, *Die großen Ordensregeln*, Kapitel 38, 144). So darf ein Benediktinermönch in die »Familie« eintreten, wenn er eine Prüfung und ein Gelübde abgelegt hat (ebd., 106f.). In Blanquis Geheimbund der »Familie« wurde man nach einer ähnlichen Aufnahmezeremonie aufgenommen. Auch bei den Saint-Simonisten modelliert die Familie den Zusammenschluß. An der Spitze steht la Mère, ein weiblicher Messias, »die sich mit dem Oberpriester, dem Père vereinigen sollte« (nach Walter Benjamin, *Das Passagen-Werk*, Zweiter Teil, Frankfurt am Main 1983, 737). Michail A. Bakunin unterteilte seine Organisation in die »internationale« und die »nationale Familie«; siehe *Gesammelte Werke*, Bd. 3, Berlin 1975, 29.

21 Siehe Bakunin, *Gesammelte Werke*, S. 29–78. Bürokratische Struktur, hierarchische Gliederung der einzelnen Organe, die Installation eines »geheimen Zentralkomitees« (Direktorium, Junta) sowie die Kanonisierung der Ziele in einem »revolutionären Katechismus« sprechen für diese Einschätzung.

22 Dewey begründete seinen Entschluß, in der Untersuchungskommission zu Trotzki 1937 den Vorsitz zu übernehmen, folgendermaßen: »If I finally accepted the responsible post I now occupy, it was because I realized that to act otherwise would to be false to my life work.« John Dewey, *The Later Works* 1925–1953, edited by Jo Ann Boydston, Volume II: 1935–1937, Carbondale and Edwardsville 1987, 309; siehe dazu auch 303–336.

23 Leo Trotzki, *Mein Leben*, Frankfurt am Main 1990 (Erstausgabe: 1929), 113.

24 Helmut Thielen, *Subversion und Gemeinschaft, Befreiung in der Zeitenwende*, Hamburg 1993, 6.

25 Siehe dazu Benjamin, *Passagen-Werk, die Bewegung des utopischen Sozialismus um Saint-Simon*, siehe 744 [U 18,3].

26 Laut Friedrich Kluge, *Etymologisches Wörterbuch der deutschen Sprache*, Berlin 19. Aufl. 1963, ist der Begriff erstmals 1766 (als republikanische Ideen sich verbreiten) nachgewiesen, s. dazu auch Derrida, »The Politics of Friendship«, 642.

27 Nancy, *Die undarstellbare Gemeinschaft*, 27, der Brüderlichkeit allerdings mit dem Modell der Familie gleichsetzt und so die Homosexualität in der Bruderfigur eher verwischt.

28 Derrida, »The Politics of Friendship«, 640.

29 Die feministische Kritik am Kommunitarismus erkennt im Gleichheitspostulat den »Bruder« wieder und wirft dieser Theorie Phallogozentrismus vor; siehe auch Young, »The Ideal of Community«, 1 f. Cornell möchte der Gefahr einer Überbetonung und Verfestigung der Unterschiede, die schließlich Gemeinschaft verunmögliche, begegnen, indem sie die Öffnung zum Anderen vorschlägt, »The Poststructuralist Challenge to the Ideal of Community«, 1018.

30 Walzer, »Political Alienation«, 113.

31 Thielen, *Subversion und Gemeinschaft*, 84.

32 Im emphatischen Sinne siehe Brunkhorst, »Gesellschaftskritik von innen?«, S. 159; s. auch Otto Kallscheuer, »Michael Walzers kommunitärer Liberalismus oder Die Kraft der inneren Opposition«, Nachwort zu Michael Walzer, *Kritik und Gemeinsinn: drei Wege der Gesellschaftskritik*, Berlin 1990; dagegen Connolly, der in der spezifisch liberalen Art, Unterschiede zu beachten, die Normalisierungstendenzen der »community« plausibel machen kann: »Its strategy with respect to difference is this: the paradox of difference must be dissolved into a common good that enables every form of otherness to reform itself until it fits into the frame of rational community to perfect its terms of inclusion so that excluded constituencies can find a home within it. Civic liberalism fosters normalization through a nonpolitics of gentle assimilation. That, at least, is its regulative ideal, that standard against which actuality is measured and through which it is authorized to characterize the present condition as one of fragmentation, loss of identity and alienation.« Connolly formuliert statt dessen »The

Politics of Paradox«, in der die Interdependenz von Identität und Differenz Anerkennung findet. Siehe Identity / Difference, 88 ff.; zu den Normalisierungseffekten siehe auch Hinrich Fink-Eitel, »Gemeinschaft als Macht. Zur Kritik des Kommunitarismus«, in: Micha Brumlik und Hauke Brunkhorst (Hg.), *Gemeinschaft und Gerechtigkeit*, Frankfurt am Main 1993, 306–322, 312.

33 Siehe Walzer, *Spheres of Justice*, 316 (dt. 446). Die homogenisierenden Effekte einer Gemeinschaft will in ähnlicher Weise Owen Fiss mit dem Hinweis auf eine Vielzahl von Gemeinschaften ausschließen. Auch von seiten der feministischen Rechtskritik in den USA wurde angeregt, die Pluralität von Gemeinschaften zu denken; »Objectivity and Interpretation«; siehe auch Katherine T. Bartlett, »Feminist Legal Methods«, in: *Harvard Law Review* 103 (1990), 829–887, 855.

34 Walzer, *Spheres of Justice*, 318 (dt. 448).

35 Walzer, *Spheres of Justice*, 39 (dt. 75).

36 Walzer, *Spheres of Justice*, 284 (dt. 403).

37 Immanuel Kant, *Metaphysik der Sitten*, 4. Aufl., Hamburg 1966, § 47, 333. Dazu Derrida, »The Politics of Friendship«, 640: »A reflection on the Kantian ethics and politics of friendship should be organized around the concept of ›secret‹. It seems to me to dominate § 47 and to mark, in a problematic way, the ideal of friendship as communication (Mitteilung) and egalitarian sharing.«

38 Nach Kallscheuer, »Michael Walzers kommunitärer Liberalismus«, 127 f.

39 Walzer, *Spheres of Justice*, 38 (dt. 74).

40 Nach Anthony Carty, »International Law Discourse and Self-Determination in Eastern Europe«, Manuskript, 7. Völkerrechtler versuchen, dieser Tendenz (aber wohl kaum den tatsächlichen Anerkennungskriegen, die Gemeinschafts-Staaten gegenüber der UNO führen) zu begegnen, indem das Kriterium der Selbstbestimmung als Definition für einen Staat allein nicht mehr ausreichen soll.

41 Benjamin, *Das Passagen-Werk*, 954 [k 3 a, 2] mit Zitat aus einem Brief von Marx an Engels vom 27. Juli 1854 aus London.

42 Nach Sigmund Engländer, *Geschichte der französischen Arbeiter-Assoziationen*, Hamburg 1864, 21, 17; dazu und zum vorhergehenden auch Rinken, *Grundgesetzkommentar*, Art, 9 GG, Rdn. 2.

43 Rinken, *Grundgesetzkommentar*, Art. 9 GG, Rdn. 36.

44 Aristoteles, *Nikomachische Ethik*, IX. Buch, 6. Kap. 1167b / 1168a.
45 Aristoteles, *Nikomachische Ethik*, 5. Kap. 1167a.
46 Aristoteles, *Nikomachische Ethik*, 3. Kap. 1165b.
47 Aristoteles, *Nikomachische Ethik*, 6. Kap. 1167a.
48 Walzer, *Einleitung zu Obligations*, S. XI.
49 Aristoteles, *Nikomachische Ethik*, IX. Buch, 8. Kap. 1169 a.
50 Nancy, *Die undarstellbare Gemeinschaft*, 33.
51 Walzer, »The Obligation to Die for the State«, in: Ders., *Obligations*, 77–98, 98.
52 Siehe zu den kommunitären Ordnungsformen, sprich Machtausübung, die nicht auf (Gesetzes-)Zwang beruhen, Fink-Eitel, »Gemeinschaft als Macht«, 313.
53 Nancy, *Die undarstellbare Gemeinschaft*, 42; siehe auch 34 ff.
54 Nancy, *Die undarstellbare Gemeinschaft*, 14 f.
55 Ernst H. Kantorowicz, *Die zwei Körper des Königs. Eine Studie zur politischen Theologie des Mittelalters*, München 1990, 21.
56 Cornell entwickelt daraus eine Ethik der Gemeinschaft, die insofern utopisch bleibt, als sie nicht in die Sphäre des Juridischen gestellt ist, siehe »The Poststructuralist Challenge to the Ideal of Community«, besonders 1018.
57 Kallscheuer, »Michael Walzers kommunitärer Liberalismus«, 136.
58 Alasdair MacIntyre, *Der Verlust der Tugend*, Frankfurt am Main und New York 1987 (Erstausgabe 1981) 350, siehe auch 348 f.
59 Derrida, »The Politics of Friendship«, 634.
60 Nancy, *Die undarstellbare Gemeinschaft*, 87.
61 Nancy, *Die undarstellbare Gemeinschaft*, 45.
62 Nancy, *Die undarstellbare Gemeinschaft*, 153.
63 Wenn es so etwas gibt wie eine Gemeinschaft aus Büchern, dann hätte sie sich unversehens hergestellt: in dem fast gleichzeitigen Erscheinen dieses Aufsatzes mit dem von Joseph Vogl herausgegebenen Buch *Gemeinschaften. Positionen zu einer Philosophie des Politischen*, Frankfurt am Main 1993. Dieser Gemeinschaft muß nun, nach Drucklegung, auch die Auseinandersetzung mit den darin enthaltenen Beiträgen (u. a. auch einen Folgeaufsatz Nancys zu *Die undarstellbare Gemeinschaft*) überlassen bleiben.

Action writing: Zur Mündlichkeit im Recht

1 Zit. nach Carl Faulmann, *Illustri[e]rte Geschichte der Schrift. Populär-wissenschaftliche Darstellung der Entstehung der Schrift, der Sprache und der Zahlen sowie der Schriftsysteme aller Völker der Erde*, Augsburg 1880/1990, 552, dort insgesamt zur Geschichte der Stenografie, 549–554; siehe auch Arthur Mentz, *Geschichte der Stenografie*, Berlin und Leipzig 1920, 10, Kubitschek, in: *Paulys Realencyclopädie der classischen Altertumswissenschaft*, »Acta«, Sp. 288; Myles McDonnell, »Writing, Copying and Autograph Manuscripts in Ancient Rome«, in: *Classical Quarterly* 46, 469–491, 474; Leopold Wenger, *Die Quellen des römischen Rechts*, Österreichische Akademie der Wissenschaften, Denkschriften der Gesamtakademie, Bd. 2, Wien 1953, 750; Otto Roller, *Das Formular der Paulinischen Briefe. Ein Beitrag zur Lehre vom antiken Briefe*, Stuttgart 1933, 16. Roller zweifelt diese Premiere der Stenografie in der Rede gegen Cato allerdings an, ebd., 307; zu den Zweifeln siehe auch Béatrice Fraenkel, *La signature. Genèse d'un signe*, Paris 1992, 47f.

2 Mentz, *Stenografie*, 10.

3 Max Weber, *Wirtschaft und Gesellschaft. Grundriß der verstehenden Soziologie*, 5. revidierte Auflage, Tübingen 1922/1980, 126.

4 Friedrich-Ludwig Klein, »Das stenografische Protokoll«, in: Parlamentsrecht und Parlamentspraxis in der BRD. Ein Handbuch, hg. von Hans-Peter Schneider und Wolfgang Zehe, Berlin und New York 1989, § 15, 975–984, Rdn. 9 (Abn. 8) zu den Zwischenrufen s. ebd. Rdn. 10; die Unterscheidung in Senatsbeschlüsse und -protokolle findet sich wieder in der Differenz zwischen dem amtlichen Bundestagsprotokoll und den sogenannten »Stenografischen Berichten des Bundestags«: Während erstgenannte Beschlüsse beurkunden, geben letztgenannte den Verhandlungsverlauf wieder, s. dazu § 116 und 120 der Geschäftsordnung des Bundestags.

5 Vgl. Friedrich Kittler, »Autorschaft und Liebe«, in: Ders., *Austreibung des Geistes aus den Geisteswissenschaften*, Paderborn u.a. 1980, 142–173, 373f.

6 Beim Bundestag sind sie als Beamte des höheren Diensts eingestuft; Voraussetzung ist ein Universitätsabschluss: Klein, »Das stenografische Protokoll«, Rdn. 8.

7 Linda Orr, *Headless Story. Nineteenth-Century French Historiography of the Revolution*, Ithaca und New York 1990, 129.
8 Klein, »Das stenografische Protokoll«, Rdn. 11.
9 Klein, »Das stenografische Protokoll«, Rdn. 13.
10 Klein, »Das stenografische Protokoll«, Rdn. 19, zur steno-historiografischen Perspektive nach der französischen Revolution s. ausführlich Orr, *Headless Story*, Kap. V, 117 ff.
11 Orr, *Headless Story*, 132.
12 Jacques Derrida, »Akte(n)«, in: Ders., *Mémoires. Pour Paul de Man*, Wien 1988, 122–202, 129, siehe auch 127.
13 Harold Innis, »Die Strategie der Kultur«, in: Karlheinz Barck (Hg.), *Kreuzwege der Kommunikation*, Wien und New York 1997, 193.
14 Das Gegenbild der sizilischen Kanzlei, die päpstliche, versucht ebenfalls Dichter in ihre Dienste zu nehmen, genauer den Dichter Petrarca, der ablehnt und stattdessen einen seiner Schüler schickt.
15 Siehe Hans-Martin Schaller, »Die Kanzlei Kaiser Friedrich II. Ihr Personal und ihr Sprachstil«, in: *Archiv für Diplomatik* 3 (1957), 207–286 und 4 (1958), 265–327.
16 Vgl. Ernst H. Kantorowicz, *Die zwei Körper des Königs. Eine Studie zur politischen Theologie des Mittelalters*, übers. von Walter Theimer und Brigitte Hellmann, Frankfurt am Main 1994, 106–178.
17 Carl Schmitt, »Kodifikation oder Novelle? Über die Aufgabe und Methode der heutigen Gesetzgebung«. In: *Deutsche Juristen-Zeitung* 40 (1935), 922 f.
18 Schmitt, »Kodifikation oder Novelle?«, 924.
19 Siehe Hans Gerhard Kip, *Das sogenannte Mündlichkeitsprinzip. Geschichte einer Episode des Deutschen Zivilprozesses*, Prozeßrechtliche Abhandlungen 19, Köln und Berlin 1952, 10 f.
20 Dietmar Dumke, *Vom Gerichtsschreiber zum Rechtspfleger*, Prozeßrechtliche Abhandlungen 90, Köln u. a. 1993, 95.
21 Zitiert nach Dumke, *Vom Gerichtsschreiber zum Rechtspfleger*, 95, siehe insgesamt dazu Adolf Laufs, *Die Reichskammergerichtsordnung von 1555* (Quellen und Forschungen zur höchsten Gerichtsbarkeit im Alten Reich, Heft 3), Köln und Wien 1976.
22 Kip, *Das sogenannte Mündlichkeitsprinzip*, 21.
23 Genauer Kip, *Das sogenannte Mündlichkeitsprinzip*, 60 f.
24 Vgl. Kip, *Das sogenannte Mündlichkeitsprinzip*, 23, 25, 31. Das Kriterium der Prozessökonomie führt daher zu prozessualen

Mischformen aus Akten und Reden vor Gericht, beispielsweise die Novellierung der Reichszivilprozessordnung um die Jahrhundertwende, ebd., 72 f. Wenn es eine Regel gibt, dann die, dass Schriftlichkeit Wichtigkeit bedeutet, so entscheidet beispielsweise nach einer Frankfurter Gerichtsordnung von 1573/78 der Streitwert darüber, ob die Anträge bereits schriftlich eingereicht werden müssen oder ob er ausreicht, die Klage zu Protokoll zu geben; ebd., 12 ff.

25 »Les jures ne recoivent comme pièces que l'accusation et les procès-verbaux«, Décret de 29. sept.–21.oct. 1791. »L'examen des témoins sera toujours fait de vive voix sans que leurs dépositions soient écrites«, Loi des 16.–29 sept. 1791 partie, titre 7 art. 5.

26 Dieses Gesetz ist eine Überarbeitung der *ordonnance civile* von 1667; ein schrifliches Verfahren konnte angeordnet werden, Kip, *Das sogenannte Mündlichkeitsprinzip*, 28; in Brandenburg-Preußen war durch die Justizkritik Friedrichs II. das mündliche Verfahren in Zivilprozessen gesetzlich verankert, die Begründung dafür ist jedoch ausschließlich prozessökonomisch motiviert, s. dazu Christian Grahl, *Die Abschaffung der Advokatur unter Friedrich dem Großen. Prozeßstand und Parteibeistand im preußischen Zivilgerichtsverfahren bis zum Ende des 18. Jahrhunderts unter besonderer Berücksichtigung der Materialien zum Corpus Juris Fridericianum* (Quellen und Forschungen zum Recht und seiner Geschichte, Heft 2), Göttingen 1993.

27 Nach der Civilprozeßordnung für das Deutsche Volk von 1877; steht fest, dass die Verhandlung mündlich ist; dazu Kip, *Das sogenannte Mündlichkeitsprinzip*, 53 f.

28 Im Sinn von Carl F. Elsässer, *Über den Geschäftsgang von der Versendung der Acten an Rechtskollegien bis zur Eröffnung des eingeholten Urtheils*, Anhang zu: Willhelm August Friedrich Danz, *Grundsätze des gemeinen und ordentlichen Prozesses*, Stuttgart 1791, § 1.

29 Paul Johann Anselm Feuerbach, *Betrachtungen über die Öffentlichkeit und Mündlichkeit der Gerechtigkeitspflege*, Gießen 1921, 197.

30 Feuerbach, *Öffentlichkeit und Mündlichkeit der Gerechtigkeitspflege*, 199.

31 Gustav Radbruch, *Einführung in die Rechtswissenschaft*, 9. durchgearbeitete Auflage, Stuttgart 1952, 182 f.

32 Carl Joseph Anton Mittermaier, *Die Mündlichkeit, das Anklageprinzip, die Oeffentlichkeit und das Geschworenengericht in ihrer Durchführung in den verschiedenen Gesetzgebungen dargestellt und nach den Forderungen des Rechts und der Zweckmäßigkeit mit Rücksicht auf die Erfahrungen der verschiedenen Länder geprüft und Dr. C. J. Mittermaier*, Stuttgart und Tübingen 1845, 152.

33 Vgl. Feuerbach, *Öffentlichkeit und Mündlichkeit der Gerechtigkeitspflege*, 262 ff. Der Verdacht gegen die Rhetorik führt dazu, dass Feuerbach sich gegen die Einrichtung von Geschworenen ausspricht, da nach seiner Begründung Laienrichter sich von rhetorisch kalkulierten Affekten bei ihrem Urteil leiten lassen könnten.

34 Ausführlich dazu: Rüdiger Campe, »Affizieren und Selbstaffizieren. Rhetorisch-anthropologische Näherung ausgehend von Quintilian, Institutio oratoria, VI 1–2«, in: Joseph Kopperschmidt (Hg.), *Rhetorische Anthropologie. Studien zum Homo rhetoricus*, München 1999, 135–152.

35 Mittermaier, *Mündlichkeit, Anklageprinzip, Oeffentlichkeit*, 162.

36 Radbruch, *Einführung in die Rechtswissenschaft*, 185.

37 »He gloss' omóhmoch, he dè phrèn ànomohtós«. Euripides, Hippolytos I. 612; John Langshaw Austin, *How to do Things with Words*, Oxford und New York 1963 / 1992, 9 f.; dt. Ausgabe: Ders., *Zur Theorie der Sprechakte*, Stuttgart 1972, 32, dort auch zum Folgenden.

38 Vgl. Mittermaier, *Mündlichkeit, Anklageprinzip, Oeffentlichkeit*, 249.

39 Carl A. Diez, »Über die Anwendung der Physiognomik auf gerichtliche Fragen«, in: *Annalen der Staats-Arzneikunde* 4 (1939), 155–191, 172; zit. aus Peter Friedrich und Michael Niehaus, »Transparenz und Maskerade. Zur Diskussion über das öffentlich-mündliche Gerichtsverfahren um 1800 in Deutschland«, in: Joseph Vogl (Hg.), *Poetologien des Wissens um 1800*, München 1999, 8.

40 Feuerbach, *Öffentlichkeit und Mündlichkeit der Gerechtigkeitspflege*, 241. Zur Unmittelbarkeit der mündlichen Mitteilung, die durch keine Akte und keinen Berichterstatter unterbrochen werden soll, ebd., 239 ff.

41 Vgl. Jacob und Wilhelm Grimm, *Deutsches Wörterbuch*, Bd. II, Leipzig 1873 / 1984, »Inbegriff«.

42 Für die Überprüfung eines Urteils hat die Bestimmung weitreichende Folgen: Der aus dem Inbegriff schöpfende Richter braucht in seiner Urteilsbegründung nicht darzulegen, wie er zu seiner Entscheidung gelangt ist. Der Grundsatz der freien Beweiswürdigung sperrt die höherinstanzliche Überprüfung der Entscheidungsfindung. Sie ist – inzwischen – allein durch den Nachweis angreifbar, dass sie die Regeln der Logik, gesicherte naturwissenschaftliche Erkenntnisse oder anerkannte Erfahrungssätze verletzt. Taubstumme und blinde Richter werden wegen der inbegrifflichen Wahrnehmungsanforderungen im Strafprozess nicht zugelassen; so eindeutig ein Urteil des Bundesgerichtshofs, in: *Neue Zeitschrift für Strafrecht* (1988), 374 mit Anm. Fezer.

43 Ewald Löwe, *Die Strafprozeßordnung und das Gerichtsverfassungsgesetz. Großkommentar*, hg. von Peter Rieß, 3. Band, 24. neubearb. Aufl., §§ 213–295 bearb. von Walter Gollwitzer, Berlin, New York 1987, § 261 StPO, Rdn. 15, Anm. 48.

44 Reinhold Schlothauer, »Video-Vernehmung und Zeugenschutz. Verfahrenspraktische Fragen im Zusammenhang mit dem Gesetz zur Änderung der StPO etc. (Zeugenschutzgesetz)«, in: *Der Strafverteidiger* 19 (1999), 50. Mit Dank an Lorenz Schulz für den Hinweis.

45 Slothauer, »Video-Vernehmung und Zeugenschutz«, 51.

46 Günther Düring, »Art. 2 GG«, in: Theodor Maunz und Günter Düring, *Kommentar zum Grundgesetz*, 34. Ergänzungslieferung (1998), Rdn. 38.

47 Entscheidung des Bundesgerichtshofs vom 20. 5. 1999 (BGHZ 27, 284), abgedruckt in: *Neue Juristische Wochenschrift* (1958), 1345.

48 Martin Heidegger, »Die Frage nach der Technik«, in: Ders., *Die Technik und die Kehre*, Pfullingen 1992, 5–36, 32. Zitat umgestellt.

49 Düring, »Art. 2 GG«, Rdn. 41.

50 Düring, »Art. 2 GG«, Rdn. 41.

51 Düring, »Art. 2 GG«, 1344; zum Anschein erhöhter Objektivität technischer Stimmaufzeichnung vgl. Friedrich Kittler, »Real Time Analysis – Time Axis Manipulation«, in: Georg Christoph Tholen und Michael Scholl (Hg.), *Zeit-Zeichen. Aufschübe und Interferenzen zwischen Endzeit und Echtzeit*, Weinheim 1990, 363–377, 367.

52 Karl Peters, *Der Strafprozeß*, Heidelberg 1987, 300 f.
53 So eine Entscheidung des Bundesgerichtshofs für Strafsachen: BGHSt 19, 195.
54 Dazu Alan M. Turim, *Flashbacks in Film. Memory and History*, New York und London 1989, 107. Mit Dank an Anton Kaes für den Hinweis.
55 Zur Rückblende in (Stumm-)Filmen ausführlich Turim, *Flashbacks in Film*, 22–25, 53 f.
56 Hugo Münsterberg, *The Film. A Psychological Study*, New York 1916 / 1970, 43.
57 Münsterberg, *The Film*, 43; dt Ausgabe: Ders., *Das Lichtspiel. Eine psychologische Studie und andere Schriften zum Kino*, hg. von Jörg Schweinitz, Wien 1916 / 1996, 60.
58 Neil Sinyard und Adrian Turner, *Billy Wilders Filme*, Berlin 1980, 151 f.

Image and Law – a Troubled Relationship

1 See Fabian Steinhauer, »Who's Afraid of Black, Red and Gold? Zur Geburt der Ikonophobie aus dem Geist des Kriegsrechts«, in: Werner W. Ernst (Ed.), *Aufspaltung und Zerstörung durch disziplinäre Wissenschaften*, Innsbruck und Wien 2009, 79–138.
2 See in particular Legendre's monography *Dieu au Miroir. Ètude sur l'Institution des Images*, Paris 1994.
3 See Pierre Legendre, »The Dogmatic Value of Aestheties«, in: *Parallax* 49 (2008), 10–17, as well as the essay by Costas Douzinas, »Sublime Law. On legal and Aesthetic Judgements«, *Parallax* 49 (2008), 18–29, showing the screen's function as mediator between things and images.
4 See the analysis of the super-metaphor of the law in Michael Stolleis, *The Eye of the Law. Two Essays on Legal History*, Abingdon 2009.
5 Costas Douzinas and Lynda Nead (Ed.), *Law and the Image. The Authority of Art and the Aesthetics of Law*, Chicago 1999; see in particular the essays by Costas Douzinas »Prosopon and Antiprosopon: Prolegomena for a Legal Iconology«, 36–67, and by Peter Goodrich, »The Iconography of Nothing: Blank Spaces and the Representation of the Law«, 89–114.

6 Osvaldo Cavallar, Susanne Degenring and Julius Krishner (Ed.), *A Grammar of Signs. Barotolo da Sassoferrato's Tract on Insignia and Coats of Arms*, Berkeley 1994.
7 Klaus F. Röhl, »Was ist ein Bild?«, in: Dieter Dölling (Ed.), *Jus humanum. Festschrift für Ernst-Joachim Lampe zum 70. Geburtstag*, Berlin 2003, 227–244, 242.
8 Susanne Baer, »Schlüsselbegriffe, Typen und Leitbilder als Erkenntnismittel und ihr Verhältnis zur Rechtsdogmatik«, in: Eberhard Schmidt-Aßmann and Wolfgang Hoffmann-Riem (Ed.), *Methoden der Verwaltungsrechtswissenschaft*, Baden-Baden 2004, 223–253, 244.
9 See also Gunnar Schuppert, »Bilderverbot? Einige verfassungsrechtliche Überlegungen zu den Grenzen visueller Kommunikation«, in: Günter Frankenberg and Peter Niesen (Ed.), *Bilderverbot. Recht, Ethik und Ästhetik der öffentlichen Darstellung*, Münster 2004, 70–104.
10 Andrea Alciatus, *Emblematum libellus [Little Book Of Emblems]*, first published in 1531 by Heinrich Steiner in Augsburg.
11 Apart from the already mentioned texts in particular by Douzinas and Goodrich see also Rüdiger Campe, »Questions of Emblematic Evidence. Phaeton's Disaster, with Reference to Pierre Legendre's ›Theorie of Emblems‹«, in: Amy Wygant (Ed.), *Glasgow Emblem Studies*, Vol. 4, New Directions in Emblem Studies, Glasgow 1999, 1–24.
12 Legendre, »The Dogmatic Value of Aesthetics«.
13 See Douzinas, »Sublime Law: On Legal and Aesthetic Judgement«. See also Thomas Weitin, »Der Geschmack des Gerichts«, in: Cornelia Vismann and Thomas Weitin (Ed.), *Urteilen/Entscheiden*, München 2000, 217–35.
14 Ignaz Cassar, »How to use Parasites: Notes on Contemporary Art, Curating and the Work of the Context«, *Parallax* 49 (2008), 30–41.
15 See the texts by Monika Dommann on media archaeology of the copyright, e. g. »Mobile Medien. Reguliertes Eigentum«, in: Jean B. Joly, Cornelia Vismann und Thomas Weitin (Ed.), *Bildregime des Rechts*, Stuttgart 2007, 249–267; as well as Eberhard Ortland and Reinhold Schmücker, »Copyright & Art«, *German Law Journal* 12 (2005), http://www.germanlawjournal.com; the anthology edited by Morten Rosenmeier and Stina Teilmann, *Art*

and Law: The Copyright Debates, Kopenhagen 2005; and José Bellido's study on the history and theory of copyright, *Cultures of Authorship and Copyright law*, forthcoming.

16 Central here: Matthias Bruhn, *Bildwirtschaft. Verwaltung und Verwertung der Sichtbarkeit*, Weimar 2003; see also Matthias Bruhn, »Bildkritik als Rechtsproblem«, in: Cornelia Vismann and Thomas Weitin (Ed.), *Bildregime des Rechts*, 2007, 289–310.

17 Fabian Steinhauer reconstructs the case history of image protection in German law in »Legislating the Right to One's Own Picture. Imagine the Reichstag«, *Parallax* 49 (2008), 114–121.

18 See the project for a visual legal communication from a German perspective by Klaus Röhl and Stefan Ulbrich: http://www.rechtssoziologie.info/literatur/texte/projekt-visuelle-rechtskommunikation; as well as the research group on ›Justice en images‹ initiated by Christian Delage, Yan Thomas and Antoine Garapon.

19 Stefan Machura, »An Analysis Scheme for Law Films«, *University of Baltimore Law Revue*, 36 (2007), 329–45.

20 See Cornelia Vismann, *Verfassung nach dem Computer*, Frankfurt am Main 2007 (Habilitationsschrift).

21 Peter Goodrich, »The Visual Line on the Prehistory of Law and Film«, *Parallax* 49 (2008), 55–76.

22 Apart from the theory presented by Peter Goodrich in this volume, the primary idea here is to arrive at the programme of a Legal Iconology such as drafted by Costas Douzinas in various essays (see above).

Genealogische Ordnung und ungeschlechtliche Vermehrungsweise

1 Zum kultur- und insbesondere medienwissenschaftlichen Konzept von Kulturtechnik vgl. Bernhard Siegert, »Kakografie oder Kommunikation? Verhältnisse zwischen Kulturtechnik und Parasitentum«, in: *Archiv für Mediengeschichte* 1 (2001), 87–99; vgl. auch Tobias Nanz und Bernhard Siegert (Hg.): *ex machina. Beiträge zur Geschichte der Kulturtechniken*, Weimar 2006.

2 Nanz und Siegert, *ex machina*, 7.

3 Vgl. Uwe Wirth, »Original und Kopie im Spannungsfeld von Iteration und Aufpfropfung«, in: Gisela Fehrmann, Eckhard Schu-

macher, Erika Linz und Brigitte Weingart (Hg.), *Original – Kopie*, Köln 2004, 18–33.

4 Uwe Wirth, »Original und Kopie«, 20f.

5 Vgl. Uwe Wirth, *Die Geburt des Autors aus dem Geist der Herausgeberfiktion. Editoriale Rahmung im Roman um 1800: Wieland, Goethe, Brentano, Jean Paul und E. T. A. Hoffmann*, München 2008.

6 Nanz und Siegert, *ex machina*, 9.

7 Vgl. Nanz und Siegert, *ex machina*, 7.

8 Vgl. dazu das an der Herzog-August-Bibliothek Wolfenbüttel angesiedelte Forschungsprojekt von Volker Bauer »Genealogische Wälder« zu den Universalgenealogien des 17. Jahrhunderts.

9 Vgl. Horst Bredekamp, *Darwins Korallen. Die frühen Evolutionsdiagramme und die Tradition der Naturgeschichte*, Berlin 2005.

10 Gaius, *Institutiones = Die Institutionen des Gaius*, hg., übersetzt und kommentiert von Ulrich Manthe, Darmstadt 2004.

11 Vgl. Gaius, »Einleitung«, in: *Institutiones*, 11.

12 Hier zitiert nach Corpus iuris civilis, *Die Institutionen* (Text und Übersetzung), hg. von Okko Behrens, Heidelberg 1993.

13 Zum Delikt Plagium (»Anmassung eines Herrenrechts«): Theodor Mommsen, *Römisches Strafrecht*, Leipzig 1899, 780ff.

14 Pierre Legendre, *Les Enfants du Texte. Étude sur la fonction parentale des États*, Paris 1992.

15 Manfred Schneider: »Die Institution erhören. Echographik des gewöhnlichen Fanatismus«, in: *Rechtshistorisches Journal* 17 (1998), 311–333, 327.

16 Zu diesem »Krimi« einer Textaneignung vgl. Cristina Vano, *Il nostro autentico Gaio*, Napoli 2000 und in deutscher Übersetzung: Der Gaius der Historischen Rechtsschule. Eine Geschichte der Wissenschaft vom römischen Recht, Frankfurt am Main 2008.

17 »Veredelung«, in: *Meyers Grosses Konversationslexikon*, 6. Aufl., Leipzig 1909, 45.

18 Ivan Illich, *Im Weinberg des Textes. Als das Schriftbild der Moderne entstand*. Frankfurt am Main 1991, 59.

19 Vgl. Sigrid Weigel, *Genea-Logik. Generation, Tradition und Evolution zwischen Kultur- und Naturwissenschaften*, Paderborn 2006, 63.

20 »Veredelung«, in: *Meyers Grosses Konversationslexikon*, 6. Aufl., Leipzig 1909, 45.

Kulturtechniken und Souveränität

1 Vgl. Wolfgang Schadewaldt, *Die Anfänge der Philosophie bei den Griechen*, Frankfurt am Main 1979, 145.
2 Schadewaldt, *Die Anfänge der Philosophie*, 145.
3 Schadewaldt, *Die Anfänge der Philosophie*, 145.
4 Dazu Maximilian Herberger, *Dogmatik. Zur Geschichte von Begriff und Methode in Medizin und Jurisprudenz*, Frankfurt am Main 1981, 11. Zur *techné* als ein auf das Herstellen (*poiein*) gerichtetes Wissen siehe 172.
5 Vgl. Erhard Schüttpelz, »Die medienanthropologische Kehre der Kulturtechniken«, in: Lorenz Engell, Joseph Vogl und Bernhard Siegert (Hg.), *Archiv für Mediengeschichte* 6 (2006), 87–110, 90.
6 Vgl. Tobias Nanz und Bernhard Siegert (Hg.), *ex machina. Beiträge zur Geschichte der Kulturtechniken*, Weimar 2006, 8.
7 BV, 2BvE 2/08 vom 30.01.2009, Abs. 260, siehe auch Abs. 240, unter: http://www.bverfg.de/entscheidungen/es20090630_2000208.html (09.01.2010).
8 UNESCO, *Übereinkommen zur Bewahrung des immateriellen Kulturerbes der UNESCO vom 17.10.2003*, unter http://unesco.de/ike-konvention.html?&L=0 (09.01.2010).
9 UNESCO, *Übereinkommen zur Bewahrung.*
10 BVerfG, 2 BvE 2/08 vom 30.06.2009, Abs. 260, siehe auch Abs. 223.
11 Ausführlicher dazu in Cornelia Vismann, »Genealogische Ordnung und ungeschlechtliche Vermehrungsweise«, in: Uwe Wirth (Hg.), *Propfen, Impfen, Transplantieren* (Wege der Kulturforschung 2), Berlin 2010 (in dem vorliegenden Band auf S. 429–444.).

Textnachweise

»Lautlos und unsichtbar ...«, in: HKS 13 (Hg.), *Hoch die Kampf dem. 20 Jahre Plakate autonomer Bewegungen*, Verlag Libertäre Assoziation, Hamburg 1999, 234–235.

»Unentrinnbares Rom«, in: *Referenz Rom. Materialien*, Veröffentlichung des Max-Planck-Instituts für europäische Rechtsgeschichte, Frankfurt am Main 2003.

»Wort für Wort. Übersetzen und Gesetz«, in: Anselm Haverkamp (Hg.): *Die Sprache der Anderen*, S. Fischer Verlag, Frankfurt am Main 1997, 147–165.

»Zeit der Akten« in: Wolfgang Ernst (Hg.): *Die Unschreibbarkeit von Imperien. Theodor Mommsens Römische Kaisergeschichte und Heiner Müllers Echo*, Verlag und Datenbank, Weimar 1995, 113–133.

»The Love of Ruins«, in: *Perspectives on Science*, Special Issue: »Secondary Matters: On Disturbances, Contamination, and Waste as Objects of Research«, 9 (2001), 196–209.

»Quellen«, in: Peter Berz, Annette Bitsch, Bernhard Siegert (Hg.), *FAKtisch. Festschrift für Friedrich Kittler zum 60. Geburtstag*, Wilhelm Fink Verlag, München Paderborn 2003, 17–26. Der Beitrag ist entstanden im akademischen Jahr 2002/3 am Wissenschaftskolleg zu Berlin irgendwann zwischen den Besuchen bei einer sehr kleinen Melusine zu Neukölln.

»Fluchen in Stein«, in: Peter Friedrich und Manfred Schneider (Hg.), *Fatale Sprachen. Eid und Fluch in Literatur- und Rechtsgeschichte*, Wilhelm Fink Verlag, München 2009, 57–66.

»Regierungstechnik um 1550«, zuvor unveröffentlichter Text, geschrieben 2010.

»Hardenberg, Verschlußsache«, in: Stiftung Schloss Neuhardenberg (Hg.), *Ein Traum, was sonst? – Preußische Tugenden*, Wallstein Verlag, Göttingen 2002, 131–140.

»Autobiografie und Akteneinsicht«, in: Dagmar Unverhau (Hg.), *Hatte Janus eine Chance? Das Ende der DDR und die Sicherung einer Zukunft der Vergangenheit* (Archiv zur DDR-Staatssicherheit, Band 6), LIT-Verlag, Münster 2003, 173–189. Entstanden im akademischen Jahr 2002/3 am Wissenschaftskolleg zu Berlin.

»Aus den Akten, aus dem Sinn / Out of File, out of Mind«, in: Beatrice von Bismarck et al. (Hg.) in Zusammenarbeit mit dem Kunstraum der Universität Lüneburg, *interarchive. Archivarische Praktiken und Handlungsräume im zeitgenössischen Umfeld / Archival Practices and Sites in the Contemporary Art Field*, Verlag der Buchhandlung Walther König, Köln 2002, 192–199 / 526–531. Übersetzung des von Cornelia Vismann zuerst auf Englisch verfassten Textes von Birgit Herbst. Objekte des Volksboutique-Archivs: courtesy of volksboutique archiv, 2001.

»Was weiß der Staat noch?«, in: Peter Collin, Thomas Horstmann (Hg.), *Das Wissen des Staates. Geschichte, Theorie, Praxis*, Nomos Verlag, Baden-Baden 2004, 41–47. Dieser Beitrag entstand während des Fellowjahres 2002 / 3 am Wissenschaftskolleg zu Berlin.

»Arché, Archiv und Gesetzesherrschaft«, in: Knut Ebeling, Stephan Günzel (Hg.), *Archivologie. Theorien des Archivs in Wissenschaft, Medien und Künsten*, Kadmos Verlag, Berlin 2009, S. 89–106.

»Karl Kraus: Die Stimme des Gesetzes«, in: *Deutsche Vierteljahrsschrift für Literaturwissenschaft und Geistesgeschichte* 74 (2000), 710–724.

»Menschenrechte: Instanz des Sprechens – Instrument der Politik«, in: Hauke Brunkhorst (Hg.), *Demokratischer Experimentalismus*, Suhrkamp Verlag, Frankfurt am Main 1998, 279–304.

»Versäumnisurteile und andere Unverständlichkeiten«, in: *Rechtshistorisches Journal* 20 (2001), 719–726.

»Drei Versionen des Schlußworts vor Gericht«, in: *Zeitschrift für Ideengeschichte*, Heft 2 (2008), 11–21.

»Nullpunkt historischer Erfahrung – Benjamin und der I. Weltkrieg«, in: *Schattenlinien* 6 & 7 (1992), 39–52.

»*Terra Nullius*. Zur Unterscheidung von Freund und Feind«, in: Armin Adam, Martin Stingelin (Hg.): *Übertragung und Gesetz. Gründungsmythen, Kriegstheater und Unterwerfungsstrategien von Institutionen*, Akademie Verlag, Berlin 1995, 159–174.

»Das Gesetz ›DER Dekonstruktion‹«, in: *Rechtshistorisches Journal* 11 (1992), 250–262.

»Benjamin als Kommentator«, in: Eva Horn, Bettine Menke, Christoph Menke (Hg.), *Literatur als Philosophie – Philosophie als Literatur*, Wilhelm Fink Verlag, München 2006, 347–362.

»St. Benedict, Inc. Zur Rechtsförmigkeit von Gemeinschaft«, in: Günter Frankenberg (Hg.), *Auf der Suche nach der gerechten Gesellschaft*, S. Fischer Verlag, Frankfurt am Main 1994, 25–54.

»*Action Writing*. Zur Mündlichkeit im Recht«, in: Friedrich A. Kittler, Thomas Macho, Sigrid Weigel (Hg.), *Zwischen Rauschen und Offenbarung. Zur Kultur- und Mediengeschichte der Stimme*, Akademie Verlag, Berlin 2002, 133–151.

»Image and Law – a Troubled Relationship«, in: *Parallax* 49 (2008), 1–9.

»Genealogische Ordnung und ungeschlechtliche Vermehrungsweise«, in: Uwe Wirth (Hg.), *Pfropfen, Impfen, Transplantieren* (Wege der Kulturforschung 2), Kulturverlag Kadmos, Berlin 2011, S. 51–64.

»Kulturtechniken und Souveränität«, in: *Zeitschrift für Medien- und Kulturforschung* (Schwerpunkt Kulturtechnik) Heft 1 (2010), 171–182.

Schriftenverzeichnis

Buchveröffentlichungen

1. *Akten. Medientechnik und Recht*, Frankfurt am Main 2000 2. Aufl., 2001).
2. *Vom Griechenland*, Berlin 2001, zs. mit Friedrich Kittler. (Griechische Übersetzung in Vorbereitung.)
3. *Files. Mediatechnique and the Law*, Stanford, Kalifornien 2008 (Übersetzung von Nr. 1. Geoffrey Winthrop-Young).
4. *Medien der Rechtsprechung*, hg. von Alexandra Kemmerer und Markus Krajewski, Frankfurt am Main 2011.

Herausgaben

5. *Geschichtskörper. Zur Aktualität von Ernst H. Kantorowicz*, München und Paderborn 1998 (zs. mit Wolfgang Ernst).
6. *Widerstände der Systemtheorie. Kulturtheoretische Überlegungen zum Werk von Niklas Luhmann*, Berlin 1999 (zs. mit Albrecht Koschorke).
7. *Pierre Legendre. Historiker, Psychoanalytiker, Jurist* (Tumult. Schriften zur Verkehrswissenschaft, Band 26) Berlin 2001 (unter Mitarbeit von Susanne Lüdemann und Manfred Schneider).
8. *Referenz Rom. Materialien*, Veröffentlichung des Max-Planck-Instituts für europäische Rechtsgeschichte, Frankfurt am Main 2002.
9. *Jacques Derrida – Before, Through, Beyond (~~the~~) Law*, Special issue des German Law Journal vol. 6 (2005) (zs. mit Florian Hoffmann).
10. *Römisch* (Tumult. Schriften zur Verkehrswissenschaft, Band 30), Berlin und Zürich 2006 (zs. mit Walter Seitter).
11. *Urteilen/Entscheiden*, München und Paderborn 2006 (zs. mit Thomas Weitin).
12. *Bildregime des Rechts*, Reihe Reflexiv, Stuttgart 2007 (zs. mit Jean-Baptiste Joly und Thomas Weitin).

13. *Derrida and Legal Philosophy*, New York 2008 (zs. mit Peter Goodrich, Florian Hoffmann und Michel Rosenfeld; veränderte Fassung von Nr. 9).
14. *Law and Visual Culture*, Guest Editor for Parallax, issue 49 (2008).
15. *Kommentieren, Zeitschrift für Ideengeschichte* Heft III/1 (2009) (zs. mit Philip Ajouri und Jost Philipp Klenner).

Aufsätze

16. »Hochschulrechtliche Reformen in der NS-Zeit«, in: *Wissenschaftsrecht, Wissenschaftsverwaltung, Wissenschaftsförderung* 19 (1986), 193–206.
17. »Biopolitik – Ein Kommentar zum Embryonenschutzgesetz«, in: *Demokratie und Recht* 19 (1991), 23–27.
18. »Das Gesetz ›DER Dekonstruktion‹«, in: *Rechtshistorisches Journal* 11 (1992), 250–264.
19. »Nullpunkt historischer Erfahrung – Benjamin und der 1. Weltkrieg«, in: *Schattenlinien* 6 & 7 (1993), 39–59.
20. »St. Benedict, Inc. Zur Rechtsförmigkeit von Gemeinschaft«, in: Günter Frankenberg (Hg.), *Auf der Suche nach der gerechten Gesellschaft*, Frankfurt am Main 1994, 25–52.
21. »Landscape in World War One: on Benjamin's Critique of Ernst Jünger«, in: *New Comparison. A Journal of Comparative and General Literary Studies: Walter Benjamin in the Postmodern* 18 (1994), 76–88.
22. »*Terra Nullius*. Zum Feindbegriff im Völkerrecht«, in: Armin Adam und Martin Stingelin (Hg.): *Übertragung und Gesetz. Gründungsmythen, Kriegstheater und Unterwerfungstechniken von Institutionen*, Berlin 1995, 159–174.
23. »Die Streusandbüchse des Reiches. Preußen in den Archiven«, in: *preußisch* (Tumult. Schriften zur Verkehrswissenschaft, Band 21) Wien 1995, 87–107 (zs. mit Wolfgang Ernst).
24. »Zeit der Akten« in: Wolfgang Ernst (Hg.): *Die Unschreibbarkeit von Imperien. Theodor Mommsens Römische Kaisergeschichte und Heiner Müllers Echo*, Weimar 1995, 115–135.
25. »Flaneur – Konspirateur«, in: Bernhard Dotzler und Helmar Schramm (Hg.): *Cachaça, Fragmente zur Geschichte von Poesie und Imagination*, Berlin 1996, 268–272.

26. »Cancels: On the Making of Law in Chanceries«, in: *Law and Critique* 7 (1996), 131–151.
27. »Das Recht erklären. Zur gegenwärtigen Verfassung der Menschenrechte«, in: *Kritische Justiz* 29 (1996), 321–334.
28. »Rhetorik, Medialität und Wissen. Kulturwissenschaften an der Europa-Universität Viadrina Frankfurt (Oder)«, in: Carsten Winter (Hg.): *Studieren für morgen II: Kulturwissenschaft. Perspektiven. Erfahrungen Beobachtungen*, Bonn 1996, 105–110.
29. »Wort für Wort – Sprachengebrauch als Rechtssetzung«, in: Bernd Liepold-Mosser (Hg.): *Sprache der Politik – Politik der Sprache*, Wien 1996, 103–127.
30. »Wort für Wort. Übersetzen und Gesetz«, in: Anselm Haverkamp (Hg.): *Die Sprache der Anderen*, Frankfurt am Main 1997, 147–165 (leicht veränderte Fassung von Nr. 29).
31. »Starting from Scratch: Concepts of Order in No Man's Land«, in: Bernd Hüppauf (Hg.): *War, Violence and the Modern Condition*, Berlin und New York 1997, 46–64.
32. »*Habeas Corpus*: The Law's Desire to Have the Body«, in: Hent de Vries und Samuel Weber (Hg.): *Violence, Identity, and Self-Determination*, Stanford, Kalifornien 1997, 223–235 (zs. mit Anselm Haverkamp).
33. »Menschenrechte: Instanz des Sprechens – Instrument der Politik«, in: Hauke Brunkhorst (Hg.), *Demokratischer Experimentalismus*, Frankfurt am Main 1998, 279–304 (veränderte Fassung von Nr. 27).
34. »Formeln des Rechts – Befehle des Krieges. Notiz zu Kantorowicz' Aufsatz ›Pro Patria Mori‹«, in: *Geschichtskörper* (s. Nr. 5), 129–143.
35. »Widerstände der Systemtheorie«, Einleitung zu: *Widerstände der Systemtheorie* (s. Nr. 6), 10–16 (zs. mit Albrecht Koschorke).
36. »Critical Legal Studies. Ein Tagungsbericht«, in: *Kritische Justiz* 4 (1999), 602–604.
37. »Jurisprudence: A transfer-science«, in: *Law and Critique* 10 (1999), 279–286.
38. »Von der Poesie im Recht oder vom Recht in der Dichtung – Franz Kafka und Johann Peter Hebel«, in: Rainer Enskat und Hendrik J. Adriaanse (Hg.), *Fremdheit und Vertrautheit. Hermeneutik im europäischen Kontext*, Leuven 2000, 275–282.
39. »Changing Abodes / Å skifte bolig«, in: Theresa Georgen und

Randi Nygaard Lium (Hg.): *Outside home/hjemlöshet* (Katalog des Kunstmuseums Trondheim zur Ausstellung), Trondheim 2000, 79–88.

40. »Karl Kraus: Die Stimme des Gesetzes«, in: *Deutsche Vierteljahrsschrift für Literaturwissenschaft und Geistesgeschichte* 74 (2000), 710–724.
41. »Dolly schreibt nicht. Nachbemerkung zu Peter Sloterdijks Elmauer Rede«, in: *Weimarer Beiträge* 47 (2001), 124–128 (zs. mit Hans Christian von Herrmann, Peter Berz und Wolfgang Ernst).
42. »Sherlockholmessuperdetektiv. Überlegungen zur Antiquiertheit einer literarischen Figur«, in: *Literaturen* 11 (2001), 14–17.
43. »›*Rejouer les crimes*‹. Theater vs. Video«, in: *Cardozo Studies in Law and Literature* 13 (2001), 119–135.
44. »Versäumnisurteile und andere Unverständlichkeiten«, in: *Rechtshistorisches Journal* 20 (2001), 719–726.
45. »Legendre: Historiker, Psychoanalytiker, Jurist«, in: *Pierre Legendre* (s. Nr. 7), 41–44.
46. »Verbrechen darstellen«, in: *Pierre Legendre* (s. Nr. 7), 91–101 (veränderte Fassung und Übersetzung von Nr. 43).
47. »Hardenberg, Verschlußsache«, in: Stiftung Schloss Neuhardenberg (Hg.), ›*Ein Traum, was sonst?*‹ *– Preußische Tugenden*, Göttingen 2002, 131–140.
48. »Aus den Akten, aus dem Sinn / Out of File, out of Mind«, in: Beatrice von Bismarck et al. (Hg.) in Zusammenarbeit mit dem Kunstraum der Universität Lüneburg, *interarchive. Archivarische Praktiken und Handlungsräume im zeitgenössischen Umfeld/Archival Practices and Sites in the Contemporary Art Field*, Köln 2002, 192–199 / 526–531.
49. »*Action Writing*. Zur Mündlichkeit im Recht«, in: Friedrich A. Kittler, Thomas Macho und Sigrid Weigel (Hg.), *Zwischen Rauschen und Offenbarung. Zur Kultur- und Mediengeschichte der Stimme*, Berlin 2002, 133–151.
50. »The Love of Ruins«, in: *Perspective on Science, Special Issue: ›Secondary Matters: On Disturbances, Contamination, and Waste as Objects of Research‹* 9 (2001), 196–209.
51. »Imperiale und staatliche Differenzstrategien«, in: *Texte zur Kunst* 12 (2002), 45–51.
52. »Unentrinnbares Rom«, in: *Referenz Rom* (s. Nr. 8), Frankfurt am Main 2002, 15–27.

53. »Lämmergeier«, in: Andreas Bernard und Ulrich Raulff (Hg.), *Theodor W. Adorno ›Minima Moralia‹ neu gelesen*, Frankfurt am Main (2003), 110–112 (zuerst erschienen unter Nr. 114).
54. »Tele-Tribunals. Anatomy of a medium«, in: *Grey Room* 10 (2003), 5–21.
55. »Quellen«, in: Peter Berz, Annette Bitsch und Bernhard Siegert (Hg.), *FAKtisch. Festschrift für Friedrich Kittler zum 60. Geburtstag*, München und Paderborn 2003, 17–26.
56. »Autobiographie und Akteneinsicht«, in: Dagmar Unverhau (Hg.), *Hatte ›Janus‹ eine Chance? Das Ende der DDR und die Sicherung einer Zukunft der Vergangenheit*, Archiv zur DDR-Staatssicherheit, Band 6, Münster 2003, 173–189.
57. »Versäumnisurteile und andere Unverständlichkeiten«, in: Kent D. Lerch (Hg.), *Recht verstehen. Verständlichkeit, Missverständlichkeit und Unverständlichkeit von Recht* (Die Sprache des Rechts Band 1), Berlin und New York 2004, 433–439 (Wiederabdruck von Nr. 44).
58. »Sprachbrüche im Nürnberger Kriegsverbrecherprozess«, in: Stephan Braese (Hg.), *Rechenschaften. Juristischer und literarischer Diskurs in der Auseinandersetzung mit den NS-Massenverbrechen*, Göttingen 2004, 47–66.
59. »Atti, non scritti letterari«, in: Barnaba Maj (Hg.), *Per un'estetica della memoria, Discipline Filosofice* 13, 2003, 67–78.
60. »Schuld ist das Ding«, in: Rüdiger Campe und Michael Niehaus (Hg.), *Gesetz. Ironie. Festschrift für Manfred Schneider*, 2004, 11–22.
61. »Zur Zeitung in zehn Schnitten«, in: Anke te Heesen et al. (Hg.), *Papieroperationen – der Schnitt in die Zeitung*, Stuttgart 2004, 104–111.
62. »Was weiß der Staat noch?«, in: Peter Collin und Thomas Horstmann (Hg.), *Das Wissen des Staates. Geschichte, Theorie, Praxis*, Baden-Baden 2004, 41–47.
63. »Taugt die Kulturwissenschaft als Dachwissenschaft?«, in: *Ästhetik und Kommunikation* 126 (2004), 13–16.
64. »Derrida, philosopher of law«, in: *Jacques Derrida* (s. Nr. 9) (2005), 5–13.
65. »Two Critics of Law: Benjamin and Kraus«, in: *Cardozo Law Review: Walter Benjamin after the Twentieth Century: The Future of a Past* 26 (2005), 1159–1177 (Übersetzung einer erweiterten Fassung von Nr. 40).

66. »Die Zeugenschaft der Details«, in: *Literaturen* 9 (2005), 81.
67. »Out of File, out of Mind«, in: Wendy Hui Kyong Chun und Thomas Keenan (Hg.), *New Media, Old Media. A History and Theory Reader*, New York und London 2006 (Wiederabdruck der englischen Fassung von Nr. 48), 97–104.
68. »Benjamin als Kommentator«, in: Eva Horn, Bettine Menke und Christoph Menke (Hg.), *Literatur als Philosophie – Philosophie als Literatur*, München 2006, 347–362.
69. »Beyond Image«, in: Peter Goodrich, Lior Barshack und Anton Schütz (Hg.), *Law, Text, Terror*, London 2006, 35–46 (teilweise Übersetzung von Nr. 2).
70. »Einleitung« zu *Urteilen/Entscheiden* (s. Nr. 11), 11–16.
71. »Das Drama des Entscheidens«, in: *Urteilen/Entscheiden* (s. Nr. 11), 91–100.
72. »Bloß kein Theater! … Im Gericht«, in: *Paragrana. Internationale Zeitschrift für Historische Anthropologie: Performanz des Rechts. Inszenierung und Diskurs* 15 (2006), 191–197.
73. »Rechtsprechungstechniken«, in: Tobias Nanz und Bernhard Siegert (Hg.), *ex machina. Beiträge zur Geschichte der Kulturtechniken*, (Reihe medien/i), Weimar 2006, 279–290.
74. »Wie man erfolgreich den Disziplinen aufs Dach steigt«, in: Ludger Heidbrink und Harald Welzer (Hg.), *Das Ende der Bescheidenheit. Zur Verbesserung der Geistes- und Kulturwissenschaften*, München 2007, 97–101 (veränderte Fassung von Nr. 61).
75. »Files, not Literature«, in: Gert Hofmann (Hg.), *Figures of Law. Studies in the Interference of Law and Literature*, Tübingen und Basel 2007, 163–173.
76. »Bildregime des Rechts – Rechtsregime des Bildes«, in: *Bildregime* (s. Nr. 12), 15–32.
77. »Computer Juridisms«, in: *Grey Room: Special Issue: New German Media Theory* 29 (2007), 90–109 (zs. mit Markus Krajewski).
78. »Drei Versionen des Schlußworts vor Gericht«, in: *Zeitschrift für Ideengeschichte* 2 (2008), 11–21.
79. »Introduction: A Philosophy of Legal Enigmas«, in: *Derrida and Legal Philosophy* (s. Nr. 13), 1–18 (zs. mit Peter Goodrich, Florian Hoffmann und Michel Rosenfeld).
80. »The Archive and the Beginning of Law«, in: *Derrida and Legal Philosophy* (s. Nr. 13), 41–54.

81. »Image and Law – a Troubled Relationship«, in: *parallax* 49 (2008) (s. Nr. 14), 1–9.
82. »Flashback and Eyewitness«, in: *parallax* 49 (2008) (s. Nr. 14), 90–100.
83. »Verstocktheit«, in: *Unter Uns. Strategien der Diskretion* (Tumult. Schriften zur Verkehrswissenschaft, Band 33) Berlin 2008, 98–105 (zs. mit Markus Krajewski).
84. »Kommentar, Code und Kodifikation«, in: *Kommentieren* (s. Nr. 15), 5–16 (zs. mit Markus Krajewski).
85. »Bildungs-Institutionen oder eine Deklination des Römischen«, in: Aris Fioretos (Hg.), *Babel. Festschrift für Werner Hamacher*, Weil am Rhein und Basel 2009, 380–388.
86. »Arché, Archiv und Gesetzesherrschaft«, in: Knut Ebeling und Stephan Günzel (Hg.), *Archivologie. Theorien des Archivs in Philosophie, Medien und Künsten*, Berlin 2009, 89–106.
87. »Fluchen in Stein«, in: Manfred Schneider und Peter Friedrich (Hg.), *Eid und Fluch in der europäischen Rechtsgeschichte*, München 2009, 57–66.
88. »Kulturtechniken und Souveränität«, in: *Zeitschrift für Medien- und Kulturforschung: Schwerpunkt Kulturtechnik* 1 (2010), 171–182.
89. »Genealogische Ordnung und ungeschlechtliche Vermehrungsweise«, in: Uwe Wirth (Hg.), *Impfen, Pfropfen, Transplantieren*, Berlin 2011, 51–63.
90. »Bildungsinstitution«, in: Michael Maaser und Gerrit Walther (Hg.): *Ziele und Formen. Traditionen und Systeme. Medien und Akteure*, Stuttgart und Weimar 2011, 287–295.
91. »In judicio stare. Kulturtechniken des Rechts« (Eröffnungssymposion des Käthe Hamburger Kollegs »Recht als Kultur«, 15.–17. Juli in Bonn), in: *Kein Halten mehr? Modelle der Letztbegründung* (Tumult. Zeitschrift für Verkehrswissenschaft, Band 37), Wetzlar 2011, 126–133.
92. »›In judicio stare‹ The Cultural Technology of the Law«, in: *Law and Literature* 23 (2011) (Übersetzung von Nr. 91), 309–323.
93. »Die Macht des Anfangs«, in: *Zeitschrift für Medien- und Kulturforschung: Schwerpunkt Medien des Rechts* 2 (2011), 57–68.
94. »Kulturtechniken des Rechts«, in: Werner Gephart (Hg.): *Rechtsanalyse als Kulturforschung*, Bonn 2012, 323–334.

Gesetzeskommentierung

95. »Art. 79« (Änderungen des Grundgesetzes), in: Erhard Denninger et al. (Hg.): *Kommentar zum Grundgesetz für die Bundesrepublik Deutschland (Reihe Alternativkommentare)* Neuwied 2001 (2. Aufbaulieferung August 2002), 1–54.

Interview

96. »Das unheilige Leben. Ein Gespräch mit dem italienischen Philosophen Giorgio Agamben«, in: *Literaturen* 1 (2001), 16–22 (Interview zs. mit Hanna Leitgeb).

Buchbesprechungen

97. Anthony Carty (Hg.), Post-Modern Law – Enlightenment, Revolution and the Death of Man, Edinburgh 1990, in: *Kritische Justiz* 25 (1992), 114–117.
98. Klaus Günther, Der Sinn für Angemessenheit, Frankfurt am Main 1988, in: *Kritische Justiz* 25 (1992), 372–374.
99. Bernhard Siegert, Relais. Geschicke der Literatur als Epoche der Post, Berlin 1993, in: *Mediamatic* 7 (1993), 338–340 (zs. mit Peter Berz).
100. Duncan Kennedy, Sexy Dressing etc. Essays on the Power and Politics of Cultural Identity, Cambridge, Massachussetts 1994, in: *Kritische Justiz* 27 (1994), 240–244.
101. Günter Frankenberg, Die Verfassung der Republik. Autorität und Solidarität in der Zivilgesellschaft, Baden-Baden 1996, in: *Zeitschrift für Rechtssoziologie*, Dezember 1997, 314–316.
102. Lawrence Lessig, Code und andere Gesetze des Cyberspace; aus dem Amerikanischen von Michael Bischoff, Berlin 2001, in: *Literaturen* 1/2 (2002), 132.
103. Avital Ronell, Das Telefonbuch. Technik, Schizophrenie, Elektrische Rede; aus dem Amerikanischen von Rike Felka, Berlin 2001, in: *Literaturen* 3 (2002), 79–80.
104. Anette Baumann, Siegrid Westphal, Stephan Wendehorst und Stefan Ehrenpreis (Hg.), Prozessakten als Quelle. Neue Ansätze

zur Erforschung der Höchsten Gerichtsbarkeit im Alten Reich (Quellen und Forschungen zur Gerichtsbarkeit im Alten Reich Band 37), Köln, Weimar und Wien 2001, in: *Rechtsgeschichte. Zeitschrift des Max-Planck-Instituts für europäische Rechtsgeschichte* 1 (2002), 281–284.

105. »Fenster zu den Göttern. Altertumswissenschaften. Warum uns die Antike so fern ist. Ein Streifzug durch aktuelle Neuerscheinungen«, in: *Literaturen* 5 (2003), 70–72.
106. Dieter Thomä (Hg.), Heidegger Handbuch. Leben–Werk–Wirkung, Stuttgart und Weimar 2003, in: *Literaturen* 12 (2003), 81–82.
107. Gertrud Koch, Sylvia Sasse und Ludger Schwarte (Hg.), Kunst als Strafe. Zur Ästhetik der Disziplinierung, München 2003, in: *Rechtsgeschichte* Bd. 4 (2004), 245–247.
108. Bernhard Schlink, Vergangenheitsschuld und gegenwärtiges Recht, Frankfurt am Main 2002, in: Russell A. Miller und Peer C. Zumbansen (Hg.), *Annual of German and European Law* 1 (2003), New York und Oxford 2004, 538–540.
109. Bruno Latour, Von der Realpolitik zur Dingpolitik, Berlin 2005, in: *Literaturen* 10 (2005), 109–110.
110. Peter Häberle, Nationalhymnen als kulturelle Identitätselemente des Verfassungsstaates, Berlin 2007, in: *Archiv des öffentlichen Rechts* 133 (2008), 437–440.

Weitere Buchbesprechungen für Tageszeitungen, v.a. Süddeutsche Zeitung, sowie Übersetzungen kleinerer Beiträge aus dem Englischen und Französischen.

Artikel in Tageszeitungen

111. »Der Sprung in der Platte vom Zeitmodell«, in: *Die Tageszeitung*, 5. 1. 2000, 14 (zs. mit Hans Christian von Herrmann).
112. »Das Jahrhundert der Rechtsanwälte«, in: *Frankfurter Rundschau*, 14. 3. 2000, 22.
113. »Vom Schutz des Gesetzes ausgeschlossen. Der Philosoph Giorgio Agamben«, in: *Die Tageszeitung*, 19. 6. 2001, 15.
114. »Lämmergeier« (Serie: 50 Jahre Minima Moralia), in: *Süddeutsche Zeitung*, 16. 8. 2001, 15 (Wiederabdruck in: Nr. 53).

115. »Bankgeheimnisse« (Serie: Museumsinseln), in: *Süddeutsche Zeitung*, 17./18.11.2001, 15.
116. »Geschichtenerzähler vor dem Recht« (Serie: Recht als Literatur), in: *Frankfurter Rundschau*, 11.12.2001, 20.
117. »Verdächtig. Der Patriot Act in den USA fördert die perfekte Überwachungstechnik«, in: *Süddeutsche Zeitung*, 18.3.2002, 13.
118. »Wie man erfolgreich den Disziplinen aufs Dach steigt. Woher kommen und was treiben eigentlich Kulturwissenschaften?« in: *Süddeutsche Zeitung*, 18.8.2004, 15 (gekürzter Vorabdruck von Nr. 63).
119. »Zuses erste Stunde. Eine Stuttgarter Tagung über die Anfänge der Computergrafik«, in: *Süddeutsche Zeitung*, 7.10.2004, 16.

Texte unter Pseudonym:

120. Severine Lansac, »Autonome Orte: Für eine kleine Politik«, abgedruckt in: Geronimo, Tecumseh und Richardo Proletario (Hg.): *Feuer und Flamme II*, Berlin und Amsterdam 1992, 12–22.
121. Severine Lansac, »Lautlos und unsichtbar«, in: HKS 13 (Hg.), *hoch die kampf dem: 20 Jahre Plakate autonomer Bewegungen*, Hamburg, Berlin und Göttingen 1999, 234–235.